Die Kan

Der Einfluss der Kameramänner auf den Film der Weimarer Republik. Studien zu Karl Freund, Carl Hoffmann, Rudolph Maté, Günther Rittau und Fritz Arno Wagner

Die Kameraaugen des Fritz Lang

Der Einfluss der Kameramänner auf den Film
der Weimarer Republik. Studien zu Karl Freund,
Carl Hoffmann, Rudolph Maté, Günther Rittau
und Fritz Arno Wagner

Axel Block

et+k
edition text+kritik

Gefördert durch die Stiftung Kulturwerk der VG Bild-Kunst, Bonn

Bild-Kunst

Bibliografische Information der Deutschen Nationalbibliothek
Die Deutsche Nationalbibliothek verzeichnet diese Publikation in der Deutschen Nationalbibliografie; detaillierte bibliografische Daten sind im Internet über www.dnb.de abrufbar.

ISBN 978-3-96707-421-5

Levelingstraße 6a, 81673 München
www.etk-muenchen.de

Umschlaggestaltung: Thomas Scheer
Umschlagabbildung: © Axel Block
Satz und Bildbearbeitung: Claudia Wild, Otto-Adam-Straße 2, 78467 Konstanz
Druck und Buchbinder: Laupp&Göbel, Robert-Bosch-Straße 42, 72180 Gomaringen

Inhalt

Einleitung

»Es muss einmal festgehalten werden, dass die grundsätzliche Entwicklung im Leistungsvermögen der Kamera in Deutschland stattfand [...]. Praktisch jedes fotografische Mittel, das genutzt wird, um die dramatische Kraft einer Einstellung zu unterstützen, hatte seinen Ursprung in deutschen Studios.«[1] Mit diesem Statement von 1930 bezieht sich Paul Rotha[2] auf die Zeit der Blüte des Stummfilms, in der man besonders auf die Wirkung und Aussagekraft von Bildern vertraut. Unter dem Druck von Selbstbehauptung, eigener Kreativität und Dramaturgie beginnen die Bildgestalter die klassischen Formen von Malerei und Fotografie aufzulösen. Stark prägt den deutschen Film die Zusammenarbeit der Regisseure, Kameraleute und Filmarchitekten: »[...] schließlich ist ein Arbeitsklima wesentlich, in dem die Vorstellung vom Film als ›Gesamtkunstwerk‹ vorherrscht und das Kollektiv der eng miteinander verzahnten Gewerke wie Drehbuch, Kostüm und Szenenbild, Kamera und Regie mehr ist als die Summe seiner Einzelteile.«[3] Diese Kooperation sichert zunächst den Filmbildern einen eigenständigen Stellenwert. Doch das neue Medium bringt nicht nur ständig neue Techniken hervor, sondern fordert auch immer neue bildsprachliche Experimente. Diese fortwährende Veränderung der Kameraarbeit soll in dem vorliegenden Buch bis über die Einführung des Tonfilms hinaus betrachtet werden, und es werden folgende Aspekte herausgearbeitet: Die Einstellung verliert die Wucht der Bildkunst und gewinnt eine neue Qualität, sich der Filmerzählung, dem Erzählkino anzupassen. Diese Verschiebungen zeigen sich auf vielen Ebenen und in mannigfaltigen Schattierungen, wie zum Beispiel der Bildgestaltung, Lichtführung und Kamerabewegungen. Jedoch soll dies nicht als eine Geschichte des Verlusts oder Abstiegs erzählt werden, vielmehr geht es darum, den fortwährenden Wandel und die Eröffnung neuer Möglichkeiten aufzuzeigen.

Mich begeistern die innovative Kraft des Stummfilms, die ausdrucksstarken Bilder, die Lust an der Bewegung, die Experimente mit dem Licht. Und ich erhoffe mir, dass dieser Funke auf den Leser überspringt und im heutigen Film erhalten bleibt. Die Analysen zeigen Veränderungen, an denen es nichts zu bedauern gibt, weil sie aus Innovation, Begeisterung und Experimentier-

1 Rotha (1930): *The Film Till Now*, S. 371 [Übersetzung durch den Autor].
2 Britischer Filmproduzent, Filmregisseur, Filmkritiker, Autor. Sein einflussreiches Buch *The Film Till Now* gilt bis heute als Standardwerk.
3 Jaspers (2019): Künstlerische Positionen der Filmarchitektur. S. 31.

freude resultieren. Meine Herangehensweise an die Filmanalysen – das beständige wiederholte Anschauen von Filmen und einzelnen Szenen – hilft mir für meine eigene Kameraarbeit: Genaues Hinsehen beim Film (selbstverständlich nicht nur von alten Werken), in der Kunst, im Alltag bildet für mich Grundlage und Schlüssel bei den Dreharbeiten und beim Schreiben.

Die Kameramänner

Die ersten Männer – den Frauen wird es damals noch schwerer als heute gemacht, einen Zugang zum Film zu finden –, die sich mit der Filmaufnahme beschäftigen, verstehen sich als Handwerker, die die gesamte Technik und den Arbeitsprozess beherrschen. Erst mit dem Erfolg der Filme und dem Aufkommen quasi-industrieller Produktionsformen verfestigt sich eine Arbeitsteilung.[4] Zunächst bestimmt vor allem das Selbstverständnis der Regisseure die Produktionen, die sich auf ihre lange Tradition am Theater berufen können, damit aber leicht den Blick auf das Neue der Kinematografie verfehlen. Sie sehen ihre eigentlichen Partner weiterhin in den Architekten. Kameramänner sind die Operateure der noch schwer zu beherrschenden Technologie, verstehen sich weiterhin als ausführende und experimentierfreudige Bastler. Filmregisseure, die oft als Schauspieler oder Autoren vom Theater kommen, fühlen sich als autarke Künstler, die mit Hilfe ihrer technischen Gehilfen, also auch den Kameraleuten und vielen anderen, ihren Film drehen. So schätzen sie die Zusammenarbeit, sehen sich aber häufig als alleinig verantwortlich für das künstlerische Produkt Film. Spätestens Anfang der 1920er Jahre hat sich die Kameraarbeit so weit entwickelt, dass sie als selbstständiger Partner neben die Regie treten kann. »Bei keiner Kunstform ist der Streit um die Schöpferschaft so heftig wie beim Film. Wer ist der Schöpfer eines Filmkunstwerkes? Kann es ein einzelner Mensch sein? Gleich von Beginn an übersprang der Regisseur diese Frage und behauptete lange Jahre hindurch den Ruf als Urheber.«[5]

Fritz Lang bietet als Regisseur ein perfektes Beispiel, weil er sich einerseits wohlbedacht und von der Öffentlichkeit akzeptiert als Künstler vor seine Filme stellt, andererseits die Kooperation mit *seinen* Mitarbeitern immer wieder stark betont. Dieses Buch widmet sich dieser Zusammenarbeit mit fünf

4 Vgl. Bordwell; Staiger; Thompson (1985): *The Classical Hollywood Cinema*. S. 116.
5 Stindt (1923): *Das Lichtspiel als Kunstform*. S. 59.

Kameramännern, die als sehr unterschiedliche Persönlichkeiten erfolgreich und gefragt sind.

Analysiert werden von jedem Kameramann jeweils eine ausgewählte, exemplarische Sequenz von etwa zwei bis zehn Minuten aus einem Film von Fritz Lang und einem anderen Regisseur. Dies soll einen Blick auf die Wechselbeziehungen zwischen Regie und Kameraarbeit ermöglichen: Wie ändert sich der filmsprachliche Ausdruck mit dem jeweiligen neuen Regisseur oder Kameramann, gibt es eine Rollenverteilung bei Stil oder Handschrift? Der Blick auf diese Zusammenhänge geschieht nicht aus der Perspektive eines Wissenschaftlers, sondern eines Kameramanns. Durch diese aus der Praxis meiner eigenen Dreherfahrung geprägten Betrachtungen sollen ästhetische und technische Entscheidungen durchleuchtet, interpretiert und besser verständlich gemacht werden. Es geht also nicht um einen historischen Abriss.

Schon der erste flüchtige Blick macht deutlich, welch unterschiedliche Regiepersönlichkeiten mit der Spitzengarde deutschsprachiger Kinematografie bei diesen Filmbeispielen zusammenkommen:

Carl Hoffmann	DR. MABUSE, DER SPIELER (1922, Regie: Fritz Lang) FAUST (1926, Regie: Friedrich Wilhelm Murnau)
Karl Freund	DER LETZTE MANN (1924, Regie: Friedrich Wilhelm Murnau) METROPOLIS (1926, Regie: Fritz Lang)
Günther Rittau	METROPOLIS (1926, Regie: Fritz Lang) DER BLAUE ENGEL (1930, Regie: Josef von Sternberg)
Fritz Arno Wagner	DIE LIEBE DER JEANNE NEY (1927, Regie: Georg Wilhelm Pabst) M – EINE STADT SUCHT EINEN MÖRDER (1931, Regie: Fritz Lang)
Rudolph Maté	LA PASSION DE JEANNE D'ARC (1928, Regie: Carl Theodor Dreyer) LILIOM (1934, Regie: Fritz Lang)

Durch die Gegenüberstellung werden Korrespondenzen zu Filmen Fritz Langs und denen anderer Regisseure augenfällig, und es wird deutlich, dass die Kameramänner als Vermittler ästhetischer Einflüsse wirken. Zu betrachten gilt es, ob und wie sich die Filme Fritz Langs über die Jahre auch unter den unterschiedlichen Kameraleuten optisch verändern. Bringen diese ihre eigene Entwicklung ein, die aus Zusammenarbeiten mit anderen Regisseuren stammen oder den eigenen Ambitionen entspringen? Dass die deutsche

Kameraarbeit international im höchsten Ansehen steht, kann nicht nur an den Regisseuren liegen. Und – wie wir sehen werden – auch die deutsche Geräte- oder gar Kopierwerkstechnik kann diese Stellung nicht begründen. Was also macht diesen Ruhm aus? Wieso konnten sich einige Kameramänner international durchsetzen?

Die Analysemethode

Die Arbeitsmethode dieses Buchs ist simpel, leicht nachahmbar und in der Ausbildung von Studenten vielfach erprobt und basiert auf dem wiederholten Analysieren einzelner Szenen oder Sequenzen. »Hätte ich die Aufgabe, andere im Gebrauch der Filmkamera zu unterrichten, dann würde ich als erstes den Film entweder umgekehrt vorführen oder ihn so oft zeigen, bis Schauspieler und Handlung vergessen sind und das Interesse sich nur noch auf die Werte richtet, die die Kamera hervorgebracht hat.«[6]

Die Analyse geht aus von der Beschreibung einer Szene: Wie wird die Erzählung dargestellt und/oder geht es um die Darstellung einer speziellen Atmosphäre? Wie funktioniert die Mise-en-scène? Warum bewegt sich die Kamera? Wie sind die Schauspieler*innen positioniert? Hilft das Licht und wozu? Die Fragestellungen werden erweitert oder begrenzt durch die Aussage und Sinnfälligkeit der entsprechenden Szene. Und selbstverständlich gehe ich mit Sternberg konform, dass das Wort das Bild nicht ersetzen soll: »Words cannot describe an image in motion, words cannot describe an image.«[7] Als Ausgangspunkt bei der Betrachtung dient die Konzentration auf die kleinsten Einheiten, die Einstellung, um diesen Fragen nachzuspüren, die uns ja auch als Filmemacher bei der Arbeit beschäftigen. Schon durch die Versprachlichung des Gesehenen wird der Blick gelenkt und konzentriert. Dabei wird herausgearbeitet, ob eine visuelle Handschrift einzelner Kameraleute erkannt werden kann, die sich vielleicht durch ihre Arbeit zieht und mit der die Handschrift der Regisseure mal korrespondiert, mal in Konflikt gerät.

Deshalb werden die Filme von den Bildern her erzählt, nicht von der Handlung oder dem Schauspiel, wohl aber in den wechselseitigen Einflüssen und Abhängigkeiten all dieser Elemente zueinander. Ebenso werden die alltäglichen Sachzwänge und spontanen Entscheidungsnöte am Motiv aufge-

6 Sternberg (1991): *Das Blaue des Engels.* S. 352.

7 Anon. (o.J.): *The Blue Angel: The Novel by Heinrich Mann – The Film by Josef von Sternberg.* S. 257.

griffen: Gehe ich mit der Kamera etwas weiter nach rechts oder links? Ist dies die richtige Brennweite? Belichte ich die Kante etwas über oder unter? Ist die Fahrt sinnvoll oder lenkt sie ab? Einzelheiten, die am Ende die Qualität eines Bildes ausmachen, sollen herausgearbeitet und sichtbar gemacht werden. Oft beschränkt sich die Wahrnehmung auf das Verständnis der Geschichte und der situativen Zusammenhänge. Bilder bleiben außen vor oder werden nur wahrgenommen, wenn sie auffällig gestaltet sind; aber gerade dann stehen sie oft nicht im Dienst der Erzählung oder der Inszenierung, sondern stellen sich vor sie, verhindern mehr als sie helfen. So gilt es, sich mit Bildern zu befassen, die nicht sofort ins Auge springen.

Die Struktur des Buchs

Am Anfang steht eine kurze, selbstverständlich nicht vollständige Darstellung der technischen und produktionstechnischen Gegebenheiten der damaligen Zeit. Dieser erste Teil beschränkt sich auf die Gebiete, die für das Verständnis der folgenden Szenenanalysen wichtig sind, zeigt aber auch einige, aus heutiger Sicht, Absonderlichkeiten, die helfen, die Arbeitsbedingungen und die spezielle Rezeption besser zu verstehen (zum Beispiel die viel zu hohe Filmfrequenz bei der Projektion). Technik und Handwerklichkeit wird nur soweit beschrieben, wie es das ästhetische, inszenatorische oder dramaturgische Verständnis erfordert.

Der Hauptteil befasst sich mit den Analysen einzelner Filmszenen und ist zeitchronologisch nach den Produktionsjahren geordnet, um technische Entwicklungen, Terminprobleme und vor allem die ästhetischen Einflüsse besser darstellen zu können. Er beginnt mit dem 1922 von Fritz Lang und Carl Hoffmann gedrehten DR. MABUSE, DER SPIELER.

Das Resümee am Ende des Buchs verdeutlicht die wechselseitige Wirkung der Zusammenarbeit, versucht Einflussnahmen zu bilanzieren und fasst die Wandlung der Filmfotografie vom isoliert stehenden, ausdrucksstarken Einzelbild zum auf Chronologie und Dramaturgie gestalteten Filmbild zusammen.

Der Anhang listet nur die angesprochenen Kameramänner dieses Zeitraums auf und gibt einige wenige biografische Angaben, die für das Verständnis des Texts interessant sind. Gleiches gilt für das Glossar, auch hier liegt die Konzentration auf der Hilfestellung für die Analysen. Die Literaturliste führt die zitierten Bücher auf und eine kurze Bibliografie von Lehr- und Standardbüchern soll zur weiteren Auseinandersetzung anregen.

Der Index führt nicht jede Stelle eines Begriffs auf, sondern nur die, an denen inhaltlich eine Angabe gemacht wird.

Die Einzelanalysen

Bei Dr. Mabuse, der Spieler (1922) wird uns beschäftigen, wie das Erzählen mit Bildern auf den Stilwillen, die bildnerische Handschrift trifft, wie umgegangen wird mit Zeit, Parallelhandlungen und Raum, wie die Form den Inhalt beeinflusst. Die Bildgestaltung wird beherrscht vom frontalen Blick, gelegentlicher Symmetrie, bühnenhaften Inszenierungen. Klassische Gestaltungselemente wie Diagonalen, Dreieckskompositionen, Anschnitte, Vordergründe sind rar. Erzählperspektive und Point-of-view stellen sich in den Dienst der Hypnose. Raumtiefe in der Bildgestaltung herrscht auch deshalb nicht, weil die Schauspieler*innen sich selten in die Motive hineinbewegen. Der Maler Lang bevorzugt das statische Bild und Hoffmann nutzt dies, um Atmosphäre mit dem Licht besser herausarbeiten zu können als bei einer bewegten Kamera. Dies schafft einen für den Film eigenen Stil, dessen gestalterische Monotonie sich wie eine Gesellschaftskritik über den vermeintlichen Glamour des Gezeigten legt. Es wird keine Geschichte erzählt, sondern Anekdoten und die Kameraarbeit betont deren Eigenwert durch tableauhafte Bildgestaltung. Hier werden die Grundlagen und der Ausgangspunkt für die kommenden Kapitel gelegt.

In Der letzte Mann (1924) geht es um Gegensätze: um Tag und Nacht, statische Bilder und die entfesselte Kamera, das ruhige Beobachten der Hektik und die hektische Darstellung der Ruhe, Realität steht gegen Vision, Eleganz gegen Ärmlichkeit. Die Wandlungsfähigkeit des Motivs überrascht ebenso wie der Wechsel der Erzählperspektiven. Schwelgerisch erzählt der Film mit der Kamera oft entgegen jede räumliche Logik und Karl Freund experimentiert mit naturalistischen Lichtkonzepten.

Mit Metropolis (1926) deutet sich eine für einen Lang-Film neue Bildsprache an und der Raum wird durch das Schauspiel erobert. Die Aneinanderreihung statischer Einzelbilder wird nun von Freund ersetzt durch handlungsfunktionale Kadragen, die den Raum präsentieren, Vordergrund und Hintergrund zeigen. Dadurch verändert sich die Inszenierung und es entstehen nicht nur Parallelhandlungen, auch die Charaktere werden tiefgründiger. Das Bild wird begriffen als eine Abfolge, die Kadrage der Einzelbilder korrespondiert mit der vorherigen und der folgenden.

Faust (1926) demonstriert den hohen Stand der Lichtarbeit Carl Hoffmanns. Sein Ansatz ist kein realistischer wie bei Karl Freund, sondern für Hoffmann zählen der Effekt und die Korrespondenz mit der Bildgestaltung. Auch machen Murnau und Hoffmann nicht weiter mit der bewegten Kamera, das Bild bleibt statisch. Bildgestalterische Elemente wie Diagonale, Proportion und Vordergrund ergreifen die Kadrage, die es bei Lang nicht gibt.

Durch die besondere Bild- und Lichtgestaltung Fritz Arno Wagners gepaart mit der Inszenierung und Montage Pabsts entsteht in Die Liebe der Jeanne Ney (1927) ein hohes Maß an Authentizität durch eine betont unauffällige, beiläufig wirkende Kadrage und Lichtführung. In kleinen Seitenhieben auf den russischen Revolutionsfilm findet dieser Liebesfilm immer wieder ästhetische (Gegen-)Modelle des Erzählkinos.

Bei La Passion de Jeanne d'Arc (1928) wird uns beschäftigen, wie die überaus auffällige Fotografie sich in die Dramaturgie des Films einordnet statt sie zu dominieren. Auch die Lichtführung und selbst Techniken wie das neue panchromatische Material bekommen eine inhaltliche Komponente. Eine straffe Erzählstruktur erlaubt eine Raumdarstellung, ohne die Magie der dominierenden Nah- und Großaufnahmen zu zerstören.

Einer der ersten Tonfilme in Deutschland, Der blaue Engel (1930), führt die Problematik und die erweiterte Ausdrucksfähigkeit der neuen Technologie vor. Die Mise-en-scène konzentriert sich fast ausschließlich auf die beiden Hauptfiguren und orientiert sich uneingeschränkt am Handlungsablauf. Ein Hauptthema wird auch das Licht sein, als Mittel der Milieuschilderung und Porträtlicht der Marlene Dietrich.

Fritz Langs erster Tonfilm M – Eine Stadt sucht einen Mörder (1931) zeigt nicht nur die Weiterentwicklung dieser Technik, sondern auch eine Umbesinnung Langs. Die Suche nach einer neuen Bildsprache setzt sich fort und bremst überraschend Fritz Arno Wagners unprätentiöse Bildarbeit aus Die Liebe der Jeanne Ney. Noch haben die Bilder ihre eigene erzählerische Qualität nicht verloren, der Dialog überlässt ihnen kleine Freiräume.

Mit Liliom (1934) haben der gesprochene Text und das Schauspiel das Bild von der Eigenständigkeit beraubt. Lang – und auch Rudolph Maté – gelingt damit ein wichtiger Schritt ins amerikanische Erzählkino. Filmsprachliche Formen wie Kamerabewegung, Kadrage, Parallelmontage orientieren sich nun am Inhalt, versuchen nicht mehr, aus sich selbst heraus zu sprechen, eine eigenständige bildnerische Qualität zu entwickeln.

Anmerkungen zum Gebrauch

Die Zitate sind orthografisch und grammatikalisch nicht korrigiert, englischsprachige Zitate sind von mir übersetzt, was in der entsprechenden Fußnote zur Quellenangabe vermerkt wird.

Zur Literaturliste: Wenn nur eine Stelle oder Autor aus einem Sammelband zitiert werden, wird der Sammelband nicht gesondert aufgeführt, sondern nur unter dem zitierten Artikel. Erst bei mehreren Autoren wird der Sammelband zusätzlich separat aufgeführt. Ergänzend gibt es am Ende eine kleine Sammlung von Lehrbüchern und Standardwerken, aus denen zum Teil auch zitiert wird.

Der Index erfasst nicht alle erwähnten Begriffe oder Personen, sondern führt sie nur dann auf, wenn weiterführende Informationen an der Stelle erfasst sind. Auch werden Regisseur und Kameramann im Kapitel des jeweils besprochenen Filmausschnitts im Index nicht genannt.

Links, rechts bezieht sich bei der Bildbeschreibung im vorliegenden Buch immer auf die Abbildung. Dagegen geben Kameraleute bei den Dreharbeiten den Schauspieler*innen die Richtungsanweisung aus deren Blickrichtung an, ebenso dem Beleuchter mit der Strahlungsrichtung des Scheinwerfers.

Das Bildseitenverhältnis der Abbildung ist nicht immer exakt. Um die Abbildungen für den Druck gleich zu halten, kann es Differenzen von bis zu 2 mm geben.

Dank

Für mich als Kameramann und Anfänger im Bücherschreiben kann eine solche Arbeit nur entstehen durch die sachkundige und tatkräftige Hilfe anderer. Mein Dank gilt der Hochschule für Fernsehen und Film in München (HFF), den früheren Kollegen Tom Fährmann und Peter Slansky, allen meinen damaligen Mitarbeiter*innen der Abteilung VII und den Studierenden, deren Diskussionen meinen Blick schärften.

Auch wäre meine Arbeit ohne Hilfe der Bibliotheken nicht möglich gewesen, allen voran der HFF-Bibliothek mit ihrem sachkundigen und geduldigen Leiter Peter Heinrich und seinen Mitarbeiter*innen. In Rochester, NY, unterstützten mich Melinda Wallington, die Leiterin der River Campus Libraries, Rare Books, Special Collections, and Preservation der University of Rochester, Stephanie Hofner von der Richard and Ronay Menschel Library des George Eastman Museums sowie Sophia Lorent vom Moving Image Department des George Eastman Museums.

Ein besonderer Dank gebührt der Deutschen Kinemathek, dem Leiter der Abteilung Audiovisuelles Erbe – Film, Martin Koerber, und dem Leiter der Abteilung Sammlungen & Ausstellungen, Peter Mänz, dem Verantwortlichen für das Personenarchiv, Gerrit Thies, und *last but not least* der sachkundigen, geduldigen und immer hilfsbereiten Cordula Döhrer in der Bibliothek.

Wichtige Informationsquellen und Inspiration waren die Gespräche mit den Filmwissenschaftlern Karl Prümm, Werner Sudendorf und dem Leiter des Filmmuseums München, Stefan Drößler, dessen Programmgestaltung immer wieder Anstöße gibt.

Zu Fragen der Restaurierung gab mir Anke Wilkening von der Friedrich-Wilhelm-Murnau-Stiftung eine Fülle dankenswerter Informationen.

Und meine Hochachtung gilt den verstorbenen Kameramännern, die ich mit dem Kollegen Arthur Ahrweiler um 1980 interviewte: Richard Angst, Georg Krause, Igor Oberberg, G. F. Peters, Walter Pindter, Oskar Schnirch, H. O. Schulze und dem Kopierwerksleiter Emil Müller.

Dankbar bin ich meinen Freunden, die beraten, gelesen, mir geholfen, mich verunsichert und immer weiter gebracht haben: Kristina Brandner, Helmut Dinkel, Michael Hild, Bernhard Koch, Linda und Melanie Walz.

Doch ohne zwei Wissenschaftlerinnen hätte dieses Buch nicht realisiert werden können, da sie mich von Anfang an unterstützt haben: Michaela Krützen, Inhaberin des Lehrstuhls für Kommunikations- und Medienwissenschaft an der Hochschule für Fernsehen und Film, München, die mir durch ihr unermüdliches Lesen, Korrigieren und ihre Sachkenntnis das Schreiben und Reflektieren beigebracht hat. Und meine Ehefrau, die Kommunikationswissenschaftlerin Gabriele Mehling, die mir durch unzählige Gespräche Hilfe, Rat, Zuversicht gegeben hat und deren Arbeit mir Vorbild ist.

Ebenso danke ich der tatkräftigen und finanziellen Unterstützung durch die Abteilung Kommunikations- und Medienwissenschaft der HFF. Die Stiftung Kulturwerk der VG BILD-KUNST unterstützte den Druck finanziell großzügig und Frau Britta Klöpfer beriet mich dabei entgegenkommend. Dafür bedanke ich mich und ebenfalls bei meinem Lektor Jerome P. Schäfer für die sachkundige Betreuung.

Technische und produktionstechnische Voraussetzungen

In den Anfängen der Stummfilmzeit läuft die technische Entwicklung der Filmkunst hinterher, denn wenn ein optischer, filmischer Ausdruck gesucht wird, muss die Technik, das Handwerkszeug dafür entwickelt werden – und in Ermangelung einer entwickelten Industrie meist von den Nutzern selbst. Es wird viel gebastelt und gebaut, an, hinter und vor der Kamera. Dekorationen entstehen zum Teil perspektivisch, was auch gleichzeitig den einzig möglichen Kamerastandpunkt festlegt. Edgar G. Ulmer[8] behauptet, »wenn es nun aber 10 Einstellungen gab, dann baute man auch 10 Kulissen dieses Raumes, denn das Kameraauge war der Fluchtpunkt der Perspektive – das Mobiliar wurde perspektivisch gebaut.«[9] Technisch gesehen hat Ulmer Recht, es bleibt aber offen, ob ein solcher Aufwand grundsätzlich betrieben wird. Auf jeden Fall dominieren die Architekten aus dieser Tatsache heraus das Bild. Bis zum Beginn unserer Filmbeispiele sind die Kameramänner aber bereits sehr selbstbewusste Mitarbeiter und auf jeden Fall gleichrangig mit den Szenografen. Man könnte auch sagen, dass mit dem Aufstieg der Kameraleute die Bedeutung der Architekten nachließ.

Durch die heute in Deutschland starke Verlagerung der Dreharbeiten an Originalschauplätze verliert das Szenenbild an Einfluss und letztlich haben darunter auch die Kameraleute zu leiden, wenn Motive nicht mehr stimmig sind. Je mehr Filmtechnik und Dienstleistungen wie Kopierwerk in die Hand von Spezialisten übergehen, ist nicht mehr das ästhetisch Gewünschte der Taktgeber technischer Innovation, sondern Techniker und Ingenieure entwickeln das Instrumentarium der Filmherstellung nach ihrer Sicht. So folgt der gegenwärtige Film weitgehend den technischen Vorgaben der Filmgeräte-Industrie und von Filmkunst spricht kaum noch jemand.

8 Edgar G. Ulmer ist Szenenbild-Assistent u. a. bei Der letzte Mann, er arbeitet später als Regisseur und emigriert in die USA.

9 Bogdanovich (2000): *Wer hat denn den gedreht.* S. 691.

Arbeitsablauf

Sergei Eisenstein vermisst die kollektive Herangehensweise an einen Film in Deutschland, das einzig Verbindende sei das Geld. »Gibt man einem Kameramann 100 Mark mehr, wechselt er – ohne mit der Wimper zu zucken – zur Konkurrenz. Statt geistiger Solidarität beobachtet man Drill und Disziplin beim Drehstab.«[10] Auch von der Regie scheint er wenig begeistert, sieht dort Parallelen zur Sowjetunion, denn auch dort gibt es nur vage Anweisungen an die Schauspieler*innen und einzelne Einstellungen werden beständig wiederholt. Zugeschaut haben er und der Kameramann Eduard Tissé bei den Dreharbeiten von FAUST in den Studios in Tempelhof.

Die Arbeitsbedingungen sind rau, fast über jeden Regisseur gibt es haarsträubende Anekdoten, viel Gebrüll, überlange Arbeitszeiten. »Alles stöhnte; der Betriebschef ging wie ein Truthahn um die Szene – allerdings in respektvoller Distanz; vier Omnibusse warteten, um die Leute zu transportieren; Emil [Jannings] war dem Weinen nahe.«[11] So berichtet der Filmarchitekt Robert Herlth von den Dreharbeiten zu DER LETZTE MANN. Einig sind sich alle Berichte darin, dass die Regisseure nicht nur die treibenden Kräfte sind, sondern diese Strapazen auch für sich selbst gut bis gut gelaunt wegstecken. Die Regisseure sind also die Diktatoren, die Produzenten, selbst der mächtige Erich Pommer,[12] wirken dagegen hilflos, machtlos. Solange die Interessen der Regisseure auch die ihren sind, brauchen sie nicht in Erscheinung zu treten. Dies gilt aber nur für die herausragenden Produktionen, bei den Durchschnittsfilmen herrscht das Geld.

Bis vor wenigen Jahren war es in Deutschland immer noch bei einigen Produktionen üblich, zwölf bis 16 Stunden pro Tag zu arbeiten, allerdings meist bei einer Fünf-Tage-Woche. Mittlerweile hat sich dies durch verschärfte Kontrollen geändert.

Die Kameramänner machen selbstverständlich mit, Karl Freund benimmt sich aufsässig, verlängert manchmal seinen Vertrag nicht, wechselte in einen anderen Film. Andere bleiben stumm, verlangen viel von den Assistenten:

10 [Eisenstein] (1998): *Eisenstein und Deutschland.* S. 15–16.

11 Herlth (1979): Dreharbeiten mit Murnau. S. 129.

12 Produzent und Firmenchef (1889–1966), langjähriger und einflussreichster »Fabrikationsleiter« bei der Ufa, dann Leiter der europäischen Abteilung der Fox, auch in den USA tätig.

»Bei einem ehrgeizigen, besessenen Chef wie Fritz Arno Wagner, der Tag und Nacht arbeiten konnte, war es schlimm.«[13]

In den Anfängen sind viele Karrierewege möglich. Die Operateure, Aufnahmetechniker, wie sie genannt werden, kommen von der Fotografie oder dem Basteln an den Kameras, drehen auch bis zum Tonfilm mit ihren eigenen Geräten.[14] »Damals [vor 1915] mußte der Operateur noch alles machen, Drehen, Entwickeln, Belichten und den Film auch selbst schneiden.«[15] Einige der Erfolgreichen verfügen auch später noch über die komplette Nachbearbeitungskette, also auch ein Kopierwerk. Zu diesem wichtigen Vorteil werden wir noch kommen.

Die Regisseure sind oft Schauspieler, schreiben kleine Sketche für sich oder andere. Man baut auch mal Kulissen, um sich über Wasser zu halten. Es entstehen Produktionsfirmen, bei denen meist dieselben Namen auftauchen, zwischen Buch, Regie und Schauspieler wechseln sie bisweilen, bei Kamera bleiben sie meist gleich.

Schon zu Anfang der 1920er Jahre ist die Arbeitsteilung vollzogen. Die Operateure lernen von der Pieke auf, aber nicht wie heute als Assistenten, sondern als Kofferträger, »Stativkutscher«,[16] ihr technisches Wissen wird nicht gefördert, man will sich keine Konkurrenz großziehen. Die Aussage des Kameramanns Reimar Kuntze klingt da an anderer Stelle vier Jahre später überraschend optimistisch: »Der junge Hilfsoperateur, [...] der sich mit der Zeit einige Ateliererfahrung aneignet und sich eine eigene Apparatur kaufen kann, wird mit der Zeit weiter aufrücken und selbständiger Kameramann werden.«[17]

Die Arbeitsabläufe einer Produktion oder eines Drehtags ähneln sehr den heutigen, oder man könnte auch sagen, dass es einen Standardablauf zu keiner Zeit gibt, schon gar nicht bei den größeren Produktionen, um die es hier geht. Die Ehefrau Fritz Langs, Thea von Harbou, schreibt ab einem Zeitpunkt alle seine deutschen Drehbücher und der Produzent Erich Pommer produziert einige davon mit großem Aufwand. Manche Firmen wirken wie ein Familienunternehmen, selbst wenn die Produzenten Filmfabrikanten

13 Oberberg in einem Gespräch am 4. Februar 1983 bei ihm zuhause. [Tonbandprotokoll]

14 Vgl. Pindter: Interviews. Band 81, TC 05:01:23.

15 Hoffmann in: Treuner (1928): *Filmkünstler* [nicht paginiert, sondern Künstler alphabetisch geordnet].

16 Kuntze (1929): Hilfsoperateur oder Stativkutscher. S. 8.

17 Kossowsky (1925a): Die Männer der Kurbel. II. Reimar Kuntze.

genannt werden. Viele Teammitglieder ziehen sich von Film zu Film durch, einige wechseln.

Grundsätzlich gibt es bei Lang ausgiebige Vorbesprechungen – Regiesitzungen – mit den wichtigsten Mitarbeitern, deren zeitliches Ausmaß mit den Drehtagen Schritt halten können. Hierzu werden auch Modelle der Studiobauten angefertigt, die sehr detailgenau besprochen werden, auch Einstellungen werden festgelegt. Lang überlässt nichts dem Zufall, am Drehtag will er nur mit den Schauspielern arbeiten.

Mit knapp zwei Monaten erscheint die Drehzeit bei M – EINE STADT SUCHT EINEN MÖRDER relativ kurz, bei METROPOLIS mit 17 Monaten extrem lang, wobei, wie wir später sehen werden, dies nicht für das gesamte Team gilt. Lange Drehzeiten gelten auch für die anderen hier besprochenen Filme. Kleinere Filme müssen aber manchmal auch mit 20 Drehtagen auskommen. Oft schneiden die Regisseure in der Stummfilmzeit ihre Filme selbst. Darüber, wie sehr Kameramänner in den Postproduktionsprozess eingebunden sind, auch bei der Kopierwerksarbeit, ist mir außer Klagen und Beschwerden wenig bekannt.

Ähnlich unstandardisiert laufen auch die einzelnen Drehtage ab. Einige Kameramänner berichten, dass sie zuerst im Kopierwerk sich über den vorherigen Tag erkundigen. Oft steht am Arbeitsbeginn eine Stellprobe, dann wird aus- und umgeleuchtet, was deutlich mehr Zeit in Anspruch nimmt als heute. Laut Igor Oberberg[18] dreht man etwa eine Einstellung pro Stunde, das macht zehn Einstellungen am Tag, »das ist ein guter Schnitt.«[19] Davon entfallen etwa 50 Minuten auf das Einleuchten und zehn Minuten auf die Aufnahme.

Die Zeitschrift *Mein Film* fasst 1926 zusammen, wer im Studio anwesend sein muss: »Neben dem Regisseur zwei Aufnahmetechniker, weil ein zweites Negativ[20] für Amerika gebraucht wird, die Gehilfen der Aufnahmetechniker, mindestens ein halbes Dutzend Bühnenarbeiter und ebenso viele Beleuchter. Neben anderen Mitarbeitern noch zwei oder drei Musiker oder wenigstens ein Klavierspieler.«[21] Beim Stummfilm wird gerne bei den Aufnahmen Musik gemacht, um die Schauspieler in Stimmung zu bringen, offensichtlich schafft

18 Kameramann. *20.02.1907 Jekaterinburg, Russland. †22.12.1996 Berlin. War Assistent bei Fritz Arno Wagner. Drehte u. a. mit den Regisseuren Karl Ritter, Günther Rittau, Erich Engel und mit Helmut Käutner UNTER DEN BRÜCKEN (1946) und IN JENEN TAGEN (1947).

19 Oberberg (1983): Interviews. Band 38, TC 02:11:20.

20 Vgl. Kapitel *Mehrere Kameramänner bei einem Film.*

21 *Mein Film.* Nr. 16, 1926. S. 7–8.

der Regisseur es nicht allein. Die Bühnenarbeiter sind für den Bau zuständig, heute wird unterschieden zwischen Baubühne (Umsetzen von Dekorationsteilen u. ä.) und Kamerabühne, die im weitesten Sinne die Befestigung der Kamera verantworten: Hilfe beim Kameraaufbau, Absicherung des Stativs, Podeste für die Kamera, Aufbau und Bedienung von Dolly und Kran usw. Für die Beleuchtung gibt es einen Oberbeleuchter, der seine Mannschaft einsetzt, sein Assistent (heute: Best Boy) kümmert sich meist um die Stromversorgung, die Beleuchter für den Aufbau und die Absicherung der Lampen und Scheinwerfer. Bei DER BLAUE ENGEL sind zehn Beleuchter dabei, bei DER LETZTE MANN während der Nachtaufnahmen vor dem Hotel sind es 65.[22]

Grundsätzlich kann man sagen, dass es keine einheitlichen Standards bei den hier besprochenen Filmen gibt. Zu sehr schwanken die Bedingungen je nach Projekt und Etat. Kleinere Produktionen, die eher serienmäßig produzieren, haben sicher deutliche Vorgaben für Produktionszeiten, Materialverbrauch, Lichtaufwand usw. Aber bei Großfilmen wird mehr maßgeschneidert kalkuliert und gearbeitet, das schließt natürlich Überziehungen nicht aus.

Vom Operateur zum Kameramann

> Der Operateur hat ein bewußter Maler zu sein. Erstens, weil der Film als optische Kunst vor allem auch eine Augenweide zu sein hat. Zweitens, weil jede Beleuchtung, jedes Kolorit der Bilder symbolisch wirkt und eine bestimmte Stimmung ausdrückt, ob der Operateur es will oder nicht. Also muß er es wollen. Wenn er jeder »stimmungsvollen« Effektbeleuchtung ausweicht und nur klare, deutliche Bilder geben will, dann gibt er damit die Stimmung einer kalttrockenen Nüchternheit, die den Gefühlsinhalt des Films geradeso beeinflussen wird wie irgendeine Effektaufnahme. Keine Kunst kennt neutrale Mittel. Auch der Film nicht.[23]

Fünf Jahre zuvor zeichnet der dänische Regisseur Urban Gad in seinem Lehrbuch noch ein zwiespältiges Bild eines Kameramanns:

> Für einen Regisseur, der nicht über langjährige Erfahrung verfügt, ist es ratsam, den Operateur zur Seite zu haben und ihn beim Aufbau der Dekorationen und besonders bei der Ausstattung derselben beständig um Rat zu

22 Anon. (1930): Mehr Licht!
23 Balázs (2001) [1924]: *Der sichtbare Mensch oder die Kultur des Films.* S. 95.

> befragen. Allerdings stehen die Operateure, was Geschmack und Technik anbelangt, leider durchschnittlich nicht auf einer sehr hohen Stufe; in den meisten Fällen aber werden sie doch Auskunft darüber geben können, ob diese oder jene Einzelheit sich bei photographischer Wiedergabe besonders geltend machen wird.[24]

Hier sind wir also noch bei den Bastlern und mit der Wiedergabe dürfte die von Farben gemeint sein.[25] Ein nicht genannter Regisseur in Kalifornien sieht ein Jahr später die dortigen Kameraleute anders, zumindest die erfahrenen, die für die großen Studios arbeiten, sie seien aufmerksam, aktiv, energisch, tüchtig, intelligent und kompetent. Seine Begeisterung lässt sich kaum bremsen – im *American Cinematographer.*[26] Erst Anfang, Mitte der 1920er Jahre verschwindet langsam der Begriff »Aufnahme-Techniker« oder »Aufnahme-Operateur« und die Berufsbezeichnung »Kameramann« taucht auf. Etwa parallel wird dieser immer mehr Ansprechpartner für das Bild und nicht mehr der Filmarchitekt. In den Anfängen wurde bisweilen die Dekoration so gebaut, auch perspektivisch, dass nur eine Kameraposition möglich war. Die Kamera konnte also von einem Techniker bedient werden, der sich nur mit diesem Aufnahmegerät auskennen musste. Da auch nur unter standardisierten Lichtbedingungen gedreht wurde – z. B. Sonnenlicht – machte die Belichtung wenige Probleme. Auch entfiel jede künstlerische Auseinandersetzung mit der Kadrage, da diese vom Architekten gelöst wurde. Erst als die Arbeitsprozesse und auch die zu erzählenden Geschichten komplexer wurden, stiegen die Anforderungen an das Filmbild und den Operateur der Kamera.

> Nachdem der Kameramann jahrelang weiter nichts als ein Drehkuli, eine große Null gewesen ist, hat sich doch allmählich die Erkenntnis bei den Regisseuren und Fabrikanten Bahn gebrochen, dass der Kameramann und seine Tätigkeit der Mittelpunkt des ganzen Films ist. [...] Daher ist der gute Kameramann ebenso sehr ein Stück Regisseur, wie der gute Regisseur ein Stück Kameramann sein muss.[27]

Und der Kameramann muss auch Eigentümer der Kamera sein. Oskar Schnirch[28] erzählt, dass er anfänglich eine Debrie Holzkamera besitzt, weil

24 Gad (1919): *Der Film*. S. 126.
25 Vgl. Kapitel *Das Filmmaterial und die Gradation.*
26 Anon. (1920): The Cameraman of Today.
27 y. (1925): Mit der Kamera in die neue Saison.
28 Kameramann. *19.09.1902 Bautsch (heute Tschechien). †05.04.1995 München. Dreht seit 1923 u. a. mit den Regisseuren Adolf Edgar Licho, Werner Hochbaum, G. W. Pabst.

dieses Spezialholz besser auf große Hitze reagiert, aber als dann Debrie mit einem Metallgehäuse herauskommt, beginnen die Probleme: »Da gab es Produzenten, die haben gesagt, nicht in Metall haben sie die Kamera, ne, dann machen sie den Film nicht. So war das.«[29]

Es bildet sich ein Dreiergespann aus Regie, Kamera und Szenenbild und die immer gigantischeren »Großfilme« erfordern eine stärkere Spezialisierung aller Beteiligten, die in langen, vorbereitenden Regiesitzungen ihre Fachkompetenzen austauschen und so erst einen ästhetisch geschlossenen Film entstehen lassen können. Interessant, wie sich langsam hieraus filmische und damit bildästhetische Standards entwickeln und zu etablieren beginnen; und auch davon wird im Folgenden oft die Rede sein.

> In Deutschland wird auch der Kameramann als Künstler gleichwertig mit dem Regisseur angesehen. Seine Meinung zählt sowohl bei der Ausarbeitung des Drehbuchs als auch beim Drehen, bisweilen wird er auch zum Schnitt hinzugezogen. Er wird grundsätzlich lange vor Produktionsbeginn bis zur Zeit des Schnitts eingebunden. Seinen Namen wertachten die Titel wie den des Regisseurs und er erscheint bisweilen in elektrischem Licht vor dem Theater.[30]

Robert Low, der dies schreibt, arbeitet bei der englischen Fassung der Ufa-Produktion DER KONGRESS TANZT[31] mit und bewundert die deutschen Produktionsbedingungen. Ihn fasziniert das Gemeinschaftsgefühl[32] aller Mitarbeiter des Films, ihr Stolz, dabei zu sein. »Die Arbeit selbst ist das Wichtige, nicht die Bezahlung.«[33] Die Story handeln nicht nur Produzent und Autor aus, sondern auch der Regisseur und der Kameramann werden eingebunden. Bei DER KONGRESS TANZT sind bei den Gesprächen alle dabei, doch die Hauptarbeit liegt bei Erich Pommer, Erik Charell und Carl Hoffmann. Hier sieht Low den größten Unterschied zu amerikanischen Produktionen und schätzt besonders Pommer, der nicht nur fachlich sämtliche relevanten Arbeitsbereiche beherrscht, sondern auch die Mitarbeiter mit Namen kennt. Dies alles fördere in hohem Maß die Kreativität.

29 Schnirch (1984): Interviews. Band 54, TC 05:40:22.

30 Low (1932): Ufa. S. 8 [Übersetzung durch den Autor].

31 Deutschland 1931. Regie: Erik Charell. Kamera: Carl Hoffmann. Produzent: Erich Pommer.

32 Hierzu interessant auch der Begriff »gemeinschaftsproduktion« Vgl. St. Pierre (2016): *Cinematography in the Weimar Republic.* S. 242–244.

33 Low (1932). S. 23.

Der erfolgreiche amerikanische Maler und Fotograf Harry Lachman, der in Europa bei mehreren amerikanischen Produktionen als Regisseur arbeitet, ergänzt:

> Dort [Europa] ist er [Kameramann] nicht nur eine höchst wichtige Person am Set, sondern auch außerhalb. Er ist auch bekannter beim Publikum. Es läuft gerade ein Film in Europa – Carl Dreyers VAMPIR[34] – dessen Erfolg einzig wahrgenommen wird als öffentliche Würdigung der herausragenden Fotografie Rudolph Matés. Darüber hinaus umjubelte die Kritik den Film als ein fotografisches Meisterwerk und sie feierten es aus diesem Grund.[35]

Ein großer Vorteil in Deutschland liegt an dem hohen Ausbildungsstand nicht nur der Kameramänner, sondern aller Mitarbeiter. Wittmer erklärt das auch damit, dass durch die prekäre Devisensituation amerikanische Geräte und Fachkräfte von dort unbezahlbar werden. Es bleibt nur, die eigenen Leute bestens zu schulen. »Der deutsche Kameramann kann – und tut es auch – mit weniger Gerätschaft als sein amerikanischer Bruder ausgezeichnete Resultate erzeugen. Fachkenntnis statt Geld ist das wichtigste Element im Film ›made in Germany‹.«[36]

In Amerika sieht sich der Kameramann Virgil E. Miller[37] als einen der drei Verantwortlichen für den Film, neben dem Regisseur und dem Autor. Er kann weniger beim Aufbau des Plots helfen, aber viel bei der Charakterisierung der Figuren leisten, denn die Kamera kann auch unwahr erzählen und die Atmosphäre kann durchs Licht manipuliert werden. So sieht man, dass schwach gezeichnete Charaktere in einer unwirklichen Atmosphäre den Erfolg des Films verhindern. Das Publikum versteht dann nicht die Absicht des Autors. Der Kameramann, der die Sehnsüchte des Autors kennt, kann diese durch die entsprechende Atmosphäre und Ausleuchtung auch der Porträts auf die Leinwand bringen.[38]

Mit dem Übergang zum Tonfilm wird der Kameramann mehr zum dem, was wir heute DoP (*Director of Photography*) nennen, also einer für die Bildgestaltung und Lichtführung verantwortlichen Person, die nicht mehr unbe-

34 VAMPYR – DER TRAUM DES ALLAN GRAY. Deutschland, Frankreich 1931. Regie: Carl Theodor Dreyer. Kamera: Rudolph Maté.

35 Lachman (1932): Technical Ingenuity Reduces European Production Costs. S. 7 [Übersetzung durch den Autor].

36 Wittmer (1930): Licht, Achtung, Kurbel – Halt! S. 39 [Übersetzung durch den Autor].

37 *20.12.1887 in Coffeen, Illinois. †5.10.1974. Drehte u.a. mit den Regisseuren Edward Sedgwick, Lloyd Bacon, Thomas Z. Loring.

38 Vgl. Miller (1927): The Cinema Triangle. S. 4.

dingt die Kamera selbst bedienen muss, sondern dies dem ebenfalls gerne englisch genannten Operator (früher heißt er »Schwenker«) überlässt.

Das in diesem Buch immer nur der Begriff »Kameramann« und nicht auch »Kamerafrau« auftaucht, liegt einfach daran, dass es in der damaligen Zeit keine Kamerafrauen gibt. Nach meiner Kenntnis kommen in Deutschland erst in den 1960er Jahren Frauen an die Kamera, oder wahrscheinlich muss man sagen, wurde es ihnen erst erlaubt, denn sie mussten sehr dafür kämpfen. Und selbst heute ist es trotz einer Vielzahl hervorragender und erfolgreicher Kamerafrauen noch keine Selbstverständlichkeit, dass eine Frau für die Fotografie eines Films verantwortlich zeichnet. So sind wir von einer Parität noch weit entfernt. Diese Dominanz der Männer gilt auch für die anderen Sparten hinter der Kamera, mit wenigen Ausnahmen wie beim Drehbuch und der Montage. Einzig beim Schauspiel bröckelte die Isolierung der Frauen früher.

Eine Kuriosität will ich zu den englischen Berufsbezeichnungen anmerken. Durchgesetzt haben sie sich nicht als Erleichterung für das Gendern, sondern der Begriff »Kamerafrau/mann« lässt bis heute, besonders für Juristen, einen Techniker assoziieren. Techniker können Patente erlangen, nicht aber am Urheberrecht teilhaben. So setzte sich in Deutschland immer mehr der Begriff »*Director of Photography*« durch, da er urhebertauglicher erscheint. Das funktioniert auch, deutsche Kameraleute partizipieren durch starkes Engagement des Berufsverbands Kinematografie (BVK) am Urheberrecht – im Gegensatz zu den amerikanischen Kollegen, die sich trotz der passenderen Berufsbezeichnung vor Jahrzehnten in den USA als Techniker haben einstufen lassen und somit am Urheberrecht nicht teilhaben.

Kameraarbeit als Geheimwissenschaft

Je mehr der Kameramann sich nun gezwungen fühlt, Fachkenntnisse zu erwerben, desto mehr glaubt er, diese vor Konkurrenten schützen zu müssen, und dieses Bedürfnis lähmt sehr schnell den Austausch von Fachinformationen. »Dass wir [Kameraleute] fachliche Gespräche untereinander geführt haben, das kann man eigentlich nicht sagen.«[39] Jeder hat seine Geheimnisse oder macht sein Wissen zu einem, die Abschottung wird verbrämt zum Schutz der Illusion oder vor Werksspionage: »Ich will gerne die Neugierigen ein wenig in und vor meinen Kurbelkasten blicken lassen, wenngleich es

39 Pindter (1984). Band 82, TC 05:41:30.

nicht meine Absicht ist, dem Publikum die Illusion zu rauben und dem Fachmann allzu deutliche Tipps in seine Werkstatt zu reichen.«[40]

Man beherrscht die Funktionsweise und Handhabung der Kamera, weiß um den Lampenpark und die dafür notwendige Elektrizität, aber bei dem wichtigsten Thema, der Belichtung und wie man das latente Bild bearbeiten kann, dominiert *Trial-and-Error*. So mag bei dem einen oder anderen auch die eigene Unkenntnis zum Geheimnis stilisiert werden. Selbst ein Fachbuch von Guido Seeber und Victor Mendel[41] von 1927 behandelt nur den Aufnahmeapparat, die Elektrotechnik, Lampentypen und die Arbeitsstätten, also die unterschiedlichen Formen der Ateliers. Die Theorie informiert nur über den kinematografischen Effekt, also warum sehen wir Bewegung, nicht aber über den fotografische Prozess, die Belichtung und Entwicklung. Lehmann und Merté behaupten schon 1919 tollkühn, dass die Behandlung des belichteten Filmmaterials »in genau denselben chemischen Bädern wie bei den in gewöhnlichen Kammern belichteten Negativplatten oder Film [geschieht], ist also genügend bekannt, so dass wir uns dabei nicht weiter aufzuhalten brauchen.«[42] Nur nebenbei sei erwähnt, dass bis heute die physikalischen, chemischen Vorgänge bei Belichtung und Entwicklung immer noch nicht restlos geklärt sind. Für die rein handwerkliche, operative Seite sieht es in der Fotografie anders aus. Für Amateurfotografen wird schon 1915 empfohlen, auf Messgeräte oder Belichtungstabellen zurückzugreifen.[43] Nun kann sich vermutlich kein professioneller Kameramann, der ein Geheimnis hüten muss, erlauben, wie ein Amateur herumzulaufen. Aber einer der bedeutendsten deutschen Fotografen, Albert Renger-Patzsch, kann es und empfiehlt es offen 1925 in einem Artikel, schon wissend, dass Kollegen über ihn lächeln werden.[44] Lehrbücher für Kameraleute sind eher Gebrauchsanweisungen zum Bedienen von Geräten.

Wenn man nur bei Sonne fotografiert, dann hat man schnell raus, mit welcher Blende man bei welchem Material brauchbare Ergebnisse bekommt. Deshalb wird bis in die 1930er Jahre außen fast nur bei Sonne gedreht, und sobald eine Wolke davor zieht, beginnt die Unsicherheit und man wartet.[45]

40 Hoffmann (1922): Wie ich die Nacht einfing.
41 Vgl. Seeber; Mendel (1927): *Der praktische Kameramann.*
42 Lehmann; Merté (1919): *Die Kinematographie.* S. 53.
43 Vgl. Anon. (1915): *Leitfaden für den Amateur-Photographen.* S. 36–38.
44 Vgl. Renger-Patzsch (2010) [1925]: Über das Fotografieren von plastischen Kunstwerken. In: *Die Freude am Gegenstand.* S. 40.
45 Vgl. Oberberg (1983). Band 21, 0:09:2. Oder Schulze (1983): Interviews. Band 16, TC 05:47:45. Oder: Schnirch (1984). Band 54, TC 02:11:20.

Die Studioarbeit stellt höhere Anforderungen, denn je mehr unterschiedliche Lampentypen auftauchen, desto unübersichtlicher wird die Situation. Trotzdem will man nicht auf Lichtmessgeräte zurückgreifen oder versteht sie nicht. Lieber wird geraten – einige bauen auf Erfahrung – und man überlässt das belichtete Material einem Kopierwerk, das nach Sicht entwickelt. Damit beginnt ein ganz eigener Leidensweg, der weiter unten beschrieben wird.

Trotzdem zählen deutsche Kameraleute in Europa zur Elite und sind zum Beispiel im damals kinematografisch noch unentwickelten England, wenn auch nicht gerne gesehen, so doch bis zu Beginn des Zweiten Weltkriegs sehr gefragt. Die englischen Kollegen hoffen von den Ausländern zu lernen, doch die schirmen sich ab, kleben selbst die Blendenzahlen an der Optik ab.[46]

Haben bei der Lösung der technischen Probleme viele die gleiche Unsicherheit, so wird bei der künstlerischen Arbeit die Gerätschaft zu einem großen Mysterium. Die Wahl der Kamera wird nach Prestige und Geldbeutel getroffen.[47] Ganz vorne liegen die französische Debrie oder die deutsche Askania, unerreichbar sind für die meisten die als hochwertiger eingestuften amerikanischen Kameras von Bell & Howell oder gar Mitchell.[48] Aber die Kamera beeinflusst weniger die Ästhetik, eher die Arbeitsgeschwindigkeit und die Trickmöglichkeiten. Entscheidender wirkt sich aus, »was davor war, die Art der Optiken, die Wahl der Optiken, welche Firma, welcher Charakter und das Kompendium – das war das große Geheimnis jeden Kameramanns. Und das war eigentlich sein Stil, den er zeigte [...]. Der verriet nichts, der sagte noch nicht einmal, mit welchen Optiken er arbeitete, möglichst nicht.«[49]

Das Kompendium, dieser Vorsatz vor dem Objektiv zum Schutz vor Lichteinstrahlung, wird zur »Zauberkiste«, ihm widmet Seeber in seinem Lehrbuch allein 15 Seiten[50]. In ihm finden die Filter Platz, die Kaschs, die Vignetten. Mit dem Kompendium und dessen Zubehör kann sehr stark in die Bildästhetik eingegriffen werden und der Koffer für den Transport dieser Gerätschaften wird gehütet wie ein Augapfel. Den »hat jeder Kameramann selber gehabt, weil jeder Kameramann verschiedene Geschmacksrichtungen hatte mit Filtern, mit Verlauffiltern, [...] mit einem Tubus, den sie vorne anhängen, wo

46 Vgl. Petrie (1996): *The British Cinematographer.* Ab S. 30.
47 Vgl. Die Aufgaben des Kameramanns. *Kinotechnische Rundschau des Film-Kurier.* 30.12.1926.
48 Vgl. Grabenhorst (1929): Gerät in des Kameramanns Hand: Womit wird gedreht?
49 Schulze (1983). Band 16, TC 05:49:22.
50 Vgl. Seeber; Mendel (1927). S. 152–166.

sie die verschiedenen Kaschgeschichten machen konnten. Dann auch die Softscheiben. Das war wie ein Arzt, der so seine kleine Tasche mitbringt und das geeignete einsetzt, weil jeder verschiedenartig gearbeitet hat.«[51]

Schon 1913 bilden sich in Kalifornien und New York Clubs für Kameramänner[52], 1919 wird der *ASC* (*American Society of Cinematographers*) gegründet und die Zeitschrift *The American Cinematographer* (*AC*) erscheint 1920.[53] Sowohl in den Clubs als auch in der Zeitschrift wird ein reger Austausch über Kameraarbeit betrieben, aber auch dort lieben nicht alle die Offenheit nach außen:

> Die amerikanischen Filmfabriken sind überein gekommen, in Zukunft keinerlei Aufklärung über Filmtricks zu geben und auch das Erscheinen derartiger Fotografien zu verhindern suchen. Es hat sich herausgestellt, dass die Erklärungen des Tricks zwar manche Besucher zur nochmaligen Besichtigung des Films verlockten, dass im übrigen aber die Desillusionierung des Publikums größer war als der Kassenerfolg des doppelten Besuchs. Die Zuschauer sind den amerikanischen Fabrikanten zu skeptisch geworden.[54]

Aber unter den Kameraleuten wird in den USA leichter und beständiger Wissen ausgetauscht und in der Fachpresse publiziert – bis heute – als in Deutschland. Für mich mit ein Grund, warum die amerikanische Filmfotografie so mutig nicht nur technisch, sondern auch ästhetisch voraneilen kann. Interessanterweise findet der Vergleich deutscher Kameraarbeit mit der amerikanischen umgekehrt auch in den USA statt und führt zu einer dramatischen Angst in Hollywood, die sich sehr gut aus einem zweiseitigen Artikel lesen lässt – zu einem Zeitpunkt, als noch kein deutscher Kameramann in den USA arbeitet:

> Monat für Monat sind Zeitungen und Magazine, die dem Film Platz einräumen, gefüllt mit Beiträgen uneingeschränkten Lobs für die Arbeit dieser Kameramänner. Freund, Hoffman[n] und andere wurden mit mehr Adjektiven befeuert als all unsere Präsidenten zusammen. Kritiker, die sich stolz als solche bezeichnen, die keine Superlative benutzen, entschuldigen sich nun, weil sie nicht genug von ihren Gefühlen für die ausländischen Kameramänner ausdrücken können.[55]

51 Pindter (1984). Band 81, TC 05:09:07
52 Vgl. Staiger (1985): Standardization and Differentiation. S. 105.
53 Vgl. Sterling (1987): *Cinematographers on the Art and Craft of Cinematography*. S. IX.
54 *Kinematograph*, Nr. 959. 5.7.1925. S. 21.
55 Hall (1928): They Are Better in the USA. S. 7 [Übersetzung durch den Autor].

Dieser Komplex mag auch daher stammen, dass in Amerika der Kameramann nicht als gleichwertiger Partner neben dem Regisseur steht. Zu den vielen ängstlich befragten immigrierten Regisseuren, ob sie zukünftig mit Europäern arbeiten wollen, gehört auch Alexander Korda, der mit der amerikanischen Hierarchie den Frager zu beruhigen sucht: »Sehen Sie, letztendlich ist es nicht der Genius des Kameramanns, der die ausländischen Filme großartig macht. Es ist die Kombination von Regisseur UND Kameramann. Nicht der Kameramann UND der Regisseur; sondern der Regisseur UND der Kameramann. Verstehen Sie was ich meine? Ja?«[56]

Vermutlich wandelt sich der amerikanische Film vom Erzählen mit Bildern zum Erzählen durch Schauspieler schneller als der europäische. Aber ich will mit dieser saloppen These den folgenden Analysen nicht vorgreifen.

Mehrere Kameramänner bei einem Film

Der Stand der Filmmaterial- und der Kopierwerkstechnik erlaubt es in Deutschland bis Ende der Stummfilmzeit nicht, Duplikate von Negativen zu erstellen.[57] Von einem Negativ, das durch die Kamera läuft, lassen sich problemlos 100 Kopien herstellen, selten soll es gar gelungen sein, bis zu 400 von einem einzigen Negativ zu ziehen. (400 Kopien entsprechen in Deutschland um die Jahrtausendwende einem großen Start eines Films mit mehreren Millionen Zuschauern, mehr Kopien werden in der Bundesrepublik selten benötigt.) Aber 100 Kopien sind für eine Auswertung im deutschen Reich zu wenig, besonders wenn man den Film auch ins Ausland verkaufen will. In der Regel werden drei Negative benötigt, eins für die hiesige Auswertung, eins für Europa und eins für die USA. Also müssen mehrere Negative während der Dreharbeiten erstellt werden. Dazu gibt es zwei Möglichkeiten, entweder dreht man die Einstellung mehrmals hintereinander, bis es drei gute Aufnahmen gibt, oder man versucht mit wenigstens zwei Kameras – und Kameramännern – parallel zu drehen, was für das Bild immer einen Kompromiss darstellt.

Die Problematik, dass mehrere Kameraleute an einem Film arbeiten, wird ausführlich zwischen den Kameraleuten A. v. Barsy und Reimar Kuntze in der *Kinotechnik*[58] diskutiert. In der Theorie – und wie man in vielen Titel-

56 Ebd. S. 8.
57 Vgl. Salt (1983): *Film Style and Technology*. S. 222.
58 Vgl. Barsy (1925a): Der »zweite« Operateur.

angaben lesen kann – sind alle Kombinationen möglich: erfolgreicher Kameramann und Anfänger, zwei erfolgreiche, zwei erfahrene usw. Igor Oberberg berichtet,[59] dass der erste Kameramann prinzipiell für die Arbeit des zweiten verantwortlich ist. Aber er gibt auch Beispiele, wo der zweite mit nur kargen Angaben eigenverantwortlich arbeiten muss. Theoretisch bleibt beiden die Aufgabenaufteilung überlassen, wohl auch weitgehend, wo und wie die Kameras positioniert werden: nebeneinander, um möglichst ähnliche Bildausschnitte zu bekommen, oder – aus der Einsicht, dass dies kaum möglich ist – lieber gleich zwei völlig verschiedene Bildinhalte. Aber es »muß hier also festgestellt werden, daß es einen zweiten, künstlerisch verantwortlichen und schöpferisch tätigen Operateur nicht gibt und nicht geben kann. Er muß sich entweder zwangsmäßig fast vollständig oder freiwillig vollständig den künstlerischen Intentionen des ersten unterordnen.«[60] Das dürfte auch der Regisseur so sehen, schon um endlosen Diskussionen aus dem Weg zu gehen. »Bei den meisten Spielfilmen liefen zwei Kameras nebeneinander. Der erste Kameramann, der für die Fotografie verantwortlich war, bediente die erste Kamera, ein zweiter Kameramann die andere. Aus der ersten Kamera stammte das heimische Negativ, … das andere Negativ war für den Auslandsmarkt bestimmt.«[61]

Es gibt natürlich auch Regisseure, die den Kompromiss für das Bild beim gleichzeitigen Drehen mit mehreren Kameras nicht eingehen wollen. Fritz Lang gehört sicher dazu. »Wie immer war Lang auch hier erst zufrieden, als mindestens drei der vielen Aufnahmen seinen Intentionen auch schauspielerisch vollkommen entsprachen.«[62]

Damit erhält man drei von der Kadrage her identische Negative. Nur die Länge der Einstellung differiert leicht. Die Arbeitszeiten belasten dieses Verfahren sehr und nicht viele Regisseure werden dieses Privileg genießen können. G. W. Pabst und Fritz Arno Wagner – wie wir später sehen werden – setzen die zweite Kamera eher so ein wie es heute geschieht, dass nämlich eine völlig andere Einstellung parallel gedreht wird. Da sie aber auch drei Negative von jeder Kadrage brauchen, muss so lange gedreht werden, bis man mit jeder Kamera die nötigen Negative hat.

59 Vgl. Oberberg (1983). Band 22, 0:01:40.

60 Barsy (1925b): Antwort auf die Einwände zu meinem Aufsatz »Der ›zweite‹ Operateur«.

61 Brownlow (1997): *Pioniere des Films*. S. 262.

62 Kettelhut (2009): *Der Schatten des Architekten*. S. 145.

Vergleiche und Gegenüberstellungen gibt es auf einigen Blu-Ray Discs zwischen der deutschen Fassung und der für den Export, z. B. von FAUST und DER BLAUE ENGEL.[63]

Die Gerätschaft und ihre Handhabung

Es geht in den folgenden Kapiteln weder um eine historische Auflistung der Geräte noch um einen technischen Vergleich unterschiedlicher Systeme. Hierfür seien David Bordwell, Janet Staiger und Kristin Thompson, Kenneth MacGowan, Robert Müller, Barry Salt oder Guido Seeber[64] empfohlen. Es soll lediglich auf einige technische Besonderheiten hingewiesen werden, um Zusammenhänge in den Analysen besser verstehen oder – wie am Beispiel der Bildfrequenz – die unterschiedliche Rezeption damals zu heute erahnen zu können. Das Glossar hilft, wenn es um ein bloßes Verständnis von Begriffen geht. Zu den Jahreszahlen sei angemerkt, dass viele Prozesse parallel verlaufen und eine Zeitangabe nicht unbedingt Anfang oder Ende des beschriebenen Phänomens bedeutet.

Kamerabewegungen

Die ersten Bildveränderungen entstehen, als man die Kamera auf ein Gefährt montiert, das eigenständig fahren kann, z. B. ein Auto, ein Schiff oder einen Zug. Dann beginnt man die Kamera selbst zu bewegen, indem man sie auf dem Stativ schwenkt oder auf ein speziell konstruiertes Gerät (Dolly oder Kran) setzt, um motiviert Darsteller zu verfolgen oder um autonom etwas vorzuführen oder um zu dramatisieren. Einige, wie Karl Freund, nehmen sie auch in die Hand bzw. lassen sie sich vor den Bauch schnallen, um beweglicher zu werden oder ganz ungewohnte Bilder zu kreieren. Davon werden wir noch zu reden haben. Für all diese Eigenbewegungen der Kamera gibt es zwei wichtige technische Voraussetzungen unabhängig vom Dolly oder ähnlichem Gefährt. Zum einen braucht man eine bewegliche Verbindung zwischen Stativbeinen und Kamera und, noch wichtiger, man braucht die Möglichkeit, das aufzunehmende Bild zu kontrollieren.

63 Vgl. Literaturliste.
64 Vgl. Bordwell; Staiger; Thompson (1985). MacGowan (1965): *Behind the Screen.* Müller (1994): Lichtbildner. Salt (1983). Seeber; Mendel (1927).

Die Stativbeine sind schon recht früh mit einem sogenannten Kopf ausgestattet, der es erlaubt, die Kamera zum Verstellen vertikal zu neigen und horizontal zu drehen. Zum Einrichten der statischen Kamera reicht dieser Mechanismus aus, bemängelt wird aber von Seeber in seinem Buch[65] die allgemeine Instabilität. Die wird natürlich nicht besser, wenn die Kamera während der Aufnahme bewegt werden soll. Einige Köpfe arbeiten mit einem Kurbelsystem, andere behelfen sich mit einfacher Friktion. Parallel zur Schwenkbewegung muss ja auch für den Filmtransport gekurbelt werden. »Wer das erfolgreich machen will, muß eine ziemliche Übung haben. Sicherer ist es, den Apparat durch einen Gehilfen drehen zu lassen und selbst die Kurbel am Stativkopf zu handhaben.«[66]

Aber die Probleme sind noch größer, denn das Bild soll sich ja nicht nur verändern, man will diese Veränderung auch kontrollieren. »Der Sucher eines kinematographischen Aufnahme-Apparates wird in den allermeisten Fällen als ein nicht besonders wichtiges Zubehör angesehen. Diese Ansicht ist sehr unrichtig, denn eine Kamera kann erst dann richtig benutzt werden, wenn ein absolut zuverlässiger Sucher vorhanden ist.«[67] Die Geringschätzung mag mit der Qualität und Nützlichkeit dieses Geräts einhergehen. Auch Seeber disqualifiziert den Rahmensucher und den beliebten Newton-Sucher als ein »geringwertiges Hilfsmittel«. Bei Letzterem hilft zwar ein optisches System, aber bei beiden muss quasi über Kimme und Korn das Bild angepeilt werden. »Eine dem aufzunehmenden Bilde wirklich genau entsprechende

65 Vgl. Seeber; Mendel (1927). S. 175–177.
66 Liesegang (1918): *Handbuch der praktischen Kinematographie*. S. 339. Vgl. Anon (1925): Die deutsche kinotechnische Industrie. S. 20.
67 Seeber; Mendel (1927). S. 143.

Einstellung kann man mit solchen Suchern schon deswegen nicht vornehmen, weil senkrechte Linien an den Seiten mehr oder weniger gekrümmt erscheinen und daher eine Begrenzung derselben mit Sicherheit nicht möglich ist.«[68]

Die Misere der Sucher wird am besten deutlich, wenn man Seebers Favorit betrachtet, einen Kastensucher, der zwar bei entsprechender Optik und Parallaxenausgleich (Korrektur des Abstands zwischen Sucher und Aufnahmeobjektiv) den präzisen Bildausschnitt der Aufnahme zeigt, nur leider steht das Bild auf dem Kopf. Dies zu korrigieren macht den Sucher sehr teuer und unhandlich. Noch 1929 hält Grabenhorst es für nötig, darauf hinzuweisen, »dass der Kameramann am liebsten mit einer Kamera arbeitet, die ihm gestattet, das aufzunehmende Bild ganz und wenn möglich vergrößert und aufrecht zu beobachten.«[69] Was aber längst nicht von allen Geräten ermöglicht wird. Deshalb gehört es zu den Standards der frühen Kinematografie, statische Einstellungen ohne kleinste Korrekturbewegungen völlig unbewegt zu lassen.

Dass viele Operateure eine andere Kontrollmöglichkeit bevorzugen, wundert nicht. Das Filmmaterial besteht, vereinfacht gesagt, aus dem flexiblen Trägermaterial und der aufgegossenen Emulsion und schaut unbelichtet und unbearbeitet wie eine bewegliche Milchglasscheibe aus. So kann das Bild, das durch die Optik erzeugt wird, in der Kamera von der Rückseite her wie auf einer Mattscheibe betrachtet werden, wenn die notwendige Andruckplatte im Bildfenster entsprechend konstruiert ist und dies zulässt. Die meisten Kameras ermöglichen diese Kontrolle. Der Operateur kann hinter der Kamera unter ein lichtdichtes Tuch schlüpfen und durch ein Rohr mit einer Linse von hinten auf den Film schauen. Das Tuch soll verhindern, dass falsches Licht auf den Film fallen kann. Nun sind die Filme zwar recht unempfindlich, brauchen also viel Licht, trotzdem erscheint das Bild dunkel und – das hatten wir schon – kopfstehend. Für die Kontrolle der Schärfe, der Kadrage, und einige benutzen es auch als Schätzhilfe für die Belichtung, funktioniert dies recht gut, aber Schwenken wird zur echten Herausforderung. Da kann es auch passieren, wie Oberberg erzählt, wenn man sich nicht lange genug unter dem Tuch an die Dunkelheit adaptiert hat, dass man mit dem falschen Schauspieler mitschwenkt. Als dann in der zweiten Hälfte der 1920er Jahre immer mehr Materialen eine Lichthofschutzschicht bekommen,

68 Ebd. S. 146.
69 Grabenhorst (1929).

um Streu- und Reflexionslicht in der Emulsion zu verhindern, wird der Rohfilm opak und damit als Mattscheibe unbrauchbar.

In Deutschland wird von der Firma ARRI bereits in den 1930er Jahren eine Spiegelreflex-Kamera gebaut, in den USA dauert es über 20 Jahre länger. Offensichtlich bestand in Amerika mit seinen stark handlungsbetonten Filmen kein dringender Bedarf, die Kadrage präzise zu kontrollieren.

Studio und Leuchten

In den Anfängen der Kinematografie, als sie noch um die Anerkennung als Kunst kämpft und dabei jede Eigenart besonders gegenüber dem Theater ins Feld führt, gilt als großer Trumpf die Außenaufnahme:

> Es ist der gewaltige Vorteil der freien Landschaft, genauer gesagt des überhaupt unendlichen Milieus. [...] denn es bedeutet, wie gesagt, die Ueberwindung der technisch engen und unzulänglichen Bühne, aus nachgemachtem Kulissenschein führt es das Drama ins Grenzenlose der Wirklichkeit hinaus. Nicht mehr ein Spiel zwischen Leinwand und Pappe, wird das Lichtspiel zu einem Einlug ins Leben selbst, in Gottes freie Natur.[70]

Doch schnell glaubt man, von äußeren Einflüssen unabhängig werden zu müssen, und drängt auf die gesicherte Filmbühne. Urban Gad gibt 1919 eine exakte Beschreibung des Glashauses als modernes Atelier mit Angaben über Maße und Himmelsausrichtung mit der Längswand nach Süden: »Das Atelier wird aus Eisen und Glas gebaut, die Längswände werden mit den stärksten Säulen versehen, um die gewaltige Glasfläche gegen den Wind zu stützen, während die Deckenkonstruktion so leicht wie möglich gebaut werden muß, damit so wenig Licht wie möglich verloren geht.«[71]

Ein Jahr später zitiert die dritte Ausgabe des *American Cinematographer* den vom elektrischen Licht schwärmenden L. Guy Wilky[72]: »Wenn man es im Dunkelatelier benutzt, können alle Lichtfunktionen in jeder Kontrastabstufung von Spitzlichtern über Halbtöne bis zu den Schatten erzielt werden.[...]

70 Pordes (1919): *Das Lichtspiel*. S. 71.
71 Gad (1919). S. 72.
72 *1888. †1971. Kameramann und Vizepräsident der ASC, arbeitet u.a. für Wm. DeMille Productions.

Jeder Kameramann, der auf einen großen Erfolg seiner Arbeit hofft, sollte Elektrizität verstehen.«[73]

Béla Balázs zieht 1924 eine ernüchterte, fast möchte man sagen enttäuschte Bilanz über die Studiobegeisterung der deutschen Filmbranche:

> Denn in seinen ›Originalaufnahmen‹ schien der Film ja seinen größten und vielleicht einzigen Vorzug gegenüber den künstlichen Gebilden der Theaterbühne zu haben. Und siehe, die Entwicklung der Filmkunst führt immer weiter weg von der Originalnatur. Die moderne Filmtechnik vermeidet heute schon, soweit es nur geht, ›Außenaufnahmen‹ und baut sich nach Tunlichkeit jedes Milieu, womöglich auch Gartenanlagen und offene Straßen, selber auf.[74]

Und so stellt sich noch Mitte der 1920er Jahre nicht die Frage nach Außen- oder Studioaufnahmen, sondern ob man lieber im Glashaus oder Dunkelatelier bzw. Kunstlichtatelier drehen will.[75] Karl Freunds Wahl fällt eindeutig auf das Kunstlichtatelier; und im Vergleich gegenüber Außenaufnahmen führt er das kontinuierliche Arbeiten ohne ständig wechselnde Lichtbedingungen an. Zudem wähnt er die Darsteller am Originalschauplatz unkonzentriert durch mögliche Zuschauer.[76]

Doch bereits in seinen Neujahrswünschen 1928 macht er eine Kehrtwende, da hatte er allerdings einschneidende Erfahrungen bei den Dreharbeiten von Metropolis gesammelt, wovon wir noch lesen werden:

> ›Los vom Atelier‹ – dem Treibhaus kunstgewerblichen Talmis – war immer meine Parole und heute sehe ich mehr denn je, daß das Ziel jedes ehrlichen Filmschaffenden in der Loßreißung von der Konfektions-Atmosphäre der Atelierfabrik sein muß. Die Zeit gibt mir recht, denn die rapid fortschreitende Verfeinerung am Roh-Film, Beleuchtungsmaterial und Aufnahmeapparat im letzten Jahr wird sehr bald die Diktatur des ›gekünstelten‹ Lichts brechen.[77]

Dunkelateliers, die schnell auch schalldicht sind, werden aber bald wieder die Arbeitsheimat Freunds sein und haben bis heute überlebt. Und gekünsteltes Licht provoziert heute nicht mehr der Drehort oder die Technik, sondern legt eine ästhetische Entscheidung fest.

73 Wilky (1920): Artificial Lighting and Equipment of Studios. S. 1 [Übersetzung durch den Autor].
74 Balázs 2001 [1924]. S. 66.
75 Vgl. Kossowsky (1925d): Die Männer der Kurbel. IV. Karl Freund.
76 Ebd.
77 Freund (1928): Was die Mitarbeiter des Produzenten wünschen. S. 22.

Grundsätzlich kann man sagen, dass im deutschen Stummfilm ungerne außen gedreht wird, bestenfalls auf dem Studio-Freigelände. Egal ob bei Außenaufnahmen, im Glashaus oder im Studio, auf zusätzliches Licht kann nicht verzichtet werden. Die *Kinotechnische Rundschau* unterscheidet drei typische Systeme nach Lichterzeugung: Bogenlicht, Quecksilberlicht und Glühlampenlicht.[78] Schon früh tauchen Quecksilberdampflampen in den ersten Ateliers auf, meist sind es Ständer mit sechs bis acht Röhren von 125 cm Länge, einem Kasten mit langen Leuchtstoffröhren nicht unähnlich, auch im relativ geringen Stromverbrauch. Sie erzeugen, bedingt durch die große Leuchtfläche, eine weiche Schattenkontur. »Quecksilberdampflampen können uns aber nur die Grundlage einer Filmbeleuchtung liefern. Wir brauchen darüber hinaus Bogenlampen.«[79] Beim Bogenlicht unterscheidet man zwei Haupttypen danach, ob die Strahlung direkt oder gerichtet auftritt. Bei Direktstrahlern wirkt die Lichtquelle entweder offen oder verdeckt, um das Licht indirekt abstrahlen zu lassen.[80] Letztere gibt durch die großflächige indirekte Abstrahlung ein weicheres Licht. Beim gerichteten Licht besitzt der Scheinwerfer einen Reflektor und/oder ein optisches System zur Bündelung; Bogenlicht-Scheinwerfer mit einer Stufenlinse erzeugen durch die kleine Lichtquelle und ihre extrem große Wirkung das brillanteste Licht, also mit einer scharfen Schattenkante.

Liesegang zitiert 1918 in seinem Handbuch wohl als Lernhilfe den amerikanischen Physiker Luckiesh aus der *Photographischen Industrie*[81] mit einigen Beispielen für eine Studioausleuchtung. Deutlich wird, dass es um die Erfüllung der technischen Notwendigkeit und nicht um Ästhetik geht, obwohl in diesem Beispiel eine deutliche Lichtrichtung von einer der Längsseiten vorgegeben wird: »Spielfläche ungef. 5 X 10 m. 124 Quecksilberdampflampen (Gleichstrom) 112 Volt, 3,5 Amp.; Gesamtverbrauch rund 50 Kilowatt. Anordnung der Lampen: 48 an der Decke, etwa 4 m über dem Boden und 30 Grad gegen die Horizontale geneigt. 64 an der einen Längsseite in Zweidrittel der Raumhöhe, 12 an der Front. Die Schauspieler 3 m von den Frontlampen entfernt.«[82] Es ist sicher kein Zufall, dass für diese präzisen Angaben ein Amerikaner zitiert werden muss.

78 Vgl. Anon. (1929): Vom Laboratorium zum Lichtspielhaus: Ausleuchtung des Filmateliers.
79 W.R.K. (1925): Beleuchtungswahnsinn.
80 Vgl. Anon. (1929) Vom Laboratorium zum Lichtspielhaus.
81 Vgl. Heft 35, 1915. S. 516.
82 Liesegang (1918). S. 357.

Beide Lichtsysteme, Bogenlicht und Quecksilberlicht, haben farbspektral kein sauberes weißes Licht, müssen umständlich gehandhabt werden und machen Lärm. Grund genug, sie beim Aufkommen des panchromatischen Materials und der folgenden Einführung des Tonfilms trotz hohen Wirkungsgrads gegen das Glühlicht auszutauschen. Glühlicht gilt als stromsparender, bedienerfreundlicher und leichter, nur kennen sich wenige Kameraleute damit aus.[83] Ästhetisch kann es die Anforderungen nicht ganz übernehmen, eignet sich mehr für eine weiche Ausleuchtung. »Glühlampenarmaturen besaßen bis zu 40 Lampen mit 200 Watt, die auf ein Brett montiert waren,«[84] sie lösen die großflächigen Quecksilberdampflampen ab, und es gibt zwar Stufenlinsen-Scheinwerfer, aber nicht so leistungsstark und brillant wie Bogenkohle, doch dieser Kompromiss wird auch aus ökonomischen Gründen eingegangen. Trotzdem verschwindet damit die Bogenkohle nicht, zu konkurrenzlos arbeitet ihr Licht. Zudem kommt eine »panchromatische Kohle«[85] auf den Markt und die Scheinwerfer werden leiser.[86]

Der Energiebedarf erscheint heute unvorstellbar: Für Köpfe hat man 1925 im Studio »bis zu 600–800[87] Ampère zur Verfügung«.[88] 5.500 Ampère in einem anderen Studio für ein Speisezimmer sind dem Autor aber entschieden zu viel: »Anders als durch Angst vor unscharfen oder unterexponierten Bildern ist eine solche Überbeleuchtung eigentlich gar nicht zu erklären.«[89] Haushaltssicherungen eines Stromkreises decken heute meist 16 Ampère ab, die auch für Waschmaschinen ausreichend sind.

Überlegungen zur Lichtführung

Kommen wir zur Lichtführung, die ganze Bibliotheken füllt[90] und deshalb hier nur angerissen werden kann. Der Umgang mit Licht hat in der klassischen Filmfotografie die Aufgabe, die Wahrnehmung der Dreidimensionali-

83 Vgl. Bordwell; Staiger; Thompson (1985). S. 294. Oder: *American Cinematographer.* No. 2, Mai 1928. S. 8.
84 Koshofer (1994): Die Filmmaterialien. S. 117.
85 Kalb (1931): The Use of Carbon Arc Lighting with the New Fast Panchromatic Film. S. 260.
86 Vgl. Reimers (1929): Kämpfe im Tonfilm-Atelier.
87 Weit über 100 kW.
88 Kossowsky (1925c): Die Männer der Kurbel. II. Guido Seeber 2. Teil.
89 W.R.K. (1925). Vgl. Thun (1925): *Der Film in der Technik.* S. 236.
90 Vgl. Alton (1995) [1949]: *Painting with Light.* Carlson; Carlson (1991): *Professional Lighting Handbook.* Clarke (1964): *Professional Cinematography.* Millerson (1972):

tät der Wirklichkeit auf der zweidimensionalen Leinwand zu erleichtern. Dies gilt sowohl für den architektonischen Raum (z.B. durch dunklen Vordergrund oder Luftperspektive) als auch für die Körperlichkeit von Objekten. Das Führungslicht wird also so gesetzt, dass der Schattenverlauf die Wahrnehmung der räumlichen Ausdehnung ermöglicht. Eine Kugel wird nicht aus der Betrachtungsrichtung angestrahlt, die sie als Scheibe zeigen würde, sondern ein Seitenlicht bildet einen geschwungenen Schatten auf der Oberfläche der Kugel ab. Auch wird die Konvention beachtet, dass gemäß der Sonne das Licht von oben auf die Objekte fällt. Wir kennen das von Bildern mit erhabenen und vertieften Flächen, die wir nur aufgrund dieser Konvention entschlüsseln können. Schnell bilden sich weitere Anforderungen an die Lichtführung, die diese primäre Aufgabe unmittelbar konterkarieren können.

So sind laut Baxter[91] bereits 1918 die Konventionen des Hollywood-Lichts gesetzt:

– Licht kommt von erkennbaren Quellen wie Fenstern oder Lampen.
– Licht muss der Handlung dienen, diese verstärken und durch Effekte Stimmung und Atmosphäre schaffen.

Bei der logischen Lichtführung strahlt das Führungslicht aus der Richtung einer im Bild sichtbaren Lichtquelle, das kann auch ein Fenster sein. Dies gilt für viele Kameraleute als die wichtigste Regel, gegen die aber auch schnell verstoßen wird, wenn entweder der/die Darsteller*in besser präsentiert werden soll (besonders in der Glamourfotografie oder Werbung), oder um einen starken Lichteffekt zu erzeugen.

Gerne wird dafür ein Vergleich mit Vor-Kino-Ausleuchtungsprinzipien angeführt wie dem Chiaroscuro[92] der Barock-Malerei des 17. Jahrhunderts, was auch den Künstlerstatus der Kameraleute hebt. Diese grundlegende Herangehensweise an die Ausleuchtung wird laut Baxter besonders intensiv in Deutschland betrieben.[93]

Die logische Lichtführung misst sich auch an der – ich nenne es mal – Lichtqualität: Handelt es sich um eine groß- oder kleinflächig Leuchte, tritt das Licht direkt aus, wird es fokussiert oder gar reflektiert, unabhängig von der Intensität. Denn nicht nur der erzeugte Schattenverlauf entscheidet über

The Technique of Lighting for Television and Motion Pictures.

91 Vgl. Baxter (1975): On the History and Ideology of Film Lighting. Auch: MacGowan (1965). S. 168–170.

92 Helldunkel-Effekte.

93 Vgl. Petrie (1996). S. 9.

die Lichtgestaltung, sondern ebenso seine Kontur: Gibt es eine scharfe Kante, gestaltet sich der Übergang von Schatten zu Licht abrupt oder eher verlaufend, mit weicher Kontur, oder fehlt ein Schatten ganz bzw. bleibt dieser schwer erkennbar.

Je kleiner die Lichtquelle, desto schärfer die Kontur. Dass die Sonne eine verhältnismäßig scharfe Kontur hat, spricht nicht gegen diese Regel. Durch ihre große Entfernung erscheint ihre Leuchtfläche relativ klein. Auch die Intensität ist in diesem Zusammenhang unbedeutend, spielt nur für die Belichtung eine Rolle und das Zusammenwirken mit anderen Lichtquellen.

Die Aussage, dass eine gute Lichtführung eine »photographisch weich und doch plastisch wirkende Beleuchtung«[94] darstellt, mag Anforderung oder Feststellung sein. Mit direktem oder indirektem, großflächigem Licht zu arbeiten, richtet sich nicht nur nach einer logischen oder ästhetischen Entscheidung, sondern bis in die 1980er Jahre hinein auch nach technischen und ökonomischen Kriterien. So beginnt langsam die große Abkehr vom direkten Licht mit der *Nouvelle Vague* in den 1960er Jahren. Verkürzt gesagt, gestatten jetzt empfindliche Filmmaterialien und lichtstarke Objektive ein Originalmotiv mit simplen Lichtlatten, die mit Nitraphotlampen gespickt sind, kostengünstig schattenfrei zu erhellen, um sich darin mit Schauspielern und der Kamera völlig frei bewegen zu können. Damit beginnt auch für Kameraleute, die dramatisch mit dem Licht arbeiten wollen, eine jahrelange Suche nach Möglichkeiten, das indirekte Licht so zähmen zu können wie das direkte. Es beginnt wieder eine Phase des Bastelns, dieses Mal mit Leuchten, die eigentlich nicht für den Film gemacht sind und mit reflektierenden Folien.

Das Dilemma, logische, dramaturgische und dramatisierende Lichtführung unter einen Hut zu bringen, beginnt spätestens beim Porträtlicht. Denn die eigentliche Aufgabe des Lichts, die Dreidimensionalität auf der zweidimensionalen Fläche besser wahrnehmen zu können, wird beim Porträtlicht schnell überlagert von einer schönenden Anforderung. Grundsätzlich wird die beste Plastizität erreicht, wenn die Person leicht unter die Lichtquelle, das Führungslicht schaut. Dann bildet sich ein Schatten ab den Wangenknochen und auf den Nasenflügeln. Die Höhe der Lampe richtet sich danach, wie tief die Augen liegen, eine Schattierung wird vermieden.

Der Schönheitsbegriff wird in Lehrbüchern und auch in der Praxis recht schlicht definiert, und auch im heutigen Alltag kann man ihn sicher auf wenige Regeln herunterbrechen. Das Hauptcredo für das Licht fordert dabei,

94 W.R.K. (1925).

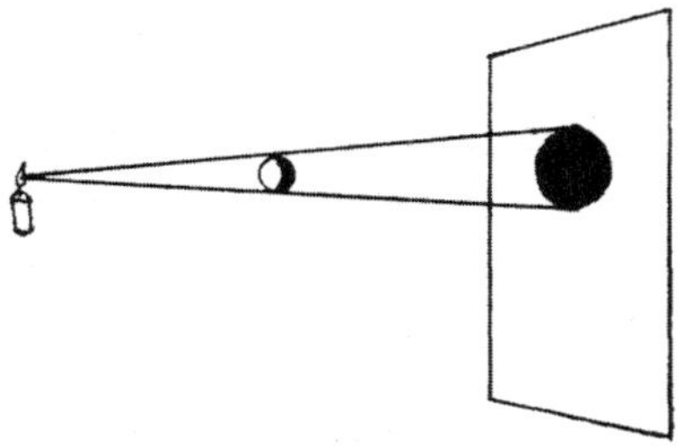

Direktes Licht

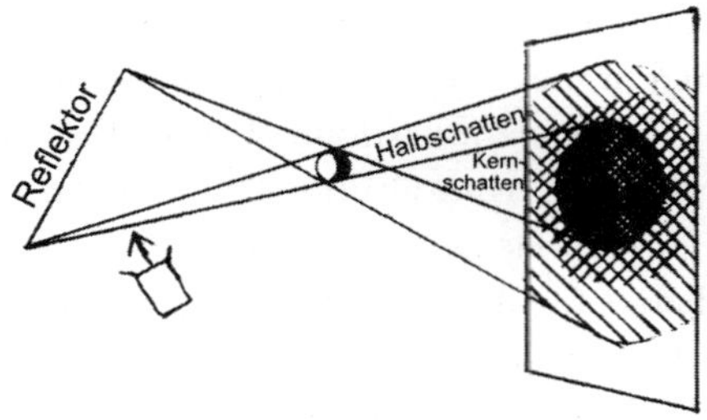

Indirektes Licht

Gesichter schmal, nicht rund darzustellen – Helligkeit vergrößert und Schatten verschmälern (sehr umfangreich dargestellt zum Beispiel in Büchern von Gerald Millerson[95]). So verlangt die Glamourfotografie Lichtkorrekturen da, wo zum Beispiel die Form der Wangen oder Augen nicht dem (un)ausgesprochenen Schönheitsideal standhalten können. Als Ziel wird das makellose, aber auch inhaltslose Einlösen eines modischen Schönheitsbegriffs, nicht Unterstützung von Ausdruck, Dramaturgie oder Atmosphäre formuliert.

> Allerdings ging man hier [USA] mit dem Licht auch ganz anders um. Hier leuchtet ein Kameramann die Frau so aus, dass ihre Schönheit zum Vorschein kam, wobei es ihm völlig egal war, ob die Lichtquelle von links oder von rechts kam. Angenommen, die Frau sitzt auf einem Stuhl, und rechts von ihr ist ein Fenster. Er will aber, dass das Licht von links kommt. Was macht er? Er leuchtet sie von links an. In Deutschland waren wir peinlich genau mit dem Licht: Wenn das natürliche Licht von rechts kam, durfte man die Frau nicht von links anstrahlen. Es schafft vielleicht ein bisschen mehr Atmosphäre, aber eigentlich … [leider erzählt Fritz Lang nicht weiter][96]

Porträtlicht bildet kein zentrales Thema der Ausleuchtung im deutschen Film dieser Zeit, zu sehr stehen Raumausleuchtung und Effektlicht im Vordergrund. Den Schauspieler als wichtigen Garanten des Erfolgs gilt es noch zu entdecken, seine Präsenz wird noch nicht herausgestellt. Vielleicht liegt darin der Grund, warum Erich Pommer den durchreisenden Spezialisten für Glamour-Fotografie Charles Rosher mit Einverständnis seiner eigentlichen Vertragspartnerin Mary Pickford für ein Jahr bei der Ufa unter Vertrag nimmt und ihn bei FAUST zuschauen lässt. »Ich drehte mit Ufa-Stars spezielle Probe-

95 Vgl. Millerson (1972).
96 Bogdanovich (2000). S. 223.

aufnahmen, um ›glamour lighting‹ zu demonstrieren. Die Leute dort benutzten immer eine schwere, dramatische Ausleuchtung mit tiefen Schatten.«[97]

Die Demonstrationen haben aber offensichtlich keine großen Spuren hinterlassen, denn Glamour bildet nicht nur ein Problem für die Lichtsetzung, sondern viel stärker für die Ökonomie, und – zu gerne würde ich das glauben – für den ästhetischen Anspruch an den Film. So muss selbst Marlene Dietrich bis zum Beginn ihrer Filmarbeit in Amerika 1930 warten, bis für sie das Markenzeichen Dietrich-Light erfunden wird, wovon bei ihrem letzten deutschen Film DER BLAUE ENGEL ausgiebig zu reden sein wird.

Das soll nicht heißen, dass das Aussehen der Schauspieler den deutschen Kameramännern gleichgültig wäre, schließlich schminken sie ihre Stars gerne selbst, auch als es schon Maskenbildner gibt.[98] Das Augenmerk liegt mehr auf dem Ausdruck als auf dem Glamour.

Das Filmmaterial und die Gradation

Filmbilder, wie auch die Fotografie und Teile der Malerei, suchen die Analogie zur Realität. So basiert die Technik des Films auf dem mehr oder weniger deutlich formulierten Ideal, ein nicht unterscheidbares Abbild der Wirklichkeit zu schaffen. Technologien wie Stereofotografie (3-D) oder *High Dynamic Range* (*HDR*)[99] wähnen sich diesem Ziel sehr nahe. Der Künstler hingegen trachtet danach, seinen ihm eigenen Blick auf die Realität darzustellen. »Der wahre Maler bemüht sich zu malen, was man nirgends als nur auf seinem Bilde sehen kann.«[100]

Der Begriff »Original-Negativ« – damit ist der Filmstreifen gemeint, der durch die Kamera läuft – deutet schon an, dass es weiter gehen muss. Dieses Material liefert nach der Entwicklung und den notwendigen anschließenden Verarbeitungsschritten nur ein negatives Abbild des Bildausschnitts, das die Helligkeitsabstufungen der Realität verkehrt: Helle Partien erscheinen je nach Intensität im transparenten Filmstreifen dunkel, sehr gedeckt oder gar in unstrukturierter Intransparenz; dunkle Bereiche des Motivs haben kaum »Deckung«, sind fast klar, durchsichtig. Dieses Abbild funktioniert nicht für

97 Brownlow (1975). S. 278.
98 Vgl. Anon. (2010): *Fritz Langs Metropolis.* S. 121.
99 Technologie, die sich mit der Wiedergabe extrem kontrastreicher Bilder auf Monitoren und Leinwänden beschäftigt.
100 Malraux (1978): *Metamorphose der Götter.* Zweiter Band: Das Irreale. S. 49.

die Betrachtung. Das positive – oder technisch gesprochen: tonwertrichtige – Abbild entsteht erst durch eine Umkopierung auf ein spezielles Positivmaterial mit anschließender Verarbeitung. Somit existiert jedes Bild auf der Leinwand oder einem Monitor nur als Kopie.[101]

> Bei den Filmwerken ist die technische Reproduzierbarkeit des Produkts nicht wie z.B. bei den Werken der Literatur oder der Malerei eine von außen her sich einfindende Bedingung ihrer massenweisen Verbreitung, die technische Reproduzierbarkeit der Filmwerke ist unmittelbar in der Technik ihrer Produktion begründet. Diese ermöglicht nicht nur auf die unmittelbarste Art die massenweise Verbreitung der Filmwerke, sie erzwingt sie vielmehr geradezu.[102]

Doch dem Träger der Bildinformation fehlt Stabilität, er unterliegt großen Schwankungen, auch wenn Herstellung und die Verarbeitungsprozesse genormt sind und beständig kontrolliert werden. Dies gilt nicht nur für die mechanischen Beanspruchungen, sondern besonders für die Konstanz des ästhetischen Bildes. So wird man besonders zur damaligen Zeit kaum zwei völlig identische Kopien finden. Und diese Quelle der Ärgernisse existiert seit Anbeginn des Films[103] und gilt bis heute für den analogen Prozess. Bezieht man noch die unterschiedlichen Projektionsbedingungen mit ein, so kann man getrost davon ausgehen, bei jeder Vorführung einen neuen Film zu sehen. Diese Schwankungen sind deutlich größer als die des Standortlichts im Museum oder einer Kirche für die Kunstwissenschaft.[104] Kaum vorstellbar, dass die Kunstgeschichte weiter machen könnte, wenn ihr Gegenstand nur noch in Reproduktionen vorliegen würde.

Über diese großen Differenzen bei der Bearbeitung des Materials folgt mehr im nächsten Kapitel. Unterscheiden muss man davon, dass der Rohfilm selbst keine feste Größe darstellt, Veränderungen durch technische Innovationen unterliegt. Aber diese Veränderungen sind kalkulierbar und treffen das Filmmaterial insgesamt, nicht nur seine einzelnen Kopien eines Einzelwerks in unterschiedlichem Ausmaß. In unsere Zeitspanne fällt als größter Sprung die Weiterentwicklung der Farbsensibilisierung. Zwar werden die

101 Zwar gibt es auch ein Filmmaterial, das nach der Bearbeitung gleich ein positives Bild liefert, der Umkehrfilm, aber er spielt im professionellen Bereich keine entscheidende Rolle.

102 Benjamin (1974) [1935–39]: Das Kunstwerk im Zeitalter seiner technischen Reproduzierbarkeit. Fußnote 9. S. 481–482.

103 Vgl. Kossowsky (1924): Die Wirkung der Kopie.

104 Vgl. Schöne (1954): Über das Licht in der Malerei. S. 14, auch S. 110.

Filme auch lichtempfindlicher und feinkörniger, aber die wirklich einflussnehmende Veränderung geschieht durch den Wechsel von orthochromatischem zu panchromatischem Negativmaterial. Große Erwartungen werden formuliert: »Mit dem panchromatischen Film ist nun die Möglichkeit gegeben, da das rein Bildhafte, Symphonische des Films in den Vordergrund tritt, das Sujet nur als Kitt, als Verbindungsglied der Bilder in Erscheinung treten zu lassen.«[105]

Die Empfindlichkeit der lichtempfindlichen Emulsion beschränkt sich auf das kurzwellige, energiereiche blaue Licht, andere Spektralfarben zeigen keine Wirkung. In den Anfängen der Fotografie und Kinematografie reagieren alle Emulsionen »unsensibilisiert«, das heißt sie sind nur für blaues Licht empfindlich. Ein blauer Himmel führt im Negativ zu einer kräftigen Belichtung und erscheint dann im Positiv nach der Kopierung Weiß und ungezeichnet, die grüne Wiese mit gelben Blumen oder gar die roten Lippen hinterlassen kaum Belichtungsspuren und sie sehen im Positiv entsprechend dunkel bis Schwarz aus. Je reiner die Farben umso deutlicher tritt der Effekt auf. Die erste Sensibilisierungsstufe ermöglicht dem Filmmaterial, zusätzlich auch Grün und Gelb wiederzugeben. Die Wiese erscheint nun deutlich heller als zuvor und bekommt mehr Struktur, die Lippen bleiben aber schwarz. Dieses Material wird orthochromatisch genannt. Ab 1913 entwickelt Kodak ein Verfahren, das Material noch zusätzlich für Rot zu sensibilisieren, somit allfarbempfindlich reagieren zu lassen, panchromatisch. Damit können tonwertrichtige Abbildungen eines farbigen Motivs erstellt werden. Interessanterweise macht sich auf den beiden Abbildungen der Unterschied beim Haut-Ton des Fingers kaum bemerkbar, wohl aber bei den unterschiedlichen farbigen Flächen.

Nach einigen Jahren zieht das panchromatische Material in der Lichtempfindlichkeit, Feinkörnigkeit und Kontrastwiedergabe gleich mit dem orthochromatischen Material, aber es ist teurer. Den richtigen Durchbruch hat es erst in der zweiten Hälfte der 1920er Jahre, denn viele Nutzer sehen nicht die praktische Notwendigkeit. »Ein voll auskorrigiertes panchromatisches Material ist meist für die gestalterische Arbeit nicht nötig, außer es wird für die Abbildungstreue im Rot benötigt [...]. In allen anderen Fällen wird ein intelligent genutztes orthochromatisches Material [...] Negative liefern, aus denen der Bildgestalter das Beste machen kann.«[106]

105 Lenauer (1927): Innerer Rhythmus. S. 1.

106 Hammond (1920): *Pictorial Composition in Photography.* S. 99 [Übersetzung durch den Autor].

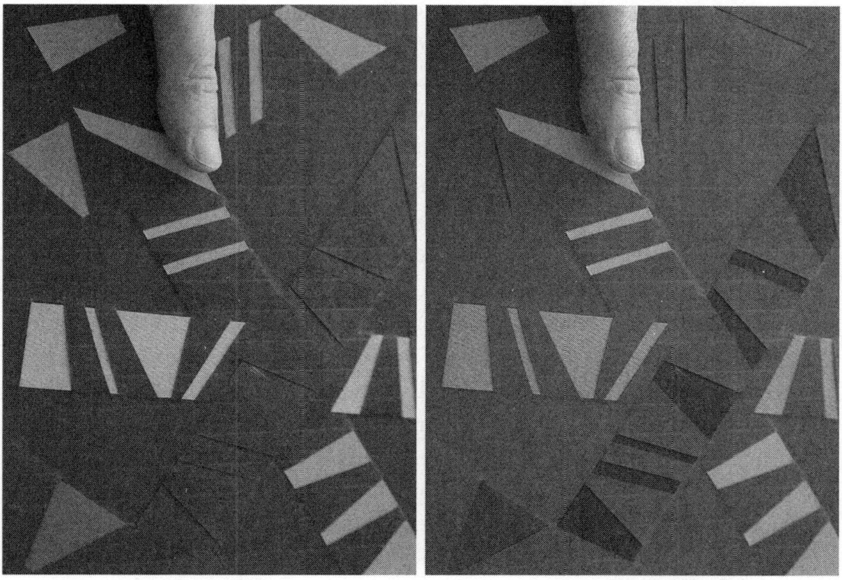

orthochromatisch panchromatisch

Wenn man Filter bei der Aufnahme nicht nutzen kann, wird orthochromatische Emulsion auch manchmal vorgezogen, »wenn es nötig wird, Rot und Grün, die auf panchromatischen Schichten den gleichen Grauwert haben, besser voneinander zu trennen.«[107] Noch 1941 wird ein neues orthochromatisches Material beworben, obwohl sich das panchromatische durchgesetzt hat: »Eastman Ortho-X Safety Film (Antihalation) ist ein hoch-empfindlicher orthochromatischer Film mit gemäßigten Kontrasten. Ortho-X ist speziell ausgerichtet auf illustrative Aufnahmen inklusive Männer als Modelle, weil das Fehlen der Rot-Empfindlichkeit eine rötlichere Hautfärbung erscheinen lässt als das panchromatische Material.«[108] Auf die unterschiedlichen Aufnahmetechniken bei Männern und Frauen werden wir noch eingehen, dieses hier gibt aber einen ersten Vorgeschmack.

Anfang der 1920er Jahre haben die Kameraleute die Defizite des orthochromatischen Films weitgehend gemeistert und das Material hat den unschätzbaren Wert, dass es bei der Entwicklung kontrolliert werden kann.[109]

107 Schmidt; Dußler (1966): *Gehilfenprüfung im Fotografen-Handwerk*. S. 62.

108 Eastman Kodak (1941): *Eastman Films and Plates for Professional Use* [Übersetzung durch den Autor].

109 Vgl. Thompson (1985a): Major technological changes of the 1920s. S. 183.

Beim Tonwertreichtum gibt es keine Defizite gegenüber dem panchromatischen, beide sollen zu einem Gamma[110] von 0,65 entwickelt werden. Damit sind die Gradationen gleich, nur dass sich manche Grauflächen auf unterschiedliche Farbwerte beziehen, man muss es eben »intelligent nutzen«. Ein routinierter Filmarchitekt und ein erfahrener Kameramann können einem orthochromatischen Bild die volle Palette an Graustufen geben, dafür sind sie Profis. Größtes, aber nicht unlösbares Problem sind die Lippen. Dass die Gesichter oft überschminkt ausschauen, liegt eher an den Maskenbildnern, wie wir bei JEANNE D'ARC lernen werden. »Zwischen Schminktischen, angefüllt mit Stiften jeder Schattierung, walten Meister ihres Fachs. Eine Tabelle zeigt den Helligkeitsgrad an, den die Farben beim Photographieren erlangen; sie werden in die Schwarzweiß-Skala hineingepreßt, als Farbwert schwinden sie hin.«[111] Trotzdem setzt sich panchromatisches Material ab 1927 durch.[112] Die Entwicklungen zu diesem Material laufen in etwa parallel bei Kodak, Agfa und Pathé.[113] »Der panchromatische Film brachte dann die überstürzte Einführung des Glühlichts«[114], weil die Beleuchtungsparks der Studios darauf nicht vorbereitet sind, zudem der parallel aufkommende Tonfilm lautloses Licht braucht. Am Ende hilft ein Vorstoß der Glühlampenhersteller.

Große Unklarheit herrscht darüber, ob das neue panchromatische Material kontrastreicher arbeitet als das orthochromatische. Als Problem bleibt – und damit werden wir uns auch noch beschäftigen müssen –, dass es, von heute gesehen, kaum Kopien gibt, die verlässliche Rückschlüsse zulassen.[115] Hal Halls bezieht eindeutig Stellung, man kriegt das panchromatische Material nicht kontrastreich, es liefert ein natürlich weiches Bild mit reichen Schatten und weichen High-lights. Was aber der Begriff »Kontrast« meint oder ein natürlich weiches Bild, bleibt unklar; unübersehbar erstaunt die Euphorie:

> Das Ziel eines Kameramanns sollte ein natürlicher Kontrast der Tonwerte mit einer künstlerischen Weichheit sein – und diese Weichheit kann nicht mit einer flachen Ausleuchtung erreicht werden. […] Das Bauchweh des Kameramanns sollte helfen, den Kontrast zu betonen, den er sich wünscht,

110 Zu Gradation und Gamma siehe Glossar.
111 Kracauer (1926): Kaliko-Welt. S. 276–277.
112 Vgl. Mees (1954): History of Professional Black-and-White Motion-Picture Film. S. 126.
113 Vgl. Salt (1983). S. 222.
114 Stindt (1930): Probleme der Kinematographie.
115 Vgl. Thompson (1985a). S. 281 ff. Oder Salt (1983). S. 222.

> dem neuen Film nicht nur eine bessere Farbwiedergabe zuzutrauen, sondern auch die ersehnte Weichheit.[116]

Wenn die Hersteller für beide Materialien eine einheitliche Gradation angeben, so kann die Kontrastwiedergabe trotzdem von der Entwicklung beeinflusst werden. »Ein gutes Negativ soll durchgezeichnete Schatten und nicht zu stark gedeckte, kopierfähige Lichter aufweisen. Der Kontrast, d. h. der Gegensatz zwischen Lichtern und Schatten, darf nicht größer sein, als er durch das Positivverfahren wiedergegeben werden kann. Diese Abstufung bezeichnet man als Gradation.«[117]

Wir wissen um die Begrenztheit des Filmmaterials bei der Kontrastwiedergabe gegenüber dem menschlichen Auge. Da wir erhoffen, ein möglichst realistisches Abbild der Realität zu bekommen, betrachten wir doch einmal ein solches Leinwandbild. An den hellsten Stellen kann es nicht heller sein als die voll vom Projektionsstrahl getroffene Leinwand, das leuchtet ein. Bei den dunkelsten Stellen reicht aber nicht ein bloßes Fehlen von Licht, wir sehen, dass die dunkelsten Bereiche der weißen Leinwand deutlich heller sind als der schwarze Kasch, der die Leinwand umgibt. Das baupolizeilich vorgeschriebene Bau-Licht tut ein Übriges, treibt Techniker, die sich mit *HDR* (*High Dynamic Range*) beschäftigen, in den Wahnsinn. Lehrbuchgemäß[118] zeigt eine Leinwand bei optimalen Bedingungen einen Kontrast von 1:128 – darüber wollen wir nicht streiten –, das entspricht sieben Verdoppelungsschritten: Die dunkelste Partie hat den Wert 1, die doppelt so helle den Wert 2, dann 4, 8, bis man nach sieben solcher Schritte bei 128 anlangt. Diese Darstellung entspricht auch weitgehend der physiologischen Wahrnehmung, da der Mensch diese messtechnische Verdoppelung auch gerne als solche wahrnimmt. Wenn ich also ein realistisches Abbild will, dann dürfte mein Motiv keinen größeren Kontrast als 1:128 haben, sonst stimmt etwas nicht.

Dazu schauen wir uns die Realität an. Bei den Objekten liegen wir recht gut. Gebräuchliches Schwarz reflektiert ja nicht Nichts, sondern immer noch etwas, nehmen wir mal 4%. Weiß bedeutet nicht 100%, sondern für Filmaufnahmen gerne 80%, also nicht ganz so viel, wie unsere Waschmittel suggerieren. Das kann natürlich schwanken, aber in unserem Beispiel wären das 4:80 oder 1:20. Selbst wenn wir von 2% und 90% ausgehen, liegen wir bei 1:45 und damit immer noch deutlich unter diesen 1:128. Nun wissen wir, dass

116 Hall (1931): Improvements in Motion Picture Film. S. 95–96.
117 Schmidt; Dußler (1966). S. 55.
118 Vgl. Mehnert (1971): *Filmfotografie Fernsehfilmfotografie*. S. 179.

dunkle Flächen auch im Schatten platziert sein können und helle in der vollen Sonne. Wenn wir vom Beispiel 1:20 ausgehen und meine weiße Fläche nun viermal mehr Licht bekommt als das Schwarz im Schatten, dann habe ich einen Kontrast in meinem Motiv von 1:80, und verdoppele ich die Lichtmenge auf Weiß noch einmal, habe ich also das Achtfache der Lichtmenge gegenüber der dunkelsten Partie, dann liegt mein Kontrast mit 160 über dem Grenzwert von 128. Des Kameramanns Faustregel lautet: Leicht verhangene Sonne hat bis zur achtfachen Beleuchtungsstärke gegenüber den Schatten, eine klare Sonne erreicht auch mal das 16-fache. Glücklicherweise funktioniert Filmmaterial nicht so abrupt wie Kennlinien einiger Videogeräte, wo in Grenzbereichen Helligkeiten geklippt, abgeschnitten werden. Filmmaterial arbeitet toleranter, es beginnt langsam, erreicht den Bereich der proportionalen Steigerungen und läuft dann langsam aus. So wird eine Helligkeit im Grenzbereich von 128 nicht einfach abgeschnitten, sondern läuft sanft ins Weiß. Das entspricht dann nicht mehr einer tonwertrichtigen Darstellung, aber in diesen Randzonen – auch zum Schwarz – bleibt dies tolerabel. Richtig belichtete Gesichter, und die sind für die Rezeption entscheidend, oder solche in Schattenbereichen, tangieren diese Randzonen nicht. Das Negativ wird etwas flauer gehalten, was das Gamma 0,65 ausdrückt – Gamma 1 entspricht einer 1:1-Abbildung –, und deshalb muss das Positivmaterial ein höheres Gamma haben, damit am Ende auf der Leinwand dieser 1:1-Eindruck entsteht. Technisch weichen die Werte etwas ab, auch gibt es Vergröberungen in meiner Darstellung, die dem Prinzip aber keinen Abbruch tun.

Doch kommen wir nun zum entscheidenden Punkt, dem Positivmaterial. Interessanterweise vernachlässigen viele Publikationen dieses Filmmaterial, das die materielle Basis für jede Vorführung darstellt und keinen geringen Anteil an der Ästhetik des projizierten Bildes hat.

Neben der Gradation entscheidet auch die Maximaldichte über die Kontrastwirkung, also wie schwarz wird Schwarz wiedergegeben. Es gab ja schon eine erste Unzufriedenheit, dass das Schwarz des Leinwandrahmens schwärzer wirkt als die Stellen auf der Leinwand, durch die das Positivmaterial kein Licht lässt. Bis heute wird von vielen Kameraleuten ein sattes Schwarz angestrebt, nicht zuletzt, weil es ein Bild brillanter und höherwertig erscheinen lässt. Doch wissen wir, dass das Streulicht im Kino Zeichnung in den dunklen Partien überlagert. Strebt man nun bei der Kopierung ein sehr sattes Schwarz an, so werden dunkle Partien unweigerlich in einen Bereich rutschen, den wir auf der Leinwand nicht mehr differenzieren können. Gehen wir bei unserer Betrachtung von einem »normalen« Negativ aus, ohne Extreme in der Lichtführung oder Mängeln in der Entwicklung, so wird bei einer kontraststeigernden Entwicklung des Positivs das Schwarz an Maximaldichte gewinnen, wir werden auch auf einem Leuchtschirm bei der Durchsicht ein brillanteres Bild bewundern können, aber in der Projektion werden die dunkleren Partien, die bei einer normalen Entwicklung noch zu sehen sind, zu einer unstrukturierten Masse zulaufen, die noch nicht einmal schwärzer wirkt, weil das Streulicht sie aufhellt. Da durch diese Entwicklung das gesamte Bild an Gradation, an Härte gewinnt, werden auch die helleren Partien, die Lichter an Zeichnung einbüßen.

So lautet die technische Beschreibung, die natürlich nicht ausschließt, dass das technisch »schlechte« Bild ästhetisch überzeugt. Es wirkt auf jeden Fall durch diese Einbußen, oder gerade deshalb, kontrastreicher, vielleicht auch brillanter. Und wenn nicht gerade wichtige Details verloren gehen, wie der schwarze Revolver, den wir in einem schwarzen Anzug erkennen sollen, dann mag sich dieses Phänomen auf ein ästhetisches reduzieren.

Die Lehrmeinung der professionellen Fotografie hat international eine eindeutige Auffassung. Für das Bild

> muss die gesamte Breite an Grauabstufungen vom hellsten Glanzlicht bis zum dunkelsten Schatten, die alle vom Auge wahrgenommen werden können, reproduziert werden, wenn ein befriedigendes Papierbild oder Dia mit strahlenden Glanzlichtern und reichhaltiger Schattendurchzeichnung erwartet wird – und nichts weniger wird von einem kritischen Auge bei einem Schwarz-Weiß-Foto akzeptiert, denn es gibt genug Zeit für das Auge, den gesamten Tonwertreichtum zu untersuchen.[119]

Auch in Deutschland wird es von einem der führenden Fotografen der Neuen Sachlichkeit, Albert Renger-Patzsch, so gesehen. Er befürchtet 1925 »›pechige‹ Schatten und im Übrigen viel zu harte Bilder« und schreibt zwei Jahre später in *Das Deutsche Lichtbild*: »Die absolut richtige Formwiedergabe, die Feinheit der Tonabstufung vom höchsten Spitzlicht bis zum tiefsten Kernschatten gibt der technisch gekonnten photographischen Aufnahme den Zauber des Erlebnisses.«[120] (Doch der Einfluss der Neuen Sachlichkeit auf die Filmtechnik erscheint deutlich schwächer als auf die Bildgestaltung der Filmfotografie.) Dabei muss die Tonwertskala aber nicht unbedingt ausgereizt werden, wenn die Landschaft bei trübem Wetter sich zwischen hellem und

119 Dunn; Wakefield (1974): *Exposure Manual*. S. 31 [Übersetzung durch den Autor].
120 Renger-Patzsch (2010) [1927]: *Die Freude am Gegenstand*. S. 92. »pechige Schatten« S. 134.

mittlerem Grau bewegt oder bei einem Porträt eines hellgekleideten Menschen die Palette nur von mittlerem Grau bis Weiß reicht.[121]

Dies wird besonders heute – durch das Fernsehen – zu einem Problem. In der Zeit vor der großen HD-Welle verlangen die für die Ausstrahlung maßgebenden Pflichtenhefte[122], dass wenigstens ein kleiner Bildanteil 100% Weiß entsprechen muss. Wenn eine solche Fläche fehlt, wird die hellste Stelle entsprechend hochgezogen. Trübes Wetter, Nebel, das die Objekte als ein Meer aus mittleren Grautönen erscheinen lässt, stößt zu dieser Zeit an die Grenzen der Fernsehtechnik. Wir gewöhnen uns daran, auch durch DVDs und andere Medien, immer ein brillantes Bild einzufordern. So entsteht bei mir zum Beispiel eine Vorstellung vom Film noir, obwohl ich einige dieser Filme in den 1960er und 1970er Jahren noch im Kino sah, von einer Aneinanderreihung sehr kontrastreicher, hochbrillanter Bilder mit leuchtenden Lichtern und tiefen Schwarztönen, die große Freude beim Betrachten machen. Der große Schock kommt für mich im Januar 2015 bei der Projektion zweier Film-noir-Filme im Filmmuseum Wien, restauriert von Martin Scorseses Film-Foundation[123], die sich zum Ziel gesetzt hat, möglichst authentische Kopien zu erstellen. THE BIG COMBO[124] und CAUGHT[125] irritieren mich zutiefst durch sehr flaue Bilder, das Fehlen eines kräftigen Schwarztons und auch das Weiß strahlt matt. Dafür besitzt aber jede kleine Bildfläche Zeichnung, selbst den Glühwendel in der Lampe glaubt man differenzieren zu können, und in den vielen Schattenpartien bleibt alles erkennbar. Durch das fehlende Leuchten wirken die Bilder unterbelichtet, auch die Personen im vollen Licht erscheinen leicht verdunkelt. Langsam erinnere ich mich daran, dass während meines Studiums wir einen beständigen Kampf mit dem Kopierwerk führten, um ein sattes Schwarz zu bekommen, das sah die Regelentwicklung nicht vor. Und als bei der Vorführung mein Vorurteil sich widerwillig lüftet, wird auch das Depressive spürbar, für das der Film noir steht und das von den brillanten Bildern gerne übertüncht wird.

Für die Kinematografie sind die Lehrmeinungen der Fotografie nicht so verbindlich. Zwar schließen sich viele der Vorgabe an, dass es keine ungezeichneten Bereiche in einem Filmbild geben dürfe, besonders die großen

121 Vgl. Clerc (1930): *Photography*. S. 334.

122 Vgl. Anon. (1981): *Technische Pflichtenhefte der öffentlich-rechtlichen Rundfunkanstalten in der Bundesrepublik Deutschland.*

123 Vgl. www.film-foundation.org/ [letzter Zugriff 31.03.2020].

124 USA 1955. Regie: Joseph H. Lewis. Kamera: John Alton. Dt. Titel GEHEIMRING 99.

125 USA 1948. Regie: Max Ophüls. Kamera: Lee Garmes. Dt. Titel GEFANGEN.

amerikanischen Studios, aber es werden auch Unterschiede gesehen: »Für das Filmbild wird die Einschränkung gemacht, dass hierbei wenig Zeit zur Betrachtung bleibt, und die Aufmerksamkeit von hellen Flächen angezogen wird. Um helle Gesichter präsent zu halten, sollte ihre Helligkeit nicht schwanken.«[126]

Einige Studios in Hollywood »standardisieren einen weichen, leicht diffusen Look ihrer Filme. Als Ergebnis entsteht ein verhältnismäßig eintöniger, leicht verwaschener grauer Look mit geringem Kontrast.«[127] Die nunmehr maschinelle Verarbeitung des Materials ermöglicht eine solche Entscheidung, die Entwicklung entsprechend zu modifizieren.[128] Da überrascht es wenig, dass einige Jahre später Kodak mit einem kontrastreicheren Positiv-Material auf den Markt kommt. Das neue feinkörnigere Positiv 1302 soll zu einem deutlich höheren Gamma und größerer Dichte entwickelt werden, um einen vergleichbaren Bildeindruck wie beim 1301 zu erhalten. Schattenpartien reißen weniger auf, und so kann auch in dunkleren Partien eine gute Zeichnung erhalten bleiben.[129] Wie dies je nach Kino trügerisch sein kann, haben wir angesprochen. Vielleicht begründet dies auch die Studiovorgaben der Ufa, die immer mehr in Richtung weiches Bild gehen. Ende der 1930er Jahre werden die Negative überbelichtet und Unterentwickelt, um eine flachere Gradation zu erreichen. MGM und RKO gehen am weitesten. Es gibt dann ein feines Korn bei flauen Bildern,[130] die allerdings kein Dekorationsteil verbergen. Auch in Deutschland sind einige Produzenten bis heute von der Furcht verfolgt, man könne ihr Geld in der Dunkelheit nicht ausreichend bewundern.

Ein für den Laien vielleicht noch deutlich sichtbarer Effekt früher Filmmaterialien wird durch den Lichthof erzeugt. Das auf die lichtempfindliche Schicht treffende Licht wird in der Gelatine zerstreut und von dem Schichtträgermaterial reflektiert. So entsteht um starke Helligkeiten herum wie bei Lampen oder Fenstern ein mehr oder weniger intensiver heller Dunst, der die Konturen im wahrsten Sinne des Wortes vernebelt. Kenneth C. D. Hickman findet diesen Effekt bei seinen vermutlich nicht sonderlich scharfen 16-mm-Amateuraufnahmen schrecklich. Findigerweise bestreicht er die Rückseite des Aufnahmematerials mit roter Tinte, um die Reflexionen im

126 Dunn; Wakefield 1974. S. 33. [Übersetzung durch den Autor]
127 Thompson 1985a. S. 293. [Übersetzung durch den Autor]
128 Vgl. Eastman (1942): *Motion Picture Films for Professional Use.* S. 52.
129 Vgl. Ebd. S. 54–55.
130 Vgl. Salt (1983). S. 257.

Material zu verhindern, und tatsächlich zeigen die Aufnahmen geringere Halo-Effekte.[131] Er zeigt dies dem Direktor der Kodak Research Laboratories in Rochester, Kenneth Mees, und dieser reagiert sofort, lässt Probeaufnahmen in Hollywood drehen: »Die Filmindustrie ist geschockt: die liebgewonnenen Halo-Effekte um die Köpfe werden verdrängt von einer knackigen Kontur: nach ein, zwei Jahren hatte es sich durchgesetzt, dass alle Filme beschichtet wurden.«[132]

Als Nebeneffekt wird es auch unmöglich, den Film als Mattscheibe zu benutzen (wie bei den Suchersystemen beschrieben). Doch dieser Kampf gegen die Schärfe hat sich bis heute gehalten. Jeder deutliche – ich nenne es mal – Schärfensprung (wie bei der Einführung der Negativabtastung oder der Wechsel zu den Videoformaten) lässt diesen Halo-Effekt wieder aufleben durch Filter, seidene Damenstrümpfe oder andere Tricks.

Um 1927 tauchen auch die ersten brauchbaren Duplikat-Filme von Kodak und Agfa auf und machen es überflüssig, mehrere Negative bei der Aufnahme herstellen zu müssen.[133]

Die Belichtung und das Kopierwerk

> Auf keinem anderen Gebiet der gesamten photographischen Praxis herrschen nämlich derartig unausrottbare Irrtümer, wie auf demjenigen der Exposition und Entwicklung. Von allen möglichen Seiten werden Entwicklungsrezepte empfohlen, mit denen angeblich alle Fehlexpositionen ausgeglichen werden können, und fast jeder Operateur behauptet, ein unfehlbares Spezialrezept zu haben, das allein ein ideales Bild gewährleistet.[134]

Der Kameramann weiß, worauf er hinaus will, welches Bild er erzielen will, aber er kennt nicht den Weg, dies zu erreichen. Die Krux liegt bereits am Anfang, denn »ein guter Dreher macht selten gute photographische Aufnahmen und die Negative müssen daher sehr individuell behandelt werden.«[135] 1920 sieht Agfa den Kameramann noch selbst entwickeln: »Es ist Sache des

131 Nicht vor 1926.

132 Anon. (nach 1955): Professional Motion Pictures. [Schreibmaschinenskript] S. 8 [Übersetzung durch den Autor].

133 Vgl. Crabtree (1955): The Motion-Picture Laboratory. S. 158–159. Oder: Koshofer (1994). S. 115.

134 Agfa (ca. 1920): *Handbuch für Kinofilm*. S. 55.

135 Kossowsky (1925b): Die Männer der Kurbel. II. Guido Seeber 1. Teil.

Operateurs, den Moment abzupassen, in dem das schönst graduierte Bild erreicht ist. Hier ist die Entwicklung abzubrechen, ein weiteres ›Quälen‹ des Films im Entwicklerbade würde lediglich einen Verlust an Details, sei es durch auftretende Schleier, sei es durch nicht mehr kopierfähige zu starke Deckung anderer Bildteile, nach sich ziehen.«[136] Agfa hält auch einen Rat für eine perfekte Belichtung bereit: Wenn nach der vorgeschriebenen Entwicklungszeit das Negativ nicht die richtige Dichte hat, wurde es falsch belichtet. Daraus müsse man halt lernen. Dies klingt besonders zynisch, wenn man bedenkt, dass die Filmhersteller keine Empfindlichkeit für ihre Materialien angeben. Fehlbelichtungen liegen also nicht nur an den Kameraleuten, es fehlen verlässliche Informationen der Rohfilmhersteller. Liesegang rät zu Tests: »Es interessiert dabei vor allem die Frage, ob der Film mehr oder weniger empfindlich ist als der früher benutzte und um wieviel ungefähr. Daher ist ein Vergleich mit dem bisher gebrauchten Film praktisch.«[137]

Der Gang des Filmmaterials zwischen Bildaufnahme und den Vorführkopien spielt sich bis zum Aufkommen der maschinellen Verarbeitung der Filme (in Deutschland spätestens mit dem Wechsel zum Tonfilm) in etwa so ab: Bei den Dreharbeiten markiert der Kameramann mit einer in der Kamera vorhandenen Stanze das Ende einer Einstellung auf dem Negativ. Im Kopierwerk wird die belichtete Filmrolle an diesen Markierungen getrennt und es entstehen kurze Rollen, die jeweils nur eine Einstellung beinhalten. Eine Rolle wird nun im Dunklen auf einen Rahmen gespannt und in den Entwickler gehängt. Der Entwickler, jetzt ist damit die verantwortliche Person gemeint, kann bei Rotlicht den Entwicklungsprozess verfolgen und entsprechend darauf reagieren. Wurde überbelichtet, bricht er die Entwicklung früher ab, wurde unterbelichtet, lässt er den Rahmen länger in der Flüssigkeit. Wenn man durch die Entwicklung die mangelhafte Belichtung korrigieren will, verändert sich auch die Gradation, die Bilder werden kontrastreicher oder flauer in Abhängigkeit zur Entwicklungszeit. Man ahnt schon mögliche Probleme, denn diese Beurteilung erfordert einen Fachmann, wird aber von einem schlecht bezahlten Laien ausgeführt. »Aber man muss sich davor hüten, in einer Kopie zwei Bildcharaktere zu zeigen, die einander widersprechen. Leider sieht man diese Sinnlosigkeit nur zu häufig, selbst in neuesten Filmen! Man kann eben nicht auf hartzeichnendem Negativ aufnehmen und durch die entsprechende Entwicklung weiche Kopien erzwingen wollen.«[138]

136 Agfa (1920). S. 60–61.
137 Liesegang (1918). S. 359.
138 Anon. (1926): Das »diffuse« und »glasierte« Filmbild. S. 71.

Ein unsicherer Kameramann lässt die Negative nicht automatisiert entwickeln, was eine gleichbleibende Gradation garantieren würde, sondern er gibt die Negative einer Musterkopieranstalt, die nach Sicht entwickelt. Bereits 1920 ist in Frankreich und Amerika »die Entwicklungsmaschine zu weitester Einführung gelangt.«[139] Dagegen wird in Deutschland noch Ende 1931 in einem Artikel über Karl Freund als Problem angemerkt, dass die automatisierte Entwicklung eine Erschwerung mit sich bringt, weil nun durch die Entwicklung nicht mehr die Belichtung korrigiert werden kann.[140]

Die Rahmenentwicklung verursacht auch viele andere Probleme wie Schrammen, Schlieren usw. Offensichtlich sind die Produzenten zu schwach und uninformiert, um hier ein Machtwort zu sprechen, vielleicht ist die Rahmenentwicklung auch nur billiger. Da die Betriebe der Ufa oft als große Ausnahme genannt werden, gibt es also durchaus Filme, die auf allen Ebenen professioneller entstehen.

Der Standbild-Fotograf kann bei der Vergrößerung durch Wahl zwischen unterschiedlichen Gradationen der Positivmaterialien ausgleichen, nicht so der Kinematograf. Er muss schon bei der Aufnahme den Kontrast beherrschen, da er keine Wahl zwischen verschiedenen Positivmaterialien hat. Dies mit der Entwicklung korrigieren zu wollen, macht diesen Behelf nur sichtbarer.

> Vollkommen unlösbar wird die Aufgabe aber da, wo im Original übergroße Kontraste vorkommen, wie sie gerade in neuerer Zeit bei Gegenlicht- und Effektaufnahmen beliebt sind. [...] Da unser Auge gegen Detailverluste in den Lichtern sehr viel empfindlicher ist, als in den Schatten, kann man als Regel aufstellen, dass, falls auf gewisse Details verzichtet werden muss, die Lichter, nur mit Ausnahme der höchsten Effekte, durchkopiert werden müssen, im Notfall auf Kosten des Zugehens der Schatten[141].

Heute kann der Kontrast zweifelsfrei mit Messgeräten kontrolliert werden. Damals sind die Belichtungsmesser nicht so leistungsstark und dadurch auch nicht leicht zu interpretieren. Aber es gibt durchaus »kleine Hilfsmittel, die vor der Aufnahme die Gesamtbeleuchtung in ihrer Tonabstufung zu kontrollieren gestatten. Aber diese Hilfsmittel erfordern ihrerseits wieder eine genaue Kenntnis ihrer Wirkungsweise, und so sehen wir hin und wieder

139 Agfa (1920). S. 69.
140 Vgl. Chaparrel (1931): Mehr Sorgfalt bei der Kamera-Arbeit!
141 Lehmann (1923): Was man von einer Kopieranstalt verlangen kann.

bedauerliche Mißgriffe in der Beleuchtung, wie sie eigentlich überwunden sein sollten.«[142]

Das erforderliche Fachwissen fehlt und viele vertrauen da lieber dem, was sie Erfahrung nennen. Dem Erfindungsreichtum, um dem Umgang mit komplizierten Messgeräten zu umgehen und trotzdem halbwegs brauchbare Negative zu bekommen, sind kaum Grenzen gesetzt. »Ist eine Szene zu Ende gespielt, müssen die Schauspieler noch eine Weile in der letzt eingenommenen Stellung verharren, während der Operateur noch einige Kurbelumdrehungen macht. Diese Bilder dienen später bei der Entwicklung des Films als Probe, damit der mit der Entwicklung beauftragte Angestellte die günstigste Stärke des Negativs ausprobieren kann.«[143]

Die Misere veranschaulicht 1930 eine Anzeige der Firma Bell & Howell für ihr neues Photometer. Man könnte ihn als einen Vorläufer moderner Spotmeter sehen, denn man peilt eine Fläche an, deren Helligkeit (Leuchtdichte) an eine künstlich beleuchtete Referenzfläche im Gerät angeglichen werden muss. Doch was sagt der Wert, wenn die Filmhersteller keine Filmempfindlichkeit angeben. »Der Photometer basiert bei der Messung der Lichtintensität auf der Standard Kopierwerks-Praxis. Er ist im höchsten Maße genau.«[144] Leider ist diese Angabe sehr ungenau, kein Wunder, dass Messgeräte bei den Profis verpönt sind. Man will die eigene Erfahrung nicht durch ein technisches Gerät korrigiert wissen, aber besonders bei Außenaufnahmen fernab der Studios und besonders der Kopierwerke beginnt ein Umdenkprozess.[145]

Noch 1933 rechtfertigt C.E. K. Mees als Direktor der Kodak Research Laboratories in Rochester in einem internen, teilweise recht polemischen Schreiben[146] diesen Mangel der fehlenden Empfindlichkeitsangabe, weil es keine fehlerfreie Maßeinheit gibt. Heftig attackiert er die in England gebräuchlichen H&D[147] und die in Deutschland benutzten Scheiner-Werte. Vielleicht attackiert er auch nur indirekt die auf einem internationalen Kongress für wissenschaftliche und angewandte Fotografie am 4. August 1931 in Dresden formulierte DIN-Norm, auf die er nicht eingeht, die aber sicherlich

142 W.R.K. (1925).

143 Gad (1919). S. 202–203.

144 Anzeige von Bell & Howell. In: *American Cinematographer.* Vol. XI, Nr. 2, Juni 1930. S. 29 [Übersetzung durch den Autor]. Und: Anon. (1930): New Exposure Meter. S. 31.

145 Vgl. Stull (1932): Exposure-Meters in Professional Cinematography. S. 15.

146 Vgl. Mees (1933): The Rating of Film Speeds.

147 *Hurter and Driffield.*

Eastman Kodak unter Druck setzt. Der diese Norm beschreibende Artikel von Biltz[148] erscheint in englischer Übersetzung erst im Januar 1935 im *American Cinematographer*. Und Kodak lässt sich Zeit, schließlich arbeitet man für Profis, die auch ohne diese Angaben Großartiges leisten. »Die erste ›ASA‹-Filmempfindlichkeit basiert auf der Arbeit von Jones und anderen zwischen 1935 und 1941, [...] Kodak veröffentlichte erstmals 1945 eine Liste mit ASA-Filmempfindlichkeiten in der Broschüre ›Kodak Films‹.«[149]

Der Kameramann als der einzige »Sachverständige« schützt seinen Nimbus gegenüber seiner Produktions-Firma und das Kopierwerk wird zum Prügelknaben des falsch gewählten Bearbeitungsprozesses und seiner eigenen Fehler.[150] Einige Produzenten machen in ihrer Ahnungslosigkeit auch den übergroßen Lichteinsatz dafür verantwortlich, dass falsch, nämlich überbelichtet wird, und verkennen, dass für die Fehlbelichtung nicht die Lichtmenge, sondern die Wahl der Blende verantwortlich ist, sonst wären ja alle Aufnahmen bei Sonne überbelichtet. Der Kameramann wirkt mit seinem unzureichenden Fachwissen als Einäugiger unter Blinden. Aber es gibt auch damals Kameraleute, die ihr Metier beherrschen, und in dieser Gruppe würde ich alle in dieser Publikation vertretenen Kollegen vermuten. Doch eine kleine Fußnote von Kettelhut, die wir später besprechen werden, zeigt, dass es auch bei diesen Kameraleuten unterschiedliche technische Kenntnisse gibt, und selbst heute mit dem über 100-jährigen akkumulierten Wissen über Filmtechnik und -ästhetik sind technische Probleme nicht immer zweifelsfrei zu klären.

Aus Artikeln entsteht der Eindruck, dass in Amerika – wo ja auch offen über Probleme diskutiert wird – der Kenntnisstand und die Anforderungen deutlich höher sind, in Deutschland wähnt man sich künstlerisch überlegen und da hindert Wissen ja bekanntlich nur.

Für Lachman sind der schwächste Punkt in Europa die Kopierwerke, »diese sind in der Regel unglaublich schlecht. Doch das Paramount Kopierwerk in den Joinville Studios ist eine Ausnahme.«[151] Es gibt auch ein oder zwei annehmbare in England, aber grundsätzlich sind die europäischen selbst mit den schlechteren in Hollywood für Lachman nicht vergleichbar. »Keins der europäischen Kopierwerke ist in der Lage an den Tonwertreichtum und

148 Vgl. Biltz (1933): Über DIN-Grade. S. 735.

149 Kodak, Internal Memo, 28.6.1983. In: University of Rochester, River Campus Libraries. Kodak Historical Collection. Serie III. Box 73, Folder 8 [Übersetzung durch den Autor].

150 Vgl. Lehmann (1923).

151 Lachman (1932). S. 7.

die Gradation der hiesigen [USA] heran zu reichen, besonders beim Low-key sind die Schwärzen nicht annähernd so differenziert. Obwohl der gleiche Film von gleich qualifizierten Kameraleuten genutzt wird.«[152]

Wenden wir uns der Herstellung der Premierenkopie und den Massenkopien zu. Ein maschinell entwickeltes Negativ verfügt über eine einheitliche Gradation und kann problemlos maschinell weiterverarbeitet werden. Bei den handentwickelten Negativen sieht die Sache anders aus. Hier werden die Negative von unterschiedlichen Einstellungen aber vergleichbarer Gradation entsprechend ihres Härtegrads zusammengeschnitten und so kopiert, dass sie zu der notwendigen Gradation entwickelt werden können. Natürlich lassen sich diese Fehler der Aufnahme und Entwicklung nur sehr begrenzt korrigieren. Die sich ergebenden vielen einzelnen Röllchen werden dann zu einem Film zusammengeklebt. Ein fertiger Film kann dann 400 bis 500 Klebestellen im Positiv haben.[153] Ein heute kaum vorstellbarer Aufwand, und auch Urban Gad staunt damals, dass »die einzelne Klebedame in der Fabrik zu einem Regiment von Arbeiterinnen wird, die mechanisch Hunderte von Szenen in Hunderten von Exemplaren zu Hunderten von Filmen zusammenkleben. Das ganze Personal stellt darum eine wahre Armee dar.«[154]

Dies gilt nicht nur für die Massenkopierung, auch Premierenkopien werden so erstellt. »In vielen Fällen [...] stoppelt man aus 4–6 Kopien die sogenannte Premierenkopie zusammen, die dann ein Abbild der fabelhaften Arbeit aller Beteiligten sein soll.«[155] Die kleinen Betriebe haben von der späteren, für die Massenkopierung notwendigen maschinellen Bearbeitung des Negativs in großen Kopieranstalten keine Ahnung. Sie können nur die Rahmenentwicklung. Viele Kameramänner behaupten, dass es keine zwei gleichen Kopien eines Films gäbe. Die Amerikaner, wenn sie einen solchen Film vertreiben wollen, gehen so weit, dass nach Amerika geschickte Negative »dort einzig und allein aus dem Grund geschnitten werden müssen, weil verschiedene Szenen sich ohne Änderung der Apparate nicht maschinell kopieren und entwickeln lassen.«[156] So können auch unterschiedliche Fassungen eines Films entstehen.

Manch einer glaubt, die Kopie erst bei der Projektion retten zu müssen, indem man Kopien-Zustand und Projektion aufeinander abstimmt. Ein

152 Ebd.
153 Emil Müller, Interviews, geführt von Axel Block und Arthur Ahrweiler.
154 Gad (1919). S. 70.
155 Seeber (1925): Kameramannes Leiden (Schluss).
156 er- (1927): Zur Frage der Produktionstechnik.

Kopierwerksmann formuliert und beschreibt eine Sichtweise, die für manche leider heute noch gilt: »Die Kopie ist normal gehalten, aber die Lichtverhältnisse und Entfernungen in den Theatern sind sehr verschieden. Da muss der Vorführer durch mehr oder weniger Licht einen Ausgleich schaffen, was er aber leider größtenteils nicht tut oder nicht versteht.«[157] Dieses Missverständnis oder diese Unkenntnis des hier Zitierten findet sich heute immer noch, dass man durch Veränderung des Projektionslichts die Bildwirkung verbessern könnte. Bisweilen hört man gerne, dass eine Kopie etwas heller gezogen werden muss, weil die Kinos zu dunkel wären. Dass durch eine veränderte Kopierung nur die Qualität der Abbildung verändert wird, begreifen wenige. Aus einem sonnigen Bild wird keine *Day-for-night*-Aufnahme, nur weil ich es bei Kerzenlicht anschaue, ebenso wenig mutiert die *Nachtwache* bei Sonne betrachtet zum Tag-Bild. Auch wenn das Auge und unser Gehirn die veränderten Betrachtungshelligkeiten adaptieren, wird eine zu hell gezogene Kopie nicht als Düsternis erlebt, mag sie mit noch so wenig Licht projiziert werden.

Nicht jeder hat die Besessenheit des Kameramanns Richard Angst, der sich zwei Wochen unbezahlt ins Kopierwerk setzte und alle Kopien anschaute und bei Fehlern die Rolle eigenhändig lochte, damit sie nicht doch noch heimlich in Umlauf geriet.[158] Die mangelhafte Massenkopierung existiert offensichtlich als ein internationales Problem, das es auch in den hochgelobten amerikanischen Kopierwerken gibt.[159]

Bei einer standardisierten, maschinellen Entwicklung wird die Schwankung nun nicht mehr durch einen bewussten Eingriff verursacht, sondern nur noch zufällig durch Schlamperei, reduziert sich aber weitgehend auf ein geringes Maß. Der Kopierwerksmann J. I. Crabtree sichert sich wohl nicht ohne Ironie ab, denkt, »dass durch die Standardisierung der Entwicklung bessere Resultate erzielt werden. Denn wenn das Negativ nicht in Ordnung ist, ist die Ausleuchtung falsch.«[160]

Aus Sicht der Kameraarbeit muss es begrüßt werden, wenn die Entwicklung zu einer fixen Größe wird, auf die man sich verlassen kann. Es bilden sich schnell weitere Standards, so wird ein Gesicht im Bild der einzige Bereich, der keine Fehlbelichtung erlaubt, oder genauer: Für den Lichtbestimmer dient das Gesicht als Referenz für die Belichtung. Er geht davon aus,

157 Müller (1925): Noch einmal: Die mangelhafte Kopie.
158 Vgl. Angst (1983): Interviews. Band 49, TC 15:22:30.
159 Vgl. Arnold (1931): Release-Prints. S. 11.
160 Crabtree (1955). S. 159.

dass zumindest ein Teil des Gesichts im Bereich der richtigen Belichtung liegt. Soll eine andere Referenz gelten, muss dies vom Kameramann kommuniziert werden. Diese Regel hat sich sehr lange gehalten.

Mit der Einführung des Tonfilms hat die Rahmenentwicklung ein Ende. Die Kopien können nicht mehr aus vielen kleinen, speziell entwickelten Positiven zusammengesetzt werden, sondern müssen in einem Zug, möglichst ohne Schnittstelle durchkopiert werden.[161] Das setzt die Kameraleute unter Druck, die immer noch nicht mit einem Belichtungsmesser arbeiten wollen: »Kameramänner nehmen oft Standbilder auf und eilen damit ins Kopierwerk, um eine Absicherung für die Lichtführung, die Farbtonwerte oder andere Details zu bekommen bevor sie die Szene drehen.«[162]

Das Format

Seit 1909 existiert das etwa 20 Jahre zuvor von Edison definierte Aufnahmeformat für den 35-mm-Film als Standard. Das Bild misst einen Inch in der Breite und drei Viertel Inch in der Höhe, das entspricht 24 mm mal 18 mm, und geht über vier Perforationslöcher (obere Abbildung). Um das Bildseitenverhältnis von 4:3 oder 1,33:1 zu erhalten, wird bei der Einführung des Tonfilms, korrespondierend zur einseitigen Tonspur zwischen der Perforation und dem Bild, der Bildstrich zwischen zwei Kadern verbreitert (untere Abbildung). Das neue Seitenverhältnis von 20,96 mm zu 15,2 mm (1,37:1)[163]

Stummfilm
(1:1,33)
24,9 × 18,7

Tonfilm
Academy
(1:1,37)
20,9 × 15,2

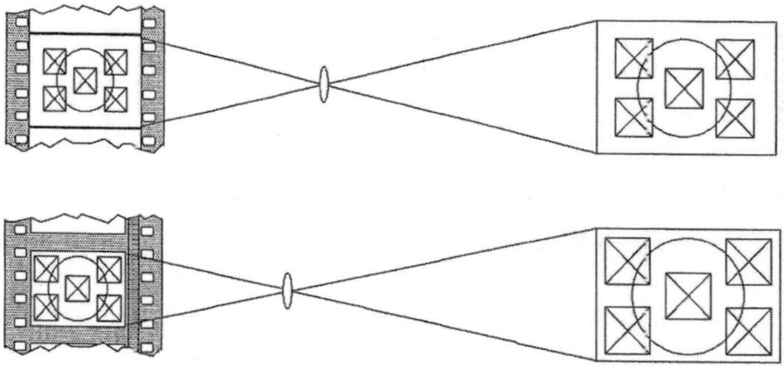

161 Vgl. Courant (1930): Die Kamera stellt sich auf Tonfilm um.

162 Archer (1930): The Still Picture's Part in the Motion Pictures. S. 247 [Übersetzung durch den Autor].

163 Vgl. Spottiswoode (1969): *The Focal Encyclopedia of Film and Television Techniques.* S. 979–980. Vgl. Carr (1988): *Wide Screen Movies.*

kann nun bei der Projektion dieselbe Leinwand füllen wie zuvor beim Stummfilm, es muss nur mit einer leicht kürzeren Brennweite etwas vergrößert vorgeführt werden. Das soll in obiger Grafik das etwas nähere Linsensymbol zum Filmstreifen verdeutlichen. Benutzt man auch bei der Aufnahme bei beiden Formaten dieselbe Brennweite, erhält man beim Tonfilm eine geringfügig teligere Bildwirkung. Auch das kann aus der Grafik gelesen werden.

Nun läuft der Übergang zwischen diesen genormten Formaten nicht so glatt und problemlos, wie die Grafik glauben machen könnte. Auch die Patentstreite der konkurrierenden Tonverfahren dürften hier eingegangen sein. Barry Salt spricht deshalb von einem »frühen Tonfilmfenster«[164], das die Breite für den Ton beschneidet und die Bildhöhe belässt, so entsteht ein Verhältnis von 1,15:1. Für Tobis-Klangfilm wird 1,19:1 bzw. 1,20:1 für Den blauen Engel[165] und M angegeben, die Datenbanken sind sich da nicht einig.[166]

Das Dilemma wird offensichtlich. Wenn der Tonfilm mit derselben Optik projiziert wird wie der Stummfilm, dann hat der Tonfilm auf derselben Leinwand eine Trauerumrahmung und die Tobis-Klangfilm-Kopie zwar dieselbe Bildhöhe, aber an den Seiten schwarze Balken. Da man nicht davon ausgehen kann, dass für jedes Format die entsprechenden Optiken und Leinwandkaschs zur Verfügung stehen, scheint die Bildgestaltung Glücksache, wenn auch nicht ganz so katastrophal wie Anfang der 1950er Jahre beim Aufkommen von *CinemaScope*.

Stummfilm 1,33 Tobis 1,20 Tonfilm 1,37 Academy Standard

164 Salt (1983). S. 273.

165 Im Titel: Ufaton-Film aufgenommen auf Klangfilm-Apparatur. AFIFA Tonkopie. Die Abbildungen in diesem Buch entsprechen 1:1,19.

166 Vgl. www.filmportal.de [letzter Zugriff: 05.04.2020] oder www.IMDb.com [letzter Zugriff: 05.04.2020].

Projektion und Bildfrequenz

Wenn man von heute rückblickend auf die Stummfilmzeit schaut, mutet es wie ein Wunder an, dass der Film überhaupt überlebt hat. Besonders die Darbietung der Filme gelingt alles andere als artgerecht. So erreicht oft die Projektion das zwei- bis dreifache der Aufnahmegeschwindigkeit und bisweilen werden die Filme so schnell projiziert, dass die Zwischentitel nicht gelesen werden können. 1925 druckt der *American Cinematographer* erneut einen bereits im September 1922 zum ersten Mal erschienenen Klageartikel über Vorführungen, weil sich zwischenzeitlich nichts geändert hat.[167] Nur in Colorado gibt es ein Gesetz, das die Projektionsgeschwindigkeit auf 80 Fuß je Minute begrenzt, was etwa 21 B/s entspricht.[168] Es bleibt also kein deutsches Phänomen, ebenso wie die schlechte Projektion, was die Schärfe und Kontraste angeht.

Heute wird (noch) bei der Bildaufnahme für einen Kinofilm mit einer Bildfrequenz von 24 Bildern pro Sekunde und für einen Fernsehfilm mit 25 Bildern pro Sekunde aufgenommen. Mit identischer Geschwindigkeit werden die Bilder dann projiziert oder auf einen Monitor gebracht. Dadurch entspricht der Bewegungsablauf bei der Betrachtung weitgehend dem der Aufnahme. Diese Frequenzen werden mit der Einführung des Tonfilms und des Fernsehens festgesetzt und sind technisch wohl begründet. In den letzten Jahren gibt es nachvollziehbare Bemühungen, dies aus den unterschiedlichsten Argumentationen heraus zu ändern. Wenn wir heute einen Stummfilm sehen, dann läuft er unter Umständen mit 24 oder 25 B/s. Die Aufnahmegeschwindigkeit dieser Filme war aber eine andere. Gerne werden 16 B/s genannt oder auch 18 B/s (besonders in den USA). Die Realität in der Stummfilmzeit funktioniert aber nicht so korrekt, und bei allem Respekt vor den damaligen Kollegen kann man davon ausgehen, dass – auch da, wo es beabsichtigt war – dies nicht immer eingehalten wird. So kurbelten auch zwei parallele Kameras bei einer Einstellung nicht unbedingt mit derselben Geschwindigkeit. Da sich die Frequenz auch auf die Belichtung auswirkt, war entscheidender, dass sie während der Einstellung gleich bleibt. Aber der Film kommt vom Jahrmarkt und da liegt die Ökonomie näher als die Kunst oder gar Realität. Und wenn man am Abend eine Vorstellung zusätzlich zeigen und dafür extra Eintritt verlangen kann, dann laufen die Filme eben

167 Vgl. Richardson (1922): Projectionist and Cinematographer.
168 Vgl. Richardson (1922): Synchronization Taking and Camera Speeds. S. 21.

schneller und das war die Regel. Dazu steht viel bei Barry Salt[169] oder Werner Sudendorf.[170] So soll 1923 die Vorführgeschwindigkeit bei Studioabnahmen in den USA bei 18 bis 21 B/s liegen, aber die Projektionsfrequenz steigt ständig.

> Einige skrupellose Kinobesitzer versuchten eine zusätzliche Vorstellung herauszuholen und ließen die Filme so schnell vorführen, daß die Bewegungen lächerlich wirkten. Als die Kameramänner davon erfuhren, reagierten sie auf diese Praxis, indem sie ihre Kurbelgeschwindigkeit erhöhten. Mitte der 20er Jahre wurden die Filme mit 18 bis 22 Bildern pro Sekunde gedreht und mit 20 bis 26 Bildern projiziert. Die geringe Steigerung der Geschwindigkeit fiel auf der Leinwand nicht weiter auf, gab der Handlung jedoch etwas mehr Pfiff.[171]

Die Filme am Nachmittag laufen mit einer anderen Geschwindigkeit als am Abend. Auch wird ein Film nicht mit einer einheitlichen Geschwindigkeit vorgeführt. Dazu gibt es Anweisungen an den Vorführer für eine angemessene Vorführdauer pro Rolle und wo man getrost schneller projizieren kann.[172]

> Die Kameraleute nahmen natürlich die Entwicklung der Projektionsgeschwindigkeit wahr und richteten sich auf sie ein. Die meisten drehten aus der Hand — Motoren waren noch zu umständlich — und aus Berufsehre ohne Tachometer. [...] Etwa ab 1927 existiert für das Atelier wie für das Kino keine einheitliche Norm mehr. [...] Weil die Kameraleute aber noch immer aus der Hand arbeiteten, war es ihnen ohne eine spezielle Übersetzung gar nicht möglich, ein höheres Tempo als 22–24 B/sec über längere Zeit durchzuhalten.[173]

Zu diesen Phänomenen gibt es natürlich eine Fülle von Anekdoten und Anmerkungen. 1919 beschreibt Urban Gad in seinem Lehrbuch das Phänomen der übereilten Vorführung und sieht die einzige Lösungsmöglichkeit bei der Aufnahme beim Regisseur: »Darum ist das einzige Mittel gegen überstürzte Vorführung, daß man das Spiel während der Aufnahme langsamer und das Kurbeln des Apparates bei der Aufnahme schneller vor sich gehen läßt, als normalerweise geschehen würde; bei einer tragischen Szene,

169 Vgl. Salt (1983). S. 203.
170 Vgl. Sudendorf (1985): Variationen der Geschwindigkeit.
171 Brownlow (1997), S. 262.
172 Vgl. Card (1979) [1955]: Silent Film Speed. S. 145.
173 Sudendorf (1985). S. 118.

deren Stimmung unter keiner Bedingung verdorben werden darf, ist dieses Mittel jedem Regisseur zu empfehlen.«[174] Der Regisseur Gerhard Lamprecht sieht dies als beständige Praxis und bestätigt, dass dies allgemein bekannt ist und entsprechend darauf reagiert wird, indem man oft langsamer inszeniert. »Ich kann mir denken, dass ein guter Regisseur wie Fritz Lang sich gesagt hat, du musst im jeden Fall das Tempo etwas rausnehmen, weil der Film in der Projektion sowieso schneller gezeigt wird. Für uns war das Projektionstempo immer ein Problem.«[175]

Als gutes Beispiel dafür dient bei Der letzte Mann die Vision des Hochzeitsmarschs. Dort eilen die in dieser Verschleppungskunst ungeübten Kinder recht zappelig davon, während die folgenden Erwachsenen Contenance bewahren. Bei einem Kritiker des Films Dr. Mabuse, der Spieler könnte man Gleichmut heraushören, vielleicht sogar Zufriedenheit: »Die Kopie ist einwandfrei; dass sie etwas zu rasch vorgeführt wird, lässt sich wegen der Länge des Films wahrscheinlich nicht ändern.«[176]

Aber umgekehrt arbeiten Regisseure und Kameraleute auch mit der Veränderung der Aufnahmefrequenz. So schreibt Guido Seeber 1925, dass Regisseure langsamer drehen lassen, wenn ein Schauspieler zu lange braucht, um den Ausdruck zu finden, aber hastige Darbietungen sollen durch Überdrehen gestreckt werden, da sie sonst der schnellen Vorführung anheimfallen.[177] »Ich bin dafür, dass der Kameramann sich seine Spielfilmszene gefühlsmäßig zurechtdreht und ich steigere oder mindere gern je nach Handlung der betreffenden Szene das Drehtempo.«[178]

Der amerikanische Kameramann John Arnold sieht die Aufnahmefrequenz handlungsabhängig: »Dramatische Handlung muss schneller gekurbelt werden als normal, damit die Handlung langsamer und intensiver bei der Vorführung auf der Leinwand wird. Bei Komödien ist es in der Regel umgekehrt. Es gibt keine Regeln für die Geschwindigkeit des Kurbelns. Sie variiert und wird vom Kameramann entschieden.«[179] Er behauptet auch, Gemütsschwankungen der Schauspieler auszugleichen, wenn sie an trüben Tagen weniger lebendig spielen als an hellen. Für einige erfüllt die individuelle Kurbelgeschwindigkeit eine wichtige Voraussetzung, um den Film als Kunst-

174 Gad (1919). S. 264.
175 Zitiert nach Kettelhut (2009). S. 30.
176 K. P. (1922): Filmtechnische Filmkritik: Dr. Mabuse, der Spieler.
177 Vgl. Seeber (1925): »Unter«drehen und »Über«drehen. S. 4–5.
178 Kossowsky (1925b).
179 Arnold (1923): Some Fundamental Photographic Knowledge. S. 12.

form zu sehen, denn die Aufnahme geschieht nicht mechanisch, sondern »manuell, ist also subjektiv variierbar.«[180] »Auf diese Weise kann eine starke Abstrahierung von der Natur erreicht werden, und zwar je nach der Art der Ausführung eine (besonders derbdrastisch) komische, karikierende oder phantastische (besonders düster geheimnisvolle) Wirkung.«[181]

Überdrehen oder Zeitlupe bedeutet, dass die Aufnahmefrequenz höher liegt als bei der Wiedergabe, Unterdrehen, auch Zeitraffer, arbeitet mit einer geringeren Bildfrequenz. Ironisch von der gängigen Projektionspraxis aus gesehen, waren die Stummfilme also unterdreht. Der Komponist Gottfried Huppertz komponierte seine Partitur für METROPOLIS für eine Vorführgeschwindigkeit von 26 B/s bzw. 28 B/s.[182] Der Regisseur Rex Ingram hält 27 B/s auf eine Frage des Kameramanns Victor Milner bei der Projektion für ruinös für jeden Film.[183] Und H. O. Schulze behauptet, dass die Kinobranche des Publikum quasi zu schnellem Sehen erzieht – oder besser zum Ertragen solcher »Zappelbewegungen«.[184] Die fatale Situation besteht also heute, dass es keine eindeutige Frequenz gibt, mit der diese Filme vorgeführt werden müssen. Denn die Aufnahmefrequenz von 16 B/s wird in den 1920er Jahren sicher von keinem mehr ernsthaft als Wiedergabefrequenz gesehen. Es kann damals sogar nicht mit weniger als 24 B/s projiziert werden, da die Projektoren nur eine Zweiflügelblende haben und die Bilder so bei 18 B/s flimmern würden.[185] Also wird die Inszenierung darauf abgestimmt und auch die Aufnahmefrequenz angehoben. James Card behauptet, dass in den USA zum Ende der Stummfilmzeit zum Teil mit höherer Frequenz als beim Tonfilm gedreht wird, das sind also mehr als 24 B/s.[186]

Generell kann davon ausgegangen werden, dass man im Stummfilm die Bildfrequenz auch als Gestaltungselement ansieht; dafür gibt es in unseren Filmen Beispiele. Die Kinobetreiber sehen die Bildfrequenz hauptsächlich unter ökonomischen Gesichtspunkten: Eine Kinovorführung dauert zwei Stunden, das würde für einen normal langen Spielfilm mit Beiprogramm reichen. Aber viele Kinobesitzer sind mit den Filmen, die sie bekommen, nicht zufrieden und packen nun zwei mittelmäßige Filme in ein »Zweischla-

180 Harms (1926): *Philosophie des Films.* S. 62.
181 Ebd. S. 96.
182 Anon.: Fritz Langs METROPOLIS. S. 83. Die Murnau-Stiftung spricht von 28 B/s: Metropolis: Neu rekonstruierte und restaurierte Fassung.
183 Vgl. Milner (1923): Speed of Projection. S. 6.
184 Schulze (1983). Band 89, TC 07:32:34:
185 Vgl. Siegert (1927): Ein Theaterbesitzer für Temponormung.
186 Vgl. Card (1979). S. 146.

gersystem«: »Im Normaltempo laufen 30 Meter Film [entspricht gut 26 B/s] in der Minute durch, beim unsinnigen Zweischlagersystem 40–50 Meter! [entspricht 35–44 B/s] Der Kapellmeister rechnet schon mit gut 35 Meter pro Minute [entspricht gut 30 B/s], um evtl. etwas dehnen zu können.«[187] »Der leidtragende ist lediglich der Vorführer, der entweder ein irrsinniges Tempo spielen muss oder auf eigene Faust zu schneiden beginnt. Beides soll der Qualität des Films nicht gerade dienlich sein.«[188]

Kaum vorstellbar, dass überhaupt noch Leute ins Kino gehen. Ein Autor sorgt sich auch um die zu schnelle Darstellung von Marschszenen und verlangt dafür eine einheitliche Aufnahmefrequenz von 20 B/s, um nicht »Anlass zu allerhand zynischen Bemerkungen« zu geben. Auch sollen die Projektoren Tachometer und Meterzähler haben.[189] Um den Rhythmus einer Szene oder der Einstellung zu kontrollieren, pflegt Fritz Lang bei mehreren Filmen bei der Aufnahme laut zu zählen, damit die Schauspieler in den richtigen Fluss kommen; da muss er schon sehr genau wissen, mit welchem Tempo die Filme vorgeführt werden. Aber selbst bei einzelnen Vorführungen war dies nicht einheitlich. So ändern die Vorführer die Vorführgeschwindigkeit, um im Takt der Musik zu bleiben. Auch schneiden sie bisweilen einzelne Kader heraus, damit der Gleichschritt gewahrt wird, weil nicht in der identischen Bewegungsphase geschnitten wurde. Als Beispiel dient die Galeerenschiffsszene aus BEN HUR,[190] deren Einstellungen alle mit unterschiedlichen Geschwindigkeiten gedreht sind, weshalb kein einheitlicher Takt gefunden werden kann.[191] »Der sorgfältig arbeitende Vorführer wird das Tempo, den einzelnen Szenen entsprechend nach oben oder unten verschieben. Verlangsamen, wo es die Szene, z.B. Fußgänger, Tanz, Sportkämpfe, Titel, Briefe, erfordert, beschleunigen, wo es die Szene zulässt. Er hält so das Grundtempo von fünfundzwanzig Bildern inne.«[192]

Daraus zieht Werner Sudendorf in seiner ausführlichen Darstellung der Problematik für heutige Vorführungen den nachvollziehbaren Schluss: »Der Zwang zum wirtschaftlichen Erfolg um jeden Preis entfällt, die richtige Vorführung orientiert sich heute, soweit die technischen Voraussetzungen dies

187 Stindt (1927): Tempo – Normung und Filmmusik.
188 Anon. (1926): Die Filme sind zu lang: »Großfilme« nach dem Tausendmetermaß.
189 Siegert (1927).
190 USA 1926. Regie: Fred Niblo. Kamera: Karl Struss, René Guisart, Percy Hilburn, Clyde de Vinna.
191 Vgl. Bingel-Bonn (1927): Vorführer und Temponormung.
192 Schmutzer (1926): Vorführgeschwindigkeiten im Kino. S. 20.

zulassen, an ästhetischen Kriterien. Deshalb werden Stummfilme gegenwärtig besser vorgeführt als in der Stummfilmzeit.«[193]

Ein Beispiel: Es gibt bei der Deutschen Kinemathek in Berlin eine restaurierte Fassung von Der letzte Mann aus dem Jahr 2003 als DCP. Die niedrigste Vorführgeschwindigkeit dieses Formats liegt bei 24 B/s. Niedrigere Bildraten wie 16 B/s oder 20 B/s können im Herstellungsprozess interpoliert werden, was aber Bewegungen nicht unbedingt fließender macht. Wenn die digitalisierte Version nun auf Film ausbelichtet wird, hat dieser eine Länge von 2.032 m, das würde bei 24 B/s einer Vorführdauer von 74 Minuten entsprechen. Das Deutsche Filminstitut gibt für sein DCP dieses Films eine Dauer von 90:14 min an, was einer Bildfrequenz von 20 B/s entspricht, diese Länge gilt auch für die DVD von dieser Fassung. 20 B/s sind ein guter Kompromiss zwischen der Aufnahmefrequenz von 16 B/s (entspräche einer Vorführdauer von 111 Minuten) und 18 B/s und den damals überhöhten Vorführgeschwindigkeit von bis zu 28 B/s oder gar schneller.

Zwei Trickverfahren

Der Stummfilm fungiert als ein Eldorado des Filmtricks, ständig kommen neue dazu. Da selbst Schwenk und Fahrt erfunden werden müssen, macht die Experimentierfreude auch vor komplizierten Bildkonzepten nicht halt. Die dramaturgischen Vorgaben sind gegeben: Traum, Fantasie, Rückblicke, Visionen, Fieberwahn, Begegnungen mit dem eigenen Ich, mit Tod, Teufel und dem lieben Gott, alles soll auf die Leinwand gezaubert werden. Und die Kameraleute versuchen sich zu überbieten, einige spezialisieren sich. Kopierwerke oder Postproduktionshäuser können nicht helfen, man kann nur mit einem »Abschwächer« Teile aus einem Bild herausätzen, um schlechte Blitzeffekte zu erzeugen, das ist es. Den Bereich der Einfärbungen und Tönungen lassen wir außen vor, da sie in unseren Beispielen keine Rolle spielen. Alles muss bei der Originalaufnahme entstehen, in der Kamera auf dem Original-Negativ. Dabei bleibt das Instrumentarium recht überschaubar: Die Kamera selbst kann nur mit unterschiedlichen Geschwindigkeiten vor- oder zurücklaufen oder Einzelbilder aufnehmen. Bei einigen kann man noch den Sektor der Umlaufblende verstellen, um die Belichtungszeit zu verkürzen, mehr nicht. Die Optiken erlauben leichtere perspektivische Spielereien, zu wenig

193 Sudendorf (1985). S. 114.

variiert das Angebot unterschiedlicher Brennweiten oder, genauer gesagt, der Besitz dieser. Nur vier bis sechs Objektive gehören meist zum Eigentum eines Kameramanns und viele schaffen exzellente Ergebnisse mit nur zwei Optiken,[194] wohl dem 50 mm als Normalbrennweite und einem 75 mm oder 100 mm für Nahaufnahmen. Wittmer sieht in dieser Geräteknappheit auch einen Ausdruck der finanziellen Möglichkeiten der Kameramänner, die oft nahe der Armutsgrenze leben.

Seeber nennt 1927 als beliebt 25, 35, 50, 75, 100 mm, Tele bis 400 mm; Lichtstärke bei 2,1–4,5.[195] Einen brauchbaren Zoom gibt es nicht. Schon extreme Großaufnahmen sind eine Herausforderung. Die Qualität der Objektive differiert stark, dies wird aber nicht als Mangel, sondern als ästhetische Bereicherung gesehen. »Die moderne, oft als künstlerisch bezeichnete Richtung, verlangt weichzeichnende Optik.«[196] Unkorrigierte Linsen schaffen spezielle Effekte. Manche Objektive haben eine vollschließende Irisblende, mit der sich Ab-, Auf- oder Überblendungen machen lassen. Wie nervenaufreibend aber mehrere Überblenden sein können, werden wir später erfahren. Als kreatives Hauptgerät gilt das Kompendium.[197] Filter beeinflussen die Tonwertwiedergabe und den gesamten Bildcharakter, imitieren Weichzeichner-Aufnahmen oder Vorsatzlinsen verändern partiell oder generell die Schärfe. Kaschs decken Bildpartien für Mehrfachbelichtungen (Doppelgänger) oder andere Effekte (Schlüsselloch) ab. Als simpler und beliebter Trick fungiert die Vignettierung, für die das Kompendium das notwendige Material aufnehmen kann.

Das berühmteste Trickverfahren dieser Zeit wird nach seinem Erfinder Eugen Schüfftan benannt. Er ist bis heute – neben Karl Freund und dem in Berlin geborenen Walter Lassally – der einzige deutsche Oscar-Preisträger für die Kameraarbeit. Ab 1923 entwickelt er dieses Verfahren, das er patentieren lässt und das in vielen auch internationalen Produktionen eingesetzt wird.

Blenden und Vignetten

Stindt sieht die ersten Blenden um 1913, die vor oder hinter das Objektiv gesetzt werden und genutzt werden für den Szenenübergang. Beliebt bleibt die Lochblende, doch schnell tauchen völlig freie Formen auf, die die Über-

194 Vgl. Wittmer (1930). S. 11.
195 Vgl. Seeber; Mendel (1927). S. 122.
196 Ebd. S. 125.
197 Siehe Kapitel *Kameraarbeit als Geheimwissenschaft*.

blenden ablösen, die unmodern werden und nur selten gut gelingen. Blenden werden auch eingesetzt, um Vignetten zu erzeugen. Sie engen den Blick auf Objekte ein, das Wesentliche im Bild soll hervorgehoben, Nebensächliches zurückgedrängt werden. »›Einkreisen‹ war einstmals ein beliebtes Schlagwort des an technischen Ausdrücken sonst armen Regisseurs.«[198] Die Vignetten werden gebaut aus opakem Material oder durchlässigen Stoffen, die Formen sind beliebig, das gesamte Bild einfassend oder nur teilweise, symmetrisch oder völlig frei. Manchmal tauchen Schleier auf, die mit Löchern versehen werden. »Alle Blenden, alle Schleier dienen also nur dazu, [...] die Möglichkeit zu geben, auch in den Wechsel der Bildformate Leben und Bewegung zu bringen. [...] so sollte auch der Kamera-Mann, wenn es der Gegenstand fordert, z.B. nicht vor schmaleren Bildformaten zurückschrecken. [...] Dieses ist das Geheimnis aller Blenden.«[199] Salt sieht bei Der letzte Mann eine neue Art der halbdurchlässigen, unregelmäßigen Masken im Vergleich zu den ungewöhnlichen, scharf konturierten früherer Lubitsch-Filme: »Diese Masken sind nicht sehr auffällig, besonders in schlechten Kopien, weil sie sich zusammen mit anderen dunklen Partien in die Kadrage einordnen, besonders mit den schmierigen dunklen Wandflächen der Dekoration, die charakteristische Elemente des Design vieler deutscher Filme der zwanziger Jahre sind.«[200] Bisweilen, besonders im Kriminalfilm, korrespondiert der Maskeneffekt auch mit der Lichtführung.[201]

Es gibt aber auch einen schlichten, technischen Grund für den Einsatz der Vignetten: Viele damalige Objektive zeichnen nicht bis in die Ecken scharf und der sichtbare Lichtabfall nimmt an den Rändern zu.[202] Der Effekt zeigt sich deutlich in der Abbildung 5-1. Der oberste Gewehrlauf und die Baumzweige in der rechten oberen Ecke erreichen nicht die Konturenschärfe der anderen Objekte und die Helligkeit des Himmels nimmt erkennbar in den Ecken ab. Die Vignette überlagert diesen technisch bedingten Lichtabfall, indem er ihn verstärkt, und verdunkelt als Nebenprodukt die Unschärfe. Nun muss dies nur noch als Kunst und zur Mode erklärt werden und schon sind die Mängel der Ausrüstung gerettet.

198 Seeber; Mendel (1927). S. 159.
199 Stindt (1925): Die letzte Befreiung vom Filmformat. S. 50.
200 Salt (1983). S. 193.
201 Vgl. Guerin (2015): While Not Looking. S. 51.
202 Vgl. Clerc (1930).

Schüfftan-Verfahren

»Selten hat sich beim Film eine technische Neuerung so rasch und so erfolgreich durchgesetzt wie das Schüfftan-Verfahren […]. Selbst in dieser Zeit schwacher Produktion findet der Besucher Hochbetrieb. Die vorgelegte Liste der Filme […] umfaßt beinahe die gesamte deutsche Produktion.«[203] In der Öffentlichkeit wird trotzdem wenig berichtet, will man doch dem Publikum die Illusion nicht rauben, es soll an die gigantischen und kühnen Dekorationsbauten glauben. Die beste Schüfftan-Aufnahme zeichnet aus, dass sie als solche nicht erkannt wird. Alfred Hitchcock erklärt Funktionsweise und Einsatz dieses Kombinationstrick-Verfahrens bei BLACKMAIL[204]:

> Wir stellten einen Spiegel im Winkel von 45° auf, in den ein Vollbild aus dem BRITISH MUSEUM reflektiert wurde. Ich hatte einige Fotos mit einer dreißigminütigen Belichtungszeit machen lassen […], von denen wir dann Diapositive anfertigten, damit wir sie von hinten anstrahlen konnten. Das Resultat leuchtet viel mehr als ein Standardfoto. Es war wie ein großes Lichtbild, ungefähr dreifünfzig mal vier Meter. Und dann habe ich den Silberbelag des Spiegels nur an den Stellen abgekratzt, wo man den rennenden Mann sehen sollte.[205]

Im Studio wird nur ein kleiner Teil der Dekoration gebaut, das was fehlt, bringt ein Spiegel ins Bild, der im Winkel von 45° in der optischen Achse steht und ein seitlich neben der Kamera platziertes Bild oder Modell zeigt. Der Spiegel muss an den Stellen von der Spiegelfolie befreit werden, wo man auf die Originaldekoration schauen will.

METROPOLIS wird zur Sternstunde und Bewährungsprobe für das Schüfftan-Verfahren. »Im April 1925 gelangte die UFA in den Besitz des Schüfftanverfahrens, das dann ab September 1926 durch die Deutsche Spiegeltechnik G.m.b.H. u. Co. der Filmwirtschaft angeboten wurde.«[206] Günther Rittau ist verantwortlich und auch er verrät wenig. »Besonders kompliziert waren die Visionsaufnahmen von der Molochmaschine.«[207] Aber nicht alles kann mit diesem Verfahren gedreht werden, vieles, wie einige Explosionen, werden mit Modellaufnahmen realisiert.

203 Herzberg (1929): In Schüfftans Zauberwerkstatt.
204 Großbritannien 1929. Regie: Alfred Hitchcock. Kamera: Jack Cox.
205 Bogdanovich (2000). S. 602.
206 Vana (2001): *Metropolis.* S. 153. Vgl. Rolle (1926): Der heutige Stand des Schüfftanschen Kombinationsverfahrens. S. 23.
207 Rittau (1926): Filmtricks in Metropolis. S. 22.

Für METROPOLIS bleibt der Einsatz dieses Trickverfahrens nachvollziehbar, doch erstaunen kleinere Produktionen durch übermäßige Dekorationen, die nicht nur im Kontrast zum restlichen Aufwand des Films stehen, sondern auch die Handlung und Inszenierung erschlagen. Hier wird schnell das Verfahren diskreditiert, und die Patenthalter bedauern, dass die Autoren zu wenig auf diese neuen Möglichkeiten eingehen und nicht fantasievoll damit umgehen. Aber das Spiegelverfahren kann auch technisch helfen, wenn zum Beispiel eine Zimmerdecke für die Ausleuchtung stört, kann diese auch sehr monströs eingespiegelt werden.

Tonfilm und Kameraarbeit

Mit dem Tonfilm dringt ein neues Arbeitsethos in die Studios, das der Ingenieure. Unerfahren mit der Filmproduktion sind sie bestens ausgebildet und haben Erfahrung in der länger etablierten Fono-Industrie und dem Radio. Schnell entstehen Konflikte mit den autodidaktischen Kameraleuten und Schnittmeistern. Frank Lawrence, Präsident der *editors' union*, empfindet dies als Armageddon und die stolzen Ton-Ingenieure, die ihre Berufsstandards retten wollen, als hoffnungslos ignorant.[208]

In diesem Reizklima haben die Kameraleute noch ganz andere Probleme: Dreharbeiten für Stummfilme werden abgebrochen und als Tonfilme neu begonnen; sie sind unerfahren im Umgang mit dem panchromatischen Material und den neuen Lampentypen mit Glühlicht; große Schwierigkeiten bereitet einigen, dass nun der Film als Ganzes durchkopiert wird und keine speziell kopiert und entwickelte Einstellungen mehr eingesetzt werden können, um fehlbelichtete Negative zu korrigieren.[209] Nilsen sieht die Existenzberechtigung von Kameraleuten gefährdet, selbst die Kontrolle über die Aufnahmefrequenz wird von einem Motor übernommen.[210] Bleibt die Frage, ob die erzwungene Bewegungslosigkeit in den engen Kabinen für Kamera und Kameramann hilft, den Blick auf die Lichtführung zu konzentrieren. Wartepausen – wodurch auch immer – können beim Drehen eine willkommene Möglichkeit bieten, sich mit dem eingerichteten Bild auseinanderzusetzen. Um wieviel besser mag dies gehen in einer ruhigen Kabine nur mit dem Blick auf den Bildausschnitt – wenn die Hitze noch genug Luft zum Atmen lässt.

208 Vgl. Lastra (1994): Standards and Practices. S. 212–213.

209 Vgl. Courant (1930).

210 Vgl. Nilsen (o.J.): *The Cinema as a Graphic Art.* S. 181.

Das, was im Stummfilm zugunsten der Bildgestaltung von einigen Regisseuren und Kameramännern verhindert wurde, das gleichzeitige Drehen mit mehreren Kameras, wird mit dem Tonfilm langsam zur Selbstverständlichkeit. Zu aufwendig gerät das Einrichten der einzelnen Kadrage, des Tons, deshalb werden längere Einstellungen bevorzugt, bei denen unterschiedliche Größen parallel gedreht werden. Lubitsch versucht dem positives für die Kameraarbeit abzugewinnen, denn der erste Kameramann schwenkt nicht mehr selbst:

> Es befreit den Chefkameramann von der handwerklichen Routine der Kamerabedienung. Das ist gut. Jeder kann eine Kamera bedienen, aber man braucht einen richtigen Künstler, um das Licht so zu führen, damit die volle Schönheit der Dekoration und der Schauspieler zur Geltung kommt und sich mit der Emotion der Szenen deckt. Das ist für sich eine großartige Tätigkeit und den Chefkameramann davon befreit zu haben, routiniert die Kamera zu kurbeln, ist eine große Hilfe für den Regisseur.[211]

Wir werden nach Belegen suchen, ob es mit dem Tonfilm einen Bruch gibt, ob das künstlerisch ambitionierte Bild dem funktionalen weicht, ob die bewegte Kamera ihre Kreativität und Spielfreude verliert und sich der Story unterordnet, ob das Licht nicht mehr auf Effekt setzt, sondern auf die Dramaturgie und ob die Bildgestaltung nicht mehr den Menschen ins Zentrum setzt, sondern ihn nach oben rutscht, an die Bildkante, hinter der das Mikrofon verborgen wird, in das die Handlung hineinerzählt werden muss.

Für einige Autoren scheint der Höhepunkt deutscher Filmkunst eh vorüber: »Deutschlands Goldene Ära dauerte nur kurze sechs oder sieben Jahre, grob von 1919 bis 1925. Yet what an era it was!«[212] Cook schließt sich an, zählt aber DEN BLAUEN ENGEL, M und Pabsts WESTFRONT 1918[213] zu den drei wichtigsten frühen Tonfilmen weltweit.[214] Rotha sieht den Kunstfilm kommerziell gescheitert und vermutet im Exodus vieler Deutscher nach Hollywood einen weiteren Grund,[215] auch wenn das äußere Erscheinungsbild der deutschen Filme in der Folge sich jenen aus Hollywood angleicht.[216] Frieda Grafe sieht es als

211 Lubitsch (1929): Concerning Cinematography. S. 5.
212 Knight (1957): *The Liveliest Art*. S. 53 [Übersetzung durch den Autor].
213 Deutschland 1930. Regie: G.W. Pabst. Kamera: Fritz Arno Wagner.
214 Vgl. Cook (1990): *A History of Narrative Film*. S. 137.
215 Vgl. Rotha (1930). S. 28.
216 Vgl. ebd. S. 182.

> ein Symptom, daß Mitte der Zwanzigerjahre in Berlin ein Kameramann [Karl Freund] Produktionschef einer amerikanischen Firma wird, der sich zum Programm machte, mit neuen Produktionsmethoden, die nicht die amerikanischen waren, den deutschen Film aus der Krise zu holen. Die ökonomischen und technologischen Determinanten fallen eben, anders als bei den klassischen Künsten, beim Film auch seine formalen Aspekte prägend ins Gewicht.[217]

Alte Filme heute

> Es wird oft davon ausgegangen, dass der orthochromatische Film, mit dem die meisten Filme in den mittleren 1920er Jahren gedreht wurden, unempfindlich und kontrastreich ist. Aber die Kontraste der neueren Kopien entstehen durch die Art und Weise der Erhaltung. Oft überleben die Filme als Positiv-Kopie und nicht als Negativ. Neuerliches Erstellen eines Dup-Negativs oder gar das Umkopieren von Positiven steigern beträchtlich die Kontraste. Wenn man ein gut erhaltenes Positiv von einem orthochromatischen Original-Negativ anschaut, beeindruckt der große Grauwertreichtum. Bei gleichwertigem Erhaltungszustand ist es gewöhnlich nicht möglich, zwischen einem orthochromatischem oder panchromatischem Ausgangsmaterial zu unterscheiden.[218]

Dieser Grauwertreichtum entspricht den Anforderungen an ein fotografisches Abbild in der damaligen Zeit. Der Fotograf Renger-Patzsch in seinen *Vorarbeiten zu einem Buch über Photographie*: »Die Illusion der Wirklichkeit kann ausserdem nur entstehen, wenn das Dargestellte in eine lückenlose Grautonskala umgesetzt ist, in der vom höchsten Licht bis zum tiefsten Schatten alle Töne vorhanden sind.«[219] Verschiebungen zu heute neu erstellten Kopien sind mannigfaltig, auch weil oft nicht vom Original-Negativ kopiert werden kann: Das Bild erscheint heller oder dunkler, die Grauabstufungen stimmen nicht, Schatten verlaufen ins Schwarz oder Lichter erscheinen konturlos weiß, das Bild rauscht, erscheint grobkörnig oder wirkt nicht scharf.

Wenn wir heute Filme im Kino betrachten, kommt das projizierte Bild nur noch sehr selten von einem Filmpositiv, sondern es entsteht durch ein Videosignal, dessen Korrekturmöglichkeiten unvergleichbar größer sind als

217 Grafe (1994): Sehen ist besser als Machen. S. 68.
218 Thompson (1985a). S. 281 [Übersetzung durch den Autor].
219 Renger-Patzsch (2010).

jene im fotochemischen Prozess. Im Letzteren kann nur die Helligkeit und – wie wir gesehen haben – über spezielle Entwicklungen auch die Gradation verändert werden, aber in der Praxis beschränkt es sich auf die Helligkeitskorrekturen beim Kopierprozess. Digital ist es nun möglich, schier grenzenlos ins Bild einzugreifen: Gradation, Schwarzwert, Lichter, Körnigkeit, Schärfe und all dies auch noch partiell an ausgewählten Partien, nicht mehr nur auf das gesamte Bild bezogen.

Stummfilme und frühe Tonfilme, die wir heute sehen können, sind meist restauriert. Im Vorspann wird auf die aufwendige Puzzle-Arbeit hingewiesen, die sich hauptsächlich auf die Vollständigkeit bezieht: Rekonstruktion der Schnittfolge, der Zwischentitel, in schweren Fällen auch des Formats. Bildästhetische Parameter können nur schwerlich berücksichtigt werden, da nur die Quelle selbst, also eine Film-Kopie vom Original-Negativ, als Informant dienen könnte. Eine solche Kopie zu finden, bedeutet ein großes Glück. Ob sie den Vorstellungen des jeweiligen Kameramanns entspricht, kann kaum geklärt werden. Denn auch das beschriebene Arbeitsethos wirkt nicht immer als Garant für das projizierte Bild.

Ich versuche mich nun anhand zweier Beispiele – FAUST und DER LETZTE MANN – einer vorsichtigen Annäherung an die Problematik, wohl wissend, dass heutige Standards der Kameraarbeit als auch der Ästhetik nicht so ohne weiteres übertragbar sind. Vom Faust-Film besitzt das Filmmuseum München eine eigene 35-mm-Kopie, die ich als vorbildlich empfinde, das heißt, ich kann mir vorstellen und hoffen, dass damalige Kopien so aussahen: Der Tonwertreichtum beschränkt sich auf eine Skala zwischen Hellgrau und Dunkelgrau und durch feine Grauabstufungen entsteht ein überaus reich nuanciertes Bild. Die Lichter strahlen nicht, sind leicht gedeckt, brennen also nicht aus, haben immer Zeichnung. Ebenso verhält es sich bei den Schatten der vielen düsteren Szenen, auch sie sind gezeichnet, haben Struktur, kein schwarzer Anzug verschwimmt zu einer Fläche, er hebt sich immer auch ohne Lichtkante vor dem dunklen Hintergrund ab. Die Gesichter haben eine passende Tönung, werden nie weiß oder zu hell. Genau dieser Grauwertreichtum gibt den Bildern der FAUST-Filmkopie die bedrückende, düstere Atmosphäre, die die Geschichte und Inszenierung stützt.

Ganz anders verhält es sich bei den Kopien von DER LETZTE MANN. Kurz hintereinander lief der Film im Filmmuseum München bei einer Murnau-Retrospektive und beim Filmarchiv Wien. In Wien lief eine 35-mm-Kopie, sie unterschied sich aber kaum von der Münchner Vorführung, bei der ich ein DCP wähne, auf jeden Fall sah man beiden Kopien die digitale Nachbearbeitung an. Der Vorspann der 2001/02 erstellten Restaurierung informiert:

> Das nur unvollständig erhaltene deutsche Negativ wurde mit Hilfe folgender Materialien rekonstruiert: einem Kameranegativ aus dem Bundesarchiv-Filmarchiv Berlin, einer im Jahre 1936 in Deutschland hergestellten Kopie aus dem Museum of Modern Art, New York, Fragmenten eines Duplikats einer verschollenen deutschen Kopie der Friedrich-Wilhelm-Murnau-Stiftung, Wiesbaden sowie Fragmenten einer Kopie der Cinémathèque Suisse in Lausanne.

Da sind kaum Bilder zu erwarten, die der Originalversion entsprechen, zu sehr muss mit unterschiedlichen Materialien gestückelt werden, um überhaupt den Originalablauf zu rekonstruieren. Zuerst springt die große Schärfe ins Auge, die auch zusammen mit dem Kontrast die Wahrnehmung der Körnigkeit erleichtert. Bei der Restaurierung wird davon ausgegangen, dass der 35-mm-Film eine Informationsdichte von ca. 4k speichern kann. Das ist richtig, aber durch die früheren Objektive, die mangelhafte Kopierwerksarbeit und die damaligen Filmmaterialien landeten keine 4k auf der Leinwand. So muss die heute erreichbare Schärfe für die Rezeption kein Vorteil sein, wie wir bei M[220] sehen werden.

Schwerer wiegt, wenn nur zum Teil vom Original-Negativ gescannt werden kann, denn Kopien haben eine deutlich steilere Gradation und die ist bei der anschließenden Korrektur nicht mehr zu reduzieren. Verloren gegangene Zeichnung kann nicht zurückgeholt werden. Weißen Flächen, ob Lichter, Schnee oder gar Gesichter, kann man zwar die Strahlkraft nehmen, sie dunkler machen, aber sie bleiben unstrukturiert, eine graue Fläche. Gleiches gilt reziprok für die Schattenpartien. Dazu der künstlerische Direktor der Deutsche Kinemathek, Rainer Rother:

> Eine Verwirklichung dessen, was im Negativ angelegt ist, aber auch: seine Interpretation. Erst Licht- und Farbbestimmung verwandeln das Werk in ein potentiell originalgetreues Kinoereignis. Wie getreu es sein kann, hängt von der Qualität des überlieferten Ausgangsmaterials ab, aber auch davon, ob die ursprüngliche Bearbeitungskette mit passenden Positivemulsionen oder auch den auf die Tonsysteme passenden Verstärkern überhaupt noch zur Verfügung steht. […] Das angemessene Aufführungserlebnis ist keine Frage der Technik, sondern eine der Restaurierungsethik.[221]

In meinen Augen bedeutet dies, zwischen zwei Antipoden zu wählen, die nie in Reinform auftreten können: Entscheidet man sich entweder dafür, eine

220 Kapitel zu M *Verfolgung als Tatsachenbericht*.
221 Rother (2017): Kino geht auch ohne Film.

möglichst originalgetreue Vorführung zu ermöglichen, oder sollte man nach heutigen Bedingungen versuchen, das Beste aus dem Material zu machen, wobei das Beste dann schnell den Regeln des Geschmacks unterliegt. Doch bei DER LETZTE MANN scheint das vorhandene Material diese Wahl gar nicht zu ermöglichen, man kann nur das Beste aus dem machen, was da ist.

Die vielen Facetten, die es gibt, deutet eine Diskussionsreihe in der *Frankfurter Allgemeinen Zeitung* zu dieser Problematik an, aus der obiges Zitat stammt. Zu lesen sind unterschiedliche Standpunkte, die man nicht so einfach wegwischen kann. Hier ist jeder gefordert, seine eigene Meinung zu finden. Trotz dieser Einsicht konnte ich meine Irritation nicht auflösen.

Warum erkennt man Dekorationen als gemalt, sowohl nachts vor dem Hotel als auch bei Teilen des proletarischen Hinterhofs? Zwar klagt schon 1921 die *Kinotechnik* über einzelne traurige Dekorationen, weil man Sperrholzplatten und Pinselstrich erkennen kann[222] – aber bei einer Arbeit Karl Freunds? Ich sehne mich nicht nach der Anmutung des Faust-Films, aber bei diesem Mangel an Grauwertreichtum kann ich einfach nicht glauben, dass dies so der ursprünglichen Kopie entspricht, dass Karl Freund so ausleuchtet, belichtet und entwickeln lässt. Aber für meine Unterstellung gibt es keinerlei Beleg. Dann sehe ich noch eine nicht digitalisierte Kopie im Moving Image Department des George Eastman Museum, Rochester, NY, die in den 1950er Jahren ins Archiv kam, zu der es aber keinen Ursprungsnachweis gibt. Kontrastwiedergabe, Schattendurchzeichnung, Differenzierung der Grautöne entsprechen weitgehend der digitalisierten Fassung, hauptsächlich unterscheidet sie sich nur durch eine nicht so hervorstechende Schärfe von der Videofassung. So bleibt mir nur eine Unsicherheit und leichte Enttäuschung, dass sich meine Erwartungen an das Filmbild von Karl Freund nicht zu erfüllen drohen und dass ich bei der Betrachtung meinen eigenen Vorurteilen erlegen sein könnte.

Beim Anschauen von Filmen – ob alt oder neu – auf Bildschirmen kann heute eine weitere Überraschung hinzukommen, die die Betrachtung weiter vom Original entfernt, denn von dieser Strategie der Fernseh-Ingenieure zu vermeintlich mehr Wirklichkeitstreue kann man nur hoffen, verschont zu bleiben:

> Der Nachteil, wenn Fernseher selbstständig zusätzliche Bilder errechnen, ist aber, dass manches zu ›real‹ wirkt und so aussieht, wie man es aus dem Nachmittagsfernsehen kennt: Bewegungen wirken zu flüssig und Hintergründe

222 Vgl. *Die Kinotechnik*. Nr. 8, 1921. S. 294.

> wie Kulissen, weil oft doch nicht jedes zusätzliche Bild berechnet wird, sondern nur die Teile des Bildes, auf denen sich etwas ändert. Alles, was sich bewegt, bewegt sich übertrieben geschmeidig; alles was sich nicht bewegt, wird praktisch eingefroren. Man spricht vom ›Soap-Opera-Effekt‹ oder von ›Motion Smoothing‹.[223]

Hier geht es nicht mehr um die Bilder, sondern nur um Messtechnik und Marketing.

223 Freund (2019): Eine Frage der Einstellung.

Filmanalysen

1 DR. MABUSE, DER SPIELER (1922). Erster Teil: DER GROSSE SPIELER – EIN BILD DER ZEIT

Spielleitung: Fritz Lang. Fotografische Leitung: Carl Hoffmann. [2. Kamera: Erich Nitzschmann, Kamera-Assistenz: Bruno Timm]. Manuskript: Thea von Harbou. Bauten: Otto Hunte, Carl Stahl-Urach. [Assistenz: Erich Kettelhut, Karl Vollbrecht].

»Dieser Film gehört dem Photographen.«[224]

Mit dieser Meinung steht der Kritiker des *Vorwärts* nicht allein. Einigkeit herrscht bei der Würdigung der Arbeit des Kameramanns Carl Hoffmann, die von anderen Autoren sogar gegen die Regie abgegrenzt wird: »Die Darstellung, die Regie kommen nicht auf die Höhe der Bilder.«[225]

224 *Vorwärts*. Nr. 203, 30.4.1922.
225 Ihering (1922): *Von Reinhardt bis Brecht*. S. 376.

Carl Hoffmann und Fritz Lang drehen 1922 nicht zum ersten Mal zusammen. Hoffmann fotografiert einige Filme, zu denen Lang die Drehbücher schrieb, den ersten 1917 unter der Regie von Joe May, DIE HOCHZEIT IM EXCENTRIC-CLUB. Auch bei HALBBLUT (1919), Langs erste Regie und nach eigenem Buch, den Erich Pommer für die Decla produziert, arbeitet Hoffmann als Chef-Operateur.

Lang führt den finanziellen Erfolg des Films darauf zurück, dass er als »Zeitdokument«[226] gesehen wird. Und damit beginnt für ihn ein langsamer Umdenkungsprozess über seine Filmarbeit, der sich erst in Amerika zu seiner Zufriedenheit erfüllen wird. Lang sucht nach anderen Themen und Formen, und als einen wichtigen Verbündeten sieht er dabei die Team-Arbeit: »Dieses Zusammenhocken über einem Problem gibt dem Film eine ganz besondere Note, denn er schafft etwas des Schwersten, aber – wenn es gelingt, des Schönsten, das es unter Menschen gibt: Arbeitsgemeinschaft.«[227]

Wie der Film beginnt

Die Titelfigur dieses Films, Dr. Mabuse (Rudolf Klein-Rogge), wird eingeführt als ein Mann mit vielen Gesichtern. Ständig wechselt sein Aussehen und ständig begeht er neue, kompliziert konstruierte Verbrechen. Es beginnt mit dem halsbrecherischen Diebstahl eines Aktenkoffers, dessen Inhalt Mabuse aber weniger interessiert als die Tat selbst. Unruhe soll an der Börse gestiftet werden, die er für seine Geschäfte zu nutzen weiß. Sein kleiner – bisweilen recht vertrottelter, dann aber wieder höchst effizienter – Mitarbeiterstab ist bis auf den Tod auf ihn eingeschworen. Selbst seine gedemütigte Geliebte, die Tänzerin Cara Carozza (Aud Egede-Nissen) bleibt ihm treu ergeben. Weder für die Mitarbeiter noch für Mabuses Opfer gibt es ein Entrinnen. Ob Verbrechen, Kommunikation oder Misshandlung von Menschen, jede Tat scheint ungewöhnlich ausgeführt, originell, nie zuvor gesehen. So verwirrt verlassen wir den ersten Akt.

Die Sequenz mit der wir uns befassen wollen, beginnt mit einem Vortrag Mabuses zur Psychoanalyse und führt uns dann ins *Folies Bergères*, wo das Warten auf die Tänzerin Cara Carozza durch atmosphärische Studien erzählt wird. Parallel dient Mabuse die Fahrt dorthin zu einer seiner ständigen Ver-

226 Lang (1924b). S. 30.
227 Lang (1924a): Arbeitsgemeinschaft im Film. S. 7.

wandlungen. Endlich angekommen, entdeckt er sein neues Opfer Edgar Hull (Paul Richter), und während die Carozza tanzt, bringt Mabuse durch Hypnose Hull in seine Gewalt.

Schuss-Gegenschuss, Lichtführung und Handschrift

Der zweite Akt beginnt nach gut 22 Minuten mit dem Insert eines Plakats, das einen Zwischentitel ersetzt und für einen Vortrag über Psychoanalyse wirbt. Die kurze Szene soll Mabuses wissenschaftliche Reputation belegen und besteht aus nur drei Einstellungen, die in ihrer Klarheit prototypisch für viele Vortragssituationen stehen. Es beginnt mit einer Überblende: Mabuse, unmaskiert, was durch seine verschiedenen Erscheinungsformen bisher fast wie eine weitere Verkleidung wirkt, steht hinter einem Pult, mal aufgestützt, mal gestikulierend, unmittelbar vor einem Vorhang (2). Die Kamera versucht das Beste daraus zu machen, schaut leicht schräg und unmerklich unter Augenhöhe aufs Pult und platziert die Person, die sich der Kamera *en face* zuwendet, leicht links der Mitte, obwohl sie links zum Bild herausspricht. Um die dadurch entstehende Dekadrage zu mildern, steht rechts auf dem Pult eine Tischlampe, die von dem danebenstehenden Wasserglas ganz an den rechten Bildrand gedrückt wird, mit dem auch das Pult abschließt. Dass Mabuse unten am Knie geschnitten wird, verdeckt das Pult. Man könnte dies als ein typisches Lang-Motiv bezeichnen, denn gerne stehen bei ihm eine oder mehrere Personen vor einem Vorhang oder einer Wand, wenn sie sprechen, so als könnte Raumtiefe ablenken. Aber dazu später mehr. Eine Vignette rundet die Kadrage an den Bildecken ab und so wirkt das Bild fast harmonisch, wäre da nicht ein Lichteffekt, der dem durch die Schauspielerbewegungen eh schon unruhigen Bild noch etwas fast Dämonisches gibt.

Eigentlich ist das Licht auf Mabuse logisch gesetzt, denn es beleuchtet ihn aus der Richtung der Tischlampe. Ein heller Glaskolben deutet an, dass sie eingeschaltet ist, aber sie spendet kein Licht, sondern wird selbst, wie auch die Objekte in unmittelbarer Nähe, von einer anderen Lichtquelle beleuchtet, dem Führungslicht. Es macht aus der oberen Abdeckung dieser Lampe die hellste des Schirms, da, wo eigentlich kein Licht der Lampe hinstrahlen kann. Es illuminiert auch das Wasserglas gleich unter der Lampe und die der Kamera zugewandte Rückwand des Pults. All dies wird nur bei längerer Betrachtung bemerkt, sonst fällt es der Bedeutungslosigkeit anheim, stört nicht, ja, wirkt durch die richtige Lichtrichtung glaubhaft. Doch auf der Person schafft diese Führung einen Effekt, den ich etwas übertrieben dämonisch genannt habe. Das Führungslicht, obwohl aus der logischen Richtung strahlend, trifft Mabuse auf seiner falschen Seite, wenn es nach dem Lehrbuch geht: Klassischerweise wird davon ausgegangen, dass Filmlicht uns dabei hilft, auf der zweidimensionalen Leinwand einen dreidimensionalen Raum zu sehen. Hier formt das Licht aber nicht den Kopf zu einem Rund, sondern die uns zugewandte Gesichtshälfte bildet wie die Stirn eine fast schattenlose Fläche, die durch ein schwarzes Loch dominiert wird. Und dieses Loch, dass eigentlich das Auge sein sollte, bleibt trotz Bewegung meist undurchschaubar. Nur wenn sich Mabuse majestätisch nach hinten reckt, blitzt kurz das Auge auf – die Lichtquelle steht zu seitlich und zu steil. Wäre das Führungslicht standardmäßig von links und jenseits der Blickrichtung des Darstellers verortet, so hätte es die Räumlichkeit des Kopfes betont, und wenn es so steil von oben geblieben wäre, hätten wir auch die schwarzen Augenlöcher gehabt, aber es wäre auch unlogisch zu den Lichtgegebenheiten des Raums gewesen. Ein Versetzen der Tischlampe verbietet sich, da dann Mabuse quasi über die Lampe hinweg zu seinem Publikum sprechen müsste. Hoffmann hält sich somit an die unverrückbare Maxime der Lichtführung fast aller Kameraleute. Deren Postulat der logischen Lichtführung wird man immer wieder in Interviews finden und wirkt als eine starke Entscheidungshilfe bei der Entwicklung einer Lichtkonzeption. In der Praxis gilt dies nicht so uneingeschränkt, denn undenkbar wäre nach dieser Regel jede Glamourfotografie. Carl Hoffmann schafft hier nicht ein Abbild, sondern eine Charakterisierung dieser Figur, macht sie unheimlich, unsympathisch, und da er bildlogisch arbeitet, wird die Aussage eher als Tatsache gelesen denn als Kommentar. Auch die anderen Bildelemente fokussieren zwar auf die Person, dekuvrieren aber nicht diesen Effekt. Und so schafft die Lampe nicht nur einen grafischen Gegenpol zur Dekadrage der Figur, sondern begründet auch die Logik der Lichtführung.

Nach zehn Sekunden folgt der Umschnitt auf die Zuhörer (3). Der Gegenschuss erscheint wie das genaue Gegenteil der vorherigen Einstellung: Dicht gedrängt sitzen Zuhörer frontal in der beengenden Kadrage. Drei ältere Männer mit wirrer Haartracht sind in der ersten Reihe an den Knien angeschnitten, ganz rechts zwängt sich ein weiterer Alter ins Bild und in den folgenden Reihen wechseln sich Männer und Frauen jeden Alters beliebig ab. Da die Kamera nun wenig über Augenhöhe steht und der vorderen Reihe nicht viel Raum über den Köpfen gönnt, sind nur vier oder fünf Reihen dahinter auszumachen, aber man ahnt, dass es auch nicht mehr gibt.

Auch in dieser Einstellung gehen die Blicke der prominent im Bild sitzenden Zuhörer wie in der Einstellung auf Mabuse nach links. Dass bei einem

Bild 1-2 und 1-3

Schuss-Gegenschuss beide Parteien in die gleiche Richtung schauen, wird später – und oft noch bis heute – als Achsensprung gebrandmarkt. Denn um den Eindruck des Sich-Anschauens zu erreichen, müssten in unserem Fall die Zuschauer nach rechts schauen, sonst blicken Mabuse und seine Zuhörer sich nicht an, sondern in dieselbe Richtung. Diese Regel wird in den frühen Filmen selten befolgt und so könnte man dies für eine Konvention halten und nicht, wie gerne behauptet, für eine wahrnehmungspsychologische Notwendigkeit; wenn heute – absichtlich – gegen diese Regel verstoßen wird, dann wird meist mit einer dramaturgisch notwendigen Verunsicherung argumentiert. Wie wir in der folgenden Szene im *Folies Bergères* sehen werden, gibt es durchaus Situationen, in denen die Beachtung dieser Regel hilft.

Aber es kommt noch schlimmer: Bei genauerem Hinsehen erkennen wir, dass es für die Zuhörer keinen einheitlichen Blickpunkt gibt. Offensichtlich stand Rudolf Klein-Rogge oder eine andere Person den Darstellern und Komparsen nicht – wie heute bei Dreharbeiten üblich – als Anspielpartner zur Verfügung und so schaut jeder wohin er will. Trotzdem besteht kein Zweifel an der Beziehung dieser beiden Bilder, macht diese aber abstrakter, nicht zu einem Erzählfluss, sondern die Kadragen bleiben Einzelbilder.

Widmen wir uns dem Auffälligen dieser Einstellung. Es ist wieder das Licht. Während die Zuschauer alle in einem fast schattenfreien Auflicht sitzen, die vorderen erscheinen heller, nach hinten nimmt das Licht ab, strahlt aus dem linken hinteren Raum eine starke und deutlich auf das Zentrum fokussierte Lichtquelle hauptsächlich drei Bartträger in der Bildmitte an. Schon bei den Nachbarn schwächt der Effekt ab, mutiert zu einer oft gesehenen Kante, die die Personen besser vom Hintergrund trennt und die sich nach hinten ganz verliert. Aber diesen Dreien im Zentrum bläht das harsche Licht die üppigen Bart- und die zum Teil spärlichen Haupthaare gehörig auf. Heute würde man dies schnell als misslungen ansehen und das ist auch in dieser Zeit nie ganz auszuschließen, wie wir im technischen Abschnitt gesehen haben. Wir können aber davon ausgehen, dass man nicht nur logisch leuchtet, sondern gerne auch einen Effekt sucht, eine Attraktion.

Nachdem beide Bilder noch einmal eingeschnitten werden und ein Zwischentitel den wissenschaftlichen Charakter des Vortrags bekräftigt, schließt eine Totale die Szene ab, die nach 74 Sekunden mit einem harten Schnitt ins Schwarz beendet wird. Erstaunlicherweise wirkt dieses Bild (1) nicht wie ein *Establisher*, sondern durch seine straffe Form eher wie ein Hemmschuh des Erzählflusses. Denn plötzlich werden wir durch bildgestalterische Elemente herausgezogen, frontaler Blick und Symmetrie fordern Aufmerksamkeit: »Das Schöne findet sich häufig im guten Spielfilm in der Form des Symmetrischen und noch häufiger des Regelmäßigen«.[228] Die Kamera scheint mit dem Winkelmesser ausgerichtet, nichts ist geblieben von den leicht schrägen, leicht auf- bzw. untersichtigen Standpunkten, der konventionellen optischen Auflösung. Hier wird, ganz anders als bei den beiden Einstellungen zuvor, höchste Präzision suggeriert, kaum gemildert durch die asymmetrische Vignette.

Genau im Bildmittelpunkt steht Mabuse hinter seinem Pult vor einem riesigen Vorhang, der rechts und links durch die Saalwände eingefasst ist. Jeweils eine nach oben geöffnete Kelchlampe ohne Einfluss auf die Lichtgebung des Bildes schmückt die Wandteile. Bühne und Zuschauerraum sind klar voneinander getrennt. Die mögliche Verbindung zwischen diesen beiden Welten behauptet eine Treppe, deren dekorativer Läufer wie eine Falle anmutet. Selbst die Zuschauerreihen erwecken den Eindruck, sich vor diesem Monstrum respektvoll zurückgezogen zu haben. All dies resultiert aus einer peniblen Bildsuche, oder sollte man sagen Vermessungstechnik: Zu Mabuse führt kein Weg. Diese Sichtweise ist stark der symmetrischen Bildgestaltung geschuldet. Für Göttsche entsteht »der Eindruck einer vollkommen vertikal organisierten Hierarchie mit einer breiten Basis und Mabuse an der Spitze.«[229] Aber die Kadrage belegt die Deutung nicht zweifelsfrei und verliert so nicht ihre Aussagekraft, die den Bildern versagt wird, die eindeutig sein wollen.

Interessant ist auch, dass diese schlichte und karge Gestaltung im krassen ästhetischen Widerspruch zur Wuschelkopf-Einstellung zuvor steht und dadurch mehr zu einem Authentifizierungs-Siegel seiner Macher zu geraten

228 Harms (1926). S. 138.
229 Göttsche (2003): *Geometrie im Film*. S. 46.

droht denn zu einer sachlichen oder emotionalen Aussage. Dem Zeitgeist wird Tribut gezollt:

> In den 1920er und 1930er Jahren [...] sind straight photography, Neues Sehen, Fotografie der Neuen Sachlichkeit und Bauhaus-Fotografie, die heute zunehmend auch unter dem Begriff der ›klassischen Fotografie‹ firmieren, weitgehend Synonyme und Symptome für eine Fotografie, die eine modernistische Ästhetik zeigt: kühl, sachlich, auf das optische Erleben ausgerichtet, weniger auf das subjektive Gefühl, eher karg als opulent.[230]

Sollte dies stimmen, so wird es interessant sein, dies im weiteren Verlauf der Filme zu überprüfen. Denn wir werden sehen, dass diese Art der Bildgestaltung, die Orientierung an einer frontalen Betrachtung bis hin zur Symmetrie, sehr oft in Fritz-Lang-Filmen auftaucht. So kann man hier aus dieser kleinen Abfolge von nur drei Einstellungen zwei Antipoden der Filmgestaltung ausmachen: die psychologisch dramaturgische Verfahrensweise und den Stilwillen. Zwei eher beiläufige, optisch ungestaltet erscheinende Einstellungen, die durch die Schuss-Gegenschuss-Montage ein bekanntes Filmtopoi bilden, und dann die stilfordernde Totale, deren Symmetrie viel von der Distanz Mabuses zum Rest der Welt erzählt und gleichzeitig wie ein entleertes Gestaltungsrelikt auf die Macher verweist – ein echtes Fritz-Lang-Bild. Oder die unaufdringlich unvorteilhafte, dramaturgische Lichtführung bei Mabuse und im Gegenschnitt ein starker Beam, unlogisch und nur Aufmerksamkeit heischend. Oft geht es in der Filmgestaltung darum, diese beiden konträren Vorgehensweisen zur Deckung zu bringen oder diesen Konflikt sichtbar zu machen, und besonders eindringlich ist dies bei diesem Film zu beobachten.

Das Erzählen in unabhängigen Kadragen

Die nächste Szene beginnt mit einer schnellen Kreisblende heraus aus dem Zentrum des Bildes, dort, wo ein Plakat für den Auftritt der Tänzerin Cara Carozza wirbt, und somit tauchen wir in den nächsten zwei Minuten ab ins frivole Nachtleben; aber keine Angst, die Distanz wird gewahrt. Für nur drei Sekunden sehen wir in einer Halbtotalen den hell erleuchteten Eingang des *Folies Bergères*, in dem als einziger Mensch ein Portier gelangweilt auf und ab geht und der damit zu den wenigen Menschen in diesem Film gehört, die

230 Gockel (2015): Schillernd. S. 164–165.

für den Ausdruck ihrer Befindlichkeit eine größere Bewegung nutzen (dürfen). Die Kamera steht fast frontal davor, nicht geneigt, nicht ganz symmetrisch, mit hell erleuchteter Schrift und wie üblich zwei korrespondierenden Effektleuchten links und rechts ohne Einfluss auf das Licht: atmosphärischer und aufwendiger als ein Zwischentitel, aber mit genau diesem Informationsgehalt, ein *Establisher* (4). Dann der Schnitt nach innen. An der Kamera wurde wenig verändert, wieder schaut sie frontal, nicht geneigt und nicht ganz symmetrisch in einen Zuschauerraum. Es wirkt so, als hätte man nur eine neue Postkarte vors Objektiv gehalten. Wir blicken in einen größeren Raum mit der Atmosphäre eines Wartesaals voll mit kleinen, weiß bedeckten Tischen, an denen fein zurechtgemachte Menschen sitzen, die Männer in Schwarz-Weiß mit Fliege, die Frauen in entsprechender Abendgarderobe (5). Die untere Hälfte des Bildes bildet dieses unübersichtliche Durcheinander, bei dem auffällt, dass die Anwesenden Richtung Kamera schauen und sich damit unser Standpunkt auf der Bühne verorten lässt. Nichts weist sonst darauf hin, kein angeschnittener Vorhang, kein Rampenlicht oder Requisit.

Es ist also nun die dritte Einstellung und Dekoration in Folge (die Totale des Vortrags mitgerechnet), die nach demselben Muster konstruiert ist. Neu und ungewöhnlich kommt der Dunst hinzu, der das Bild etwas flau und hell macht und überraschend wenig von der Stimmung eines verruchten Etablissements transportiert. Liegt dies an der Kopie, dem Scan, vielleicht an Problemen bei der Restaurierung oder ist die Einstellung nur schnöde unterbelichtet? Diese Vermutung zu äußern bei einem Kameramann wie Carl Hoffmann hätte ich mich natürlich nicht getraut, bis ich Erinnerungen von Erich Kettelhut las:

> Carl Hoffmann war ein wirklich genialer Mensch, der sich vom Moment inspirieren ließ. Deshalb konnte ihm auch gelegentlich etwas misslingen. Wenn er alles noch etwas dunkler machen wollte, hat er schon mal unterbelichtet. Er war also bei allem Genie in seiner Arbeit nicht ganz ausgewogen. Und wenn er nicht gerade für Fritz Lang drehte, dann hat er auch die Schauspielerführung mitbestimmt, also schon in die Regie eingegriffen; darum kümmerte er sich sehr.[231]

Hoffmann war sicher Fachmann genug, um zu wissen, dass man mit einer Unterbelichtung ein Bild nicht dunkler macht, auch wenn es sich für den Laien logisch anhört. Durch das Schließen der Blende, das zu einer Unterbelichtung führt, wird das Negativ dünner und flauer und die Schattenflä-

231 Kettelhut (2009). S. 31.

chen werden im Positiv zwar größer, aber nicht schwärzer; sattes Schwarz entsteht nur, wenn ich im Kopierwerk mit viel Licht kopiere. Doch dies geht bei einem zu dünnen Negativ auf Kosten der Durchzeichnung. Deshalb empfiehlt es sich, ein richtig belichtetes Negativ mit mehr Licht zu kopieren, um Dunkelheit mit guter Schwärzung zu erhalten.

Auffällig erscheint ein das obere Viertel des Bildes abdeckender Kasch, der unscharf von oben ins Bild ragt, deutlicher als eine Vignette. Da er dunstfrei, schwärzer wirkt als andere schwarze Flächen im Bild, muss er sehr nahe an der Kamera sein und belegt, dass der Dunst real existiert und der Eindruck nicht als Resultat einer Unterbelichtung entsteht. Der Kasch könnte Scheinwerfer verbergen oder unschöne, durch den Dunst bedingte beamartige Effekte, wer weiß.

Der Umschnitt (6) zeigt nun die Bühne, verdeckt durch schmale Streifen, die unten mit je einer Kugel beschwert sind und nach dem Hochziehen unterschiedlich lang wie ein gerupfter, rüschiger Vorhang herunterhängen. Ein Mann mit Rock und Stola bekleidet und einer Partnerin, die auf solche Utensilien verzichten muss, stehen im Zentrum zu einer Geste erstarrt, die den Zuschauern im Umschnitt Gelegenheit gibt, sich gelangweilt, abgeklärt zu zeigen. Der Reigen situativer Bilder als Gegenschüsse zur Bühne beginnt mit drei Personen, die in einer Loge warten, von außen in etwa auf Augenhöhe betrachtet. Das Bildzentrum bildet ein großer Schirm, quer gerüscht, vermutlich eine Lampe, die durch diese prominente Lage wie ein ironischer Kommentar zum Bild anmutet (7). Rechts, nicht weniger auffällig, eine glänzende Glatze, unter der durch die starke verbeugungsartige Haltung gerade noch eine Brille und ein Schnäuzer zu sehen sind. Der Herr liest so konzentriert in einigen auf der Brüstung abgelegten Blättern, dass der Galan hinter dem Lampenschirm sich gemüßigt fühlt, zur links sitzenden jüngeren Dame, vielleicht auch Ehefrau des Glatzenträgers, beiläufig zu tänzeln und ihr auf die entblößte Schulter zu küssen, dem sie sich kokett reagierend nur vorgetäuscht entzieht. Hier ist wenig Interesse für die Bühne zu erwarten.

Dort hat sich, wie der Umschnitt zeigt, die Situation verwandelt (8): So etwas wie Botticellis *Geburt der Venus* wird dargestellt, ohne die allegorischen Randfiguren, und dies gefällt zumindest dem Mann eines sich streitenden und sehr klischeemäßig besetzten Ehepaares (9) so sehr, dass noch einmal kurz auf die Venus geschnitten wird, bevor sich der Bommelvorhang senkt.

Drei besonders coole Frackträger, die schon in der Anfangstotalen den unteren Bildrand schmückten, liegen mehr in ihren Sesseln als dass sie sitzen, wie auf einer Stange nebeneinander aufgereiht, und schauen absolut unaufgeregt zur Kamera hoch (10). Für dieses im Stummfilm beliebte Gestaltungs-

Bild 1-4 bis 1-11

prinzip der *Isokephalie*[232] sieht Bordwell im amerikanischen Film den Beweis für Hollywoods starkes Interesse an der frühmittelalterlichen Malerei.[233] Doch wirkt es hier wie Ironie denn als Hommage. Und weil die Kamera geneigt steht und sich die Optik nicht auf Höhe der Sitzenden befindet, öffnet sich kaum Raum über den Personen. Ein Kasch beschneidet das Bild oben und unten so, dass ein CinemaScope-Format entsteht und die Männer noch mehr aus den Zuschauern isoliert werden. Die erhöhte und hier ausnahmsweise mal geneigte Kamera zeigt besonders gut das ganze Elend gelangweilter Snobs. Aber es geht hier nur vordergründig um die Tristesse des Nachtlebens, sondern diese atmosphärische Zäsur bereitet den Auftritt Cara Carozzas vor und soll Spannung schaffen für das spätere Erscheinen Mabuses. In der nächsten Einstellung (11) wird Carozza also von einem Conférencier vor dem schon mehrfach erwähnten Vorhang angekündigt, und ob die dunklen Ecken Resultat einer Vignette sind oder durch den Spot erzeugt werden, ist dabei unerheblich. Ein lobhudelnder Zwischentitel erklärt die Situation, gefolgt von einer überraschenden Einstellung. Dass sie nicht einmal zwei Sekunden lang ist, mag der Restaurierung des Films geschuldet sein und nicht ihrem Inhalt: Zum ersten Mal wird in dieser Sequenz ein räumlicher Zusammenhang in einer Kadrage hergestellt, hier dem Zuschauerraum und der Bühne. Bis hierhin stehen alle Einstellung vor und im *Folies Bergères* für sich alleine, verweisen nicht aufeinander, ihre Beziehung ist eine Behauptung der Montage. Menschen werden vor strukturierten Flächen oder dunklen Hintergründen gezeigt, Vorhänge dienen als Dekor und verhindern Raumtiefe, angeschnittene Vordergründe fehlen. Die Zusammengehörigkeit wird nur durch das etablierte Montagemuster von Schuss-Gegenschuss behauptet, und natürlich sind wir Zuschauer filmerfahren genug, diesen Zusammenhang zu glauben: Viele Menschen an Tischen sitzend und nicht miteinander redend, sondern in Richtung Kamera schauend, da kann die nächste Einstellung, wenn sie eine Art Bühne zeigt, nur der folgerichtige Gegenschuss sein. Die Kadrage, das Licht helfen nicht. Wir bekommen nur Einzelbilder zu sehen.

Nun dieser Bruch: Die Kamera springt hinter den Conférencier und wir schauen am Redner vorbei auf die gelangweilte Gesellschaft (12), ähnlich der ersten Totalen mit der wir den Raum betraten. Also doch – wie ein Beleg stellt dieses Bild nun optisch den Zusammenhang her zwischen Bühne und

232 »Gleichkopfhöhe«.
233 Vgl. Bordwell; Staiger; Thompson (1985). S. 50–51.

Auditorium, wie zur Rückversicherung oder Belohnung für unseren Interpretationseifer. Und in dieser Ausgelassenheit geht es dann nach einem Rückschnitt auf den Conférencier auch gleich weiter, denn in einer bis dahin noch nicht gesehenen Perspektive schauen wir mit stark geneigter Kamera von oben in den Musikergraben zum Klavierspieler (13) und können nun sicher sein, dass die Carozza zur Musik tanzen wird.

So vorbereitet, erscheint sie dann eine Minute und 35 Sekunden nachdem wir das *Folies Bergères* betreten haben. Wieder darf sich der Vorhang erheben, ein Spot geht an und schon ertanzt sie sich mit vielen Umdrehungen, Beinschwüngen und leichter Ungelenkigkeit die Mitte der Bühne (14). Dieser getanzte Wirbelwind wird aber von der Kamera nicht durch Nähe gestützt, im Gegenteil, sie hat sich im Vergleich zu den vorherigen Bühnentotalen noch etwas mehr distanziert. Dann das übliche Spiel, Schnitt in eine Loge ohne Raumbezug mit einem alten Mann, der einen Feldstecher braucht, um sie sehen zu können, oder vielleicht auch, um dann eine Nah-Einstellung der Carozza einschneiden zu können (15).

Die Einstellung ist so eng und ihre Kopfbewegungen sind so heftig, dass sie rechts kurz aus dem stoisch statischen Bild gerät (16). Interessanter ist, dass erst zum siebten Mal in diesem Film nach über 25 Minuten eine Person so groß erscheint. Weit entfernt ist noch jede Glamourfotografie. Das Licht leicht von unten gehorcht eher der Logik der Bühnenscheinwerfer, die wir zuvor zu ihren Füßen sehen konnten als den Anforderungen an ein Frauenporträt. Selbst die breite Krempe des Huts hätte vom Licht gemeistert werden können und gilt auch nicht als Entschuldigung für den tiefen Kamerastandpunkt, der ihre Nase unnötig aufbläht. Und noch etwas fällt auf, der Mann mit dem Fernstecher schaut nach links, beim Umschnitt schaut Carozza ebenfalls nach links, aber dann, im Zuge ihrer heftigen Bewegungen, wandert ihr Blick auf die andere Seite und man kann sogar ein kleines Nicken wie zum Gruß erkennen, das nach dem sofortigen Rückschnitt in die vorherige Einstellung den Alten jetzt ohne Feldstecher zu frenetischen Beifallsbekundungen animiert, fühlt er sich doch angesprochen. Hier wird der Achsensprung, den wir noch beim Vortrag Mabuses am Anfang unserer Sequenz monierten, vermieden, ja genau durch die Einhaltung dieser Regel wird erst die Beziehung – oder sollten wir sagen: die Abhängigkeit – des Alten zu Carozza erzählt. Die minimalistische Nebenhandlung, die mit diesem Blickwechsel aufgemacht wird, greift der Film wenig später wieder auf, demonstriert damit die Ausstrahlung Carozzas auf Männer und belegt die Gefühlskälte Mabuses, der als einziger regungslos bleiben wird. Zum Schluss noch einmal die Totale der Bühne, die Tänzerin scheint zum Ende zu kommen

Bild 1-12 bis 1-16

und so können wir nach zwei Minuten das Etablissement getrost nach außen verlassen zu einer kleinen Parallelhandlung.

Auffällig ist die Phobie vor Bewegungen, nicht so sehr die Starrheit der Kamera, dafür gibt es technische Gründe, als die Standorttreue, die Apathie der Schauspieler. Der Tanz der Carozza ist da eine die Regel bestätigende Ausnahme. Die Bilder wirken arrangiert, nicht inszeniert. Gerne sind die Personen zur Kamera ausgerichtet wie auf einer Bühne. Die Bildgestaltung ist meist zentralperspektivisch ausgerichtet, kaum Diagonalen, nur Vignetten. Nun kann man mit der speziellen Situation argumentieren, dem gelangweilten Warten, da wäre jede Bewegung kontraproduktiv. Vielleicht wirkt dies so nur durch unsere heutige Sicht, die daran gewöhnt ist, selbst in Nachrichtensendungen beständig sinnlos gehende Sprecher zu sehen. Oder findet die Beziehungslosigkeit der Bilder in der Isoliertheit der einzelnen Figuren ebenso seine Entsprechung wie auch die Vermeidung optisch attraktiver Mittel selbst bei einer so atmosphärischen Situation, die gerade dazu einlädt, Stimmung zu erzeugen? Es ist natürlich zu früh, hier ein Urteil zu fällen, was aus diesen ersten Beobachtungen wird: Bleiben Bewegungslosigkeit, Raumlosigkeit, Beziehungslosigkeit, frontale, gerne auch symmetrische Kadrage? Und erhärtet sich der Verdacht, dass weniger das visuell Spektakuläre als das dramaturgisch Funktionale die Arbeit mit der Mise-en-scène bestimmt?

Die Nacht des Carl Hoffmann

Mit dem Schnitt nach außen in die Nacht wird die Kameraarbeit Carl Hoffmanns präsenter. Dass ein Film nicht viragiert ist, wird heute als selbstverständlich angenommen; damals weist die Decla-Bioscope ausdrücklich darauf hin, ist es doch Bestandteil des Wunsches nach Realismus, nicht mit solch vordergründigen Effekten zu arbeiten. In einer *Filmtechnischen Filmkritik* – ja, so etwas gab es – wird ausgiebig gelobt, dass nicht wie sonst gerne mit blau eingefärbten Viragen gearbeitet wird, die eine Tag-Szene nur ungenügend zur Nacht verwandeln. »Daraus folgt aber nicht, dass man nun künftig alle Filme ohne farbige Viragen lassen sollte.«[234] So schön und konstruktiv können Kritiken nämlich auch sein.

Leicht erhöht mit kaum geneigter Kamera schauen wir frontal für zehn Sekunden in eine lange Straße bei Nacht (17). Rechts erkennen wir an Haus-

234 K. P. (1922).

fassade und Bürgersteig, dass eine Straße abbiegt, die auch genutzt wird. Der Verkehr auf der etwa zweispurigen Straße hält sich in Grenzen, links steht eine alte Droschke, zwei Autos fahren nach hinten, zwei kommen entgegen, auf den Bürgersteigen herrscht dafür reger Betrieb von Komparsen. Im vorderen Teil sind schwach beleuchtete Schaufenster auszumachen, nach hinten trüben den Blick Dunkelheit und Dunst. Das Licht ist indifferent, effektlos, wenn man so will: realistisch. Aus einigen Fenstern fällt ein Schein auf vorbeigehende Passanten, die sichtbaren Lichtquellen leuchten mäßig und schaffen es nicht, auch nur die unmittelbare Umgebung zu erhellen. Den deutlichsten Lichteffekt liefert ein Scheinwerfer im Off rechts neben der Kamera, der flach in die Dekoration strahlt und von unten abschattiert ist, damit die abbiegenden Fahrzeuge im Vordergrund nicht zu hell werden. Seine volle Leuchtkraft entfaltet er ab der Hausecke, beleuchtet diese und die Passanten, von denen einige lange, recht scharfe Schatten auf die Straße werfen. Nach hinten fahrende Autos geraten auf Höhe einer Straßenlaterne in den Genuss dieser Lichtquelle und so könnte man diese bei flüchtigem Blick für den Lichtgeber halten. Dass dem nicht so ist, erkennt man daran, dass der Schatten zwar richtigerweise nach links fällt, aber weder seine Richtung noch Länge mit dem Entfernen von dieser Lichtquelle sich verändert. Kein erkennbares Licht von oben, kein Gegenlicht, nur sumpfige Dunkelheit, in der der Dunst der größte Effekt ist. Wie besonders die Lichtführung für die damalige Zeit war, mag eine euphorische Kritik über die Kameraarbeit belegen: »Eine wahre Freude und Überraschung bedeutet die Photographie von Carl Hoffmann. Er hat endlich die gelungene, verblüffende Nachtaufnahme dem Film erschlossen. Er hat, ohne daß auch nur ein Bild viragiert, mit Farbe getönt worden wäre, rein auf Stimmung hin photographiert und trotzdem feinste Schattierungen erzielt. Einige Einfälle sind von größtem Reiz«.[235] Auch Carl Hoffmann äußert sich dazu, Fritz Lang und er hätten die richtige Stimmung gesucht, besonders »bei einem modernen Sittenbild unserer Zeit«. Für die lange Großstadtstraße brauche man ein

> außergewöhnlich großes Atelier, da die Lichtstimmungen nur in einem geschlossenen Raume hervorgebracht und das dazu notwendige Jupiterlicht zur ruhigen Entfaltung gebracht werden konnte […]. Inzwischen machten wir Lichtstudien in richtigen Großstadtstraßen, um zunächst ein Programm für die Verteilung von Licht und Schatten aufzustellen. Dabei mussten wir berücksichtigen, dass die genaue Nuance in der Stimmung beim Ausmalen

235 *Vorwärts*, 30.4.1922. Zitiert nach filmportal.de [letzter Zugriff: 05.04.2020].

> der Nacht im Glashause mit seinem überaus starken Kinolicht wesentlich größere und stärkere Lichtquellen erforderlich machte, als es im natürlichen Leben auf den nächtlichen Straßen der Fall ist.[236]

Zwei Elemente erinnern an die erste Totale im *Folies Bergères*, die auch dort schwer erklärbar waren: zum einem der Dunst, hier wohl ein Gemisch aus Studiostaub und Abgasen, der aber wohl kaum als Spannungslieferant gedacht ist, eher vielleicht als Sichtblende auf Unzulänglichkeiten des Baus im Hintergrund oder zur Verstärkung der Raumtiefe oder einfach nur absichtslos so entstand; zum anderen ist die obere Bildhälfte abgekascht und der unscharfe Rand schluckt unschön einige Hängeleuchten. Man kann nur die gleichen Mutmaßungen anstellen wie im vorherigen Beispiel, einsichtig wird es nicht. Ebenso unklar bleibt, in welches Auto der nächste Schnitt führt, wohl kaum ins letzte, das nach rechts abbiegt, denn nach 13 Sekunden werden wir wieder in dieser Einstellung landen.

Aber zuerst ein Blick ins Innere des Wagens durch eine Trennscheibe hinter dem Fahrer, dessen Ohr und Wange sich je nach Beleuchtung als Reflexion über das dunkle Gewand Mabuses legen (18). Diesem bleibt für die neuerliche Verwandlung zwischen Vortrag und Besuch des Kabaretts nur die Fahrt im Auto. Er sitzt zwar im Zentrum, die Kadrage leidet aber unter der Enge des Raums. So werden auch die beiden flankierenden Gehilfen immer wieder angeschnitten und müssen sich ins Bild zwängen. Alle Drei sitzen auf einer Diagonalen, die parallel zur Seitenwand des Autos von links vorne nach hinten verläuft und zu der es auf der rechten Seite kein gestalterisches Pendant gibt. Bewegte Lichteffekte simulieren die Fahrt. An der oberen Bildkante glimmt die Innenbeleuchtung, ohne eine Chance zu haben, sich gegen die vermeintlichen Autoscheinwerfer oder Lichtquellen außerhalb des Autos durchzusetzen. Am Ende folgt eine nicht ganz schließende Kreisblende, wie auch die Einstellung mit einer nicht geschlossenen, sich öffnenden Blende begann. Und schon sind wir wieder auf der Straße wie zuvor, der Verkehr und die Komparserie haben sich verändert und es gibt einen *Jump-Cut*, den wir aber dem mangelhaften Originalmaterial anrechnen wollen.

Auch die nächste Einstellung kennen wir, das *Folies Bergères* von außen (4), nur diesmal fährt ein Auto vor, und noch bevor der Portier die Türe öffnen kann, schauen wir im Inneren des Hauses schräg auf ein Kassenhäuschen samt Verkäuferin, Mabuse tritt Filmzeit sparend hinzu (19). Ein Zwischentitel zeigt seine Forderung nach einer Loge, und wenn der Film wieder

236 Hoffmann (1922).

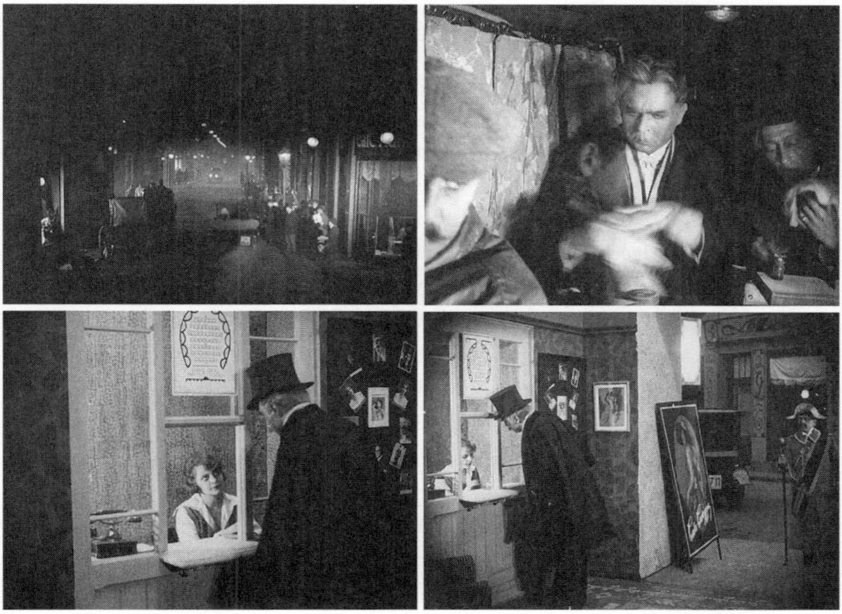

Bild 1-17 bis 1-20

zurück ins Geschehen springt, ist der Blick totaler, nicht geneigt und auf Augenhöhe Mabuses. Durch die nicht geneigte Kamera öffnet sich nach oben viel ungenutzter Raum (20). Im rechten Drittel öffnet sich der Blick zur Straße hin, auf der gerade das Auto verschwindet, und auch der Portier passt noch rein, kann sich aber von der Bildkante kaum lösen. Noch bevor Mabuse zu Ende gezahlt hat, schauen wir wieder mit der Totalen auf die Bühne. Für 52 Sekunden und sechs Einstellungen, die die erzählte Zeit erheblich raffen, haben wir diese Totale verlassen und sind nun um keine Neuigkeit reicher, nur um das atmosphärische Erlebnis einer nächtlichen Straße. Nach Fernsehspiel-Erzählökonomie wäre Mabuse nur zur Tür reingekommen. Aber Lang geht es wohl um etwas anderes, und das musste er auch seinen Produzenten klar machen, denn sechs Einstellungen an vier verschiedenen Motiven kosten Geld. Lang – da es aber auch dramaturgische Konstrukte sind, muss man die Drehbuchautorin Thea von Harbou mit einbeziehen – geht es, wie er sagt, um Rhythmus, sowohl im Spiel der Schauspieler als auch in der großen Form.[237] Immer wieder gibt es in ihren Filmen Parallelhandlungen, Rück-

237 Vgl. Kettelhut (2009). U. a. S. 104 oder 139.

blenden, Erinnerungen, Ahnungen, die den Spielfluss unterbrechen und eigene Erzählzeit erfordern.

Die Erzählperspektive und der Point-of-view

Im *Folies Bergères* hat sich wenig getan. Carozzas Show dominieren zwei identische, fahrbare Fratzen mit extrem langen Nasen, die sie in überdeutlicher Analogie zu Penissen in Erektion in ihrem Tanz bedrängen. Aus heutiger Sicht könnte man an der Verruchtheit der Wilden Zwanziger Jahre zweifeln. Die Choreografie beginnt mit einer charmant unbeholfenen Abwehr und lässt Carozza am Ende triumphierend auf diesem Pappmaché tanzen, bis ein Luftstoß einen Teil ihres Oberteils raubt. Doch bis dahin sind es noch zwei Minuten, die nur mit dieser einen uns bereits bekannten, distanzierten Totalen erzählt wird (21).

Selbstverständlich gibt es Zwischenschnitte. Es beginnt mit Mabuse, der seine Loge betritt und schnell wieder in eine starre Position verfällt, nachdem er Trinkgeld verteilt hat. Drei Mal wird die immer gleiche Einstellung der Loge Mabuses zwischen die immer gleiche Bühnen-Totale geschnitten und diese Logen-Einstellung ist auf Sicherheit – oder Bewegungslosigkeit – kadriert. Das heißt, sowohl der stehende als auch der sitzende Mabuse, mit und ohne Platzanweiser, passen in dieses universelle Format, und wenn er links unten in der Ecke Platz nimmt, wirkt er auffällig deplatziert in der Kadrage (22). Optisch offeriert die Mise-en-scène also keine furiose Begleitung zur Tanzdarbietung. Man kann diese Starrheit der Kamera und Monotonie der Erzählweise unterschiedlich interpretieren, zum einen als eine Art Veräußerlichung der Tristesse des Milieus, das sich alle Mühe gibt zu beeindrucken, bei Mabuse aber keine Aufmerksamkeit erregt. Man kann sie aber auch als eine inszenatorische und bildhafte Zurückhaltung vor dem Kommenden lesen, das sich dann umso spannender abheben kann, denn der dramatische Höhepunkt der Sequenz steht unmittelbar bevor.

Ein kleiner Zettel, den Mabuse wie einen Kassiber im Gefängnis findet, benennt sein nächstes Opfer, es ist der Erbe Edgar Hull und er sitzt in Loge 3 (23). Durch die Einführung Hulls ergibt sich ein neuer Erzählstrang und die Visualisierung nimmt Fahrt auf. Die Bilder werden straffer, verlieren das Zufällige und wirken hoch konzentriert, sie bekommen eine Haltung, eine Erzählperspektive.

Die Kamera steht wieder frontal, zentriert, leicht untersichtig (24). Die Nachricht auf dem Zettel lässt alle Lässigkeit von Mabuse und der Kameraarbeit abfallen; schaute er zuvor noch hierhin und dorthin, wirkt sein Blick nun auf einen Punkt unmittelbar über der Kamera wie angenagelt und wir wissen sofort, dass er damit sein neues Opfer fixiert. Diesen hypnotischen Blick sehen wir hier zum ersten Mal und er wird zu einem Leitmotiv des gesamten Films: Mabuse, der Hypnotiseur, der jeden Menschen beherrschen kann. Trotzdem erklärt es Mabuses Blickpunkt nicht. Nach unserer spärlichen Kenntnis sind die Logen ebenerdig, sein Blick geht aber hoch in den ersten Stock. Selbst wenn Hull später stehen wird, liegt Mabuses Blick zu hoch, jetzt sitzt Hull aber noch und wird ganz leicht von oben gezeigt. Vermutlich gibt es keine vollständige Dekoration, alle Blickpunkte sind für die Schauspieler nur angesagt, nicht wirklich existent und da kann man sich, Kameramann, Regie-Assistent oder vermutlich Lang selbst, gerne verschätzen. Da die Undurchsichtigkeit des Motivs vom Zuschauer geteilt wird, hilft dies, den Fehler zu kaschieren.

Mabuse greift zum Feldstecher und, anders als beim Alten zuvor, sehen wir nun eine Subjektive, zuerst unscharf, dann wird langsam die Schärfe gezogen und wir erkennen in einem Fernglaskasch drei Personen und eine übergroße Rüschenlampe, die die Kontinuität des Ortes bezeugt (25). Wir blicken offensichtlich in eine andere Loge, der rechte Mann ist angeschnitten, der in der Mitte teilweise vom Lampenschirm verdeckt, und links ein jüngerer Herr, der wie die beiden anderen auch im Profil konzentriert etwas beobachtet, und wir wissen natürlich, dass diese Aufmerksamkeit dem Tanz der Carozza gilt.

Aber um keinen Zweifel aufkommen zu lassen, wer Edgar Hull ist, schwenkt die Kamera nun die linke Person, die wenige Worte mit dem Nachbarn wechselt, während beide ihren Blick nicht abschweifen lassen können, Richtung Zentrum des Bildes und überdeutlich schließt sich noch eine Kreisblende um Hull (26). Interessant, dass hier bei der Subjektiven eine Kamerabewegung erlaubt ist; so als würde die Kamera mit schlechtem Gewissen das ästhetisch Unakzeptable – die Kamerabewegung – der behaupteten Wahrnehmung des Protagonisten unterschieben.

Auch die nächste, kurze Einstellung wirkt wie eine Subjektive, diesmal von Hull: Wieder die Bühne, total, aber deutlich näher als zuvor (27). Carozza findet halt auf den beiden Penissen und der Rückschnitt auf die beiden Männer, immer noch im Fernglaskasch, zeigt diese beeindruckt. Der Kasch hält Mabuse aus dem Off präsent, wenngleich die Ereignisse sich überstürzen. Zurück in der engeren Bühnen-Totale, im Blick der Männer, verliert Carozza nun durch einen simulierten Windstoß von unten Rock und Bluse. Flink kann sie noch die Arme keusch vor ihrem Oberteil kreuzen bevor wir in der

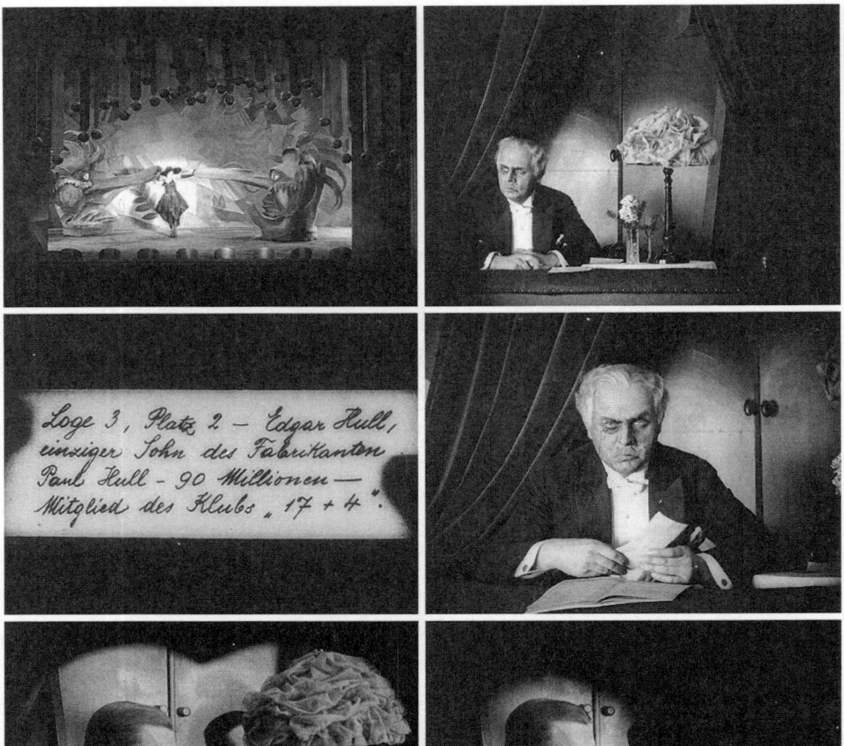

Bild 1-21 bis 1-28

bewährten Einstellung ins Auditorium blicken. Begeisterung, deren Überschwang aber durch die Distanz der Kamera begrenzt bleibt (5). Auch im nächsten Blick in die Loge mit Hull spielen die Beteiligten diese Überwältigung und die Kamera blickt wieder aus dem Winkel Mabuses – nur ohne Kasch – im Profil auf die drei Männer (28). So bleibt es ein nüchterner Blick und hält Mabuse weiterhin im Spiel, ohne ihn zeigen zu müssen.

Nun ein Novum, die Kamera springt in die äußerste Ecke des Auditoriums und schaut über die Zuschauer hinweg Richtung Bühne, deren Vorhang sich träge hebt (29). Wir sehen – eigentlich müsste ich sagen: endlich – ein räumliches Gefüge, einen Zusammenhang zwischen verschiedenen uns bekannten Gruppen, die vorher nur durch die Montage behauptet wurde. Aber sie kommt zu spät für eine objektive Bestandsaufnahme, denn der Film erzählt bereits aus der Perspektive Mabuses, und so würde ich diese Einstellung nicht als *Establisher* katalogisieren, sondern als Mabuses Subjektive, auch wenn sie nicht eine so eindeutige Signatur trägt wie die Profileinstellung auf Hull. Der Umschnitt kommt zurück in die profilige Dreier, noch bevor wir auf der Bühne etwas sehen können. Alle Drei klatschen euphorisch beseelt. Schnitt zurück in die vorherige Totale, auch hier stehen nun Männer applaudierend, im Hintergrund hat es der Vorhang geschafft und im Spot lässt sich Carazzo umjubeln, Blumensträuße fliegen und die Kamera springt näher in eine ganz figürliche Einstellungsgröße, Handküsschen (30).

Interessanterweise wechselt mit diesem Ransprung auch das Führungslicht, der Spot auf Carozza. In der Totale steht dieser Spot links der Kamera, und da sie auch mehr nach links spielt, zum Scheinwerfer hin, strahlt dieser lehrbuchmäßig von der richtigen Seite. Mit diesem Ransprung steht die Kamera nun etwas frontaler vor der Bühne, auch eher unter Augenhöhe, und der Spot ist von links nach rechts gewandert und weiter nach oben. Da Carozza nach allen Seiten ihre Handküsse verteilt, erkenne ich keinen Sinn in diesem Wechsel, er belegt aber, dass hier nicht mit zwei Kameras gleichzeitig gedreht wird. Dass der Hintergrund ebenfalls anders wirkt, tiefer hängend, wird auch durch die Veränderungen des Lichts betont, denn das Bild ist jetzt deutlich kontrastreicher und die umschließende Vignette könnte vom Licht oder auch von einem optischen Vorsatz rühren. Doch mit dem nächsten Schnitt wird Carozza an Präsenz verlieren und der minimalistische Handlungsstrang mit dem Alten und seinem Feldstecher vom Anfang dieser Szene wird überraschenderweise wieder aufblühen. Er hat wohl zwischenzeitlich neue Energie getankt und wird für wenige Schnitte deutlich mehr Filmzeit einnehmen als die Bejubelte. In einem halbschrägen Blick auf seine und die daneben liegende Loge wird nun auch ein räum-

Bild 1-29 bis 1-32

licher Zusammenhang zwischen den Logen deutlicher (31). Vorne also der Alte, am Knie geschnitten und mit dem Gesicht links etwa auf der vertikalen Bildmitte, der sich durch fanatisches Blumenwerfen in Ekstase bringt. Nach dem dritten Strauß wird kurz zurück auf die Bühne geschnitten, wo Carozza vor den fliegenden Sträußen in Deckung geht, gefolgt von der profiligen Einstellung mit Hull. Dann wieder der Blumenwerfer, anschließend Carozza. Für vier Sekunden sehen wir sie, oder besser gesagt, durch ihre starken Bewegungen erahnen wir sie nur in einer halbnahen Einstellung. Sie tänzelt viel vor einem kaum identifizierbaren, dunklen Hintergrund, in den Armen viele Blumen und eine Spielzeugpuppe, die Raum für Interpretationen bietet (32).

Ein letztes Mal zurück zum Blumenwerfer, der sein Pulver verschossen hat. Vier Klatscher mit langen Fingern bringen den gelangweilten Mabuse zurück in die Bilderfolge. Ohne die Miene zu verziehen, wendet er sich mit dem Blick von der Bühne ab und Hull zu. Die Kadrage scheint vertraut, ist aber eine leichte Variante der früheren, zentrierten Einstellung, dadurch verliert das Bild seine Strenge, nicht aber der Blick Mabuses (33). Die folgende Subjektive ist die hinlänglich bekannte Dreier von Hull und seinen Freunden im

Bild 1-33 bis 1-35

Profil und auch der nächste Schnitt auf das Opfer ihres Begehrens, Carozza mit Blumen und Puppe, bietet wenig Neues. Wir werden sie erst an einem anderen Motiv wiedersehen.

Ab jetzt konzentrieren sich Inszenierung und Kameraarbeit auf die Konfrontation zwischen Mabuse und Edgar Hull. Am Hintergrund erkennen wir, dass die Kamera näher gerückt ist, Mabuse nicht mit dem Tele aus der Entfernung vergrößert wird (34), er fixiert Hull mit hypnotischer Starre. Der Blick scheint aber etwas mehr auszuweichen, liegt höher, vielleicht auch seitlicher, wäre er doch bei heutigen Filmen bei dieser Einstellungsgröße viel näher an der optischen Achse. POV (Point-of-view) nennt dies Mascelli,[238] wenn der Schauspieler haarscharf nicht in die Optik schaut und somit die Einstellung objektiv hält. Heute sind viele Schauspieler routiniert darin, auf die Fassung der Optik, oder besser: durch sie hindurch zu schauen, ohne in die Kamera zu blicken, um diese Nähe des Blicks herzustellen. Vielleicht brauchten damals die Darsteller noch diesen Augenkontakt mit dem Partner, und dann stünde die Kamera schon als großer Klotz in der Blicklinie.[239]

Auf Hull verfehlt dieser Blick jedoch seine Wirkung nicht, schmerzverzerrt greift er sich an den Kopf und seine Freunde sind so an den Bildrand gequetscht, dass sie nichts davon mitbekommen (35). Dann der Rückschnitt auf den völlig bewegungslosen Mabuse, der eine etwas nähere Einstellung Hulls folgt. Die Brüstung der Loge fehlt unten, über dem Kopf ist weniger Luft, die Freunde sind verschwunden und Hull hat sich uns aus der profiligen zugedreht. Die Freunde kommen zurück, nehmen Hulls Qualen wahr und mit einem zwischengeschnittenen Titel verabschiedet er sich von ihnen und auch wir verlassen nun den Bühnenraum des Cabarets.

Zum besseren Verständnis des Zeitgeists sei erwähnt: Seit Ende des 19. Jahrhunderts wird durch die Justiz die Macht der Hypnose aufgearbeitet. »Vermutlich ist es kein Zufall, dass sich die prominentesten Streitfälle um Hypnose gegen 1900 an illegitimer Sexualität entzündeten. […] die Möglichkeit von Verbrechen unter dem Einfluss hypnotischer Suggestion beschäftigte die Deutschen zwischen Kaiserreich, Weimarer Republik und Nationalsozialismus lebhaft.«[240] Am 1. Dezember 1924 verwirft die Film-Oberprüfstelle die Beschwerde der Boston Film GmbH gegen das Verbot ihres Films Das verlorene Ich[241], in dem neben anderen Verbrechen ein Bankangestellter die Frau seines Vorgesetzten unter Hypnose verführen will.

> Der vorliegende Bildstreifen sei zudem geeignet, die Zuschauer, wobei es nur auf normal Veranlagte ankomme, vor Gefahren zu warnen [… Der Sachverständige hat] Bedenken erhoben, dass ungefestigte Menschen in der Nachkriegszeit, wo Nervosität und Reizbarkeit zugenommen haben, hypnotische Einwirkungen besonders zugänglich und insofern ein gewisser verbrecherischer Anreiz gegeben sei.[242]

238 Vgl. Mascelli (1973): The Five C's of Cinematography. S. 22.

239 In Die Liebe der Jeanne Ney wird dieses Problem uns wieder begegnen und ausführlich diskutiert.

240 Vec (2019): Peng, du bist hypnotisiert! S. 12.

241 Österreich 1923. Regie: Hugo Werner-Kahle. Kamera: Rudolph Maté, Hans Pebal.

242 Film-Oberprüfstelle (1924). Nr. 551.- Niederschrift. S. 3.

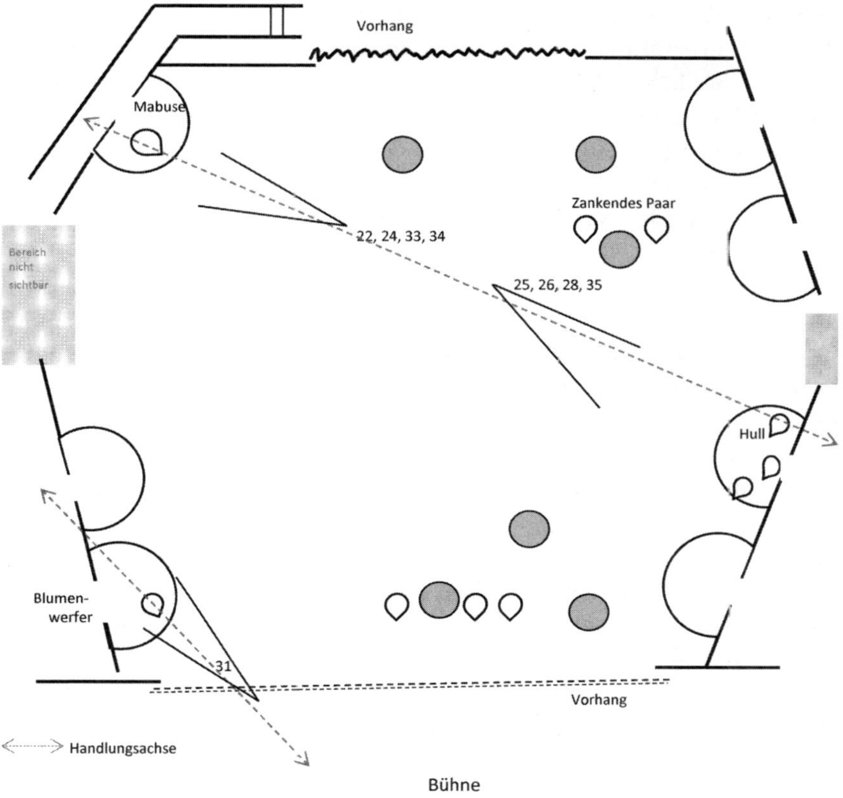

Der beamtete Gutachter befürchtet, dass die Gefahr den Nutzen verdrängen könnte. Der *Film-Kurier* sieht das wohl auch so, druckt aber eine Gegendarstellung und sorgt sich um die »Auffassung der Filmprüfstellen, dass die Darstellung der Hypnose überhaupt zu verbieten sei«.[243] Da haben Mabuse und wir noch einmal Glück gehabt, aber schließlich geht es Mabuse nur um Macht und nicht um Sexualität.

Mit dem Auftauchen Mabuses im *Folies Bergères* ändert sich der Erzählgestus. Sahen wir zuvor ein Sammelsurium von über zehn eigenständigen Situationen, die wir assoziativ verbinden konnten, so konzentriert sich mit dem Erscheinen Mabuses die Erzählung auf die Tätigkeit der Hauptfigur. Die Spannung, die nun zwischen den Logen von Mabuse und Hull erzeugt wird, entsteht durch ein Schauspiel, das auf Hinsetzen und Aufstehen, Blicken und

243 Anon. (1924): Die Darstellung der Hypnose im Film.

Applaudieren reduziert ist. Die Bilder kommentieren. Nun macht die Dekadrage Mabuses Sinn, denn mit der zunehmenden Konzentration auf ihn durch immer nähere Einstellungen rückt er stärker ins Zentrum des Bildes und der Wahrnehmung. Wenn aus heutiger Sicht die Subjektive auf Hull mit dem Fernglaskasch etwas pädagogisch wirkt, so mildert die Entscheidung für das Profil diese leichte Verstimmung. Denn durch den simplen Trick der Blickachsen werden die Abhängigkeiten und Interessen von Hull und Mabuse einander zugewiesen. So bleibt, wie wir gesehen haben, Mabuse im Blickwechsel zwischen Hull und Bühne präsent, weil es keine frontale Einstellung oder keinen POV von Hull gibt. Ebenso fehlen diese von Mabuse Richtung seiner Geliebten Carozza. Die Ignorierung des Raums als filmisches Mittel erlaubt uns durch diese Künstlichkeit einen distanzierten, fast analytischen Blick auf das Erzählte. Es ist die Distanz des Theaters und korrespondiert weniger mit der Malerei, was beim Maler Lang nahe liegen würde.

Man ahnt die Logik hinter der starken Reduzierung der Einstellungsgrößen, bei MABUSE kann es nur eine Richtung geben: größer werden. Aber da ist man beim Sprung von Halbnah auf Nah schon am Ende. Und bei Hull kann die Subjektive nicht variiert werden, da der Betrachter sich nicht bewegt. Also geht nur diese Amerikanische und eine Halbnahe als Blick durch das Fernglas. Dieser Mangel an optischem und inszenatorischem Reichtum wird mit der opulenteren Auflösung der Bühnenschau und besonders dem Auftritt des alten Blumenwerfers kompensiert. Hier versucht sich das dramaturgisch Funktionale mit dem visuell Spektakulären zu verbrüdern.

Die Luft über den Köpfen und die nicht geneigte Kamera

Schon oft haben wir in dieser kurzen Betrachtung beobachtet, dass die Kamera nicht geneigt wird, und wir können das sehr häufig in Filmen dieser Zeitepoche feststellen. Nicht geneigt heißt, dass die Kamera weder nach unten Richtung Boden noch nach oben zur Decke oder zum Himmel schaut. Damit werden die Senkrechten (z.B. senkrechte Kanten eines Hauses) in der Abbildung parallel zueinander und zu den Bildkanten abgebildet. Bei einer Neigung der Kamera z.B. nach oben würden diese nach oben sich annähern und es würde der Eindruck entstehen, das Haus stürze nach hinten. Heute sind wir durch vielerlei schräge Darstellungen daran gewöhnt und können davon abstrahieren, und da die Regeln der Perspektive natürlich auch für die menschliche Wahrnehmung gelten, bildet sich ein Gebäude in unserem Auge wie in der Kamera ab, ohne dass wir den Eindruck haben, es würde stürzen.

Das rechnet unser Gehirn um, aber wenn wir auf eine Abbildung schauen, erkennen wir diesen Effekt.

Da in der frühen Zeit der Kinematografie der Blick durch die Malerei und Fotografie geschult ist, bei denen auf diese Parallelität geachtet wird, würdigen Kameraleute damals sehr penibel diese Regel. Bei einer Naheinstellung mit einer nicht geneigten Kamera ist die Optik etwa in Höhe der Nasenspitze, wenn der Kopf oben grade nicht an die Bildkante stoßen soll und der Körper unten etwa an der Achselhöhle angeschnitten wird. Die Kamera ist also in einer leichten Untersicht, und wenn ich den Blick in die Nasenlöcher, den ich so habe, unschön finde – wie alle Schauspieler bis heute –, muss ich die Kamera etwas höher stellen. Damit verliere ich etwas am Brustausschnitt und gewinne dafür aber Luft über dem Kopf. Wenn ich die Kamera nun neige, um den Kopf an der oberen Bildkante abzubilden, habe ich natürlich das gleiche Dilemma wie bei der Architektur, der Kopf wird verzeichnet. Nur springt uns der Effekt nicht so an wie bei einem Gebäude, aber wenn ich mit einer kürzeren Brennweite arbeite und somit dicht vor dem Darsteller stehe, bleibt der Effekt nicht verborgen. Perspektive ist entgegen einer verbreiteten Meinung nicht abhängig von der Brennweite, sondern vom Abstand Gegenstand zum Objekt.[244] Hier braucht die Kameraarbeit viel Feingefühl, um den passenden Kamerastandpunkt samt Brennweite zu finden.

Nun entferne ich mich langsam mit nicht geneigter Kamera. Die Person erscheint immer kleiner und wenn ich nicht schwenke, werden die Augen in der Bildmitte bleiben und gleichzeitig wird der Raum über dem Kopf immer größer. Um nun die Kamera nicht schwenken zu müssen, was ja bei dem präsenter werdenden Raum auffälliger wäre, verringere ich die Kamerahöhe. Als Faustregel kann gelten, dass mit größerem Abstand zur Person die Kamera tiefer steht, um sie nicht neigen zu müssen. Besonders dringend wird dieses Problem mit dem Tonfilm, der den freien Raum über den Köpfen für die Mikrofone nutzen will.

Die raumlose Konfrontation

Weiter im Film: Mit dem Schnitt steht die Kamera jetzt kaum merklich geneigt vor der sich sofort öffnenden Tür zu Mabuses Loge, die er selbst von innen schwungvoll aufmacht und damit in ein kontrastreiches Seitenlicht

244 Mehr dazu im Glossar unter *Brennweite* und *Perspektive*.

von links tritt. Er wirkt erstaunlich klein, denn, obwohl am Oberschenkel geschnitten, reicht sein Gesicht nicht bis zur Bildmitte und nach oben bleibt viel Luft. Es sieht so aus, als wäre die Kadrage nicht nach dem Schauspieler, sondern nach der Dekoration gemacht, das Motiv selbst wird zum Darsteller. Die durch ihre Höhe schmal wirkende Tür ist oben nicht angeschnitten und im Inneren verhindert ein Rundbogen der oberen Kante der Loge den Durchblick silhouettig. Unmittelbar neben Mabuses Kopf öffnet sich unerwartet der Blick in den Hintergrund: die Verabschiedung Hulls von seinen beiden Freunden, die durch eine schnelle Drehbewegung Mabuses zu ihnen hin noch betont wird (41). Doch nicht die Aktion erregt Aufmerksamkeit, die hatten wir ja schon zuvor mitbekommen. Das wirklich Neue ist die Bildgestaltung, die uns nun, nach fast sieben Minuten im *Folies Bergères*, für wenige Sekunden eine Raumtiefe erahnen lässt. Durch verwirrende Vielfalt in einem schlitzartigen Hochformat mit der Abschieds-Szene im Hintergrund, dem Parkett als aktionsleerem Mittelgrund und dem Erscheinen Mabuses im Vordergrund wird für Sekunden mehr Turbulenz geschaffen als in der gesamten Szene zuvor. Doch für diesen kurzen Blick in die Büchse der Pandora werden wir in der Folge abgestraft durch raumlose Kadragen.

Mabuse schließt sorgfältig die Tür und so wird die jetzt zweidimensionale Kadrage durch eine gleichmäßig dreigeteilte Fläche dominiert. Im Zentrum die zweiflügelige Tür, wie symmetrisch auf Mitte gesetzt, die flankiert wird von zwei platten Wänden. Auf der linken beleben schlichte abstrakte Muster die Tristesse, die der Schlagschatten der Tür auf der rechten verdunkelt; eine gewisse Attraktion bildet eine gleichmäßige, kreisförmige Vignette. Mabuse winkt nach rechts ins Off und der Blumenjunge mit frisch gefülltem Korb erscheint, und während Mabuse einen Strauß wählt, schwenkt die Kamera nach unten bis Mabuses Knie auf der Bildkante liegt (42). Es gab schon zuvor wenige kleine Korrekturen, und dass auch diese nicht mit einer Schauspielerbewegung – z. B. dem Kommen des Jungen – verheimlicht wird, wie man es heute machen würde, mag als ungelenk gelten oder belegen, dass nichts verborgen werden soll. Eine dramaturgische oder inszenatorische Motivation ist für mich nicht erkennbar, wohl aber der Wunsch, zu Beginn mit der Kadrage das Motiv mächtig, kostbar erscheinen zu lassen. Nach Schließen der Türflügel wird nun der große leere Raum über den Köpfen minimiert, die Kadrage wird »verschönert«, auch das werden wir in späteren Filmen häufig finden. Mabuse nimmt sich Zeit, lässt sich nicht hetzen und wir können ihm beim Beschreiben des Zettels in einer Detail-Einstellung ohne zeitliche Aussparung zuschauen: Die Blumen gehen an Fräulein Cara Carozza (43). Schnitt. Hull kommt benommen in einer Halbtotalen aus einem hell erleuchteten

Bild 1-41 bis 1-48

Gang durch eine höhlenartige Öffnung aus Vorhängen auf uns zu, als ginge er in die Hölle (44). Mabuse, wieder in der vorherigen Einstellung, blickt nach links ins Off zum Kommenden, entlohnt schnell den Jungen und verlässt das Bild. Hull quält sich halbnah vor einem Vorhang, der ganz links noch etwas Gang erahnen lässt, schweren Schrittes auf uns zu, *en face*. Nicht unerwartet schiebt sich nun von rechts und im Profil Mabuse ins Bild. Noch bevor Hull auf gleicher Höhe auf ihn reagieren kann (45), kommt der Ransprung an den schon stehenden Mabuse in eine Nahe (46). Die Kamera ist dabei kaum merklich etwas mehr vor ihn gesprungen, zwischen Profil und Dreiviertel-Profil, so dass wir auch sein zweites Auge knapp sehen können. Er spricht Hull an und nach dem Zwischentitel steht Mabuse fast wieder im Profil. Die kommende Nahe-Einstellung zeigt uns nicht Hulls Reaktion auf Mabuse, sondern nur noch seinen starren Blick mit kaum merklichem Kopfnicken (47). Und wenn dann wieder zurück geschnitten wird auf Mabuse, hat er sich zwischenzeitlich stärker an den linken Rand gequetscht, bedrängt er den Rahmen so wie sein Opfer, und es wirkt, als wolle er durch den Bildrand in Hulls Kader hineindringen. Schuss-Gegenschuss, am Ende wieder die Zweier, Mabuses ausgestreckte Hand, die Hull zögerlich an der unteren Bildkante schüttelt. Ein fragender Zwischentitel, Mabuse will sich Hull in den Klub anschließen. Eine engere Zweier schließt die Szene ab (48).

Mit Hulls Gang durch die Vorhangöffnung schweben beide raumabstrahiert vor dem flächigen Vorhang wie Geister vor dem Nichts, jeder Realität entronnen, oder besser, verwiesen. Mabuse erntet nun die Früchte seiner Hypnose, er wird Hull in dessen Klub finanziell ausnehmen.

Diese Verheimlichung des Raums verblüfft, da an anderen Stellen die Dekorationen regelrecht zelebriert werden. Aber Rauminszenierung und Dekorationspräsentation sind nicht identisch. Konrad Lange nähert sich dem Unterschied durch den Vergleich von Theaterbühne und Malerei zum Filmmotiv undogmatisch und lässt ihn als einen Suchenden erscheinen:

> Eine Notwendigkeit, die Personen einer kinodramatischen Szene reliefartig zu ordnen, liegt nicht vor, da sie sich ja bewegen, nicht wie in der Malerei auf der Fläche fixiert sind. Man wird vielmehr hier wesentlich andere Gesetze der Bewegung und des räumlichen Verhältnisses ausbilden müssen als in der Malerei und auf der Bühne gültig sind. Denn die erwähnten Tiefenwirkungen kommen hier eben als etwas Besonderes der Kinematographie Eigentümliches zu der Darstellung hinzu.[245]

245 Lange (1920): *Das Kino in Gegenwart und Zukunft*. S. 88.

Fritz Langs Leidenschaft für die raumlosen Inszenierungen und die daraus resultierenden reliefhaften Bilder gründet stark auf seinem Hang zur Stilisierung. Eine Diskussion der damaligen Zeit über die Abgrenzung von Wirklichkeit und Kunst mag diesen Hang zur Abstraktion, zum Aussparen von Raum bis hin zur Verweigerung des Originalschauplatzes erhellen. Walter Bloem d. J. erklärt die Ausgangslage an einem Beispiel: Der Schauspieler Albert Bassermann spielt in EINE SCHWACHE STUNDE[246] den Arzt X.

> Jedermann weiß: das ist Albert Bassermann; kein Mensch käme auf den Gedanken: das ist Dr. X. Also der wirkliche Bassermann stellt die Kunstgestalt dieses Arztes dar. Vom Zuschauer wird eine regelrechte Kunstanschauung gefordert. Nun führt das Bild aber weiterhin vor: Dr. X segelt in einem wirklichen Segelboot auf einem wirklichen See [...] Dies alles ist keinesfalls künstlerisch-realistisch, sondern es ist weit entfernt von jeder Kunst. Denn eine einfache photographische Abbildung der Natur hat mit Kunst nichts zu tun. Natur ist Natur — und bedeutet nichts anderes.
> Es zeigt sich, daß in einem Atem vom Zuschauer einerseits eine Kunstanschauung gefordert wird, andererseits eine völlig unkünstlerische Wirklichkeitsanschauung, die der Phantasie nicht das Geringste zu tun übrig läßt.[247]

Bloem nennt dies eine Stilverirrung wie echtes Haar auf einer Wachsfigur. In der Stummfilmzeit wird heftig darum gerungen, ob der Film, den man als Ableger der Fotografie sieht und der man solche Ehren verweigert, zum Kanon der Künste gehört.[248] Ein Hauptvorwurf gilt dem rein mechanischen, also »unkünstlerischen« Reproduzieren.

Die Raumlosigkeit hält sich lange und lässt sich besonders in Dialogszenen amerikanischer Filme finden. Ein lehrbuchartiges Beispiel markiert Stanley Kubricks THE KILLING.[249] Die Kamera verfolgt die Darsteller in einer komplizierten Einstellung von der Straße nach innen, fährt durch Wände, aber geredet wird vor einer Wand. Dies gilt für viele Szenen des Films. Für die Trennung von Raumpräsentation und Sprache lassen sich im amerikanischen Film auch heute noch viele Beispiele finden, aber selten in deutschen Produktionen. Während in amerikanischen Restaurant-Szenen, platt gesagt, die Darsteller vom Auto kommend durchs ganze Lokal müssen, um dann in

246 Deutschland 1919. Regie: Adolf Gärtner. Produktion: Greenbaum-Film GmbH, Berlin.

247 Bloem (1922): *Seele des Lichtspiels.* S. 98.

248 Vgl. Foulon (1924): *Die Kunst des Lichtspiels.* Harms (1926). Lange (1920). Mierendorf (1920): Hätte ich das Kino!. Pordes (1919). Stindt (1923).

249 USA 1956. Regie: Stanley Kubrick. Kamera: Lucien Ballard.

einer Ecke vor einer Wand in statischen Einstellung zu enden, werden sie in einer deutschen Kneipe mitten im Raum einen Tisch finden und die Kamera wird sich während des Dialogs bewegen.

Bilder des hypnotischen Blicks und der Blick in die Kamera

Keine acht Minuten nach Verlassen des *Folies Bergères*, beim Showdown des 17+4-Spiels im Klub, wird Mabuse zwar die gleiche Haltung annehmen wie zuvor mit dem leicht geneigten Kopf und den nach oben schauenden Augen, denen die aufgerissenen Augenlider den Blick freimachen müssen, aber die Kamera wird distanzierter sein, muss unten noch Platz lassen für Hulls Hand mit zwei Spielkarten. Eine sehr ungewöhnliche Einstellung – nicht nur für diesen Film –, zeigt sie doch Ursache und Wirkung in einem Bild. Der mögliche Verlust dieser Partie für Mabuse, den die Karten manifestieren, löst bei ihm die höchste Alarmstufe aus. Nennen wir es eine Suspense-Einstellung, auch wenn Suspense als Gegenpart der Spannung vermutlich noch nicht so bewusst eingesetzt wird wie später von Hitchcock.[250] Aber alle Ingredienzien sind vorhanden: Der Zuschauer sieht etwas, was Mabuse nicht wissen dürfte, doch wir Zuschauer haben den nötigen Informationsvorsprung, um in größerer Aufgeregtheit dem weiteren Verlauf der Handlung zu folgen. Das Bild übernimmt die Erzählung. Man hätte dies natürlich auch in mehrere Einstellungen auflösen können, aber durch diese Vereinigung in einer Kadrage entsteht eine unheimliche Allianz zwischen den Zuschauern und dem Opfer Hull, denn plötzlich stehen wir als Betrachter gegen Mabuse. Eine kleine Irritation bleibt, denn so, wie diese Karten ins Bild gehalten werden, müsste der Kopf Hulls genau da sein, wo die Kamera steht. Oder anders formuliert: Wir blicken auf die Karten mit seiner Subjektiven. Mabuse jedoch hält den Blick in einem Mascelli'schen Point-of-view, und damit entzieht er sich der Subjektiven, schaut nicht in die Kamera und suggeriert einen Doppelcharakter für diese Einstellung: Der Blick der Kamera auf die Karten ist subjektiv, der Blick Mabuses zu Hull objektiv. Dies ist auch ein gerne diskutiertes Problem bei Dreharbeiten: Man fotografiert eine Naheinstellung und dann das, was diese Person sieht. Sind dies Objekte oder eine Person, die den Betrachter nicht anschaut, gibt es kein Problem. Schwieriger wird es, wenn die

250 Mehrere Erläuterungen dazu mit Beispielen bei François Truffaut (1979) [1966]: *Mr. Hitchcock, wie haben Sie das gemacht?* U. a. S. 62–64 und S. 102–103.

beobachtete Person zum Beobachter blickt. Wo schaut sie hin: in die Kamera oder neben die Kamera, wie Mabuse? Meist einigt man sich heute auf diesen Kompromiss, die Person ganz dicht neben die Optik schauen zu lassen. Noch beliebter ist es heute, dieses Problem durch eine andere optische Auflösung zu meiden. Irritation und Faszination bei dieser Einstellung liegen genau in diesem – gern würde ich sagen – Widerspruch (49).

Fast eine Stunde später kommt es zur ersten Konfrontation Mabuses mit seinem Widersacher, dem Staatsanwalt von Wenk. Und hier, durch von Wenk zum Äußersten gefordert und am Ende Mabuse sogar ein Patt abringend, wird Mabuse, quasi als letztes Mittel, in die Kamera schauen, um von Wenk besiegen zu können. Aber noch etwas anderes bleibt von dieser Szene

Bild 1-49 bis 1-51

auffällig und von größerer Resonanz: Um von Wenk zu irritieren, greift Mabuse zu einer Brille und versucht von Wenk zu blenden (50). Es wird alles nicht helfen, weder die Brille noch der Blick in die Kamera können von Wenk bezwingen und Mabuse muss fliehen.

35 Jahre nach DR. MABUSE, DER SPIELER wird Charles Laughton in WITNESS FOR THE PROSECUTION[251] zuerst Tyrone Power und dann Marlene Dietrich durch Reflexe mit seinem Monokel zu irritieren versuchen, und wenn Laughton in spitzbübischer Souveränität den Monokel zum Blinken bringt (51), erscheint mir seine Geste wie eine ironische Hommage an den Monokelträger Fritz Lang. Das Gespräch zwischen Laughton und Power ist in halbnahen Einstellungen im Schuss-Gegenschuss ohne Achsensprung aufgelöst, nun greift Laughton zum Monokel und blendet die Kamera, im Gegenschuss sehen wir einen runden Lichtfleck auf Powers Gesicht. Aber wohin schaut Laughton? Mit dem ersten Blinken wechselt Laughton klammheimlich den Blick vom Gesprächspartner zur Kamera und spricht mit ihr, im Gegenschuss gibt es bei Power keine Veränderung. Etwa zehn Filmminuten später wird auch Marlene Dietrich dieser Prozedur unterzogen und hier bleibt Laughtons Blick bei ihr und er nur sehr kurz im Bild und der Lichtfleck bei Dietrich ist deutlich schwächer, soll den Star nicht demontieren. Sie zieht genervt eine Jalousie runter und beendet damit das Spiel.

Für die Präsentation der Macht über Menschen, die im Blick inkarniert, gibt es in diesem Film keine einheitliche Bildsprache. Jeder Moment erfordert eine neue, angepasste Vorgehensweise und belegt die Virtuosität Mabuses. Somit entsteht eine breite Palette unterschiedlichster Kadragen und Auffälligkeiten, die in ihrer Variationsbreite nur mit den Verwandlungskünsten Mabuses Schritt halten kann.

Schluss

»Ich bin der Meinung, dass jede Kamerabewegung einen Grund haben muss. Bewegung um der Bewegung willen ist Unsinn. Ein 300-Grad-Schwenk ohne ersichtlichen Grund ist technischer Firlefanz, nicht mehr. Eine Kamerabewegung muss etwas zum Ausdruck bringen.«[252] Das Zitat von Fritz Lang stammt aus einem Gespräch vor 1968, und auch wenn man in Betracht zieht,

251 USA 1957. Regie: Billy Wilder. Kamera: Russel Harlan.
252 Bogdanovich (2000). S. 235.

dass 1922 in Filmen die Kamera sich selten bewegt, so wirkt sich dieses Bekenntnis zur Bewegungslosigkeit in seinen Bildern viel deutlicher aus als in Filmen anderer Regisseure. In Lang-Filmen bewegt sich die Kamera nicht, weil man es noch nicht kann, sondern weil Lang es so will. Im gleichen Gespräch erzählt Lang von Erich Pommer, der ihn aufforderte, Geschichten mit der Kamera zu erzählen, er müsse die Mittel beherrschen.[253] Die Autorenschaft an den Bildern wird von Regisseuren gerne reklamiert und von der Öffentlichkeit auch so angenommen. Doch wo bei der Filmbildbetrachtung die Auseinandersetzung oft aufhört, da fängt die Arbeit an der Bildgestaltung erst an.

Wenn Lang den Einfluss auf die Bilder nimmt, der ihm gerne nachgesagt wird, dann entstammt diesem auch eine Inszenierung, die Schauspieler selten ins Motiv hinein bewegen lässt. Die mangelnde Raumtiefe zündet eine Verhinderungsstrategie, die klassische Gestaltungselemente wie Diagonalen, Dreieckskompositionen, Anschnitte, Vordergründe nicht ermöglicht. In Gesprächssituationen stehen, sitzen die Personen gerne nebeneinander und alle schauen wie von einer Bühne Richtung Kamera. So beherrscht die frontale Sicht das Geschehen und das Motiv. Den Höhepunkt bilden dann vereinzelt auftretende symmetrische Kadragen. »Symmetrie, Zentralperspektive strafft Unordnung und setzt sich weniger vom Bildrahmen ab.«[254] Ordnung zu schaffen, bildet ein grundlegendes Axiom der Bildgestaltung, bei Lang und Hoffmann tritt es zudem als Reinigung auf, nichts Unbedachtes, Zufälliges darf im Bild zu finden sein, Kargheit bestimmt die Kadrage. Interessant scheint die Idee, dass die Symmetrie weniger den Bildrahmen problematisiert. Das wäre vermutlich das Letzte, was die beiden wollen. Denn jede Bildkomposition, auch Inszenierung, arbeitet mit dem Rand, will das Ausschnitthafte hervorheben. Die Begrenztheit wertet die Dinge und die Menschen, wer und was sichtbar oder im Off ist, und befördert oder behindert dadurch auch Inszenierung und Dramaturgie. Doch würde ich dieser Verheimlichung des Bildrahmens durch die Symmetrie oder die Parallelität der Kanten und Linien widersprechen. Er mag für die Architektur stimmen, von der diese Anmerkung stammt, für den Film pocht die den Rahmen umgebenden Dunkelheit zu sehr auf das Besondere der Leinwand.

> Bei der Analyse erscheint dann fraglich, ob in jedem Fall bewusste Gestaltungsprozesse dem Entstehen geometrischer Ereignisse zugrunde liegen.

253 Ebd. S. 219.
254 Schaarwächter (1967): *Perspektive für Architekten*. S. 39.

> Vielmehr ist zu vermuten, was sich bereits in der Skizzierung einer Kulturgeschichte andeutete: Die Gestaltung geometrischer Konstellationen entspringt nicht allein einem systematischen oder ästhetischen Bewusstsein, sondern erweist sich speziell im Film als zuverlässiger Indikator für Konflikte, Brüche und Widersprüche zwischen den Bildern selbst sowie für Lösungsansätze, Suggestionen und Ideologien außerhalb der Bilder, die dann in konzentrierter Form in sie hineingetragen werden. Ebenso abstrakt, wie das klingt, lassen sich grundlegende Geisteshaltungen und die ihnen immanenten Kontroversen in der Untersuchung von einzelnen Filmbildern konkret nachweisen.[255]

Auffällige bildgestalterische Formen können aber nicht nur eine interpretierbare oder emotionalisierende Aussage bilden, sie schaffen auch eine Art visueller Handschrift, einen einheitlichen Stil, heute würde man es vielleicht einen Look nennen.

Interessanterweise kontrastieren karge, distanzierte Bilder, deren kompositorische Monotonie um Sachlichkeit bemüht scheint, die als Kommentar zum Glamour des Publikums dienen, mit dem erzählerischen Reichtum dramatischer Szenen. Und vielleicht lässt auch die Reduktion diese opulenten Szenen doppelt erstrahlen: Das Gewimmel von Zylinderhüten beim Börsenumsturz zu Anfang oder die Großeinsätze der Polizei, die Vorbild für Riefenstahl sein könnten. Vielleicht entsteht auch daraus Rhythmus, wie sich Schlichtheit und Überschwang immer wieder ablösen.

In Dr. Mabuse wird keine Geschichte erzählt, sondern man könnte sagen, es werden kleine Episoden präsentiert. Sein Erfolg »lag in der Ausnützung des Films als Zeitbild, oder besser gesagt, in der Auswertung des Films als eines Zeitdokumentes.«[256] Lang will nicht Menschen zeigen, sondern den Menschen.[257] Er ist kein *story-teller*, psychologische Feinheiten fehlen, und so schafft die Inszenierung Abstrakta. Das macht es den Bildern so schwer, unmöglich, die Gestaltung auf die Dramaturgie zu bauen, sie bleiben auf sich selbst gestellt, weil das Episodenhafte nicht über das Bild hinausweist, sondern eine mögliche Aussage gefangen hält. Damit fallen Konflikte, Emotionen, Entwicklungen für eine ästhetische Auseinandersetzung aus. Gestalterische Elemente der Kadrage, wie Vordergrund-Hintergrund, Licht können sich nur auf das allgemein Gültige beziehen, quasi auf die Gestaltung an sich, so wie sich Lang auf den Menschen beruft. Die Tableaus, das Frontale, das

255 Göttsche (2003). S. 27.
256 Lang (1924b). S. 30.
257 Vgl. ebd. S. 31.

Außen-vor-bleiben, der Blick in einen aufgeschnittenen Schuhkarton wie bei der nächtlichen Straße, das erinnert erstaunlicherweise mehr an Theater als an Bilderzählung oder Malerei, der sich Lang zuwandte, um sein Ingenieurstudium als Architekt abzubrechen. Hervor sticht die Begeisterung für Stilisierung.

Langs Kunstanspruch realisiert sich durch das Gesamtwerk Film und nicht in einzelnen Elementen. Herbert Ihering sieht eine Strategie:

> Ensemble kann nur durch ein Ensemble von Persönlichkeiten gebildet werden. Und Star ist nicht der prominente Schauspieler, sondern der gegen die Gesamtheit eines Dramas, eines Films arbeitende Schauspieler. Das kann sowohl ein einzelner Gast wie eine Korona von fest engagierten Dutzendmimen sein. Der Regisseur, der Zusammenspiel sagt und Talentlosigkeiten engagiert, etabliert kein Ensemble, sondern einen neuen Star: den Regisseur.[258]

Kommen wir zum Kameramann Carl Hoffmann, dessen damalige Leistung von heute aus gesehen leicht untergehen kann.

> Zweitens wird das Auge gereizt und entzückt durch die außerordentlich geschickte, durchgebildete, (ich riskiere zu sagen) kunstvolle Photographie Karl Hoffmanns. Wie hier mit Licht und Schatten gearbeitet wird; wie in nächtlicher Straße mit Stadtbahn aus dem Dunkel Lichter rasen, schwanken, schwelen; wie im Blick durchs Opernglas die beobachtete Gruppe durch das Drehen des Stellrädchens von verzerrender Verschwommenheit ins Klarumrissene sich wandelt; wie der drohende Schatten des Bösewichts vorankündigend ins Bild fällt, – das sind photographische Neuerungen, die man bisher nicht sah.[259]

Das Licht hat in erste Linie sichtbar zu machen und Atmosphäre zu schaffen. Bei der Lichtführung ist Hoffmann widerborstiger als bei der Bildgestaltung, vielleicht auch nur unkontrollierter. So wird die Symmetrie in der Totale von Mabuses Vortrag durch Vignette und Schattenverlauf ein wenig untergraben. Auch hat die Schuhkartoneinstellung von der nächtlichen Straße eine durch Licht betonte Räumlichkeit. Der Dunst des Hintergrunds schafft eine Perspektive, die die Straße nach hinten streckt. Das Porträtlicht ist weitgehend unauffällig, lehrbuchmäßig. Hoffmann beherrscht eine große Spannbreite in der Lichtführung, die man im gesamten Film beobachten kann. Die große

258 Ihering (1922): Dr. Mabuse, der Spieler. S. 685.
259 Pinthus (1922): [Dr. Mabuse, der Spieler].

Empfangshalle des Hotels Excelsior, diffus und effektlos ausgeleuchtet, wirkt wie eine schwarz-weiße, ungekünstelte Version von Alcotts naturalistischem Licht in SHINING.[260] Oder auch die Halle der Grafen Told, ebenfalls diffus, aber trotzdem raumbetont, könnte problemlos in neuzeitliche Produktionen integriert werden – wenn sie farbig wäre. Dieses Fehlen von Kanten und Schlaglichtern – selbst beim Löschen des Lichts, um Gräfin Told die Flucht zu ermöglichen –, diese sumpfige Dunkelheit und das nur dezente Betonen einzelner Figuren bestimmen die Atmosphäre dieses Films. Das Licht schafft Raum, dem sich die Kadrage oft verweigert. Aber es gibt Ausnahmen, ich will sie nicht Ausrutscher nennen, da sie dramaturgisch eingesetzt werden: ein starker Spot auf Mabuse, der das Umfeld ins Dunkel drängt, bevor er von Wenk zu hypnotisieren versucht, oder bei der Hypnose von Told. Starkes Gegenlicht, Kanten die die Belichtungstoleranz des Filmmaterials sprengen. Sie fallen aus dem Film heraus, bleiben aber in der Erinnerung haften. Carl Hoffmanns Umgang mit dem Licht kann gar nicht zu hoch eingeschätzt werden.

260 Großbritannien 1979. Regie: Stanley Kubrick. Kamera: John Alcott.

2 Der letzte Mann (1924)

Regie: Friedrich Wilhelm Murnau. [Im Titel nur F. W. Murnau »Regie« und Emil Jannings »Hauptrolle«, weitere Angaben fehlen. Kamera: Karl Freund. Kamera-Assistenz: Robert Baberske. Optische Spezialeffekte: Ernst Kunstmann (Technische Mitarbeit). Buch: Carl Mayer. Szenenbild: Robert Herlth, Walter Röhrig. Assistenz: Edgar G. Ulmer].

»[...] die Letzten werden die Ersten sein. [...] gilt im gleichen Maße vom Vorspann, der Karl Freunds Namen in riesenhaften Lettern tragen müsste – denn seine Leistung ist riesenhaft, phantastisch und überragt alles, was bisher in Deutschland an Filmphotographie geschaffen wurde.«[261]

Aus heutiger Sicht mag es überraschen, wie sehr die Kameraarbeit von der Kritik herausgehoben wird. Das relativ neue Medium Film basiert noch ohne gesprochene und interpretierbare Dialoge vollständig auf dem Sichtbaren und so mag der hier bemängelte Verzicht auf die Namensnennung der Kame-

261 Anon. (1925): Der letzte Mann. S. 17.

raarbeit im Titel auch den Kampf um die Bedeutung der einzelnen Gewerke beleuchten.

Friedrich Wilhelm Murnau und Karl Freund arbeiten zum ersten Mal 1919 beim Episodenfilm SATANAS[262] zusammen und in den folgenden Jahren immer wieder, auch im Sommer 1923 bei DIE FINANZEN DES GROSSHERZOGS, Murnaus letztem Film vor DER LETZTE MANN. Freund dreht dazwischen noch MICHAEL[263] mit Carl Theodor Dreyer. Man kann also davon ausgehen, dass sich beide gut kennen und aufeinander eingespielt sind. Auch sammelt Freund bereits Regie-Erfahrungen bei dem Film DER TOTE GAST von 1921, den er auch fotografiert.

DER LETZTE MANN ist geprägt von Gegensätzen, vom grellen Sonnenlicht und von düsteren Straßenlaternen, von gleitenden Fahrstühlen und steilen Treppenhäusern, von der Realität und der Vision, von der Eleganz der nicht arbeitenden Großbürger und der Ärmlichkeit der schuftenden Proleten, von den ruhigen Beobachtungen der Hektik und der hektischen Darstellung der Ruhe, von einem schwerfälligen Mann und einer ihn porträtierenden »entfesselten Kamera« und am Ende von der Verwandlung einer Tragödie in eine Komödie. Der Portier schreitet zwischen diesen Welten, führt sie vor und wird vorgeführt. Dieser beständige Wechsel von formgebendem Inhalt und erzählender, charakterisierender Form, ihre Abhängigkeiten und Zusammenspiele machen diesen Film so aufregend.

Wie der Film beginnt

Der Film verzichtet auf klassische Zwischentitel, dafür übernehmen Detail-Einstellungen die Funktion von klärenden Informationen, sparen aber Eigennamen aus.[264] Damit gibt es für die Rollen keine Benennungen und es bleiben nur die Funktionen, die man aus dem Geschehen ableiten kann. Der Portier ist schnell zu identifizieren und durch seinen schlechten Start im Film leicht als Titelfigur vermutbar. Nur mit Mühe gelingt es ihm nachts bei

262 Deutschland 1919. Regie: F.W. Murnau. Kamera: Karl Freund. Künstlerische Oberleitung, Buch: Robert Wiene.

263 Deutschland 1924. Decla-Bioscop für Ufa. Produzent: E. Pommer. Regie: C.T. Dreyer. Kamera: Karl Freund, Rudolph Maté.

264 Abgesehen natürlich vom berühmten, einzigen Zwischentitel, wenn »... die Geschichte hier eigentlich aus ist ...«, die den Film quasi auf den Kopf stellt und aus der Tragödie eine Komödie macht. Aber auch hier heißt der Portier nur »der Alte«.

strömendem Regen, einen schweren Koffer vom Auto ins trockene Hotel zu schleppen. Ein geschniegelter Verwaltungsmann beobachtet die Qual und wird den Portier am nächsten Tag vom imposanten und stolzen Mantelträger zum gebrochenen Klo-Mann in einer Putzjacke degradieren. Doch zuvor werden wir die gesamte Strahlkraft des Alten in seinem kleinbürgerlichen Hinterhof erleben, der, durch Haltung und besagtes Kleidungsstück geadelt, in seinem heimischen Umfeld eine joviale Herrschaft verkörpert und der respektiert, manchmal auch ein wenig neidvoll bespöttelt wird. Am folgenden sonnigen Morgen wird der Mantel von einer jungen Frau ausgehfertig gemacht – in der Literatur wird sie gerne als Nichte bezeichnet –, bevor sie als Zwischentitelersatz eine Sahneschrift auf einer Torte aufträgt, die uns verrät, dass ihre Heirat unmittelbar bevorsteht. Auf dem Weg zur Arbeit zeichnet sich der Portier durch liebevollen Einsatz für ein gehänseltes Kind aus und kann so sein ignorantes Stolzieren durch die Welt relativieren. Die Sympathien der Zuschauer wird er bald brauchen. Schon in der Drehtür des Hotels entdeckt er entsetzt seinen jungen, kräftigen Nachfolger. Der Verwaltungsmann überreicht dem Alten ein Kündigungsschreiben – auch das ersetzt einen Titel – und der misslungene Versuch des Portiers, einen Koffer zu stemmen, belegt nur seine ihm vorgeworfene Schwäche. Der Mantel wird ihm abgenommen, verschwindet im Schrank, aber noch bevor er neu mit der weißen Weste des Toilettenmanns eingekleidet wird, gelingt es ihm, den Schlüssel zum Mantelschrank an sich zu nehmen. Die Schmach der Degradierung lässt seine kurze Vision als Blick auf die Hochzeitsgesellschaft erahnen. Dann verschwindet er im Dunkel des Kellers, in den wir ihm aber nicht folgen. So ereignisreich sind fast 30 Minuten des Films verstrichen.

Unsere Szene beginnt mit einer für diesen Film typischen kleinen Zeitmontage, denn während zu Hause die Gäste warten, begleiten wir den Portier beim Diebstahl seines Mantels. Geschickt weicht er dem Nachtwächter aus und kann stolz mit dem Mantel auf der Feier erscheinen. Die Banalität der Handlung verschleiern geschickt verstreute Doppeldeutigkeiten durch Bewegung und Kadrage. Es wird interessant zu sehen sein, wie das Motiv an die Inszenierung angepasst wird, wie sich die Kamera verselbstständigt und sich dann wieder der Erzählperspektive unterordnet, was die »entfesselte« Kamera leistet, wie Filmtricks Atmosphäre und psychische Spannungen beschreiben und mit welchen Mitteln Karl Freund das authentische Licht schafft. Und selbstverständlich wird uns die andersartige Kameraarbeit von Karl Freund im Vergleich zu Carl Hoffmann beschäftigen, auch weil bei unserem nächsten Filmbeispiel METROPOLIS Karl Freund und Fritz Lang zusammenarbeiten werden.

Das Motiv als heimlicher Star

Bereits 1915 verweisen Zusätze in den Zwischentiteln bei THE BIRTH OF A NATION[265] auf die Glaubwürdigkeit der Dekoration: »Eine historisch originalgetreue Kopie des Ford Theaters dieser Nacht, genau in Größe und Details.«[266] Versichert wird, dass bei der Nachinszenierung der Ermordung Lincolns alles stimmt, so als sei man tatsächlich dabei. Auch wenn ungerne, aus verschiedenen Gründen, an Originalschauplätzen gedreht wird, so sollen doch die gebauten Dekorationen weitgehend authentisch sein. Das gilt auch für das *Atlantic* in DER LETZTE MANN: »Die Front eines Weltstadthotels von den Dimensionen des Berliner ›Kaiserhofes‹ oder des Wiener ›Imperial‹ – ein richtiges Riesenhotel, mit angrenzender Großstadtstraße und perspektivischem Freilichtbau über eine amerikanische Stadt.«[267] Sergei Eisenstein zeigt sich bei einem Besuch auf dem Studiogelände mit seinem Kameramann Eduard Tissé beeindruckt: »Herausragend ist eine in Neubabelsberg perfekt nachgebaute Berliner Straße für den Film DER LETZTE MANN mit Emil Jannings in der Hauptrolle. Diese Straße wurde bereits sechs, siebenmal in verschiedenen Filmen benutzt.«[268]

Auch die Macher dieses Films dürften nicht weniger begeistert gewesen sein, immer wieder werden die Dekorationen vorgeführt, den Drehanforderungen angepasst und zum Teil mit erstaunlichem Aufwand an Komparsen und Fahrzeugen mit Leben erfüllt. Beim Mabuse-Film ist das Motiv ein modisches Zeit(geist)dokument, hier wird es zu einem Star, zu einem Darsteller im wörtlichen Sinne mit eigenem Leben und Ausdrucksformen.

Drei Totalen erzählen den Übergang von Tag auf Nacht in einer kleinen Montage. Die erste Einstellung noch am Tag schließt die Degradierung des Portiers ab, die zweite eröffnet die Nacht und zeigt uns ebenfalls das Hotel in einer leicht veränderten Perspektive, den Schicksalsort, an dem die Geschichte gleich weitergehen wird. Aber zuvor führt uns die dritte in den Hinterhof, wo ungeduldig die Ankunft des Portiers erwartet wird – und genau das ihn in Panik versetzt, nämlich, dort ohne Mantel auftauchen zu müssen.

Aber beginnen wir mit der Tageinstellung (2). Die Kamera schaut leicht schräg aus Augenhöhe des Kameramanns und ohne die Kamera zu neigen

265 USA 1915. Regie: David Wark Griffith. Kamera: G. W. Bitzer. Art Department: Samuel De Vall.

266 Zusatz im Zwischentitel bei etwa 1:20 h [Übersetzung durch den Autor].

267 W. H. (1924): Was wird gearbeitet.

268 [Eisenstein] 1998. S. 11.

auf den wuchtigen, doch mäßig imposanten Eingang des Hotels *Atlantic*. Wie eine überdimensionierte Einfahrt einer verschlossenen Festung wirkt er, ein dunkles, rechteckiges Loch, links und rechts flankiert von zwei länglichen Leuchten, große Fenster fehlen. Das stufenlose Entree – quasi barrierefrei für Kamerabewegungen – setzt dieses nicht vom Gehweg ab, erhöht es nicht in majestätische Dimensionen. Trotzdem verbietet es jedermanns Einlass. Die Fahrbahn ist nass, so wie man es noch heute macht, um dem Bild durch Reflexe eine größere Brillanz zu geben. Schwindelerregend der Verkehr: Zehn Autos und zwei Busse in nur 14 Sekunden behindern immer wieder den freien Blick auf den Eingang und den Bürgersteig mit seinen vielen Komparsen und lassen keinen Augenblick an der Authentizität des Gesehenen zweifeln, keinen Moment an eine Dekoration glauben; dann reißt uns die Abblende aus der pseudo-dokumentarische Bestandsaufnahme des Großstadtlebens.

Nach Ab- und Aufblende stehen wir immer noch vor dem Hotel *Atlantic*, aber es ist Nacht geworden und die Kamera hat ihren Standpunkt gewechselt: Deutlich entfernt blickt sie nun erhöht auch rechts am Gebäude vorbei in die leicht abknickende Straße (3). So ist das Bild halbiert, links die vertraute Fassade, bei der wir nun durch den größeren Abstand vereinzelt schwach

Bild 2-2 bis 2-5

beleuchtete Fenster neben dem vor Licht strotzenden Eingang sehen. Die rechte Bildseite bildet eine breite Straße, die sich auf der linken Hälfte unterhalb der Kamera ins Bild schiebt und sich dann ab Bildmitte um das Hotel zu schmiegen scheint. Aber dieser Boulevard verschwindet nun nicht in der Tiefe des Raums wie die nächtliche Straße im DR. MABUSE, sondern zieht durch eine leichte Linkskurve der Häuserreihe geschickt als Bildbegrenzung vor die rechte Bildhälfte. So sucht man auch heute Straßen für Nachtaufnahmen, die durch einen Knick oder eine Kurve die Unendlichkeit begrenzen, um die Kadrage kompakter zu machen und den Lichtaufwand zu reduzieren. Freund lässt geschickt die Fassaden nach oben im Dunkeln verschwinden, hebt aber die Kontur durch einen nicht ganz schwarzen Himmel ab. Auch lockert er diese Dunkelheit durch schwach schimmernde Fenster auf und streckt – sicher in Absprache mit den Filmarchitekten – die Gebäude nach oben durch hochformatige, leuchtende Reklamen. Ebenso stützen die lichtdurchfluteten Schaufenster der hinteren Häuserzeile, die einen grafischen Gegenpol zum strahlenden Eingang des *Atlantics* bilden, die Geschäftigkeit. Die Komparsen-Massen, die sich auf dem Bürgersteig vorbeischieben, tun ein Übriges. Nur der Autoverkehr erscheint durch den hohen Standpunkt beruhigter als zuvor, obwohl sich jetzt in nur acht Sekunden 17 PKWs und zwei Doppelstockbusse durchs Bild quälen. Wir stehen nun nicht mehr mitten drin wie am Tag, sondern schauen distanziert von oben herab auf die pulsierende Großstadt.

Kontrastierend zum brodelnden Verkehr der beiden vorherigen Bilder wirkt der Hinterhof wie ausgestorben. Unattraktive Hausfronten lassen Platz für eine Baulücke oder einen Kriegskrater, gestatten einen Durchblick auf die immer gleichen Fassaden der Nachbarhäuser. Baufälligkeit wird erzählt durch ein gespreiztes Gestell, das zwei Hauswände auseinanderhält und den Zusammenbruch zu verhindern verspricht. Dahinter sehen wir ein kleines Stück dunklen Himmels, aber hier stellt sich nicht die Frage wie bei der Einstellung zuvor, ob dies der Originalhimmel ist oder eine angeleuchtete Fläche. Die Überschärfe des Scans und der hohe Kontrast machen es einfach, Himmel und das Gebäude darunter als gemalt zu entlarven (4). Armer Karl Freund.

Dieser Hof war schon mehrmals zu unterschiedlichen Tageszeiten und aus unterschiedlichen Perspektiven im Bild, jedoch immer vom Grundriss als ein gebautes U, die vierte Wand existiert nicht, »die vierte Wand wird geglaubt«[269],

269 Kracauer (1926). S. 278.

sie muss und kann nicht in einem Schnittwechsel gezeigt werden. Zwei Laternen leuchten ohne zu beleuchten, im Treppenhaus gegenüber ist Licht. Aber die Aufmerksamkeit liegt bei drei benachbarten Fenstern im zweiten Stock des gegenüberliegenden Hauses, denn ihre Vorhänge fangen ein Schattenspiel sich bewegender Personen auf. Hier tost das Leben und nach sieben Sekunden springt die Kamera neugierig ans linke Fenster mit vorgesetztem Balkon heran.

Schattenspiele in Fenstern sind ein gestalterisches Element des Films und wie ein Erkennungszeichen der Handschrift ihrer Macher. Im kurzen Rest unserer kleinen Sequenz werden wir ihnen noch zweimal an markanten Stellen begegnen. Schnell öffnet sich die Tür und die nach Luft ringende Braut stürzt gefolgt von Gästen heraus, schaut suchend an der tiefer stehenden Kamera vorbei nach unten (5), und wir wissen, dass alle auf den Portier warten. Und ohne dass diese Einstellung als eine Subjektive, eine Imagination des Portiers ausgegeben wäre, erzählt sie doch von dem Druck, der auf dem Alten liegt, sich dieser Hochzeitsgesellschaft nun degradiert stellen zu müssen. Der spannungsgeladene Grundton ist gefunden und so können wir uns auf die Suche nach dem Portier machen.

Es sind drei Totalen, an denen wir schon erste Gestaltungsprinzipien ableiten können. Dass die Kamera nicht geneigt ist, überrascht wenig, auch dass es keinen klassischen Vordergrund gibt. Den hatten wir uns bei Carl Hoffmann eh abgewöhnt. Aber mit diesem Verzicht wird hier anders umgegangen. In der ersten Kadrage wird der Vordergrundzweig, wie wir ihn von einer Ansichtskarte kennen, ersetzt durch tosenden Verkehr und gibt dem eher flachen Motiv mehr Raumtiefe als durch den schrägen Blick zu erreichen ist. Zudem schafft der Standpunkt auf Höhe der Autos eine beständige Unruhe im unteren Teil des Bildes. So erzählt uns ein enger Ausschnitt monumentaler Architektur, vermittelt und interpretiert durch die Kadrage, von der großen Stadt und ihrem Reichtum.

Wenn dann am Abend die Hektik verschwindet, obwohl der Verkehr nicht nachgelassen hat, ist es wieder der Standpunkt – diesmal etwas höher –, der diesen Eindruck vermittelt. Zudem reduziert die Kadrage das Ausschnitthafte von Gebäuden und Autos der Tageinstellung durch ihre größere Aufnahme-Entfernung zum Geschehen, nimmt Tempo heraus und ermöglicht durch Raumpräsentation eine bessere Orientierung. Die Wirkung verlagert sich vom Vordergrund auf die Raumtiefe, die dadurch geschaffen wird, dass die Hotelfront nicht mehr die gesamte Kadrage ausfüllt, sondern nur noch knapp die linke Bildhälfte. Durch den so sich öffnenden Blick nach hinten auf der rechten Seite verwandelt sich das Großstädtische vom Hektischen zum Großzügigen, zum Souveränen. Wieder ist es das Bild, welches das Großbürgerliche des Hotels, seiner Gäste und Angestellten darstellt. Der Kamerastandpunkt, unser Blick darauf, ermöglicht es dem Motiv, Aussagekraft zu entwickeln. Das Motiv wird zum Darsteller.

Mit dem nächsten Schnitt verschwinden durch das Zusammenspiel von Lichtführung und Vignette die Anschnitte fast ganz, das Zentrum wird betont und damit die leere Fläche. Die Folge dieser drei Kadragen erscheint wie ein wohlbedachter Rückzoom vom Ausschnitt zur Übersicht, von der Nähe zur Distanz, von der Hektik zur Ruhe. Interessant wie anders doch diese drei Totalen zu denen in Dr. Mabuse dastehen, wo durch die Negierung der Raumtiefe und durch frontale Sicht Zeitgeist vorgeführt wird. Hier entstehen durch konventionelle Gestaltungsprinzipien vitale Bilder, ohne auf weitere Bedeutungsebenen zu verzichten. Doch mit der Kontemplation ist es nun schnell vorbei.

Autonome Kamera und wechselnde Erzählperspektiven

Zurück beim Hotel stehen wir nun vor einem Wechselspiel autonomer Bewegungen und wechselnder Erzählperspektiven, die im Wettstreit um die Aufmerksamkeit des Betrachters zu stehen scheinen und vereint einen soghaften Fluss der Handlung schaffen. Die erste Einstellung gehört zu der Kategorie, die diesen Film für den Begriff »entfesselte Kamera« berühmt macht. Sie beginnt mit dem Blick auf ein geschlossenes Gitter mit einer mannsgroßen Öffnung in der Mitte, dahinter nicht sofort identifizierbar die Drehtür des Hotels. Die Kamera schaut schräg auf diesen Eingang, auch steht sie recht tief, ist wie üblich nicht geneigt und so füllt fast die gesamte untere Hälfte des Bildes der plane Bürgersteig. Licht einer starken, nicht sichtbaren Lichtquelle fällt durch das Gitter auf den Gehweg und lässt ein Muster auf dem Weg entstehen (6). Mit dem Schnitt, und ohne uns wundern zu können, entfernt sich die Kamera sehr rasch rückwärts und leicht holpernd in Richtung der gegenüberliegenden Straßenseite und ermöglicht uns einen totaleren Blick, der nun eindeutig belegt, wir sind vor dem Hotel *Atlantic* (7). Die Feuchtigkeit der Straße reflektiert die Helligkeit des Raums hinter dem Gitter und schafft eine Atmosphäre, an die man sich vielleicht Jahrzehnte später beim Film noir erinnert fühlen wird. Zwei Fußgänger und zwei Autos flüchten aus dem Bild, schon kommt der Schnitt nach gerade einmal neun Sekunden.

Was war das? Mit kontemplativer Ruhe wird von der Hektik der Großstadt erzählt und wie diese mit der fortschreitenden Zeit langsam verebbt und der

Bild 2-6 und 2-7

Feierabend dominiert. Und bei der Präsentation der Ruhe, der Leere reißt der Kamera plötzlich der Geduldsfaden und sie läuft ausgerechnet von dem Ort weg, zu dem uns der nächste Schnitt wieder hinführt. Diese plötzliche Rückfahrt nach den ruhig beobachtenden Einstellungen des Zeitvergehens wirkt wie ein Weckruf, ein Signal. Sicherlich kann man dies auch als Veräußerlichung einer Befindlichkeit des Protagonisten interpretieren, seiner Wünsche, Hoffnungen, die sich hier in einer Flucht zu seinem Heim materialisieren. Für solche Sichtweisen gibt es genügend Beispiele an anderen Stellen des Films. Für mich liegt näher, dass diese Bewegung, diese Einstellung einen formalen, ästhetischen Akzent zu erfüllen hat. Lotte Eisner beschreibt die entfesselte Kamera so: »Murnau hat dank flutender Bewegungen den visuellen Kontrapunkt zu den Regungen einer Seele gefunden.«[270] Und an einer anderen Stelle merkt sie an: »Unter Murnaus einfühlender Leitung wird die ›entfesselte‹ Kamera niemals für rein äußerliche Effekte verwandt. Jede Bewegung hat ein bestimmtes Ziel, selbst wenn wir immer wieder Freude verspüren, die sein Kameramann und er darüber empfindet, dass sie die Kamera aller Fesseln entledigt haben.«[271]

Bei Fritz Lang tragen die ruhigen Momente, die Augenblicke des Retardierens, der Kontemplation keine wichtigen Informationen, sind alltägliche Momente, die den Rhythmus des Films takten. In Der letzte Mann geht es um mehr als bloß Rhythmisierung des Erzählens. Hier geht es zusätzlich um das Erzählen und Lesen zwischen den Zeilen. Immer wieder handelt der Film vom Vergehen der Zeit, von den sichtbaren Unterschieden zwischen Tag und Nacht, von Menschenmassen und von der Einsamkeit, von den

270 Eisner: *Murnau* (1967). S. 240.
271 Eisner (1975). S. 270.

gesellschaftlichen Gegensätzen. Es geht um den Widerspruch von Erzählung und Erzähltem, dem ruhigen Betrachten der Hektik oder dem hektischen Betrachten der Ruhe. Die Konnotation schwillt dadurch an und der mächtige Aufschrei der Kamera bringt uns zurück in die Geschichte und wir werden hineingezogen. Die autonome Bewegung der Kamera schafft einen Doppelpunkt, ein Ausrufezeichen, bevor die Erzählung nach dem Schnitt wieder eine Erzählperspektive einnimmt. Dieses beständige Changieren zwischen den Standpunkten verleiht den Einstellungen eine Dynamik, die diese entfesselten Bewegungen problemlos integrieren kann. So entsteht kein Bruch im Fluss der Erzählung, es macht sie zu einem weiteren optischen Mosaikstein der Mise-en-scène.

Nach gerade einmal 35 Sekunden seit Sequenzanfang betritt der Portier das Bild durch eine große gläserne Schwingtür (8), die derjenigen, die zu seinem neuen Reich – oder sollten wir sagen: Martyrium – führt, zum Verwechseln ähnlich sieht. Gebeugt und jedes Geräusch vermeidend schleicht er an der Wand entlang durch die Dunkelheit, vorbei an einem nächtlich hellen Fenster, vor dem er kurz verweilt, um sich zu orientieren oder uns eine bessere Möglichkeit zur Betrachtung seiner Gestik zu geben (9). Die Kamera schwenkt mit, hält ihn bildmittig. Nach wenigen kurzen Schritten erreicht er eine Ecke, um die er lugt. Die vorausfahrende Kamera zeigt einen Flur, oder besser, blickt an einer Wand entlang, zu der wir den Flur assoziieren müssen, denn die Gegenseite fehlt. Nach etwa drei Metern krönt oben eine kleine, brennende zweiarmige Leuchte das Bild und dahinter erkennen wir gerade noch eine hölzerne Theke, bevor diese von der Vignette verschluckt wird (10).

Der Vignetten widmet Barry Salt ein ganzes Kapitel.[272] Er beschreibt, dass zu einem Zeitpunkt, als in den USA Kaschierungen schon fast verschwunden sind, in Der letzte Mann zum ersten Mal halbtransparente und unregelmäßig geformte Masken verwendet werden. In diesem Schwenk ist dies sehr schön zu sehen, rechts eine verschwommene Schattierung, die die Bildkante unkenntlich macht, links ein weicher Schleier, der das Bild dahinter unscharf verschwinden lässt. Die Abdeckungen sind fest am Kompendium befestigt und machen jede Kamerabewegung mit. Der schwere Schatten auf der rechten Seite soll nicht nur schönen, sondern auch die Unstimmigkeiten des Motivs verbergen. So verhindert am Ende der Einstellung die Vignette rechts den Blick auf die fehlende Wand. Die linke ist vielleicht nur der für notwen-

272 Vgl. Salt (1983). S. 193.

Bild 2-8 bis 2-15

dig erachtete Gegenpol zur rechten Schattierung. Sie kann auch transparent bleiben, weil hier die Dekoration durch den Schwenk von links nach rechts bekannt ist. Diese Vignetten werden uns in dieser Szene noch manchen Blick verbauen und damit verbergen, dass sich dieses Hotel seit dem Morgen mächtig verändert hat. Aber ich will nicht vorgreifen.

Der Portier schaut um die Ecke, die Helligkeit der Seitenwand wirkt durch die Wandleuchte logisch, ebenso die helle Kante, die auf die kauernde Figur fällt. Er schleicht weiter, verlässt die schützende, konturlose Dunkelheit und steht schon fast unter der Lampe als der Schnitt verhindert, dass sein Schatten mit jedem Schritt unlogischer wird und ebenso die Kante.

Ein Blick, sein Blick ins Dunkel. Fast die gesamte rechte Bildhälfte erscheint durch eine Vignette nahezu schwarz, nur eine leichte Wandstruktur bleibt zu erahnen. Obwohl in der Bildmitte hell eine Wandleuchte strahlt, die nur wenige Zentimeter der Umgebung aufhellt, bleibt der Rest der dunklen Halle trübe. Schemenhaft erkennt man links ein großes Fenster (11). Nur mühsam hebt sich eine schmächtige, auf uns zuschlurfende Figur mit Uniformmütze vom Hintergrund ab. Dominiert wird sie von einer vor dem Bauch baumelnden Lampe, die, wenn ihr Licht die Optik trifft, sich kurz zu einem blendenden Kreis aufbläht. Noch bevor die Person die Kamera erreichen kann, kommt der Schnitt zurück in die vorherige Einstellung. Mit vier schnellen Schritten verschwindet der Portier wieder hinter der rettenden Ecke (12). Dadurch, dass das Kommen des Wachmanns aus der Perspektive des Portiers erzählt wird, wundert sich niemand, dass der Portier und wir mit ihm zwar den Wachmann in der dunklen Halle sehen können, dieser aber offensichtlich nicht den Portier, obwohl der im hellen Gang steht. Das ist der Vorteil einer eindeutigen Erzählperspektive, wir nehmen uns nicht der Probleme des Gegenübers an, wie wir es schneller bei einer objektiven Erzählung tun würden.

Dann ein verwirrender Schnitt: ein Gang, der am Ende nach rechts wegknickt (13). Er irritiert, weil mit dieser Halbtotalen die Erzählperspektive verändert wird. Bis zu diesem Schnitt standen wir eindeutig aufseiten des Protagonisten, wir sahen ihn oder was er sah. Also deuten wir dieses Bild ebenfalls als einen subjektiven Blick des Portiers, dem ist aber nicht so. Bei längerer Betrachtung, die wir aber beim Filmeschauen nicht haben, erahnen wir, dass die brennende Lampe diejenige ist, unter der eben noch der Portier stand. Die Kamera ist also dorthin gesprungen, wohin der Portier schaute, und blickt nun um 180° gedreht auf die Ecke, hinter der wir ihn vermuten. Heute würde man vielleicht noch einen Rockzipfel verschwinden sehen oder einen Schatten. Hier bleibt uns nichts als die eigene Orientierung und die hat es schwer, und so müssen wir der Bildsprache klaglos vertrauen, sehen keinen Grund, diesen Blick als eine Subjektive des Nachtwächters zu interpretieren, die er sein soll. Denn plötzlich taucht rechts in der Kadrage der Lichtkegel einer Handlampe auf, tastet die Wand ab, durchdringt die Dunkelheit der linken Seite. Der Lichtkegel erzählt den näherkommenden Wachmann, auch wenn die Wanderung dieses Kegels so kaum möglich ist. Der Perspektivwechsel verhindert jede logische Erforschung. Wir akzeptieren das Gesehene und somit funktioniert der Effekt bar jeder Raumlogik. »So wie man damals den ›Raum für das Bild‹ erst entdecken mußte, den ›Raum als dramaturgisches Moment‹ – wie Murnau gern zu sagen pflegte.«[273]

Dann ein Umschnitt, der uns Orientierung gibt: Wir stehen wieder hinter dem Portier und schauen mit ihm in den bekannten Gang. Aber die Kamera hat nun auch quasi Schutz gesucht vor den Blicken des Wachmanns, und da der Portier sein Gesicht in der Tapete vergräbt und nichts sieht, sehen auch wir nichts, weil die Kamera entsprechend postiert ist. Geblieben ist nur der Lichtkegel, der uns kurz den Eingang zum Büro mit dem darin verborgenen Mantel anstrahlt und sich dann langsam hinter der Ecke zurückzieht (14). Nun wieder mutiger löst sich der Portier aus dem Versteck und steuert Richtung Büro, das wir nur ahnen.

Bleiben wir aber noch einen Augenblick im Versteck an der Ecke. Wie hier erzählt wird, ist eine auch heute noch beliebte Möglichkeit: Der Protagonist sieht nichts, also sehen wir als Zuschauer auch nichts; oder: Der Protagonist kann durch verdeckende Gegenstände oder eine zu große Entfernung das Geschehen nicht richtig verfolgen, so wird es auch dem Zuschauer durch die Kameraarbeit schwer gemacht, die Aktion oder ein Objekt zu erkennen. Dies beschränkt sich nicht auf ausgewiesene subjektive Einstellungen, sondern eine irritierende Darstellung allein hilft, wie wir hier sehen können, diese auf den Protagonisten zu übertragen. Diese Art der Veräußerlichung geht sogar so weit, dass auch der Protagonist oft nicht gut zu erkennen ist, leicht verdeckt durch die Objekte, die ihm die freie Sicht nehmen. Hier hätten wir gerne genauer den Wachmann gesehen, wo ist er, was macht er, aber wir bekommen ihn nicht zu sehen, weil es uns wie unserem Portier ergeht.

Diese Art der Subjektivität wird mit dem nächsten Schnitt wieder verlassen: Die allwissende Kamera springt schon vor der Hauptfigur ins Büro und schaut durch die Glastür auf den sich anschleichenden Portier (15). Damit verkürzt man den Weg des Portiers, muss von außen diesen Eingang nicht

273 Herlth (1965b). S. 51.

zeigen und schafft zudem noch Spannung, weil der Darsteller ins Dunkle gehen muss, in dem wir schon stehen, ohne aber vom Inneren etwas erkennen zu können: Was erwartet ihn also dort? So schuf auch zuvor das Nicht-Zeigen des Wachmanns Spannung, weil wir ihn nicht orten konnten und er somit von überall auftauchen kann. Ein weiterer, mitentscheidender Punkt dieser Erzählweise erfordert, dass das Motiv und die raumunlogischen Blicke kaschiert werden müssen.

Überwältigend ist die Souveränität, mit der hier auf allen Ebenen erzählt wird. Beständig wechselt nicht nur der physische Standpunkt der Kamera im Raum und wiederholt sich fast nie, auch ihr erzählerischer Standpunkt springt von objektiv zu subjektiv, das Bild verfolgt oder jagt davon, geht in Deckung oder zeigt den Zusammenhang. Alles schafft Bewegung, Schauspiel und Kadrage, selbst das Licht. So tänzelt der Lichtkegel der Nachtwächterlampe mit den schwerfälligen Schritten des Portiers. Aber wenn es um Spannung geht, erstarrt die Kamera, konzentriert sich auf das Geschehen, die Erzählung und verliert ihre eigene Stimme, bleibt in beobachtender Distanz mit nicht geneigter Optik.

Noch etwas fällt auf: Eine solche Erzählweise kann nicht als Szene geprobt werden. Eine Stellprobe ist nur möglich an einem stimmigen Ort, es gibt keinen möglichen Weg für den Wächter, um den Lichtkegel so zu platzieren, damit der Portier ihn sehen könnte, wenn er wollte. Hier gibt es keinen *Master-shot*, in den einzelne Einstellungen integrierbar sind. Jede Kadrage muss einzeln bestimmt und zusammenhangslos inszeniert werden. Das erfordert eine weitaus genauere Planung als bei der *Master-shot*-Technik, da man nichts, Blickwinkel und besonders Timing, quasi live testen kann. Alles muss im Kopf geplant werden, dafür ermöglicht dieses Den-Film-schon-im-Kopf-haben, das Motiv optimal auf das Bild und die Situation abzustimmen, wie wir gleich sehen werden.

Wandlungsfähigkeit und Wanderungen des Motivs

Das Büro ist uns wohlvertraut, hier erhielt der Portier sein Versetzungsschreiben, hier brach er zusammen, wurde ihm der Mantel abgenommen und hier stahl er den Schlüssel zum Kleiderschrank, der ihm nun helfen soll, diesen Mantel wiederzubekommen, um ohne ihn auf der Hochzeit nicht blamiert zu werden, und schließlich wurde der Nicht-mehr-Portier aus diesem Büro herausgeführt, um für den neuen Arbeitsplatz eingekleidet zu werden. Wenn das Motiv selbst Darsteller ist, wird es überaus wandlungsfähig und kann sich spielerisch auf die Anforderungen der Bilderzählung einstellen. Am Morgen stand dieser Eingang zum Büro noch im Foyer (16), schaute man heraus, sah man entweder auf die große Treppe (17) oder, wenn man sie nicht brauchte, auf eine Fensterwand (18). Verlässt dann aber in jener Tag-Szene die Concierge, nachdem sie den Mantel weggeschlossen hat, mit dem Portier das Büro – es gibt sichtbar nur diese eine Tür –, dann landen die beiden genau in dem Flur, in dem sich der Portier vor dem Nachtwächter versteckte (19), selbst die Leuchte ist noch da und schwebt über dem Kopf der Concierge. Das Motiv wirkt am Tag nur etwas üppiger, hat zwei Theken mit Garderoben, oder genauer, in der Nacht ist durch die Vignette nur eine zu sehen. Auch scheint der Gang an der Ecke tagsüber deutlich breiter. Und wenn der Portier mit dem erbeuteten Mantel flüchtet, liegt das Büro neben der Rezeption, der aber die Drehtür fehlt.

Die Dekoration soll den Dreherfordernissen nachkommen, das ist auch heute so. Dafür gibt es Sprungwände, herausnehmbare, die Statik nicht gefährdende Wandelemente, die Platz für die Kamera schaffen. Doch Umgestaltungen in dieser selten gesehenen Ungezwungenheit, um das Motiv den drehtechnischen oder dramaturgischen Notwendigkeiten anzupassen, erstaunt.

Bild 2-16 bis 2-19

> Denn oft ergab sich durch Inszenierung und Beleuchtung ein ganz anderes Bild, und dann wurde ohne Zaudern umgebaut. Das wurde aber von ihm [Murnau] aus nicht etwa als Fehler des Architekten vermerkt, sondern mit fast schadenfroher Ironie apostrophiert. Wie denn überhaupt zwischen ihm und seinen Mitarbeitern immer eine Stimmung war wie unter Jungens, die etwas abkarten oder anstellen und sich spitzbübisch schon auf die Wirkung der Betroffenen freuen.[274]

Dieser Mut, für ein interessanteres Bild oder die Inszenierung die Dekoration so stark zu verändern, fehlt meistens. Vielleicht liegt es auch daran, dass kaum Zeit bleibt, die anstehenden Auseinandersetzungen mit dem Team auszutragen, denn jeder wird Bedenken anmelden. Aber der Blick auf die Treppe für das Kommen der Concierge ist nicht nur das bessere Bild, es verleiht ihr auch einen anderen Status, wenn sie die breite Treppe herunterschreitet statt nur von einer Garderobe zu kommen. Das sehr mobile Büro wird abhängig von den dramaturgischen Notwendigkeiten platziert. Die Rezeption ist noch wandlungsfähiger, ist mal links, mal rechts der Drehtür und in der Nacht halt im Gang, da wo sie gebraucht wird. Beim Mabuse-Film sehnten wir uns nach räumlicher Orientierung, hier bekommen wir sie, aber sie ist meist falsch, ohne bemerkt zu werden oder zu stören.

Die von der Erzählperspektive entfesselte Kamera

Aber kehren wir wieder zurück in unseren nächtlichen Flur. Wir sind in derselben Einstellung wie zuvor, in der der Portier startete, um ins Büro zu enteilen (14). Nun kommt der Wachmann uns mit seiner Lampe entgegen, vorbei an der schlecht zu erkennenden Glastür zum Büro (20), hinter der der Portier seinen Mantel zu stehlen sucht. Hatte die identische Kadrage vor dem Schnitt ins Büro noch eine eindeutige Erzählperspektive, weil wir mit dem Portier in den Gang starrten, verliert sie mit dem abermaligen Auftauchen nun mühelos diese Sicht, wird quasi objektiv: Der Wachmann schlurft näher, bleibt an der bekannten Ecke stehen, wendet sich uns zu und kann nun gutgläubig seine Pfeife anzünden. Sein Hinterkopf fängt noch eine leichte Kante, die von der Wandlampe kommen soll und ihn hier besser vom Hintergrund abhebt. Das Streichholz flammt auf und leicht ruckelig wird dieses Licht durch einen Spot verstärkt, der den Wachmann frontal anleuchtet, wodurch

274 Herlth (1979). S. 87.

Bild 2-20 bis 2-23

wir ihn gut erkennen können (21). Er wird im weiteren Verlauf noch entscheidende Aufgaben lösen und stellt die einzige sympathische, das heißt uneigennützige Figur im Film dar und wird zum Helfer des Portiers.

Mit der nächsten Einstellung springt die Kamera nun am Wachmann vorbei und schaut direkt auf die dunkle Holzverkleidung (22). Nun erkennen wir im Dunkeln die Glastür des Büros. Bei genauerer Betrachtung wirkt der Gang nun breiter, weil die Kamera da steht, wo eigentlich die gegenüberliegende Wand sein müsste. Der Portier tritt aus dem Büro heraus, macht zwei Schritte nach vorne, schaut gebückt in alle Richtungen, den ersehnten Mantel unter den Arm gepresst. Ein großer, weiterer Schritt bringt ihn an den linken Bildrand, was die Kamera nicht nur zu einer Schwenkkorrektur nutzt, sondern auch als Startschuss zu einer Fahrt auf den Portier zu, die ihn schnell in seiner Laufrichtung überholt und durch einen flinken autonomen Linksschwenk viel Raum zeigt und eine Theke: die Rezeption. Zwei gegeneinander gelehnte Pagen werden vor einer Wand mit den Zimmerschlüsseln ins Bild gefahren, die sich schlafend stützen, und noch bevor die Kamera schwungvoll zum Stand kommt, schwenkt sie im Mittelgrund an dem gebogenen Tresen noch einen schlafenden Rezeptionisten und zwei weitere Lampen ins Bild (23). Durch punktuelle Helligkeit bleibt nichts verborgen, und als ein schwarzer Schatten durch dieses Stillleben huscht, ahnen wir, dass dies nur der Portier sein kann.

Wieder eine autonome Kamerabewegung, nur die Grundsituation – ein Diebstahl – schafft eine andere Anspannung als im Beispiel zuvor vor dem Hotel. Diesmal greift das Bild die Erzählperspektive auf, macht aus uns beobachtenden Zuschauern aktiv Suchende. Aus der objektiven Sicht auf den Portier entsteht durch die Fahrt seine Subjektive, die sich mit dem Durchhuschen seines Schattens jäh wieder objektiviert. So wird der beständige Wechsel der erzählerischen Ebenen in dieser einen Einstellung auf die Spitze getrieben. Einfacher hätte man die Situation durch einen simplen Schuss-Gegenschuss lösen können: Der Portier schleicht sich vorbei – die Angestellten schlafen – einer droht aufzuwachen usw. Doch durch diese Fahrt erhält die Einstellung nicht nur eine viel größere Dynamik und zieht uns Zuschauer hinein, sie suggeriert durch die schnelle, autonome Bewegung Gefahr und stellt uns Betrachter vor den Portier. Durch den Suspense erhalten wir eine Information zeitlich vor dem Protagonisten, die die Spannung steigen lässt. Auch wenn dieser Vorsprung nur wenige Sekunden hält, schmiedet er einen anderen Pakt, als es ein Schnittwechsel zwischen Portier und seiner Subjektiven hätte leisten können. Die Erzählperspektive wird zu der des Zuschauers und zwingt uns zum Antizipieren dieses Blicks und so werden wir zum Komplizen des Diebs.

Man will mit Bildern und in diesem Film auch besonders mit Kamerabewegungen erzählen.[275] Murnau und Freund sind großartige Autoren, denen die Story nicht reicht, die mit einer immer wieder variierenden Bildsprache begeistern, die uns aus unterschiedlichen Perspektiven am Geschehen teilnehmen lassen, die uns ihre eigene Version der Geschichte mitteilen wollen. Sie schaffen das Erstaunliche, dass diese beständigen Wechsel zwischen dramaturgischer Mise-en-scène und experimenteller Bildfindung, zwischen Erzählperspektive und objektiver Beobachtung den Film nicht zerreißen, sondern im Gegenteil die unterschiedlichen Elemente besser integrieren lassen. Dies schafft ein Erzähltempo, bei dem selbst die rasantesten Kamerabewegungen Mühe haben, Schritt zu halten. Und so bilden diese formalen Elemente ein Pendant zu den am Anfang angesprochenen inhaltlichen und erzählerischen Gegensätzen von Eleganz und Ärmlichkeit, von Ruhe und Hektik oder von Macht und Ohnmacht.

275 Viele Autoren haben sich mit den Kamerabewegungen in Der letzte Mann beschäftigt. Vgl. Bade (2006): Murnau's The Last Laugh and Hitchcock's Subjective Camera. U.a. S. 258.

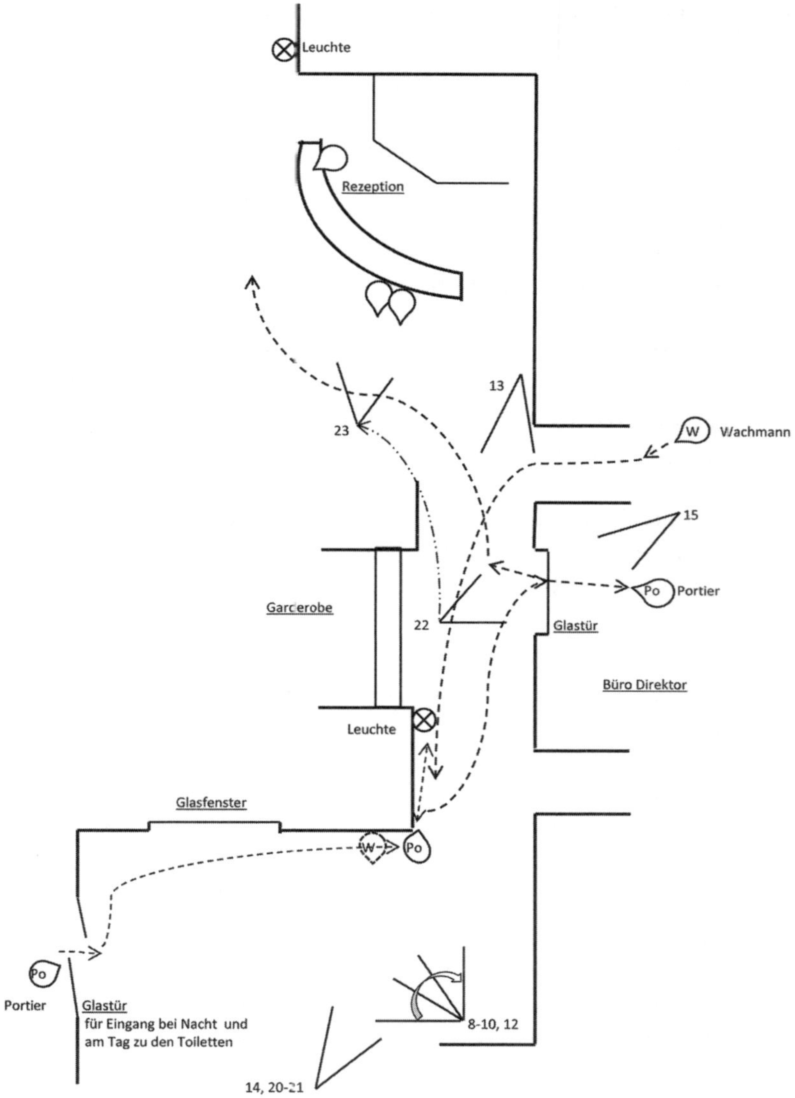

Nummerierung entspricht den Abbildungen.
Abbildung 11 (Blick in die Halle) ist im Grundrissplan nicht eingezeichnet, da sie nicht zu diesem Set gehört.

[nicht maßstabgerecht]

Bildwirkung durch Tricks und Vorführgeschwindigkeit

Zwei Minuten und 51 Sekunden nachdem wir die Außenansicht des Hotels verlassen haben, stehen wir wieder davor. Die Einstellung ist neu, die Perspektive vertraut (24). Die Kamera steht unter Augenhöhe und schaut wieder leicht schräg von links auf den hell erleuchteten Eingang des Hotels. Auf dem Weg verläuft leicht diagonal ein Lichtstreifen Richtung Eingang, ohne die Wand, die rechts ein gutes Viertel vom Hintergrund abdeckt, voll zu treffen. Die Szenerie scheint wie ausgestorben, in der Ferne zwei Komparsen, am Ende auch ein Auto. Aus dem Eingang stürzt der Portier mit einer Geschwindigkeit auf die Kamera zu, die alle Gebrechlichkeit bis zu diesem Zeitpunkt als Fake erscheinen lässt. Er schafft es bis zur Mauer, muss sich an sie lehnen, die Kamera korrigiert, hat fast nur noch diese Wand als Hintergrund und löst ihn somit vom Umfeld. Es liegt natürlich nicht am Spiel, sondern an der Bildfrequenz der Aufnahme, dass dieser alte, gebrechliche Mann mit affenartiger Geschwindigkeit auf uns zurasen kann. Denn der sportliche Emil Jannings schafft dieses Tempo nur, weil der Film langsamer als mit 16 B/s aufgenommen wurde, wie man auch an der abgehackt flatterigen Schattenkontur auf dem Gehsteig sehen kann.

Der künstliche Wind bläst dem Portier mächtig und symbolisch entgegen und besonders nach dem Ransprung in eine Amerikanische droht sein Bart davonzufliegen und es bringt ihn fast um seine Standfestigkeit, als er einen scheuen Blick zurück Richtung Hotel riskiert (25). Doch sehen wir im Umschnitt nicht das Hotel, sondern nehmen Teil an einer weiteren Vision, einer Angstpsychose des Portiers. Die Kamera springt hinter ihn, unten sein hell erleuchteter Hinterkopf mit der perückenhaften Frisur und auf dem verbleibenden linken Teil, wo das Hotel sein müsste, sehen wir mit ihm Abstraktionen von sich langsam verzerrenden geometrischen Formen, die eine verdrehende Hausfassade darstellen könnten, bei der nur sicher ist, dass sie auf unseren Portier zu stürzen droht (1). Auch hier wird die Erzählung nicht mit einem Schuss-Gegenschuss gelöst, sondern wir sind diejenigen, die dies erleben, und der Portier als Initiator erscheint nur klein unten im Bild wie ein Auftraggeber mittelalterlicher Heiligenbilder. Er kann noch wie zum Schutz den rechten Arm erheben, dann schneidet die Kamera nach nur drei Sekunden in die ganzfigürliche Einstellung am Ende nach seinem Spurt. Der Portier wendet sich nun ab und auch die Kamera weicht schreckhaft aus, bis nur noch die Wand das Bild ausfüllt, in die sich der Portier gebückt hineinzudrehen scheint (26). Dann das alte Spiel, wieder Schnitt an ihn heran, er riskiert einen zweiten Blick (27), das Hotel ist noch da (28), und nach abermaligem Rückschnitt nimmt er sich zusammen und zieht den Mantel an. Mit einer abschließenden Totale verlassen er und wir das Motiv (29).

Diese kleine Szene, dieses Bindeglied zwischen der feudalen Welt des Hotels und dem nun kommenden kleinbürgerlichen Ambiente nutzt der Film und besonders Emil Jannings, um die ganze Zerrissenheit dieses Portiers darzustellen. So wird er losgelöst vom Umfeld und schwebt nun für einige Einstellungen zwischen seinen beiden Welten, herausgehoben durch einen Spot. Und so wenig er der ersten Welt angehört, so wenig kann er ihr entfliehen, das verdeutlicht übermächtig diese Mauer, da müsste das Uni-

Bild 2-24 bis 2-29

versum schon über ihm zusammenbrechen. Er ist ein Gefangener dieser Antipoden. »Hier tritt das technische Moment vollkommen hinter dem der Stimmung zurück und es bleibt die reine, künstlerische Leistung.«[276] So sieht es Karl Freund.

Vielleicht bezeugt gerade die Reduktion kinematografischer Auffälligkeiten wie Kamerabewegungen die Wichtigkeit dieser Szene: Etablierende Totale, wiederholter Sprung in der Achse nach vorne und wieder zurück und im Zentrum die Darstellung der Angst. »Man sah bisher nie eine Szene, die so durch Bildwirkung dramatisch verstärkt war! Und das allein ist es, was Murnau dem Film gegeben hat: die unbeirrte Forderung nach optischer Eindringlichkeit.«[277]

Visionen, Rückblenden haben bei MABUSE die Funktion einer Information, einer Erklärung, und die gibt es auch bei Murnau – wie beim Hochzeitsmarsch –, aber hier oder bei der »trunkenen« Kamera geht es um die Sichtbarmachung innerer Vorgänge, die auch Lang sucht und deren Darstellung uns beim Kapitel *Autonome Kamerabewegungen* und bei METROPOLIS noch beschäftigen wird.

Schuss-Gegenschuss und andere Schnitte

Die nächste Einstellung führt uns nun wieder in die private Situation des Portiers, vom überdimensionierten Entree des Hotels zum popeligen Eingang zur Welt des Portiers – und diese stimmt wohl mit den Lebensumständen der allermeisten Zuschauer überein (30). Noch trauriger, noch armseliger lassen die schmückenden Girlanden die schlichte Tür und den rohen Putz erscheinen. Nach zwei langen Sekunden der Besinnung stürzt die Nichte heraus. Eine dichte Qualm-Wolke im Gefolge verlässt sie jubelnd, den Onkel wohl sehend, nach rechts das Bild. Die Kamera verweilt noch einen Augenblick in der Kadrage, bleibt mit dem Blick im verrauchten Gang, durch den sich nun Tante[278] und Bräutigam der Kamera nähern (31).

Als Gegenschuss ein Blick die Treppe hinunter. Der Schlagschatten des gebeutelten Portiers schleppt sich zäh eine Wand hoch (32). Doch wenn die Person folgt, wird nur eine Mütze sichtbar, zu sehr ist sie nach unten gebeugt.

276 Kossowsky (1925d).

277 Herlth (1979). S. 97.

278 Tante des Bräutigams: Diese verwandtschaftliche Zuordnung kann nicht aus dem Film abgelesen werden, sondern stammt von www.filmportal.de.

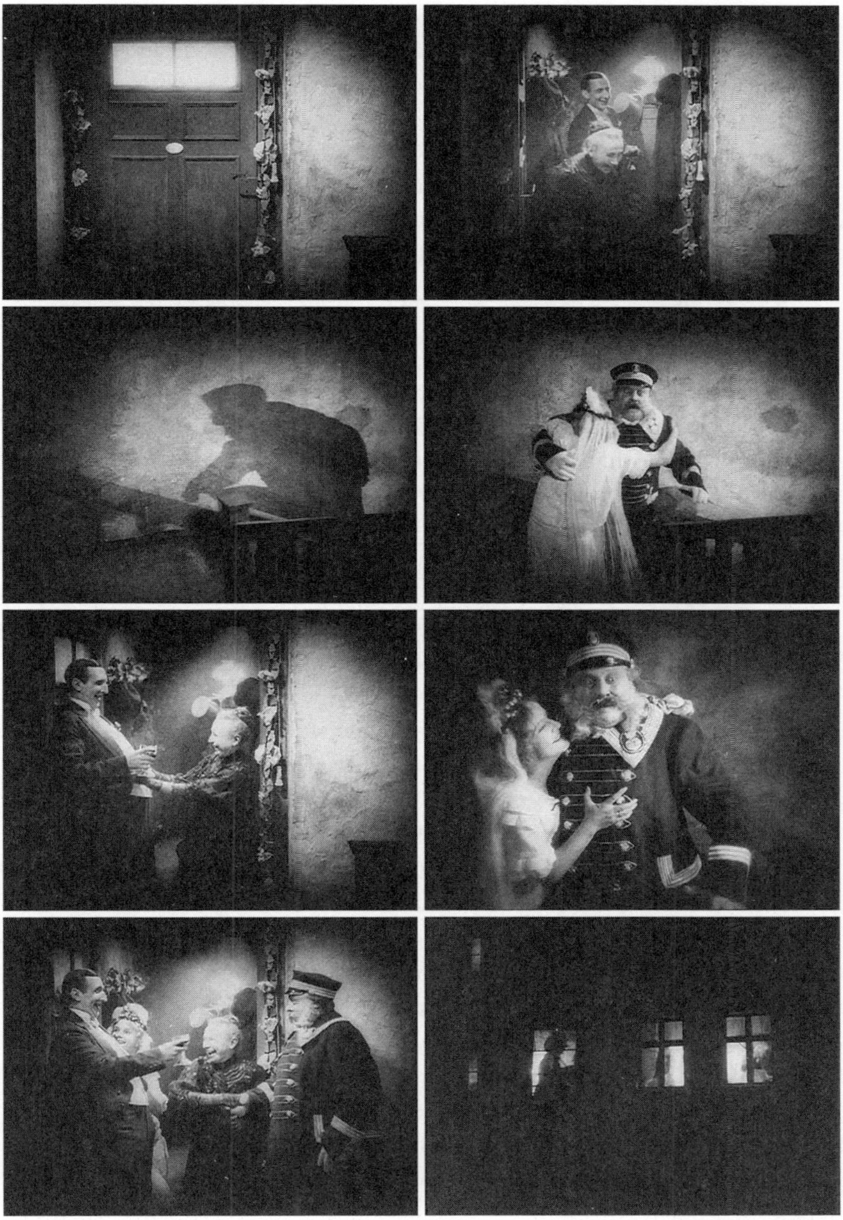

Bild 2-30 bis 2-37

Beim Versuch, sich auf dem Treppenabsatz zu strecken, springt dem Alten seine Nichte ausgelassen entgegen (33). Auch in der Tür herrscht Freude und die Tante macht ihren schon stark alkoholisierten Neffen noch etwas stattlicher (34). Die Kamera kehrt zurück zu Portier und Nichte, zur Steigerung der Emotion nun näher, er hat sich gefangen (35). Die Kamera schaut weiter von oben, wechselt die Erzählperspektive nicht, um so logisch auf den Portier herabschauen zu können. Schnitt zurück in die Zweier an der Tür, Portier und Nichte kommen dazu (36), Begrüßungsgeplänkel und noch bevor alle in der Wohnung verschwinden können, stehen wir für sieben Sekunden wieder im Hof und schauen hoch zu den drei Wohnungsfenstern mit den Schatten der tanzenden Gäste (37).

Cut-aways sind ein beständiges Element dieses Films. Mal zeigen sie als Vision die Hochzeit oder besser die Bedrohung für den Portier, dort ohne Mantel aufzutauchen. Ein anderes Mal unterbrechen hausarbeitende Frauen die Bemühungen des Alten, seinen Kater nach dem Fest zu überwinden. Oder Zwischenschnitte kontrastieren als überschwängliches Essen im Restaurant das karge Mahl im Waschraum. Oft transportieren sie eine Aussage, einen Kommentar, aber hier, so scheint mir, soll nur reicher, opulenter, rhythmischer erzählt werden. Die Sicht ist vertraut, die Einstellung neu. Selten haben wiederkehrenden Blicke die identische Kadrage, sondern sind leicht variiert zur vorherigen Sicht. In anderen Filmen wird gerne dasselbe Bild noch einmal eingeschnitten, vor allem wenn es aufwendig gedreht wurde oder besonders gelungen scheint. So könnte man die Totale oder das Fenster vom Anfang unserer Sequenz nehmen, aber das Bekannte immer wieder von neuen, unterschiedlichen Standpunkten aus zu erzählen, gehört zur Handschrift dieses Films. Dieses Konzept entsteht nicht erst am Schneidetisch, sondern resultiert aus einer grundsätzlichen Entscheidung, in diesem Stil erzählen zu wollen. Das muss man sich nicht nur ausdenken, es muss auch finanziert werden, denn die Standpunkte zu wechseln ist deutlich kostspieliger, als immer dieselbe Einstellung einzuschneiden. Dieses Anders-erzählen-Wollen scheint mir die Begründung, warum nach außen geschnitten wurde. Ein Zwischenschnitt, der konventionell »Zeit vergeht« erzählt, ermöglicht danach beliebig fortzufahren. Aber wenn wir wieder nach innen springen, ist nichts passiert, die erzählte Zeit wirkt im Gegenteil kürzer als die Filmzeit. Die Girlanden im Hintergrund zeigen, dass es die Kamera gerade mal einen Meter in den Gang geschafft hat. Dass ganz banal der Bewegungsanschluss zwischen den beiden Einstellungen nicht stimmt und man einen Zwischenschnitt braucht, dagegen spricht, dass die Außeneinstellung neu kadriert wurde.

Der Portier tritt in eine Nah-Einstellung, einer Art *Over-shoulder* seiner Nichte (38), die seine Kleidung korrigiert, bevor er an ihr vorbei durch eine weitere Tür geht. Es folgt die Tante und die Nichte wartet auf ihren Gatten, von dem sie sich umarmend ins Zimmer führen lässt. Die Kamera steht in der Wand, zeigt die Personen groß, auch um die Aufnahmeschwierigkeiten im engen Flur zu verheimlichen. Man kann das auch umdrehen, dass nämlich diese Schwierigkeiten die Authentizität des Motivs behaupten. Die Tür schließt sich und wir bleiben davor, korrigiert wird leicht der Ausschnitt (39), und warten. Für lange sieben Sekunden haben wir die Möglichkeit, das Schattenspiel der Gäste auf den Scheiben der Tür zu genießen, wie zuvor bei der Sicht auf die Fenster im Hof.

Auf der Treppe eilte der Schatten dem Portier voraus, machte aufmerksam auf die gebeugte Figur (32). Hier auf der Tür, ebenso wie auf den Fenstern zum Hof, schließt uns das Schattenspiel aus, zeigt uns nur eine Abstraktion, soll neugierig machen und ein nicht so faszinierendes Fest substituieren. Diese Distanzen stehen im ständigen Wechsel mit dem Hineingezogen-Werden, den subjektivierenden Erzählperspektiven, den Visionen. Wenn die Kamera endlich im Wohnzimmer landet, gibt es gerade einmal zwei Konstellationen, bevor eine Abblende die Feier beendet.

Der Reihe nach: Im nächsten Raum, von dem wir nur eine Wand zu sehen bekommen, beginnt es mit einer sehr kompakten Einstellung von acht mehr oder weniger begeistert singenden Gästen und einer Schulter, präzise gestaffelt, oder besser: dicht gedrängt in der Kadrage (40). Doch oben rechts kann sich noch etwas Gezacktes ins Bild zwängen, das sich nach mehreren Schnitten als Lampe entpuppen wird. Sonst ist das Bild übervoll, nur Rauch passt noch rein. Es wirkt wie ein ironischer Kommentar zur Kleinbürger-Hochzeit, wie eine Collage, bei der die einzelnen Personen ausgeschnitten und dann sorgsam dahin geklebt werden, wo noch Platz bleibt. Vertraut ist uns nur der Bräutigam, der die Anderen ein wenig überragt. Nach vier Sekunden der Schnitt in eine fast Große-Einstellung unseres Portiers – die einzige in dieser Sequenz –, dem dieses Ständchen gilt, mit melancholischem Blick, deshalb wohl leicht über Augenhöhe fotografiert (41). Er grüßt noch in voller Montur militärisch jovial und sofort wird – diesmal in dieselbe Einstellung – zurückgeschnitten (42). Das Lied ist zu Ende und alle reißen die Gläser prostend hoch. Zurück auf den Portier, jetzt leicht unter Augenhöhe und nicht mehr so groß, nah, umringt von Gästen, zufrieden (43). Auch diese Einstellung hält nur zwei Sekunden, die Kamera springt abermals zurück, fast amerikanisch und satirisch tief und von der zerfetzten Lampe gekrönt bleibt der Portier beim Grüßen, die Gäste beim Prosten (44). Dann ein letz-

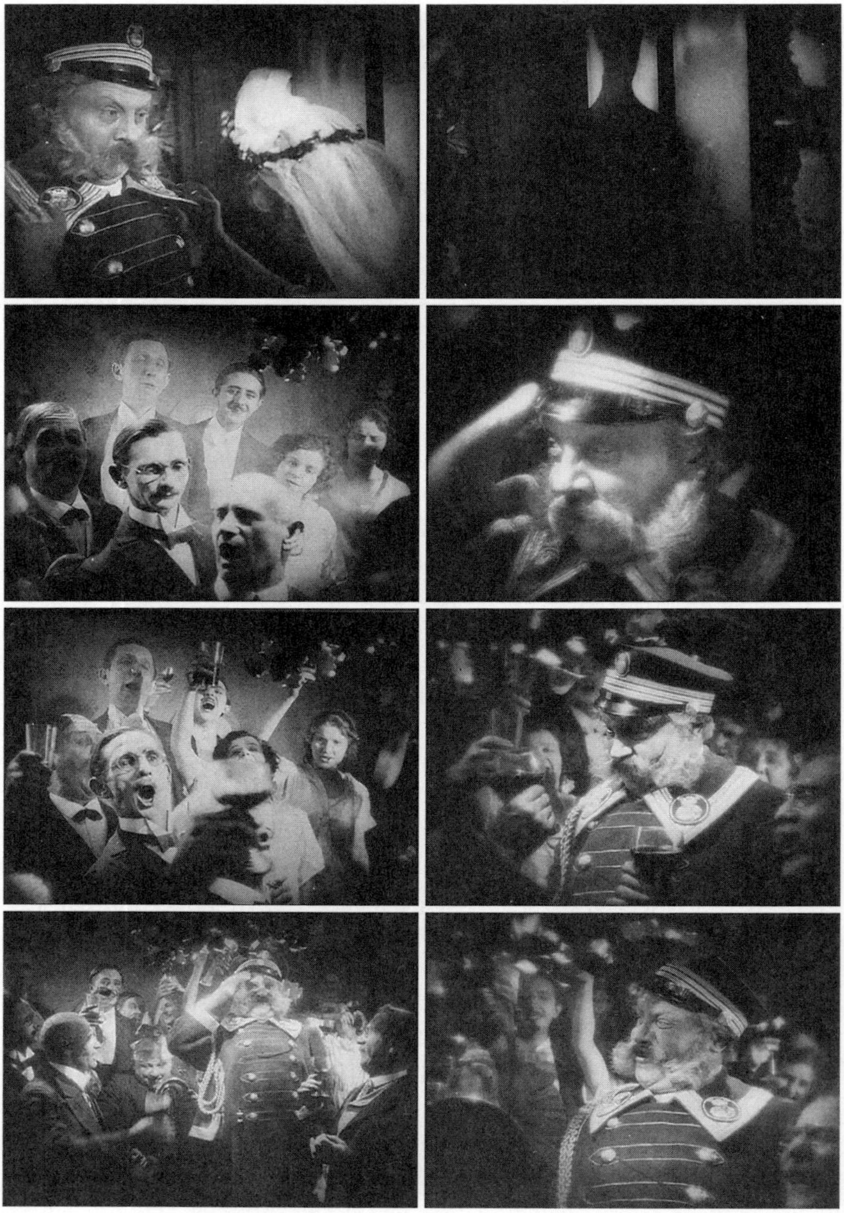

Bild 2-38 bis 2-45

ter Schnitt zurück in die vorherige Kadrage, er genießt die Situation und streicht genüsslich seinen Bart glatt (45).

Aus Dr. Mabuse kennen wir die sachlich distanzierte Bestandsaufnahme der Ereignisse, die Darsteller spielen kritische Anmerkungen, Übersteigerungen, Absurditäten. Hier übernimmt dies die Kamera, die Kadrage, die Kamerabewegung von subtil bis zu denunzierend direkt. Wie verwunderlich, weil ungewöhnlich, springt der Schnitt in die Aufsicht auf den Klavierspieler im *Folies Bergères* ins Auge (1-13), obwohl logisch begründet. Hier im Treppenhaus fließt die Bilderfolge dahin beim Blick auf den Portier von oben, auch weil diese Aufsicht mehr zum Ausdruckt bringt als die Logik des Blicks der Tante: die Mühen des Alten, nicht nur mit der Treppe, sondern auch mit seiner Lebenssituation. Die Kadragen bei Der letzte Mann wirken weniger vordergründig, undurchsichtiger, vieldeutiger, aber auch manipulativer. Sie entfalten einen Sog, auch ästhetische Gefälligkeit, die der Nüchternheit der Mabuse-Bilder fehlt. Aber Geduld – es ist kaum anzunehmen, dass nach den ersten beiden Filmen die Antipoden der Bildarbeit bereits abgesteckt sind.

Das authentische Licht

Kein Millimeter der Kadrage wird verschenkt, kein Möbelstück oder Requisit würde hineinpassen, kein Hintergrund oder Vorsprung bereichert das Bild und ihr Fehlen dokumentiert die Enge der Wohnverhältnisse. Nur die Darsteller sind zu sehen – und ein kleines Gebilde am oberen Rand, eine Zimmerleuchte. Sie fehlt in keiner dieser Einstellungen und verantwortet in den beiden letzten die Schattenstruktur auf des Portiers Gesicht. Dieser Schatten-Effekt setzt sich sogar in der folgenden Sequenz fort, nachdem die Gäste gegangen sind, auch dann bleibt die Leuchte immer präsent im Bild (46). Diese Leidenschaft von Kameraleuten, wenn eben möglich, praktische Lichtquellen ins Bild zu nehmen, hat sich bis heute gehalten, hebt deren Abbildung doch den Kontrast und lässt für viele das Bild dadurch attraktiver erscheinen. Aber eine solche Penetranz wie hier wird man selten finden.

Was hat es also mit dieser so umsorgten und sehr speziellen Lichtquelle auf sich? Ich vermute Karl Freunds Engagement hinter dieser Lampe. Schon das für dieses Milieu ungewöhnliche Design lässt erahnen, dass es um mehr geht, nämlich darum, eine Deko-Leuchte so zu präparieren, dass sie als Filmlicht genutzt werden kann. Mit diesem luftigen Gebilde mit vielen Ecken und kleinen reflektierenden Flächen – eher an einen science-fictionhaften Adventskranz erinnernd – wird der Schauspieler direkt beleuchtet und damit

Bild 2-46 und 2-47

die sonst übliche Differenz der Strahlungsrichtungen zwischen Deko-Leuchte und Filmscheinwerfer eliminiert: die ultimative Lösung der logischen Lichtführung. Herlth gibt ein Beispiel:

> Aber selbst das Einfachste wurde durch seine [Freunds] Forderung oft zum Problem: So hatte ich für den LETZTEN MANN den Entwurf eines Zimmers gemacht, in dem über dem Sofa eine Gaslampe brennt. Raum und Möbel waren schnell erstellt. Aber die Lampe machte uns Sorgen. An dieser Lampe wurde wochenlang experimentiert. Denn es war damals nicht so einfach, einen ›Effekt‹ [Lampe im Bild] einzurichten, der zugleich auch der wirkliche Lichtspender sein sollte. Da wurde dann um einen einfachen Kohle-Effekt ein Zylinder gesetzt, so daß die Impression perfekt war.[279]

Heute ist es technisch problemlos möglich, mit einer im Bild sichtbaren Lampe auch einen Teil der Dekoration oder die Schauspieler zu beleuchten. Damals fehlte dem Filmmaterial die Empfindlichkeit und gängige Lichtquellen strahlten zu schwach, fungierten nur als Selbstleuchter. Doch Freunds Ehrgeiz geht sogar weiter, die Lampe soll auch im Bild ausgeschaltet werden, wenn der Tag heraufzieht und eine Lampe somit im Zimmer nicht mehr vonnöten ist. Also wird die Tante in der Folge zu einem komplizierten Spiel auf einen Stuhl steigen, um das in dieser Lampe behauptete innenliegende Gaslicht auszudrehen, das offensichtlich gleichzeitig noch ausgeblasen werden muss (47). Sicher kommt hier Bogenlicht zum Einsatz wie in vielen Effektlampen, selbst im Weinert-Effekt-Feuerzeug, was wir leider nicht zu sehen bekommen.[280] Hier nimmt Freund in Kauf, dass Schatten der Lampenabdeckung auf Jannings Gesicht fallen, oder es gefällt ihm sogar, passen doch

279 Herlth (1979). S. 89.
280 Vgl. Seeber; Mendel (1927). S. 274 ff. Oder: Gad (1919). S. 81 f.

diese zerrissenen Schatten gut zum Zustand des Portiers. Die bizarre Lampe lässt es glaubhaft erscheinen, dass sie punktuell strahlt und ein Schattenmuster erzeugen kann (besonders gut zu sehen in den Bildern 44 bis 46). Je spezieller der Lichteffekt, umso mehr bemüht sich die Kameraarbeit, diesen im Bild zu rechtfertigen, und dies würde ich besonders bei einem so logisch arbeitenden Kameramann wie Karl Freund unterstellen. Deshalb sehen wir diese Lampe in jeder Einstellung.

Als Unterstützer für diese Vermutungen möchte ich Kettelhut zitieren, der Freunds Begeisterung über eine andere Deko-Leuchte beschreibt, und so gehe ich davon aus, dass auch diese es ihm angetan hat. Der Enthusiasmus bei Einführung des panchromatischen Materials während der Dreharbeiten zu FRÄULEIN ELSE[281] einige Jahre später würde auch hier sehr gut passen:

> Auf die Beleuchtung legte er [Karl Freund] großen Wert und experimentierte sehr viel mit der Technik. [...] Die großen Firmen lieferten uns Scheinwerfer in jeder Form und vor allen Dingen Glühbirnen bis zu einem Durchmesser von 40 – 50 cm – alles umsonst. Das war Neuland, da blühte Karl Freund auf, darüber vergaß er beinahe das Bild an sich. Ich baute zum Beispiel einen Kronleuchter mit einer großen Glühbirne in der Mitte. [...] Freund sagte: ›Dieser eine große leuchtende Mittelpunkt über dem Speisetisch hier soll uns das Licht für das ganze Bild geben‹.
> Das war gar nicht mal so schlecht, aber er sah dann ein, dass er doch auch gerichtetes, nicht nur gestreutes Licht nehmen musste. Alles war soweit vorbereitet, und dann mitten im Dreh platzte diese herrliche große Glühbirne; am Tisch saßen der Bassermann, die Sandrock und die großen Schauspieler, und auf den Tellern, auf den Händen – Gott sei Dank nicht im Gesicht – lagen viele, kleine Glassplitter. Das machte aber gar nichts.
> Alle waren der Ansicht, dass wir die Arbeit mit dem Glühbirnenlicht eben noch lernen müssten. Also wurde die nächste Glühbirne bestellt. Später hat Freund auch wieder Kohlenlicht genommen, aber diese ganzen Experimente machte er während der Dreharbeiten.[282]

Aber es geht nicht um die technische Spielerei, und das lässt Kettelhut unerwähnt oder sieht es nicht. Freund interessiert bei der Lichtführung das Ergebnis, das Experiment erfüllt als Mittel den Zweck, er sucht eine Atmosphäre, einen Ausdruck, eine Aussage – dazu muss man auch experimentieren und darin erreicht Karl Freund eine geniale Meisterschaft. In dem Beispiel – mit

281 Deutschland 1929, Regie Paul Czinner. Kamera: Karl Freund.
282 Kettelhut (2009). S. 31–32.

wie vielen Lampen auch immer gedreht wurde – ist das Entscheidende, dass der Lichteffekt zur Situation passt und diese stützt, auch wenn man bei DER LETZTE MANN noch durch die dramaturgische Absicht hindurch die ganze Lust an der Experimentierfreude spürt. Dramaturgische und logische Lichtführung in Einklang zu bringen, ist sein Ziel, und wenn das mit den vorhandenen oder präparierten Lichtquellen möglich wird, umso besser.

Autonome Kamera-Bewegungen

Lutz Bacher[283] hat in DER LETZTE MANN 45 Einstellungen mit Kamerabewegungen gezählt und bis heute bildet der Film für viele ein Synonym für die entfesselte Kamera, von denen wir uns einige anschauen wollen. Der italienische Film CABIRIA[284] macht 1914 langsame, autonome Kamerabewegungen auch in den USA so populär, dass sie nach ihm *Cabiria movement* genannt werden. »Bewegung ist ein wichtiger Schlüssel für die Raumtiefe und eine mobile Kadrage garantiert, dass große Dekorationen wie bei INTOLERANCE[285] oder DUMB GIRL OF PORTICI[286] nicht flach oder gemalt erscheinen. Die Studios wollen die Großbauten zeigen, für die sie gezahlt haben.«[287]

Offensichtlich fehlt diese Ambition in Deutschland, denn nicht nur bei Lang, auch bei Murnau bleibt die Kamera bei großen Dekorationen statisch. Bewegungen sind aber nicht verpönt, wie wir bei Murnau sehen, sondern durch die komplizierte Verzahnung von Perspektivbauten und Modelltricks meist nicht möglich. Die deutschen Großfilme sind dann doch nicht so groß wie die amerikanischen.

Urban Gad widmet in seinem Lehrbuch über das Filmemachen 1919 dem Schwenk ein eigenes Kapitel, in dem er dessen Notwendigkeit und die Schwierigkeiten der Ausführung für den Operateur, der mit »affenartige[r] Behendigkeit«[288] das Kurbeln nicht vergessen darf, beschreibt und die »Panoramadrehung« verteidigt. Fünf Jahre später wird der Elektromotor für den Filmtransport nicht mehr kategorisch abgelehnt und so kann DER LETZTE

283 Vgl. Bacher (1978): *The Mobile Mise En Scene.*
284 Italien 1914. Regie: Giovanni Pastrone. Kamera: Augusto Battagliotti.
285 USA 1916. Regie: David Wark Griffith. Kamera: G. W. Bitzer.
286 USA 1916. Regie: Lois Weber. Kamera: Dal Clawson.
287 Thompson (1985b): Classical narrative space and the spectator's attention. S. 228–229 [Übersetzung durch den Autor].
288 Gad (1919). S. 85 und 129.

Mann nun genussvoll die unterschiedlichen Kamerabewegungen durchdeklinieren – nach Raum, Emotion, Vision oder Dramatisierung.

Fulminant beginnt der Film mit einer ungewöhnlichen Raumpräsentation: Aus einem Fahrstuhl mit Blick in das große Hotel-Foyer gleitet das Bild hinunter in die Halle, und wenn er zum Halt kommt, steht die Kamera leicht unterhalb der Augenhöhe, will noch aussteigen, aber der Schnitt kommt ihr zuvor. Rasant geht es weiter, die Fahrt steuert bei der Rezeption beginnend auf eine ständig in Bewegung gehaltene Drehtür zu und der Blick geht am Ende in die verregnete, hell erleuchtete Nacht durch riesige Fensterscheiben, vor denen hektisch Regenschirme hin- und hergetragen werden, aus denen sich langsam der Portier herausschält. Erstaunlicherweise nehmen viele Zuschauer diese beiden Einstellungen als eine kontinuierliche, ungeschnittene Bewegung war, z. B. Bacher[289] oder im Gespräch mit Bogdanovich auch Edgar Ulmer, der bei den Dreharbeiten dabei war.[290] Auch Lotte Eisner sieht eine kontinuierliche Bewegung: »Wenn Freund auf seinem Fahrrad im Fahrstuhl heruntergleitet und aus der Drehtür herausfährt, so ergibt sich hier bereits für den Auftakt des Films jene fast blendende Empfindung für Licht und Bewegung.«[291]

Ein anderer Autor zählt gar vier Stockwerke, bevor der Fahrstuhl unten ankommt, und sieht die Kamera dann in einem *Money-shot* durch die Drehtür fahren.[292] Vielleicht liegt es an Karl Freund: »Für die erste Aufnahme – den Aufzug hinunter, durch den Vorraum und durch die Drehtür, saßen meine Kamera und ich auf einem Fahrrad in dem abwärtsgehenden Aufzug und fuhren die geöffnete Tür des Aufzugs durch den Vorraum und durch die Drehtür. Mayers Phantasie hatte uns davon überzeugt, dass wir alles machen konnten!«[293]

Leider haben sich diese Darstellungen in Film-Protokollen nirgends bestätigt. Klaus Kreimeier schreibt dazu: »Möglicherweise wurde diese Version gedreht, aber sie ist in den heute vorhandenen Kopien nicht zu finden.«[294] Schon die Aufnahmewinkel der beiden ersten Einstellungen sind so unterschiedlich, dass die Kamera einen riesigen Bogen hätte fahren müssen, um aneinander zu passen. Vielleicht war es so mal geplant, musste aber anders

289 Vgl. Bacher (1978).
290 Vgl. Bogdanovich (2000). S. 698.
291 Eisner (1967). S. 240.
292 Vgl. St. Pierre (2016). S. 244.
293 Freund (1970) [1947]: Ein Filmkünstler: Carl Mayer. S. 80.
294 Kreimeier (1994): Wie in einem Taumel. S. 30.

gedreht werden – und die Konzeption dieser Einstellung war so atemberaubend, dass sie die tatsächlich gedrehte in der Erinnerung verdrängt, oder die Faszination der Kamerabewegung war so groß, dass die Schnitte schlicht übersehen wurden. Das scheint für die damalige Zeit durchaus vorstellbar, doch nicht für die heutige Rezeption. Wie man durch eine Glastür fährt, werden wir gleich sehen, dieser Trick durch eine Überblendung hätte auch hier eingesetzt werden können. Zudem ist die zweite Fahrt verhältnismäßig kurz, was möglicherweise der Spiegelung der Scheiben geschuldet ist. Aber auch als nicht kontinuierliche Bewegung etablieren diese beiden Einstellungen den Stil des gesamten Films.

Mit der nächsten autonomen Fahrt wird nun vorgeführt, wie man durch Fenster fährt. Sie beginnt in einer Halbtotalen mit Blick durch die geschlossene Glastür des Büros des Geschäftsführers. Wir befürchten, dass der Portier entlassen werden soll und schauen quälend lange 72 Sekunden voller Spannung von außen zu. Vortrefflich vermittelt diese Perspektive unsere Hilflosigkeit. Dann gibt die Kamera endlich unserer Neugierde nach, fährt auf den lesenden Portier zu, durch die Scheibe – mit einer Überblendung von der Zufahrt auf eine ebenfalls fahrende aufsichtige Halbnahe des Portiers. So einfach kann man es sich heute nicht mehr machen.

Die wohl bekannteste[295] – weil vielleicht lustvollste – Fahrt beginnt bei 39 Minuten: Zwei Musiker bleiben nach der Feier, mit der unsere Sequenz schließt, noch zu einem kleinen Ständchen im morgendlichen Hof. Die Einstellung beginnt mit einer Nahen, fast Großen des Hornbläsers. Kaum im Bild dreht er sich in die Kamera (48, in dieser Drehbewegung) und deckt mit dem Trichter das gesamte Bild ab. Etwa eine Sekunde lang schauen wir in den unscharfen Schlund dieses Instruments, bevor sich plötzlich die Kamera schnell rückwärts entfernt. Sofort kommt der zweite Musiker ins Bild, der sich mühsam aufrappelt, aber die Kamera setzt ihre Fahrt unbeeindruckt nach oben in Richtung des zuschauenden Portiers im zweiten Stock fort, bis die Kamera die beiden Musiker etwa halbtotal im Bild zeigt (49).

Diese Fahrt – heute würde man es als Kran katalogisieren – dauert keine vier Sekunden. Auf Arbeitsfotos kann man den ungeheuren Aufwand erahnen, den diese Einstellung erfordert. Experimentierfreude pur. Vielleicht würde man dies heute als *Money-shot* bezeichnen, also eine Einstellung, die viel Geld kostet und als visuelles Markenzeichen auf diesen Film aufmerksam

295 Vgl. ebd. S. 28. Oder: Leitch (2003): A History of European Cinematography. S. 35–36.

Bild 2-48 und 2-49

machen soll, Marketing also, und so wurde er ja auch zum Teil eingesetzt. »Für den wohlbekannten Trompetenstoß hängten wir eine Kamera in einem Korb an eine Brücke, die den Hof entlanglief, und als wir entdeckten, dass der Flaschenzug die Aufwärtsbewegung des Kamerakorbes nicht schaffte, machten wir die Aufnahme von oben nach unten und drehten den Film in der Kamera um.«[296]

Der Portier, noch mehr als trunken, wird nun zusätzlich berauscht vom Spiel des Hornbläsers, und bei 39 Minuten beginnt die lebhafteste Kamerabewegung des Films: Wild schwenkt die Handkamera durch den Raum für 14 Sekunden. Dann träumt der Portier statisch weiter, mit viel Bewegung durch optische Tricks, aber knapp zwei Minuten später verlässt die Kamera wieder das Stativ. Des Portiers Traum vom starken Mann, der riesige Koffer durch die Luft wirft, bleibt hinter vielen Schlieren und Unschärfen und der recht bewegten Handkamera kaum zu sehen, fast abstrakt sind die Bilder. Und erst eine sehr lange Überblende, die mehr einer Doppelbelichtung gleicht, bringt ihn und uns durch kräftiges zuknallen des Fensters durch die Tante – und damit ist wohl auch das Ende des Hornbläsers gemeint – zurück in stabile Bildwahrnehmung. Die Doppelbelichtung wird ebenso mit dem Fensterschließen abrupt beendet. Kracauer ist nicht ganz so begeistert, versteckt sich hinter White:

> Die Kamera macht sich die Darsteller Untertan. In einem Aufsatz zur Gesamteinschätzung Murnaus hat Kenneth White auf diesen Punkt verwiesen, den er an der Szene festmacht, in der der Portier sich betrinkt: ›Pantomime, die man bislang für eine vom Film abgeleitete Kunst halten durfte, war im LETZTEN MANN nicht auszumachen. Der Portier betrank sich,

296 Freund (1970). S. 80.

> aber keineswegs so, wie man es von einem pantomimisch geschulten Darsteller erwarten durfte, – die Kamera tat nämlich seine Arbeit‹.[297]

Und so wird es gemacht: »Wenn der Film einen betrunkenen Jannings darstellen musste, band ich mir die Kamera vor die Brust (mit Batterien auf dem Rücken als Gleichgewicht) und spielte betrunken.«[298]

Die Qualen des Portiers sind damit noch nicht ausgestanden, auf dem Weg zur Arbeit wird er noch mit unterschiedlichen Subjektiven zu kämpfen haben, die ihm die Welt verzerrt und recht bewegt präsentieren. Erst der Anblick seines Nachfolgers vor dem Hotel klärt am Ende einer raschen Zufahrt seinen Blick. Es ist nicht nur erstaunlich, dass über mehrere Minuten subjektiv erzählt wird, noch auffälliger ist, dass die Einstellungen selbst in Undergroundfilmen der 1960er Jahre nicht undeutlicher hätten sein können: Unschärfen und Verwacklungen, die rein abstrakte, ja tachistische Bilder erzeugen, die heute in Deutschland – wo ja alles so professionell sein muss – nicht mehr vorstellbar sind.

Dieser Vielzahl autonomer Bewegungen, die nur deshalb so mechanisch kategorisiert werden, weil sie ihre Motivation nicht aus der Reglosigkeit der Schauspieler ziehen, sondern sehr wohl eine Begründung im Ausdruckswillen der Figuren oder der Filmemacher haben, möchte ich noch meine Lieblingsbewegung – einen motivierten Mitschwenk – hinzufügen, da die Drehsituation viel über Karl Freund erzählt.

Es sind noch keine 20 Minuten vorbei, da wird die Drehtür für eine grandiose Inszenierung genutzt: Beim Durchgehen bemerkt unser Portier in einem mitgeschwenkten Schuss-Gegenschuss auf der anderen Seite der sich drehenden Glasscheibe seinen Nachfolger. Diesen Moment des Entdeckens genau dorthin zu legen, wo sich der Alte dem Fluss der drehenden Tür unausweichlich ausliefert, bedeutet eine geschickte Veräußerlichung seines Konflikts. »Weil im Film alles Innere an einem Äußeren zu erkennen ist, darum ist auch an allem Äußeren ein Inneres zu erkennen.«[299] Jannings muss die Lähmung durch diesen Anblick nicht spielen, er ist Gefangener der Drehtür. Der Neue würdigt den Alten keines Blicks, geht zielstrebig raus, und so hat unser Portier nur die Möglichkeit, ihm nachzuschauen. Erst als dieser sich anschickt, seine Arbeit zu tun, erwachen bei unserem Portier die Lebens-

297 Kracauer (1979) [1947]: *Von Caligari zu Hitler.* S. 114. Auch andere Autoren schreiben und zitieren viel zu den Bewegungen; vgl. Bade (2006). Oder: Knight (1957).

298 Freund (1970). S. 80.

299 Balázs (2001) [1924]. S. 40.

geister. Freund hat zu Kettelhut in einem anderen Zusammenhang gesagt: »Mach's mir so unbequem wie möglich. Und wenn ich mich mit der Kamera auf die Erde lege, und wenn ich mir den Bauch sonst wie einquetsche, mach's mir so unbequem wie möglich, desto schöner wird mein Bild.«[300] Wenn das Freunds Leitmotiv war, ist hier der überzeugende Beweis.

Filmsprachlicher Reichtum entsteht nicht in Einzelleistung, sondern kann nur in der Zusammenarbeit aller verantwortlich an einem Film Beteiligten erstrahlen. Fast jeder der mitgearbeitet und sich später geäußert hat, berichtet von Diskussionen, in denen Probleme ersonnen, erkannt, gelöst wurden. Die Kamerabewegungen beschäftigten den Autor Carl Mayer schon beim Verfassen des Drehbuchs, es gibt Erinnerungen, dass er mit Mitarbeitern darüber sprach, was möglich ist. Murnau und Freund hatten ein Jahr zuvor DIE FINANZEN DES GROSSHERZOGS zusammen gedreht, mit weitgehend statischer Kamera, auch MICHAEL, den Freund dazwischen mit dem Regisseur Carl Theodor Dreyer drehte, hatte aus speziellen Gründen nur sehr ausgewählte Bewegungen: »Dreyer wollte eine neue, andere Kameratechnik einsetzen, das sogenannte ›travelling‹, die bewegte Kamera, aber Freund bereitete gleichzeitig auch sein nächstes Projekt vor, Murnaus DER LETZTE MANN, und er wollte seine neuen Ideen für diesen Film bewahren. Es war seine Arbeit an DER LETZTE MANN, die ihn hinderten seine Verpflichtungen Dreyer gegenüber zu erfüllen.«[301]

Die Idee des Autors Carl Mayer, die Kamera zu bewegen, lässt den Funke überspringen, setzt nicht nur die Kamera in Trab, sondern die gesamte Mise-en-scène, das Szenenbild, die Produktion. Hier greifen so viele Ideen, Produktionsbelange, Handwerklichkeiten, technische Fähigkeiten ineinander, die nur gemeinsam zu einer ästhetischen Lösung finden können.

Schluss

Konnten wir bei DR. MABUSE, DER SPIELER mit einer um Objektivität bemühten Kamera einen bisweilen sezierenden Blick auf die feine Gesellschaft werfen, so erleben wir diese hier aus dem Blickwinkel ihres größten Verehrers und Dieners, dem Portier. Die distanzierte Betrachtung im *Folies Bergères* macht einer eindeutigen Erzählperspektive Platz, die aber auch

300 Kettelhut (2009). S. 31.
301 Drum (2000): *My Only Great Passion*. S. 111 [Übersetzung durch den Autor].

immer wieder zugunsten überraschender Blickwinkel und Sichtweisen aufgegeben wird. Wir sitzen nicht mehr in der ersten Reihe, wir stehen mitten im Geschehen und die Kamera nimmt uns durch ihre Virtuosität beständig den Atem. Um die Handlung voranzutreiben, ist der optischen Arbeit jedes Mittel recht.

Dieser Film spricht mit der Kamera, sucht nach optischen Erzählformen und wird auf Bilder hin inszeniert. Dominierend sind die Bewegungen, die kaleidoskopartig immer neue Facetten vorführen und dazu alle bekannten oder erdenklichen Möglichkeiten zur Veränderung der Kadrage nutzen, selbst der Bauch Karl Freunds muss herhalten. Ob dies wirklich ohne Effektsuche geschieht, wie Lotte Eisner dies sieht, mag jeder für sich entscheiden, aber selbst die von ihr konstatierte Freude daran ist für mich Legitimation genug.

> Aber für uns war von nun ab jeder neue Arbeitstag eine einzige Gelegenheit, uns in Erfindungen neuer Tricks zu überbieten. Bei jeder neuen Einstellung war man gespannt, was der andere sagen würde, und wie begeistert auch immer darüber – doch auch etwas eifersüchtig, wenn man selbst nicht die Lösung gefunden hatte. Es war wie ein Gesellschaftsspiel: wer sagt zuerst das Stichwort![302]

Beim Licht geht Freund sehr logisch vor, nicht nur in der Lichtführung, auch bei der Atmosphäre, z. B. bei der gedämpften Dunkelheit im Gang beim Diebstahl des Mantels. Dieses hart an der Kante zum Schwarz Gehen, diese kontrastlose Ausleuchtung, erfordert eine sehr präzise Belichtung, wenn es nicht schal ausschauen soll. Da ist er sehr als Techniker gefordert, ebenso wie bei seinen Experimenten mit den praktischen Lichtquellen. Wenn er die logische und damit auch unauffällige Lösung gefunden hat, begnügt er sich nicht mit der Imitation der Realität, sondern nutzt diesen Effekt, um ihn gezielt dramaturgisch einzusetzen. Zwar betont er durch die Hell-Dunkel-Verteilung den Raum, schafft aber die passende Atmosphäre für die jeweilige Situation.

Hoffmann sucht dagegen die Aufmerksamkeit. Nicht die Logik interessiert ihn so sehr als vielmehr der Effekt. Er arbeitet stärker mit Kontrasten, setzt einen Spot ein, ohne ihn zu motivieren. Er will ein gutes, schönes Bild, Freund das richtige. In den Bildern MABUSES glaubt man bisweilen, den Befehl Langs nachklingen zu hören. Tissé nennt es das »Prinzip der Diktatur

302 Herlth (1979). S. 94.

des Regisseurs«.[303] Kunst geht vielleicht nur diktatorisch, nicht demokratisch, es lässt sich ein Bild nur schwer aus einer Diskussion heraus erstellen, weil das Faszinosum oft aus dem Unerklärlichen kommt. Filmkunst liefert aber den Beweis, dass, wenn alle von einer Idee beseelt sind, Kunst – und da wähne ich mich ganz unideologisch in der Nähe von Tissé und Eisenstein – auch im kollektiven Miteinander entstehen kann.

> Nachdem Eisensteins POTEMKIN[304] 1926 über der Berliner Filmwelt explodiert war, änderte sich Carl Mayers Entwicklung als Filmschreiber plötzlich. Von dieser Zeit an hörte er auf, Drehbücher für den Film zu schreiben, er fuhr fort, in Filmen hauptsächlich als Produktions- und Skript-Berater mitzuwirken – eine sehr wertvolle Funktion, aber eine, die weit entfernt war von dem aktiven, schöpferischen Carl Mayer, mit dem Murnau und ich gearbeitet hatten. Anscheinend war seine Vorstellung von einem ständig fließenden Film für immer erschüttert worden durch die neuen russischen Prinzipien von Konflikt und Schock. Das Kommen des Tons schien ihn noch weiter von der aktiven Mitarbeit als Filmschreiber zu distanzieren. Es erscheint fast als Ironie, dass dem ersten bewusst experimentellen Filmschreiber so geschah.[305]

Auch an Fritz Lang gehen POTEMKIN und DER LETZTE MANN nicht spurlos vorüber, mögen ihn gar verunsichert haben, und uns interessiert besonders, ob er bei METROPOLIS für die Zusammenarbeit mit Karl Freund in seiner künstlerischen Sicht resistent bleiben kann. Dabei wird es nicht nur um die Bewegungen gehen, sondern auch um die Bildgestaltung, weg vom Tableau hin zum Raum, und diese andere Bildauffassung erfordert auch, wie wir sehen konnten, eine andere Inszenierung. Wenn der Raum erst einmal vom Schauspieler erobert wird, ist die Kamerabewegung nicht mehr weit.

303 Tissé (1927): Der russische Kameramann. S. 102.

304 BRONENOSEC POTJOMKIN (PANZERKREUZER POTEMKIN). UdSSR 1925. Regie: Sergei M. Eisenstein. Kamera: Eduard Tissé.

305 Freund (1970). S. 80.

3 Metropolis (1926)

Regie: Fritz Lang. An der Kamera: Karl Freund, Günther Rittau. [Spezial-Effekte: Günther Rittau, H. O. Schulze (Assistenz). Schüfftan-Fotografie: Helmar Lerski. Spezialaufnahmen: Konstantin Tschetwerikoff (genannt Irmen-Tschet). Kombinationsverfahren: Eugen Schüfftan, Ernst Kunstmann. Maltrick und Technische Beratung: Erich Kettelhut].[306] Manuskript: Thea von Harbou. Bauten: Otto Hunte, Erich Kettelhut, Karl Vollbrecht.

»Was ich will: Mit Hilfe des lebenden Bildes, mit Hilfe seiner fast unbegrenzten technischen Möglichkeiten eine Kunst, vielleicht eine neue Kunst schaffen, künstlerisch neue Möglichkeiten entdecken und insgesamt durch meine Filme letzte Probleme der Menschheit künstlerisch gestalten.«
(Fritz Lang)[307]

306 Metropolis: Neu rekonstruierte und restaurierte Fassung. [european film gateway nennt noch Robert Baberske und Günther Anders als Kamera-Assistenten. Außerdem Eugen Schüfftan und Ernst Kunstmann (Visual effects). Helmar Lerski und Konstantin Tschet (Animation camera)].

307 Fritz Lang in Treuner (1928).

Drei Tage nach der Premiere des ersten Teils der NIBELUNGEN[308] schwärmt Fritz Lang von Carl Hoffmann und Günther Rittau im *Kinematograph*:

> Denn ich wußte, daß er [Hoffmann] alles, was ich als Maler vom Bildhaften der NIBELUNGEN mir erträumte, durch seine Licht- und Schattengebung wahr machen würde, und daß seine berühmten Blauaugen sehr genau um das Geheimnis wissen, wie man eine Frau so photographiert, daß beim Anschauen ihres Gesichts durch ein Licht im Augenwinkel, ein Schatten auf der Stirn, eine schimmernde Linie der Schläfe nicht nur die Frau selbst, sondern der seelische Inhalt einer ganzen Szene offenbart wird. Günther Rittaus Können liegt auf einem ganz anderen Gebiet: auf dem experimentellen. Er experimentiert die Nächte hindurch. Er rückt dem Bildhaften des Films auf dem Umweg über die Mathematik zu Leibe.[309]

Trotzdem endet die Zusammenarbeit Langs mit Hoffmann. Ohne ihn beginnen am 22. Mai 1925 die Dreharbeiten zu METROPOLIS, dafür fotografiert Hoffmann ab September mit Murnau FAUST. Offensichtlich haben Lang und Hoffmann nicht mehr zueinander finden können oder wollen. Doch Rittau darf die Lücke nicht füllen, was bei obigem Lob nicht überrascht. Vielleicht will Lang eine Umorientierung der Bildsprache und suchte einen stärkeren, erfahreneren, auch widerspruchsvolleren Partner als Rittau. Nicht zu vergessen ist auch der Einfluss des mächtigen Erich Pommer, der für die Beteiligten diese Projekte bei der Universum-Film AG (UFA) produziert. Auch wenn er die Entscheidung anderen überlässt, so wird er sicher die Wogen in seinem Sinne glätten.

Herbert Ihering beschreibt die künstlerische Situation nach dem zweiten Teil der NIBELUNGEN in seiner Filmkritik drastisch: »Die Armut und Verlegenheit des stilisierenden Films hat sich (wie die Stilisierung auf den Bühnen) endgültig erwiesen – trotz der technischen Vollkommenheit, trotz der fabelhaften Photographie. Und Fritz Lang selbst wird einsehen, daß er einen anderen Weg gehen muß, um weiterzukommen: den Weg des Bewegungsfilms.«[310]

Lang und Freund haben einmal Ende 1919 zusammengearbeitet, beim zweiten Teil von DIE SPINNEN – DAS BRILLANTENSCHIFF,[311] *filmportal.de*

308 Deutschland 1924. Regie: Fritz Lang. Kamera: Carl Hoffmann, Günther Rittau (2. Kamera). Produzent: Erich Pommer.

309 Lang (1924a). S. 8.

310 Ihering (1924): Der zweite Nibelungenfilm.

311 Deutschland 1920. Regie: Fritz Lang. Kamera: Karl Freund. Produzent: Erich Pommer.

nennt auch Carl Hoffmann als Kameramann. Interessant ist, dass den ersten Teil DIE SPINNEN – DER GOLDENE SEE[312] Emil Schünemann fotografierte, der die Kamera absolut nicht statisch hielt, mit den Schauspielern schwenkte, auch autonom. Ironischerweise lässt Karl Freund in DAS BRILLANTENSCHIFF, unmittelbar im Anschluss gedreht, die Kamera fast gänzlich ruhen. Das sind knapp fünf Jahre vor DER LETZTE MANN.

Vor der Produktion

Bei METROPOLIS gilt – falls man eine Hierarchie braucht – Karl Freund als erster Kameramann und Günther Rittau als zweiter, auch verantwortlich für die Tricktechnik. Lang akzeptiert also Rittau nicht als Chefkameramann, muss aber die ersten Monate allein mit ihm anfangen. Denn als die Dreharbeiten am 22. Mai 1925 beginnen, dreht Karl Freund mit Ewald André Dupont am Originalschauplatz im Berliner Wintergarten Szenen für VARIETÉ.[313] Auch bei diesem Film haben die Dreharbeiten gerade erst begonnen. Ende Mai wechselt das Team, auch Freund, ins Studio nach Neubabelsberg.[314] Am 2. August liest man über einen Besichtigungstermin eines Motivs, an dem Freund teilnimmt.[315] Offiziell enden die Dreharbeiten von VARIETÉ am 20. August, also ziemlich genau drei Monate nach Drehbeginn von METROPOLIS. Gerüchteweise soll Freund schon vorher ausgestiegen sein, sich krank gemeldet haben – nun ja, auch bei METROPOLIS hält er es nicht bis zum offiziellen Drehende am 30. November 1926 aus. Denn knapp ein Jahr später wird am 8. Juni 1926 vermeldet: »Wie wir soeben erfahren, wurde Karl Freund vom Generaldirektor Julius Außenberg für die Gesamtleitung der neuen deutschen Fox-Produktion verpflichtet.« Weitere fünf Tage danach: »Carl Freund, bis jetzt erster Kameramann der Ufa, als Produktionsleiter verpflichtet.«[316] Und Anfang September gibt es schon Fotos von Freund bei seiner neuen Arbeit mit dem amerikanischen Fox-Regisseur Harry Beaumont in den Staakener Ateliers. Anfang Juni 1926 werden die Einstellungen mit dem Scheiterhaufen gedreht, Georg Herzberg schreibt »Brigitte Helm

312 Deutschland 1919. Regie: Fritz Lang. Kamera: Emil Schünemann. Produzent: Erich Pommer.

313 Deutschland 1925. Regie: Ewald André Dupont. Kamera: Karl Freund. Produzent: Erich Pommer.

314 Vgl. *Kinematograph*. Nummer 954, 31.5.1925. S. 32.

315 Vgl. *Film-Kurier*, 8.6.1926. Oder: *Kinematograph*. Nummer 963, 2.8.1925. S. 23.

316 *Kinematograph*. Nummer 1008, 13.6.1926. S. 19.

wird verbrannt« und liefert Atmosphärisches, etwa, dass eine Jazzband auf Initiative der Drehbuchautorin Thea von Harbou die ermatteten Komparsen wach hält.[317] Wer an der Kamera steht, wird nicht erwähnt, es dürften – wenn überhaupt – die letzten Tage von Karl Freund bei diesem Film sein. Danach stehen wohl nur noch Ergänzungsaufnahmen und Einstellungen für die Montagen an, keine größeren Spielszenen.[318]

> Karl Freund war schon seit einigen Wochen bei der Deutschen Fox-Film-Corporation; Rittau drehte die noch fehlenden Szenen allein. Da niemand bei Vertragsabschluss mit einer so langen Drehdauer rechnen konnte, hatte Freund den Vertrag mit der Ufa aufgelöst. Er arbeitete jetzt mit Walter Ruttmann an Berlin: Die Sinfonie der Grossstadt[319] und sprach begeistert über diesen Film ohne Schauspieler und ohne Atelier.[320]

Von den 17 Monaten Drehzeit ist Freund gut neun Monate dabei, die restliche Zeit trägt Günther Rittau dann doch die alleinige Verantwortung, die ihm Fritz Lang anfänglich verweigert. Es wäre falsch zu glauben, dass er nur dabei ist, weil Freund nicht durchgehend zur Verfügung steht. Der drei Jahre jüngere Rittau hat als Operator bei großen Filmen gearbeitet, eigenständig aber erst zwei Filme fotografiert, dafür ist er als Trickspezialist unverzichtbar. Und so beginnt er mit Probeaufnahmen der Schauspieler, dann geht es in die Katakomben. Hier muss Freund irgendwann dazu gestoßen sein, da es Werkfotos mit ihm an diesem Motiv gibt. Laut H. O. Schulze, der als Volontär Rittau assistierte, gab es eine klare Aufgabenteilung, Karl Freund war verantwortlich für die Spielszenen und Rittau bediente die zweite Kamera, bei den Trickaufnahmen war Rittau der Chef.[321] »Für die Kameraarbeit konnte man sich kein besseres Team als Freund/Rittau denken. Der trotz seiner Leibesfülle sehr bewegliche Karl Freund war für Experimentierfreude und extravagante Einstellungen bekannt; er wurde unterstützt von Günther Rittau, einem Experten für Optik und Elektrizitätslehre.«[322]

Vielleicht liegt die Irritation über Freunds Abwesenheit nicht nur an der Länge, sondern auch an dem Missverständnis, dass heute meist unter »Dreh-

317 Vgl. g. [Georg Herzberg] (1926): Glashaus: Brigitte Helm wird verbrannt.

318 Vgl. Jacobsen; Sudendorf (2010): *Metropolis*. S. 224.

319 Deutschland 1927. Regie: Walther Ruttmann. Kamera: Reimar Kuntze, Robert Baberske, Lászlo Schäffer. Autoren: Carl Mayer (Idee), Walther Ruttmann und Karl Freund (Konzept). Herstellungsleitung und Kamera-Überwachung: Karl Freund.

320 Kettelhut (2009). S. 180.

321 Vgl. Schulze (1983). Band 88, TC 07:17:06.

322 Kettelhut (2009). S. 135.

zeit« nur die Zeitspanne gesehen wird, in der das gesamte Team zur Verfügung steht; Probeaufnahmen, Einstellungen für Tricks, Montagen oder ohne die Stars werden mit kleinen Teams gedreht und heute nicht zur Drehzeit gerechnet. So gesehen ist Karl Freund wohl die meiste Zeit dabei, zumindest wenn die wichtigen Szenen mit den Hauptdarstellern gedreht werden. Aber auch für die von Lang geforderten Regiesitzungen[323] während der Vorbereitung bleibt Freund kaum Zeit. Unmittelbar vor Drehbeginn dreht er TARTÜFF[324] mit Murnau im März und April 1925. Ohne Drehverpflichtung bleiben ihm nur fünf Monate nach DER LETZTE MANN vom Oktober 1924 bis Februar 1925. Da muss Freund parallel die drei anstehenden Filme vorbereiten, dazwischen wird ihm kaum Zeit bleiben. Offensichtlich gehen aber Lang und sein Noch-Produzent Pommer[325] – der ja auch alle Filme, bei denen Freund zwischenzeitlich arbeitet, produziert – diesen Kompromiss ein, statt Rittau alleine drehen zu lassen.

Zu diesen Regiesitzungen treffen sich über Monate gerne auch für mehr als zwölf Stunden täglich Lang, die Kameraleute, Szenenbildner, Kostüm- und Maskenbildner, aber auch Komponisten und Techniker, kurz alle, die sich im entscheidenden Moment nicht darauf berufen sollen, uninformiert zu sein. Hier werden alle Details besprochen und ich kann mir Lang nur als neugierigen Regisseur vorstellen, der auch Ideen Anderer aufgreift und sich zu eigen macht.[326] Das Diktatorische, das Lang oft und vielstimmig nachgesagt wird, funktioniert sicher gut bei Entscheidungen und der Umsetzung am Motiv, aber hier bei den Vorgesprächen muss er offen gewesen sein, denn das Diktat braucht weniger Zeit.

Wie der Film beginnt

METROPOLIS ist und will ein Objekt der Superlative sein. Dass der Film wie ein Kulturfilm über gigantische Maschinen beginnt, ist kein Widerspruch. Er kann sich nicht wie DER LETZTE MANN ins Menschengewimmel stürzen; Lebewesen, so entsteht schnell der Eindruck, sind zu unbedeutend, zu klein, nur Ornament. So führt auch der erste Auftritt eines Menschen – nach viel

323 Vgl. Eisner (1975). S. 24. Kettelhut (2009). S. 30 und 53.

324 Deutschland 1925. Regie: F.W. Murnau. Kamera: Karl Freund. Produzent: Erich Pommer.

325 Anon. (1926): Erich Pommer verlässt die Ufa. Januar 1926.

326 Vgl. Bogdanovich (2000). S. 237f.

Montage von hochpoliertem, rotierendem Metall – nicht das Individuum vor, sondern seine bis zum Horizont reichende Vervielfachung als unelegantes, kleines Rädchen eines gigantischen Getriebes: Schichtwechsel in der entmenschlichten Arbeitswelt. Nach nur wenigen Minuten zeigt sich bereits die Leidenschaft der Inszenierung und Abbildung von Menschenmassen, die bis zum Ende des Films anhalten wird und nur mit der Präsentation unvorstellbarer Architektur konkurriert. Nach wenigen Minuten haben wir mit den gesichtslosen Kolonnen der Arbeiter ihre Wohnstadt weit unter der Erde erreicht, ohne auch nur einem der tausenden Komparsen ins Gesicht gesehen zu haben. Aber auch über der Erde ist das Elend nicht kleiner, das Leben kaum individualisierter. Auf einem Sportplatz, umgeben von einer tollkühn hohen Mauer, nach der einige Politiker sich sehnten und sehnen, verlieren sich gleichartige Gestalten im »Klub der Söhne«. Einige laufen, andere schauen zu, alle sind weiß gekleidet, keiner wirklich erinnerbar. In seiner Darstellung der Menschenmissachtung könnte METROPOLIS eine Fortsetzung von DR. MABUSE sein, hier scheint verwirklicht, wovon Mabuse nur träumen konnte: Die Weltherrschaft liegt in der Hand eines Einzelnen, umgeben von hörigen Massen und leider auch oft unfähigen Mitarbeitern. Soziales Verhalten, das im Mabuse-Film noch von den Bessergestellten praktiziert wurde, verkümmert hier zur zaghaften Fürsorge einzelner Weniger. Beide Filme erscheinen mir wie eine Studie über Macht und den Tyrannen, der diese skrupellos einsetzt.

Ein Zwischentitel verkündet »das Wunder der Ewigen Gärten« und wir landen in einem futuristischen Stalaktitengewölbe mit meist leicht bekleideten Damen – die ersten Frauen in diesem Film bis zu diesem Zeitpunkt – und einem übereifrigen Zeremonienmeister (Heinrich Gotho). Schnell wird deutlich, dass der Mann in diesem Etablissement besser ohne Frauenbegleitung erscheint. Hier lernen wir den Hauptdarsteller kennen, »Herrn Freder, Joh Fredersens Sohn«[327] (Gustav Fröhlich), einen etwas linkischen Jüngling, der sich leicht ins Fangen-Spiel integriert. Doch dann der Kontrast: Durch ein Versehen landet Maria (Brigitte Helm) in diesem Garten mit einem Aufzug, umringt von einer wohlerzogenen Horde ärmlicher Arbeiterkinder, und durch diese Konfrontation mit Freder beginnt bei diesem ein Läuterungsprozess, der den ganzen Film tragen muss. Nun sind etwa zehn Minuten der Filmhandlung vorbei und unsere Sequenz beginnt. Sie ist meiner Meinung nach die einzige im gesamten Film, auf die ein Begriff wie

327 Zwischentitel.

Mise-en-scène anwendbar ist. Alle anderen Szenen zwischen zwei oder mehreren Individuen, zwischen Vater Fredersen (Alfred Abel) und seinem Sohn, oder dem Gegenspieler Rotwang (Rudolf Klein-Rogge), ja selbst zwischen den Liebenden Freder und Maria sind bei Dialogen weitgehend im schnöden Schuss-Gegenschuss aufgelöst. Es gibt dann noch unterschiedliche, zum Teil aufwendige Verfolgungen und natürlich die beeindruckenden Massenaufzüge, die vorstellbar machen, dass Goebbels Lang engagieren wollte.

Unsere Szene beginnt mit Freder, wie er zum ersten Mal die Fabrikhalle auf eigene Faust besichtigt und Augenzeuge eines Unfalls wird. Dieses Erlebnis treibt ihn zurück durch die futuristische Stadt zum Verantwortlichen dieser Misere, seinem Vater, bei dem er erlebt, wie er einen Assistenten abkanzelt. So schlicht dieser Handlungsablauf klingt, so bietet er eine Fülle inszenatorischer und optischer Möglichkeiten. Es wird interessant sein zu sehen, wie durch die Zusammenarbeit von Lang und Freund die Schauspieler beginnen, den Raum zu erobern, und wie sich die Mise-en-scène behutsam verändert. Im Gegenzug kulminiert die Symmetrie zu inhaltsleerer Ornamentik. Horrorvisionen, Tagträume, utopische Stadtansichten und Rauminszenierung schaffen eine neue Art der optischen Arbeit, die zur Entdeckung einer Filmfotografie führt, die wir so bei Lang noch nicht gesehen haben.

Die neue Raumpräsentation durch Kadrage und Licht

Eine Aufblende zeigt uns die Totale einer blitzsauberen Fabrikhalle. Von der unteren Bildkante schiebt sich ein etwa drei Meter tiefer Graben bis zur Bildmitte in die Kadrage, zu breit, um Assoziationen zu Schützengräben zu erlauben, aber mit ebensolchem Sicherheitsversprechen, vorbildlich ausgekleidet mit sterilen Wänden und einem gekachelten Boden. Unser antiseptisch gekleideter Held Freder bewegt sich darin wie verloren und zögerlich Richtung Kamera, die in einiger Entfernung ungeneigt auf Höhe eines Umlaufs steht, der entlang der horizontalen Bildmitte um diese grubenartige Vertiefung mäandert und den Arbeitern ausreichend Platz bietet, um an den Wänden befestigte große Bedienfelder zu bearbeiten. Es ist eine sachlich-moderne Arbeitswelt, die nicht so beklemmend wirken würde, wenn sich nicht alle Arbeiter rhythmisch wie in einem mechanischen Puppenspiel bewegten. Bei den früheren Filmen pflegte Fritz Lang laut Kettelhut laut zu zählen, um einen einheitlichen Rhythmus der Schauspieler zu erreichen.

»Bei Metropolis gab es kein Zählen mehr.«[328] Erstaunlich, denn hier drängt es sich förmlich auf. Die obere Bildhälfte schwillt dank Schüfftan-Verfahren mit zylindrischen Formen an – teils rotierend sich verdeckend, teils aber auch den Blick in eine unklare Ferne eröffnend. Schwer und düster hängen diese Gebilde über dem recht offenen und gut erleuchteten Raum, gestützt von diagonal verlaufenden schmalen Säulen, die für diese Konstruktion fast zu zierlich scheinen und zudem der Architektur durch ihre Asymmetrie und Schräge das Kathedralenhafte nehmen (2). Ein solches Bildgefüge bei totaleren Einstellungen findet sich nicht im MABUSE-Film, wo Symmetrie oder wenigstens Zentrierung und der fast frontale Blick auf die Dekoration die Bildästhetik prägen. Auch gibt es dort kaum eine raumbetonende Kadrage oder Lichtführung, wie hier durch die Silhouette der Säule im Vordergrund. In METROPOLIS überrascht die Umsetzung der Architektenerkenntnis »Übereckperspektive mildert harte Ordnung«[329], wird doch von unmenschlicher Regulierung erzählt. Dies bedeutet aber nicht den Abschied von alten Gestaltungsprinzipien. So sind sie nur wenige Filmminuten zuvor in den *Ewigen Gärten* zu sehen, wo der Raum schnell und abrupt von einer Wand begrenzt wird und auch die Symmetrie nicht fehlt (3). Aber diese Konkurrenz unterschiedlicher Bildkompositionen ordnet auf den ersten Blick nicht die verschiedenen Lebenswelten, wird nicht dramaturgisch oder emotional eingesetzt, sondern schafft neue bildgestalterische Elemente.

Der Schnitt offenbart die Professionalität der Kadrage. Die Kamera steht nun unten bei Freder und schaut seitlich auf die Dekoration, leicht unter Augenhöhe, und kann so auch bei dieser ganzfigürlichen Einstellungsgröße ungeneigt bleiben (6). Die Probleme für die Gestaltung liegen nun darin, das kleinteilige Gewusel der Totale gegen die Flächigkeit dieses Gangs zu setzen, ohne dass das Kontinuum des Motivs aufgegeben wird. Freund setzt den Diagonalen aus Stützen die perspektivisch verlaufenden Konturen der Flächen und der Treppe im zweiten Bild gegenüber und, fast noch wichtiger, er platziert Freder, um die Zusammengehörigkeit zu betonen, in beiden Einstellungen an die identische Stelle der Kadrage. Dadurch muss das Auge beim Schnitt den Darsteller nicht suchen, sondern ruht schon an der richtigen Stelle, während um ihn herum durch den Schnitt schräglaufende Gestänge ersetzt werden durch diagonalverlaufende Kanten von Flächen. Freder kann sich nach dem Schnitt zügig umschauend mit wenigen Schritten aus dieser

328 Kettelhut (2009). S. 139.
329 Schaarwächter (1967). S. 39.

Position lösen und sein Entsetzen zeigen, das uns natürlich neugierig macht auf eine Subjektive, die auch sogleich kommen wird.

Bei einem Motivwechsel wird gerne die Platzierung der Person innerhalb der Kadrage deutlich verändert, aber wenn die Kontinuität des Orts oder der Zeit behauptet werden soll, ist die Beibehaltung der grafischen Anordnung von Vorteil, einer quasi partiell identischen Kadrage. Es provoziert ein Spiel mit dem *Jump-cut*. Ein bildwichtiger, bedeutungsvoller Teil bleibt an der identischen Stelle der Kadrage, der Rest des Bildes muss sich deutlich verändern, damit kein *Jump-cut* entsteht. Karl Freund krönt dieses Prinzip Jahre später bei seiner oscarprämierten Arbeit an THE GOOD EARTH[330], indem er zwei Perlen, die an die neue Geliebte des Ehemanns gehen sollen, über zehn Schnitte im Schuss-Gegenschuss in beiden Einstellungen immer an exakt derselben Stelle der Kadrage platziert (4 und 5). Dies verleiht den Perlen eine solche Präsenz, dass auf eine Detail-Einstellung verzichtet wird. Auch CITIZEN KANE[331] wendet dieses Prinzip virtuos an, wenn in der Anfangsmontage das erleuchtete Fenster des Sterbezimmers bei den Überblendungen der sich nähernden statischen Einstellungen immer an derselben Stelle der Kadrage bleibt – selbst bei der Spiegelung im Wasser.

Aber bleiben wir noch kurz bei dieser zweiten Einstellung auf Freder (6), verdeutlicht sie doch, wie im Vergleich mit dem Mabuse-Film unterschiedliche Aussagen durch die Bildgestaltung gestützt werden können. Freder bewegt sich nicht nur, um ins Bild zu treten oder einen Ortswechsel vorzunehmen, der Gang selbst gehört zum Schauspiel. Dieses unberechenbare Element der Bildgestaltung, die Bewegung, wird nun selbst zur Darstellung, zum Ausdruck, und nicht mehr nur akzeptiert. Dies wird deutlich, wenn wir dieses Bild mit dem Gang des hypnotisierten Hull vergleichen (1-44). Auch er kommt auf die Kamera zu, doch durchschreitet Hull keinen Raum, er hat nur einen Auftritt am neuen Motiv. Der Raum und selbst sein Gang sind für sein Spiel eher hinderlich. Das Gegenteil gilt für Freder. Wieder ist die Ausstattung nicht sonderlich detailverliebt, aber die Kamera erreicht durch ihren Standpunkt eine perspektivische Wirkung, selbst einen Vordergrund, von dem Freder leicht angeschnitten wird, und so erzeugt die Kadrage ein Raumgefüge, das erkundet werden will. Das Licht hilft, um durch Abschattierungen der hellen Flächen einen besseren Übergang zu den vielen dunklen Par-

330 USA 1937. Regie: Sydney Franklin.
331 USA 1941. Regie: Orson Welles. Kamera: Gregg Toland.

Bild 3-2 bis 3-9

tien der vorherigen Totale zu schaffen. Auch beim Licht denkt Freund wie beim Perlen-Beispiel in Einstellungsfolgen.

Nun zur nächsten Einstellung, Freders Subjektive auf die Moloch-Maschine (7). Kettelhut erinnert diese an einen überdimensionierten Dieselmotor eines Überseedampfers. Dieser eher technischen Beschreibung könnte man auch die Assoziation an eine mystische Kultstätte der Maya entgegensetzen (8) oder an den 1914 gedrehten Film CABIRIA (34), der ja auch schon bei den autonomen Bewegungen Ideenlieferant war. Eine überaus steile Treppe führt fast vom unteren Bildrand zur Mitte, über der sich ein schlundartiger Durchblick auf horizontal rotierende Kurbelwellen mit gewalttätigen auf- und niederfahrenden Pleuelstangen öffnet. Die Treppe flankieren symmetrisch angeordnete, loggia-artige Vertiefungen, die zweigeschossig um die horizontale Mittellinie stehen und rhythmisch arbeitende Gestalten voneinander isolieren. In den beiden unteren Ecken befindet sich jeweils ein riesiger runder Kessel, der geysir-artig Dampf nach oben drückt, die Monumentalität stützt und die zwölf Menschen zu Puppen diskriminiert.

Beim flüchtigen Blick erscheint die Fotografie vertraut: frontal und symmetrisch. Selbst die Lichtführung stützt diesen Eindruck. Spots aus den oberen Ecken strahlen auf die Kesselrundungen und unterstützen nicht nur die Symmetrie, sondern verstärken auch die Räumlichkeit sowohl der Kessel, ihrer Form wie die der Raumtiefe ihres Standorts im Vordergrund.

Bei der Betonung des Raums durch die Lichtführung wird gerne auf die Luftperspektive zurückgegriffen. Diese besagt, dass Objekte im Hintergrund heller und kontrastärmer erscheinen, da wir durch mehr Dunst hindurchschauen. Diese schlichte Erkenntnis hat unsere Wahrnehmung ähnlich stark beeinflusst wie die Tatsache, dass die Sonne nur einen einzigen Schatten erzeugt. So erwarten wir, dass dunkle Objekte uns näher sind als helle, was gut zu beobachten ist bei Durchblicken oder dunklen Vordergründen.

Beim Mabuse-Film konnten wir auch die Umkehrung dieser Regel beobachten: Vorne die an-, oder sagen wir es freundlicher: ausgeleuchteten Personen, dahinter der im Licht abfallende, dunkler werdende Hintergrund, oft mit einem Fenster, der diesen Lichtabfall kaschieren soll. So entsteht ein eher bühnenartiges Raumgefühl, das die Darsteller betont, die Atmosphäre aber unterdrückt (9).

Es gibt noch einen weiteren, vielleicht entscheidenden Unterschied zum Vortragssaal: Die Kamera ist geneigt, schaut nach oben. Was wie eine banale Beobachtung anmutet, hat aber weitreichende Folgen für die Dramaturgie: Es gibt dem Bild eine Erzählperspektive, und die entspricht der von Freder. Die Formalisierung muss der Dramaturgie Konzessionen machen, denn es soll von der Übermacht dieser Maschine und ihrer vernichtenden Kraft erzählt werden. Da hilft es, standhaft auf Augenhöhe Freders zu bleiben und uns zu zwingen, nach oben zu blicken, und durch das simple Hochschwenken der Kamera wird das Staunen des Betrachters Freder auf uns reflektiert.

Die Schönheit der Monotonie

Die nächste Einstellung entspricht deutlicher dem Verständnis eines subjektiven Blicks: Untersichtig vom Standpunkt des Betrachters zur Maschine hochschauend, doch nur einen Ausschnitt einfangend, weil der Winkel für die Betrachtung nicht gut gewählt scheint, was genau den Eindruck der Subjektivität untermauert. Bildgestalterisch öffnet sich ein Lehrbuch mit Vordergrund und Diagonalen. Keine Linie verläuft parallel zur Bildkante. Der Schrecken des Motivs scheint gebannt, das schöne Bild hat gesiegt (10). Nach nur drei Sekunden der Schnitt. Die Untersicht und die Ausschnitthaftigkeit bleiben, aber der raumgebende Vordergrund fehlt und die Dampfsäule kann dies nur ungenügend ausgleichen, dafür springt die Dunkelheit des linken Vordergrunds im vorherigen Bild nun auf die rechte Seite und schafft einen Kontrapunkt für den Schnitt (11). Eine kleine Montage bahnt sich an im Drei-Sekunden-Takt, folglich Schnitt zurück ins vorherige Bildgefüge. Der dunkle, schattenstrukturierte Vordergrund schiebt sich nun aus der linken unteren Ecke diagonal ins Bild, bis dahin, wo zwei Bilder zuvor die Treppe abgebildet war (12), die grafische Anordnung bleibt erhalten. Ein kleiner Höhepunkt, denn schon mit dem nächsten Schnitt entfernen wir uns wieder, sehen sechs Kabinen, dem Schnittrhythmus entsprechend diesmal wieder frontal, aber weiterhin untersichtig, die Dampfsäule wandert in die Mitte, ohne Symmetrie aufkommen zu lassen (13). Mit dem nächsten Schnitt sind wir wieder da, wo diese Minimontage aus vier Bildern begann, in der vertrauten untersichtigen Totalen, die als Subjektive beginnt und sich kontinuierlich zu einer Art *Establisher* wandelt und in kritischen Momenten gerne als Zwischenschnitt dient, ohne aber die Aktionen zu erzählen (wie 7). Die Bilder sind grafisch gebaut, aufeinander bezogen, als sollten sie später Nilsen – einem Freund Eisensteins – zu seinem Lehrbuch[332] Beispiel geben.

332 Vgl. Nilsen o.J. Besonders Kapitel 4: The Elements of Shot Composition.

Bild 3-10 bis 3-15

Hier beginnt nun ein neuer kleiner Handlungsfaden, der uns ins Innere der Maschine führt und somit auch wegführt von Freder, den wir nur am Anfang kurz sahen und mit dessen Augen wir doch alles betrachten.

Es fällt auf, dass sich die Formalisierung der Montage vor die Erzählung schiebt, aus der Subjektiven Freders wird hier eine vom Inhalt losgelöste, ästhetisch ansprechende Abfolge von stimmigen Einzelbildern, die uns den staunenden Freder vergessen lässt. Das wäre natürlich nach nur 13 Sekunden leicht zu übersehen, wenn es nicht symptomatisch für diesen Film wäre. Selbst in den hochdramatischen Szenen, in denen die Arbeiter – eigentlich müsste man bei dem Beispiel »Pöbel« sagen – in wilder Zerstörungswut die lebensnotwendigen Maschinen selbst zerstören (14), wenn die zurückgelassenen Kinder dadurch zu ertrinken drohen, bevor die richtige Maria anstelle der falschen auf dem Scheiterhaufen zu landen droht, entstehen immer wohlgestaltete Bilder. Je gewaltiger die Massen, desto ornamentaler ihre Präsentation. Das zerstört nicht nur die Emotionen, es verhindert auch die Spannung, ohne der Versachlichung zu dienen. Das Ornament kulminiert in einer Schlussapotheose, wenn die keilförmig angeordnete Masse, geführt vom Vorarbeiter, zum Friedensgespräch vor der Kirche anrückt (15). »Das Ornament ist sich Selbstzweck.«[333] Das gefiel schon damals nicht jedem:

> Mit größten Erwartungen ging man in diesen Film; Einzelheiten faszinierten; das Ganze enttäuschte. Der Film – sogar dieser, erst recht dieser – ist keine Frage des technischen Könnens mehr. Man kann heute sehr viel. Auch Fritz Lang kann sehr viel. Aber einen Weltanschauungsfilm ohne Weltanschauung zu drehen, das ist mit keinem Können der Welt zum Gelingen zu bringen. [...] Fritz Lang stilisiert diese Unterlage und läßt die Bildmotive sich schlagen. Bald mittelalterlicher Totentanz, bald moderner Totentanz. Bald eine Zeitanregung, bald eine Bildungsanregung, aber niemals die Orientierung vom Stoffe her. [...] Effekte, nicht weil Weltanschauungen zu Explosionen drängen, sondern weil der Film seine Tricks will.[334]

Wenn in Metropolis die Akteure zu beweglichen Statuen mutieren, wenn sie zum Dekorationsteil, zum Ornament degradiert werden, dann ist keine Emotionalisierung möglich. Es gibt auch keine Einsicht mehr in das Handeln der Figuren, denn hier werden die Charaktere zur Geste. Die Menschen verwandeln sich in Schablonen, die wie Verschiebeelemente eingesetzt werden, und trotz Zentralperspektive oder Vordergrund entstehen zweidimensionale Bilder, die nur als grafisches Gefüge funktionieren, sinnentleert, aber auffällig, gefällig, als schönes Bild. Die Symmetrie verwandelt sich in ein inhaltsleeres Ornament. Gelang es noch im Dr. Mabuse der Form eine inhaltliche Komponente zuzusprechen, so korrumpiert die Bildgestaltung nun jede Aussage. Das Schreckliche gerinnt zum Schönen. Selbst diese ästhetischen Kulminationspunkte sind nicht unterschiedlichen erzählerischen Ebenen oder auch nur sozialen Gruppen zugeordnet, sie sind so mosaikartig über den Film verteilt, dass man es für Zufall halten muss – oder für eine wenig gesteuerte Suche nach der passenden Form. »Der Ort, den eine Epoche

333 Kracauer (2017): *Das Ornament der Masse.* S. 52.
334 Ihering (1927): Der Metropolisfilm.

im Geschichtsprozeß einnimmt, ist aus der Analyse ihrer unscheinbaren Oberflächenäußerungen schlagender zu bestimmen als aus den Urteilen der Epoche über sich selbst.«[335] Sicher kann man diese Reduktion auf das Ornamentale auch als Veräußerung der Unmenschlichkeit des vorgegebenen Herrschaftssystems interpretieren, aber es fehlt die kritische Distanz, nicht nur gegenüber den dargestellten Zuständen, dem dumpfen Trott, der naiv menschelnden Anführerin Maria und dem treuen Wärter der Herzmaschine Grot (Heinrich George), quasi den proletarischen Eliten, sondern besonders gegenüber dem eigenen ästhetischen Perfektionierungswahn. Das Ornament wird gefeiert, der menschliche Ausdruck bleibt auf der Strecke. Grob führt aus einer Filmkritik von Kurt Pinthus zu METROPOLIS in *Das Tagebuch* an, Lang sei kein Schauspielerregisseur, sondern Bildregisseur, er gehe immer aufs Monumentale der Figuren, nicht aufs mimische Herausarbeiten innerer Vorgänge. Später werden auch Erika und Klaus Mann zu Fritz Lang zitiert, seine »gewisse Neigung zum Leer-Monumentalen, zum Allzu-Prächtigen, Überdimensionierten.«[336]

Montage gegen Bildgestaltung

Seit 45 Sekunden sind wir mit Freder in der Maschinenhalle und stehen nun vor einem weitaus komplexeren Schalt- und Kontrollbrett als wir bisher zu sehen bekamen: Messinstrumente, Drehknöpfe, teilweise flackernde Glühbirnen. Leicht schräg schauen wir mit nicht geneigter Kamera leicht unter Augenhöhe von links auf die durch einen Scheinwerfer hell erleuchtete plane Fläche, die Bildränder sind leicht vignettiert. Davor ein Arbeiter mit dem Rücken zu uns, an der Wade geschnitten, aber mit Luft über dem Kopf, er bewegt sich hektisch, zackig von den linken Kontrollanzeigen der Messinstrumente zu denen nach rechts (16). Nach gut drei Sekunden springen wir in der Achse näher, der Mann ist jetzt an der Taille geschnitten. Im Zentrum eine mit dunkler Flüssigkeit gefüllte Röhre, die schon mit dem nächsten Schnitt aus der Bedeutungslosigkeit gerissen werden wird. Aber zuerst wendet sich der Arbeiter wieder der linken Seite zu, er kommt dadurch näher, die Kamera korrigiert durch horizontalen Schwenk und lässt ihn mit einer erschöpften Drehung ins Profil an die untere Bildkante abrut-

335 Kracauer (2017). S. 50.
336 Grob (2014): *Fritz Lang*. S. 146 und S. 225.

schen; kurz sehen wir in sein Gesicht. Die Räder, die er wohl drehen müsste, dienen ihm jetzt nur noch als Griff (17). Nun die Mess-Röhre, exakt kadriert, in der Höhe bildfüllend und zentriert, nur die verschiedenen Beschriftungen verhindern Symmetrie. Die Flüssigkeit steigt (18). Zurück in die vorherige Einstellung, der Mann versucht mühsam, sich hochzurappeln (19). Schnitt, fast nah und von der Röhre aus gesehen, um seinen Blick zu betonen, schaut die Kamera von oben auf seinen scheiternden Versuch, sich emporzuziehen. Er blickt hoch zur Röhre und damit nah an die Kamera, Panik verzerrt sein Gesicht (20). Schnitt, die Röhre nun in einer Subjektiven,

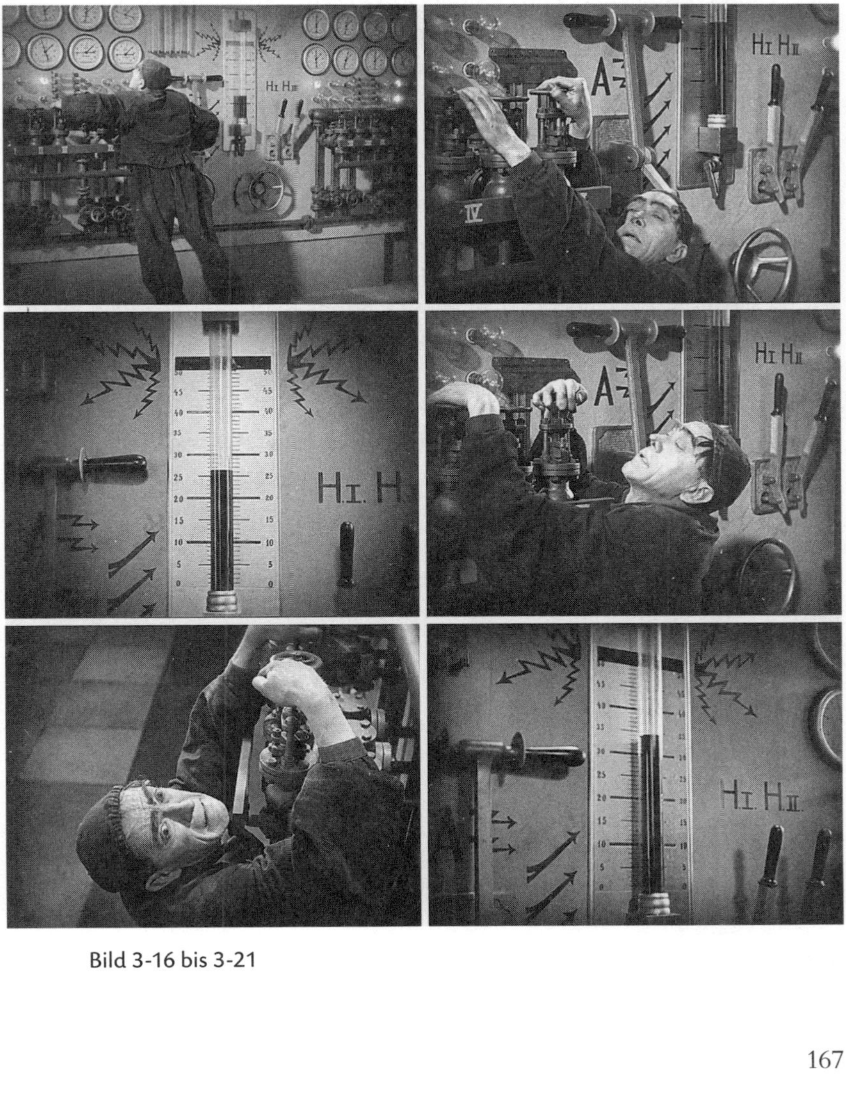

Bild 3-16 bis 3-21

leicht seitlich und etwas von unten als Konzession an seine Blickrichtung. Die Röhre füllt sich weiter (21).

Zurück in die Aufsichtige, der Mann zittert, bäumt sich auf, will zur Röhre langen und greift Richtung Kamera, er verliert Halt und fällt nach vorne (wie 20), Schnitt in dieser Bewegung: Detail mehrerer Drehräder, seine Hand fällt plump darauf, kann sich nicht halten und saust nach unten aus dem Bild (22). Nun wieder die frontale Einstellung von der Messröhre, die Flüssigkeit nähert sich einem breiten, schwarzen Balken (wie 18). Unerwartet, aber zur Förderung der Spannung springt die Kamera nun ins Off, in die vertraute Totale der Moloch-Maschine (23). Wir können die Ereignisse nicht weiterverfolgen, ergänzen sie aber in unserem Kopf dramatischer als sie zu zeigen wären. Auch steigt die Erwartung, da wir Böses ahnen, aber am Geschehen keinerlei Teilhabe mehr haben. Wir sind zum Warten verurteil, lange acht Sekunden passiert nichts, nachdem wir gerade an einen Drei-Sekunden-Takt gewöhnt wurden. Dann der Schnitt zurück auf die Röhre, es fehlt noch etwas (wie 18). Gleich wieder in die Totale, diesmal kürzer, nur fünf Sekunden, im Bild scheint alles im alten Trott (wie 23). Dann überraschend die bekannte Einstellung auf Freder, er tritt neugierig näher und damit in die vermeintliche Gefahrenzone. Seine Blickrichtung hat gewechselt, er schaut jetzt rechts oberhalb an der Kamera vorbei (24). Noch einmal in die Totale, nur für zwei Sekunden (wie 23). Die Flüssigkeit hat den Balken erreicht (wie 18), in der Totalen schießt Dampf auf die Pleuelstangen und das Unheil nimmt seinen Lauf (25).

In nur 50 Sekunden mit 15 Schnitten, aber nur acht unterschiedlichen Einstellungen, von denen wir zwei sogar schon kennen, wird die Katastrophe vorbereitet. Einmal dramatisieren kurz die Kadragen, wird die objektive Erzählung verlassen, wenn von oben die geneigte Kamera auf den erschöpften Arbeiter blickt und das anschließende Detail untersichtig als seine Subjektive von der Röhre geschnitten wird. Aber es geht nicht um die Identifizierung mit dem Arbeiter, das Erzähltempo soll durch veränderte Perspektiven verschärft werden. Auch geht es nicht mehr um die Grafik, das »schöne« Bild, hier sind die Einstellungen funktional. Die Hand, die keinen Halt findet, entsteht wie alle Einstellungen nicht als Resultat der *Master-shot*-Technik, sondern als eine Konstruktion eines *Storyboards*, das die Gestaltung der einzelnen Kadrage wenig berücksichtigt. Variation bedeutet Ruhelosigkeit. Die Bildgestaltung greift zu Standards, die bei Freund auf hohem Niveau stehen und somit ästhetisch nicht abrutschen. Spannung entsteht durch Tempo, Rhythmus des Schnitts, die Kameraarbeit bedient, liefert Material. Mehr Bildgestaltung, Kamerabewegung oder gar Licht (das hier ja

Bild 3-22 bis 3-25

überhaupt keine Rolle spielt) würde die stark rhythmische Wirkung der Montage und damit die Spannung nur zersetzen. Hier weiß der Regisseur Lang, wie der Schnittmeister Lang montieren wird. Die optischen Akzente haben noch zu warten.

Konfrontation von Dramatik und Stilisierung

Die Totale mit dem austretenden Dampf steht nur eine Sekunde, dann der Schnitt in eine Amerikanische auf einen sich im Dampfstrahl vor Schmerzen aufbäumenden Arbeiter, der sich weg und zur Kamera hin dreht, dem Strahl aber nicht entkommen kann, zusammenbricht, was wir durch den schnellen Schnitt aber nur vermuten können (26). Auch, dass dieser Arbeiter aus einer der Loggien kommt, auf die die Kamera schräg blickt, erschließt nur eine längere Betrachtung des Standbilds, im Film sehen wir die Einstellung nur eine gute Sekunde. Aber dieses Es-nicht-richtig-Sehen, es verpasst zu haben, schafft Anspannung und Spannung. Plötzlich steht Freder in einer Halbtotalen eines völlig abstrakten Umfelds (27). Hinter ihm frontal zur Kamera eine unstrukturierte graue Wand, die sich nicht ganz bis zur oberen Bildkante streckt. Er läuft warnend gestikulierend auf die Kamera zu, den Blick weit oberhalb rechts der Kamera, aber er schafft kaum zwei Schritte, da setzt sich die Kamera rumpelnd in Bewegung, fährt wenige Schritte auf Freder zu, der weicht sogleich reagierend nach hinten aus, die Arme zum Schutz bewegend, und Mitten in dieser Bewegungssymbiose aus Kamera und Schauspiel liegt der Schnitt nach insgesamt knapp zwei Sekunden.

Was für eine Fahrt! Fliegt hier das Bild nun selbst vom heißen Dampf getrieben auf Freder zu? Springt Lang über den eigenen Schatten seiner Bewegungsphobie? Und was wird hier durch diese »Kamerabewegung [...] zum Ausdruck«[337] gebracht? Leicht von oben schauen wir auf Freder hinab, von dort, wo Schreckliches suggeriert wird, und plötzlich nähert sich ihm die Kamera wie eine Druckwelle, aber deutlich schwerfälliger als heißer Dampf. Freder weicht aus, sowohl vor dem, was er sieht, als auch vor der Kamera, und traut sich am Ende nicht mehr hinzusehen. Kein Entkommen ermöglicht das veränderte Motiv, der Treppe als Fluchtmöglichkeit beraubt, die es in seiner vorherigen Einstellung noch hatte (24). So macht die plane Wand Sinn, gibt eine dramaturgische Aussage: Er ist gefangen. Und die Fahrt treibt ihn dazu in die Enge. Offensichtlich kann Lang dies nicht am ursprünglichen Motiv zeigen, er braucht diese räumliche Abstraktion; die Andeutung von Treppe, Vordergrund oder Geländer verwässert die Aussage, ist zu viel Naturalismus selbst in dieser kargen Form. Die Stilisierung isoliert Freder aus der Alltäglichkeit der Katastrophe.

Das, was bei Hitchcocks Psycho[338] hinter dem Duschvorhang gefeiert wird, dass wir einem Mord mit einem Messer beiwohnen, aber nie einen einzigen Stich sehen und trotzdem von der Tat überzeugt sind, ja sogar mehr in den Bann gezogen werden, als wenn wir sie tatsächlich beobachtet hätten, dieses optische Erzählen mit kleinen – und auch sehr abstrakten – Details, die sich dann im Kopf zu etwas viel Gewaltigerem addieren, als ein sichtbarer Vorgang liefern könnte, wird hier begonnen. Die Brutalität findet im Kopf des Betrachters statt, darauf wird hier gebaut, aber mit den folgenden Bildern nicht weiter verfolgt.

Andererseits verliert die Fahrt mit dieser Abstrahierung genau das, was in Der letzte Mann zu bewundern ist: Ungezwungenheit und Leichtigkeit. Die Selbstverständlichkeit, mit der die Kamera sich dort bewegt, gerade

337 Zitat Lang. In: Bogdanovich (2000). S. 235.

338 USA 1960. Regie: Alfred Hitchcock. Kamera: John L. Russel. Szene mit Janet Leigh und Anthony Perkins nach etwa 45 Minuten

Bild 3-26 bis 3-31

etwas nicht oder nur nebenbei »zum Ausdruck bringen« will, nimmt den Kamera-Bewegungen die pädagogische Schwere, ihre Eindeutigkeit. Hier lastet die Fahrt schwer auf dem Schauspiel.

Dann wird uns doch das Ereignis vorgeführt. Für knapp zwei Sekunden sehen wir eine Totale – nicht die bekannte, aber eine zum Verwechseln ähnliche –, Dampf strömt aus vielen Ecken, einige Arbeiter sind noch im gewohnten Rhythmus, einer fliegt von rechts oben auf die Rampe in Treppenmitte (28). Der Schnitt zeigt uns ein mit Qualm gefülltes Bild für knapp zwei Sekunden, nur im rechten oberen Viertel erkennen wir im Hintergrund die Maschine, zwei Arbeiter rauschen von oben nach unten durch das Bild (29). Noch einmal nur zwei Sekunden die vorherige Totale, links fliegt ein weiterer Arbeiter nach unten, durch die Geschwindigkeit erahnt man die Schnüre, an denen er hängt. Am oberen Ende der Treppe bricht ein anderer Mensch zusammen (wie 28). Jetzt wieder Freder, es könnte das Ende der Fahrt sein. Aus dem Liegen rappelt er sich wieder auf, Augen geschlossen, eine Hand am Rücken, die Kamera mit einer kaum merklichen Schwenkkorrektur nach oben (30). Dann eine neue Einstellung, tiefstehend und schon den möglichen Blick des kauernden Freders antizipierend, schauen wir leicht schräg auf das untere Ende der Treppe, ihr oberes Ende im Dampf nur erahnend. Ein Arbeiter versucht, sich die Kleidung vom Leib zu reißen – Hitze wird erzählt –, einer stützt einen anderen, zwei hetzen nah an der Kamera durchs Bild, wieder andere stürzen (31). Im Takt geht der Schnitt zurück auf Freder, der sich aufrichtet, und die Kamera begleitet dies in professioneller Schnelligkeit (wie 30).

Interessant, dass hier gar nicht der Versuch gemacht wird, die beiden Welten zusammenzubringen, durch Dampf, irgendwelche Requisiten oder nur Muster auf der Wand hinter Freder. Die optische Auflösung entspricht der beim Warten im *Folies Bergères*: Es gibt die Bühne, hier Moloch-Maschine, und die Betrachter, hier nur Freder. Die Verbindung schafft allein die kurze Rumpelfahrt. Lang gibt den von Ihering kritisierten »stilisierenden Film« nicht auf und wendet sich trotzdem dem »Bewegungsfilm« zu. Vielleicht braucht Lang diese Abstraktion, um sich dem Schauspiel nähern zu können. So werden wir nun Zeuge der Geburt der Empathie seiner Hauptfigur, die zum Motor der Dramaturgie des Films wird.

Die Darstellung der Vision

Mit dem Schnitt offenbart sich ein weiteres Interesse Fritz Langs, die Sichtbarmachung innerer menschlicher Vorgänge. »Vielleicht wird es mir gelingen, in METROPOLIS noch stärker als in DR. MABUSE […] zu beweisen, dass auch – was oft bestritten wird – der Film die Möglichkeit hat, seelische Vorgänge bloss zu legen und so die nackten Geschehnisse psychologisch zu fundieren.«[339] Eine weitere Wurzel für den folgenden Verlauf der Szene könnte Béla Balázs' Postulat sein, das er etwa ein Jahr vor Beginn der Dreh-

339 Spitzer (1925): Fritz Lang über den Film der Zukunft. S. 34.

Bild 3-32 bis 3-35

arbeiten zu METROPOLIS formuliert, »die Arbeit als Gegenstand der Kunst« zu machen, und damit liefert er eine Art Blaupause für das Kommende: »ihre unmenschliche Sinnlosigkeit ist zu solch einem unheimlichen Entsetzen gewachsen, daß die Maschine, die menschenfressende Maschine, die dämonische Lebendigkeit eines gespenstischen Ungeheuers bekam.«[340]

Für fast fünf Sekunden schauen wir in einer neuen Totalen von erhöhtem Standpunkt auf die Maschine, ihr Zentrum vom Dampf verdeckt. Eine Überblendung lichtet leicht den Dunst und lässt über dem oberen Ende der Treppe eine Fratze mit weit aufgerissenem Mund und Augen erscheinen (32). Sofort sehen wir Freders Reaktion in einer Halbnahen, er versucht einen entsetzten Ausruf (33), der unmittelbar aus einzelnen Buchstaben zu »Moloch« grafisch generiert wird. Und schon sind wir wieder für acht Sekunden in dieser Totalen, minimal entfernter, so als hätte jemand am Zoomhebel den Ausschnitt etwas weitwinkliger gestellt. Das überrascht, denn die Aufnahme wird nach dem Schüfftan-Verfahren erstellt und da kann man nicht mal eben die Kamera etwas versetzen, es belegt eher das unermüdliche Korrigieren,

340 Balázs 2001 [1924]. S. 58.

gar Wiederholen von Einstellungen oder auch nur den Unterschied zwischen Real- und Trickaufnahme.

> Das Hauptaugenmerk bei den Schüfftan-Aufnahmen ist auf die ganze Einstellung der Kamera und die Ausleuchtung der Modellbauten zu legen. Besonders kompliziert waren die Visions-Aufnahmen von der Moloch-Maschine, die gleichfalls mit Hilfe des Spiegeltechnik-Verfahrens gemacht wurden. Modellaufnahmen erforderten sowohl beim Bau des Modells wie bei der Ausleuchtung des Bildes und der Einstellung des Apparates besondere Genauigkeit.[341]

Präziser wird dann aber vom patentierten Verfahren nichts verraten, zu groß wohl die Angst vor Nachahmern oder vor der Zerstörung des eigenen Nimbus'. Am Ende der Vision wird die Totale noch einmal erscheinen, wiederum minimal entfernter. Eine weitere Überblende verwandelt die riesigen Kessel in den unteren Ecken zu wuchtigen Pranken einer sphinx-ähnlichen Figur, während aus dem Dunkel der unteren Bildkante sich Menschenmassen über die nun nicht mehr geteilte Treppe nach oben quälen (35).

Auch das Licht ist verändert. Beleuchtet es bis zum Zwischenfall eher hell – »Arbeitslicht« –, trotzdem raumbetonend, so verwandelt die Vision die Ausleuchtung nun in ein dramatisierendes Effektlicht. Die Fratze steht in einem grellen Unterlicht, das kaum das Umfeld erreicht, den Dampf aber gewaltig aufbläht, wobei der mit der Überblende völlig verschwindet. Das Licht bleibt auflichtig, die einzelnen Scheinwerfer sind durch Abdeckungen (Fahnen) in ihrer Strahlung so eingeengt, dass Lichtflecken von unterschiedlicher Helligkeit entstehen. So liegt der Treppenfuß in Dunkelheit und der aufgerissene Schlund, dem die Menschen auf der Treppe zugetrieben werden, ist von einem leuchtenden Weiß, das die beiden flankierenden Wärter fast überstrahlt, so in der nach 2008 rekonstruierten Fassung. Diese Art der Kontraststeigerung nicht durch Gegen- oder Seitenlicht, sondern durch Abfahnen hatten wir in der nächtlichen Straße bei Dr. Mabuse kennengelernt.[342] Kanten sind nur am Anfang in der ersten ganzfigürlichen Einstellung auf Freder zu finden, wenn die Treppe den Hintergrund ziert, und einmal noch im Folgenden.

Überraschender wirkt die Halbnahe Freders vor dessen »Moloch«-Ausruf (33). Bei Dr. Mabuse hatten wir ausgiebig die Subjektive und den POV besprochen und auch, wie dies oft in diesem Film an eine Raumlosigkeit der

341 Rittau (1926). S. 22.
342 Vgl. Kapitel: *Die Nacht des Carl Hoffmann.*

Darstellung gebunden wird. Doch hier erscheint es uns in Reinform: Der völlig vom Raum freigestellte Freder schaut fast in die Kamera, so als hätte er Mascelli gelesen, dann der Schnitt in seine Vision. Es wird interessant sein, zu verfolgen, ob in Lang-Filmen sich der POV lösen kann von einer psychologisierenden Dramaturgie, ob er immer an dieses Hineinblicken und Herauskehren des Innersten der Protagonisten gebunden bleibt oder sich banalisieren kann zum schlichten Instrument einer Identifikationssteigerung mit dem Darstellenden im Mascelli'schen Sinne. Heutige Filme nutzen den POV inflationär als Standard der Porträtaufnahme, völlig unabhängig von inhaltlichen Erzählstrukturen.

Schon die nächste Halbnahe (wie 33), die wie die Fortsetzung der vorherigen Halbnahen wirkt, zeigt lange sechs Sekunden Freder verängstigt an die Wand gepresst, am Ende die Hände in Abwehrhaltung, der Blick nah an der Kamera. Dann der Ransprung an den fast bildfüllenden Schlund, leicht untersichtig. Zwei nur mit einem langen Rock und einer kopfverdeckenden Maske bekleidete Figuren schmücken gestenreich den Eingang, drei andere mit breitem Gürtel und knappem Helm ziehen kahlgeschorene Männer mit nacktem Oberkörper und gefesselten Händen von der Treppe über die Kante ins dampfende Weiß, wo sie nach unten verschwinden (36). Einiges erinnert wieder an Inkas, anderes an Sandalenfilme, der Fantasie werden hier kaum Grenzen gesetzt, für sechs Sekunden.

Dann eine überraschende Einstellung, so als hätte die Kamera vom vorherigen Standpunkt nur nach unten geschwenkt, schaut sie, und hier fällt die telige Wirkung stärker auf als in der vorherigen Einstellung, in einem engen Ausschnitt von oben auf die Treppe, über die die nackten Leiber nach oben gepeitscht werden (37). Nur drei Sekunden dauert die Einstellung und fällt doch aus dem Erzählfluss. Nicht, dass sie erzählerisch unlogisch wäre oder die Inszenierung oder ihr Ablauf unstimmig, es ist die Kadrage, die holpern lässt, die Zufälligkeit der Bildgestaltung, mit der hier aus einem Ablauf ein Teil herausgepickt wird, so, als hätte das zweite Team mal eigenständig drehen dürfen und sie nicht genug Informationen über die Bildästhetik bekommen. Dieses Ungestaltete ohne seitliche Rahmung, das durch die Beliebigkeit der Anschnitte entsteht, kennt keine Ordnung, wird einfach herausgegriffen aus dem Ablauf und lässt dadurch auch die Inszenierung als unkontrolliert erscheinen. Dadurch entsteht eine Art ungeschönter, realistischer, weil zufälliger Blick auf diese Geschundenen. Auch wenn Lang immer einen hohen Realismus-Anspruch formuliert, erscheint für ihn die Ästhetisierung dieser Realität nicht minder wichtig. Das Fehlen dieser Gestaltung ist es aber, das dieses Bild so authentisch erscheinen lässt und so falsch zwischen zwei Halbtotalen, die wie mit dem Winkelmesser auf Symmetrie getrimmt sind und trotzdem Freders Vision vorgaukeln. Aber diese Kadrage geht zu weit, besser gesagt, zu nah ran, wir und nicht mehr Freder sind plötzlich mittendrin. Vielleicht hat diese Unmittelbarkeit des Geschehens den Schnittmeister Lang weich werden lassen, vielleicht brauchte er aber auch nur eine andere Kadrage, um die beiden zu ähnlichen Halbtotalen verbinden zu können. Denn mit dem Schnitt sind wir wieder zurück in einer bedeutungsvollen Dekoration mit einem abschließenden Bord, das an zubeißende Zähne denken lässt (38). An der Inszenierung hat sich nichts geändert.

Wieder bei Freder in der bekannten Einstellung (wie 33), ein Schrei, dem kein Zwischentitel folgt, sondern eine minimal totalere Einstellung vom Ungeheuer (39). Die letzten Halbnackten werden hochgestoßen und während militärisch marschierende Arbeiterschaften folgen, überlagert die Arbeitswelt durch eine Überblendung die Tatzen, die Maschine wird wieder deutlicher, die großen Kessel dampfen, die Pleuelstangen werden sichtbar, nur der fratzenhafte Schlund bleibt (ähnlich 39). Am Ende sickert von oben eine Art Wischblende ins Bild, die aus Flüssigkeit zu bestehen scheint und die schlechten Fantasien wegspült: Ende der Vision.

Die Imagination präsentiert nicht das Resultat magischer Mächte, sondern wird von Freder selbst erzeugt, und es geht nicht darum, Macht oder Elend dieser Arbeitswelt zu erzählen, sondern den Sinneswandel oder besser den Bewusstwerdungsprozess bei Freder glaubhaft darzustellen. Der dramaturgische Motor wird gezündet und der »Moloch« muss, ja eben nicht auf ein sinnliches, sondern ein rationales Fundament gesetzt werden: Hier geht es zu wie bei den Sklaventreibern, den Inkas, den Sandalenträgern oder sonst wo. Als wäre das, was wir bis jetzt aus dieser Arbeitswelt sahen, nicht schon schlimm genug. Offensichtlich gibt es kein Vertrauen in die Macht der physischen Realität im Film, die Kracauer Jahre später beschreiben wird,[343] hier muss die Aussage noch auf den Wort-Begriff gebracht werden: Moloch. Wie anders stellen sich die »seelischen Vorgänge« des Portiers in Der letzte Mann dar. Nicht ein auf den Begriff »Moloch« gebrachter eindeutiger und schreckerregender Kurzfilm, sondern ein schwer fassbares emotionales und emotionalisierendes Bild (2-1), das nicht auf einen Begriff gebracht werden muss.

Freder kniet noch vor der Wand (40) und sieht mit dem abermaligen Umschnitt nun wieder die Originalmaschine, äußerlich unbeschadet, die an

343 Vgl. Kracauer (1964): *Theorie des Films. Die Errettung der äußeren Wirklichkeit.*

Bild 3-36 bis 3-41

vielen Stellen wie von weißem Schaum belegt scheint, dazwischen Arbeiter, die sich gegenseitig stützen (wie 25), aus sicherer Distanz betrachtet. Und dann schaffen Lang und Freund mit dem abermaligen Umschnitt auf Freder vor der grauen Wand doch noch eine Symbiose unterschiedlicher Welten, die des Molochs und die des Beobachters bzw. der Betroffenheit. Die Kamera steht entfernter von der Wand als wohl geplant, führt oben ihr Ende vor und zeigt eine Halbtotale (41). So entsteht genug Platz, dass sich zwischen Freder und der Kamera die Arbeiter als scherenschnittartige Silhouetten schieben können, die ihre verletzten Kollegen bergen. Auch das kennen wir aus der zitierten Situation im *Folies Bergères*, wo erst am Ende in einer Totalen der Bezug zwischen Bühne und Betrachter hergestellt wird (1-12). Hier formt sich ein grafisches Bild, das eine enorme Raumtiefe hat – ohne aber Raum zu zeigen –, und diese Differenz von Vorder- und Hintergrund, von Licht und Schatten, definiert auch Freders Ausgeschlossenheit aus dem Kreis, in den er eindringen möchte. Freder kann näher, aber nicht nahe kommen, ein letzter Blick auf die Maschine, die ihre rhythmische Tortur wieder aufgenommen hat, dann stürzt Freder von der Wand weg nach rechts aus dem Bild, nachdem er drei Minuten und 53 Sekunden zuvor die Maschinenhalle betreten hatte.

Rittau und Freund, Filmtrick und Wirklichkeit

Karl Freund zeigt sich nicht als Freund von Trickaufnahmen, fast trotzig widerspricht er Rittau im Pressebuch, das stolz die Effekte hervorheben will: »Die Riesenmaschinen von Metropolis explodierten in der Wirklichkeit, und unter der Hexe Maria wurde richtiges Feuer angezündet,« und ergänzt dann noch schnell »nicht zu sprechen von den hunderten Spielszenen, die selbstverständlich ohne jedwede Tricks aufgenommen wurden.«[344] Rittau berichtet ausführlich, aber leider nicht sehr detailliert von Modellbauten und

> hierzu gehören vor allem die Aufnahmen von der Hauptverkehrsstraße, wie diejenigen von der Explosion der großen Maschinenhalle und der Staubecken [...]. Bei einer anderen Modellaufnahme (Explosion der Maschinenhalle) dauerte die Herstellung und die Vorbereitung des Modellbaus 4 Wochen, die Aufnahme selbst, die nur ein einziges Mal möglich war, 1 1/2 Minuten. Das kleinste Versehen während der Aufnahme hätte die Arbeit von 4 Wochen nutzlos gemacht.[345]

Bei der Ungenauigkeit der Angaben müssen also beide nicht von derselben Explosion sprechen, so meint Rittau vermutlich die Explosion im letzten Teil des Films und Freund könnte auf unser Unglück anspielen, bei dem zwar sichtbar nichts explodiert, trotzdem aber anschließend im Zwischentitel von Explosion gesprochen wird. Man kann davon ausgehen, dass Freund sich wenig um die Tricks kümmert. Rittau geht darin auf: »Der Kameramann ist

344 Freund (1927): *Wie es gemacht wurde.*
345 Rittau (1988) [1926]. S. 22.

der moderne Zauberer. Für ihn gibt es kein ›unmöglich‹.«[346] Kreimeier beschreibt in seiner Geschichte der Ufa, dass diese »eigenartige Sprachlosigkeit« und diese »Mystifikation des Produktionsvorgangs, die Geheimnistuerei bei aller Mitteilsamkeit [...] zu den Tricks der Ufa-Propaganda«[347] gehörten. Freunds Zurückhaltung bei den Tricks mag an seinem engen Zeitplan liegen, aber auch »Lang war bei keiner dieser Trickaufnahmen dabei«.[348] Der Assistent Rittaus bei den Tricks, H. O. Schulze, ist auf jeden Fall begeistert.

> Modelle wie ein großes Studio. Das war die große Stadt Metropolis mit der Hauptverkehrsstraße und mit den vielen Straßen übereinander, wo Flugzeuge, phantasievolle Flugzeuge, hubschrauberähnliche, oder [...] luftschiffähnliche Flugzeuge durch die Straßen kurven. Viele, viele Autos, und dieses Modell haben wir in Einzelphasentechnik aufgenommen. Da waren etwa 15 Bühnenarbeiter beschäftigt. Und dieses Modell war auch progressiv perspektivisch in der Tiefe gebaut [...] Und da wurden dann in diesen verschiedenen Ebenen auch die bewegten Modelle von Flugzeugen und Autos perspektivisch verschieden groß angefertigt. Man tat so, als ob das bis dahinten durch ging, aber es war dann geschickt so gemacht, dass von der ersten Ebene die Straße über Häuserüberschneidungen ging, und dann kam die zweite Ebene, und dann kam das gleiche Auto oder Flugzeug hinten verkleinert wieder raus bis in die mittlere Ebene und dann noch mal verkleinert in die dritte Ebene.[349]

Die Faszination dieser Aufnahmen liegt heute nicht so sehr in ihrer Glaubwürdigkeit oder ihrer Undurchschaubarkeit, »dass sie ›gezaubert‹ sind«[350], sondern an der außerordentlich fantasievollen Arbeit.

Doch bevor wir diese genießen können, zeigt uns der Film noch zwei ungewöhnliche Bilder, die vom kontrastreichen Sonnenlicht erstrahlen nach dem diffusen Arbeitslicht der Unterwelt. Barry Salt würde METROPOLIS seiner Sechser-Liste expressionistischer Filme zufügen,[351] die folgende Einstellung erinnert mich eher an die Neue Sachlichkeit. Die Leinwand ist geteilt, die Kamera leicht nach unten geneigt, so laufen Senkrechte nicht parallel zum Bildrand. Auf der linken Hälfte eine dunkle Wand, die die Verbindung zur Fabrikhalle behauptet, vor der sich der hinunterstürmende Freder leuch-

346 Ebd.
347 Kreimeier (1992): Die Ufa-Story. S. 188.
348 Schulze (1983). Band 92, TC 08:54:15:
349 Ebd., TC 08:50:45:
350 Rittau (1988) [1926]. S. 22.
351 Vgl. Salt (1979): From Caligari to Who. S. 119. Oder Salt (1983). S. 197.

tend abhebt. Unten das Ziel von Freders Eile, eine makellos weiße Limousine, zu groß für diese Durchsicht. Eigentlich passt sie eher zum deutlich breiteren, repräsentativeren Eingang mit flacher Treppe auf der anderen Seite der glänzenden Vorfahrt. Dort schattiert ein Sonnenlichteffekt mit scharfer Kante den linken Teil des Motivs und lässt vergessen, dass der hell beleuchtete Freder im Vordergrund eigentlich aus einer dunklen Halle kommt (42). Schnell erreicht er das Fahrzeug, die väterliche Geborgenheit. Schnitt ins Auto, wir sehen links die grüßende Silhouette des Fahrers, rechts reißt Freder die Tür auf, ruft mit einem Zwischentitel »Zum neuen Turm Babel – zu meinem Vater« und setzt sich fast das gesamte Bild verdeckend vor die Kamera; doch schon fährt die Limousine an und wir müssen enttäuscht feststellen, dass wir nicht mitgenommen werden. Nur von außen hatten wir in den Luxus schauen dürfen (43).

Die Schwierigkeit der Kameraarbeit liegt darin, das Kontrastverhältnis der vorherigen Einstellung zu halten, denn darauf reagieren wir sensibler als auf Brüche der logischen Lichtführung, was hier bewiesen wird. Schon der hell angeleuchtete Freder stört wenig, auch wenn der Gang, durch den er läuft, nach dem Schnitt im Dunkeln liegt, wie wir aus dem Auto heraus sehen können. Wichtiger ist, dass auf den weißen Wänden vor dem Auto einige Sonnenflecken eine ähnlich große Leuchtkraft entwickeln wie in der Einstellung zuvor. Dass diese Flecken dort logisch nicht sein können, weil die Wand im Gegenlicht liegt, stört nicht, ja, ihr Fehlen wäre weitaus irritierender, besonders bei zwei so unterschiedlichen Bildgefügen. Wechselnde Kontrastverhältnisse irritieren, nicht Fehler in der logischen Lichtführung.

Fritz Lang erzählt Bogdanovich ein weiteres Beispiel:

> Angenommen, es ist Abend, und eine Frau liegt in ihrem Bett, den Kopf auf einem weißen Kissen, und ein Mann steht vor einer dunklen Wand. Jetzt kommt eine Großaufnahme von der Frau, die von der Nachttischlampe angestrahlt wird, und mit dem weißen Kissen hat man einen hellen Hintergrund. Jetzt schwenkt man hinüber zu dem Mann vor der dunklen Wand. Weiß – schwarz. Das ist ein Schock. Mit etwas Nachdenken und mit ein bisschen Experimentieren lernte ich, dass aufeinander folgende Nahaufnahmen mit jeweils gleichmäßig ausgeleuchtetem Hintergrund dagegen kein Schock für die Augen bedeuten.[352]

Dass zur Umsetzung dieser Erkenntnis konzeptionelles Denken gehört, beweist Freund. Nun kommen vier Einstellungen, die nur zu einem Teil Resul-

352 Bogdanovich (2000). S. 232–233

Bild 3-42 bis 3-45

tat der Kameraarbeit sind, sie entstammen vielmehr künstlerischen Dekorationsentwürfen, der kreativen Arbeit von Szenenbildnern (44, 45). Auch Fritz Lang macht Vorgaben. So vermerkt er auf einer Skizze von Kettelhut, dass die Kirche durch den Turm Babel zu ersetzen sei, was auch geschieht, wie Abbildung 45 belegt.[353]

In der Fabrikhalle wird eine Geschichte erzählt, weitgehend ordnen sich die Kadragen dem Erzählfluss unter, geben Informationen, manchmal fördern sie die Spannung. Zurück in seiner, Freders Welt, geht es um Atmosphäre, wohlkomponiert und sorgfältig geleuchtet. Der Handlungsablauf ist so banal wie unwichtig, auch wenn man bei dem einen oder anderen Modellauto den heimfahrenden Freder vermuten könnte. Hier geht es um die Demonstration dessen, was die eben gesehenen Menschen funktionstüchtig halten. Noch wird es nicht explizit gesagt, aber bei den späteren Auseinandersetzungen und Kämpfen kann dies hier Gesehene erinnert werden: die Häuserschluchten, der nicht abreißende Verkehr, die Gigantomanie und der

353 Vgl. Neumann (2019): Metropolis. S. 59 und 125 (Entwurf Kettelhuts mit Anmerkung Langs).

zum Leidwesen einiger bis heute noch nicht realisierte Flugverkehr in der Stadt. Diese Perfektion aus starrer Architektur und Bewegungsströmen wird in ebenso perfekte Bilder gegossen, die so unkorrigierbar erscheinen wie das, was sie zeigen.

Die Entdeckung des Filmbilds

Die folgende Szene zeigt eine sehr ungewöhnliche Mise-en-scène für METROPOLIS, vielleicht sogar für einen Fritz-Lang-Film bis zu diesem Zeitpunkt überhaupt: interagierende, parallel ablaufende Handlungsstränge zwischen verschiedenen Hauptfiguren, die Nutzung des Raums durch die Darsteller, Hineinziehen der Kamera ins Geschehen und das Abwenden des Schauspiels von der Kamera. Und dies alles in einer Szene. Wir werden Zeugen der Beziehung – oder besser: der Nicht-Beziehung – Freders zu seinem Vater, wie dieser die Welt beherrscht und wie Freder einen ersten Dulder seines frisch aufkeimenden Altruismus findet.

Es beginnt mit einer Aufblende und wir schauen in ein helles, repräsentatives Großraumbüro, dem die Vignette auch in den folgenden Einstellungen trotz aller Fensterfronten und Modernität die Strahlkraft nimmt. Der runenartig gemusterte Boden beansprucht bei erhöhtem Kamerastandpunkt und nicht geneigter Kamera etwas mehr als die untere Bildhälfte. Die hintere Wand wirkt weit entfernt und reicht fast vom rechten Bildrand bis über die Mitte nach links und wird ab da verdeckt durch ein davor stehendes, parallel verlaufendes Wandteil, und wie üblich steht sie frontal zur Kamera. Doch durch diese Verdeckung verliert die Rechtwinkligkeit ihre Aussagekraft wie durch den schrägen Blickwinkel die Anfangstotale der Arbeitswelt (2): Raum wird gezeigt. Drei Elemente beherrschen den Hintergrund, in der Mitte ein Tisch mit einer darüber angeordneten Anzeigentafel, auf der in sechs senkrechten Reihen Zeichen von oben nach unten laufen; rechts steht ein unscheinbares Gerät für einen visionären Trick, der damals viel Aufmerksamkeit erregt, ein Fernseh-Telefon, dass aber in dieser Szene keine Bedeutung haben wird; dazwischen reckt sich eine Tür nach oben, ohne eine Decke erahnen zu lassen, demonstriert Größe und Reichtum. Der Raum ist spärlich mit überdimensionierten Objekten möbliert. Im rechten Mittelgrund dominiert ein nach hinten laufender rechteckiger Arbeitstisch mit rundem Vorsatz, abschließend begrenzt von einem monströsen sichelförmigen Schreibtisch, dem Arbeitsbereich des Vaters und Chefs Johann »Joh« Fredersen.

Verloren wirken die fünf Personen im riesigen Raum, am rechten Arbeitstisch ein stehender Mitarbeiter mit dem Rücken zu uns, rechts daneben zwei sitzende, kaum wahrnehmbar im Mobiliar, im Hintergrund unter der Tafel Fredersens Assistent Josaphat (Theodor Loos), davor auf uns zukommend der Vater Fredersen, diktierend. Ein klassischer *Establisher*, den wir so nicht wieder sehen werden (46). Kurz bevor Fredersen den stehenden Mitarbeiter erreicht, kommt der Ranschnitt an diesen, um 90° versetzt, so dass wir ihn nun rechts kadriert und halbnah im Profil sehen. Da die Kamera leicht von oben auf ihn schaut, sehen wir links neben ihm seine beiden Kollegen hinter dem Tisch sitzen. Alle Drei schreiben hektisch und konzentriert das Diktat (1 und 47). Mit dem Schnitt betritt Fredersen das Bild von links, kreuzt es und verlässt es gleich wieder auf der rechten Seite. Der Stehende hat gerade noch Zeit, eine Notiz auf den Tisch zu legen, da kreuzt Fredersen erneut, logisch von rechts.

Die Kadrage überrascht. Unmotiviert von oben zu schauen, die Personen knapp und ohne Sicherheitsabstand ins Bild zu nehmen – der Stehende ist am Rücken leicht angeschnitten –, vier Personen so eng in ein Bild zu rücken, das gibt es kaum bei Dr. Mabuse. Die Logik der Platzierung der Personen

Bild 3-46 bis 3-49

im Raum ist aufgehoben, dafür dass zwei hinter dem Tisch sitzen und einer davor steht, für dieses für Lang kühne Arrangement gibt es keine ersichtliche inhaltliche oder auch nur räumliche Motivation, nur eine bildgestalterische. Die Kamera richtet sich unvermittelt nicht mehr an der Dekoration aus oder dem Schauspieler, sondern dirigiert die Darsteller für eine ästhetisch stimmige Kadrage mit unterschiedlichen räumlichen Ebenen. Das Relief wird zerstört. Dass der Blick von oben auf kleine Angestellte auch dramaturgisch gewünscht sein kann, unterstützt die Bedeutung des Ausschnitts. Und dann die Inszenierung Fredersens, dieses Kreuzen im Vordergrund, dieses Ins-Off-Geraten und Zurückkommen, sie gibt dem Bild eine zusätzliche Spannung und bezeugt Fredersens Macht, jede Kadrage nach Belieben ignorieren zu können. Auch heute noch ist es nicht selbstverständlich, dass zum Sprechen des Dialogs noch eine weitere Tätigkeit kommt, nur das Gehen hat sich etabliert, wird selbst in Nachrichtensendungen überstrapaziert. Mabuse agiert statisch, er spricht oder denkt im Stehen oder Sitzen, an Tischen, in Türen oder Autos.

Mit dieser Kadrage wird eine neue Qualität der Mise-en-scène erreicht. Profil, Aufsicht, räumliche Trennung, Schauspielerbewegung verschmelzen zu einer Einheit und brauchen doch die vorherige und folgende Kadrage, um verstanden zu werden. Nicht mehr das Tableau oder ein Einzelbild wird arrangiert, sondern ein Filmbild, das als gestaltete Kadrage mit den Darstellern kommuniziert, den Raum fragmentiert und offene Fragen mit der vorhergehenden und den folgenden Einstellungen beantwortet. Das Tableau steht isoliert wie ein Gemälde an der Wand, das Filmbild braucht die Montage. Einzelbilder – wie jene mit denen Freder gerade durch die Stadt fuhr – sind Resultat einer an Auffälligkeit interessierten Kameraarbeit. Das Filmbild fordert eine dramaturgische und gestalterische Komplexität, die sich erst durch den Schnittzusammenhang ergibt. Aus der Abfolge herausgelöst, wirkt es gestalterisch durchaus banal, wird sich nicht durch Ästhetisierung vor die Erzählung stellen oder von ihr ablenken. Das Filmbild muss funktionieren, fordert und schafft eine neue Bilderzählung, wie wir mit der nächsten Einstellung sehen werden.

Denn als wären die Macher selbst darüber erschrocken, kommt mit dem Schnitt eine Kadrage wie ein Tableau, aber der neue Weg ist unumkehrbar. So sehr auch dieses Bildgestaltungsprinzip bekannt ist, muss es nun vor der neue Mise-en-scène kapitulieren, wird von ihr gesteuert, und wir sehen kein ästhetisiertes Bild zum Verweilen, sondern eine Kadrage zur Präsentation des Motivs, die von Fredersen durchschritten wird (48). Das Tableau verliert durch Inszenierung und Montage die Kontemplation und wird funktional.

Nun können wir uns mit dem nächsten Schnitt beruhigt einer neuen Figur zuwenden, Josaphat, dem Assistenten Fredersens. Er steht vor einer nicht nur uns verwirrenden Anzeige und macht ebenfalls Notizen, aber als höherer Angestellter nicht nach Diktat, sondern nach eigenen Erkenntnissen aus den vorüberziehenden Zahlenreihen, sichtlich überfordert durch die Arbeit oder das kommende Ungemach. Wir sehen ihn im Profil, doch meist wendet er sich ab von uns und hin zur Anzeige im Hintergrund (49).

Die Kamera springt in der Achse zurück, platziert Josaphat in der linken Bildhälfte und zeigt uns auch die Tür, die Fredersen fast erreicht hat. Die beiden Männer würdigen sich keines Blicks, sind zu sehr in die eigenen Aktivitäten verstrickt (50). Ein kahles Bild ohne Vordergrund, so als sollte die Theorie von der nicht ästhetisierenden Kadrage belegt werden, da kehrt Fredersen wieder um und kommt immer noch diktierend auf die Kamera zu in eine halbnahe Einstellungsgröße (51, Ende von 50). Er sucht nach Worten, Josaphat bleibt bei seinen Zahlenkolonnen. Schnitt in die Dreier der Mitarbeiter, kurze Verschnaufpause, der linke wischt sich Schweiß aus dem Gesicht (Fortsetzung 47). Schnitt zurück in die Halbnahe auf Fredersen (Fortsetzung 51), er will formulieren, schaut abrupt reagierend nach rechts.

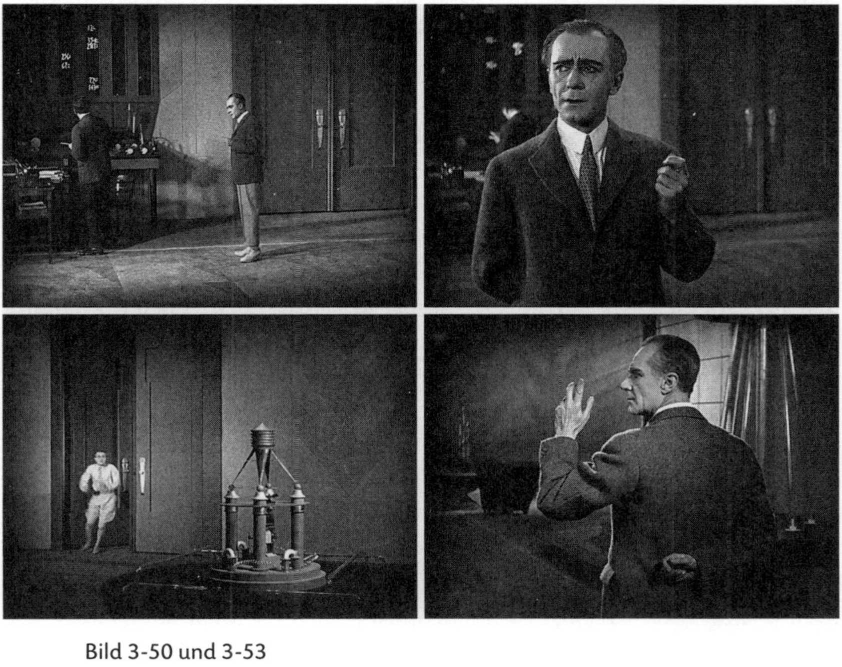

Bild 3-50 und 3-53

Schnitt auf eine andere Tür, die wir nur schemenhaft in der Totalen am rechten Bildrand hätten sehen können. Halbtotale, rechts im Vordergrund ein technisches Gerät, vielleicht auch Kunst, schafft Distanz zur Tür, die sich öffnet, und Freder erscheint (52). Aber bevor dieser noch ganz in der Tür steht, kommt sofort der Umschnitt zurück auf Fredersen (53). Durch die schnelle Schnittfolge wird die Störung betont, aber es passiert noch Entscheidenderes, überraschend hat die neue Einstellung nun eine Erzählperspektive, denn wir sehen Fredersen von hinten, aus der Richtung von Freder; jetzt ist der Chef auch Vater. Er gebietet lässig dem Sohn zu warten, versucht sich aufs Diktat zu konzentrieren.

Zurück auf Freder, fast amerikanisch, der gerade noch das störende Zuknallen der Tür verhindern kann und in Lauerstellung geht (54). Es sind nicht nur die Handabwehr des Vaters und die unterwürfige Reaktion des Sohns, die ihre Beziehung beschreiben, auch unterstreicht das dem Sohn den Rücken-Zukehren diese. Und weil nun aus Freders Sicht erzählt wird, zeigt er damit auch uns Zuschauern die kalte Schulter. Die Beziehung Vater-Sohn wird nicht nur gestisch dargestellt, sondern auch visuell veräußerlicht. Der arme Hull lief Mabuse noch in die Arme (1-45) – kam also genau im richtigen Moment. Hier kommt Freder zu spät, der Vater geht vorbei, bevor er die Tür öffnet, und so sieht er nur noch dessen Rücken. Die Begegnung von Angesicht zu Angesicht, das Minenspiel, wird inszenatorisch bewusst verpasst, dafür gewinnt die Bilderzählung. So demonstriert der Schuss-Gegenschuss die Konfrontation, die Rückenansicht erzählt die Hierarchie.

Aber es bleibt nicht bei dieser einen Perspektive, denn mit dem Schnitt kommt Josaphat als weiterer Akteur hinzu (Fortsetzung 49). Der erkennt sofort, was der Vater hätte bemerken müssen, Freders aufgewühlten Zustand. Schnitt auf die Rückenansicht des Vaters – die nun auch die von Josaphat sein könnte –, der nun endlich eine Eingebung hat, und wir lesen dies aus dem Spiel seiner Hand (Fortsetzung 53). Sofort wird in der bekannten Einstellung wieder mitgeschrieben (Fortsetzung 47). Der Vater verschwindet in der Tiefe des Raums (Fortsetzung 53) und Freder scheinen Zweifel zu kommen, ob sein Erscheinen noch wahrgenommen wird (Fortsetzung 54), doch wenn nicht vom Vater, so von Josaphat. Der schaltet die ungeliebten Zeichenkolonnen ab (Fortsetzung 49), wendet sich nach rechts und tritt zu Freder ins Bild, der sich wie abwesend verzweifelt an die Brust greift (55). Die Einstellung ist weitgehend identisch mit der vorherigen auf Freder, nur kommt das Führungslicht nicht mehr von links aus Richtung des großen Fensters, sondern wandert nach rechts, damit Josaphats Schatten nicht auf Freder fällt. Offensichtlich nimmt Freund die Logik so ernst, dass nach dem Abgang von

Freder, wenn Josaphat allein vor der Tür steht und auch wenn der Vater zu ihm tritt, das Führungslicht wieder von links aus Richtung des großen Fensters kommt.

Langsam, noch von dem Erlebten gefangen, realisiert Freder Josaphat, die Kamera verlässt die Montage der immer gleichen Einstellungen seit dem Auftritt Freders und springt in dessen Bewegung dramatisierend näher an die beiden in eine halbnahe Zweier (56). Freder redet tief bewegt auf Josaphat ein, der erschrickt, Böses erahnend. Dann Schnitt auf eine leere Wandfläche, Fredersen erscheint sofort diktierend im Bild, halbnah, profilig, schaut irri-

Bild 3-54 bis 3-59

tiert nach rechts zu seinem Sohn (57), der mit großer Geste wohl von der Explosion berichtet (wie 55).

Diese eher amerikanische Einstellungen auf Freder an der Tür sind nicht unbedingt identisch, aber sehr ähnlich, könnten also auch mit einer zweiten Kamera parallel gedreht worden sein; auffällig anders sind die Halbtotale, in der Freder auftritt, und die enge Zweier, auf die der Vater reagiert.

Schnitt zurück auf den Vater, der das Geschehen zu ignorieren versucht und redend das Bild rechts verlässt (Fortsetzung 57). Der Schnitt bleibt aus und das Bild für einen Augenblick leer. Dadurch wird nicht nur die Spannung gefördert, es wird elegant die Penetranz dieser Störung erzählt, die durch mehrmaliges Hin-und-her-Schneiden nicht zu erzeugen wäre. So wurde das Off am Anfang dieser Szene bei der Einstellung auf die drei mitschreibenden Angestellten als kleines filmsprachliches Topos gut eingeführt, um hier nun als Erzählmuster dramaturgisch zu funktionieren. So viel Off in einer Szene, wo wir uns doch bei Dr. Mabuse wundern konnten, dass selbst das Kaufen der Eintritts-Billets für das *Folies Bergères* gezeigt werden musste.

Dass kein falscher Eindruck entsteht – das Spiel mit dem Off wird nicht hier erfunden, sondern war schon seit längerer Zeit im Film praktiziertes Erzählmuster. Auch Freund hatte dies mit Murnau in Tartüff mehrfach spannungsfördernd oder ironisierend durchexerziert und im zweiten Teil des Mabuse-Films gibt es eine dieser Schuhschachtel-Totalen, aus der der Staatsanwalt Wenk für geraume Zeit verschwindet, um mit dem völlig durchnässten Graf Told zurückzukommen. Aber es erlangt dort keine dramaturgische Funktion oder eine souveräne Beiläufigkeit wie in dieser Szene.

Wieder zurück in der Kadrage lässt sich der Sohn nicht weiter übersehen. Schnitt wieder auf die beiden, kurze zwei Sekunden (Fortsetzung 55), dann das erlösende Zeichen des Vaters an den Sohn (Fortsetzung 57), der sich auch gleich freudig losreißt, nach rechts aus dem Bild schaut und es auch in dieser Richtung verlässt (Fortsetzung 55). Ein klassischer Achsensprung, denn der Vater sieht ebenfalls nach rechts, wie im Gegenschuss Freder und Josaphat, die beide mit ihrem Blick noch zur alten Position des Vaters schauen, dorthin, wo er uns den Rücken zuwandte. Da sie so mit sich beschäftigt waren und der Gang des Vaters nicht gezeigt wurde, blieb die alte Blickrichtung erhalten. Doch zu eindeutig ist die Positionierung der Akteure, um wirklich Verwirrung zu stiften. Freder kommt also auf der falschen Seite ins Bild, wechselt aber gleich auf die linke, um sich beide ins Profil zu bringen, und redet auf den Vater ein, der reagierend rechts aus dem Bild strafend zu Josaphat schaut (58). Der blickt nun sorgenvoll, achsentechnisch aber fast richtig, leicht oberhalb der Kamera eher nach links (59). Schnitt zurück auf den Vater, der den Sohn wieder einmal nicht beachtet, sich nur von ihm befreit, den Blick nach rechts auf seinen Assistenten konzentriert, sogleich das Bild nach rechts in dessen Richtung verlässt (Fortsetzung 58) – um dann in der nächsten fälschlich von rechts ins Bild zu kommen.

Ich vermute hinter den häufigen Achsensprüngen, dass keine durchgehenden Stellproben gemacht werden. Heute wird in Deutschland meist die Szene wie im Theater durchgestellt und geprobt, selbst wenn bereits ein *Storyboard* existiert. Für die Schauspieler ergibt sich ein harmonisches Zusammenspiel und das Team, das wenigstens dem letzten Durchlauf beiwohnt, kann sich auf die einzelnen Einstellungen vorbereiten, besonders bei raumgreifenden Inszenierungen und Spiel mit Requisiten. Der Kameramann schlägt dann, falls nicht geschehen, eine optische Auflösung vor, oder man überprüft die bestehende. Schwierig wird es für den Regisseur, wenn er am Timing etwas ändern will. Wenn – ich konstruiere ein Beispiel – in unserer Szene der Vater nicht diktieren würde, sondern nur zuschaut, dann will der Schauspieler beschäftigt werden (hier also mit Hin- und Hergehen und Diktieren), weil er sonst nicht wüsste, wie er das lange Zuschauen spielen soll. Da hilft es wenig oder es ist gar kontraproduktiv, wenn der Regisseur darauf verweist, dass der Darsteller in dieser Zeit nicht zu sehen sein wird und der Zuschauer sich über ein nicht gezeigtes Spiel nicht sorgt. Diesen teilweise sehr enervierenden Diskussionen geht man aus dem Weg, wenn nicht mit einer Stellprobe nach *Master-shot*-Technik gearbeitet wird, sondern man chronologisch dreht, *Shot-by-shot*. Letztere Methode vermute ich in der Stummfilmzeit, zumal es die steuernde und timende Funktion durch den Dialog nicht gibt. Vom Regisseur oder als Ergebnis der Regiesitzungen liegt ein *Storyboard* oder eine Liste der zu drehenden Einstellungen vor. Die Kamera wird eingerichtet, es wird mit den Schauspielern geprobt und dann gedreht. Wenigstens der Regisseur und hoffentlich der Kameramann wissen, was am Ende entstehen soll. Vielleicht wird die Achsenproblematik auch nicht ernst genommen oder erkannt.

Bei uns geht der zuhörende Vater im Off und dieser Gang kann beim chronologischen Drehen schnell übersehen werden und es wird falsch geschaut. Aus heutiger Sicht fällt das beständige Wechseln der Achsen besonders auf, weil durch die normal bis eher weitwinkelige Raumpräsentation die Stellung der Personen zueinander kein Geheimnis bleibt. Das hat zwar den Vorteil, dass nie Zweifel besteht, wer wen anschaut, aber es problematisiert diesen – jetzt nenne ich es einmal so – Fehler dadurch überdeutlich und irritiert. Es entsteht eine Art negativer Ausschluss, der Blickwechsel wird für

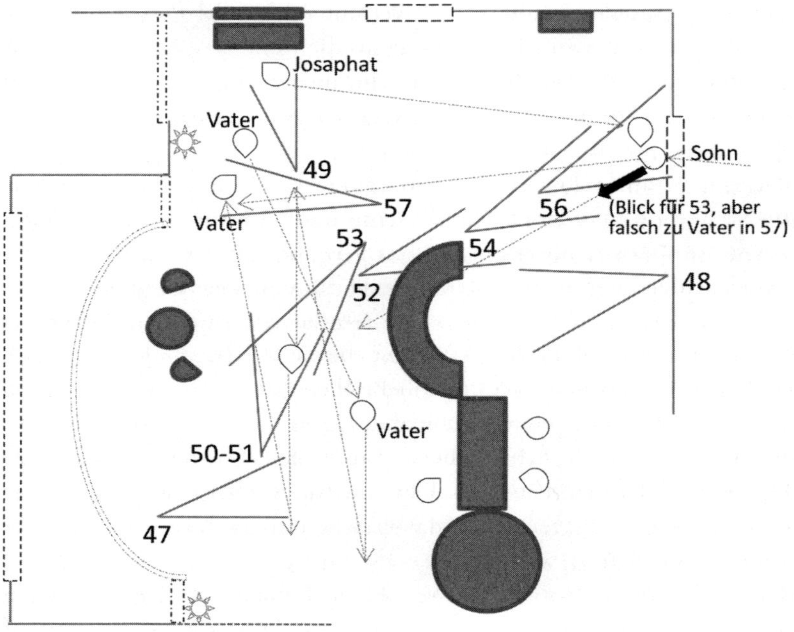

46 TO
47 HN die drei Angestellten
48 HT Fensterfront
49 AM Josaphat
50 HT-HN Josaphat und Vater,
Vater läuft in HN (51)
52 HT Auftritt Freder
53 HN Vater von hinten
54 AM Freder an Tür,
Josaphat dazu,
dann ohne Freder
(55, auch 59)
56 HN Freder und Josaphat vor Tür
57 HN Vater vor Wand (auch 58)

[nicht maßstabgerecht]

uns nur angenommen, weil wir nicht vermuten, dass die Person ins Leere schaut. Vermutlich in den 1970er Jahren, als die Befolgung der Achsenregel als penetranter Standard dominiert, weicht dieser wieder immer mehr auf, weil die Bildgestaltung beginnt, mit deutlich längeren Brennweiten und unscharfen Vorder- und Hintergründen zu arbeiten, und dieser negative Ausschluss wird zur Selbstverständlichkeit. Das Teleobjektiv verwischt die Raumpräsentation und damit den Achsensprung. Wird während der Blütezeit des Erzählkinos Hollywoods akribisch darauf geachtet, dass die Kadragen, Blickachsen und Kamerastandpunkte miteinander korrespondieren, wird dies seit der *Nouvelle Vague* und dem *New American Cinema* – vorsichtig gesagt – vernachlässigt. Vom Bild her ist die räumliche Zuordnung nicht mehr so leicht möglich, somit sind Blickrichtungen immer unklarer, und weil auch die Bildgefüge der gegeneinander geschnittenen Kadragen nichts Vereinheitlichendes mehr haben, übernimmt mehr und mehr der Dialog die Beziehung zwischen den Personen. Der Zuschauer muss sich auf die Bilder einlassen, sich ihnen ergeben: Es wird wohl schon stimmen bzw. wohin sollte der Blick sonst gehen.

Nun eine Halbtotale der Tür, ähnlich der bei Freders Kommen, aber ohne Vordergrund, was das Geschehen distanziert und kompromisslos erscheinen lässt, verstärkt durch viel Luft über den Köpfen. Der Vater kommt fast aus 90° von rechts – wenn einmal der Achsendreher drin ist … – und geht auf Josaphat zu, der leicht ausweicht (60). Dann ein Schuss-Gegenschuss mit zwei Nah-Einstellungen als *Over-shoulder.* Auch dies erscheint mir neu in einem Lang-Film: *Over-shoulder* und große Unschärfen des Umfelds. Heute würde man in einer solch konfrontativen Situation eher auf *Over-shoulder* verzichten, weil sie den Gegenspieler mit ins Bild holt, anstatt die Gesichter konfrontieren zu lassen. Es beginnt mit Fredersen, der bohrend seinen Assistenten befragt, warum er nicht informiert wurde (61). Nach einem Zwischentitel die nicht ganz so nahe, korrespondierende Einstellung auf Josaphat, der betreten schweigt (62). Dann schickt Fredersen ihn weg zur weiteren Recherche (Fortsetzung 60) und wir sind wieder in der Halbtotalen mit der riesigen Tür, durch die Josaphat schnell verschwindet, dann steuert der Vater auf die rechte Bildkante zu.

Sein Sohn erwartet ihn in einer neuen Halbtotalen, läuft zum rechten Bildrand, wo der Vater auch schon auftaucht (63). Wir schauen im Hintergrund auf Josaphats verwaisten Arbeitsplatz, sehen links ein paar Stufen und staunen darüber, dass mit dem langsamen Näherkommen der beiden sich die Kamera in Bewegung setzt, rückwärts fährt und so die Einstellungsgröße weitgehend hält. Der Sohn redet auf den Vater ein, bis der ihm Einhalt gebie-

Bild 3-60 bis 3-63

tet und stehen bleibt. Der Sohn lässt sich nicht bremsen, also muss Fredersen weiter, bis ihm die Gegenwart der Angestellten gewahr wird. Er stoppt erneut, jetzt sind die Füße angeschnitten und es gibt nur noch wenig Luft über den Köpfen.

Die Motivation für diese kurze Rückfahrt ist schlicht, zwei Darsteller werden durch die Fahrt in der unveränderten Einstellungsgröße gehalten, heute ein Standard. Aber heute wie damals kann man natürlich hinterfragen, warum die Darsteller überhaupt gehen. Wenn man für das weitere Spiel die Sitzgruppe braucht, hätte Fredersen ja auch gleich von da aus die beiden an der Tür beobachten können. Oder braucht der Vater einen Gang, um den Sohn besser beruhigen zu können? Das Gehen wird schauspielerisch nicht genutzt, sie gehen nur von A nach B. Deshalb ist für mich einleuchtender, dass Lang für den Blick auf Josaphat und das On-und-Off-Spiel die leere Fläche braucht – und die gibt es nur dort. Es soll in solchen Momenten nicht eine attraktive Raumtiefe oder gar ein Blick aus dem Fenster ablenken. Freund hätte auch vom souveränen Umgang mit den Motiven bei Der letzte Mann erzählen können, da wäre die Wand dort gewesen, wo sie gebraucht wird und es wäre hier durch den anderen Blickwinkel schwerlich

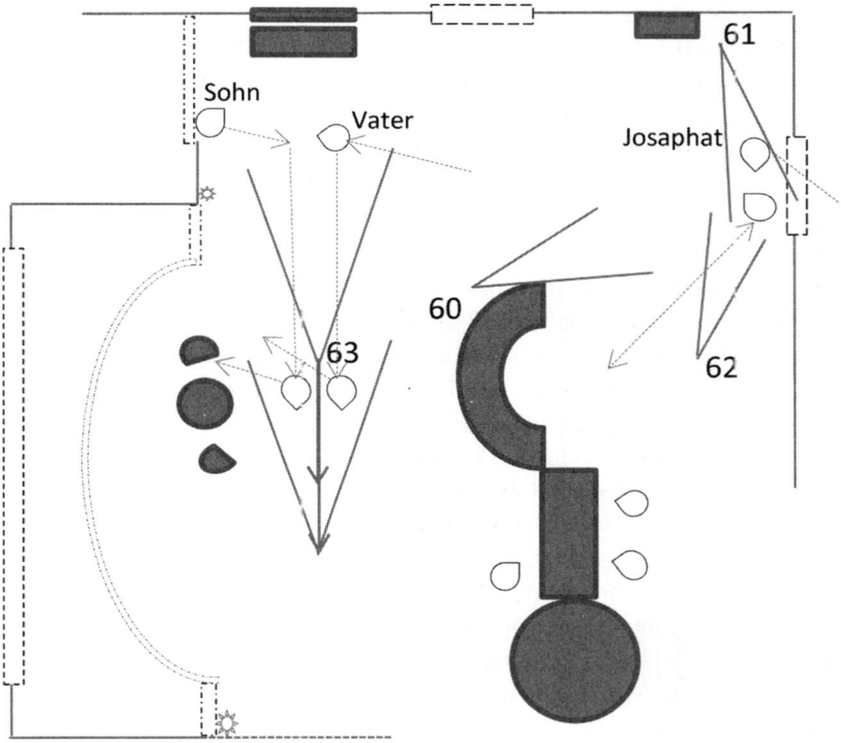

60 HT Josaphat und Vater vor Tür, Auftritt und Abgang des Vaters von rechts.
61 NA Vater OS Josaphat
62 NA Josaphat OS Vater
63 HT Freder und Vater, Rückfahrt, Auftritt des Vaters von rechts.
[nicht maßstabgerecht]

kontrollierbar gewesen. Da der Dialog nicht hörbar ist, entfällt eine in meinen Augen heute gern genutzte Motivation. Weil der Sprache nicht vertraut wird, müssen als Ablenkungsmanöver Schauspieler und Kamera sich bewegen, um wenigstens neue, hoffentlich interessante Ausschnitte zu liefern. So peppt man selbst Nachrichtensendungen auf.

Schnitt in die bekannte Einstellung der drei Angestellten, die sich höflich verbeugen und zusammenpacken (wie 47). Schnitt zurück in das Ende der Fahrteinstellung (Fortsetzung 63). Der Vater versucht, den Sohn zur Beruhigung in einen Sessel zu drücken, da schwenkt die Kamera nur noch mit ohne zu fahren. Zwecklos, Freder bleibt stehen und redet weiter auf den Vater ein, doch am Ende setzt er sich freiwillig (64). Mit dem Schnitt in eine leicht untersichtige Nahe auf Fredersen entsteht der Eindruck, dass er den Blick vom Sohn abgewendet hat, denn in der vorherigen schaute er nach links, jetzt nach rechts, wenn man nicht wieder über einen Achsensprung klagen will (65). Aber Alfred Abel spielt dies anders, er hebt den Blick und schaut in die Ferne und fragt im folgenden Zwischentitel, was Freder in den Maschinen-Sälen zu suchen hatte. Kurz sehen wir Freder leicht von oben nach links vor sich hinstarrend in einer Halbnahen, einer perfekten Kadrage mit den Stufen als Diagonale hinter dem Kopf und dem die Leere ausfüllenden Anschnitt des runden Tischs auf der linken Seite (66). Der Zwischentitel antwortet, er habe den Menschen ins Gesicht sehen wollen. Nun schauen beide in die Ferne, aneinander vorbei. Zurück in der Einstellung des Vaters senkt dieser den gütig zerknirschten Blick nach rechts unten, wo ich Freder nie vermuten würde, vielleicht ist es auch als Ausdruck von Fremdschämen gemeint (Fortsetzung 65). Noch einmal Freder, der auch den Blick senkt (Fortsetzung 66), und der Schnitt in eine ähnliche Einstellung wie am Ende von Fahrt und Schwenk (67), aus der sich der Vater hilflos abwendet und Richtung Fenster geht, Freder, der dies merkt, spricht ihn an, steht auf (68), der Vater verharrt auf einer Stufe und sein Sohn nähert sich ihm, jetzt sind beide von hinten. Mit einem Schnitt in der Achse an den Vater steht nun auch der Sohn hinter ihm, ergreift dessen Schulter und versucht versöhnlich mit schmeichelhaften Worten über die großartige Stadt Metropolis seinem Vater nahe zu sein (69). Und wieder wird das mögliche darstellerische Spiel verlagert in den Ausdruck eines Bilds. Wie sehr hätte ich mir dies auch bei mancher Darbietung von Rudolf Klein-Rogge im Dr. Mabuse ersehnt.

Interessanterweise entspricht die optische Auflösung einer Dialogszene, ohne aber Ton zu haben. Nicht zufällig existieren zum Ende hin kaum noch Zwischentitel, es gibt nichts mehr zu sagen, oder besser: Bilder und Gestik brauchen keine zusätzlichen Worte. Trotzdem arbeitet der Film mit dem

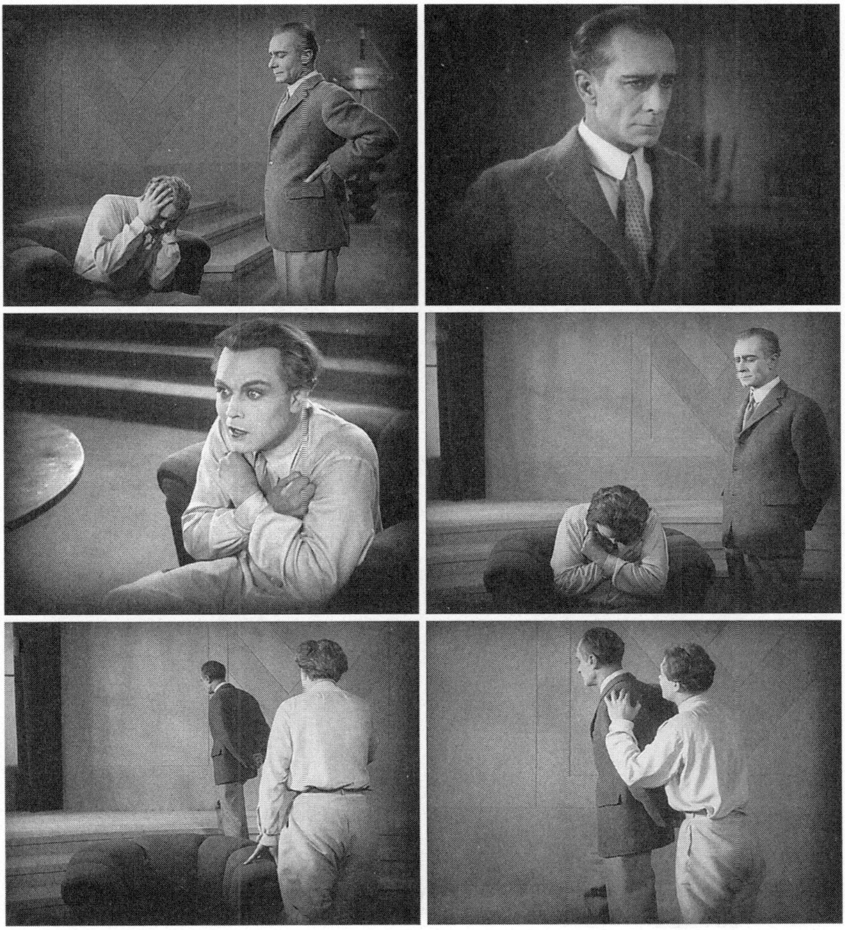

Bild 3-64 bis 3-69

Topoi des Schuss-Gegenschuss, Rede und Gegenrede. Offensichtlich wurzelt die Dialogform im menschlichen Denken so stark, dass selbst dann, wenn durchaus mit Bildern kommuniziert wird, wenn ein Bild mehr als tausend Worte sagt, sich diese Bilder an sprachlicher Syntax entlanghangeln müssen.

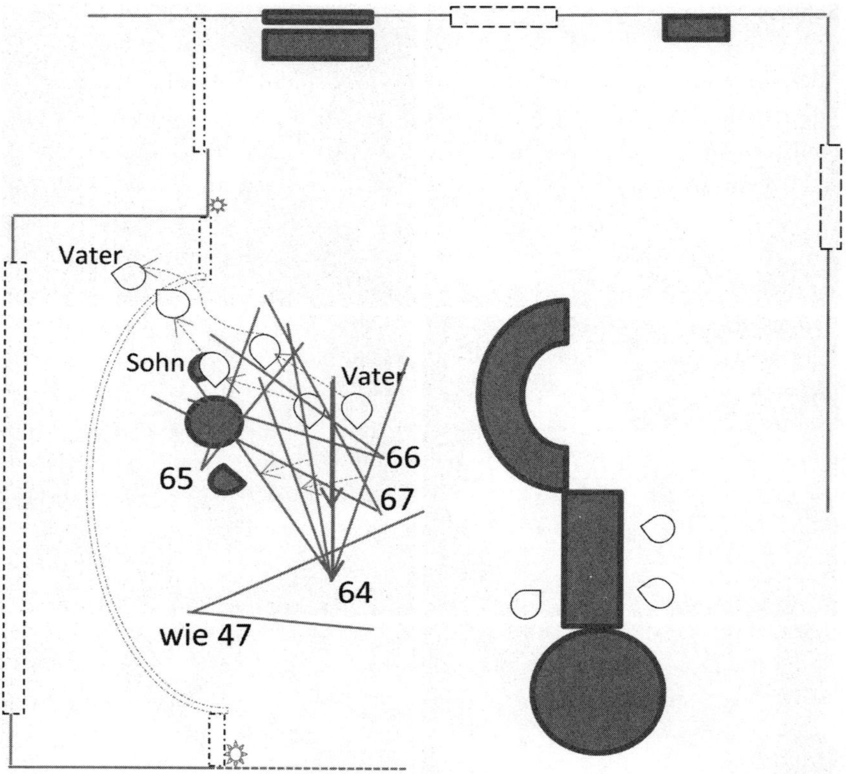

47 HN die drei Schreiber
64 AM Ende Schwenk nach Rückfahrt aus 63
65 NA Vater
66 HN Sohn Freder
67 AM Vater und Sohn Freder, Vater nach hinten (68)
69 AM Ransprung aus 67 an Vater und Freder (fehlt zur besseren Übersichtlichkeit in der Zeichnung)
[nicht maßstabgerecht]

Schluss

Auch ohne um die Konflikte zwischen Fritz Lang und Karl Freund bei den Dreharbeiten zu wissen, kann man schnell zu dem Schluss kommen, dass die beiden nicht zusammenpassen. Ihre Vorstellungen vom Film divergieren zu stark. Lang sucht die Abstraktion, die Stilisierung. Sobald es ernst wird um die Figuren, eine in Bedrängnis gerät oder der Konflikt zwischen zweien sich zuspitzt, verschwindet der Raum, das Bild verwandelt sich in ein Relief. So als müsste das Bild aller Nebensächlichkeiten entkleidet werden, versucht Lang, uns seine Idee, seine Sicht mit fast pädagogischem Eros darzubieten.

Freund drängt es zum Realismus, nicht nur bei der Lichtführung. Er will die Welt, den Raum zeigen, wie er ist. Die beiden Totalen vom Maschinen-Saal und vom Büro des Vaters sind ungewöhnlich für einen Film von Fritz Lang. Sie unterwerfen sich nicht der Architektur, sie präsentieren sie. Hier hat Lang – sicher nicht ohne Diskussion oder auch willentlich – Teile der bildgestalterischen Kompetenz an Freund abgetreten. Gleiches gilt für andere Einstellungen mit Tele-Objektiv, Vordergründen oder unterschiedlichen Schärfenebenen, hervorstechend bei den *Over-shoulder*-Kadragen.

Das Filmbild, das kompakt und straff gestaltet sich auf das Wichtige im Bild konzentriert und dabei dramaturgische Implikationen einschließen kann, steht nun neben dem Tableau. Mit den *Over-shoulder*-Einstellungen tauchen filmische Kadragen auf, die die Montage implizit provozieren. Die Schuhkarton-Bilder, bei denen wir auf drei rechtwinklige Wände wie bei einer Bühne schauen, verschwinden.

In den Bewegungen von Schauspielern und Kamera gibt es Momente, die erahnen lassen, warum Fritz Lang unbedingt mit dem »entfesselten« Freund zusammenarbeiten will: Die Figuren gehen nicht nur durch die Dekoration, um von A nach B zu kommen, sondern als Ausdruck, als Darstellung. Langs Inszenierung wird reicher, die Positionierung der Schauspieler zueinander und zur Kamera wichtiger. Doch für Lang sind die Kamerabewegungen nach dem LETZTEN MANN nicht interessant – wohl auch für Murnau nicht mehr –, die Pionierarbeit ist getan. Lang stürzt sich auf die Gigantomanie der Bauten, die Filmtricks und die Massenszenen; und bei den Inszenierungen der Komparsen gelingt es Lang, das Spektakuläre zu finden, indem er das Tableau durch das Ornament ersetzt. Der Maler Lang liebt die Fläche. Und so schafft erstaunlicherweise in METROPOLIS das statische Bild etwas ebenso optisch Spektakuläres wie die Bewegung in DER LETZTE MANN. Doch diese Sackgasse erkennt Lang und nach METROPOLIS »hatte ich diese Schinken satt, und als Reaktion darauf drehte ich M. Von da an habe ich die großen Filme, die Monumentalfilme mit den spektakulären Massenszenen, immer abgelehnt.«[354]

Die ästhetischen Veränderungen bei METROPOLIS sind unverkennbar, und dies ist im Vergleich zu DR. MABUSE keine Frage der künstlerischen Begabung. Denn wie sehr auch Hoffmann mit der Bildästhetik umzugehen weiß, demonstriert er im FAUST – und liefert so mögliche Beweggründe für das Zerwürfnis mit Lang.

Viele Regisseure behaupten von sich, Geschichten erzählen zu wollen, und dies gilt auch für Lang und Murnau. Doch mit dem Geschichten-Erzählen hört bei Lang der Film auf, bei Murnau fängt er da erst richtig an. Das macht die Kameraarbeit bei Lang kompliziert, denn aussagekräftige Bilder sind nicht nur Vollstrecker der Geschichte, sie erweitern den Blick über die Kadrage hinaus, irritieren, widersprechen, emotionalisieren. Lang-Filme wollen diese Macht den Einstellungen nicht geben. Der Eindruck entsteht, Hoffmann und Freund werden eingebremst, allein Rittau hat freies Spiel bei den Tricks. Dass Bilder eine Auseinandersetzung mit dem Gesehenen nicht nur provozieren, sondern auch verhindern können, werden wir intensiv bei JEANNE D'ARC diskutieren.

Karl Freund wirkt wie ein Vorreiter für das Selbstverständnis der Kameraleute in der ersten Hälfte der 1920er Jahre. Aus dem am Rande der Inszenierung stehenden Operateur, der sich bemüht, alles verlustfrei und unangeschnitten ins Bild zu bekommen, wird nun der eingreifende, lichtgestaltende Kameramann, der bewusst die Kadrage baut. Dieses Phänomen kann man bei diesem Film beobachten und wir werden sehen, wie sich die kollektive Kenntnis der jungen Filmsprache weiterentwickelt und daran haben Freund, Hoffmann, Lang, Murnau und Rittau ihren Anteil.

354 Bogdanovich (2000). S. 220.

Regie: Friedrich Wilhelm Murnau. Fotografie: Carl Hoffmann. [Kamera-Assistent: Erich Grohmann. Fotografischer Berater: Charles Rosher]. Manuskript: Hans Kyser. Bauten, Landschaften, Kostüme: Robert Herlth, Walter Röhrig.

»Jeder Film muß seinen eigenen photographischen Stil haben. Das wesentlichste, künstlerischste Hilfsmittel des Filmoperateurs ist das Licht, mit Hilfe dessen er die Bildstimmung des ganzen Filmes bestimmen kann. Diese Bildstimmung ist einer der wesentlichsten Faktoren für die künstlerische Wirkung.«[355] (Carl Hoffmann)

Friedrich Wilhelm Murnau und Carl Hoffmann arbeiten bei FAUST nicht zum ersten Mal zusammen. Hoffmann fotografiert für Murnau 1919 DER KNABE IN BLAU und übernimmt bei DER JANUSKOPF[356] vom bis dahin dre-

355 Treuner (1928).

356 Alternativer Titel: SCHRECKEN. Deutschland 1920. Regie: F. W. Murnau. Kamera: Karl Freund, Carl Hoffmann. Produzent: Erich Pommer.

henden Karl Freund die Kamera für den Rest, weil dieser noch einen anderen Vertrag zu erfüllen hat. Einige Quellen[357] sehen Freund auch bei der Vorbereitung für FAUST. Doch im Oktober 1925 meldet *Der Kinematograph*, dass Carl Hoffmann FAUST dreht und dass die Dreharbeiten in Tempelhof mit der großen Jahrmarktszene begonnen haben.[358]

Vor der Produktion

Wie vertrackt die Besetzung des Kameramanns ist, belegt auch eine Quelle zur Mitarbeit des Engländers Charles Rosher, zu diesem Zeitpunkt bereits ein berühmter und arrivierter Kameramann in Hollywood:

> Für den FAUST war von der Direktion der Ufa eine internationale Besetzung geplant. Und zwar neben Jannings, Yvette Guilbert und Gösta Ekman, Lilian Gish als Gretchen und Nils Asther als Erzengel. Nun stellte Lilian Gish die Bedingung, daß ihr Kameramann, Rosher, den Film drehen müsse. Röhrig und ich fanden, daß nur Carl Hoffmann unsere Pläne verwirklichen könne. Murnau ging darauf ein und sagte Lilian Gish ab. Rosher, der aber schon nach Europa unterwegs war, kam ins Atelier, um bei der Arbeit zu hospitieren.[359]

Er selbst beschreibt seine Funktion so: »Es gab für mich bei dem Film gar nichts zu tun, [...] Faust wurde von Carl Hoffmann fotografiert, und von ihm habe ich eine Menge gelernt. [...] Ich brachte viele Ideen mit nach Hause, darunter die Kameraplattform, die an Schienen unter der Decke hängt. Die benutzte ich dann bei SUNRISE[360],«[361] Murnaus erstem Film in Amerika.

Stünde nicht der Name F.W. Murnau im Titel, würde man nach DER LETZTE MANN vielleicht einen anderen Regisseur vermuten. Zwar liegt auch bei FAUST die Konzentration auf Einzelschicksalen, die den Widrigkeiten der Umwelt nichts entgegenzusetzen haben, auch wird nicht eindimensional eine Tragödie erzählt, immer wieder platzt durch Jannings – und Murnau

357 Vgl. CineGraph Lg. 27. Friedrich Wilhelm Murnau, F7. Oder: www.filmhistoriker.de/ [letzter Zugriff: 09.04.2020].
358 Vgl. *Kinematograph*. Nummer 974, 18.10.1925. S. 31.
359 Herlth (1979). S. 131.
360 SUNRISE. USA 1927. Regie: F.W. Murnau. Kamera: Charles Rosher, Karl Struss. [Oscar für die Kamera].
361 Brownlow (1997). S. 278.

hat es akzeptiert oder befördert – ein gestisch inszenierter Humor durch, der die Figur des Mephisto vermenschlicht, ja fast sympathisch machen könnte, wäre sie aus heutiger Sicht nicht so penetrant. Aber die gesamte Erscheinungsform des Films, der Einsatz der ästhetischen Mittel, unterscheidet sich grundlegend von DER LETZTE MANN. Nichts ist geblieben von der entfesselten Kamera, ihrer ungestümen Eroberung des Raums und der fantasievollen Mise-en-scène. Nur in den Trickaufnahmen schimmert ein wenig die Bewegungsfähigkeit der Kamera durch. Diesen Bildern fällt dadurch die besondere Rolle zu, eine abgehobene Ebene des Fantastischen zu schaffen, die den Rest, die oft biederen Handlungsstränge, das oft Märchenhafte, umso realer, glaubhafter erscheinen lässt.

Auch Hoffmann als Kameramann lässt sich aus dessen Fotografie des Mabuse-Films schwerlich ableiten, weder aus der Bildgestaltung noch der Lichtführung, und so mag sein selbstbewusstes Zitat mit der Forderung nach einem eigenständigen Stil für jeden Film unseren Unglauben entkräften.

Wie der Film beginnt

Die Sequenz unseres Interesses startet gleich mit dem ersten Bild des Films und wird uns in dessen Ambivalenzen einführen: das Wechselspiel von Übernatürlichem und Menschlichem, von Wunsch und Wirklichkeit, von Trick und Realfilm. Die Begeisterung für Gegensätze hat sich also bei Murnau erhalten. FAUST beginnt mit einem Prolog, der das Fundament der Filmerzählung bildet. Der Erzengel (Werner Fuetterer) versucht Mephistos (Emil Jannings) Geißelung der Menschheit durch »Krieg, Pest und Hungersnot« Einhalt zu gebieten, doch dieser provoziert eine Wette, dass die Erde an ihn fällt, sollte es ihm gelingen, in Faust (Gösta Ekman) das Göttliche zu zerstören. Nach einer kurzen Charakterisierung der Titelfigur bringt Mephisto die Pest über die Stadt und Fausts Bemühung, individuelles Leid zu mildern, scheitert kläglich.

Interessant wird zu sehen sein, wie die Fotografie es schafft, aus Filmtrick und Realszenen ein ästhetisch geschlossenes Gesamtbild zu erzeugen, das das Fantastische real und die Wirklichkeit märchenhaft erscheinen lässt, mit welchen Mitteln es Hoffmann gelingt, die Bildstimmung zu einer der »wesentlichsten Faktoren für die künstlerische Wirkung« werden zu lassen und wie Bildgestaltung und Lichtästhetik die unterschiedlichen Welten von Trick, Massenszenen und individuellen Schicksalen vereinen.

Filmtrick im fantastischen Film

Carl Hoffmann scheint sich der Darstellung der Peripherie des Undarstellbaren zu widmen, bei Fritz Lang sind es die Vorgänge im Inneren des Menschen, mit Murnau geht er in FAUST noch einen Schritt weiter, versucht sich am Göttlichen und Satanischen. Da ist es zum Filmtrick nicht mehr weit und Hoffmann hat keine Berührungsängste wie Freund, auch wenn er an Rittaus Euphorie nicht heranreicht. Hoffmann sieht im Trick mehr ein Mittel zum Zweck.

Der Film beginnt sehr experimentell, tricktechnisch. Aus dem Schwarz kommend lassen stakkatohaft vorbeiziehende Wolkenfetzen eine blendende Helligkeit wie Blitze wirken. Drei apokalyptische Reiter tauchen auf, durchdringen die Schwaden und galoppieren parallel zur Kamera, nach links ausgerichtet. Leicht identifizierbar vorne der Tod, in der Mitte der Krieg und der dritte wohl der Hunger (2), denn die Pest wird uns später in anderer Gestalt gegenübertreten. Kracauer enttarnt den Trick nach einem Atelierbesuch nicht ganz: »Die apokalyptischen Reiter fegen dort in halber Höhe des Glasateliers umher, ihre Rosse hängen an Drähten.«[362] Das enorme Tempo dieser Einstellung wird durch Wind und Wolken erzeugt und durch wechselndes Licht, die sanften Auf- und Abbewegungen der Figuren orchestrieren nur, die Kamera selbst bleibt gar statisch. Umschnitt auf einen näherkommenden sonnenartigen Ball mit unscharfer Kontur vor schwarzem Grund, dessen Bewegung die Kamera durch eine Zufahrt erzeugt (3). Auch hier unterstützen Rauchfetzen. Zurück in die identische Einstellung der Reiter, die Lichtstrahlen erreichen sie von links, ohne eine Reaktion auf den puppenhaften Figuren auszulösen. Schnitt: Die grelle Scheibe nähert sich bis sie fast die gesamte Kadrage ausfüllt, oben bereits anstößt. Zurück auf die Figuren, die beamartigen Strahlen werden kräftiger und lebhafter, verdrängen mit Hilfe einer Blende die Reiter ins Schwarz. Durch eine weitere Blende erscheint unter den durchgehenden Lichteffekten eine teuflische Figur mit riesigen Schwingen und einem Kopf wie eine glatte Melone, gekrönt von zwei stummelartigen Hörnern und leuchtenden Augen: eine der vielen Erscheinungsformen Mephistos (4). Das ansatzweise Ironische meiner Beschreibung ist auch dem Film nicht wesensfremd.

Mit dem Schnitt verwandelt sich die Scheibe in einen Leuchtkranz, vor dessen strahlendem Zentrum der blonde, weiß gekleidete Erzengel einge-

362 Kracauer (1926). S. 275.

Bild 4-2 bis 4-7

blendet wird und Einhalt gebietet (5). Nach einem Zwischentitel steht die Kamera halbnah und untersichtig bei Mephisto und nun kann auch Jannings als Darsteller nicht übersehen werden (6). Im Spotlicht ist seine Haltung abweisend, »Mein ist die Erde!«. Nach dieser Schrift wird erahnbar, dass sein leuchtendes Auge durch einen winzigen Spot zum Glühen gebracht wird. Die Helligkeit auf der oberen Nasenwurzel verrät den Trick und erfordert vom Darsteller Bewegungslosigkeit. Gleich zurück auf eine ganzfigürliche Abbildung des Erzengels, links angeschnitten von Bildrand und scharfer Vignette und so untersichtig, dass Mephisto als Silhouette mittig unten noch ins

Bild passt. Im Zwischentitel widerspricht er Mephisto, verweist auf den guten Menschen, zum Beispiel Faust, und deutet dazu mit dem Schwert an Mephisto vorbei nach unten Richtung Erde (7). Lotte Eisner notiert dazu:

> Der Auftakt dieses Films bedeutet den Höhepunkt, den die Verwendung des Helldunkels in deutschen Filmen erreicht hat. Die chaotischen Dunstschwaden der ersten Einstellungen, das Licht, das aus Nebeln geboren wird, die Strahlen, die hier eine Luftwand durchdringen, diese brausende, optische Fuge, die durch die Weite des Himmels zu hallen scheint – das alles benimmt uns den Atem.[363]

Welch ein Auftakt: Eine klassische, man könnte auch sagen: schlichte Schuss-Gegenschuss-Montage konfrontiert die beiden um die Weltherrschaft konkurrierenden Mächte, Himmel und Hölle. Apokalyptische Reiter müssen Mephisto weichen und der Erzengel erscheint vor einer leuchtenden Sonnenscheibe, so als wäre sie sein Transportmittel. Auffällig die Suche nach dem Atmosphärischen: Nebelschwaden, Wind, punktuelle Ausleuchtung, sich bewegende Lichtstrahlen. Auch die Bildgestaltung steht nicht nach, Personen und Aktionen wollen die Kadrage sprengen, stoßen an, werden angeschnitten, sind kaum vom Bild zu bändigen. Bildgestaltung und Lichtführung korrespondieren, Vordergründe sind schattiert, schaffen Raumtiefe ohne Raum zu erzählen. Die makellos reine, weiße, strahlende Figur des Erzengels steht in sauberer Symmetrie im göttlichen Zentrum, während der plumpe Mephisto, aus der Mitte verdrängt, mit seinen Schwingen selbst für ein Gleichgewicht im Bild sorgen muss. Wertungen fehlen nicht, tief ergeben schaut die Kamera von unten nach oben auf die Repräsentanten, und die *Over-shoulder* von Mephisto auf den Erzengel verdeutlicht die Hierarchie zwischen den beiden. Durch das Zusammenspiel von Bildgestaltung und Lichtführung entsteht ein spezieller Erzählstil, der den Film zusammenhält.

Das Zusammenwirken von Bild- und Lichtgestaltung

Durch des Erzengels Richtungsweisung sucht die Kamera quasi aus himmlischer Sicht in einen quirligen Haufen Dampfs, der, auch mit Hilfe einer sehr langen Überblende, langsam den Blick auf eine Unterrichtssituation freigibt. Hoffmann platziert Faust allen gestalterischen Regeln gehorchend knapp rechts neben das Zentrum des Bilds vor eine strukturlose helle Fläche, die

363 Eisner (1975). S. 297.

ihn demonstrativ freistellt, am Knie geschnitten und mit viel Luft über dem Kopf (8). Ein großes, gewichtiges Buch vor sich haltend doziert er vor einer Schar junger Männer in seinem Rücken, die in drei Reihen die linke Bildhälfte bis zur oberen Bildkante füllen und ihn aufmerksam anschauen. Dessen ungeachtet redet Faust in alle Richtungen, nur nicht zu ihnen, und so können wir Zuschauer uns angesprochen fühlen, ohne dass dadurch die Lehrsituation unglaubwürdig würde. Zwei Elemente konkurrieren mit Faust: Zum einen steht eine selbstleuchtende Kugel, deren Halterung an Saturnringe denken lässt und eine eher naturwissenschaftliche Annäherung an den Himmel suggeriert, etwa auf seiner Hüfthöhe zwischen ihm und den Männern der ersten Reihe und scheint diese auch zu beleuchten; zum anderen überragt Faust der Schatten eines Mannes im Profil auf der rechten Bildkante, der zu ihm schaut. Vortrefflich rundet diese Silhouette das Bild nach rechts ab, schafft einen Gegenpol zu den in Dunkelheit getauchten Zuhörern der linken Seite. So entsteht ein in sich geschlossenes Bild einer verschworenen Gemeinschaft, die ihren Meister anhimmelt, und man akzeptiert diesen irritierenden Schatten als kompositorisches Element wie eine im Vordergrund angeschnittene Steinbüste einer Architekturaufnahme: Eine gestalterische Zugabe, die keine Interpretation herausfordert. Erlaubt sei, was schön ist, ein Einzelbild, kein Filmbild, das keiner Schnittfolge bedarf.

Faust dominiert im Licht, einer Art Zange aus zwei Lichtquellen, die eine aus ca. +90°, seine linke Gesichtshälfte voll treffend, die andere etwa im gleichen Winkel von der Gegenseite. Dazu noch zwei starke Kanten aus beiden Richtungen, nicht unbedingt vorteilhaft oder logisch, aber effektvoll Faust betonend. So entsteht mit jeder Kopfbewegung ein Spiel von Licht und Schatten auf seinem Gesicht, lässt mal die Augen aufblitzen, um sie dann sofort wieder in Höhlen zu verbergen. Die Ausnahmeerscheinung Fausts wird herausgearbeitet durch die Lichtführung, die aber auch seine Größe durch die ihn leicht überragende Silhouette relativiert. Ebenso zeigt die leichte Aufsicht ihn nicht auf einem Sockel, sondern verleiht ihm hier eine Bodenständigkeit, die die kommenden Ereignisse schnell vergessen lassen werden.

Ganz anders wirkt das Licht auf die Zuhörer in seiner naturalistischen Anmutung. Denn diese Kugel strahlt nicht nur, sie scheint auch den ihr nächsten Zuschauer direkt zu beleuchten, und selbst die restlichen Anwesenden wirken wie von diesem Licht getroffen, nimmt doch deren Helligkeit mit dem Abstand zu dieser Kugel deutlich ab. Doch bei näherer Betrachtung erkennen wir an den hellen Nasenrücken und Stirnflächen der Zuhörer, dass sie ihr Licht von oben bekommen und nicht durch das Unterlicht der Kugel.

Bild 4-8 bis 4-10

Auch derjenige, der der Kugel am nächsten sitzt, ist nicht nur im Gesicht heller, sondern auch auf dem Haupthaar, könnte aber zusätzlich von vorne angestrahlt sein. Nur der Ärmel von Fausts ausgestreckter Hand wird von unten beleuchtet, aber weitreichender, höher auf der Innenseite des Ärmels und verrät damit die steiler stehende Filmleuchte. So steht Faust in einem Meer von Licht und vor dem Leuchtball, während die Zuhörer in glaubhafter Dunkelheit versinken. Im Gegensatz zu Freund mit seiner Küchenlampe im LETZTEN MANN, versucht Hoffmann nicht den Strahlungswinkel einer im Bild sichtbaren Lichtquelle perfekt zu rekonstruieren, sondern nutzt den vertrauten Lichtabfall einer Lampe nur als Inspiration, um den Effekt mit anderen Mitteln zu imitieren. Auch scheut er sich nicht, im selben Bild die Hauptfigur unmotiviert von außerhalb der Kadrage zu beleuchten und dieser einen dekorativen Schatten gegenüberzustellen.

Wie sehr Hoffmann bei der Gestaltung nach einer eigenen Sichtweise und dabei dramaturgisch denkend vorgeht, mag der Vergleich mit einer anderen Kadrage verdeutlichen, die bildkompositorisch wie die Umkehrung des gerade Betrachteten funktioniert. Nach der Ermordung Valentins, Gretchens Bruder, macht Mephisto diesen Mord in der Stadt publik, während sich die überforderte Grete über die tot im Hausgang liegende Mutter beugt und durch Mephistos Mord-Ruf aufgeschreckt wird (9). Wieder steht die Hauptfigur im Zentrum des Bilds, wird fast mittig kadriert, aber hier unterhalb der Mittellinie, was die Figur im wahrsten Sinne des Wortes erniedrigt. Wer mag, kann auch die nach unten führende Treppe inhaltlich interpretieren. Bedeutungsvoller wirkt aber das Gegenlicht, das ihr Gesicht schamvoll verdunkelt. Nichts ist geblieben vom hellen Auflicht, das Gretchen zur Lichtgestalt machte. Nun kauert sie zerstört als dunkle Silhouette am Boden. Wie auch bei Faust das Führungslicht nicht erklärbar ist, so bleibt auch hier der helle Lichtschein von oben kaum nachvollziehbar, unlogisch, das Haus ist dunkel mitten in der Nacht. Er wird als Tatsache behauptet und die Frage nach einer Begründung stellt sich nicht dem flüchtigen Blick. Solange er akzeptabel scheint, solange der Lichteffekt gut gemacht ist, wird die Logik nicht problematisiert. »Du kannst machen, was Du willst, nur gut muss es sein«[364], hatte Werner Krien[365] zu Igor Oberberg gesagt, als er diesen nach Regeln fragte. In beiden Fällen lenkt die Lichtführung – bei Faust durch Helligkeit, bei Gretchen durch die Silhouette – den Blick auf die Hauptfigur, akzentuiert sie. Dabei hilft auch in beiden Fällen die umrahmende Dunkelheit des Raumlichts realistischer als jede Vignette.

Ein Zwischentitel preist als größtes Wunder »die Freiheit des Menschen: Zu wählen zwischen Gut und Böse.« Ihm folgt eine stark untersichtige Nahe von Faust (10). Starkes Gegenlicht schwenkt unerklärlich auf seinen weißen Haarkranz und bläht ihn auf, ein Seitenlicht von links konturiert die größere Gesichtshälfte. Rauch wird ins Bild geblasen und schnell verschwindet Faust

364 Oberberg: Interviews. [Vorgespräche].

365 *07.03.1912 Berlin. †06.03.1975 Berlin. Krien und Oberberg arbeiten beide als Kamera-Assistenten u.a. bei Fritz Arno Wagner in den frühen 1930er Jahren. Krien beginnt 1931 als Kameramann zu drehen, Oberberg ab 1939, in den Anfängen assistieren sie sich gegenseitig.

in der Abblende, die Schwaden bleiben einen Augenblick länger stehen, und das gibt uns Zeit, wieder in höhere Regionen zu entschweben. Das Licht kämpft um die Oberhoheit des Bildes, während der Dialog die Erzählung strukturiert und zu einer eigenen Kunstform werden will.

Die Zwischentitel im sprechenden Stummfilm

Der Dialog zwischen Himmel und Unterwelt geht weiter in Form eines Schuss-Gegenschusses mit unterbrechenden Zwischentiteln. Bei DER LETZTE MANN war es Murnau und dem Autor Carl Mayer gelungen, mit nur einem Zwischentitel auszukommen, im FAUST besteht schon die Laufzeit des Prologs fast zu einem Drittel aus Texten und so liegt es nahe, diese besonders zu gestalten. Auch wenn der Name Goethe im Titel nicht vorkommt und der Untertitel »eine deutsche Volkssage« behauptet, spekulieren die Produzenten doch eindeutig auf literarische Berühmtheit und lassen die Zwischentitel von Gerhart Hauptmann in Versform dichten.

> Was das für das Tempo des Films und seinen Rhythmus bedeutet, das werden die Leute, die in dem verfilmten FAUST nur den Versuch des Films sehen, ein höheres ›literarisches‹ Niveau zu erreichen, nie begreifen. [...] Entsprechen die Hauptmann-Titel nicht den Erwartungen, dann möge man Extravorstellungen für die ›Literaten‹ mit ›literarischen‹ Titeln geben. Aber denen, die den Film lieben, gebe man einen Faustfilm mit Filmtiteln.[366]

Stillschweigend kehrt man wieder zurück zu den üblichen Filmtiteln, die Bildarbeit nimmt den Wettstreit mit der Sprache auf und setzt alle Mittel ein.

Mit hartem Schnitt sehen wir wieder den Erzengel, ähnlich der siebten Abbildung, etwas enger, Mephisto wird jetzt ganz in die rechte Ecke gedrückt (11), dreht seine unscharfe Silhouette ins Profil, um überhaupt identifizierbar zu sein. »Sahst Du den Faust«. Mephisto ist ebenfalls in vertrauter Kadrage, nur deutlich enger, fast ein klassisches Brustbild, aber der Kopf bleibt unterhalb der halbierenden Horizontlinie, darüber nur grauer Dampf (12). Auch hier betont die Dekadrage die Hierarchie der beiden Gesprächspartner, Mephisto, devot, aber bestimmt, bezweifelt Fausts Leumund: »Sieh seine Gier!« Und es beginnt eine einminütige Montage von fünf unterschiedlichen Einstellungen, die Faust bei seinen Experimenten zeigen, und Carl Hoffmann steht ihm in Begeisterung und Leidenschaft nicht nach. Hier wird

366 Herzberg (1926): Um die Faust-Titel.

Bild 4-11 bis 4-14

atmosphärisch nachgeholt, was die blumige Sprache der Zwischentitel nicht leisten kann. Vier Sekunden lang schauen wir auf eine wabernd graue Fläche, die sich als Dunst schlagartig verzieht und einen distanzierten Blick leicht von oben auf Faust hinter einer dampfenden Glaskugel über einem offenen Feuer freigibt (13). Wie von dieser Lichtquelle wird er gespenstisch von unten so beleuchtet, dass die Augenbrauen dunkle Schlagschatten auf die Stirn werfen, als müssten sie mit den Hörnerstummeln Mephistos Schritt halten. Da der Effekt in den folgenden näheren Einstellungen nicht beibehalten wird, wollen wir ihn nicht als Vorboten überinterpretieren.

Diese erste von sechs unterschiedlichen Kadragen zeigt den meisten Raum, der aber in Dunkelheit versinkt. Dann folgen zwei Ransprünge bis auf Nah (14, 15), bei der vierten springt die Kamera in die zweite zurück (14) und die anschließende fünfte fotografiert eine Großaufnahme durch den Glaskolben (16). Danach eine Einstellung steil von oben, im Ausschnitt ähnlich der zweiten, nur enger, mit dem Abschluss des Experiments (17), und zum Schluss steht Faust desillusioniert in einer Halbnahen allein da ohne seine Geräte (18). Die Handlung ist recht banal, Faust schaut konzentriert und kontrollierend in den Glaskolben, gießt mal ein wenig Flüssigkeit nach und muss während

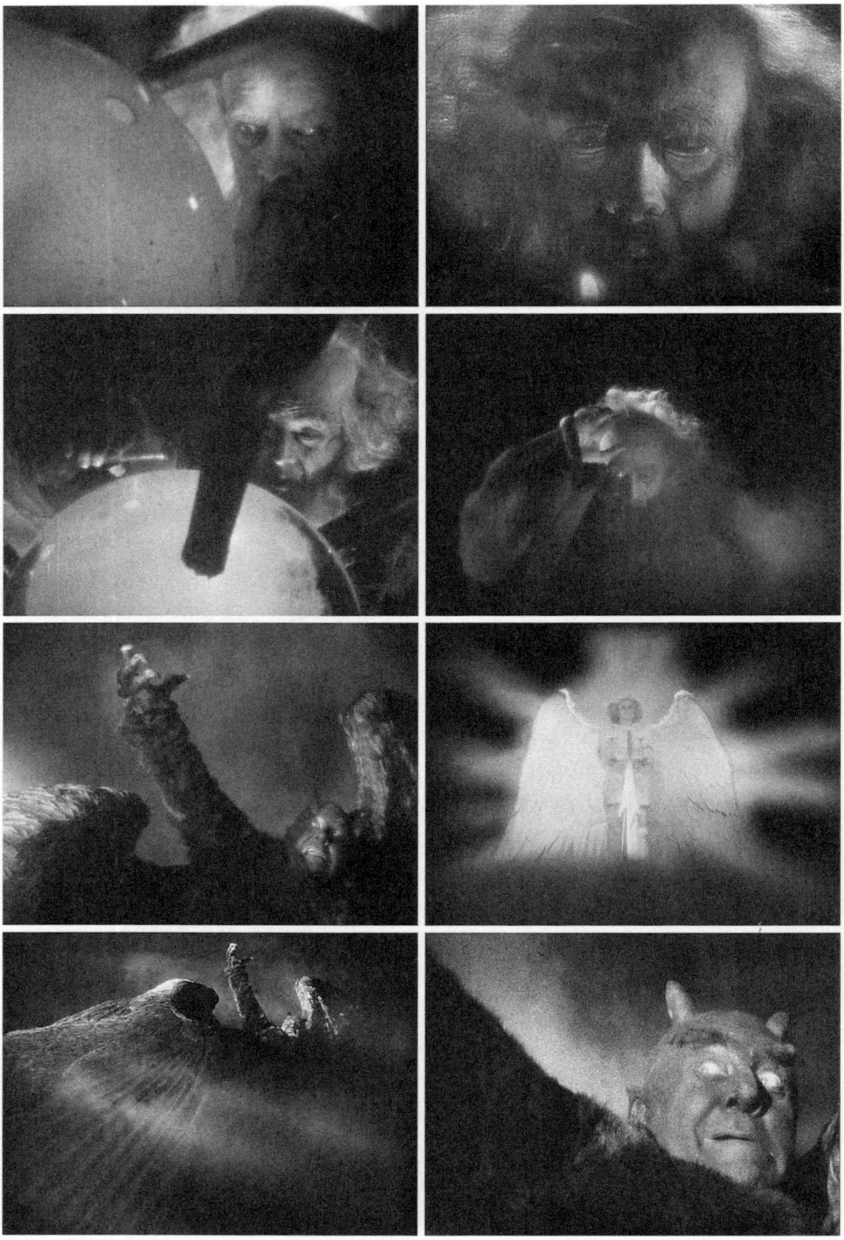

Bild 4-15 bis 4-22

des Höhepunkts des Versuchs, bei dem Dampf das Bild vernebelte und damit auch den Schnitt so gut wie verschleierte, die Position gewechselt haben, um am Ende isoliert dazustehen. Wie eine Illustration der Sprachtitel wirkt diese kurze Montage, ohne in der Charakterisierung Fausts eindeutig Stellung zu beziehen. Das mag auch daran liegen, dass dessen Lust am Experiment voll auf Carl Hoffmann überspringt, denn eine mögliche Handlung geht in dramatischen Lichtspielen sowohl in der Kugel als auch auf dem Darsteller auf. Zischen, Brodeln und Dampfen sind Vorwand für Flackern, Spots und Intensitätsveränderungen aller Art. Blitzen in der zweiten Kadrage noch Schwadenfetzen auf, so senkt Faust in der Nahen sich ins Bild durch einen Spot, der von der Stirn über seine Haare langsam weggedreht wird. Als einzige statische Lichtquelle fungiert die Aufhellung, die anderen sind in Bewegung, werden gedimmt oder aufgedreht. Auch wenn das letzte Bild uns durch die Isolation Fausts von seinen Geräten sein Scheitern erzählt, kommen die Lichtquellen nicht zur Ruhe, blinken weiter, zaubern gar einen sternförmigen Reflex in sein dunkles Auge. Erst stärker werdender grauer Dampf verdeckt das Bild wie eine Abblende.

Selbst Mephisto schaut gebannt nach unten, kann seinen Blick kaum hoch zum Erzengel wenden, während mächtige, düstere Qualmwolken bedeutungsvoll in den Hintergrund gepresst werden. »Was gilt die Wette: Ich ringe Gott die Seele Faustens ab « Beschwörend reißt er den Arm hoch (19). Der Erzengel geht blasphemisch auf den Handel ein und verschwindet im leuchtenden Strahlenkranz durch eine Überblende (20). Zwei weiter untersichtige Einstellungen Mephistos, durch Texttafeln unterbrochen, beenden den Prolog, die erste eine Ganzfigürliche ähnlich seinem Auftritt, die noch einmal mit den geöffneten Schwingen die gewaltige Figur demonstriert (21), und zum Schluss eine Nahe, aus der er sich nach hinten aus dem Bild fallen lässt und für fünf Sekunden den Blick auf dunkle, unscharfe Wolken frei gibt (22); dann eine kurze Abblende

Schon ein kurzer Blick auf die Einzelbilder macht deutlich, wie ästhetisch geschlossen diese Szene wirkt. Die Arbeitssituation eines Labors und das Irgendwo zwischen Himmel und Hölle verschmelzen durch die Lichtführung zu einer einheitlichen Abfolge. Wie viel Hoffmann die durchgehende Ästhetik des Films bedeutet, zeigt sich auch bei einer anderen Entscheidung: »Voraussetzung für eine geschlossene künstlerische Linie war in diesem Falle eine gewisse Gebundenheit an Zeit und Raum. Gerade dieser Film durfte nicht, wie sonst üblich, einfach in Einzelszenen zerlegt werden, die man bald im Atelier, bald in der Natur drehen konnte. Deshalb entschloß sich Murnau – und ich stimmte ihm vollkommen bei – den ganzen Film im Atelier zu drehen.«[367] Wie weit dies auch durch die Zusammenarbeit mit Fritz Lang geprägt ist, sei dahingestellt, auf jeden Fall zehrt die Ästhetik des keine zwei Jahre zuvor von Lang und Hoffmann gedrehten Nibelungen-Films von der Künstlichkeit der Außenaufnahmen im Studio.

Nicht die unterschiedlichen erzählerischen Ebenen werden also herausgearbeitet, sondern das Erscheinungsbild des Films. Hier gibt es keine Sprünge der Kontraste und bei aller Unlogik im Detail verunsichert nichts das Gesamte. Holperten im DR. MABUSE die Einzelbilder noch durcheinander, jedes seiner eigenen Logik folgend, so schafft es Hoffmann vier Jahre später hier durch das Licht, gestalterische Gegensätze wie die Symmetrie beim Erzengel, die Komposition der Diagonalen bei Mephisto oder die Rundungen der Glaskolben bei Faust in Einklang zu bringen. Die Hell-Dunkel-Anteile[368] innerhalb der Kadragen schwanken nicht, können auch durch schrille Effekte nicht zerstört werden. Durch diese Geschlossenheit entsteht eine märchenhafte Erzählung, die aber nie ganz ihr reales Fundament verlässt und sich somit Glaubwürdigkeit erhält. Wie wichtig dies ist, wird die folgende Szene belegen.

Erzählen mit Bildern

Mit der Aufblende schauen wir auf eine sanfte Hügellandschaft, die im Zentrum von einer mittelalterlichen Stadt gekrönt wird (1). Die wellige Horizontlinie teilt das Bild in zwei fast gleiche Teile. Die irdische Hälfte wird dominiert von einer durch einen spitzen Turm hervorstechenden Kirche leicht links unterhalb der Bildmitte, die himmlische Hemisphäre beherrscht eine trübe Sonne unterhalb der oberen Bildkante, etwa um das gleiche Maß von der Mittelsenkrechten nach rechts versetzt wie die Kirche nach links. Damit sind frühere bildgestalterische Prämissen Hoffmanns negiert: Symmetrie oder frontale Sicht. Es herrscht die Raumtiefe, die durch die Vignette und den dunklen Vordergrund an der unteren Bildkante verstärkt wird. Alle wichtigen Elemente sind leicht versetzt von der Mittelachse, vom geschwungenen Horizont, von den Bildkanten. Die Abweichungen lassen den Goldenen Schnitt erahnen, ohne dessen Bedingungen zu erfüllen. Vergleichendes könnte man auch vom Licht behaupten: Es ist fast Sonne, leicht verhangen, dadurch nicht brillant, aber intensiv genug, um die Kontraste glaubhaft hoch

367 Hoffmann (1926): Kleine Geheimnisse um den Faust-Film. S. 46.
368 Vgl. *Glossar*: Licht/ Helldunkel-Verteilung.

zu halten. Scharfe Schatten-Kanten fehlen, wie grundsätzlich Schärfe nicht die vorrangige Ambition des Bildes ist. Der Schleier des Lichts liegt auch auf den Konturen, verhindert grelle Helligkeit und mildert die konturlosen Schatten. Das Bild will künstlerisch sein, nicht fotografisch, und auf keinen Fall den Trick erahnen lassen. Licht und Schatten verteilt nicht die Logik der Wolken, sondern es sind die Gesetze der Bildgestaltung. Anmutung schlägt Realität. Deutsche Romantik. Damit ist die Zeit der Spielhandlung gesetzt. Die Szene beginnt also mit einem Trick, einer Modellaufnahme, wie der Rauch aus den Schornsteinen verrät. Heute – besonders, wenn der Film digitalisiert gezeigt wird – fällt dies sofort auf, damals dürfte es bei einer ordentlichen analogen Projektion weniger deutlich gewesen sein.

Mit dem Schnitt landen wir auf einem Jahrmarkt, dessen Quirligkeit der *Establisher* dieser Kleinstadt nicht erahnen lässt (23). Scharf konturiertes Licht betont den Kontrast und behauptet die Sonne, deren verschleierte Weichheit der Brillanz weicht. Die Hell-Dunkel-Verteilung bleibt unberührt und so wird der Schnitt akzeptiert. Die Bildgestaltung wirkt wie eine Befreiung vom Mabuse-Film. Das Ordnende wird nicht mehr von der Architektur vorgegeben, sondern von der gestalterischen Absicht. Aus der hinteren Ecke einer Bühne schaut die nicht geneigte Kamera schräg am Harlekin vorbei auf ein Meer von Zuschauern und Besuchern. Links und oben kaschieren Zeltbahnen den Blick, begrenzen das Format. Ihr Fehlen rechts ermöglicht einem Mann, auf einem speziellen Pendel sitzend, überraschend ins Bild zu schaukeln und wieder hinaus, andere folgen. Die Kadrage bildet keinen durch die Bildkomposition hermetisch geschlossenen Raum mehr, sondern kann beliebig betreten und verlassen werden. Alles ist im Fluss, alles scheint möglich. Beim parallel gedrehten Metropolis fällt dieses Spiel mit der Kadrage und dem Off noch auf, hier ist es eine Selbstverständlichkeit.

Wie die nicht sonderlich akrobatische Vorstellung des Harlekins, zielen inszenierte Bewegungen und Ausstattung darauf ab, das Sonnenlicht zur Geltung zu bringen: Der dunkle Vordergrund, die Darbietung des Tänzers, der die Sonnenstrahlen als Rampenlicht nutzt, die Massen im Hintergrund, auf denen sich Licht und Schatten abwechseln wie auf den Hügeln der Stadttotalen zuvor. Der so aufgebaute Sonneneffekt hat aber nicht nur eine atmosphärische Funktion als Ausdruck der Ausgelassenheit, sondern wird nach drei weiteren Einstellungen dramatisch die Dramaturgie an sich reißen.

Mit dem Schnitt wird die Kadrage noch enger und unübersichtlicher. Die Kamera schaut in eine Art Gasse eines Bazars, doch hindern nun gleich drei Schaukeln den Blick und uns bleibt, sich der Bewegung zu ergeben (24). Nach fünf Sekunden wieder ein klar gegliederter Bildaufbau: Unten links eine rechteckige Leinwand mit einem Schattenspiel, darüber der Teil einer Bühne, auf der ein Mann mit einem Bären ringt, davor bilden staunende Zuschauer eine Diagonale, die das Bild fast teilt, auffällig zwei leere Flächen rechts oben und unten (25). Die untere aus Brettern wird nach drei Sekunden von einer auf Händen gehenden Gestalt als weitere Bühne benutzt. Eigenartig das Gewand des Artisten, als wäre er frisch geteert und gefedert worden. Mit seinem Auftritt bekommt auch die obere helle Fläche, die an die Rückwand eines Zeltes erinnert, die Funktion, den Gaukler besser abzuheben. An ihm wird fünf Einstellungen später die Wirkung der Pest demonstriert und so bekommt er hier einen prominenten Auftritt vor der hellen Fläche. Noch herrscht Jahrmarktstimmung. Dann der Schnitt näher an das Schattenspiel, die Leinwand springt auf die andere Seite, füllt nun die gesamte rechte Bildhälfte, links die Zuschauer, die gebannt das Spiel verfolgen, dabei aber im Gegensatz zu uns auf die Rückseite des Schirms schauen, also dorthin, wo das Schattenspiel gemacht wird (26). Die Turbulenzen der Bilder verschleiern die Unlogik und der Filmzuschauer akzeptiert die falsche Situation, solange der Widerspruch nicht ausdrücklich demonstriert wird. Das Öffnen der beiden schattenliefernden Hände unterbricht das Spiel, sofortiger Schnitt in die fast identische Eröffnungstotale der Stadt (27).

Der ein wenig nach unten gewanderte Horizont vergrößert den Himmel, vor dem nun eine Überblendung die riesenhafte Gestalt Mephistos auftauchen lässt. Die Hörner scheinen noch gewachsen, der rechte, anliegende Flügel touchiert die Sonne, wird sanft überstrahlt. Als hätte die Verdunklung des Himmels nicht gereicht, öffnet sich nun auch dieser rechte Flügel, verdeckt die Lichtquelle. Schon die Sonne ins Bild zu nehmen, ist ungewöhnlich, nur in einem Modelltrick möglich, der es erlaubt, ihre Strahlkraft auf ein für die Filmaufnahme erträgliches Maß zu reduzieren. Oder um es technisch genauer zu sagen, ermöglicht die schwache künstliche Sonne, die Landschaft mit Kunstlicht aufzuhellen, was bei einer Realaufnahme kaum möglich wäre. Hier gelingt es, ein aktuelles Problem der Lichtführung, die Lichtquelle im Bild, auf hohem Niveau durchzudeklinieren: Die Sonne wird verdeckt und synchron läuft der Schatten über Stadt und Landschaft.

Ebenso schnell läuft die Schattenkontur nach dem Schnitt weiter in der vorherigen Kadrage und lässt das Schattenspiel zusammenbrechen (28). Erstaunlicherweise steht der Schattenspieler nun vor der Kamera, korrigiert so den zuvor bemängelten Fehler, oder besser: macht uns glauben, dass er immer schon dastand.

Schnitt zurück auf den verharrenden Mephisto für drei Sekunden (29). Schnitt. Offensichtlich wird die Verdunklung der Stadt am Ende von Bild 27

Bild 4-23 bis 4-30

nun Hoffmann zu konturlos und so beleuchtet er sie trotz verdeckter Sonne fast wie zuvor. Schnitt. Der Artist läuft unbeeindruckt auf den Händen in der bekannten Halbtotalen weiter (30). Die Einstellung ist jetzt enger, nur noch auf ihn und seine Zuschauer konzentriert. Leicht lässt sich nun im fehlenden Sonnenlicht die fahlgraue, riesige Plane im Hintergrund als Leichentuch interpretieren. Zurück auf Mephisto: Rußiger Rauch wird über die Stadt geblasen und verdeutlicht, warum diese wieder angestrahlt sein muss, da sonst in einer schwarz-grauen Soße selbst dieser Rauch unkenntlich wäre. Schnitt auf den Artisten in die vorherige Einstellung. Der Handstand bricht zusammen, die Zuschauer weichen erschrocken zurück, besonders als sein Versuch des Aufbäumens erfolglos bleibt. Mehrere Männer erklimmen die Bühne, reihen sich um den Artisten, ohne ihn zu verdecken, heben ihn an (31). Schnitt in dieser Bewegung in eine Nahe, in die der Kopf hineingezogen und von seiner Maske befreit wird (32). »Die Pest!... Die Pest!« Schnell lehrt sich die Bühne, auch die restlichen Zuschauer ergreifen die Flucht. Die Kamera springt zurück in eine neue Kadrage, tiefer, etwa auf Augenhöhe des Liegenden, der in seiner Verkleidung wie ein weggeworfenes Fell daliegt (33). Schnitt. Die Stadt zu Mephistos Füßen ist nun endgültig im schwarzen Staub verschwunden (34). Schnitt. Derweil tobt auf dem mittlerweile fast menschenleeren Jahrmarkt ein starker Sturm, der die leeren Schaukeln tanzen lässt (35) und die Zeltplanen wie Segel aufbläht (36). Schnitt. Der Artist kann sich noch einmal aufbäumen (37), robbt zum Rand und verfängt sich mit dem Schnitt kopfüber von der Bühne fallend Richtung Boden (38). Die Pest hat ihr erstes Opfer und das Bild blendet ab.

Die Wette wird umgesetzt und Murnau und Hoffmann verlassen sich auf die Kraft der Bilder. Selbst auf Handlungsabläufe oder gar Mimik kann verzichtet werden. Waren die vorherigen Einstellungen noch symbolbeladen wie beim Erzengel oder Musterbeispiele klassischer Bildkomposition, so öffnet sich nun die Kadrage, die Ränder fungieren nicht mehr als Rahmen einer in sich abgeschlossenen Gestaltung, sondern werden transparent. Die Einstellung reklamiert keine Perfektion, sie weiß zu erzählen. Das Auge kann umherschweifen, bekommt die Freiheit auszuwählen – interessiert mehr der Bär oder der Handstand, das Schattenspiel oder seine Betrachter? Das Bild verliert seine Selbstsicherheit, öffnet sich. Nur die Abbildung Mephistos kann sich dem entziehen, behält seine Eindeutigkeit.

Um durch diese Veränderung der Bildgestaltung die Kontinuität des Films nicht zu zerreißen, braucht es eine mächtige Klammer, die alles zusammenhält: die Lichtführung. Sie gibt der Szene – und dem gesamten Film – eine einheitliche Erscheinungsform.

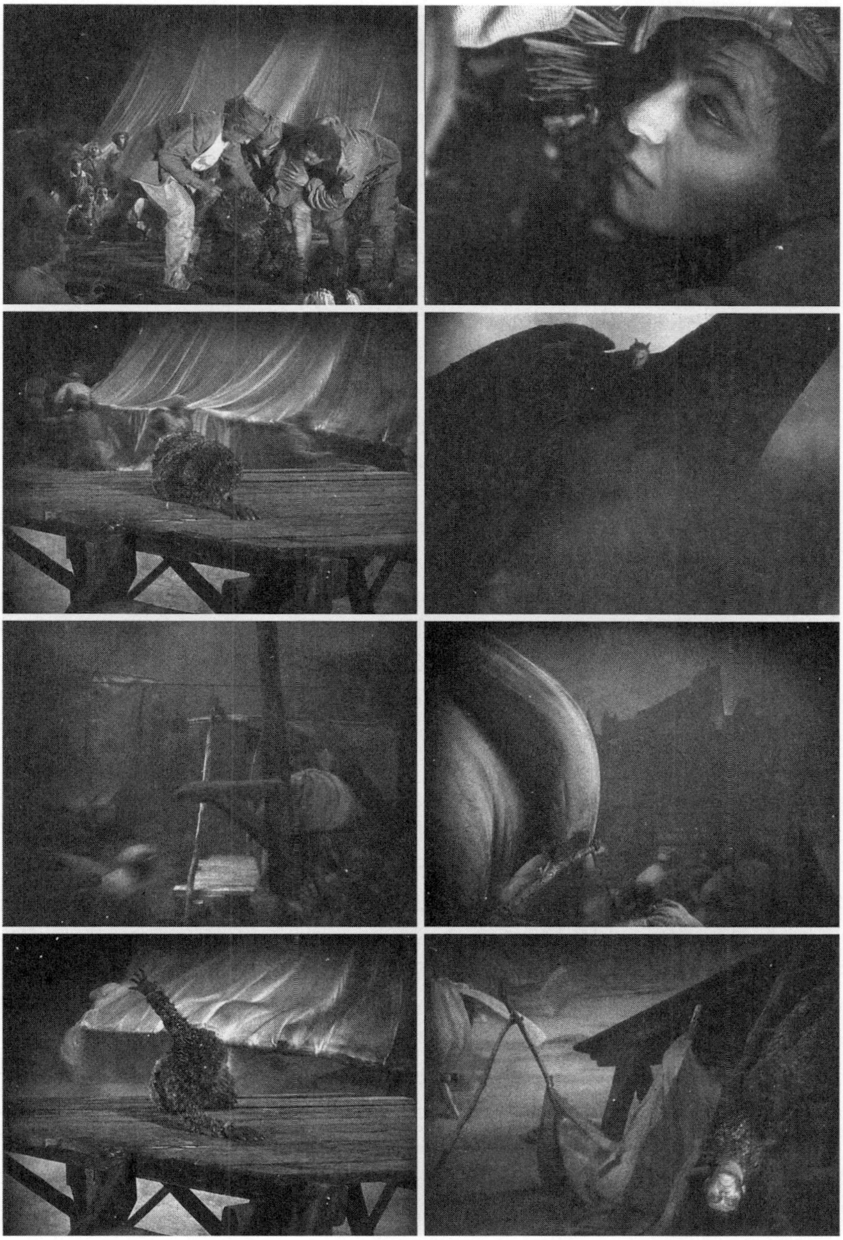

Bild 4-31 bis 4-38

Die Atmosphäre des Lichts

Gut zu sehen ist bei dieser kurzen Abfolge, dass mit dem Verschwinden des Sonnenlicht-Effekts die hellen Partien sich verdüstern, in Grautönen versumpfen, und das nicht nur auf dem Jahrmarkt, sondern auch bei Mephisto. Das Sonnenlicht stellt Hoffmann aber vor ein anderes Problem, denn da dieses bei Original-Außenaufnahmen technisch unabdingbare Notwendigkeit zu sein scheint und somit den Kinogängern geläufig ist, muss es hier nun mehr leisten als hell zu sein, es muss auf das Göttliche verweisen, das es für Mephisto zu zerstören gilt. Reichte beim Erzengel auf der abgehobenen Ebene von Gut und Böse noch eine symbolische Scheibe mit Strahlen, um das Junktim von Gott, Gut, Licht zu behaupten, wird es hier komplizierter. Es kann nicht nur einfach dunkler werden, als würde ein Vorhang zugezogen, um zur Finsternis und dem Bösen zu wechseln. Das Lebensspendende des Lichts muss etabliert, der Sonnenlicht-Effekt muss an die Ausgelassenheit des Jahrmarkts gekoppelt werden. Aber deutlich, greifbar gelingt dies erst durch das Schattenspiel, das eben nur bei Licht möglich ist. Und obwohl dieser Effekt bei Sonne durchaus fraglich erscheint, wird die Logik überrannt von der optischen Effizienz. Das Licht geht aus, das Schattenspiel stirbt, was metaphorische verstanden werden soll. Hoffmann erzählt mit der Bravour seiner technischen und ästhetischen Meisterschaft nicht nur die bedrückende Atmosphäre in stimmungsvollen Bildern, sondern mit dem Verschwinden des Sonnenlichts vom Tod.

Nach Ab- und Aufblende folgt ein Zwischentitel, dass in wenigen Tagen die halbe Stadt im Sterben liegt. Erneut Abblende, dann harter Schnitt, Nacht. Die Kamera schaut leicht von oben und schräg durch einen weiten Torbogen auf einen querlaufenden Gehweg (39). Die Dekoration wirkt abstrakt, kein Requisit oder Ornament, nur kaum strukturierte Wandflächen. Der Weg macht bildmittig einen Knick auf die Kamera zu und Stufen unterhalb der Bildkante führen die Personen rechts an der Kamera vorbei. Zwei Komparsen nehmen den letzten Teil der Treppe und verlassen das Bild. Die Gestalten erinnern an ein Gemälde von Gerard ter Borch, die *Prozession der Geißelnden*[369]. Ihre Kleidung und die der Folgenden symbolisiert durch ihre weißen Kutten mit spitzen, das Gesicht völlig verdeckenden Kapuzen die »Geißel als Bild für die Pest«[370]. Vor sich her tragen sie Pfannen mit klei-

369 Gerard ter Borch, *Flagellanten-processie* (ca. 1638). Museum Boijmans van Beuningen, Rotterdam.

370 Kretschmer: *Lexikon der Symbole und Attribute in der Kunst*. S. 158.

nen offenen Flammen, die aber nicht ausreichen, sie zu beleuchten, aber hell genug sind, um gegen die Optik abgeschirmt werden zu müssen. Dafür erzeugen sie viel Rauch, der das starke Gegenlicht grell aufblenden lässt. Mit Abstand kommt das nächste Paar zur Treppe, eine Bahre tragend, gefolgt von zwei weiteren. Auch ohne die Kleidung und den schleppenden Gang der Figuren wirkt das Bild durch die Lichtführung schwermütig und beängstigend. Links oben am Rand vom Bogen angeschnitten, platziert Hoffmann einen Durchblick auf ein offenes Feuer als Lichtquelle und nutzt diesen zum gestalterischen Pendant einer Feuerstelle rechts neben dem Bildzentrum auf dem Weg, ebenfalls vom Torbogen fast verdeckt. Die

> Modellierung des Bildraumes wird hauptsächlich durch das Licht erreicht. [...] Jenseits aller Differenzen beschäftigte der Begriff der ›kreativen‹ Beleuchtung die deutschen, französischen, amerikanischen und russischen Kameraleute. Wenn Murnaus Film hinsichtlich dieser Bildkunst über dem Durchschnitt der Epoche liegt, so weniger aufgrund der Art der Stilmittel, die für sich genommen wenig originell sind, als vielmehr durch die quantitative Anhäufung und durch die regelrechte Unterordnung der Form unter das Licht, die daraus resultiert. Man könnte den Film geradezu als systematische Auflistung aller Möglichkeiten des Lichts auf der Leinwand sehen. Die Bildfläche wird einheitlich in diffuses Licht getaucht oder das Licht scheint aus dem *Hors-champ* zu quellen.[371]

Also aus dem außerhalb des Bildfeldes liegenden Raum, der aber virtuell jederzeit in das Bildfeld hineingenommen werden kann, wie Frank Kessler, der Übersetzer des Aumont-Artikels, zum Begriff *Hors-champ* anmerkt.

Dieses diffuse Licht fungiert als die technisch notwendige Aufhellung und wirkt nur deshalb Atmosphäre bildend, weil nur wenige Lichtakzente kleinflächige Bereiche betonen. Zum einen tritt die Lichtquelle selbst – Sonne, Kugellampe, leuchtende Kolben oder hier offene Feuer – als Attraktion auf; zum anderen motiviert diese nicht nur den Rauch, sondern die logische Lichtführung, bei der direktes Licht eingesetzt wird. Auffällig, dass in diesen Beispielen die Lichtquellen in die Kadrage integriert sind und damit das Bild eben nicht von außen, aus dem *Hors-champ*, beleuchtet wird, sondern die markanten Effekte aus dem inneren des Bildes heraus strahlen. Das gibt den Lichteffekten die Authentizität, nach der auch Freund mit seiner Küchenlampe sucht. Und wenn dann die eine oder andere Leuchte aus Pragmatismus außerhalb des Bildraums steht und der Scheiterhaufen sogar einen kleinen

371 Aumont (1989): »Mehr Licht«. S. 69.

Schatten wirft, verhindert dies nicht die Glaubwürdigkeit. Dass die Feuer nur angeschnitten zu sehen sind, erleichtert die Imitation ihres Lichtwurfs, da dieser nicht rund um das Feuer funktionieren muss, sondern nur in dem begrenzten, sichtbaren Winkel. Das Licht kommt also nicht von außen, es kommt aus dem Bild selbst, ihre Quelle wird nur durch Objekte verdeckt. Glaubhaft hätte Hoffmann den Figuren auf dem unteren Weg eine Kante geben können und nicht erst auf den Stufen, aber dies hätte das Bild deutlich belebter, gefälliger gemacht als durch diese dunklen Gestalten vor finsterer Wand, nur unten vom Schein des Feuers beleuchtet.

Überraschend wird nun auf Mephisto geschnitten, der immer noch – laut Zwischentitel sind Tage vergangen – in seiner bedrohlichen Haltung über der Stadt steht (40). Auch kein leichtes Leben. Die Gebäude bekommen bei der Nacht ein kantiges Seitenlicht von rechts, damit der langsam sich verziehende Rauch gesehen werden kann. Schnell sind wir wieder zurück in den Gassen. Trotz aller Kargheit bietet sich durch die Dunkelheit ein recht unübersichtliches Bild (41): Füße eines Toten ragen unscharf vor uns auf, die fast zentriert von unten bis zur Bildmitte reichen, der Kopf auf Höhe der Zehenspitzen klein rechts zwischen Fuß und Bildrand. Auch hier lassen sich sofort Bilder aus der Malerei assoziieren, Mantegnas *Beweinung Christi*[372] mit seiner ungewöhnlichen Perspektive des Blicks über die Füße als Ausdruck des Todes oder Rembrandts *Anatomische Vorlesung des Dr. Deyman*[373]. Doch Hoffmann geht mit diesem Topos noch weiter, ihn interessiert nicht der Tod als Schlusspunkt, als Ende. Für ihn ist dieses Bild die Darstellung »alles Gedankliche[n]« einer Verwirrung, eines Chaos, das die Pest stiftet und sämtliche Orientierungspunkte verschwimmen lässt.

Gefolgt von Totenträgern umgehen zwei Kapuzenfiguren mit offenen Feuern auf Pfannen einen brennenden Scheiterhaufen in der Bildmitte, der vom linken Fuß des Toten teilweise verdeckt wird und dessen Lichteffekt die Passierenden von unten mit hartem Licht anstrahlt. Die beiden mit ihren rauchenden Lichtern stellen sich nun zwischen Feuer und Toten, jeder genau hinter einen Fuß. Auch die zwei Träger sind nähergekommen, passen nicht mehr ins Bild, nur ihre Aktion wird noch erkennbar, wenn sie den Toten mit einem Tuch bedecken. Derjenige am Fußende kommt der Kamera so nah, dass er für einen Moment das Bild völlig abdeckt, bevor durch das Aufnehmen der Totenbahre das Bild wieder geöffnet wird, und verdeckt damit auch

372 Andrea Mantegna, *Beweinung Christi* (um 1480). Pinacoteca di Brera, Mailand.

373 Rembrandt van Rijn, *Anatomische Vorlesung des Dr. Deyman* (1656). Amsterdam Museum, Amsterdam.

Bild 4-39 bis 4-44

die Unlogik, dass der Tote bereits auf dieser Trage gelegen haben muss. So hilft die Zerrissenheit der Bildgestaltung der Glaubwürdigkeit der Lichtführung und die Dunkelheit ermöglicht ein geradliniges Erzählen. Der Schnitt kommt noch bevor die Vier das Bild verlassen können.

Diese Raumpräsentation, diese Nähe, dieses Abdecken der Optik sind ungewöhnlich für Hoffmann. Das Geschehen kann beim Mabuse-Film immer deutlich verfolgt werden, nichts eckt an oder wird gar angeschnitten. Hier wird die Handlung fragmentiert, ein Tuch kommt ins Bild, ein Arm ordnet, eine Kutte verwehrt den Blick, eine verhüllte Bahre verlässt das Bild,

Lichter blitzen auf, wenn Körper sie freigeben. Und auch für Murnau ist die Handlung aus dem Off, oder sagen wir jetzt besser: *Hors-champ*, über die Bildkante ins Bild hinein, nicht selbstverständlich. Hier wird anders erzählt und es wird von etwas anderem erzählt, weshalb Regie und Kameraarbeit eine eigene Handschrift dafür finden. Hoffmanns Forderung, »vom Gesichtspunkt des rein Bildhaften aus[zu]gehen«[374], wird greifbar. Der Tod, die Pest löst alle Orientierung auf.

Auch das Licht wirkt extrem, aber immer noch um Logik bemüht, solange es die gewünschte Atmosphäre bedienen kann. Feuer lodern im Hintergrund, ein großes in der Bildmitte, dessen heller und für die Optik problematischer Kern durch die Kadrierung des Fußes davor gemildert, ein Scheinwerfer möglicherweise gar verdeckt wird. Das mag man nicht gelungen finden, geht aber im Trubel der Attraktionen unter. Zu berauscht scheint Hoffmann von der Logik der Lichtführung, lässt die Kuttenträger von diesem Feuer beleuchtet erscheinen durch eine tiefstehende Lampe aus dessen Richtung, und nach dem Passieren trifft die Personen eine Kante. Auch ihre Warteposition, jeder genau hinter einem Fuß, erscheint nicht glücklich. Die Gewissenhaftigkeit der Kadrage wird der Lichtarbeit geopfert, die dafür umso genauer die Logik beachten kann: Ein Lichtschein auf den Kapuzen wie von den Feuern der Pfannen ist pragmatisch von rechts gesetzt, das Flackern erzeugt der heftige Rauch. Die feine Strukturierung des Toten im Schatten, die das Gesicht behutsam aus der Dunkelheit abhebt, verrät nicht nur ästhetische, sondern auch höchste technische Präzision.

Die katastrophale Situation der Seuche ist damit beschrieben, nun geht es zu Faust, der laut Zwischentitel »ein Heilmittel gegen die Pest« sucht (42). Die leicht untersichtige Halbnahe zeigt ihn gebeugt über einem Buch und kleinen Flaschen unterhalb der Mittellinie. Nichts ist geblieben vom Forscherdrang der Einleitung; die dann folgende Verzweiflung des Gescheiterten (18) überspringt mühelos die Szenen ohne ihn. Auch das Licht spendet wenig Hoffnung. Eine ebenso unerklärliche wie überstarke Kante bläht seinen Haarkranz auf, lässt ihn eher wirr als glorios erscheinen, unterstützt seine hilflose Gestik. »Die launischen Zufälligkeiten der Naturbeleuchtung systematisieren sich bei ihm zum bewußten Stil.«[375] Nur entspringen die Effekte nicht einem Zufall, imitieren ihn nur, sind gestalterisch bewusst gesetzt. Wenige Einstellungen reichen, um diese spezielle Lichtführung charakteris-

374 Treuner (1928).
375 Kraszna-Krausz (1925): Die Kritik des Films: Faust.

tisch für den ganzen Film erscheinen zu lassen, da sie dramaturgisch hervorstechende Momente markieren.

Mit Fausts Blick auf das Buch folgt der Schnitt über seine rechte Schulter (43). Schwer wird der Arm zurückgezogen und gibt den Blick frei auf Abbildung und Schrift: Todbringende Seuchen gab es schon im alten Ägypten. Überraschend eine Überblende, mit der wir uns der Schrift noch nähern. Die größere Schrift wird nicht benötigt, um besser lesen zu können, wohl aber die Überblendung, löst sie doch die erzählte Zeit auf, lässt sie schier unendlich erscheinen und legt sich wie ein schwerer Schatten auf die Erzählung.

Harter Schnitt auf Faust, die Kamera steht nun näher, zeigt ihn von der aufgelegten Hand mit kleiner Flasche bis zum Scheitel, ohne der Figur viel Luft zu geben (44). Die starke Gloriole ist verschwunden, denn er wird nach wenigen Schnitten aufstehen müssen. Die Kamera bleibt untersichtig zwischen Augenhöhe und Tischplatte, schafft dadurch keine Dominanz, ermöglicht einen besseren Blick ins meist gesenkte Gesicht, dynamisiert die Kadrage. Faust starrt auf den Text und fleht Gott in einem zwischen geschnittenen Titel an.

Hoffmann kann sich nicht auf die Dekoration verlassen, muss sich die Lichtsituation und Atmosphäre quasi vor der nackten Wand einfallen lassen. Denn »das Studierzimmer wurde nicht als Raum, sondern in vier Bildern nebeneinander erstellt.«[376] Das ist bei der Studioarbeit nicht ungewöhnlich. Heute bekommt man an einem Originalmotiv meist eine Lichtsituation geliefert. Die kann man annehmen, wenn sie passt oder einem nichts einfällt, und notfalls das vorhandene und erlebbare Licht technisch verstärken. Wenn man eine andere Vorstellung hat oder das vorgefundene mit der eigenen Absicht kollidiert, dann muss man entweder das gegebene Licht – ich nenne es mal – überleuchten, was sehr aufwendig sein kann, oder man versucht den Raum abzudunkeln, um mit eigenen Mitteln die gewünschte Lichtsituation zu erstellen. Auch das kann schwierig sein. Da hat man es im Studio leichter, denn man fängt problemlos bei null an, muss aber auf eine Inspiration durch das Motiv verzichten. Da zur damaligen Zeit, bedingt durch den großen Aufwand, nicht sehr spontan gearbeitet wird, ist eine gute Planung Voraussetzung. Natürlich werden Probleme auch mit uninspirierter Routine gelöst, so strahlt bisweilen durch ein Fenster immer ein 10 kW, entweder als Sonne oder als Mond, denn dann kennt man die notwendige Belichtung. Vor diesem Hintergrund kann die innovative Lichtführung Hoffmanns, Freunds und der anderen gar nicht hoch genug eingeschätzt werden.

376 Herlth (1979). S. 86.

Die anfängliche Bewunderung für das Zusammenspiel von Bildgestaltung und Lichtführung löst sich im weiteren Verlauf immer mehr auf. Die ausdrucksstarken Bilder weichen der Erzählung und da diese ihre Dynamik, ihre Lebhaftigkeit verliert, werden die Kadragen nüchterner, eintöniger. Dies mag gewünscht sein, deckt es sich doch mit der bleiernen Atmosphäre der Seuche. Dafür lässt das Licht die Kadrage immer mehr vergessen. Die Statik auch innerhalb der Bilder ermöglicht Hoffmann, sich ganz auf die Lichtführung einzulassen. Gänge oder Bewegungen der Schauspieler schränken ihn nicht ein, das Licht hat das Erzählen übernommen, charakterisiert die Situationen und Personen. Die logische Lichtführung wird nicht sklavisch eingehalten, sondern gezielt auf den Effekt hin eingesetzt und nicht als naturalistisches Imitat. Dabei erreicht Hoffmann auch technisch ein Höchstmaß an Präzision, der Tonwertreichtum seiner Aufnahmen, sein Umgang mit den Kontrasten demonstriert die Möglichkeiten des orthochromatischen Materials und lässt keine Wünsche offen. »Denn Murnaus Werk liefert ein Beispiel aus den Frühzeiten des Kinos wie kaum ein zweites: für das Licht als die Formen verwischende und verwandelnde Kraft.«[377] Hier sollte Carl Hoffmann nicht vergessen werden.

Das statische Bild und die Kadrage

Schnitt auf eine enge Stadtlandschaft: Im halbierten Bild führen links vier angestrahlte, offene Stufen zu einem romanischen Torbogen in der oberen Ecke, rechts öffnet sich ein Blick über die schrägen Dächer (45). Sofort taucht eine junge Frau hinter der Plattform der Stufen unterhalb der Bildmitte auf und kämpft sich zappelig nach oben zu den Treppenstufen, hastet sie hoch und noch bevor sie den Torbogen erreicht, kommt der Schnitt. Zwei Besonderheiten fallen auf. Die schnellen, hektischen Bewegungen sind Resultat der niedrigen Aufnahmefrequenz, um ihren Gang zu beschleunigen, ihren inneren Drang auszudrücken. Ein beliebtes gestalterisches Mittel, das heute mit Slapstick assoziiert wird. Mehr Interesse weckt, dass sie das Bild nicht von einem Rand aus betritt, sondern mittig erscheint. Viele Motive im FAUST sind nicht nur in der Horizontalen gebaut, sondern nutzen auch Höhe oder Tiefe und nagen an der Künstlichkeit des Studios.

377 Körte (1992): Die Kraft des Lichts. S. 112.

Bild 4-45 bis 4-48

Der Schnitt bringt uns vor die Tür hinter dem Rundbogen (46). Sofort eilt die junge Frau von der »falschen« linken Seite[378] in eine Amerikanische, pocht vehement gegen die Tür und wir sehen nur ihren Rücken. Schnitt auf Faust in der bekannten engen Halbnahen (Fortsetzung 44). Nur langsam reagiert er durch eine Kopfwendung nach links, Schnitt kurz zurück auf die Klopfende (Fortsetzung 46), dann erhebt er sich schwer in der weiteren Halbnahen (wie 42). Die Luft über dem Kopf und seine gebückte Haltung verhindern ein Anstoßen an der Bildkante ohne Schwenkkorrektur. Langsam nähert er sich der Tür im Hintergrund, die er vorher verdeckte, geht aber nicht geradlinig darauf zu, sondern verschwindet links hinter einem riesigen dunklen Dekorationsteil, zu einer offensichtlich nicht sichtbaren Tür (47). Mit dem Schnitt kommt Faust nun von der rechten Seite und geht auf eine Tür zu, vermutlich die in der Einstellung zuvor gesehene. Eine achsentechnisch kontinuierliche Bewegung behauptet also diese zweite Tür (48). Mich würde es nicht überraschen, wenn Murnau das Motiv – laut Herlth ja nur

378 In der Totalen läuft sie von rechts nach links, in der Amerikanischen von links nach rechts.

eine Wand – durch diesen kleinen Schlenker und zusätzlichen Schnitt verkompliziert, es um eine Tür reicher macht, damit die Dekoration glaubwürdiger erscheint. Auffällig, dass hier bei der meiner Meinung nach »falschen« Behauptung einer zweiten Tür eine »richtige« Bewegungsrichtung eingehalten wird, um diese glaubhaft zu machen, die der hastenden Frau verwehrt wurde. Die Kamera steht weiter tief auf Höhe von Bücherstapeln, die rechts die Reagenzgläserwand ersetzen und die neue Tür erzählen.

Gerne bemüht man sich, einen behaupteten räumlichen Zusammenhang stärker zu motivieren als einen tatsächlichen; dreht man einen Schuss-Gegenschuss an einem realen Ort, gibt es keine Probleme. Versucht man aber durch die Montage die Konsistenz nur zu behaupten, gerät man in einen Rechtfertigungszwang. Wenn im Studio eine Person gedreht wird, die aus dem Fenster schaut, und das, was sie sieht, muss an einem Originalmotiv aufgenommen werden, so wird man bei diesem Fensterblick dazu neigen, einen sorgfältig aus dem Studio mitgebrachten Fensterbalken oder ein Gardinenteil mit ins Bild zu bekommen, während beim Drehen dieser kleinen Szene an einem Originalmotiv der nackte Blick gereicht hätte.

Murnaus Virtuosität im Umgang mit Motiven durften wir ja schon bei DER LETZTE MANN bewundern. Mit dem Öffnen der Tür wirft sich die junge Frau Faust zu Füßen. Der unterbrechende Titel erbittet Hilfe für die sterbende Mutter.

Mit einem harten Schnitt sind wir bei der Mutter. Sie liegt wie aufgebahrt an der unteren Bildkante, ihr Gesicht im Profil auf der linken Bildseite. Das flache Unterlicht moduliert ihr Gesicht zu einer Totenmaske. Die Kamera steht tief, auf ihrer Höhe, leicht nach oben geschwenkt und zeigt viel Dunkelheit. Nur direkt über ihrem Gesicht wird dunkel der Kopf eines Kindes erkennbar. Sofort füllt die Kadrage die zur Mutter stürmende Tochter, wirft sich sorgend über sie. Als keine Reaktion kommt, wendet sie sich hilfesuchend nach hinten. Schweren Schrittes taucht Faust aus der Dunkelheit auf. Ohne den Blick von der Mutter zu wenden, schiebt er die Tochter beiseite, die dann im Hintergrund mit dem Kind durch die Tür verschwindet (49). Die Kamera bleibt stoisch starr, bewegt sich keinen Millimeter zur Korrektur des Bildausschnitts, um die durch die Schauspielerbewegung immer wieder auftretenden leeren Flächen zu reduzieren.

Schnitt in Fausts subjektiven Blick auf die Mutter (50). Das Bild verwundert wie zuvor durch die Dekadrage. Das Gesicht bedeckt nur das linke untere Viertel, ist sogar am Hals geschnitten, als gäbe es etwas zu verbergen. Nach einem Rückschnitt in die vorherige, in der nun Faust eine kleine Flasche aus seinem Gewand holt, wird wieder auf die Mutter geschnitten, doch

Zimmer Faust

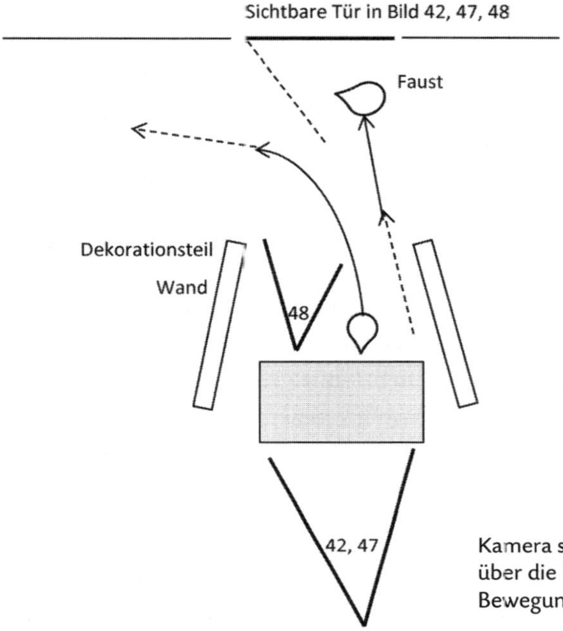

Kamera springt nicht
über die Handlungsachse/
Bewegungsrichtung

Stadtansicht vor Zimmer Faust

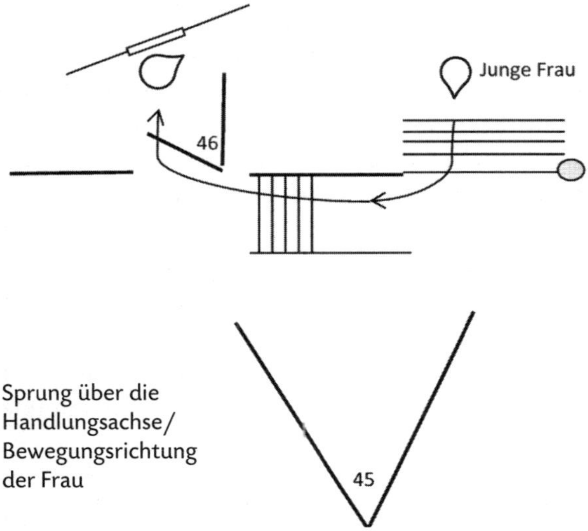

Sprung über die
Handlungsachse/
Bewegungsrichtung
der Frau

jetzt schiebt Faust seine Hand unter ihren Kopf und hebt ihn zu einer Groß-Aufnahme in noch stärkerer Untersicht an (51), was den extremen Anschnitt korrigiert.

Auch wenn die Kranke nun als Lebenszeichen die Augen öffnet und ihr Blick starr nach oben geht, erzählt das Bild von einer Toten. Dies wird wesentlich, weil die Medizin, die Faust ihr nun verabreicht, sie sterben lässt. Doch dies darf den Titelhelden nicht leichtfertig desavouieren, so muss die Mutter schon dem Tod geweiht sein, wenn Faust vergeblich heilen will. Und genau dies leistet die Kameraarbeit: Durch Untersicht, die Bewegungslosigkeit der Bilder und besonders die Lichtführung.

Die Kombination von Untersicht und Unterlicht bei postmortalen Porträts taucht immer wieder in der Malerei auf, so bei Caravaggios *Der Tod der Jungfrau Maria*[379]. Caravaggio gehört auch deshalb zu den Lieblingsmalern einiger Kameraleute, weil er die Lichtführung von der räumlichen Darstellung lösen kann. In solchen Bildern geht es um den Effekt, nicht die räumliche Darstellung. Das Licht hilft dann nicht mehr einer realen Dreidimensionalität, sondern entwickelt eine zerstörerische, fragmentierende Kraft und wird zur Dramatisierung eingesetzt.[380] Genau diese Lichtführung setzt auch Hoffmann ein. Der unvertraute Schattenwurf des Unterlichts verzeichnet das Gesicht. Kinn, Nasenspitze, Wangenknochen treten durch die Helligkeit hervor, Augen verschwinden in Höhlen. Dieser Effekt wird noch dramatischer, wenn der Kopf angehoben, ins volle Licht gezogen wird.

Nun in der Groß-Einstellung träufelt Faust wenige Tropfen zwischen ihre kaum geöffneten Lippen. Wollenberg kritisiert die schablonenhafte Verwendung der Bilder: »Das Drehbuch reiht Wirkung an Wirkung. Schreibt sozusagen in Fraktur. Trifft den Stil alter Holzschnitte: Hell dicht an Dunkel. Die Gestalten treten als individualistische Charaktere zurück, werden vergrößert zu Symbolen. Die Pest-Bilder wohl etwas zu breit ausgemalt.«[381]

Die Kamera springt wieder zurück in die Zweier (wie 49). Die Frau bäumt sich auf, greift Fausts Kragen, verliert alle Kraft und fällt zurück aufs Bett, den Kopf zur Kamera gedreht. Sie liegt nun außerhalb des Lichtstrahls, bleibt aber gut erkennbar. Faust, im hellen Seitenlicht, beugt sich kaum merklich über sie und wirft dann achtlos die Flasche zu Boden, ohne den Blick von der Mutter zu wenden. Schnitt auf die zerberstende Flasche, eine dunkle

379 Michelangelo Merisi, gen. Caravaggio, *Der Tod der Jungfrau Maria.* 1601–1606. Musée de Louvre, Paris.

380 Vgl. Baumgart (1955): *Caravaggio.* S. 46–59.

381 Wollenberg (1926): Der Faust-Film.

Bild 4-49 bis 4-52

Flüssigkeit ergießt sich über den hellen Boden. Zurück in die vorherige Einstellung, Faust mit gesenktem Kopf wendet sich nach links ab und noch vor dem Aufstehen kommt der Schnitt auf die Tür. Langsam schiebt er sich von links halbnah ins Bild und öffnet den Blick auf die junge Frau im Flur. Zögernd kommt sie näher und läuft sofort aus dem Bild, als sie die Tote sieht. Schnitt auf die Mutter im Bett von oben, etwas entfernter als zuvor. Die Tochter wirft sich über sie, weicht aber sofort wieder zurück und gibt den Blick auf die Mutter frei (52). Das Licht entstellt durch die seitliche Lage noch extremer, beleuchtet nur noch Wangenknochen, Nasenspitze und Kinn, so als würde auch das Gesicht bald in der Dunkelheit verschwinden. Abblende.

Die Kamera im FAUST bleibt unbewegt und dieses Phänomen zieht sich durch den gesamten Film. Es dominieren unverrückbare Einstellungen, sehr präzise kadriert, die keine Verbesserung anmahnen lassen. Sehr selten, quasi als Höhepunkt der Beweglichkeit, schwenkt die Kamera leicht zur Korrektur. Aber anders als im Mabuse-Film kann Hoffmann diese Bewegungslosigkeit für seine Arbeit nutzen, für die Kadrage und die Lichtführung.

Doch es gibt eine hervorstechende Ausnahme: Offensichtlich wird die Bildmobilität für einen kurzen Erzählstrang reserviert, denn sie bleibt einer imaginierten Ebene vorbehalten, in der Mephisto Faust seine Macht vorführt und um ihn buhlt. Die dort gezeigten Bewegungen sind aufsehenerregend und herausragend, wenn auf dem Höhepunkt des Werbens um Faust beide auf Mephistos Mantel über Modellstädte und -landschaften fliegen.

> Wirklich stolz aber bin ich auf die Tatsache, daß es mir als erstem gelang, bei dem Flug Mephistos mit Faust ganz kleine Modelle auf das Filmband zu bringen, daß sie, wie auch die strengsten Kritiker zugeben, den Eindruck vollkommenster Natürlichkeit machten. Die technischen Schwierigkeiten, die es in diesem Falle zu überwinden galt, waren enorm. Wie sie schließlich doch überwunden wurden, entzieht sich natürlich einer öffentlichen Erörterung.[382]

Kracauer fühlt sich an diese Heimlichtuerei nicht gebunden und erzählt dichterisch:

> Eine hölzerne Gleitbahn, die in Kurven sich talwärts zieht, bezeichnet seinen Luftweg. Der Apparat rodelt auf ihr hinab und sprüht unter kundiger Führung Ansichten von der Reise hervor. Nebel aus Wasserdampf, von einer Lokomobile bereitet, umhüllen der Berge schicklich modellierte Gipfelriesen, denen Faust entfährt. Zum grausen Sturz des Schaums der Flut wird etwas Wasser durch eine Seitenschlucht gespritzt. Die wilden Triebe entschlafen, wenn im Propellerwind Getreide ersäuselt, das unter den schroffen Fichtenhöhen Feld und Auen bedeckt.[383]

Der letzte Mann schwelgt in Kamerabewegungen, motivierten, die den Schauspielern folgen, und autonomen, die hinweisen, auf etwas aufmerksam machen; aber auch rabiaten, die wie ein Fanal wirken oder wie volltrunkene Visionen. Fast immer sind sie integriert in den Erzählfluss, helfen dem Verständnis oder wollen verunsichern, führen den Blick oder schaffen Suspense, Erzählzeit und erzählte Zeit sind weitgehend synchron. »Wir spüren in Faust die Bewegung der entfesselten Kamera weniger als im letzten Mann. Murnau hat gelernt, seine Freude an Bewegung dem Gesamtrhythmus einzuordnen, der die Einstellungen beherrscht.«[384]

Im Faust aber definieren Bewegung und Filmtrick eine inhaltlich abgehobene, zweite – göttliche oder besser: teuflische – Ebene, in der Zeit keine Rolle spielt, die erzählte Zeit aufgehoben scheint. Die Erzählung hält an, der Bilderrausch kann beginnen. Vor Ablauf der ersten Filmhälfte beginnt Mephisto sich zu sorgen: »Du hast das Leben gründlich durchgekostet, Faust! Von Rausch

382 Hoffmann (1981). S. 47.
383 Kracauer (2017) [1926]. S. 274–275.
384 Eisner (1975). S. 299.

zu Rausch … ein Taumel ohnegleichen! Doch nichts befriedigt Dich!«[385] Damit fällt der Film zurück ins zeitliche Kontinuum, Erzählzeit und erzählte Zeit klaffen nicht länger auseinander. Aber diese – ich nenne sie mal salopp – zeitlose Erzählzeit der Trickserеien und ruhelosen Bilder trennt sich durch dieses formale Mittel vom Rest der Erzählung, schafft einen Kontrast zwischen Fantastischem und Wirklichem, gibt der Liebesgeschichte einen realen Anstrich, schält es aus dem Reich der »deutschen Volkssage« und offeriert sie als Alltagsgeschichte. Umgekehrt könnte man sagen, dass die Unbeweglichkeit eine Kontemplation erzwingt, die die Geschichte glaubhaft machen will.

Dieser starke Kontrast zwischen der statischen, nach allen Regeln der Bildkomposition gestalteten Kadrage, und dem höchst beweglichen, flüchtigen Blick einer nicht zu verortenden Kamera ist kein Zufall. Beliebige, aber keineswegs entbehrliche Ansichten erzeugen ein Staunen, einen rauschhaften Sog, dem sich weder Faust noch der Zuschauer entziehen kann, und dieses Hineingezogen-Werden ermöglicht es dem durch die bodenständige Kamera präsentierten, von Mephisto verführten Faust, für uns Zuschauer glaubhaft zu wirken. Hier soll eine Geschichte erzählt werden, nicht mehr. Die vielen Widersprüchlichkeiten der Dramaturgie – wie die überraschend leichte Verführbarkeit sowohl Fausts als auch Gretchens – werden nun für den Betrachter akzeptabel, der selbst diesem Rausch erlegen war – so vermute ich. Eine Spekulation, die jeder selbst für sich überprüfen mag.

Schluss

Faust bleibt Murnaus letzter Film in Deutschland. Zur Premiere weilt er schon in Hollywood, Jannings ist auf dem Weg dorthin.[386] »Dann schuf ich als vorläufig letzten Film in Deutschland den ›Faust‹ für die Ufa. Ich folgte dem Angebot nach Hollywood, weil ich glaube, daß man immer noch etwas lernen kann und mir Amerika neue Wege bot, meine künstlerischen Pläne zu verfolgen. Wie ich das meine, zeigt am besten mein Film ›Sonnenaufgang‹[387].«[388] In Gedanken war Murnau wohl schon länger in den USA, »Wie

385 Zwischentitel nach knapp 45 Minuten
386 Vgl. Wollenberg (1926).
387 Sunrise – A Song of Two Humans. USA 1927. Regie: Friedrich Wilhelm Murnau. Kamera: Charles Rosher, Karl Struss. Szenenbild: Rochus Gliese, Don B. Greenwood, Alfred Metscher, Edgar G. Ulmer, Gordon Wiles.
388 Treuner (1928).

würde man das in Hollywood machen?«[389] fragt er immer wieder bei den Dreharbeiten den ständig anwesenden Charles Rosher. Der berichtet Brownlow von Murnaus unbedingtem Vertrauen zu seinem Kameramann Hoffmann: »Murnau war nur schwer dazu zu bewegen, durch die Kamera zu schauen. ›Ich werde Ihnen bei der Projektion sagen, ob es mir gefällt‹, sagte er meistens.«[390]

Murnau teilt die Verantwortung und spornt die Kreativität des Einzelnen an. Rohmer bewundert die Verzahnung von Regie, Kameraarbeit und Filmarchitektur – besonders in der Eröffnungsszene im Himmel.[391] Und wenn man so will, kann man auch die Vereinfachung der Kadrage zugunsten des Erzählens als ein Produkt der Zusammenarbeit sehen. Die Bildgestaltung des Prologs wird nun stärker aufgesogen vom Handlungsablauf, die Bildaussage weicht dem Schauspiel: Die Tochter läuft zu Faust, um ihn zur Mutter zu rufen, und so geht die mangelnde gestalterische Akkuratesse einher mit einer deutlich sichtbareren Regiearbeit, Schauspielerbewegungen, Raumbeherrschung. Hoffmann stellt seine bildgestalterische Ambition nicht zurück, wie dies bei Dr. Mabuse erscheint, sie tritt vielmehr mit diesen in Konkurrenz.

Erzählökonomie ringt mit visueller Opulenz; Raumlosigkeit wirkt jetzt als realistischer Ausdruck der Lebensbedingungen und nicht als Vorbedingung für ornamenthafte Tableaus. Dafür orientiert sich die Komposition nicht mehr an der Zentrierung, der Symmetrie, sondern erobert die Diagonale, den Kreis, die stürzende Linie, die Hoffmann souverän in eine ideenreiche Ordnung bringt. Die Grenzen, die die Dekoration für das Spiel setzt, die Enge, die Verschachtelungen, die unterschiedlichen Ebenen, diese Klaustrophobie, die auch den Betrachter ergreift, nutzt die Kamera als schöpferische Freiheit für die Kadrage und statt des Tableaus entsteht eine Räumlichkeit. Aber Hoffmann sucht damit nicht die Dreidimensionalität wie Freund in Metropolis, Hoffmann sucht die perfekte, ausdrucksstarke Einstellung, die die Elemente des Motivs auf der Fläche der Leinwand ordnet.

Der Preis dieser Präzision ist der Verzicht auf das, was man bei Der letzte Mann bewundern konnte, das Widersprüchliche, die Unerklärbarkeit, die Luft zwischen den Bildern, der Raum für Fantasie, also all das, was Kunst braucht und Kunst ausmacht, und man fühlt sich provoziert, dies gegen die hohe handwerkliche Genauigkeit des Fausts abzugrenzen – wenn man denn

389 Brownlow (1997). S. 278.
390 Ebd. S. 279.
391 Vgl. Rohmer (1977): *L' organisation de l'espace dans le Faust de Murnau.*

so will. Hoffmann kann nicht lockerlassen und beschreibt sein Dilemma und seine Motivation so:

> Man muß mit phantastischen Bildern rechnen, aber bei einem Sujet wie FAUST, das so tief in der deutschen Volksseele wurzelt, war die gewisse Linie, die das Erhabene vom Lächerlichen trennt, so haarscharf gezogen, dass sich schon daraus unübersehbare Schwierigkeiten ergaben. Und trotzdem bildete die Mystik, von der die alte Volkssage vom Dr. Faustus erfüllt ist, den Hauptanreiz für mich. In diesen Bildern konnte man am besten jene Seite des Films zeigen, an der er dem Theater überlegen ist.[392]

Eindringlich gelingt Hoffmann die Lichtführung, besonders wenn sie von der Bewegungslosigkeit der Kamera profitiert. So schafft die Interaktion von Bild- und Lichtgestaltung Hoffmanns unverwechselbare Handschrift. Das Licht macht nun nicht mehr nur hell, um die technische Basis für die Bildaufnahme zu schaffen, sondern wird immer mehr zu einem künstlerischen Ausdrucksmittel. Die lauten, oft unerklärlichen Licht-Effekte, wie eine starke Kante in Abbildung 1-3 bei MABUSE, bekommen nun häufig eine dramaturgische Untermauerung oder werden zur Charakterisierung eingesetzt. Parallel versucht Hoffmann, der Logik des Lichts immer dann näher zu kommen, wenn sie der grafischen Gestaltung nicht im Wege steht. So wird die Lichtführung nicht mehr nur ausschließlich von außen als Standard aufoktroyiert, sondern kann aus dem Bild selbst heraus entwickelt werden. Doch entwickelt Hoffmann nie einen solchen Drang zur Logik und Nachvollziehbarkeit wie Freund. Hoffmann bevorzugt das klassisch-schön gestaltete Bild, Freund baut auf die Macht des Realen.

Für einen Moment blitzt die Idee auf, die Unbeweglichkeit in DR. MABUSE könnte Hoffmanns Werk sein, so sehr dominiert sie hier, wirkt sie als unverzichtbar für Hoffmanns Arbeit. Doch sicher entsteht sie als Produkt der Zusammenarbeit von Lang und Hoffmann, aber auch der technischen Möglichkeiten und ästhetischen Selbstverständlichkeiten der Zeit. Die Faszination für das Einzelbild eint beide noch bei den NIBELUNGEN. Wurde nun Lang der Starrheit überdrüssig und hat sich deshalb für eine Zusammenarbeit mit dem entfesselten Freund entschieden, oder wollte Murnau zurück zum schön gestalteten Bild mit seinen berauschenden Lichteffekten, oder beides? Nun muss ich natürlich schreiben, dass die Entscheidung für die Form selbstverständlich nach dem Stoff des Films getroffen wurde.

392 Hoffmann (1981) [1926]. S. 46.

Regie: Georg Wilhelm Pabst. An der Kamera: Fritz Arno Wagner, Robert W. Lach. [Optische Spezialeffekte: Ernst Kunstmann]. Nach dem Roman von Ilja Ehrenburg. Manuskript: Ladislaus Vajda. Bauten: Otto Hunte, V. Trivas.

»Die Kamera des G. W. Pabst – ihr Dirigent heißt F. A. Wagner – ist böse. Sie ist ein Wesen, das Leben angenommen hat, ein Kameragolem. [...] Fritz Arno Wagner, der Kameramann, teilt sich mit Pabst in den Sieg der Technik. Seine Leistung ist von der des Regisseurs nicht zu trennen. Zwei Künstler, zwei Gestalter, die einander ergänzen.«[393]

Mit Die Liebe der Jeanne Ney beginnt für Georg Wilhelm Pabst und Fritz Arno Wagner eine Zusammenarbeit, die sich über fünf weitere Filme bis 1931 erstreckt. Dann kommt es zum Bruch: »Als G. W. Pabst sich nach dem Erfolg von Kameradschaft mit den Bilderfindungen des Films brüstete, soll es

393 Feld (1927): Die Liebe der Jeanne Ney.

zum Zerwürfnis mit Wagner gekommen sein. Wie viel an der Geschichte dran ist, wissen wir nicht, aber Wagner war in der Tat ein Kameramann, der die Bildgestaltung gerne als seine exklusive Aufgabe betrachtete.«[394]

Robert Walter Lach hat vor JEANNE NEY nur einen Film eigenständig fotografiert, aber im Kamerateam mit dem berühmten Guido Seeber schon drei Mal für Pabst gedreht, ist diesem also bekannt. Man kann bei JEANNE NEY davon ausgehen, dass der fast 20 Jahre jüngere Lach hier eindeutig dem renommierten Fritz Arno Wagner nach dessen Ansagen zugearbeitet hat.

Nach Wunsch der Produzenten soll Pabst sich ästhetisch nach Osten ausrichten und am PANZERKREUZER POTEMKIN[395] orientieren, um Erfolg im Westen zu holen und die Ufa auf Hollywood-Höhe zu hieven. Kracauer beschreibt das so:

> Da Hollywood das Geheimnis entdeckt zu haben schien, der ganzen Welt zu gefallen, träumten die deutschen Produzenten davon, das nachzuahmen, was sie für ›echtes Hollywood‹ hielten. Das Ergebnis war erbärmlich. Als man aber G.W. Pabst, die beherrschende Persönlichkeit unter den Regisseuren der Stabilisierungszeit, zwang, seinen Film DIE LIEBE DER JEANNE NEY im amerikanischen Stil zu drehen, gelang ihm ein faszinierender Film.[396]

Wie der Film beginnt

Alfred Ney (Eugen Jensen), ein Auslandskorrespondent, der nach sechsjähriger Anwesenheit auf der Krim dieser Situation überdrüssig wird, will seine Tochter Jeanne (Édith Jéhanne) zurück nach Paris zu seinem Bruder schicken. Zuvor kauft er vom zwielichtigen, weißgardistischen Spitzel Chalybieff (Fritz Rasp) eine Liste mit Agentennamen. Als die Bolschewiken diese von Ney zurückfordern, wird er in seinem Büro im Beisein von Jeannes Geliebten, dem Sowjetagenten Andreas (Uno Henning), erschossen. Durch die Schüsse alarmiert, stürzt Jeanne ins Zimmer und findet nur noch den toten Vater und – ihren Geliebten. Am nächsten Tag und knapp achtzehneinhalb Filmminuten nach dem Start des Films beginnt die Sequenz, mit der wir uns näher beschäftigen wollen.

394 Brandlmeier (2008): *Kameraautoren*. S. 426.
395 UdSSR 1925. Regie Sergei M. Eisenstein. Kamera: Eduard Tisse. Deutschland-Premiere im April 1926.
396 Kracauer (1979) [1947]. S. 145.

Bolschewiken, die die Stadt in der Sequenz zuvor besetzt haben, belagern das Büro des getöteten Vaters. Versteinert verfolgt Jeanne, wie ein Anführer den Platz des Vaters eingenommen hat und nicht einmal einen Fleck seines Blutes auf dem Tisch respektiert. Parallel dazu sucht außen vor der Tür Andreas eine Möglichkeit der Annäherung an Jeanne, während innen alle Anwesenden die Schüsse einer Exekution anhören müssen. Druck wird auf Jeanne ausgeübt zu reden. Dann erscheint Andreas' einflussreicher Freund Zacharkiewicz (Wladimir Sokoloff), schickt alle raus und am Ende bleiben nur noch er und Jeanne zurück.

Vorgeblich ungestaltete Bilder schaffen Authentizität

Die Sequenz beginnt mit einer Aufblende und zeigt das Büro von Jeannes Vater, was wir aber nicht sofort erkennen müssen. Einstellung und Perspektive sind neu. Es gab zwar schon Blicke in sein Büro, jedoch noch nicht diesen, zudem herrscht Chaos (2). Zwei Menschen weisen uns im rechten Drittel der Kadrage den Rücken zu. Bei der Frau erahnen wir Jeanne als einzige uns bekannte Person im Raum, neben ihr steht ein Matrose. Beide verdecken den Schreibtisch fast ganz, lassen aber eine Person dahinter vermuten. Lässig lehnt ein Soldat im Bildzentrum an der Wand, genau im Schnittpunkt virtueller Diagonalen, die die Bildecken miteinander verbinden. Ohne ihn zu kennen, verrät seine desinteressierte Körperhaltung trotz dieser prominenten Position einen Statisten. Die linke Bildhälfte wirkt nicht geordneter. Hier kniet ein Soldat an einem gemauerten Ofen und ein weiterer sitzt hinter dem Ofenrohr vor einer Fenstertür. Die Figuren scheinen durch die offenen Positionen diskriminiert, denn die vermeintlich wichtigen Individuen sind nur verdeckt oder von hinten zu sehen und machen dadurch neugierig. Dabei bewegen sich die Köpfe aller Anwesenden um die horizontale Mittellinie.

Drei Fenster erhellen den Raum, die alle bis zum oberen Bildrand reichen. Durch die beiden rechten strahlt ein zaghafter Sonnenlichteffekt, der innerhalb des Raums aber ohne Auswirkung bleibt. Ein sonderbarer *Establisher*, der nur Randfiguren erkennbar macht und dadurch verwirrt. Aber bevor man den Kamerastandpunkt kritisieren kann, kommt nach knapp fünf Sekunden der Umschnitt.

Die Kamera wandert nur ein wenig nach links hinter den Ofen, der Ausschnitt wird enger, vielleicht auch langbrennweitiger, auf jeden Fall sind nun alle Darsteller schön aufgereiht sichtbar, ohne sich zu verdecken (3). Nur der

Soldat hinter dem Ofenrohr fehlt. Solch ein Umschnitt wird gerne *Jump-cut* genannt, weil sich der Bildinhalt nur wenig verändert, das grafische Gefüge weitgehend gleich bleibt, die Personen oder wichtige Objekte in der Kadrage nur ein wenig springen, ohne eine neue Ordnung einzunehmen. Will man einen geschmeidigen Erzählfluss, wird er eher gemieden – es sei denn, man will einen *Jump-cut*, eine deutlich sichtbare Unterbrechung. Er stellt das genaue Gegenteil vom *Cutting-on-action* dar, dem unsichtbaren Schnitt, für den Pabst, der seine Filme gerne selbst schneidet, gerühmt wird. David A. Cook hält ihn für den ersten Regisseur, der ganze Filme mit dieser Verfahrensweise strukturiert, selbst wenn Barry Salt darauf hinweist, dass Ralph Ince schon 1915 diese Technik anwendet.[397]

Obwohl dieser Blick kaum fünf Sekunden steht, kann man ihn als *Mastershot* ansehen, denn er wird später wieder auftauchen. Die Kadrage wirkt kompakter als zuvor und kümmert sich wieder nicht um die Hierarchie der Personen, denn eindeutig dominieren zwei Komparsen. Zentral im Vordergrund am Ofen kocht ein Soldat Tee, der alles versucht, um den Blick auf sich zu ziehen, und unmittelbar dahinter ragt ein weiterer auf und lenkt durch sein Gespräch unseren Blick auf den einzigen Mann im Bild ohne Kopfbedeckung. Wir wollen ihn als Anführer ansehen, weil er hinter dem Schreibtisch sitzt und der Uniformierte diesem Zivilisten Feuer gibt. Wie freigestellt hebt er sich vor einer großen, ruhigen Wandfläche ab. Alle anderen haben deutlich mit ihrem Hintergrund zu kämpfen, drohen darin unterzugehen. Da bildet auch Jeanne keine Ausnahme. Leicht von hinten ruht sie im rechten Viertel, neben ihr der Matrose vom Bildrand angeschnitten. Für Jeanne behauptet so die Kadrage eine das Geschehen beobachtende Randfigur, die ihr die Inszenierung jedoch nicht zubilligen wird. Denn diese Sequenz erweist sich schnell als die ihrige. Obwohl sich die Aktionen als banal erweisen, bietet das Bild wenig Kontemplation, und noch bevor der Schnitt diese Kadrage beendet, erzeugt der Handlungsablauf Hektik und Umtriebigkeit: Ein Diener schiebt sich unvermittelt von rechts vor die Optik und verlässt sofort links das Bild, im selben Moment verdeckt eine zweite Person weitgehend die Kamera, aber ehe sich der Blick wieder öffnet, kommt der Schnitt und wir können ihn bedenkenlos *Cutting-on-action* nennen, denn die dritte Einstellung beginnt wieder mit einer Bewegung. Die Lebhaftigkeit dieser Neuankömmlinge, die Montage und die undurchsichtigen Kadragen schaffen eine konnotative Unruhe und Unbehaglichkeit, die mit der Statik

397 Vgl. Salt (1983). S. 165. Cook (1990). S. 135.

der vermeintlichen Hauptfiguren kontrastiert und ihnen dadurch eine Anspannung verleiht.

Heute würde man diese beiden Einstellungen gleichzeitig mit zwei Kameras drehen, und auch hier liegt diese Vermutung nahe, dass die zweite Kamera nicht eingesetzt wurde, um ein Reservenegativ zu erhalten, sondern eine bewusst unterschiedliche Kadrage, die sich durch die identischen Bewegungen bestens für den Schnitt eignet. Mit Sicherheit werden aber trotzdem weitere Negative durch wiederholtes Drehen der jeweiligen Einstellungen erstellt.

Zwar bedient bei beiden Bildern die Staffelung der Personen und Objekte die Raumwirkung, aber ihre Positionierung gehorcht nicht klassischen ästhetischen Regeln. So sitzt in der ersten Einstellung der Soldat am Ofen als Vordergrund noch in der Nähe des goldenen Schnitts, rückt aber mit dem Schnitt plump in die Mitte. Der klassische Ast der Landschaftsfotografie, der ins Bild gehängt als Vordergrund Tiefe erzeugen soll, findet hier sein trauriges Pendant im schnörkeligen Muster einer Lampe, die aber vor dem Fenster keinerlei grafische Wirkung erzielen kann. Doch steckt dahinter nicht Unvermögen, sondern kalkulierte Absicht. Die scheinbare Nicht-Gestaltung, das Ungefähre des Ausschnitts ergibt sich nicht zufällig, sondern mit präziser Kontrolle. Versuchen wir dies durch die Drehsituation zu ergründen: Wo hätte die zweite Kamera bei der Eröffnungs-Totalen für das zweite Negativ stehen können? Würde sie links eng neben der ersten stehen, wäre der Zivilist offen zu sehen, stände sie rechts, verdeckten die Rücken so viel, dass die Person dahinter nicht mehr erahnbar wäre. Aber aus diesem Gerade-nicht-sehen-können zieht das Bild seine Spannung. Ebenso ist es kein Glücksfall, dass der Matrose am Ofen den unwichtigen Feuergeber überschneidet und nicht den Zivilisten und dass wir hinter Jeanne einen Spiegel mit ihrem Abbild entdecken können, aber nicht müssen. Das macht die besondere Kraft von Wagners Bildern aus, dass sie ungezwungen wirken, aber trotzdem einer aufmerksamen Betrachtung standhalten.

Diese Arbeitsweise wirkt auf mich überaus modern, da sie von einer Ambition getragen wird, die heute von vielen Filmemachern geteilt wird. Wagner will keine »schöne«, nach dem Lehrbuch gestaltete Kadrage, sondern eine glaubwürdige, ein Bild, das lebt, und diese Vitalität wird durch scheinbare Beliebigkeit eingehaucht. Er sucht die Authentizität hinter den Bildern, und da kann lehrbuchhafte Gestaltung leicht verschleiern. »Im Bild suchte er keine formalistischen Effekte, sondern die Wahrheit des Milieus.«[398] Toeplitz

398 Toeplitz (1972): *Geschichte des Films. Band 1.* S. 434.

spricht hier überraschend von Pabst und nicht dem Bildgestalter Wagner. Doch lässt sich dies auf die Inszenierung übertragen – und Regie und Kamera liefern ein herausragendes Beispiel für die Gemeinschaftsarbeit.

Schauen wir weiter: Die dritte Einstellung zeigt leicht unscharf den Soldaten an der Wand. Aber nicht ihm gilt die Kadrage, sondern dem Diener, der sich sofort ins Bild schiebt und etwas abzulegen scheint (4). Zu nah steht die Kamera, um es genau sehen zu können, und so kann es nur aus seiner Körperbewegung vermutet werden. Auch im Analogieschluss lässt sich die Aktion verstehen: Hinter dem Diener folgt der zweite Mann und bei ihm können wir erkennen, dass er einen Stapel Blätter auf den Schreibtisch unterhalb der Bildkante legt. Auch dieses Bild ist alles andere als schulmäßig, dient nicht der Darstellung der Person, sondern schnappt wie zufällig etwas auf. Der Diener erscheint eher von hinten als im Profil, seine Tätigkeit ist nicht wahrnehmbar und dafür verdeckt er seinen Begleiter, bei dem man genauer die Aktion verfolgen könnte. Hier wird nicht sauber die Handlung dargestellt, sondern von der Hektik und Betriebsamkeit berichtet.

Die Einstellung geht weiter. Zaghaft und etwas wacklig reagiert die Kamera auf Hände, die den Blätterstapel aus dem Bild ziehen, und schwenkt den Anführer ins Bild, der sogleich in den Papieren zu lesen beginnt. Auch der Uniformierte, der neben ihm steht, beugt sich ins halbnahe Bild und interessiert sich dafür. Nun reicht der Zivilist den Stapel weiter und ermöglicht dem Soldaten, darin zu blättern (5). Nach elf Sekunden kommt der Umschnitt.

Ein kurzer Moment der Ruhe, Jeanne in einer Halbnahen *en face*, ganz leicht unter Augenhöhe (6). Sie schaut mit schweren Augenlidern scharf an der Kamera vorbei nach links, die Vorgänge am Schreibtisch nicht aus den Augen verlierend. Dass sie hier nicht freiwillig steht, mag der Matrose links hinter ihr symbolisieren, der – in Patronengurten eingewickelt – sie streng fixiert.

Jeanne wirkt sehr anmutig, vielleicht etwas trotzig mit ihrem leicht gesenkten Kopf. Ohne glamourös ausgeleuchtet zu sein, wird sie vorteilhaft präsentiert. Das fast schattenlose Führungslicht steht links der Kamera, strahlt nur wenig stärker als die Aufhellung von rechts, die den Hals konturiert. Die Schatten sind schwach und verleihen der Ausleuchtung eine Weichheit, die aber nicht großflächige Leuchten verantworten, sondern die Vermeidung von Schatten durch die geschickte Positionierung der Lichtquellen und der geringe Kontrast. Auch das schwache Haarlicht hat nichts Auffälliges, hinterlässt nur am Nacken eine leichte helle Linie. So gnädig trifft die Kante den Matrosen nicht, ihm bläht es die Nase auf und deformiert seine Schläfe. Bei

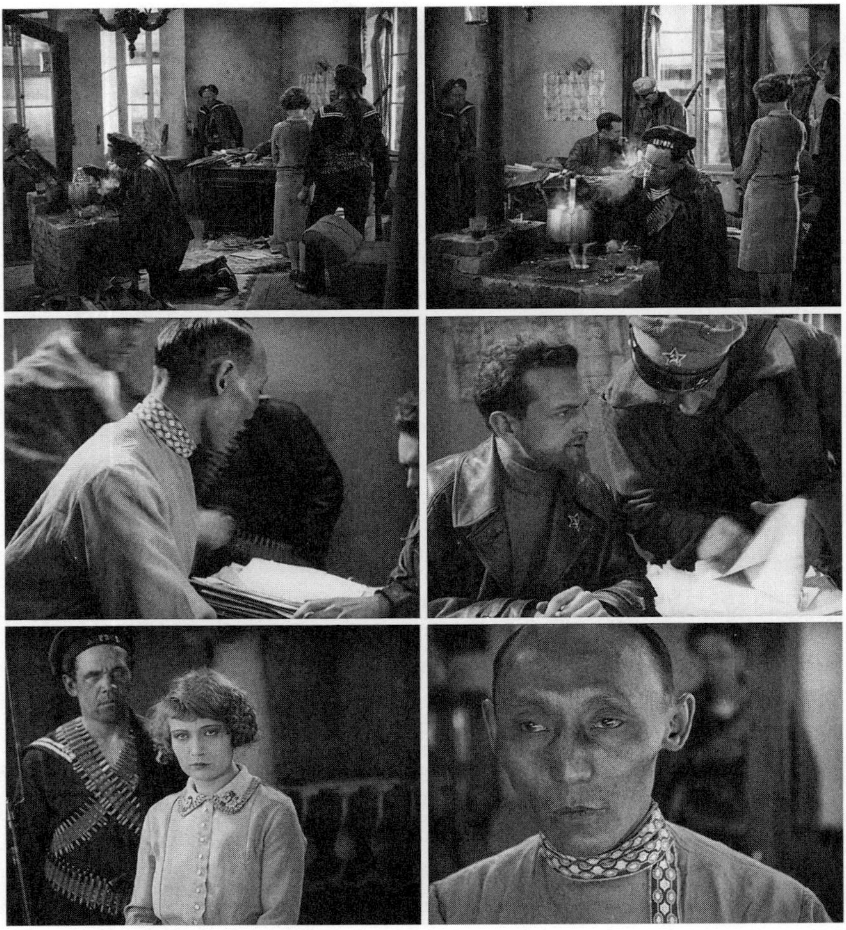

Bild 5-2 bis 5-7

Männern beurteilt man harte Effekte immer nachsichtig, interpretiert sie als »männlich« und hier, beim bewachenden Matrosen, mag das grobschlächtige gewollt sein. Interessant auch, dass in diesem so unprätentiös aufgehellten Raum der Hintergrund bei Jeanne dunkel bleibt und sie sich wie eine Lichtgestalt davor abheben kann. Im Mabuse-Film treten ähnliche Lichtsituationen nach dieser Logik als technisch wenig gelungen heraus (3-9), hier wird durch das konturlose, weich scheinende Licht der Unterschied auffällig.

Die Meisterschaft Wagners besteht darin, die Logik nicht nur mechanisch zu bedienen, sondern die Lichtführung auch unaufdringlich zu ästhetisieren und sie zur Betonung der Figur zu nutzen. Jeanne hätte überall im Raum stehen können, wir sehen sie nicht reinkommen, ihr aber diesen Ort zuzuweisen, der diesen Effekt ermöglicht, belegt Wagners dramaturgisches Denken.

Zurück zur Kadrage, die nicht spannungslos bleibt. Die Einstellung gehört Jeanne. Sie steht eindeutig im Zentrum, aber die Bildhöhe richtet sich nach dem Matrosen, der nicht angeschnitten werden soll, und so bleibt ihr etwas mehr Luft über dem Kopf als üblich. Überraschend ist ihre Platzierung minimal links der Mitte. Ohne Mühe hätte man stattdessen die Kamera nach links rücken können, es wäre dann mehr Distanz zwischen Matrose und Jeanne entstanden und sie hätte, so wie man das eigentlich macht, mehr Raum in ihrer Blickrichtung zum Bildrand gehabt als in ihrem Rücken zur rechten Bildkante. Doch ihre dominierende Stellung im Zentrum hätte sie verloren. Zudem erzeugt diese kleine Dekadrage eine Ungeduld der Kamera, die schon auf dem Sprung zu einem Schwenk nach rechts wartet, der auch nach fünf Sekunden kommen wird. Aber jetzt, in dieser Starre, spüren wir ihre Abwesenheit und Belastung, den dunklen Abgrund, vor dem sie in Schönheit steht.

Der nun folgende Schwenk bringt uns jäh zurück in die bedrückende Situation. Er endet auf dem Gesicht des Dieners, der sich unbemerkt während der Kamerabewegung auf den Zivilisten in Jeannes Nähe vor das Ofenrohr gestellt haben muss. Er arbeitete beim Vater, sympathisierte – wohl heimlich – schon vorher mit den Bolschewiken. Die Kamera steht näher bei ihm, muss ihn anschneiden (7), auch er fixiert den Tisch, auch er wird links kadriert, obwohl er links rausschaut. Das Licht auf ihm ist weniger schmeichelhaft. Zwar gibt es auch hier keine deutlichen Schatten, keine eindeutige Lichtführung. Doch Schattierungen beidseitig der Nasenwurzel lassen ihn unschön erscheinen, Reflexe auf Stirn, Schläfe, Nase, Wange tun ein Übriges. Durch seine Zuarbeit für die Besetzer wird er zum Verräter und so wird er unsympathisch dargestellt. Kurz spricht er, dann wendet er sich ab und die Kamera schwenkt von ihm weg, wird aber in dieser Bewegung abrupt geschnitten, zurück in die zweite Einstellung dieser Szene (3). Ein Umschnitt um 180°, der Diener dreht sich so im linken Mittelgrund uns zu und wir erkennen, dass sich wohl außer uns niemand so recht für ihn interessiert hat. Er nähert sich der Kamera, verlässt das Bild links für Bruchteile einer Sekunde, kehrt sofort wieder zurück in die Kadrage und deckt fast mit seiner Schulter das Objektiv ab, bevor er ganz aus dem Blick verschwindet. Die Choreografie dieses Zick-Zack-Abgangs wird durch die Gegebenheiten des Raums glaubwürdig, schafft aber dank dieses Rein-und-Raus wieder diese Unruhe, die die ganze Sequenz beherrscht.

Was gibt es in diesen vier Einstellungen und nur 42 Sekunden alles zu sehen: Die Bolschewiken haben das Büro von Jeannes Vater besetzt und sind dabei, es zu durchsuchen und Material zu sichten. Die Macht der waffentragenden Soldaten wird vorgeführt, aber auch die Alltäglichkeit des Teekochens. Die trauernde Tochter scheint gelassen die Situation zu beobachten. Das Wichtigste liegt jedoch zwischen den Bildern, die Hektik, der Umsturz. Nichts kann aufmerksam betrachtet werden, sofort springt die Kamera an einen anderen Ort oder jemand schiebt sich vor das Bild. Noch bevor wir eine Person richtig erkennen können, schwenkt die Kamera auf eine andere Situation. Nicht das Gezeigte bezeugt Wichtigkeit, sondern die Art und Weise des Zeigens, die sich bildende Konnotation. Es gibt keine wichtigen Abläufe, nur Atmosphäre, zu der auch die beständigen Veränderungen im Bild gehören und die so ineinander verschmelzen, dass kaum zwischen Bewegungen der Personen und der Kamera zu unterscheiden ist.

> In dieser Photographie bekommt die Kamera ein selbständiges, fast unheimliches Eigenleben. Sie steht nicht still, sie kennt so gut wie keine starren Totalen. Sie bewegt sich rhythmisch durch den Raum, wandert, schneller und langsamer, von Objekt zu Objekt. Wir haben diese Technik in gleicher Bewußtheit und Konsequenz noch nie durchführen sehen.[399]

In Die Liebe der Jeanne Ney findet sich die mangelnde Lehrbuchhaftigkeit fast immer im Dienst der Unmittelbarkeit. Wagner hat in seiner dokumentarischen Arbeit als Wochenschau-Kameramann und als Kriegsberichterstatter gelernt, wie wenig erkennbar sein muss, um eine Aktion verstehen zu können, wie sehr sich ein Ablauf im Kopf zusammensetzt und nicht auf der Leinwand.

Die Kamera ergreift Partei

Wir verlassen nun für drei Einstellung und 27 Sekunden den Innenraum und beobachten vor dem Haus der Neys Jeannes Geliebten, den Sowjetagenten Andreas, der den Eingang fixiert, und sehen, wie er von seiner Unsicherheit und vielen kreuzenden Komparsen am Gang ins Innere gehindert wird.

Die allgemeine Betriebsamkeit setzt sich also außen fort. Andreas steht in kleinem Abstand vor einer hellen Wand, an der links zur Hälfte angeschnit-

399 Wollenberg (1927): Filmbesprechung: Die Liebe der Jeanne Ney.

ten eine Frau hockt und rechts ein rauchender Mann steht (8). Der Geliebte kann seine Ungeduld kaum bändigen und blickt starr konzentriert in einer Halbnahen nach vorne. Zwischen ihm und der Kamera queren nah drei Soldaten, die helfen, die folgende Einstellung als seinen Blick zu interpretieren, denn auch hier kreuzen Soldaten, viele, amerikanisch angeschnitten, ihre Köpfe auf Höhe der Mittellinie (9). Hinter ihnen erscheint als frontale Sicht eine Doppeltür als Eingang, umrahmt von zwei Säulen. Auf den vier Stufen lungern zwei bewaffnete Matrosen, drei weitere stehen herum, einer neben dem Eingang. Geschickt nimmt die Kamera die Komparsen-Bewegung der vorherigen Einstellung auf und korrigiert den Ausschnitt ein wenig nach rechts, um einen weiteren Soldaten ins Bild zu holen. Reiter hetzen durchs Bild. Schnitt zurück in die Kadrage von Andreas, wieder in den Komparsen-Bewegungen beider Einstellungen. Wenn die Soldaten den Blick auf ihn freigeben, fährt die Kamera schon rückwärts, unbehindert von den Statisten, aber Andreas hat mit ihnen zu kämpfen. Nur mühsam kann er sich seinen Weg, der Kamera folgend, bahnen. Reiter kreuzen hinter ihm, die ihn ansprechen und nach links aus dem Bild ziehen, ohne den Blick vom Eingang zu lassen (10).

Die Kamera hat ihre Strategie geändert. Sie ist nicht mehr die beiläufig teilnahmslose Besucherin, die mal hierhin und mal dorthin schaut, sie konzentriert sich voll auf Andreas und macht ihn somit zum Gegenpol dieses turbulenten Treibens. Wir sehen mit seinen Augen oder die Kamera lässt sich von seinem Gang dirigieren und zeigt ihn uns unbeachtet zurückgelassen. Nach den atmosphärischen Beobachtungen des Anfangs beginnt nun die Erzählung, die sich gleich im Büro des Vaters fortsetzt. Dort wird die Kamera Partei ergreifen, sich nun unmissverständlich auf die Seite Jeannes schlagen – und diese eindeutige Erzählperspektive wird der Szene eine starke Emotionalisierung verleihen.

Es beginnt harmlos mit einer uns bekannten halbnahen Einstellung (11): Der Anführer widmet sich weiterhin den Blättern auf seinem Schreibtisch und der Soldat daneben hat sich zu ihm runter gebeugt, starrt ebenfalls darauf. Die Kamera blickt kaum näher, aber etwas seitlicher als zuvor, und so erahnen wir jetzt das Fenster hinter ihnen, auch steht die Optik insignifikant höher, wirkt immer noch auf Augenhöhe. Diese kleinen Abweichungen lassen erkennen, dass man nicht einfach die Einstellung für die gesamte Sequenz von einem Standpunkt aufnimmt, sondern vermutlich chronologisch die einzelnen Kadragen fotografiert. Für eine zweite Kamera sind die Änderungen zu minimal. Vielleicht wird der Anfang *Shot-by-shot* gedreht und erst im hier beginnenden zweiten Teil wird stärker nach der *Master-shot*-Technik gearbeitet. Das würde einige der Sprünge im weiteren Verlauf erklären, zu denen wir noch kommen.

Durch den harten Umschnitt auf die vor sich hin starrende Jeanne wandelt sich erstaunlicherweise diese gerade gesehene Einstellung des Anführers. Sie verliert ihre Neutralität und wird quasi im Nachhinein zu einer Subjektiven, eines Blicks von Jeanne, und dies verändert die weitere Erzählweise. Denn Jeannes Einstellung (12), die ebenfalls vertraut scheint, zeigt uns sie durch eine längere Brennweite näher als die frühere Halbnahe, nun eher in einer klassischen Naheinstellung. Klassisch meint: Jeanne steht in der rechten Bildhälfte und schaut nach links und oben wird so kadriert, dass sie noch einen Fingerbreit Luft über den Haaren hat; der Matrose hinter ihr ist nun wirklich Randfigur, gerade sind die Augen in der oberen linken Ecke noch im Bild; zudem partizipiert er nicht mehr am Führungslicht auf Jeanne, steht im Dunkeln, bekommt nur etwas ab von ihrem Haarlicht als Kante.

So wird die halbnahe Einstellung (6) ihrer Spannung beraubt, die durch die Dekadrage erzeugt wurde, und das Neue fungiert nun als Teil einer Erzählung, verliert, wenn man so will, sein Signifié, wird zu: Schaut her, Jeanne sieht etwas; während die Halbnahe zuvor noch mehr aussagte – Hektik, Chaos, besonders Anspannung. So beginnt nun die Erzählung aus ihrer Sicht. Cook sieht ein Art Markenzeichen von Pabst in dem häufig motivierten POV als Schuss-Gegenschuss. Er erwähnt zwar die Blickachse, diskutiert sie aber nicht weiter.[400]

Hatte Jeanne zuvor in der Halbnahen (6) noch sehr dicht an der Kamera vorbei geschaut, weicht ihr Blick nun mehr aus der optischen Achse. Obwohl regelgemäß die Achse der Halbnahen die Subjektive stärker bedienen würde, wird jetzt mit dieser Nahen operiert (12). Zudem wirkt jetzt der Blick noch stärker in sich gekehrt, weil er mehr von der Optik abweicht. Abbildung 13, die im Film nicht vorkommt, zeigt eine Ausschnitt-Vergrößerung, einen Zoom in das Bild sechs, um die Unterschiede der Blickachsen deutlicher zu machen; Jeanne schaut bei dem Ausschnitt fast POV-mäßig in die Kamera (13). Auch ist das, was sie sieht, nicht aus ihrer Blickachse gedreht, nicht leicht von oben, da sie steht, sondern neutral auf Augenhöhe des Abgebildeten. Nur die Montage erzwingt eindeutig die Interpretation der Einstellung des Anführers als Subjektive, auch wenn Jeanne es gar nicht so gespielt haben mag oder es so geplant war.

400 Vgl. Cook (1990). S. 135. Sehr ausführlich zu POV und Achsen in: Arijon (1991): The Grammar of the Film Language. Oder in: Mascelli (1973).

Bild 5-8 bis 5-15

Es wird noch wilder, denn am Ende ihrer Einstellung senkt sie den Blick, so als schaue sie weg, die Montage aber nutzt dies, um in eine rasante Bewegung aus minimaler Zufahrt und Schwenk zu schneiden, vom Kopf des Anführers (14) über einen Revolver auf dem Blutfleck ihres erschossenen Vaters (15). Dies ist von den Achsen nicht sehr präzise, funktioniert aber auch, weil nun im Rückschnitt in ihre Naheinstellung Jeanne entsetzt die Augen aufreißt und nach wenigen Sekunden voll Kummer schließt. So entsteht die Aussage – Jeanne sieht das – mehr durch die Schnittfolge als durch die Bilder, die aber durch ihre Nicht-Regelhaftigkeit diese auch nicht behindern. Eine klassische, raumbetonte Bildgestaltung hätte sich dieser Montage stärker gesträubt, weil sie die falschen Blicke und Kopfbewegungen deutlicher sichtbar gemacht hätte.

Offensichtlich werden die Achsen beim Drehen nicht so ernst genommen wie in der Theorie zum Beispiel von Mascelli. Dass diese Montage erst im Nachhinein am Schneidetisch entsteht, dagegen spricht vehement der subjektive Schwenk. Achsen, auch Handlungsachsen, haben noch nicht dieses Zwanghafte wie während der Blütezeit der Glamourfotografie mit ihrer perfektionierten kinematografischen Handwerklichkeit. Heute ist es beliebt, zuerst das zu zeigen, was jemand sieht, und dann den Betrachter nachzureichen. Aber im Stummfilm sieht man in der Regel zuerst den Betrachter, meist auch nah, und dann seinen subjektiven Blick, manchmal sogar durch einen erklärenden Zwischentitel ergänzt. Hier bilden nun Inszenierung, Kameraarbeit und Darstellung eine holprige Einheit, die das und nur das erzählt, was wir zu sehen bekommen. Während zu Anfang der Sequenz noch etwas Drittes entstand, Hektik und Angespanntheit, wird nun Empathie provoziert, die sich aber mit der nächsten Einstellung sofort in die Abstraktion verflüchtigt.

Dem Kummer Jeannes wird nun ein Bild gegenübergestellt, das den Zuschauer anrühren soll, wenn ihr Blick und Zustand dafür nicht reicht. Wieder kommt völlig überraschend zum zweiten Mal ein Schnitt nach außen (1), dessen Aufgabe über die Emotionalisierung weit hinausgeht. Die Kadrage mag die These stützen, dass Pabst von der Ufa dazu gedrängt wird, diesen Film nicht nur amerikatauglich zu machen,[401] sondern sich auch ein Vorbild an den sehr erfolgreichen russischen Filmen zu nehmen.

> In Berlin, wo amerikanisches Geld und russische Ideen aufeinandertrafen, verursachte das einen Wirbel. Das Kinoereignis von 1925[402] war der Potem-

401 Vgl. Cook (1990). S. 138.
402 Die Premiere ist in Russland am 24.12.1925, in Deutschland erst am 29.04.1926.

KIN. Ohne das deutsche Echo, sagte der sowjetische Volkskommissar für Kulturpolitik Lunatscharskij, wäre uns der Fortschritt nicht bewußt geworden, den unsere Filmkunst gemacht hat.[403]

Der PANZERKREUZER POTEMKIN verkörpert 1925 voll den Stand der Bildästhetik seiner Zeit in Russland. Das grafische, quasi raumlos zweidimensionale Bild repräsentiert nicht nur die zeitgenössische Fotografie und den fortschrittlichen Film, auch in der Malerei gibt es starke Strömungen bis hin zur abstrakten Malerei (Malevic, Kandinsky, Chagall) und in der Kunsttheorie setzt sich Pawel Florenski intensiv mit der »umgekehrten Perspektive«, der Auflösung der Zentralperspektive auseinander.[404] Pabst und Wagner arbeiten zwar nicht übermäßig mit der Raumtiefe, nutzen sie aber auf unterschiedliche Weise für Effekte: Personen treten wirkungsvoll eng an der Kamera vorbei ins Bild bis hin zu raumpräsentierenden Fahrten durch den Originalschauplatz Paris.

So funktioniert dieser Schnitt nach außen in eine grafische und distanzierte Einstellung fast wie ein Sprung in die etwa fünfzigste Minute des PANZERKREUZER POTEMKIN, als die zaristischen Truppen die Treppe in Odessa herunterschreiten und auf Passanten schießen (16). In beiden Filmen ragen Gewehrläufe fächerförmig von links ins Bild, nur bei DIE LIEBE DER JEANNE NEY steht noch der Delinquent im Bild und taumelt nach den Schüssen. Pabst polt nun die Akteure um: Aus den zaristischen Truppen, die auf Demonstranten schießen, werden Revolutionäre, die – so wirkt es und so suggeriert es – einen Unschuldigen füsilieren, und Jeanne könnte die Nächste sein.

Eisenstein zeigt die Schrecken auf dem Weg zur Revolution als einen Akt der Befreiung, Pabst – und das ist das Interessante an diesem Zitat – macht durch ein personalisiertes Bild die Erschießung zu einer Gräueltat (1). Die Revolution scheint mit ihren eigenen Bildern geschlagen. Bei Eisenstein gehören die Gewehre der Reaktion, bei Pabst der Revolution, und indem er dies formal gleichsetzt, wird auch der Unterschied egalisiert. Pabst ist wohl sehr beeindruckt von diesem Bild, denn nur wenige Monate nach der Premiere in Deutschland wird zu GEHEIMNISSE EINER SEELE[405] eine Einstellung von Pabst und Seeber gedreht, die eine quasi entmilitarisierte Fassung dieser Kadrage zeigt (17), hier noch verklärt als Vision in »einem psychoanalytischen Film«, so der Untertitel. Der zweite Kameramann Robert Lach ist auch schon dabei, ohne dass ich diesen als Urheber dieses Schattenspiels vermute.

403 Grafe (1994). S. 73.
404 Vgl. Florenski (1997) [1920]: Die umgekehrte Perspektive.
405 Deutschland 1926. Regie: G.W. Pabst. Kamera: Guido Seeber.

Bild 5-16 bis 5-19

Später in Jeanne Ney, nach etwa 67 Minuten, gibt es noch eine zweite Szene, die an Eisenstein erinnert, oder sollte man sagen: mit ihm abrechnet. Jeannes zwielichtiger Onkel in Paris erblüht in Erwartung einer größeren Geldsumme voller Vorfreude auf das noch nicht erhaltene Geld. Er zählt es ausgiebig, ohne die Scheine in Händen zu halten, imitiert es nur wie beim Schattenboxen oder Luftgitarrenspielen. Aufwendig ist diese eigentlich belanglose Szene zu einer Montage aufgelöst, schnell geschnitten mit Kadragen wie aus einem russischen Revolutionsfilm. Er ist ein übler Geselle, dieser Onkel, und sein grobkapitalistisches Gebaren weckt, aufbereitet in russischer Filmästhetik, eine ähnliche Assoziation wie die Füsilier-Einstellung. Ob dies nun eine Kritik am russischen Revolutionsfilm, gar an der Revolution selbst, oder nur Ausdruck eines zutiefst Genervt-Seins von den Vorgaben seiner Produzenten ist, einen Film zu drehen, ästhetisch wie die »Russenfilme« und erfolgreich wie eine amerikanische Produktion, kann kaum entschlüsselt werden.

Nach vier Sekunden sind wir wieder bei der verängstigt reagierenden Jeanne in einer Nahen, bei der die Kamera aber unmerklich zurückgesprungen ist (18). Der Matrose hinter ihr reagiert mit ernstem Gesicht auf den

Schuss. Auch die folgende Halbtotale hat sich geändert, die Kamera ist näher an den Ofen gerückt, hat ihn nicht mehr im Bild, nur den unbeeindruckt teekochenden Soldaten (19). Die vier Männer beim Schreibtisch reagieren alle auf den Schuss, die beiden Soldaten links an der Wand belustigt, der Anführer mit dem Uniformierten am Tisch sachlich wahrnehmend, dann geht es gleich weiter mit der Arbeit. Rechts, leicht angeschnitten, ist auch Jeanne von hinten zu sehen und gibt dem Bild zusammen mit dem Soldaten am Ofen einen Art Rahmen, schafft Raumtiefe. Nach dem grafisch abstrakten Bild der Exekution sind wir nun zurück im Raum. Bildgestaltung und Mise-en-scène werden aber nun einer anderen Strategie folgen.

Eine nicht alle Regeln der Bild- und Lichtgestaltung befolgende Kameraarbeit gruppiert sich um ein höchst abstraktes Bild im Gewand eines straff gegliederten Zitats. Dieser Kontrast ist sicher gewollt, das Füsilieren soll nicht optisch integriert werden in die Erzählweise der Sequenz. Das ist bei dem ersten Schnitt nach außen auf den wartenden Geliebten anders, diese drei Einstellungen bleiben im Erzählfluss. Die Einstellung der Erschießung rekurriert auf ein anderes Gestaltungskonzept, gebildet wird ein Fremdkörper, eine andere erzählerische Ebene. Die lockere, beiläufige Art der Bildkomposition wird zugunsten einer straffen, grafisch orientierten Kadrage aufgegeben. Beim FAUST können wir die Integration unterschiedlicher Ebenen in den Gesamtfluss bewundern, hier geht es um Abgrenzung, ein Zitat, mit der eine ganz bewusste Aussage forciert werden soll.

Das Profil und die optische Auflösung

Eine einfache Situation: Zwei Personen speisen an einem Tisch und sollen in Einzeleinstellungen separiert werden, der Tisch aber mit dem Geschirr sichtbar sein. Wenn beide nicht zu weit auseinander sitzen können, gibt es bei der heutigen breitformatigen Kadrage eine Diskussion, ob man Teller und Hände des jeweils anderen mit ins Bild nehmen muss, was nur zu verhindern wäre, wenn man die Person im Off mit größerem Abstand zum Gesprächspartner setzt.

Unser Fall scheint etwas komplizierter, die Kamera springt aus der Halbtotalen in der Achse nach vorne, erfasst jetzt nur noch die beiden Schauspieler am Schreibtisch, zu denen sich ein Bote von rechts mit einer Aktenmappe gesellt. Die alte, umtriebige Arbeitsatmosphäre stellt sich wieder ein. Es wird geblättert und unvermittelt werden Papiere von links ins Bild geschoben, eine Hand pocht darauf und der Anführer wendet sich ins Profil an die Person im Off, zu der die Hände wohl gehören (20). Der Schnitt zeigt den Diener (21) in einer profiligen Nahen, also ohne seine Hände, dafür mit viel Luft über dem Kopf, die von zwei Mützenträgern gefüllt wird, die ebenfalls zu den Zetteln schauen, die aber außerhalb der Kadrage sind.

Beide Einstellungen könnten vom selben Kamerastandpunkt gedreht sein, quasi nur von einer Kadrage zur anderen geschwenkt. Die beiden Bilder sind zu unähnlich, als dass sie nicht aneinanderpassen würden: Halbnahe gegen dekadrierte Nahe, Köpfe auf einer Diagonalen gereiht gegen Köpfe als ein auf der Spitze stehendes Dreieck. Bei den Aufnahmen wird tunlichst darauf geachtet, dass jeder Darsteller nur in einem Bild erscheint – da ist die Schulter des Matrosen in der Halbnahen zu anonym, um diese Regel zu brechen. Doch theaterhafter kann eine Situation optisch nicht aufgelöst werden. Der Schnitt funktioniert vom Bildgefüge, irritiert aber vom Raum und den Anschnitten. Dass die Drei in der Nahen (21) auf etwas im Off schauen, wird bei dieser Einstellungs-Größe akzeptiert. Dass aber in der vorherigen Kadrage (20) die Papiere im rechten Winkel über die Bildkante geschoben werden, ist unüblich. Seitlich ins Bild gelangen können Objekte (wie hier die Blätter) problemlos nur im spitzen Winkel von neben der Kamera. Dann könnte das Objekt nicht durch eine totalere Einstellungsgröße optisch ins Bild geholt werden, steht also *wirklich* im Off. So erwartet man bei totaleren Kadragen den Auftritt einer Person im rechten Winkel zur optischen Achse immer durch eine Tür oder hinter einer Säule statt über die bloße Bildkante (wie wir in Bild 36 sehen werden). Betritt eine Person in einer Amerikanischen oder totaleren Kadrage die Einstellung über die Bildbegrenzung, so wird diese problematisiert, sichtbar, uns wird vorgeführt, im Kino zu sitzen. Akzeptiert wird dies nur bei engeren Ausschnitten, wenn wir als Zuschauer quasi dabei sind und nicht von außen auf das Geschehen schauen. Die Kanten bilden zwar die Grenze zwischen On und Off, sind aber nicht Bestandteil der Bildwirklichkeit, sondern die Grenzen des Systems Film. Auch auf einer Theaterbühne geschieht der Auftritt selten durch Hervortreten aus dem Vorhang, sondern in der Regel erscheint die Person hinter oder durch ein Dekorationsteil. So wirken auch Griffe einer Person aus dem Bild heraus, um etwas zu ergreifen und ins Bild zu holen, nicht sonderlich glücklich, weil damit der Rahmen problematisiert wird und man sich unweigerlich fragt, warum man es nicht vorher schon sieht, es nicht Teil des Bildes ist. Die Begründung liegt fast immer im Mangel der Bildgestaltung, nicht der Dramaturgie oder Inszenierung. Interessanterweise gilt dies nur für die seitlichen Bildgrenzen, es wird leichter akzeptiert, wenn das Objekt über die untere oder selbst über die obere Bildkante ins Bild geholt wird.

Bild 5-20 bis 5-25
Die beiden oberen Bilder (21, 20) sind entsprechend der realen Situation zur besser Veranschaulichung vertauscht. Im Film kommt zuerst das rechte (20), dann das linke Bild (21).

Aus heutiger Sicht wirkt auch ungewöhnlich, dass die Kamera nicht versucht, dichter an die Blickachsen zu kommen, um den Schauspieler möglichst von vorne zu zeigen. Dies ist natürlich kein Muss, sondern eine gern gepflegte Regel. Es gibt auch Theorien, die besagen, dass je näher die Kamera an diese Achse rückt und somit der Blick des Akteurs dicht an der Kamera vorbei geht (POV), ein Höchstmaß an Identifikation gegeben ist – und umgekehrt eine profilige Einstellung die objektivste Betrachtungsweise darstellt.[406]

Es würde sich anbieten, die beiden Einstellungen trotz fehlendem Blick Jeannes als ihre Subjektiven zu interpretieren, wenn dieses Prinzip der parallelen Kamera – so will ich es einmal nennen, weil ich keinen hierfür historisch gewachsenen Begriff kenne – nicht öfter im Film auftauchen würde: Markantes Beispiel hierfür ist eine Liebesszene am Ende der ersten Hälfte des Films, nachdem sich Jeanne und Andreas nach langer Zeit zum ersten Mal in Paris wiedersehen. Da wäre in vielen Filmen die Kamera bis hin zum POV in die Blickachsen gewandert. Nicht so bei Pabst und Wagner. Hier wird in Kauf genommen, dass die beiden Liebenden völlig dekadriert platziert werden müssen, um beide parallel und im Profil aufnehmen zu können, ohne ins Bild des Anderen zu geraten (22, 23). Erst im Verlauf der Szene nähert sich die Kamera dann den Blickachsen an und es wird in »normalen« Einstellungen erzählt (24, 25). Aber die Kamera bleibt weit entfernt vom POV, liegt bei etwa 45°. So kann man diese parallelen Einstellungen auch nicht unbedingt als Möglichkeit sehen, um die Emotionen zwischen den Liebenden durch die Kameraarbeit zu steigern. Zudem wird durch die profiligen Bilder der Blick verstärkt auf den Hintergrund und damit von den Figuren weg auf die Tatsache gelenkt, dass man an einem Originalschauplatz dreht – sicher eine mögliche Begründung für diese Dekadragen. Die Szene schließt ab mit einer erhöhten Sicht auf die sich nun Küssenden, ganz links an den Rand gedrückt, im Zentrum ein kantenreicher Felsen umgeben vom Blick in die Tiefe des Parks. Diese stolze Präsentation des Motivs zieht sich durch den gesamten Film und führt atemberaubende Aufnahmen von Montparnasse, dem Gare du Nord, dem Quartier des Halles und hier dem Parc des Buttes-Chaumont vor. Nicht, dass man dort drehen kann, ist das Erstaunliche, sondern wie die Inszenierung die Situation in den Ort integriert. H. F. Hoffman wäre erfreut, denn ihn erstaunt schon 1912, dass selbst bei teuren Auslandsdreharbeiten der Schauspieler das Bild dominiert und

406 Vgl. Mascelli (1973). Auch hat u.a. der Filmsemiotiker Friedrich Knilli in mehreren Veröffentlichungen darüber geschrieben.

vom Hintergrund, für die man die Strapazen auf sich nimmt, kaum etwas zu sehen ist.[407]

Zurück zur kleinen Liebesszene. POVs oder auch sehr nahe Einstellungen werden von Pabst und Wagner nicht zur Darstellung von Gefühlen genutzt, eher um zu alarmieren oder Aufmerksamkeit zu provozieren. Die dem Film bisweilen vorgeworfene Kühle liegt sicher auch an dieser Art der Visualisierung, die mehr auf die Ereignisse schaut als den Betrachter emotional hineinzuziehen.[408]

Mit Präzision zur Emotion

Die Kamera springt nun wieder in der Achse zurück in eine *Over-shoulder* von Jeanne und ihrem Matrosen, beide etwa am Gürtel geschnitten. Die Einstellung gilt dem Anführer am Tisch und seinem Nebenmann, drei weitere Figuren passen nur angeschnitten in die enge Kadrage, darunter auch der Diener. Die Nachricht auf dessen Zetteln ist offensichtlich brisant genug, dass die Männer am Tisch ihren Blick bedrohlich und im besten Thriller-Timing auf Jeanne richten (26). Dann ein spezieller Umschnitt, bei dem die Positionen im Kader getauscht werden: An die Stelle, an der der finstere Anführer platziert war, springt nun die helle, aber traurige Gestalt der Jeanne, und dort, wo in der vorigen Einstellung Jeanne stand, taucht nun der Hinterkopf des Anführers auf (27). Beide schauen zum jeweiligen Partner von links nach rechts: ein klassischer Achsensprung. Durch diesen kleinen Trick der Kadrierung muss das Auge beim Schnitt nicht herumsuchen, um vom gereizten Gesicht des Anführers in Jeannes ruhiges und entschlossenes Gesicht zu blicken. Das Prinzip kennen wir bereits aus METROPOLIS.

Diese Präzision der Bildgestaltung überrascht, schien kraft geschickter Beiläufigkeit, die Erzählung und Atmosphäre gefördert, doch nun wird im Moment starker Emotionalisierung mit gestalterischer Millimeterarbeit gearbeitet und die dramaturgische Einbindung der Kameraarbeit bezeugt. Durch die nicht geneigte Kamera und ihre Ausrichtung am Umfeld (das Plakat wird z. B. nicht angeschnitten) rutscht nun der Anführer deutlich unter die Mittellinie und wird so zu einer kleinen, miesen Figur, die von unten zu Jeanne aufschauen muss. Bei Jeanne bewirkt diese Ausrichtung, dass

407 Vgl. Hoffman (1912): Cutting Off the Feet.
408 Vgl. Spielhofer (1928): Die Liebe der Jeanne Ney.

Bild 5-26 bis 5-33

ihr Kopf oberhalb der Mittellinie abgebildet wird und sie deutlich nach unten auf ihn herabblickt. Mit einer geneigten Kamera hätte man in jedem Bild den jeweiligen Kopf etwa auf die gleiche Höhe bringen können und sie hätten sich quasi auf gefühlter Augenhöhe angeschaut. So wird heute gerne kadriert, durch Neigen der Kamera die Luft über dem Kopf zu reduzieren und damit dem suchenden Auge durch die Bildgestaltung beim Breitformat in der Horizontalen zu helfen. Bei dem eher quadratischen Format der Stummfilmzeit lenkt die Kameraarbeit mit dem Schnitt das Suchen in die Vertikale und ermöglicht eine Interpretation der Persönlichkeit der Figur.

Wagner kommentiert unaufdringlich, weil er die Register des optischen Erzählens beherrscht. Und an diesem Kompliment rüttelt nicht der Achsensprung, den sich Pabst und er hier leisten. »Pabst kannte sich mit Achsen aus« und »hat immer durch die Kamera geschaut«[409], bestätigt der Kameramann Oskar Schnirch, der später[410] mit ihm arbeitete, in einem Gespräch und legt damit nahe, das dies in voller Absicht und Absprache zwischen Pabst und Wagner geschieht.

Ransprung näher an den Anführer, der ältere Soldat rechts neben ihm muss sich bücken, um nicht so angeschnitten zu werden wie der junge Soldat an der rechten Bildkante, durch dessen Augen die obere Bildkante verläuft (28). Der Anführer spricht, doch Jeanne bleibt im nahen Gegenschuss stumm, wechselt nur ihre nach unten gerichtete Blickrichtung, scheint nun über die Köpfe hinweg zu schauen, entzieht sich dem Blickkontakt (29). Wieder auf den Anführer, noch einmal näher, nun verlässt auch der ältere nach oben das Kader, dafür ist jetzt links knapp der Diener im Bild (30). Beim Rückschnitt auf die vorherige Einstellung bleibt Jeanne weiter stumm. Die Kamera springt näher in ihre Blickachse und so schaut sie stoisch durch die Kamera, zuckt kurz zusammen und wir können eine weitere Erschießung im Off vermuten (31). Im Gegenschuss zürnt der ärgerlich werdende Anführer (wie 30). Er schlägt mit der Faust auf den Tisch, auf die Stelle mit dem Blutfleck, Detail-Einstellung (32). Jeanne bleibt stumm, nichts ändert ihr Verhalten, sie wankt nur etwas (wie 31), da mag der Anführer noch so sehr auf sie einreden (wie 30).

Elf verschiedene Einstellungen in 43 Sekunden seit der Erschießung. Jeanne wird unter Druck gesetzt und wir können nur vermuten, dass es um die Liste geht, die ihr Vater vom Spitzel Chalybieff gekauft hat. Um Jeanne zum Reden zu bringen, überholt die Mise-en-scène den Anführer im Ein-

409 Schnirch (1984). Band 70, TC 08:46:22, und Band 69, TC 08:15:00.

410 Der Prozess. Österreich 1948. Regie: G.W. Pabst. Kamera: Oskar Schnirch. Szenenbild: Werner Schlichting.

satz einschüchternder Mittel: Erschießungen im Off, Steuerung ihres Blicks auf Angst einflößende Details, ein mit jeder Einstellung größer werdender Anführer. Im Gegenschuss rückt die Kamera deutlicher in Jeannes starren Blick. Dem Anführer bleibt für seine Darstellung nur ein finsterer Blick, der ihn von Schnitt zu Schnitt harmloser erscheinen lässt, selbst wenn er den Diener mit ins Bild holt. So schlimm, unversöhnlich sind die Okkupanten dann doch nicht, schließlich gehört auch Andreas dazu. Der Druck muss nur das Terrain ebnen für den Retter Zacharkiewicz, der in der nächsten Einstellung seinen Auftritt hat und die Situation entspannen wird. Das geht leichter, wenn hauptsächlich die Kamera die Anspannung optisch aufbaut und nicht die Charaktere diese Auseinandersetzung spielen müssen.

Master-shot-Technik und chronologisches Drehen

Aus diesem lähmenden Schuss-Gegenschuss reißt uns unvermittelt eine Halbtotale, die im ersten Moment eine neue Szene einleiten könnte, weil weder die Räumlichkeit noch die Inszenierung an die soeben gesehene Bildfolge zu passen scheinen (33). Das Bild strahlt Ruhe aus. Es zeigt zwei Soldaten in der rechten unteren Bildhälfte, die wir beide schon kennen, ohne sie vielleicht zu erinnern. Einer arbeitet sich immer noch am schwer wahrnehmbaren Ofen unterhalb der Bildmitte ab, der andere sitzt ganz am rechten Bildrand im Profil. Es erscheint der uns noch unbekannte Zacharkiewicz, ein einflussreicher, väterlicher Freund Andreas', der diesem ermöglichen wird, Jeanne nach Paris zu folgen. Er schließt die Tür, blickt in Richtung der Kamera und nähert sich mit ruhigem Schritt einem kleinen Absatz mit zwei Stufen, und wenn er auf der ersten steht, kommt der Schnitt. Uns ist die Einstellung bereits bekannt (34), wir können im Hintergrund aber durch Verdeckungen nur mühsam wahrnehmen, wie Zacharkiewicz die zweite Stufe nimmt. Wenn man unbedingt will: *cutting-on-action*. Die Aktion ist durch die Entfernung in der ersten und die Verdeckung in dieser zweiten so verhuscht, dass man das Prinzip schon gut kennen muss, um als fließender Übergang zu überzeugen. Spottiswoode merkt an, dass Pabst zum unsichtbaren Schnitt tendiert und der Zuschauer so unmerklich geführt wird und ergänzt: »Dieses Unmerkliche widerspricht radikal den Forderungen linksgerichteter Regisseure.«[411]

411 Spottiswoode (1969) [1950]: *A Grammar of the Film*. S. 81 [Übersetzung durch den Autor].

Bild 5-34 bis 5-37

Jeanne schaut die gesamte Zeit trotzig nach unten, steht immer noch im linken Bildviertel vor ihrem Matrosen, droht aber hinter dem riesig aufgerichteten Rücken des Anführers zu verschwinden, der die Einstellung bildmittig dominiert. Dass die rechte Hälfte weitgehend leer bleibt, wird durch den Neuankömmling betont, und er wird diese Lücke vier Schnitte später ausfüllen. Der Rücken im Vordergrund streckt sich nun vollends und wir ahnen daran, dass er Zacharkiewicz erkannt hat, und zur Bestätigung wird nun um 180° auf den Anführer geschnitten, eine Halbnahe, er links im Bild, neben ihm auf der rechten Bildhälfte der ältere Soldat, im Gesicht angeschnitten (35). Auch diese Kadrage kennen wir schon und so können wir vermuten, dass diese Einstellung durchgedreht wurde und sich so dieser Anschnitt ergibt. Als nächstes Bild kommt die gerade gesehene Halbtotale mit dem verschlafenen Soldaten (33), der jetzt aber erstaunlich schnell zum Gruß aufsteht, als er den vorbeigehenden Zacharkiewicz erkennt. Überraschend schwenkt die Kamera nicht mit, sondern bleibt statisch auf dem Soldaten und lässt Zacharkiewicz links aus dem Bild gehen, um ihn gleich nach dem Schnitt in eine distanzierte amerikanische Gruppeneinstellung von links wieder ins Bild treten zu lassen (36).

Gleich mehrere Sonderheiten fallen mit und durch den Schnitt auf. Erstens erfolgt dieser eher als *cutting-after-action* und widersetzt sich einem kontinuierlichen Bewegungsfluss: Hier kommt Zacharkiewicz mit einer Links-rechts-Bewegung in die Kadrage, während er in der Einstellung zuvor von rechts nach links das Bild verlässt. Zweitens hilft es, dass er nicht direkt über die Bildkante in die Aufnahme tritt, sondern hinter Jeannes Matrosen erscheint, der von dieser Kante angeschnitten wird – quasi als Türersatz analog zu den Ausführungen um die Zettelschieberei in Abbildung 20 und 21. Drittens verschleiert die Unübersichtlichkeit der Kadrage diesen Achsensprung oder vielleicht schafft umgekehrt erst dieser Achsensprung die Orientierungslosigkeit im Bild. Viertens soll noch etwas anderes verborgen bleiben: der Drehort.

Dieses Problem ergibt sich nicht aus der Szene, da wir nur zwei Seiten des Motivs zu sehen bekommen. Die Wände gegenüber der Eingangstür und jene vis-à-vis dem Schreibtisch bleiben in dieser Sequenz im Off, sind aber aus anderen bekannt. Hinter dem Diener gibt es so nah kein Fenster. Wie freizügig man mit Motiven umgehen kann, haben wir bei DER LETZTE MANN gesehen, es erstaunt uns nicht mehr.

Doch letztendlich bleibt aus heutiger Sicht unerklärlich, warum nicht – einfach – bei Zacharkiewicz' Gang mitgeschwenkt wird. Eine mögliche Begründung gibt Spottiswoode[412], wenn er darauf hinweist, dass russische Filme meist statisch fotografiert sind, weil sich hierdurch die Bildgestaltung besser kontrollieren lässt. Ein Phänomen, das man mühelos auf viele deutsche Stummfilme übertragen kann, wie wir bei Carl Hoffmann gesehen haben. Aber bei einem Film wie diesem, in dem es viele Kamerabewegungen trotz sichtbarer Probleme gibt und damit experimentiert wird, kann dieses Argument schwerlich greifen. Schwenks, so erscheint es, sind eher der Emotionalisierung oder dem Einsatz bei Subjektiven vorbehalten und nicht einem banalen Mitschwenk mit einer Person. Es wäre aber möglich, das Endbild des nicht gemachten Schwenks als separate Einstellung von diesem Kamerastandpunkt aus zu drehen, dann wären viele Achsenprobleme erspart geblieben (siehe Grafik).

Es wird noch komplizierter. Durch den Schnitt zurück in die *Over-shoulder* des Anführers bleiben wir jetzt zwar auf der richtigen Seite der Achse zwischen Jeanne und dem Anführer, aber die Handlungsachse hat sich durch die Ankunft Zacharkiewicz' verlagert auf ihn und den Anführer (37). Wenn er sich nun zu diesem vorbeugt, wechselt er damit wieder die Achse und füllt die leere Fläche auf der rechten Seite.

412 Vgl. Spottiswoode (1969). S. 81.

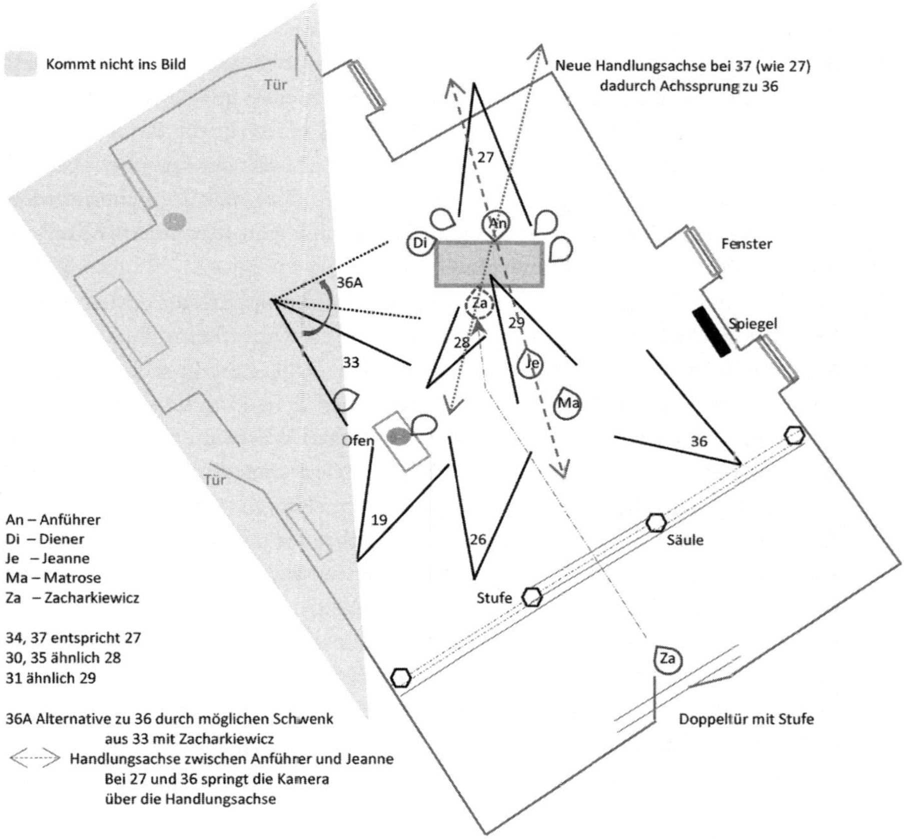

Kommt nicht ins Bild
Neue Handlungsachse bei 37 (wie 27) dadurch Achssprung zu 36
Tür
Fenster
Spiegel
Di
An
Za
Je
Ma
27
28
29
33
36A
36
19
26
Ofen
Tür
Säule
Stufe
Za
Doppeltür mit Stufe
An – Anführer
Di – Diener
Je – Jeanne
Ma – Matrose
Za – Zacharkiewicz
34, 37 entspricht 27
30, 35 ähnlich 28
31 ähnlich 29
36A Alternative zu 36 durch möglichen Schwenk aus 33 mit Zacharkiewicz
Handlungsachse zwischen Anführer und Jeanne
Bei 27 und 36 springt die Kamera über die Handlungsachse

Regeln können schon sehr penetrant sein – und wie weit sie sinnvoll sind, muss individuell entschieden werden. Das Problem entsteht schon zu Anfang, wenn aus bildgestalterischen Gründen die Achse übersprungen wird. Mit dem Schnitt in die *Over-shoulder* des Anführers (27) wird so kadriert, dass Jeanne und ihr Gegenspieler mit dem Schnitt in etwa auf der gleichen Position innerhalb des Bildausschnitts bleiben. Das verstärkt die Konfrontation, nicht aber das Raumgefüge. Wenn dann am Ende aus der Gruppen-Einstellung (36) wieder zurück geschnitten wird in die *Over-shoulder*, generiert dies einen erneuten Sprung, weil die Handlungsachse von Jeanne/Anführer auf Zacharkiewicz/Anführer gewechselt hat.

Genug der Konfusion, die auch gerne mal bei komplizierter optischer Auflösung am Drehort aufkommt. Mir scheint es wahrscheinlich, dass diese Mise-en-scène und die resultierenden Schwierigkeiten Ergebnis sind aus einer Mischung von *Master-Shot*-Technik, also dem Durchdrehen längerer Passagen in einer Einstellung, und dem ständigen Wechseln ähnlicher Kadragen mit kleineren Veränderungen. Bei der *Over-shoulder* (27, 34, 37) kann man sicher sein, dass sie durchgedreht und mehrmals eingeschnitten wird. Ebenso erscheint die Halbnahe auf den Anführer (30, 35) erneut und die Vernachlässigung der Randfiguren legt die Vermutung nahe, dass die Kadrage bleibt. Auch die Nahe auf Jeanne vor ihrem Matrosen scheint am Anfang (18) und Ende (31) identisch, davor und dazwischen verändern sie sich aber von Schnitt zu Schnitt, auch wenn die Nuancen gering sind. Ebenso variieren durch die Ransprünge die Aufnahmen auf den Anführer stärker. Erstaunlich viele Einstellungen kommen nur einmal vor oder sind nur einmal unterschnitten: Am Anfang der Szene bis zum ersten Auftritt von Andreas draußen sind alle Einstellungen Unikate – bis auf die zweite, die ich *Master-shot* genannt habe (3), die noch einmal beim Abgang des Dieners eingeschnitten wird, bevor wir zu Andreas gehen –, danach die Gruppenaufnahmen vom Tisch (19, 26) oder der Auftritt Zacharkiewicz' (33).

Also wollen wir uns nach etwa zweieinhalb Minuten aus dem Beispiel verabschieden, nicht aus Resignation, sondern weil nun eine langatmige Auflösung beginnt, bei der Zacharkiewicz alle Anwesenden aus dem Raum schickt, während der teekochende Soldat am Ofen noch durch eine Ungeschicklichkeit einen Lacher zur Entspannung produzieren darf. Zacharkiewicz bleibt mit Jeanne allein zurück und wird versuchen, sie aus ihrem Martyrium zu erlösen. So bemüht er sich, Jeanne mit Tee und totem Fisch aufzuheitern, was aber nur mäßig gelingt. Nach insgesamt vier Minuten und 50 Sekunden endet die Sequenz mit einer Abblende.

Schluss

Die Variationen der filmsprachlichen Mittel in dieser atmosphärischen Sequenz konkurrieren mit deren vieldeutigen Aussagen: Der Bolschewismus macht sich rücksichtslos breit, die Häme der Untergebenen, eine Frau versucht, den Tod des Vaters zu verarbeiten, die Verunsicherung des Liebhabers, auch unter den neuen Besatzern gibt es hilfsbereite Menschen und noch weitere ließen sich finden, aber keine erscheint wirklich zwingend. Diese Beliebigkeit drängt sich auch – oder besonders – für die Bildgestaltung und die Lichtführung auf. Die Kadragen wirken wie zufällig gefunden, die Lichtführung unambitioniert, aber bei genauerer Betrachtung entfalten sie ihre Präzision: Liederliche Verdeckungen wecken Neugier, Angeschnittenes schafft Spannung, unprätentiöses Hell-Dunkel präferiert die Hauptfiguren. Beständig will man mehr sehen, etwas genauer erkennen können, und nicht immer wird man belohnt. Hoffmann baut die Spannung mit bildgestalterischen Elementen auf, durch das, was gezeigt wird, Diagonalen, Raumaufteilung; Wagner geht den umgekehrten Weg, erzeugt Erwartungen durch Vorenthaltung. Die Bilder fordern eine doppelte Suche – nach dem, was im Bild fehlt, und nach der Deutung seiner Darstellung. So entsteht eine Vielschichtigkeit, die dem Perfektionisten Hoffmann bei aller Bravour im Einsatz der Mittel fehlt, er hat sein Ziel erreicht. Wagner und Pabst suchen noch, experimentieren, erlauben sich Fehler. Sie interessiert das alltägliche Leben – nicht Glamour, Mythen oder überzeichnete Emotionen – und wie dieses dargestellt werden kann. Pabsts spätere Hauptdarstellerin Louise Brooks sieht dessen Interesse eher an »Psychologie als an Soziologie, seine Sorge mehr beim Krieg der Geschlechter als beim Kampf der Klassen«[413].

Während in den beiden Lang-Filmen wir den Schauspielern oft wie auf einer Bühne zusehen, wird der Zuschauer in JEANNE NEY unmittelbar in das Motiv hineingezogen. Die Kamera steht mittendrin, nimmt Teil an der Inszenierung, drängt sich wie ein Mitspieler in den Raum, muss umgangen werden, wird zum Akteur. Noch stärker als durch den Standort wird diese Unmittelbarkeit durch die Beiläufigkeit der Bildgestaltung, der Gänge der Komparsen, durch die Montage und selbst die Achsensprünge hergestellt. Die Bilder wollen nicht die größten, besten, auffälligsten sein, sondern authentisch in der Abbildung und kommentierend im Detail. Eine Einfluss-

413 Brooks (1979) [1956]: Mr. Pabst.

nahme auf den Betrachter baut sich durch die Veräußerlichung der Anspannung und Emotionen von Protagonisten und Situationen auf. Pabst inszeniert das Plausible und Wagner setzt dies sensibel und akzentuiert in die Kadrage. Sie fühlen sich einem Realismus verpflichtet, der Stellung bezieht, eine Haltung hat.

Einem überdimensionierten Experimentalfilm gleich, werden die Möglichkeiten des Mediums ausgelotet. Aus der Formalisierung zieht DIE LIEBE DER JEANNE NEY seine Kraft, aus dem Zusammenwirken von Regie und Kameraarbeit und besonders aus den konkreten Entscheidungen am Motiv. Inszenierung und Kameraarbeit spielen sich beständig die Bälle zu, ergänzen sich, ohne dass eine die andere dominiert. So entsteht eine unaufdringliche, aber subtil wirkende Bildsprache, der alles Aufdringliche fehlt. Gregor und Patalas sehen die »Gestaltungsmittel der deutschen Filmklassik« reduziert auf die »Gegenwärtigkeit«, sie unterstreichen diese, »ihre Brutalität oder das Animalische ihres Wesens«[414].

Bei allen Innovationen und Experimenten erstaunt die heutige Nichtbeachtung des Films DIE LIEBE DER JEANNE NEY, aber vielleicht steuert die formale Modernität einen Grund zu seinem Verschwinden bei. Denn er trägt nicht die Insignien großer deutscher Stummfilme wie DR. MABUSE, DER LETZTE MANN oder FAUST, noch setzt sich der Film inhaltlich mit großen gesellschaftlichen Themen auseinander, sondern er beschränkt sich auf eine sehr private Liebesbeziehung. Auch wenn dies vor dem Hintergrund epochaler historischer Ereignisse (russische Revolution) spielt, gigantische Originalschauplätze integriert werden (die überbrodelnde Weltstadt Paris), so begnügt sich der Film mit der Darstellung des Privaten und intriganter, fein gesponnener krimineller Machenschaften. Auch kann dieser Film nicht eingeordnet werden in ein gängiges Genre wie Thriller, Melodram oder in die »Straßenfilme« der 1920er Jahre. David A. Cook sieht in dieser Zeitepoche die deutsche Gesellschaft im Griff der Neuen Sachlichkeit und Pabst und Wagner bannen den Wunsch, das Leben, so wie es ist, zu akzeptieren, in einen fotografischen Realismus: »Life as it is«[415]. »[...] ›den Apparat (d. i. die Kamera) zu schultern und auf der Suche nach Abenteuern durch die Welt zu streifen, um das zu drehen, was man Wochenschauen nennt [...], Natur,

414 Gregor; Patalas (1962): *Geschichte des Films.* S. 68–69.
415 Cook (1990). S. 133–134.

Landschaften, Völker, Sitten und Gebräuche! Welch grandiosen Film könnte man drehen!«[416]

Eisenschitz, der dies zitiert, bemerkt, dass Pabst diese Hoffnung nie verwirklicht hat. Dieser Traum erinnert auch an Fritz Langs Wunsch, seine Kriminalfilme wie eine Wochenschau fotografiert zu sehen. Diese schier nicht zu bändigende Lust, den Film real erscheinen zu lassen, Situationen aufzubauen und wie selbstverständlich mit der Kamera und der Montage darzustellen, das schafft das Faszinosum dieses Films.

416 Louis Gerbe: Les idées de Pabst sur le cinéma. In: Je suis partout. Nr. 262, 19.1.1933, zitiert nach Barthélemy Amengual: *Georg Wilhelm Pabst. Cinéma d'aujourd'hui.* Paris: Pierre Seghers 1966. In: Eisenschitz (1997): Verpaßte Begegnungen. S. 198.

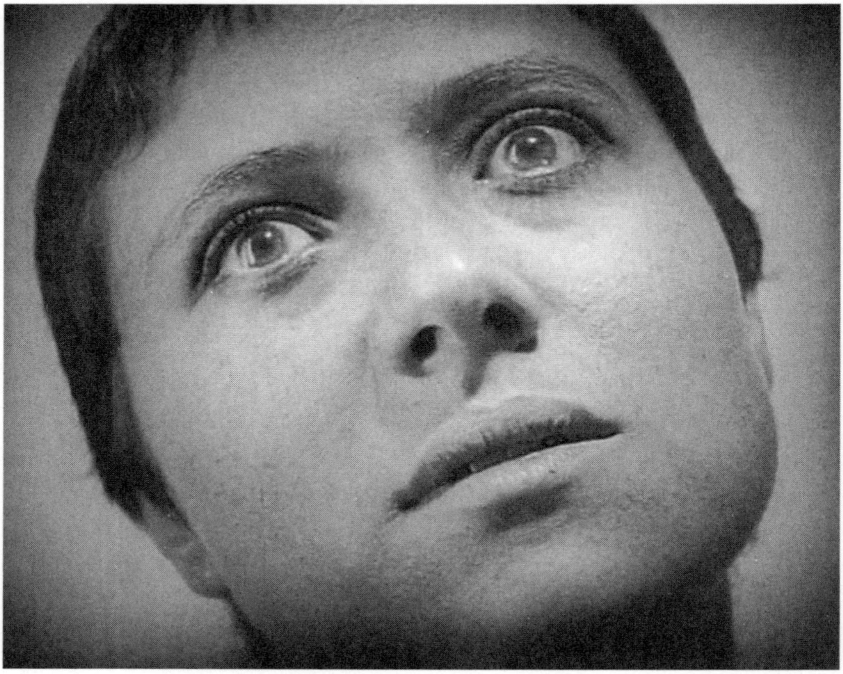

Un film de [*Regie*]: Carl Th. Dreyer. Scenario [*Drehbuch*]: Carl Theodor Dreyer (avec la collaboration de Joseph Delteil). Prises de vues [*Kamera*]: Rudolf Maté. Décors: Hermann Warm et Jean Hugo. [Die Anfangstitel wurden erst bei der Restaurierung hinzugefügt. Ursprünglich hatte der Film weder Anfangs- noch Endtitel. Die Schreibweise Rudolf ist ungewöhnlich, sonst Rudolph].

»Dieser Film ist Epoche machend, denn er ist in jeder Beziehung neu. […] Aber die Hauptsache ist, daß C. T. Dreyer, ein Däne, der diesen Film in Paris drehte, das menschliche Antlitz entdeckt hat. Eine ungeheure Entdeckung für den Film. Eine Bereicherung ohnegleichen.«[417]

417 Anon. (1929): Der Prozess der Johanna von Orléans. S. 2.

Carl Theodor Dreyer sucht beständig nach neuen Ausdrucksformen. Für MICHAEL[418], den er gut drei Jahre zuvor mit Karl Freund dreht, wünscht er sich eine bewegte Kamera, aber Freund ist bereits zu sehr in das Ufa-Prestige-Projekt DER LETZTE MANN verstrickt, als dass er schon hier die »entfesselte Kamera« einsetzen will, so vermutet Frieda Grafe, sich auf Dreyers Biografen Drouzy berufend.[419] Vielleicht verkennt Freund Dreyers Besessenheit für die filmische Form, die er in JEANNE D'ARC auslebt. Auf jeden Fall beendet Freund die Dreharbeiten zu MICHAEL nicht, steigt aus und so bekommt der junge Rudolph Maté seine Chance und dreht wohl zur vollsten Zufriedenheit Dreyers den Rest.[420]

Vor der Produktion

Kaum ein anderer Regisseur pocht so sehr darauf, einen unabhängigen Stil für den jeweiligen Film zu entwickeln, statt durch seine Handschrift die eigene Person kenntlich zu machen. »[…] ich versuche wirklich: einen Stil zu finden, der seinen Wert nur für einen einzigen Film bildet, für dessen Milieu, dessen Handlung, seine Charaktere, seinen Inhalt.«[421] Diese Haltung wird bis heute eher von Kameraleuten vertreten als von Regisseuren, z.B. von Carl Hoffmann im Einführungszitat zu FAUST oder aus neuerer Zeit von Vilmos Zsigmond[422]: »Ich hoffe, daß ich keinen speziellen Stil habe. Ich wünsche mir, daß jeder bemerken würde, daß alle meine Filme unterschiedlich aussehen. Das ist zumindest mein Ziel, daß jeder Film sein eigenes Leben hat. Ich will ganz gewiß nicht, daß alle meine Filme gleich aussehen.«[423]

Man könnte formal in einem Film von Carl Theodor Dreyer das genaue Gegenteil von einem »Fritz-Lang-Film« sehen, bei dem sich ästhetische Elemente als Identitätsnachweis von Film zu Film durchziehen, Veränderungen nur durchzudringen scheinen, wenn Schlüsselpositionen neu besetzt werden, wie mit Karl Freund bei METROPOLIS.

418 Deutschland 1924. Regie: C.T. Dreyer. Kamera: Karl Freund, Rudolph Maté. Produzent: Erich Pommer.

419 Vgl. Grafe (1994). S. 63. Oder auch: Drum, Drum (2000). S. 111.

420 Vgl. Dreyer (1966): Between Heaven and Hell. S. 160.

421 Dreyer (1966). S. 149 [Übersetzung durch den Autor].

422 Kameramann (*1930 Ungarn. †2016 Kalifornien). Oscar 1978 für Close Encounters of the Third Kind. Nominiert für The Deer Hunter (1978), The River (1984), The Black Dahlia (2006).

423 Zsigmond (1990): Meine Zooms sieht man nicht. S. 8.

Der Film La Passion de Jeanne d'Arc stellt ein Unikat dar, indem er sich auf wenige filmsprachliche Idiome konzentriert und diese unablässig rezitiert; und weil er in dieser Radikalität keine Vorbilder hat und in seiner Zeit eher umstritten ist, finden sich keine Nachahmer. Zu einmalig, zu ungewöhnlich tritt uns seine Form entgegen, als dass es möglich wäre, hiervon auch nur ein Stück zu plagiieren. Es gilt nun zu betrachten, ob diese Formalisierung der Erzählung nützt oder die Ambition Dreyers konterkariert, die Gefühle der Charaktere wiederzugeben, die Gedanken hinter den Worten.[424] Denn wenn die ästhetische Form zu undurchdringlich gerät und den Blick auf den Inhalt, die Darstellung, die Emotionen verhindert, bleibt nur eine inhaltsleere Hülle. Diese Gefahr droht Dreyers Wunsch, »to interpret a hymn to the triumph of the soul over life«[425], ins Gegenteil zu drehen, da die stark wirkenden filmsprachlichen Elemente in La Passion de Jeanne d'Arc beständig den Kameramann Rudolph Maté und den Regisseur Carl Theodor Dreyer reflektieren: »Hierzu werden so ausgiebig Großaufnahmen verwendet wie in kaum irgendeinem anderen Film davor und danach. Viele zeitgenössische Kritiken erwähnten diesen Punkt, und manche, die dem Film grundsätzlich positiv gegenüberstanden, beschwerten sich über das vermeintliche Übermaß.«[426]

Neun Jahre zuvor muss der dänische Regisseur Urban Gad in seinem Lehrbuch über das Filmemachen die Naheinstellung gar verteidigen und mahnt »zur kundigen Benutzung [...] ein gewisses Maßhalten«[427] an. Auch gilt für viele die Abbildungsregel: »Keine Person sollte größer als im Original vor das Auge treten«[428].

Dass sich eine so in sich geschlossene und einzigartige Form ergibt, erstaunt umso mehr, als viele der eingesetzten Mittel nicht ungewöhnlich sind: Großaufnahmen, Detaileinstellungen, unterschiedliche Perspektiven, meist kontrastarme Ausleuchtung, unprätentiöse Fahrten. Aber wie schon in Der letzte Mann schaffen Quantität und dramaturgische Einbindung die Differenz zum Gängigen und es braucht nur wenige exaltierte – und bei Murnau und Freund zudem technisch aufwendige – Elemente, um kohlestrichähnlich das Besondere der ästhetischen Form zu markieren.

424 Vgl. Dreyer (1966). S. 142.
425 Dreyer (1973) [1929]: Realized Mysticism. S. 50.
426 Polak: La Passion de Jeanne d'Arc. S. 18.
427 Gad (1919). S. 127.
428 Anon. (1911): Too Near the Camera. S. 634.

Wie der Film beginnt

Die Grundlage des Films, das Leben – oder besser: der Prozess – der Jeanne d'Arc, wurde unzählige Male in verschiedenen Medien und Formalisierungen aufgegriffen. Dreyers Film orientiert sich stark an den Protokollen des Prozesses und konzentriert sich nur auf diesen Zeitraum bis zur Verbrennung Jeanne d'Arcs Ende Mai 1431 in Rouen. Jeanne glaubt sich in einem göttlichen Auftrag, als sie zur Befreiung Frankreichs den Engländern und den mit ihnen verbündeten Burgundern eine empfindliche Niederlage beibringt. Da dem nun neu gekrönten Karl VII. Durchschlagskraft fehlt, gelingt es den Burgundern, Jeanne in einen Hinterhalt zu locken und sie an die Engländer auszuliefern. Diese organisieren ein mit französischen Geistlichen bestücktes Gericht, das sie der Ketzerei überführen soll. Die Theologen fordern einen Widerruf des göttlichen Auftrags, der ihre Autorität in Frage stellt, und versuchen mit List, Tücke und Intrigen ein Dementi aus ihr herauszupressen. Trotz oder wegen ihrer Naivität tappt sie aber in keine der Fallen. So sehen wir eine im Glauben gefestigte Frau, die einer Männerfront gegenübersteht, die mit allen Mitteln ein Eingeständnis erschleichen will. Die damalige theologische und juristische Rechtsordnung verlangt, dass eine Ketzerin verbrannt werden muss, wenn sie den angezweifelten Gottesauftrag nicht widerruft. Die Handlung des Films rafft idealisiert die erzählte Zeit auf den Tag ihrer Verbrennung.

In unserer Sequenz spinnt Richter Nicolas Loyseleur (Maurice Schutz) eine Intrige, um bei Jeanne (Maria Falconetti) mehr Vertrauen zum Gericht aufzubauen. Dazu wird ein Brief »ihres« Königs Charles gefälscht. Parallel zweifelt Jeanne in ihrer Zelle, findet Trost in Symbolen und wird von Junkern gehänselt. Loyseleur beendet die Verspottung und liest Jeanne den fingierten Brief vor, der mehr Zuversicht in die Richter fordert.

Die Großaufnahme und der Aufbau des Films

Die ungewöhnliche, unvertraute optische Erzählweise in La Passion de Jeanne d'Arc erfordert ein vollständiges Sich-Einlassen auf eine radikale Bildsprache, die das menschliche Antlitz zum alleinigen Ausdruck eines Films macht. »Nichts in der Welt kann man mit einem menschlichen Gesicht vergleichen. Es ist ein Land, das man nie müde wird zu erforschen. Es gibt kein größeres Erlebnis in einem Studio, als Zeuge des Ausdrucks eines empfindsamen Gesichts unter der mystischen Kraft der Inspiration zu werden.«[429] Dass der weitgehende Verzicht auf Interpretationshilfen eines Bildes, wie Raum, Grafik oder Details, funktionieren kann, liegt am straffen Aufbau des Films, der als wiederkehrendes Muster nötige Informationen gibt und das Verlangen nach Zusammenhängen befriedigt. So ermöglicht jeweils am Aktanfang eine standardisierte Formalisierung, die über weite Strecken des Films für die gängige Rezeption rücksichtslose Bildarbeit anzunehmen.

> Wir bewegen uns nur in der geistigen Dimension des Ausdrucks. Den Raum, in dem sich diese Szene in Wahrheit abspielt, sehen wir nicht und empfinden ihn auch nicht. [...] Und doch werden hier ganze Reihen von Zweikämpfen ausgefochten, zwischen Mienen und Blicken [...]. Jeden Angriff, jede Parade dieses Kampfes sehen wir an den Gesichtern, jede dabei angewandte List, jeden Handstreich zeigt uns das Spiel der Mienen.[430]

Dreyer orientiert sich stark an der Stummfilm-Tradition[431], mit jedem Rollenwechsel auch einen neuen Akt beginnen zu lassen[432]. Das ist darin begründet, dass die meisten Kinos ursprünglich nur einen Projektor haben, und so entsteht beim Rollenwechsel eine Pause. »Bei Vorführungen mit Unterbrechung braucht man eine andere Dramaturgie als bei einem durchprojizierten Film«,[433] schreibt der Regisseur E.A. Dupont und ergänzt, dass 1926 die ununterbrochene Vorführung in größeren Kinos bereits üblich ist, so wie sie schon vor 1920 in den USA praktiziert wird, wo man diese Einteilung nicht kennt. Doch taucht mit der kontinuierlichen Projektion gleich ein neues Problem auf, denn Theaterbesitzer entfernen die Akt-Zwischentitel aus den Filmen, um mit mehr Akten werben zu können.[434]

Wenn der neue Akt mit dem Rollenwechsel beginnt, kann Jeanne d'Arc problemlos in älteren Kinos gezeigt werden, die nur einen Projektor haben. Ein Regisseur wie Dreyer, der großen Wert auf Rhythmus und Montage[435] legt, denkt wohl mehr an die ihm sinnvoll erscheinende dramaturgische Akteinteilung als an den Rollenwechsel. Aber die Einhaltung der Form ist ihm wichtig. So beginnt jeder Akt mit einer ortserklärenden Totalen, die

429 Dreyer in: Luft (1956): Carl Dreyer. A Master of His Craft. S. 188.
430 Balázs (1949): Der Film. Werden und Wesen einer neuen Kunst. S. 76.
431 Vgl. Patterson (1920): Cinema Craftsmanship. S. 124.
432 Vgl. Polak: La Passion, S. 9.
433 Dupont (1926): Wie ein Film geschrieben wird und wie man ihn verwertet. S. 43.
434 Vgl. *Kinematograph*. Nummer 1012, 11.7.1926.
435 Vgl. Skoller (1973): *Dreyer in double reflection*. S. 91–96. Oder: Dreyer (1966). S. 140–141.

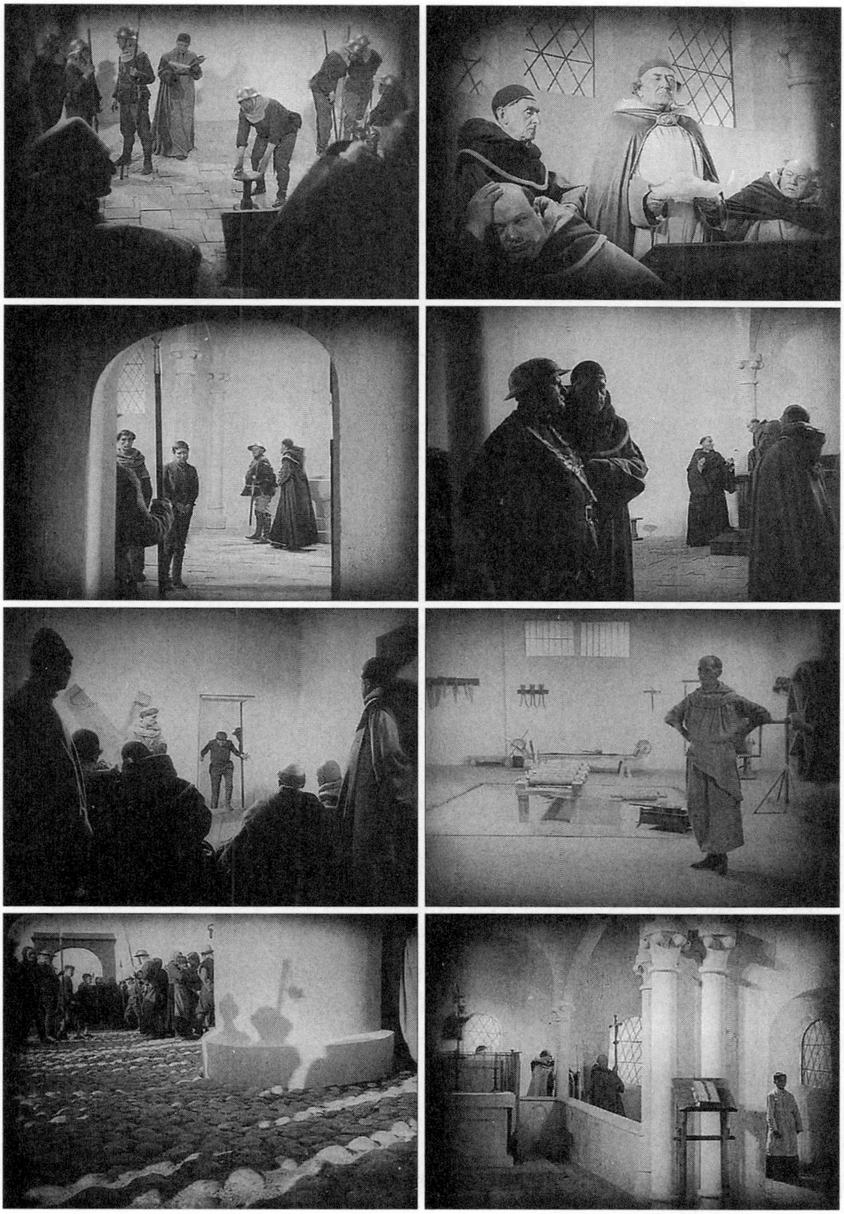

Bild 6-2 bis 6-9

auch durch eine Fahrt den Raum erschließen kann. Mit der jeweils zweiten Einstellung beginnt der Film seine Annäherung an die Personen, fahrend oder statisch, den Raum noch nicht verdrängend. Nach wenigen Schnitten sind wir dann bei Nah- oder Groß-Einstellungen, in denen selten ein Requisit, eine Tür oder ein Fenster Rückschlüsse auf den Ort zulassen.

Den Anfang des Films macht eine Art Prolog, eine Detail-Einstellung des Prozess-Protokolls, immer wieder mit Text-Zwischentiteln unterschnitten. Es wird auf den Wahrheitsgehalt des folgenden Films gepocht, dann beginnt mit einer Aufblende der erste Akt. Die Kamera fährt in einer motiveinführenden Halbtotalen hinter den Rücken der Mönche und Richter parallel entlang zum Schiff der Kapelle, präsentiert uns den Schauplatz und die Situation vor dem Prozessbeginn (2). Dann schnelle Zufahrt auf den Vorsitzenden Bischof Cauchon (Eugène Silvain), flankiert rechts von Lemaitre (Gilbert Dalleu), dem Inquisitor, links dem gerissenen Richter Loyseleur und links unten fast angeschnitten d'Estivet (André Berley), dem Ankläger (3).

Beim zweiten Akt – unserer Sequenz – beginnt es mit einer statischen Einstellung, die das Motiv bestätigt (4). Dann folgt eine Kamerabewegung, ein Travelling, motiviert durch die Bewegung der Protagonisten. Die Handlung nimmt ihren Lauf und das Intrigenspiel beginnt (5).

Der dritte Akt zeigt zuerst eine statische Halbtotale der Folterkammer und das Eintreffen der Richter, die Größe des Raums verhindert eine Fahrt (6). Wenn Jeanne den Raum betritt, folgen bewegte und bewegende Subjektiven vom Folterraum (7).

Eine ungewöhnlich kadrierte Einstellung vieler Komparsen vor dem Friedhof eröffnet den vierten Akt (8), raumgreifend, unbewegt.

Der letzte Akt zeigt die Hinrichtungszeremonie auf dem Scheiterhaufen und beginnt mit einer leichten Zufahrt auf eine Prozession in der Kapelle (9).

Dreyer, der den Film mit Marguerite Beaugé schneidet, lässt sich von diesem klaren Muster nicht einengen, gibt dem Zuschauer trotz der dann folgenden unzähligen Nah- und Groß-Einstellungen eine Art Raumsicherheit und Situationsorientierung, die ermöglichen, sich voll auf die Gesichter zu konzentrieren.

Die Gestaltung der Raumpräsentation

Unsere Szene beginnt nach gut 22 Minuten mit einem überraschenden Schnitt auf eine sich zügig öffnende dunkle Tür und wir schauen genau in das Motiv, das wir mit dem Schnitt zu verlassen glaubten: die Kapelle, in dem die Verhandlung stattfindet (4). Somit fungiert dieser Schnitt weder als Ortswechsel noch als Zeitschnitt – der Handlungsablauf wirkt kontinuierlich –, sondern er markiert den Aktwechsel. Zeitliche und räumliche Parallelität der Ereignisse wird im Bild erzählt: Die erste Verhandlung ist zu Ende, Jeanne wird Richtung Zelle gebracht und Loyseleur versucht, den Earl (Adolphe Rodé) zu umgarnen.

Der türöffnende Soldat verschwindet sogleich als schwach gezeichneter Schatten hinter dem Durchlass, ein weiterer steht wachend links dahinter, zeigt uns nur seine Schulter mit Arm und Lanze. Eine Vignette verstärkt die Düsternis des Raums, aus dem wir in die helle Kapelle schauen. Das Heraustreten aus dem Reigen intensiver Großaufnahmen, diese Distanzierung durch den gerahmten Blick, gibt die notwendige Orientierung, bevor wir gleich wieder in distanzlose Nähe hineingesogen werden. Und dieses Wechselspiel von Empathie suchender Direktheit und sachlichem Abstand stellt der Film auf unterschiedliche Art mit den Mitteln der Bildgestaltung her, nicht nur zu Beginn eines neuen Aktes, wie hier, sondern auch innerhalb der Szenenmontage.

Im Hintergrund schreitet der Richter Loyseleur zum sitzenden Earl of Warwick, der sich gleich erhebt und nach links wendet. Loyseleur folgt ihm. Im selben Moment erscheint Jeanne im Mittelgrund, um in ihre Zelle gebracht zu werden, schwer gehend durch Ketten an ihren Füßen. Bevor wir ihren Begleiter Jean Massieu (Antonin Artaud) ausmachen können, kommt der Schnitt.

Die zweite Einstellung ist nicht weniger überraschend, denn die Kamera springt über den Earl und Loyseleur in die gegenüberliegende Wand und schaut nun auf die Seite unserer kleinen Tür, die aber nicht ins Bild kommt (5). Dreyer fordert die absolute Beweglichkeit aller Bauten, deshalb kann die Kirchenwand nach den Erfordernissen der Kamera verschoben werden.[436] Eigentlich bedarf somit die Kadrage nicht des starken Weitwinkels, doch betont die kurze Brennweite eine Enge, die bei den Dreharbeiten fehlt. Die Höhe der Optik oberhalb der Gürtellinie erlaubt es, die Kamera nicht zu neigen und eine deutliche Verzerrung des Raums zu verhindern. Zudem erhebt es den Earl und Loyseleur über das durch das Weitwinkel geschrumpfte Fußvolk im Hintergrund. Die beiden gehen nun am Knie geschnitten mit reichlich Luft über dem Kopf folgerichtig nach rechts, die Kamera fährt parallel leicht voraus. Der helle Raum im Hintergrund und die schwache

436 Vgl. Warm (1929): Bauten zu »Johanna«. S. 5.

Aufhellung für die beiden Personen im Vordergrund zeichnen diese als finstere Gestalten, die einen konspirativen Plan aushecken. Da die Hell-Dunkel-Verteilung der vorherigen Einstellung ähnelt, bleibt der Umschnitt trotz dieser 180° und der gegenläufigen Schauspielerbewegung problemlos. Auch das hatten wir schon. Nach einigen Schritten bestätigt ein Zwischentitel, die schon durch die Lichtführung angedeutete Intrige, gefordert wird eine List, da die Milde kein Geständnis zeitigt.

Nach dem Titel sehen wir eine leicht untersichtige Halbnahe des Earls und Loyseleurs für knapp zwei Sekunden (12). Wieder um 180° gesprungen, stehen sie jetzt vor der hellen Wand und der Zwischentitel hat den Kontrastsprung des Umschnitts vertuscht. Schon diese wenigen Schnitte machen deutlich, wie sehr Bildgestaltung, Lichtführung und Montage voneinander abhängen. Für die zweite Einstellung, die Parallelfahrt (5), ist das Licht dramaturgisch gesetzt. Die beiden Intriganten bewegen sich vor dem hellen Kirchenraum und da sie vor der Säule entlang gehen, wirkt es wie eine Arkade, die die Dunkelheit der Personen plausibel macht und den Eindruck der Konspiration verstärkt. Dass mit dem Schnitt der Kontrast aus der vorherigen Totale der hellen Kapelle (4) zum Problem wird, vermeidet der Türdurchblick, der das identische Hell-Dunkel-Verhältnis herstellt. Somit braucht die Montage diese erste Kadrage mit dem erzählperspektivisch fragwürdigen Standpunkt, um nach dem Schnitt die dramaturgische Lichtführung einsetzen zu können. Aktanfang und Aufblende mildern den Schnitt zu den vorherigen Bildern des ersten Akts. Aber aus diesem dramatisierenden Travelling kommen Dreyer und Maté jetzt nur über einen Zwischentitel raus, denn nun stehen der Earl und Loyseleur nach erneutem 180°-Umschnitt wieder im hellen Auflicht und werden sogleich weggeschnitten. Natürlich könnte man auf diese Einstellung verzichten und in die vorherige Kadrage zurückschneiden, wie ich es weiter unten als typische Integration von Zwischentiteln beschreibe, aber dann würde das Kontrastproblem mit dem nächsten Schnitt in die Zelle auftreten. Um einen Sprung in der Hell-Dunkel-Verteilung zu vermeiden, muss ein erheblicher Aufwand bei Bildgestaltung und Montage betrieben werden.

Montage der Gegensätze

Mit der vierten Einstellung kommt Jeanne ins Bild und es beginnt eine Parallelmontage, die den Vorteil bietet, die langwierige Konstruktion der Hinterlist beliebig filmzeitlich verkürzen zu können, und wenngleich die Konfrontation von Tätern und Opfer moralisierend wirkt, geht es um mehr. Nach knapp 23 Filmminuten sehen wir die Zelle zum ersten Mal: Jeanne setzt sich mühevoll wie ein alter Mensch auf die Bettkante, gebrochen durch Leid und schwere Ketten (13). Selbst die Kamera will uns Jeanne nicht richtig zeigen, drängt sie in die untere linke Ecke und lässt sie, indem sie sich auf die winzige Zelle konzentriert, noch kümmerlicher erscheinen. Das Fenster vergittert, obwohl auch ohne diese Stäbe dadurch nur eine Ratte fliehen könnte. Doch die Streben bilden ein Kreuz, das aber Jeanne in diesem Augenblick noch nicht erreicht. Die mit atmosphärelosem Hell beleuchtete Situation lässt an aseptisches Leuchtstoffröhrenlicht denken, das jede Kontur der Wände eliminiert.

Nach drei Sekunden geht es zurück in die Kirche und wie auch in der Folge wird der Schnitt die Motivwechsel nicht deutlich machen. Ganz im Gegenteil mildert die Kadrage geschickt den Übergang, dort, wo die dunkel gekleidete Jeanne im Kader saß, stehen nun zwei Figuren im Gegenlicht. Rechts wendet sich sogleich ein hell gekleideter Mönch vor weißer Wand nach rechts (14), die Kamera folgt und hält sein Profil in einer Amerikanischen, überfährt eine dieser dürren Säulen, ohne damit auf der makellosen Fläche Raumgefühl zu erzeugen. Wenn er Loyseleur erreicht, sind beide

Bild 6-12 bis 6-15

halbnah und weiterhin deutlich untersichtig (15). Sofort ein Zwischentitel mit dem Auftrag, einen Brief mit der Unterschrift König Charles' zu suchen, dann geht die Einstellung weiter.

Auch dies taucht immer wieder auf – einen Zwischentitel in eine Einstellung einzuschneiden und nicht nach dem Titel eine neue zu beginnen. Oft steht die Kadrage nur für ein oder zwei Sekunden, bevor es mit einer neuen weiter geht. In dieser erzwungenen Parallelität von Spiel und Schrift zeigt sich die Sehnsucht nach Synchronität von Bild und Wort. Manvell berichtet, dass Dreyer gerne mit Ton gedreht hätte, dass das Skript dies aber nicht hergab[437], und an einer anderen Stelle, dass an der Grenze zum Tonfilm für Dreyer oft das gesprochene gegen das geschriebene Wort stand, er wollte den Ton aber nicht nachträglich hinzufügen.[438]

Der Mönch nimmt den Auftrag an, wendet sich ab und sogleich tritt ein anderer an seine Stelle. Im Titel fordert ihn Loyseleur auf, einen Brief nach seinem Diktat zu schreiben. Abermals im Bild bleibt dem Neuen keine Sekunde zur Reaktion, bevor wir wieder bei Jeanne in der Zelle sind: Nah, frontal, leicht untersichtig (16). Sie schluchzt keine drei Sekunden, dann zurück auf Loyseleur (17), jetzt auch in einer Nahen, ebenfalls untersichtig. Unerwartet schwenkt die Kamera schnell nach unten in eine Detail-Einstellung eines Briefs mit schreibenden Händen (18). Diese Bewegung sucht handwerklich selbst heute ihresgleichen, sehr professionell, ohne Ruckeln oder Richtungskorrekturen findet die Kamera sofort die exakte Kadrage. Zurück in die Zelle zu Jeanne, zurück in die vorherige Nahe: Ihr Schluchzen geht über in ein Gähnen hinter vorgehaltener Hand, sie zittert. Nach acht erstaunlich langen Sekunden eine neue Einstellung, leicht von unten ein Schreiber *en face* in einer engen Halbnahen, im Vordergrund groß die Hände mit Schreibkiel (19). Er beendet seine Arbeit und reicht das Blatt an den links neben ihm stehenden Vorsitzenden Cauchon, die Kamera folgt dieser Aktion und nutzt auch Cauchons Kopfdrehung, um mit einem überraschend ruckeligen Schwenk zwei weitere Mönche links neben ihm in eine sehr enge Dreier zu holen (20): Rechts unten, gerade am Kinn nicht geschnitten, Cauchon, der zu einem links sich vorbeugenden Mönch schaut, und hinter beiden ein weiterer, am hohen Hut angeschnitten. Sofort zurück in die alte statische Nahe von Jeanne, stark schluchzend, für lange neun Sekunden (21).

437 Manvell (1950) [1928]: Revaluations – 6: LA PASSION DE JEANNE D'ARC. S. 337.
438 Manvell (1970) [1949]: *Experiment in the Film*. S. 43.

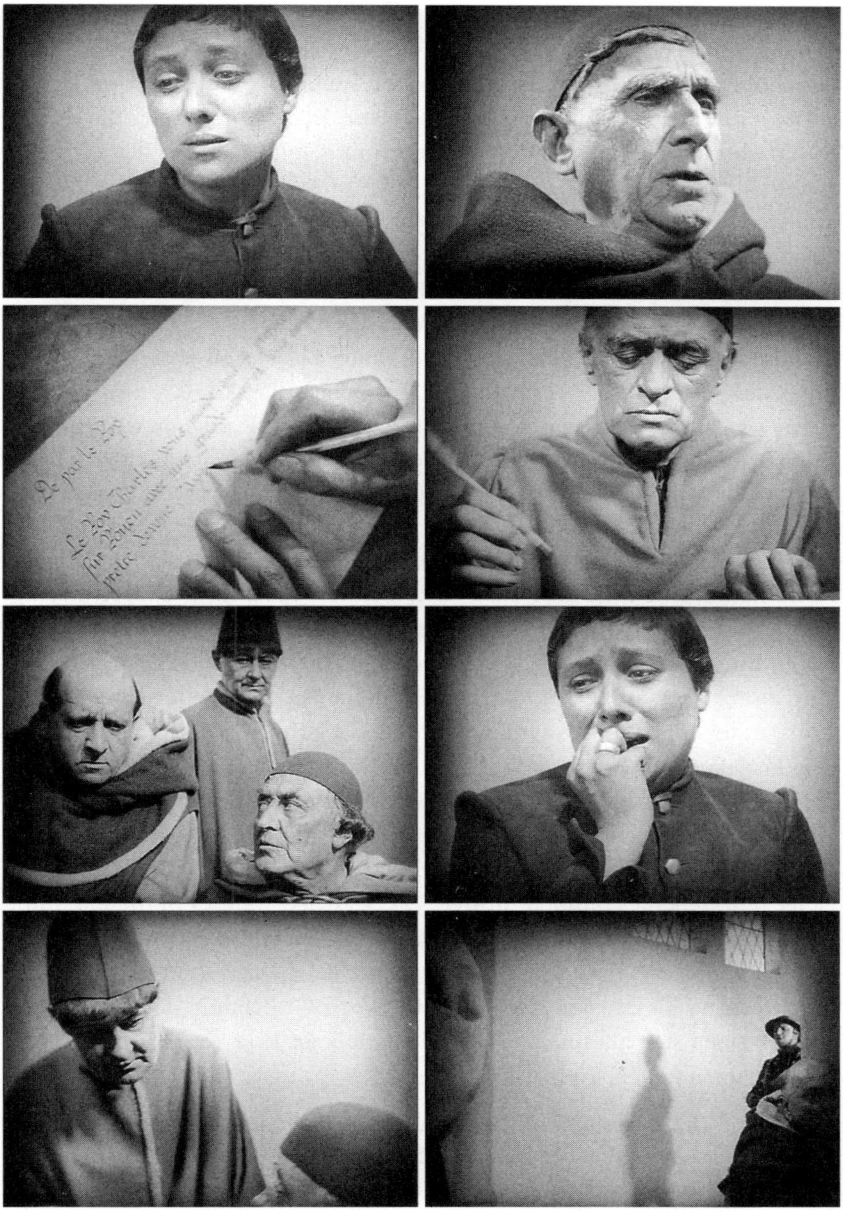

Bild 6-16 bis 6-23

Erneut in der Kirche schwenkt die Kamera nun gegenläufig, diesmal deutlich enger mit vielen Anschnitten. Es beginnt halbnah auf dem Mönch mit dem hohen Hut, ein weiterer rechts unten kaum im Bild (22), dann geht es autonom nach rechts zu Loyseleur, der diese Kamerabewegung durch eine Kopfdrehung von links nach rechts aufnimmt, und so kann der Schreiber sehr knapp rechts erfasst werden, der sich sofort aus dem Bild zurückzieht und trotz des Nachschwenks nicht mehr eingeholt wird. Dafür tauchen der Earl und für wenige Kader auch Jean Lemaitre im Hintergrund auf (23). Alles geht so schnell, dass einige Personen nur in Standbildern identifizierbar sind. Auch die Anschnitte erschweren die Identifikation.

Es geht nicht um die Personen, sondern der Druck soll veräußert werden, unter dem die Beteiligten stehen. So tritt neben die Mimik die ästhetische Form als Ausdrucksmittel: Anschnitte, Dekadrage, Kamerabewegung und Montage offenbaren die Situation. Die Parallelität setzt die geschäftsmäßige Hektik der Mönche bei ihrer Intrige gegen die Kontemplation Jeannes und betont somit die Ungleichheit dieser beiden Welten, der Personen und letztlich auch die Divergenz ihrer Frömmigkeit. Während die Richter emsig bemüht sind, eine Falle für Jeanne zu konstruieren, damit sie widerruft, ringt Jeanne mit ihrem Glauben. So werden die Geistlichen in immer wieder neuen Einstellungen mit vielen Bewegungen präsentiert: Gängen, Kopfdrehungen, Tempo durch Dekadragen, autonomen oder motivierten Schwenks, Fahrten, die, noch bevor wir sie entschlüsseln können, weggeschnitten werden. Dagegen steht die statische Naheinstellung von Jeanne wie ein ruhender Pol. Wenn man so will, mündet die Betriebsamkeit in Kamerabewegungen und die Unlauterkeit wird zur Dekadrage. Dies mag überzogen interpretiert sein, aber es geht um die Tendenz. Diese fehlt bei Jeanne, ihre Darstellung bleibt rein, scheint konnotationsfrei. Wie trefflich wäre es in diesem Sinne, sie einsam und allein entrückt in der Zelle zu zeigen, so wie in ihrer ersten Einstellung. Doch dort dient diese Halbtotale mehr der atmosphärischen Beschreibung des neuen Orts als der Veräußerlichung der Einsamkeit. Danach spielt sich alles in ihrem Gesicht ab, kein Bild von Jeanne versucht zu deuten, zu helfen, zu manipulieren.

> Die Großaufnahme ist die technische Bedingung der Kunst des Mienenspiels und mithin der höheren Filmkunst überhaupt. So nahe muß uns ein Gesicht gerückt sein, so isoliert von aller Umgebung, welche uns ablenken könnte (auch eine technische Unmöglichkeit auf der Bühne), so lange müssen wir bei seinem Anblick verweilen dürfen, um darin wirklich lesen zu können. Der Film fordert eine Feinheit und Sicherheit des Mienenspiels, wie es sich der Nur-Bühnenschauspieler nicht träumen läßt. [...] Die Groß-

aufnahmen sind das eigenste Gebiet des Films. In den Großaufnahmen eröffnet sich das Neuland dieser neuen Kunst.[439]

Wahre und gefälschte Symbole

Die Parallelmontage geht weiter, bekommt nach einer Minute und knapp 40 Sekunden seit Aktbeginn einen neuen Schwerpunkt. Die Intrige, aufwendig in Gang gesetzt, braucht noch Zeit zur Umsetzung. Wir können uns also verstärkt Jeanne zuwenden. Die Einstellung bleibt unverändert (wie 16), aber Jeanne hat sich beruhigt, beginnt wie gebannt nach unten zu schauen. Mit dem Schnitt sehen wir das Objekt, oder besser, das Bild, welches sie fasziniert: Auf dem hellen, rohen Boden ist die Projektion des Zellenfensters mit den Streben zu erkennen, die ein Kreuz bilden (24). Die Balken sind deutlich dicker als sie sein dürften, aber Jeanne – nach dem Schnitt – erkennt wohl eher ein göttliches Zeichen denn ein natürliches Ereignis, denn ihre Verwunderung macht einer Ergriffenheit Platz. Dann neuerlich das Kreuz, war es gerade noch in einem Querformat zu sehen, quasi als nicht korrigierte Abbildung ihrer Subjektiven, so ist nun das neue Detail zum aufrechtstehenden Rechteck gewandelt und somit das Symbol perfekt (25). Da dieser Effekt des Aufrecht-Stehens dadurch erzielt wird, dass der Standpunkt der Kamera verändert wurde, kann man nun vortrefflich streiten, ob dieses »richtige« Kreuz eine Korrektur ihrer Wahrnehmung verdeutlicht oder nur einen konzentrierteren, quasi »ran gezoomten« Blick auf das querformatige Kreuz darstellt. Der Film gestattet keine zwei Sekunden Bedenkzeit, dann sind wir wieder bei den Gegenspielern.

Mit allem Tatendrang wird am gefälschten Brief gearbeitet, links der Schreiber in einer Haltung, in der ich nicht schreiben könnte, hinter ihm, alle überragend, Loyseleur, rechts ein Mönch (26). Der Kamerastandpunkt liegt so tief, dass für ihn vermutlich ein Loch in den Boden gegraben werden musste. Der Studioboden soll nach geraumer Zeit so voll von solchen Löchern gewesen sein, dass der Name »Dreyer« von den Mitarbeitern scherzhaft zu »Gruyère«, einem Schweizer Käse, verballhornt wurde.[440]

Schnell kommt der Schnitt zurück auf das Kreuz, kaum länger. Dann eine lächelnde Jeanne, die von rechts etwas aufgreift, sofort noch einmal das

439 Balázs (2001) [1924]. S. 48–49.

440 Vgl. Neergaard (1950): *Carl Dreyer*. S. 21. Oder: Polak: LA PASSION. S. 24.

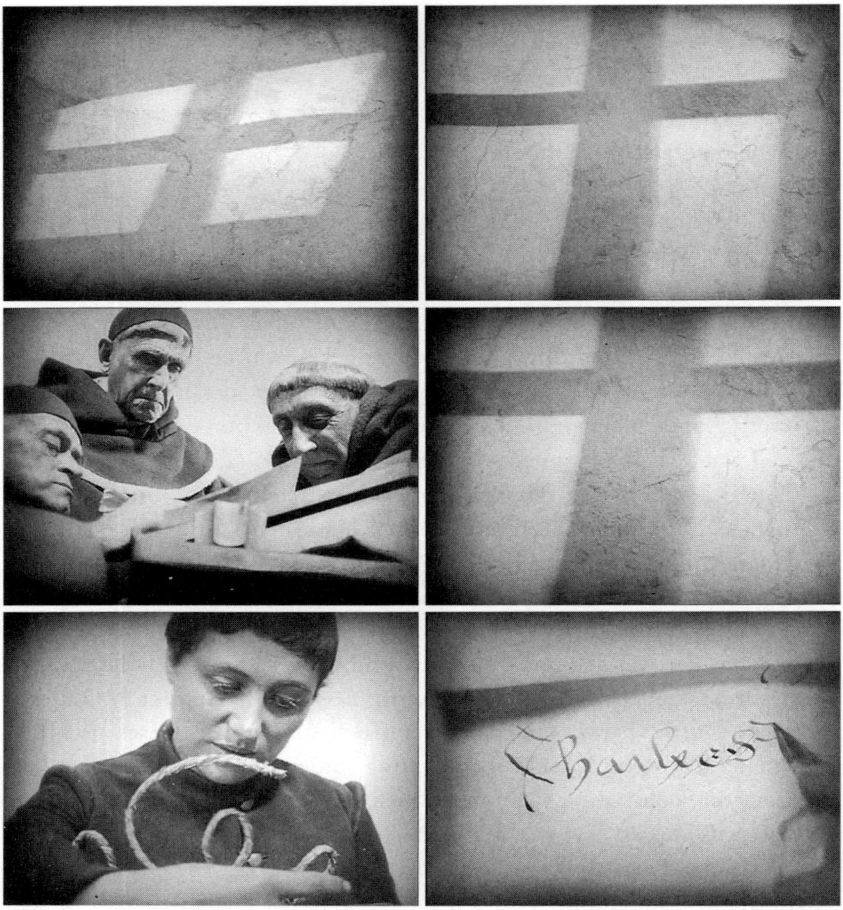

Bild 6-24 bis 6-29

Kreuz, jetzt noch näher, ohne Fensterbegrenzung (27). Mit dem Rückschnitt auf Jeanne erkennen wir, was sie ergriffen hat: eine geflochtene Krone aus Bast, an der sie nun weiter flicht (28). Die Kamera korrigiert unmerklich.

Schauplatzwechsel ohne Ansage: Detail-Einstellung einer geschwungenen Unterschrift eines Briefs, die aufwendige Typografie lässt den Namen Charles erahnen (29). Ein Finger deutet auf den Schriftzug, die Kamera schwenkt nach unten und eine Hand mit Federkiel beginnt den ersten Buchstaben zu kopieren. Jeanne geht in ihre Arbeit auf (Fortsetzung 28) und dieser sehr kurze Zwischenschnitt lässt uns nur einen Buchstaben verpassen. Sorgfältig werden die restlichen gezeichnet (Fortsetzung 29).

Für mich festigt sich mit dieser Parallelmontage die anfänglich angedeutete These, dass hier richtiger und falscher Glaube konfrontiert werden. Während Jeanne sich am Symbol des Kreuzes aufrichtet, ergötzen sich die Richter am gefälschten Symbol des Königs. Die Wichtigkeit dieses Kreuzsymbols mag belegen, dass dafür drei verschiedene, auch durchaus unterschiedlich wahrnehmbare und interpretierbare Einstellungen gedreht wurden, Jeanne aber immer in derselben Kadrage bleibt. Auch dies bedeutet eher Stabilität und Kontinuität als Zeitersparnis. Denn wie aufwendig Dreyer und Falconetti um den richtigen Ausdruck ringen, darüber gibt es viele Anekdoten.

> Mit Falconetti passierte es öfter, dass, nachdem wir den gesamten Nachmittag gearbeitet hatten, es uns nicht gelungen war das Geforderte präzise zu bekommen. Dann sagten wir uns: Morgen fangen wir wieder an. Und am nächsten Tag ließen wir den schlechten Take vom Vortag projizieren, untersuchten ihn und am Ende fanden wir in dem schlechten Take ein kleines Fragment, kleine Blitze, die den genauen Ausdruck umrissen, die Tonalität, nach der wir gesucht hatten. Von hier aus fingen wir neu an, nahmen das Beste mit.[441]

Diese Ruhe, Konzentration und Präzision erlauben nicht nur eine intensive Arbeit mit den Schauspielern, sondern auch, eine gerne als unbedeutend angesehene Detail-Einstellung in drei Varianten zu fotografieren. Dabei hilft, dass der Film chronologisch gedreht wird[442], dass alle Einstellungen in der jeweiligen Situation aufgenommen werden.

Interessant, wie die Informationen tröpfchenweise weitergegeben werden. Wir wissen, dass ein Schriftstück des Königs geholt wurde, dass Loyseleur einen Brief diktierte, unter den nun diese gefälschte Unterschrift gesetzt wird. Für die Aufklärung, wie dies als Intrige funktioniert, müssen wir uns noch gedulden. Wir sehen nur einen großen, in Bewegung gesetzten Apparat und eine einfache junge Frau, zu deren Erfahrungsschatz ein solches Spiel nicht gehört.

Dekadrage und Ohnmacht der Untersicht

Mit dem letzten Schnörkel der Unterschrift ist das Material für die Intrige gesponnen und wartet darauf, eingesetzt zu werden. Aber zuerst ein kurzes Zwischenspiel, das ihre Macht verstärken wird. Es beginnt mit einem Schnitt auf eine offene Gittertür, den man durchaus als einen Zeitschnitt interpre-

441 Dreyer (1966). S. 142 [Übersetzung durch den Autor].
442 Vgl. Maté (1929): Wie der Film »Johanna von Orléans« entstand. S. 4.

tieren kann. Schnell erscheinen zwei Landsknechte, die amüsiert an der Kamera vorbei in den Raum schauen, hinter ihnen haben Hermann Warm und Jean Hugo einen engen, fast expressionistischen Treppenaufgang gebaut (30). Noch wissen wir nicht, dass wir die Tür zu Jeannes Zelle sehen. Nach knapp vier Sekunden kommt der Schnitt auf das Geschehen: Ein älterer Soldat mit Bart und Helm der Engländer rangelt in einer sehr engen profiligen Halbnahen mit Jeanne um einen Ring, den sie am Finger trägt (31). Er ergreift ihre Hand so kräftig, dass die bereits stark angeschnittene Jeanne rechts fast ganz aus dem Bild gedrängt wird. Schnitt in eine enge Nahe vom lachenden Jüngeren *en face* (32).

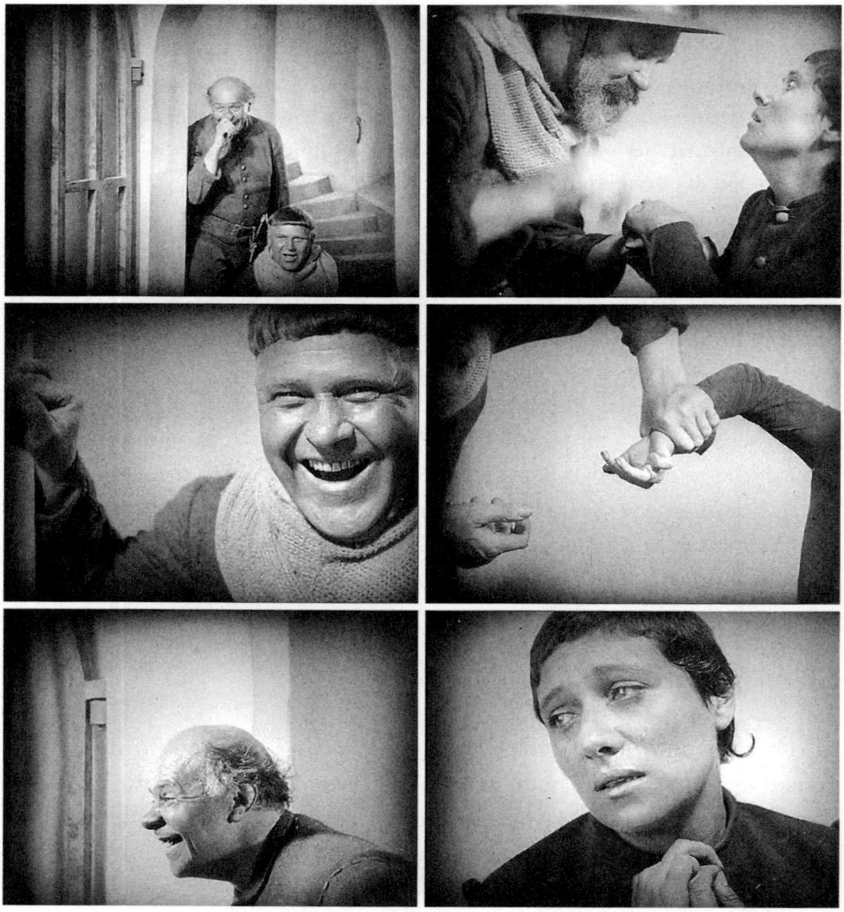

Bild 6-30 bis 6-35

Erneut die Einstellung mit dem Bartträger. Von Jeanne bleibt nur noch der ausgestreckte Arm im Bild, die der Soldat so stark verdreht, dass auch er aus dem Bild gerät (33). Die Aktion erfreut den Alten in der Tür, den wir jetzt nah im Profil an der bekannten Stelle in der Tür sehen (34). Seine Abbildung unterhalb der Bildmitte hält ihn klein, verhindert das Auftauchen seines Kumpans und gliedert sich vorzüglich durch die Dekadrage in den Reigen der übrigen, grafisch ungewöhnlichen Einstellungen. Zurück in die vorherige, das Gerangel hat nun abstrakte Form angenommen (Fortsetzung 33): Drei verdrehte Arme, keine Köpfe, aber es gelingt den Männerarmen, den Ring von der Frauenhand zu ziehen, und damit schwenkt die Kamera den Soldaten wieder ins Bild. Sofort der Schnitt auf die Tür wie am Anfang (30). Die beiden amüsieren sich köstlich, doch hinter ihnen taucht Loyseleur auf. Er durchschaut die Situation so schnell, dass er sie inszeniert haben könnte, und stößt die beiden zur Seite. Noch bevor er den Raum betreten kann, kommt der Schnitt auf Jeanne (35), der allein eine klassische Bildkomposition vorbehalten ist, sehr nah, fast frontal, leicht untersichtig, am Kopf stark geschnitten, auch direkt unter dem Hals, nur einige Finger der verkrampften Hände passen noch ins Bild, des Rings beraubt, Tränen auf ihrer Wange. Sie wendet den Kopf nach links fast ins Profil. Schnitt nochmals auf die Tür, der gerundete Türsturz ist ganz im Bild. Loyseleur steht bildmittig links am Türrahmen, verdeckt die beiden Gesellen und betritt nun den Raum (36). Die Kamera schwenkt mit dem Schnitt sofort nach oben in eine absonderliche Dekadrage (37), antizipiert seinen Gang schneller als dieser eintreten kann und kadriert ihn klein im unteren Bilddrittel, über ihm eine riesige weiße Wand. Die Kamera bleibt leicht untersichtig. Seine Blickrichtung geht nicht so eindeutig nach links aus dem Bild wie bei den beiden Knechten, liegt sehr nah an der Kamera, man könnte sagen: POV. Die Ungleichheit der Bildgestaltung wird kurzfristig wiederhergestellt zwischen klassischer Kadrage bei Jeanne und dekadrierter bei den Gegenspielern. Dann die Beraubte, sie hat ihren Kopf ganz nach links ins Dreiviertel-Profil gedreht (Fortsetzung 35). Erneut auf Loyseleur, die Kamera hat noch ein wenig weiter nach oben geschwenkt (wie 37), er wirkt noch mickriger, der behelmte Soldat kommt von rechts ins Bild, will sich an Loyseleur vorbeidrücken. Wieder auf Jeanne, die vorherige Kadrage (Fortsetzung 35). Eigentlich sehen wir einen klassischen Schuss-Gegenschuss, nur sind die Bilder absolut nicht klassisch, eher schon der Achsensprung, den wir ja schon öfter in Filmen dieser Zeit beobachten konnten. Dann die beiden an der Tür (Fortsetzung 37). Loyseleur bedeutet dem Soldaten, zu gehen, ohne dass eine Übergabe des Rings zu sehen wäre, und wendet sich Richtung linker Bildkante. Jeanne nun in einer

Großen, halbprofilig, leicht von unten, sie schaut nach links (38). Loyseleur tritt von links in eine neue Einstellung (39), stark untersichtig, am Gürtel geschnitten, fast profilig schaut er nach rechts unten zu Jeanne, versucht sich an einem Lächeln, in seiner linken Hand der Ring, den er in ihre Richtung hält, in der Art, wie man einem Hund Zucker gibt, und wartet darauf, dass sie sich den Ring holt. In der folgenden Großen von Jeanne, fast schon Profil, schaut sie zu ihm nach oben. Nun dürften auch Achsenkontrolleure zufrieden sein. In Loyseleurs Einstellung kommt Jeannes Hand, nimmt den Ring, sein Grinsen wird breiter. Jeanne hat den Kopf noch weiter ins Profil gedreht und schaut noch etwas steiler nach oben, dadurch wirkt sie noch untersichtiger und trotz des tiefen Standpunkts noch gedemütigter (40).

Spätestens hier ist die Mär widerlegt, dass es bloß der Untersicht bedarf, um einen Menschen erhabener, mächtiger erscheinen zu lassen. Auch den oft gelesenen Aussagen, dass Jeanne gewöhnlich von oben, die Richter dagegen von unten fotografiert werden[443], möchte ich entschieden entgegentreten – dies ist die Ausnahme. In unserer knapp siebenminütigen Sequenz gibt es keine einzige Aufsicht, nur zwei, drei Mal eine Einstellung auf Augenhöhe, aber von beiden, Richtern und Jeanne. Trotzdem sehe ich einen Unterschied in der Ausdruckskraft dieser Bilder, ohne dies an einem Winkelgrad festmachen zu wollen. Bei den Klerikalen verleiht der tiefe Standpunkt der Kadrage eine größere Dynamik, ihr Aktionismus wird unterstützt. Ein Phänomen, das auch heute noch gerne benutzt wird – zum Leidwesen vieler Schauspieler*innen, die sich verständlicherweise durch die Untersicht nicht optimal fotografiert fühlen. Bei Jeanne ergibt sich für mich nicht so sehr Schwung – vielleicht auch durch das Fehlen von Bewegung und Raum –, sondern vielmehr eine Intensität ihres Spiels, ihrer Präsenz, als stünde die Kamera auf dem Sprung in sie hinein, um ihr Innenleben vollständig zu erkunden. Der dänische Schriftsteller Paul La Cour, der bei diesem Film Dreyers Assistent war, sagt, dass sie den Film auf den Knien gedreht haben.[444] Man muss dies sicher nicht klerikal interpretieren, aber Bewunderung für Jeanne schwingt wohl bei der Untersicht mit.

Bei der folgenden Groß-Einstellung bleibt Loyseleur im Profil, leicht von unten (41). Die Kamera springt nicht zwischen ihn und Jeanne, schaut von außen auf beide, beobachtet nur, zeigt sie aber deutlich näher und man darf dies getrost als einen Sympathiebeweis werten. Diese Auflösung, in Profi-

443 Vgl. Schrader (1972): Transcendental Style in Film: Ozu, Bresson, Dreyer. S. 123. Oder: Polak: La Passion, S. 24–25.

444 Vgl. Neergard (1950). S. 21.

Bild 6-36 bis 6-43

ligen zu erzählen, gab es schon in Die Liebe der Jeanne Ney. Dort, um mehr Umfeld zeigen zu können, hier dagegen, um einen objektiven Blick auf die beiden zu werfen und eine größere Distanz trotz der physischen Nähe zwischen den Darstellern herzustellen. So geht die optische Auflösung dramaturgisch auf, denn würde die Kamera die beiden jeweils von vorne fotografieren, käme unweigerlich eine wie auch immer geartete Beziehung zwischen Loyseleur und Jeanne auf.

Er nickt gönnerhaft, sein Lächeln stirbt, er wendet den Kopf misstrauisch nach links und schaut über seine Schulter. Seine Subjektive auf die Tür in der Dekadrage (42) ähnelt der Einstellung bei seinem Eintreten (37), die Gittertür ist jetzt geschlossen, außen davor der Schreiber und zwei andere in Bewegung, alle würdigen der Zelle keinen Blick. Und wie bei einem Zwischentitel wird auch hier kurz in die vorherige Einstellung zurückgeschnitten, für zwei Sekunden, in denen Loyseleur beginnt, den Kopf wieder zurückzudrehen, und in dieser Bewegung kommt ein Schnitt in eine Nahe, *Cutting-on-action*. Aus heutiger Sicht erstaunt diese Akkuratesse, dass die Subjektive quasi gerahmt wird von zwei Nahen des schauenden Protagonisten, besonders, da mit Handlungsachsen wenig präzise gearbeitet wird. Vielleicht soll die folgende Einstellung deutlich abgesetzt, ihr eine Art »Auftritt« ermöglicht werden, denn sie bildet die Ouvertüre für das Ausspielen der Intrige.

Die Hänseleien der Landsknechte bieten Loyseleur die Chance, sich als edler Mensch zu inszenieren, nun kann er leichter auf dieser Grundlage Jeannes Vertrauen ergaunern. Steil blickt die Kamera von unten auf Loyseleur, scheint mit der Optik fast seine Brust zu berühren (43), während er die Kopfdrehung beendet und auf Jeanne hinab schaut. Ein mildes Lächeln aufsetzend, das Zynismus kaum unterdrücken kann. »Und kein Wort entblößt einen so tödlich-nackt wie ein Gesichtsausdruck.«[445] Dann verlässt er schnell das Bild nach links und Jeanne schaut ihm in ihrer bekannten Groß-Aufnahme mit einer kleinen Kopfdrehung noch nach.

Hier drängt sich tatsächlich der Gedanke auf, dass durch die Untersicht Macht, oder besser Arroganz, demonstriert werden soll. Das Schauspiel wetteifert mit dem Standpunkt und die Bedeutung wird nicht auf subtile Art aufgebaut, sondern das Bild schreit wie ein übergroßes Zeichen mit der Kraft eines Symbols. Damit wendet sich die Kadrage gegen die Inszenierung, denunziert das Spiel mehr als es zu stützen, liefert gar durch ein auf der Spitze stehendes Dreieck – es stammt von der selten sichtbaren Decke – eine gewisse

445 Balázs (2001) [1924]. S. 48.

Ironie, scheint es doch mit der Kappe oder Person verwurzelt zu sein. An Hörner mag man natürlich nicht glauben.

Bildgestaltung gegen Erzählung – der Urheber

Die Bildgestaltung wird zum Problem, wenn sie den vertrauten Blick verlässt, oder besser: wenn die Kadrage eine Auffälligkeit erzeugt. Bei den Extremen, zum Beispiel der Vogelperspektive, werden wir uns darüber leicht einigen können, aber der Bereich der Grenzfälle bleibt groß. Schon Anfang der 1910er Jahre werden Anschnitte ausgiebig diskutiert, wie nah und mit welcher Brennweite die Kamera rücken darf[446] und warum Personen überhaupt angeschnitten werden müssen. »Gesichtsausdruck – das scheint der vorherrschende Einfluss zu sein, bringt uns dieses unkünstlerische Ergebnis.«[447] Trotzdem verdrängen mit der Zeit nähere Einstellungen immer mehr die ganzfigürlichen, auch wenn H. F. Hoffman eine Bildkomposition mit abgeschnittenen Beinen für nicht komplett, nicht harmonisch hält, ihr fehlt etwas.

Die Passion der Jeanne d'Arc zeigt einige ungewöhnliche Kadragen und Bewegungen, bei denen sich die inhaltliche Korrespondenz zur Situation, Erzählung, Emotion oder Dramaturgie schwerlich erschließt und die ein erstaunliches, manchmal groteskes Eigenleben entwickeln. Es gibt auch das Gegenteil, wie gesehen, bei dem die Bildgestaltung penetrant auf die Aussage aufmerksam macht, ohne eine Zweideutigkeit zuzulassen. Manvell[448] sieht darin eine Furcht vor Langeweile, weil es keine dramatische Entwicklung, keine Geschichte zu erzählen gibt. Die Schönheit der Bilder wird zum Selbstzweck. Aber es bildet sich noch etwas anderes durch diese deutliche Bildsprache, nämlich ein Stil, eine optische Handschrift, und diese kennzeichnet sich durch die Abweichung vom Standard, so definiert es, grob gesagt, Peter Wollen,[449] wobei man sicher auch im penetranten Erfüllen einer Norm eine Handschrift erkennen kann. Um Missverständnisse zu vermeiden: Die Verwendung der Begriffe »Stil«, »Handschrift« oder auch der heute gerne benutzte »Look« geschieht von mir, wie auch in den Zitaten von Praktikern, umgangssprachlich und erhebt keinerlei Anspruch auf Wissenschaftlichkeit.

446 Vgl. Anon. (1911): Too Near the Camera. S. 633.
447 Hoffman (1912). [Übersetzung durch den Autor].
448 Vgl. Manvell (1950) [1928]. S. 338.
449 Vgl. Wollen (1969): Signs and Meaning in the Cinema. S. 163 f.

Wenn die Handschrift aber eher durch die Abweichung vom Gängigen definiert wird, also auch von dem, was zu sehen und interpretieren gelernt wurde, dann läuft diese neue Variation oder Kreation Gefahr als eine leere – hoffentlich wenigstens schöne – Hülle dazustehen, als dass sie helfen kann, den Film zu entschlüsseln. Dies wird nicht immer eindeutig zu bestimmen sein und viele Filme, die eine solche Ambition nach einem Stil haben, oszillieren zwischen diesen Antipoden von Inhalt und Form, und im besten Fall kommt es zu einer gekonnten Gradwanderung.

Zwischen Regisseuren und Kameraleuten besteht, oder sollte bestehen, ein beständiger Austausch über die Mächtigkeit filmsprachlicher Mittel. Dabei sind es nicht unbedingt die Bildgestalter, die nach mehr Aufmerksamkeit gieren. Curt Courant sieht die Geschichte im Vordergrund: »Die Fotografie sollte dem Inhalt Nachdruck verleihen, nicht davon ablenken. Selbstsüchtige Fotografie ist wie Over-Acting. Die Schönheit der Kameraarbeit muss sich mit der Grundstimmung der Geschichte decken. [...] Das normale Publikum sollte sich der Kamera nie bewusst werden.«[450] Paul Rotha warnt gar, dass eine schöne Fotografie eine Bedrohung für den Film sein kann.[451] Jahre später erklärt er dies so:

> Ein herausragendes Beispiel für bildhafte Absicht liefert beispielsweise der überaus bemerkenswerte Film Carl Dreyers DIE PASSION DER JEANNE D'ARC, bei dem die große Schönheit des einzelnen sichtbaren Bildes den filmischen Wert der Produktion zerstört. Jede Einstellung dieses außergewöhnlichen Films war so bewundernswert gestaltet, so ausgewogen in der Linienführung und Verteilung der Flächen, so reduziert im Detail, dass es des Zuschauers vorrangiger Wunsch war, jede einzelne projizierte Einstellung herunter zu reißen und an die eigene Schlafzimmerwand zu hängen. Dies ist das direkte Gegenteil des grundlegenden Ziels des Kinos, bei dem jedes einzelne Bild für sich genommen belanglos ist, aber Teil eines geschlossenen vibrierenden Gefüges.[452]

Unklar bleibt bei dieser Sichtweise, was diesen Film trotzdem »außergewöhnlich« macht, hoffentlich nicht die den filmischen Wert zerstörende Fotografie. Igor Oberberg, der 1932 als Assistent von Fritz Arno Wagner beginnt und in den 1940er und 1950er Jahren zu einem der wichtigsten

450 Courant (1987) [1935]: The Function of the Cameraman. S. 84 [Übersetzung durch den Autor].

451 Vgl. Rotha (1933): Celluloid: The Film To-Day. S. 199.

452 Rotha (1930). S. 301 [Übersetzung durch den Autor].

Kameramänner in Deutschland wird, argumentiert schlüssig, sieht seine Arbeit auch selbstkritisch:

> Ich habe immer dramaturgisch und in Bildern gedacht, das war mein Fehler. Innerhalb der Filmbranche habe ich mir den Beruf des Kameramanns ausgesucht, weil ich besessen war von der Arbeit. Ich kämpfte um jedes Bild, das war falsch, das Bild ist nicht alles. Das ursprünglichste ist das Buch. Zu einem schlechten Buch können Sie gute oder schlechte Bilder machen, der Film wird nicht besser.
>
> Oft habe ich mit List und Tücke fantastische Bilder durchgesetzt, aber die passten gar nicht in die allgemeine Arbeit. Dabei habe ich andere unterdrückt, das gebe ich zu. Mit der Zeit habe ich das verstanden. Früher war das Bild für mich alles, aber das ist nicht der Fall und darf es auch nicht sein.[453]

Das Bemerkenswerte an PASSION DE JEANNE D'ARC wird nicht »durch« dessen Fotografie erstellt oder verbaut, sondern »mit« dieser. Eine aus vielen Überlegungen gespeiste Erzählstrategie erzeugt eher einen Konzept-Film als einen Film schöner Bilder. Und das Faszinosum liegt weniger in der Gestaltung der Kadragen als im Ausdruck des penetrant groß abgebildeten Gesichts.

Was in unserer Betrachtung bei METROPOLIS seinen Anfang nahm, die Entdeckung des Filmbildes, erreicht in DIE LIEBE DER JEANNE NEY durch seine Beiläufigkeit und hier in der PASSION durch seine Konzentration auf das Wesentliche einen vorläufigen Höhepunkt. Die Einstellungen sind gedreht für die Montage und eben nicht für die Schlafzimmerwand. Die Stärke der Bilder liegt in ihrer Ausdruckskraft, ihrer Emotionalität und nicht in der Bildgestaltung. Ich will dies nicht auseinanderdividieren. Die sinnvolle und ästhetische Komposition entsteht nicht aus sich selbst heraus, wie vielleicht in der Malerei, sondern durch den Zusammenhang im Fluss der Bilder. Wenn in diesem Buch dem Anfang jeden Kapitels eines Films ein Standbild vorangestellt ist, das »Bild 1«, so erhoffe ich – bei aller Qualität dieses Kaders –, dass sich erst durch den Zusammenhang seine volle Kraft erschließt, dass die Einstellung im Laufbild und der Montage zu einem Mehr wird.

Dreyer äußert sich zur optischen Arbeit in einem Zusatz zu Kjeld Abells[454] Anmerkungen zu Filmtechnik und Drehbuch. Dreyer hält einen Ko-Autor beim Drehbuch (*screenplay*) für möglich, reklamiert für sich aber die alleinige Arbeit am optischen Drehbuch (*shooting script*), also einem für das Drehen

453 Oberberg: Gespräch am 4. Februar 1983 bei ihm zu Hause in Berlin. Tonbandprotokoll.

454 Dänischer Dramatiker (*1901. †1961), der auch Drehbücher schrieb.

eingerichteten Buch, unterteilt in Einstellungen. »[Der Regisseur] muss die Bilder ›sehen‹, nicht nur die einzelnen Bilder ›sehen‹, sondern auch in ihrer Wechselwirkung und Reihenfolge ›sehen‹. Er ist es, der durch Auswahl und Verzahnung der Motive den Rhythmus des Films schafft. Die Gestaltung des Drehbuchs ist deshalb des Regisseurs rechtmäßige Arbeit.«[455] Für Dreyer verbindet sich die Abfolge der Bilder untrennbar mit der Regiearbeit. Bei JEANNE D'ARC sieht er die optische Arbeit vom Originalprotokoll abgeleitet und betrachtet die Großaufnahmen als logische Konsequenz des offiziellen Berichts.

> Da war, um damit anzufangen, diese Verhandlung, mit ihrer Abfolge, ihrer eigenen Technik und diese Technik ist es, die ich auf den Film zu übertragen versuchte. Es gab Fragen, es gab Antworten – sehr kurz, sehr prägnant. Somit gab es keine andere Lösung als in Großaufnahmen aufzulösen. Jede Frage, jede Antwort forderte ganz natürlich nach einer Großaufnahme.[456]

Und Maté ergänzt: »Alles Neuartige in der technischen und künstlerischen Behandlung des Themas ergab sich damit von selbst. Der Film mußte in seinem größten Teil eine genau berechnete Folge von Großaufnahmen werden, da das Gesicht die seelischen Regungen des Menschen nun mal am besten widerspiegelt.«[457]

Dreyer entscheidet sich für eine bestimmte optische Auflösung, die weitgehend seiner Intuition entstammt, einer Interpretation der Vorlage, die nachvollziehbar auftritt, aber durch eine andere Person, wie bei jedem künstlerischen Prozess, anders gesehen werden könnte. Und noch etwas wird deutlich, dass Dreyer mit »composing the picture« mehr die Reihung und Montage der Filmbilder meint als die konkrete Bildgestaltung, das Kadrieren. Der Regisseur will sich »ein Bild machen«. Dieses Missverständnis schwebt über mancher Äußerung von Regisseuren, wenn sie über Bilder sprechen und Kameraleute sich in ihrem Gestaltungswillen beschnitten fühlen. So ist auch jeder Blick durch die Kamera weniger Kontrolle der Kadrage als vielmehr notwendige Vergegenwärtigung der eigenen Regiearbeit.

Klarheit schafft ein Blick auf einen Artikel über einen veröffentlichten Manuskriptabschnitt – Johannas erster Auftritt –, und zwar, dass zur Verwunderung der Zeitschriftenredaktion der *Filmtechnik* die Autoren Dreyer

455 In: *BT*, 26.1.1939. Zitiert nach Skoller (1973). S. 95–96 [Übersetzung durch den Autor].

456 Dreyer (1966). S. 145 [Übersetzung durch den Autor].

457 Maté (1929). S. 4.

und Delteil »unter Vernachlässigung aller filmtechnischen Konventionen eine rein novellistische Darstellungsform gewählt haben, die den entscheidenden Wert auf Herausarbeitung psychologisch-visueller Nuancen legt.«[458] Nicht einmal Einstellungsgrößen werden erwähnt oder umgangssprachlich als »distanziert« oder »nah« beschrieben. Selbst die Anmerkung »von welch grausiger unnahbarer Höhe alle [...] herabschauen« lässt sich nicht – wie wir es beim Thema Untersicht problematisiert haben – als Kameraposition interpretieren. Für das Licht gibt es nur ein »die frühe Sonne dringt durch die [...] Fenster«.

Bei kaum einer anderen Zusammenarbeit zwischen Regisseur und Kinematograf scheint die Arbeitsteilung so zum Greifen nahe: Dreyer entscheidet sich, weitgehend mit Großaufnahmen zu arbeiten, legt die Struktur fest, die die Raumorientierung an die Aktanfänge stellt, formuliert Lichtsituationen und inszeniert die Schauspieler. Maté macht die konkrete Feinarbeit der Bildgestaltung, also Anschnitt, Diagonale, Lichtführung, stimmt die vielen kleinen und großen Alternativen ab, die dem fertigen Bild oft im Nachhinein nicht mehr zu entlocken sind, die aber seine Faszination ausmachen und den optischen Stil erst kenntlich machen. Es ist kein starres System, Fahrten müssen abgesprochen werden, Kamerastandpunkte und vieles mehr. Dieser überaus kommunikative Prozess besteht nicht nur zwischen Dreyer und Maté, auch der Architekt Warm ist eingebunden und Maté erwähnt dabei auch ausdrücklich Maria Falconetti bei der »ständigen intensiven Zusammenarbeit aller Mitwirkenden«[459].

Die Kunstgeschichtsforschung kann in der Malerei kleinste formale Nuancen schildern, um der Kreativität eines Bildwerks auf die Spur zu kommen, um es stilistisch einzuordnen, wohingegen bei der Filmbetrachtung ein grobes »Untersicht« oder »Großaufnahme« den Zauber eines Bildes beschreiben soll. Für Josef von Sternberg verursacht einen auffälligen »Unterschied zwischen dem Bild eines Malers und der Leinwand des Regisseurs [...] die Länge der Zeit, in der das Bild sichtbar bleibt«.[460]

Handlung und Spiel der Schauspieler sind zu mächtig, nicht auf die statische Haltung in einem Gemälde geronnen, um sich als Kadrage mit seinem Bewegungsablauf dagegen oder als Partner bemerkbar machen zu können. Das Standbild provoziert die Wahrnehmung der Gestaltung, das Laufbild verwischt sie. Der russische Stummfilm zollt diesem Effekt Tribut, schafft

458 Dreyer; Delteil (1929): Johanna wird verhört. S. 102.
459 Maté (1929). S. 4.
460 Sternberg (1991). S. 342.

eine grafische Struktur und lässt die Kamera unbewegt. Die Urheberschaft eines Filmbildes bleibt fraglich, weil der Entstehungsprozess intransparent erscheint, und so kann die Betrachtung eines Filmbildes keine vergleichbare Bedeutung gewinnen wie die der Inhaltsanalyse.

Bevor wir uns einige der auffälligen Kadragen anschauen, betrachten wir zunächst die Nah- und Groß-Einstellungen Jeannes, die meist dezent und bar jeder Künstlichkeit auftreten. Ihr Ausdruck erzählt, Intensität und Eindringlichkeit machen den Gegenschuss oft überflüssig. Das Suchen ihrer Augen erschließt mehr Raum als die anschließende Subjektive. Falconettis Spiel und Erscheinung machen jede Überlegung zur Bildgestaltung obsolet.

Das, was die Einstellungen so provokant macht, ist nicht das, was wir sehen, sondern das, was nicht gezeigt wird: der Raum. Nicht, dass die Kadrage etwas ausschließen würde, man vermisst nichts, der Bildrahmen wird nicht zum Ausschlusskriterium. Aber die Abwesenheit führt demonstrativ vor, dass es »das Königsrecht des souveränen Künstlers [ist], die Grenzen seiner Bildräume zu bestimmen.«[461] So wird die Erzählung des Films der Mimik überlassen, und das ist zu dieser Zeit das Ungeheuerliche.

Diese optische Loslösung verstärkt sich durch die Stimmlosigkeit der Protagonisten zu einer soghaften Intensität. Denn trotz einiger Zwischentitel übernimmt die Sprache nicht die beruhigende Begleitung des Geschehens. Auf diesem Höhepunkt der Stummfilm-Ära wird die Stummheit zur Beklemmung.

Die immer wieder auftauchenden exzentrischen Einstellungen scheinen aus dem erzählerischen Zusammenhang gerissen, den es aber kaum gibt. Der Film widmet sich nicht der wohlvertrauten Antwort auf die Frage, ob Jeanne am Ende verbrannt wird. Die Handlung kreist immer um das gewünschte Eingeständnis, dass eine Unschuldige sich als Schuldige bezichtigt, Gottes Bevorzugung erlogen zu haben. Psychologischer Kampf steht gegen Wahrhaftigkeit des Glaubens. Diese Endlosschleife sucht den Fehltritt, die juristisch und theologisch verwertbare Aussage. Dreyer setzt dem nicht ein Menschenschicksal entgegen, sondern die Menschenwürde Jeannes.

Aus der Mischung bildnerischer Standards und Auffälligkeiten, die sich zum einen gegen die dramaturgische Interpretierbarkeit der Kadragen stellen, zum anderen sich ihr unterwerfen, entsteht eine formal überraschende Geschlossenheit. Die Deutbarkeit eines Bildes wird überlagert durch Stilwillen und bildet Dreyers und Matés Erzähltechnik. In diesen Nicht-Ablauf,

461 Tauber (2018): Die Wacht am Rand. S. N3.

in diese Zustandsbeschreibung, werden Einstellungen montiert, die aus nichts rausfallen können, weil es kein Kontinuum gibt. Es ist ein leichtes, eine Konnotation in ein Filmbild zu interpretieren, solange der Handlungsfaden stimmt. Fehlt er, ist dies kaum möglich.

Die zerstörerische Kraft des schönen Bildes

Wenden wir uns den Bedenken zu, dass die Ästhetik einzelner Einstellungen die Handlung, gar den Film, zerstört. Unser erstes Beispielbild (44) ist die dritte Einstellung nach dem Prolog. Massieu macht in einer Halbnahen wartend eine kleine Drehung nach links, die Kamera nutzt dies zur Gegenbewegung und schwenkt dadurch rechts eine zweite Lanze ins Bild. Im selben Augenblick betritt Jeanne von rechts die Kadrage, sogleich den Blick nach links oben richtend. Das deckt sich nicht mit der Blickrichtung Massieus, wir können aber davon ausgehen, dass beide zum Vorsitzenden Pierre Cauchon schauen sollen, auf den auch sofort in eine Amerikanische geschnitten wird. Dieser erste Auftritt Jeannes im Film ist auch die erste Dekadrage. Unauffälliger, beiläufiger kann man den Auftritt der Hauptdarstellerin kaum gestalten, aber es entspricht auch ihrer Rolle im Prozess, Nebendarstellerin zu sein für eine große Selbstinszenierung der Mächtigen. Die Kadrage und dieser kleine Korrekturschwenk verstärken die Intention von Dramaturgie und Inszenierung. Ständig wechseln die Bilder zwischen dem Anliegen des Prozesses, Jeanne klein zu machen, sie zu zerstören, und der Ambition des Films, ihr ihre Würde zu geben und ihren Glauben zu idealisieren. Will man sie bei diesem ersten Auftritt unscheinbar machen, dann ist viel Luft über den Köpfen, besonders wenn es durch ein Fenster und zwei Lanzenspitzen motiviert erscheint, ein gängiges Gestaltungsprinzip des Stummfilms, des 4:3-Formats. Die Kadrage richtet sich nach der Architektur und den Accessoires aus und schafft dadurch eine Beiläufigkeit für das Spiel der Protagonisten. Das Gesamtbild wird arrangiert, nicht die Abbildung einer Person. Der Kopf liegt dann meist auf Höhe der waagrechten Bildmittellinie, die aber selbst vom größeren Massieu nicht erreicht wird, und Jeanne wirkt wie an den unteren Bildrand geklebt, ihre Augen noch unterhalb der Drittellinie. Die Kamera steht in etwa auf ihrer Augenhöhe, ein wenig nach oben gekippt, und lässt die Personen noch unbedeutender gegenüber dem Raum erscheinen.

Wie trügerisch eine solche Interpretation sein kann, wird keine 20 Sekunden später demonstriert mit dem Blick auf die Richterbank, bei der Cauchons Augen ebenfalls etwa auf der Drittellinie liegen, der Kamerastandpunkt auch nur knapp unter Augenhöhe (45). Doch hier mag sich keine Unterlegenheit einstellen, die großen Fenster geben dem Bild fast etwas Mondänes, gäbe es nicht die ironische Größenstaffelung, die eine Gegendiagonale zu den Richterköpfen schafft und eine Fritz-Lang'sche-Symmetrie verhindert. Auch hier greift die schnelle Bedeutungssuche nicht, wir werden zum Zuschauen gezwungen, zum Akzeptieren einer besonderen Filmsprache. Die obige Interpretation muss deshalb nicht falsch sein, aber das Bild, oder besser: die Montage, der Film, zeigen mehr, will die Bilder unmittelbar erfahrbar machen, nicht reduzieren auf eine Wortbedeutung.

Als drittes Beispiel dient nun endlich eine Aufsicht auf Jeanne (46), so steil, dass es schwerfällt, die Einstellungsgröße zu bestimmen, nennen wir es eine Großaufnahme. Zehn Filmminuten sind vergangen bis zu dieser ersten extremen und scheinbar völlig aus der Mise-en-scène herausgerissenen Aufsicht auf Jeanne. Beaupères Gesicht verfinsterte sich zuvor, weil sie nicht in seine Falle getappt war, ob Gott die Engländer liebe oder hasse. Dann diese Vogelperspektive, nur ein Auge ist erahnbar, ihre Mimik nicht deutbar. Aber sie wisse, dass die Engländer vertrieben werden, so der Zwischentitel, der wie üblich von der vorherigen Aufsicht eingefasst wird. Dann als ungewöhnliche Schuss-Gegenschuss-Form eine gängige Groß-Einstellung des Earls, leicht untersichtig, Profil, starr geradeaus schauend, ein bewegungsloses Schlucken ob dieser Bemerkung (47). Sofort wieder zurück auf Jeanne, die überraschenderweise den Kopf nach links Richtung Kamera gedreht hat und mit den Augen an der oberen Bildkante entlang nach rechts wandert. Der Earl bleibt unbeeindruckt in seiner Blickrichtung und so kann sich ihr Blick wieder nach vorne auf den Richtertisch konzentrieren. Dass Neergaard sie von der Position des obersten Richters fotografiert wähnt, ist für mich nicht nachvollziehbar, eher vermute ich, dass er diesen mit dem englischen Beobachter, dem Earl, verwechselt hat.[462]

Bei DIE LIEBE DER JEANNE NEY hatten wir schon eine solche Montageform bemerkt – eine Subjektive vorweg zu zeigen und sie erst durch den danach folgenden Blick des Protagonisten als Subjektive auszuweisen. Doch hier gerät die Sache komplizierter, Jeannes Einstellung – und jetzt ist wieder Jeanne d'Arc gemeint – erweist sich als vieldeutig, zum einen überträgt sich die Irritation über den Standpunkt auf die Aussage, die sie macht. Jeanne erscheint klein, fast als Lügnerin überführt, verbirgt uns ihren Gesichtsausdruck und ihre Augen. So direkt soll dies wohl nicht gelesen werden, deshalb

462 Vgl. Neergaard (1950). S. 25.

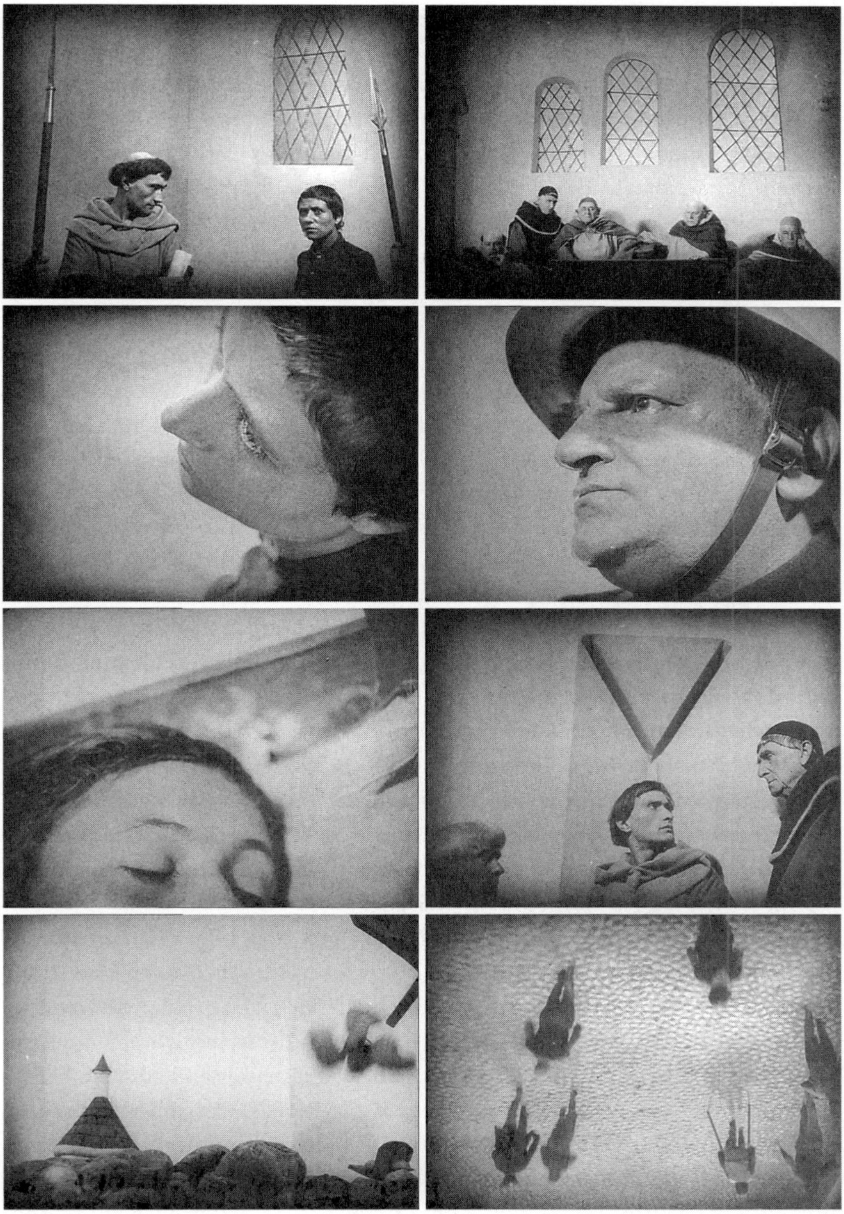

Bild 6-44 bis 6-51

möchte das Bild zum anderen uns glauben machen, eine Subjektive der Earls zu sein. Aber erst danach, durch die Kopfwendung zur Kamera, wird die Syntax zum Earl hergestellt, weist die Einstellung des Earls als ihre Subjektive auf und legitimiert nicht die Vogelperspektive auf Jeanne. Diese Verwirrung, dass der Schauende gar nicht schaut, die Kamera also etwas antizipiert, was es nicht gibt, löst die Bildsprache aus dem Kontext der Erzählung. Nichts zählt mehr: Wo die beiden stehen, wieso Jeanne so steil nach oben schauen muss. Die Mise-en-scène ist aufgelöst und die räumliche Zuordnung wird nicht präsentiert. Wir kennen zwar den Schauplatz, haben Säulen und Fenster gesehen, aber wo genau Jeanne und der Earl stehen, können wir nicht bestimmen. Der Zuschauer muss loslassen, und so befreit kann nun die Kamera Bilder generieren, wie sie für die Mimik gebraucht werden. Die Erzählung ist einzig den Bildern und der Montage überlassen. Doch soll hier kein distanzierendes grafisches Gebilde entstehen wie in russischen Filmen, sondern Unmittelbarkeit und Emotion.

Zwischen den nächsten beiden Beispielen besteht zwar ein situativer Zusammenhang, sie folgen aber nicht unmittelbar aufeinander. Nachdem Jeanne in der Folterkammer zusammengebrochen ist, wird sie in ihre Zelle zurückgebracht und man ist sich einig, dass eine Folter zwecklos wäre. Nun kommt es zu einem emsigen Treiben in der Zelle. Während Jeanne besinnungslos auf ihrer Pritsche liegt (48), sorgt sich der Earl, dass statt auf dem Scheiterhaufen zu enden, sie eines natürlichen Todes sterben könnte. Das weitere Geschehen um sie herum wird neutral aus Augenhöhe fotografiert, wobei Jeanne nicht ins Bild kommt. Erst wenn Loyseleur Massieu auffordert, die Sakramente zu holen, steht die Kamera wieder extrem tief, so als wäre es eine Subjektive Jeannes (49), die aber, wie der nächste Schnitt zeigt, mit geschlossenen Augen immer noch deliriert.

Nur einen Ausschnitt des Gesichts zu zeigen, das gibt es an mehreren Stellen des Films, aber dieser Anschnitt direkt unter den Augen und dafür viel Luft über dem Kopf mit der stark abfallenden Diagonalen ist auch in JEANNE D'ARC ungewöhnlich. Ebenso die Dreier-Einstellung von Loyseleur, Massieu und dem noch links unten in die Ecke gequetschten Ladvenu. Dabei überrascht weniger die Kadrage als dieses dreieckige Monstrum in dem sonst detailarmen Dekor über Massieus Kopf. Wie ein Symbol der Trinität weist es bedrohlich auf den jungen Mönch, geheimnisvoll wie zuvor auch schon ein ähnliches Muster hinter dem Kopf Loyseleurs (43). Hier wird ein mythologischer Stil der Uninterpretierbarkeit geprägt, der beständig zwischen konnotativen und formalistischen Bildern changiert und somit jeden Deutungsversuch aufweicht. Veräußerlicht die Dekadrage Jeannes ihre Gefühle, bedeutet uns das riesige Dreieck über Massieu seinen Glauben an die Auferstehung, zu deren Ritual er die Sakramente holen soll, muss dann auch das verzogene und von Loyseleur fast verdeckte Dreieck als Heuchelei des Richters verstanden werden? Zu direkt sind solche Lesarten, um glaubhaft zu sein. Dreyer will nicht die Interpretation, die Deutung, er will die unmittelbare Erfahrung. »Was mich interessiert – und dies kommt vor der Technik – ist, die Gefühle der Charaktere in meinen Filmen wiederzugeben [...] Wichtig ist für mich, nicht nur die gesprochenen Wörter einzufangen, sondern auch die Gedanken hinter diesen Worten.«[463]

Noch zwei Beispiele ohne direkte Einbindung in den Handlungsablauf seien erwähnt, also Bilder, auf die man auch verzichten könnte, ohne die Verständlichkeit des Films aufs Spiel zu setzen. Jeanne hat ihre Aussage widerrufen, nicht von Gott beauftragt worden zu sein. Sie will nicht Gott verleugnen, um ihr Leben zu retten. Mit diesem Beharren auf den Gottesauftrag spricht sie ihr Todesurteil und Richter und Mönche wirken eher beeindruckt, mitfühlend und betrübt, nicht triumphierend, dass sie am Ziel sind. Der nächste Schnitt führt nach außen. Ein heller Himmel, so unstrukturiert wie die Wände, von denen eine das rechte Drittel beherrscht, am unteren Rand ein schmales Band aus groben Steinen, die nicht einmal das untere Viertel des Bildes bedecken (50). Rechts vor der Wand taucht immer wieder ein Kopf, bedeckt mit einem englischen Helm, auf, eine Kiepe tragend mit eben diesen groben Steinen, und im gleichen Rhythmus tauchen rechts oben diese Kiepen auf und entleeren die Steine zu den anderen. Ein Scheiterhaufen entsteht. Aber warum wird dieser Vorgang so gezeigt, dass man ihn kaum erkennen kann? Plausibel erscheint mir, dass die eigentliche Aussage dieses Bildes nicht zu penetrant in den Vordergrund treten soll. Denn auf der linken Seite überragt die Spitze eines Kirchturms gerade noch das Steinmeer, droht das Kirchensymbol im Scheiterhaufen unterzugehen. Hier kann man der Interpretation freien Lauf lassen. Dadurch, dass das Steinabladen gerade noch ins Bild genommen wird, wird die Aufmerksamkeit weg vom Kirchturm mit seiner überlauten Behauptung auf den rechten Bildrand gezogen. Doch lässt sich die Begründung nicht so eindeutig bestimmen, ob diese Aktion am Rande ablenken oder dezent ergänzen soll. Übrig bleibt eine auffällige Kadrage, die die Metapher einer versinkenden Kirche kaschiert und dieses Bildnis vielleicht nur so in seiner Direktheit erträglich macht.

463 Dreyer (1966). S. 142 [Übersetzung durch den Autor].

Die größte Aufmerksamkeit dürfte unser letztes Beispiel anziehen: Die Einstellung beginnt aufrechtstehend und stürzt mit der Schwenkbewegung kopfüber (51). Für das Ende dieser komplizierten Kamerabewegung wird ein spezielles Kamerastativ benötigt, bei der die Kamera nicht oben auf dem Kopf sitzt, sondern quasi in einer Wippe festverankert liegt, wobei diese es ermöglicht, die Kamera um die waagrechte Achse zu drehen. Die Abbildung zeigt eine aufwendige moderne Version, bei der mit Elektromotoren die Kamera, die der Abbildung fehlt, bewegt wird. Da der Drehpunkt oberhalb der Kamera liegt, kann sie frei bis zum Kopfstand durchgeschwenkt werden.

Die Macher sind offensichtlich so fasziniert vom umgekehrten Bild, dass es gleich drei Mal mit unterschiedlichem Inhalt eingeschnitten wird. Die Aussage dürfte eindeutig sein, Jeanne wird verbrannt und die Welt steht Kopf. Auch hier bleibt die Frage, ob die Kameraarbeit mit einer so deutlichen Einstellung der Aussage dient.

Um dieses Wechselspiel von Form und Inhalt zu verstehen, möchte ich ein Beispiel aus der jüngeren Filmgeschichte anführen. Lars von Trier wählt für BREAKING THE WAVES[464] eine überaus auffällige und in der damaligen Zeit höchst umstrittene Visualisierung: Seine schwülstige Herzschmerz-Geschichte lässt er von einer sehr flatterigen Handkamera fotografieren, die den Zuschauern keine Ruhe gönnt, bei einigen sogar starkes Unwohlsein erzeugt. Der Operator der Kamera fehlt bei den Proben, sieht die Inszenierung erst während des Drehens und reagiert auf spontane Anweisungen des Regisseurs. Immer wieder schwenkt die Kamera unmotiviert von den Darstellern weg

464 Dänemark u.a. 1996. Regie: Lars von Trier. Kamera: Robby Müller.

und verhindert dadurch jede Kontemplation. Aber genau diese Art der ständigen optischen Verunsicherung macht auf die schlichte Geschichte neugierig, die mit einer ruhigen optischen Erzählweise vielleicht nahe am Kitsch gewesen wäre. Hier wird bewusst die Kameraarbeit vor den Film gestellt, um ihn zu bedienen. Die beiden Dänen ästhetisch nah beieinander zu wähnen, soll aber nicht unterstellt werden.

Das ungeschminkte Antlitz

Zurück zur Szene: Nachdem Loyseleur die starke Untersicht verlassen hat (43) und Jeanne ihn in ihrer Großaufnahme mit dem Blick verfolgt (40), beginnt nun das Intrigenspiel. Der Auftakt könnte symbolischer nicht sein. Wir sehen wieder die erste Einstellung des auf den Boden projizierten Kreuzes (24), die Füße des Richters kommen ins Bild und laufen achtlos darüber (52). Sofort sind wir bei Jeanne (wie 40), die dies nicht sieht, ihr Blick haftet weiter an dem durch den Raum gehenden Geistlichen. Er ist nun am Eingang angekommen und schaut mit gütigem Ausdruck zu ihr runter, die Kamera fast so tief wie zuvor, aber nicht ganz so nah (53). Einmal noch kurz auf Jeanne, dann wird in seine Einstellung ein Zwischentitel geschnitten, in dem er großes Mitleid mit ihr bekundet. Dies scheint sie zu beruhigen, die Kamera ist ein wenig nach hinten gerückt, aber weiterhin tief, so passen ihre Finger in die Kadrage und sie kann den wiedergewonnenen Ring mit Dankbarkeit aufstecken (54). Beim Schnitt auf Loyseleur wirkt dieser beängstigt, jemand könne zuhören, wohl nicht aus schlechtem Gewissen, sondern aus Sorge, im Wettlauf um Jeannes Geständnis nicht als Sieger hervorzugehen. Sofort der Schnitt auf die verschlossene Tür in der Dekadrage (42), und tatsächlich nähert sich Cauchon dem Gitter und verschwindet gleich nach rechts hinter der Wand. Aber die Kamera lässt nicht locker, folgt seinem vermuteten Gang über die kahle Wand und fährt auf ein schießschartenartiges Fenster zu, hinter dem Cauchon auftaucht. Leider entzaubert die Fahrt die Dekadrage zu Beginn, weil nun offensichtlich wird, dass sich die Bildgestaltung am Anfang schon nach dem Endbild ausrichtet, um während der Fahrt nicht korrigiert werden zu müssen. Die schmale Öffnung lässt Cauchon nur durch seine übergroße Warze auf der Stirn identifizieren (56).

Warzen oder andere Unreinheiten zu zeigen, wird damals verpönt und scheint kaum möglich, sind doch die Gesichter unter einer dicken Schminke verborgen, die die Mängel des unsensibilisierten oder orthochromatischen Filmmaterials auffangen muss. Mit dem neuen panchromatischen Material wird nun Schminke nicht mehr zur tonwertrichtigen Abbildung benötigt, sondern nur noch, um im ästhetischen Sinne zu schönen. Die Sensibilisierung der neuen Emulsion reicht weitgehend über den gesamten Spektralbereich des sichtbaren Lichts und zeigt zum menschlichen Auge nur noch eine kaum unterschiedliche Farbempfindlichkeit, die durch Filter angeglichen werden kann. Hauttöne, selbst Lippen erscheinen nun auch ohne Schminke in den realen Grauwerten. Dies euphorisiert Dreyer und Maté offensichtlich so sehr, dass sie sich für das sich nun langsam auf dem Markt durchsetzende panchromatische Filmmaterial entscheiden und ganz auf Make-up verzichten, was in der Presse starke Beachtung findet.

Bereits 1922 erregt der im dokumentarischen Stil gedrehte NANOOK OF THE NORTH[465] auch durch die ungeschminkten Gesichter viel Aufsehen, und es folgen vereinzelt weitere Beispiele[466], aber der Einfluss auf das Film-Make-up hält sich in Grenzen. Ende der 1920er Jahre treibt das Maskenbild kaum vorstellbare Blüten. Ursprünglich war es mit dem Beginn des Films einfach vom Theater übernommen worden, ohne sich wesentlich – besonders ästhetisch – an das neue Medium anzugleichen. Man hat »bisher dieser Kunst der Gesichtsaufmachung viel zu wenig ernste Überlegungen geschenkt«, moniert V.A. Stewart als leitender Techniker der Fox bei einem Vortrag vor der Gesellschaft der Filmingenieure und führt eine Reihe grotesker, aber gängiger Beispiele an, die die teuren Aufnahmen ruinieren. Er fordert, »die Aufmachung des Gesichts muß so unauffällig, so unbemerkt wie nur irgend möglich sein.« Und der Referent dieses Vortrags ergänzt, dass dies nicht ein Verzicht auf Schminke bedeute, sondern, dass diese angepasst werden muss an »das Aussehen, wie es das gepflegte Kulturleben heute verlangt«[467]. In den USA scheinen diese Ermahnungen Früchte zu tragen, denn der Schauspieler Kurt Gerron merkt nach der Sichtung amerikanischer Filme an: »Was haben wir nun gesehen? Auf jeden Fall keine ›Maske‹, im Gegenteil: Menschen. Und man war reichlich erstaunt: ungeschminkte Menschen, die keineswegs immer schön waren und es ja Gottseidank auch nicht sein sollen.«[468]

Dreyer und Maté wollen das Gesicht neu entdecken, doch vermutlich geht es Dreyer nur um ein Gesicht, das von Maria Falconetti. Er bestellt sie zu Probeaufnahmen »with your face completely naked«. »Sie kam deshalb am nächsten Tag vorbereitet und bereitwillig. Sie trug kein Make-up, wir mach-

465 NANUK, DER ESKIMO. USA 1922. Regie, Buch, Kamera: Robert J. Flaherty.
466 Etwa OLD IRONSIDES. USA 1926. Regie: James Cruze. Kamera: Alfred Gilks.
467 Alle Zitate aus: Dr. K.W. (1929): Reform des Schminkens. S. 45–47.
468 Gerron (1927): Filmschminke.

Bild 6-52 bis 6-59

ten die Tests und ich fand in ihrem Gesicht genau das, wonach ich für Jean d'Arc gesucht hatte: eine bäuerliche Frau, sehr authentisch, die auch eine Frau war, die gelitten hatte.«[469] Und Maté: »Und da wir die ganze Handlung auf das menschliche Antlitz verlegt hatten, konnten wir keine puppenhaft zurecht geschminkten Gesichter gebrauchen und verzichteten daher vollständig auf Schminke, Puder und alle ähnlichen Theaterrequisiten.«[470]

Das machte am Anfang Schwierigkeiten, die ungeschminkten Gesichter und die »in synthetischem Weiß gehaltenen Dekorationen fielen zu ungleichmäßig aus, bis ich endlich ›den Dreh heraus hatte‹«[471]. Aber ich vermute keinen Realismus, Naturalismus oder gar Expressionismus, wie Paul Schrader[472], hinter dem Verzicht auf Make-up. Empathie – sowohl Mitleid als auch Angst – solle erzeugt werden.[473] Für mich sind neben dem Reiz des Neuen auch die Bedenken gegen puppenhaft geschminkte Gesichter nachvollziehbar: Die Glaubwürdigkeit Jeannes könnte leiden, wenn eine Heilige geschminkt verbrannt wird. Es passt keine Schminke zwischen Jeanne und ihren Gott.

Der Schnitt führt uns zurück zu Loyseleur, ohne zu verraten, ob er den Lauscher wahrgenommen hat (55). Der fragende Zwischentitel, ob sie die Unterschrift ihres Königs kenne, unterteilt die Einstellung. Als Antwort ringt sich Jeanne in der bekannten Einstellung, nur ohne ihre Finger, verwundert eine Kopfbewegung ab, die man mühsam als Nicken interpretieren könnte. Ihr fehlt jede große Geste. Auf jeden Fall wertet Loyseleur dies als Zustimmung mit dem Zwischentitel, dass er einen Brief von ihm für sie hätte, wie üblich eingerahmt von der identischen Einstellung. Kurze Nichtreaktion von Jeanne, dann holt er einen Brief aus seiner Kutte in der Halbnahen (53). Es folgt eine Detail-Einstellung von Cauchon, nur ein Auge und die Warze hinter dem schmalen Durchblick (56). Damit wird auch die Übergabe des Briefs ins Off gelegt. Jeanne zieht nun das Blatt in ihre vertraute Kadrage und schaut darauf (57). Sehr groß im Bild gefriert im Gegenschuss Loyseleur das Lächeln, an Stirn und Kinn geschnitten (58). Der Schuss-Gegenschuss geht weiter, Jeanne gesteht, nicht lesen zu können, das Auge Cauchons wird reaktionslos dazwischen geschnitten. Wenn Loyseleur vorliest, »An unsere geehrte und viel geliebte Jeanne«, steht die Kamera kurz so nah bei ihr wie zuvor bei Loyseleur und es gefällt ihr, was sie hört (59). Zu sehr scheint sie

469 Dreyer (1966). S. 143 [Übersetzung durch den Autor].
470 Maté (1929). S. 4.
471 Ebd.
472 Vgl. Schrader (1972). S. 122–123.
473 Vgl. Dreyer (1966).

dem noch nachzuhängen, als Loyseleur sich selbst als vertrauenswürdig preist, und so weist seine erneute Extrem-Große nur auf die Intrige.

Mit dem Ende des Vorlesens betreten die Richter nacheinander die Zelle und die Finte muss nun wirken. Dazwischen noch einmal eine vieldeutige Extrem-Große von Jeanne, umrandet wie viele Einstellungen zuvor mit einer schmalen Vignette, die wie ein Trauerflor kontrastiert zu ihrem unerforschbaren Blick (1).

Reduktion und Abstraktion

Für die Arbeit mit Licht sind die Voraussetzungen denkbar ungünstig. Nicht nur fehlen Maté ausreichende Erfahrungen mit dem neuen Material, die hellen Wände erschweren es, die Gesichter erkennbar zu halten und mit Kontrasten und einer dramaturgischen Lichtführung zu arbeiten. Harpole übersieht Maté und verweist auf Moden und die Dramaturgie: »Carl Dreyer gestaltete visuell in feinen Grauabstufungen zu einer Zeit, als die Kino-Technik gewöhnlich grelle Kontraste produzierte und seine eigene Thematik vom gegenseitig angefressenen Schwarz und Weiß des Guten und Bösen handelt.«[474] Dass Kontrast nur in Ausnahmefällen – gern wie in unserem Beispiel am Aktanfang – eingesetzt wird, liegt eher am Konzept des Films als an den Unzulänglichkeiten der Motive. Atmosphäre soll nicht bildnerisch erzeugt werden, Dramatik nur durch die Schauspieler und ihre Präsentation: Augenhöhe, Auf- oder Untersicht, En-face bis Profil im engen Bildausschnitt, raumlos, selten Bewegung.

Raumtiefe wird nicht nur durch fehlende distanzierte Einstellungen und mangelnde Unterstützung durch die Lichtführung verhindert, sondern zusätzlich durch Abwesenheit jeder Art von Strukturen, Maserungen oder Reliefs. Der Rembrandt-Schüler Samuel van Hoogstraten nennt dies »Kenntlichkeit«: »Ich sage darum, daß allein die Kenntlichkeit die Dinge nah erscheinen läßt, und dagegen die Gleichmäßigkeit die Dinge zurückweichen läßt [...]. Weder diese noch jene Farbe wird das von Euch gemalte Werk hervortreten oder zurückweichen lassen, sondern allein die Kenntlichkeit oder Unkenntlichkeit der Teile.«[475]

474 Harpole (1978): Gradients of Depth in the Cinema Image. S. 145 [Übersetzung durch den Autor].

475 Wetering (1991): Rembrandts Malweise. Technik im Dienst der Illusion. S. 33. Vermutlich zurückgehend auf da Vinci (1989) [1925]: *Traktat von der Malerei, 201. Regeln der Malerei.* S. 99. Vgl. Koerner (1998): Caspar David Friedrich. S. 204.

Die völlige Schmucklosigkeit bestimmt die Dekorationen. »Überall wurde ein Viel vermieden, um so sorgfältiger aber mußte das Wenige überlegt werden.«[476] Sie sollen authentisch erscheinen, nicht authentisch sein.[477] Der stabile Bau und die aufwendigen Außenfassaden verdeutlichen gleichzeitig ein Konzept der Reduktion, das sich durch den gesamten Film zieht. So existieren nur drei Innenmotive – die Kapelle, die Zelle und die Folterkammer.[478] Der gesamte Prozess scheint auf einen Tag ohne Nacht beschränkt zu sein, und die Inszenierung konzentriert sich auf die Hauptfigur. Die optische Auflösung kennt nur etablierende Halbtotalen und wechselt dann schnell in Nah- und Großaufnahmen. Weitgehend verzichtet die Kameraarbeit auf bildgestalterische Elemente wie Diagonale, Bewegung oder Raumtiefe, dafür setzt sie ungewöhnliche Standpunkte und Anschnitte ein. Die Lichtführung reduziert sich meist auf konturlose Helligkeit, die Architektur auf das unbefleckte Weiß. »Da Realismus selbst keine Kunst ist und andererseits Harmonie zwischen der Echtheit der Gefühle und der Echtheit der Dinge sein muss, versuche ich [Dreyer], die tatsächlichen Gegebenheiten in eine Form von Einfachheit und Verkürzung zu zwingen, um einen psychologischen Realismus zu erreichen, wie ich das nennen würde.«[479]

Trotzdem hat der Nachbau des Kastells von Rouen bei aller Schmucklosigkeit beeindruckende Ausmaße angenommen. Dreyer verteidigt sich gegen den Vorwurf, davon im Film zu wenig zu zeigen, mit dem Hinweis, der Bau soll atmosphärisch auf die Schauspieler wirken. Dies ist nachvollziehbar, da ich mich selbst bei einem längeren Dreh in einem im Studio nachgebauten Kloster der beeindruckenden Atmosphäre kaum entziehen konnte.[480] Wie weit dies allerdings bei durchgängig hellgelb[481] gemalten Wänden möglich ist, sei dahingestellt. Die Freibauten wurden noch farbiger angestrichen: »Nach einigen Versuchen habe ich eine dunkelrote und mit Blau beigemischte matte Ölfarbe gefunden, die bei der Wiedergabe der Aufnahmen den gleichen Helligkeitsgrad zeigte wie die Atelierbauten.«[482]

476 Warm (1929). S. 7.
477 Vgl. Drum; Drum (2000). S. 111.
478 Vgl. Goodman (1945): A Cinematographer Speaks. S. 132.
479 Skoller (1973). S. 145 [Übersetzung durch den Autor].
480 Vision – Aus dem Leben der Hildegard von Bingen. BR Deutschland 2008. Regie: Margarethe von Trotta. Kamera: Axel Block. Szenenbild: Heike Bauersfeld.
481 Vgl. Warm (1929). S. 6–7. Oder: Polak: La Passion, S. 26 (auch zu den anderen Punkten).
482 Warm (1929). S. 7.

Weiße Flächen zu brechen, bleibt bis heute technisch notwendig, um sie im Film strukturiert Weiß erscheinen zu lassen und um mehr Möglichkeiten für die Lichtführung zu schaffen. Ein helles Grau wäre auch möglich gewesen, aber in einer Zeit, in der man durch das neue panchromatische Material davon weg kam, Lippen nicht mehr blau zu schminken, damit sie nicht schwarz erscheinen, war vermutlich mit Farbe zu arbeiten naheliegend und wenig verwunderlich. Außerdem ist das Arbeiten mit Farben eingeübt, denn beim orthochromatischen Material werden Flächen, die weiß erscheinen sollen, oft pink oder gelb gestrichen, weil reines Weiß auf der Leinwand zu kontrastreich und unangenehm erscheinen würde.[483]

Schluss

Der Film Die Passion der Jeanne d'Arc lässt sich nicht auf ästhetische Interpretationsmuster festlegen, sie werden eher ad absurdum geführt. Kaum glaubt man, Abhängigkeiten zu erkennen, schon werden sie gebrochen. Unter einer groben Akt-Struktur werden episodenhafte Situationen gesammelt, die etwas erzählen und ein Ziel verfolgen, die Verurteilung. Doch dies wird nicht zum Anliegen des Films. Das Interesse Dreyers und Matés konzentriert sich auf die Hauptfigur, ihren Glauben, ihr Leiden, ihre Würde. So sind die Episoden nur Mittel zum Zweck, die Dramaturgie fungiert als ein spannungsloser Bogen der Ereignisse. Die Dramatik, die Kraft, die Emotionalität stecken in den Bildern.

Der Film reduziert sich auf diese kleinste Einheit Bild und feiert das Gesicht der Darsteller und seine Darstellung als alleinigen Träger des Ausdrucks, der Aussage. Spärlich werden filmische Mittel eingesetzt, um dem Schauspiel zu dienen, quasi als Verstärker der Intention. Das Gesicht wird zum Fetisch, von dem jede Halbtotale, jede Raumpräsentation, jeder Lichteffekt ablenken würde, und somit werden Abweichungen schnell als auffällig, die Erzählung hindernd, empfunden.

Diese radikale Reduktion entkleidet die Geschichte aller Nebensächlichkeiten und erzählerischer Reichtümer, wie einer charakterisierenden Nebenhandlung oder atmosphärischen Beschreibungen. Dadurch entsteht eine spröde Ausdrucksform, die aneckt und sich deutlich gegen gängige Lehrmeinungen stellt.

483 Vgl. Thompson (1985a). S. 283.

> Wenn wir eine linear erzählte Geschichte filmen, die keine künstlerischen Tricks braucht, um sie zu präsentieren, dann sollten wir keine ungewöhnlichen Blickpunkte einführen, um den Zuschauer zu verwirren und zu irritieren. Falls andererseits die Szene eine irreale, fantastische oder unheimliche Richtung nehmen soll, versetzen wir den Zuschauer durch merkwürdige und ungewöhnliche Kamerastandpunkte in diese Stimmung.[484]

Dreyer und Maté erzählen linear eine historisch belegte Geschichte und lassen diese durch die optische Gestaltung irreal erscheinen, oder besser: sie machen die Handlung zu einer irrealen und heben sie damit auf eine andere, qualitativ höhere Wahrnehmungsebene, die den Glauben an Gott transzendieren soll.

Der Plan, einen eigenen, unverwechselbaren Stil für diesen Film zu finden, gelingt und geht auf. Hier beginnen nun die Schwierigkeiten einer Einschätzung, ob die gestalterischen Mittel dem Film bei seiner Ausdruckskraft helfen oder sich deren Auffälligkeiten davorschieben, diese verhindern, als leere Hülle übrig bleiben. Betrachten wir zuerst die prägenden Gestaltungsmittel; sie zu ermitteln, erscheint einfach, wirken sie doch recht simpel: Reduktion der Einstellungsgrößen auf Nahe und Große, fast durchgängig Untersicht, Raumlosigkeit, kontrastloses Licht und als Gegenpol solitäre Kadragen, bei denen alles erlaubt scheint. Das alles gibt es bei einer Unzahl von Filmen: Die Wahl der Einstellungsgrößen wird stark reduziert, wenn auch nicht auf den Rand der Skala, sondern im Mittelbereich zwischen ganzer Figur und Halbnah bleiben, ohne dass dies auffällig wäre. Nicht erst heute ist es bei Kameraleuten beliebt, oft für den ganzen Film in die Untersicht zu gehen, weil es dynamischer wirkt, weil wir auch bei der Betrachtung der Leinwand von unten nach oben schauen; doch werden die Kadragen selten so extrem. Auch andere Filme zeigen wenig Raum, aber sie eliminieren ihn nicht, ihre Bild-Hintergründe wirken nicht flächig, unstrukturiert, ohne »Kenntlichkeit«. Und letztendlich wird ein kontrastloses diffuses Licht bei einem Film, der nur am Tag spielt, zu keiner Besonderheit, aber er begnügt sich auch damit.

Bei Jeanne d'Arc ist allen Phänomenen gemein, dass sie im Erzählfluss bleiben. Zwei Faktoren sind entscheidend, zum einen wird diese Beschränkung penibel umgesetzt, nur wenige Ausnahmen werden zugelassen, zum anderen steigert die Verquickung dieser Elemente die Radikalisierung der optischen Mittel.

484 Clarke (1964). S. 88 [Übersetzung durch den Autor].

Einen Gegenpol bilden die wenigen aus diesem Schema fallenden Kadragen, die frei durch den Film oszillieren und irritieren, weil sich ihre dramaturgische, erzählerische oder nur perspektive Eingliederung nicht erschließt, und so entsteht ein Zweifel an ihrer Sinnfälligkeit. Sie lenken den Blick mehr auf den Macher als auf das Gezeigte.

Doch die Kombination von ästhetischer Kargheit der Bildermasse und optischer Extravaganz der Einzelbilder bedingt sich gegenseitig, denn ohne diese hervorstechenden Bilder würde die radikale Reduktion zur Monotonie und eine Sammlung ausschließlicher Besonderheiten die Aussage in Originalität ersticken. Unprätentiöse Stilmittel bilden den Ausdruck puristischer Haltung, seltene aufwendige Kadragen oder Bewegungen verstellen durch Irritation nicht die Wahrnehmung, sondern provozieren sie.

Ob hier das richtige Maß gefunden wird, liegt in der Betrachtung jedes Einzelnen. Da Kunst kaum funktional gerät und schon gar nicht eindeutig, bleibt bei einer weniger religiösen Betrachtung eine faszinierende Darstellung von Glauben und Zweifeln, von Intrigen und Macht, von Einsamkeit und Verschwörung.

Bei JEANNE NEY wird die Beiläufigkeit der Bilder und damit ihre Glaubwürdigkeit durch eine präzise Bildgestaltung erreicht, bei JEANNE D'ARC durch ihr Fehlen, oder genauer: durch den Kontrast von einigen wenigen spektakulären Kadragen zur Masse der banalen. Variationen der Kadrage existieren fast nur in geringen Unterschieden der Einstellungsgrößen oder des Blickwinkels. JEANNE NEY schmückt sich mit ausgefallenen Bewegungen, JEANNE D'ARC mit irritierenden Kadragen wie zur Bereicherung der Filmsprache.

In METROPOLIS beginnt der Wandel des Tableaus zum Filmbild und demonstriert, dass das Filmbild der Montage, anderer Bilder bedarf. DIE PASSION DER JEANNE D'ARC geht nun den umgekehrten Weg. Aus Filmbildern, aus Kadragen, die für die Montage gedreht werden – Schuss-Gegenschuss-Einstellungen oder Subjektiven – werden eigenständige Abbildungen, die den Blick auf das Dargestellte konzentrieren: das Gesicht als Träger des Ausdrucks.

Selbst bei den vielen abenteuerlichen Geschichten um die Restaurierung von Stummfilmen sticht JEANNE D'ARC hervor. Auf Wunsch Matés sollen die Kopien bei der Ufa gezogen werden, doch verbrennt dort 1928 das noch unzensierte Original-Negativ, nicht aber die archivierten, ungenutzten Reste. Mit diesen rekonstruieren Dreyer und Marguerite Beaugé[485], die Cut-

485 Vgl. Drum; Drum (2000). S. 143. Auch:www.IMDb.com.

terin der ersten Fassung, den Film zu seiner Zufriedenheit. Doch auch diese Fassung verbrennt 1929, dieses Mal in Frankreich. Dreyer gibt auf, es bleiben einige wenige Kopien, die bis dahin gezogen wurden. Bei Gaumont wird 1951 eine dieser Kopien entdeckt. Zu einer Sensation kommt es 1984, als in einer Nervenheilanstalt in der Nähe von Oslo eine Kopie der ersten unzensierten Version mit dänischen Zwischentiteln gefunden wird. Gut erhalten, dient sie als Grundlage für die Restaurierung durch die Cinémathèque Française und das Danske Filmmuseum 1985[486].

486 Vgl. Drum; Drum (2000). S. 143. Polak: LA PASSION. S. 30. Vorspann der DVD von Gaumont. Wikipedia.

Regie: Josef von Sternberg. Bild: Günther Rittau. [Kleiner darunter, wie bei Assistenten üblich:] Hans Schneeberger. Frei nach dem Roman »Professor Unrat« von Heinrich Mann. Unter Mitwirkung des Autors für den Tonfilm geschrieben von Carl Zuckmayer und Karl Vollmöller. Drehbuch: Robert Liebmann. Bauten: Otto Hunte, Emil Hasler.

»›Wo haben Sie Kameraarbeit gelernt?‹ fragte ich. ›Kameraarbeit ist keine selbständige Kunst‹. ›Lichtgestaltung?‹ ›Ist keine selbständige Kunst.‹«[487]
(Kevin Brownlow interviewt Josef von Sternberg).

Ist Josef von Sternberg der eigentliche Kameramann des Blauen Engels? Eine auf den ersten Blick erstaunliche Frage, da der Vorspann Günther Rittau als Bildgestalter ausweist. Dennoch bleibt eine Ungewissheit bei vielen Äußerungen zu diesem Film. Sternberg interessiert sich ungewöhnlich stark

487 Brownlow (1997). S. 250.

für das Bild, konzentriert sich ganz auf die Kadrage und – für einen Regisseur unüblich – die Lichtführung. »Letztendlich war er einer von ganz wenigen Regisseuren, denen es erlaubt war, die Initialen *A. S. C. – American Society of Cinematographers*[488] – hinter ihre Namen zu setzen.«[489]

Günther Rittau scheint als Kameramann genau die richtige Wahl. Er hat bei mehreren Filmen neben berühmten Kollegen gearbeitet, weiß mit der Situation als zweiter Mann umzugehen und hat auch einige allein verantwortlich mit großer technischer und auch künstlerischer Qualifikation gedreht. Besonders ASPHALT[490] sticht fotografisch hervor, wird außerordentlich positiv besprochen und qualifiziert Rittau als einen der Besten. Vielleicht zählt als wichtigstes Argument für ihn seine Erfahrung beim ersten Ufa-Tonfilm MELODIE DES HERZENS[491]. Für Sternbergs Ansatz erweist sich Rittaus Denkweise als positive Ergänzung. Er ist eher ein Kopfmensch, »die Szene muß aus dem Geistigen entwickelt werden durch unser spezifisches Mittel, das Bild«[492]. Sein wissenschaftlich-technischer Hintergrund prägt seine Haltung zum Film. »Filmkunst ist für mich eine Mischung aus Symbolik und Wirklichkeit, erzeugt durch die Harmonie zwischen künstlerischer Gestaltungskraft und Technik.«[493]

Sternberg gewichtet konträr, akzeptiert die Technik nur als notwendiges Übel, überlässt sie lieber dem nominellen Kameramann und sieht das Primat bei der künstlerischen Arbeit. Rittaus Verpflichtung als »Bild-Kameramann«[494] wird in einer Ufa-Pressemitteilung eine Woche vor Drehbeginn bekannt gegeben[495].

Es gibt noch eine dritte Person im Team, der immer wieder professionelle Kenntnisse der Fotografie zugesprochenen werden und die später Ehrenmitglied in der Gewerkschaft für Beleuchter und Kameramänner Hollywoods wird, die zudem nach Mitarbeit bei immerhin 16 Stummfilmen und einem der ersten deutschen Tonfilme[496] nicht so unerfahren ist, wie gerne

488 Standesorganisation amerikanischer Kameraleute.
489 Brownlow (2014): Fotografisch denken. S. 55.
490 Deutschland 1929. R.: Joe May. Kamera: Günther Rittau.
491 Deutschland 1929. Regie: Hanns Schwarz. Kamera: Günther Rittau. (Assistent: Hans Schneeberger).
492 Anon. (1931): Der produktive Kameramann wird zum Mitschöpfer.
493 Treuner (1928).
494 Der Begriff Bild-Kameramann grenzt ab gegen den Ton-Mann, der das akustische Signal in ein optisches verwandelt. Ton-Kameramann ist Fritz Thiery.
495 Vgl. Sudendorf (2000): Chronik zur Entstehung des Films. S. 57.
496 ICH KÜSSE IHRE HAND, MADAME, 1929. Regie: Robert Land. Kamera: Carl Drews.

behauptet wird und wie sie ihren Wissensstand selbst formuliert, »ich hatte damals keine Ahnung«[497]: Marlene Dietrich. Drei Fachleute also mit unterschiedlichen Ambitionen – was wird davon zu sehen sein?

Wie die Produktion beginnt

Sternberg begreift den Film als ein Gesamtkunstwerk, einzig abhängig von einer einzelnen Person. Auch wenn die Mitarbeiter für Sternberg »nicht sein Talent«[498] haben, will er immer die besten[499]. Nun mag sein Selbstbewusstsein übersteigert sein – dazu gibt es viele, auch unschöne Anekdoten, u. a. von Eisenstein[500] –, aber sein häufig fast kindlich hartnäckiges Pochen darauf, der alleinige Künstler zu sein, sollte nicht darüber hinwegtäuschen, dass er Ideen und die Kreativität anderer sehr wohl aufzunehmen und sich zu eigen zu machen weiß. Harold Rosson[501] beschreibt, wie ihn Sternberg immer wieder dazu angehalten hat, seine eigenen Ideen umzusetzen, »sollte es zufällig das sein, was wir wollen, nehmen wir es, wenn nicht, ändern wir es.«[502]

Allerdings müssen die Kameraleute Sternberg auch handwerklich und technisch absichern, denn viel deutet darauf hin, dass er Kenntnisse dieser Art als Hemmschuh seiner Filmkunst sieht. Sternberg zitiert gerne die Dankbarkeit seiner früheren Mitarbeiter für das, was sie bei ihm lernen konnten, und bei vielen sieht er den Anbeginn ihrer Karriere mit dem Treffen seiner Person. Dies gipfelt besonders in der Zusammenarbeit mit Marlene Dietrich und wird von dieser auch gerne bestätigt[503]. Und wenn sie einmal im Gespräch mit Max Reinhardt darauf hinweist, dass sie bei ihm gelernt habe, macht sich Sternberg später in der Erzählung dieser Begegnung über beide lustig. Es kann keinen zweiten Lehrer für Dietrich geben, schon gar nicht vor ihm, und dann auch noch der von ihm hoch respektierte Max Reinhardt.

497 Bogdanovich (2000). S. 287.

498 Brownlow (1997). S. 254.

499 Sternberg dreht u. a. mit Bert Glennon, Harold Rosson, Lee Garmes (Oscar für SHANGHAI EXPRESS, 1932, Oscar-Nominierung für MOROCCO) und Lucien Ballard (Oscar-Nominierung für THE CARETAKERS, 1963).

500 Vgl. Eisenstein (1987): Yo: Ich selbst. Band 1. S. 384–388. Oder: Brownlow (2014). S. 56.

501 Dreht als Kameramann ab 1920 bis 1967 u. a. mit den Regisseuren Dwan, Sternberg, Hawks, DeMille, Fleming, Clair, Dieterle, Vidor, Huston. Erhält zusammen mit H. Green 1937 den Oscar für THE GARDEN OF ALLAH.

502 Maltin (1978): The Art of the Cinematographer. S. 98.

503 Vgl. Sternberg (1967): *Ich, Josef von Sternberg*. S. 284–285. Oder: Dietrich (1979): *Nehmt nur mein Leben*. S. 72.

Damit kein einseitiges Bild entsteht: Viele, die mit Sternberg gearbeitet haben, äußern sich sehr positiv über ihn; auch wenn man hier die Produzenten und, wie wir sehen werden, den Kameramann Bert Glennon[504] ausnehmen muss. Der namentlich nicht genannte Oberbeleuchter des Blauen Engels sagt, »daß meine Leute und ich mit großer Liebe und Freude an Sternbergs Werk mitgearbeitet haben«[505]. Gelobt wird nicht nur Sternbergs Sachkenntnis, sondern auch sein überaus respektvoller Umgang mit den Mitarbeitern. So offenbart Sternberg zwei sehr unterschiedliche Persönlichkeiten: den höflichen und wissbegierigen Regisseur während der Dreharbeiten und den am eigenen Mythos arbeitenden Selbstdarsteller in der verbleibenden Zeit.

Die Vorgeschichte zu Der blaue Engel erzählt Sternberg so:[506] Jannings, den er bei der Zusammenarbeit zu The Last Command[507] als »schreckliche Zumutung« beschimpft hatte und dem er versprach, nie wieder mit ihm zu arbeiten, selbst wenn er der letzte Schauspieler auf Erden sei,[508] dieser unumstrittene Weltstar Jannings bittet nun Sternberg, ihm bei seinem ersten Sprechfilm zu helfen. Dies rührte ihn so sehr, dass er sich, ohne einen Vertrag zu haben, bei seiner Gesellschaft beurlauben lässt und nach Berlin fährt. Er baut auf den Ufa-Produzenten Erich Pommer und geht davon aus, dass die Entscheidung über den Stoff nicht ohne ihn gefällt wird. Am 16. August 1929 meldet der *Film-Kurier*: »Josef von Sternberg, den die Ufa für den ersten Sprechfilm mit Emil Jannings – den Rasputinfilm – verpflichtet hat, ist heute in Berlin eingetroffen.«

Werner Sudendorf recherchiert aus verschiedenen Quellen, dass die Ufa im Juli Sternberg 30T$ bietet und er schließlich 40T$ bekommt. Ein Stoff über Rasputin, der zunächst im Gespräch war, gilt da schon als zurückgestellt, Sternberg rechnet mit einem Film wie Varieté.[509] Er selbst schreibt, dass er Pommer und Jannings auf Stoffsuche schickt. Keine Woche nach der Ankunft überreicht Jannings Sternberg den Roman Professor Unrat[510] von Heinrich Mann und nur zwölf Tage nach der ersten Ankündigung meldet der

504 Zusammenarbeit u. a. mit John Ford, Michael Curtiz, Mauritz Stiller.
505 Anon. (1930): Mehr Licht!
506 Vgl. Sternberg (1967). S. 153 f. Oder: Sternberg (1991). S. 172 f.
507 USA 1928. Regie: Josef von Sternberg. Kamera: Bert Glennon. Darsteller: Emil Jannings, Evelyn Brent, William Powell
508 Vgl. Sternberg (o. J.): Introduction. S. 257.
509 Vgl. Sudendorf (2000). S. 53. Varieté. Deutschland 1926. Regie: E. A. Dupont. Kamera: Karl Freund.
510 Div. Ausgaben, etwa: Heinrich Mann: Werksausgabe in 10 Bänden: Professor Unrat. Zwischen den Rassen. Zwei Romane. Düsseldorf: Claassen 1976.

Film-Kurier unter der Überschrift »Jannings als ›Professor Unrath‹«[511], dass Heinrich Mann, Carl Vollmoeller und Carl Zuckmayer am Drehbuch arbeiten. Den PROFESSOR UNRAT diskutierten zuvor Jannings und Pabst und so kann man ihn hier unter Zeitdruck präsentieren: Baxter behauptet, dass Sternberg der Heinrich-Mann-Geschichte schon vor seiner Abreise aus Hollywood zugestimmt habe.[512] Zum Projekt gibt es unter literarischen Aspekten eine Unzahl kritischer bis bissiger Anmerkungen von Carl von Ossietzky bis Theodor W. Adorno[513], die mehr an der Worttreue als der filmischen Umsetzung interessiert sind. Der Film soll Jannings die Möglichkeit geben, »die unerschöpfliche Skala seines Könnens« als »Wortbeherrscher hohen Formats am deutschen Dialogfilm«[514] zu demonstrieren. Es soll in Deutsch und Englisch gedreht werden. Die unglaubliche Geschwindigkeit, mit der ein Projekt gekippt und ein neues geboren wird, mag die Reputation und das Durchsetzungsvermögen Sternbergs demonstrieren. Beim Drehbuch sieht sich Sternberg letztlich als der einzig verantwortliche Autor und auch dies wird heute hinterfragt: »Durfte der Regisseur Josef von Sternberg zu Recht seinen Anspruch auf die alleinige Autorschaft geltend machen? Läßt sich mit Hilfe der hier vorgelegten Varianten die bis heute umstrittene Frage klären, wer als Urheber des Films gelten darf?«[515]

Die Dreharbeiten beginnen am 4. November, gerade einmal gut zwei Monate später. In dieser Zeit muss nicht nur das Drehbuch geschrieben und die Dekorationen gebaut werden, man muss auch eine Hauptdarstellerin finden. Laut O'Connor[516] favorisiert Sternberg Brigitte Helm, die aber nicht verfügbar ist. Die Ufa wünscht Lucie Mannheim, Heinrich Mann seine Geliebte Trude Hesterberg, womit längst nicht alle Anwärterinnen genannt sind. Dass Sternberg während der Schauspielersuche eine Aufführung mit Marlene Dietrich im »Berliner Theater« besucht, dürfte nicht an der Kritik im *Film-Kurier* nach der Premiere am 5. September liegen:

511 *Film-Kurier*, 28.8.1929. Woher dieses »h« am Ende des Namens kommt, ist unklar. Selbst Sternberg schreibt dies bisweilen (z. B. Sternberg (o. J). S. 259), vielleicht liegt es am Film-Professor Rath.

512 Vgl. Baxter (2010): Berlin Year Zero. S. 166–168.

513 Vgl. Celsus (1930): Der Film gegen Heinrich Mann. Oder Adorno (1952): Warum nicht »Professor Unrat«.

514 *Film-Kurier*, 28.8.1929.

515 Dirscherl; Nickel (2000): »Loise flöhen meine Lieda ...«. Die Drehbuchentwürfe zum Blauen Engel. S. 7.

516 Vgl. O'Connor (1992): *The Amazing Blonde Woman*. S. 19. Auch: Baxter (2010), S. 170.

> Marlene Dietrich hat die undankbare Rolle einer nüchtern temperamentlosen Amerikanerin. In ein paar Gesängen schlägt ihre reizvolle Persönlichkeit durch. Ansonsten bleibt ihr nicht viel mehr übrig, als durch ihre geschmeidige Figur, die Anmut ihrer Haltung und den Zauber ihrer halb geschlossenen, verschleierten Augen mit dem sex appeal des leading girl aufzuwarten.[517]

Sternberg lässt sie zu Probeaufnahmen kommen, doch danach steht er mit seiner Begeisterung für Marlene Dietrich allein. Pommer entscheidet dann gegen die Ufa, dass der Regisseur die Besetzung zu verantworten hat und damit bleibt Jannings nur ein Nörgeln[518]. Baxter widerspricht dem, sieht Jannings und Ufa-Eigentümer Alfred Hugenberg als die eigentlichen Entscheider: Jannings spricht sich für Dietrich aus, weil er glaubt, dass diese ihm schauspielerisch nicht gefährlich werden kann, und Hugenberg erhofft sich von Dietrich, dass sie verhindern wird, dass Professor Rath in irgendeiner Form deutsche Werte repräsentiert.[519]

Auf einer Blu-ray[520] sind wenige Minuten dieser Probeaufnahmen zu sehen, in denen die junge Dietrich mit Charme und Unbefangenheit Zigaretten raucht, schimpft, kokettiert und auf einem Flügel sitzend ein Lied singt, immer wieder schimmert dabei durch, was Sternberg verzaubert haben mag (2 und 3). Am Licht wird es nicht gelegen haben. Von beiden Seiten eine Kante, die Wangen und Nasenflügel aufblähen lassen, und eine Standardführung aus etwa 30°, die das Kleid mehr funkeln lässt als die Augen.

Der *Film-Kurier* kennt den wahren Grund und meldet eine Woche vor Drehbeginn, dass soeben Marlene Dietrich engagiert wurde. »Ihre Stimme hat sich nämlich als überraschend günstig für die Wiedergabe erwiesen, weil sie unbefangen und natürlich spricht.«[521] Ein weiterer Grund dürfte sein, dass Dietrich Englisch spricht. »Ich war so gut wie zu meinen besten Zeiten an der Max-Reinhardt-Schule – vielleicht sogar besser – dank des Englischen, das ich zu Hause gelernt hatte. Aber Josef von Sternberg wollte nur Amerikanisch.«[522]

517 B-dt. (1929): Georg Kaiser: »Zwei Krawatten«.
518 Vgl. Sternberg (1967). S. 262. Oder Sternberg (o.J.). S. 261.
519 Baxter (2010). S. 175.
520 The Blue Angel. EUREKA! The Masters of Cinema Series. Zusatzmaterial. Auch zu sehen im Museum für Film und Fernsehen der Deutschen Kinemathek in Berlin.
521 Anon. (1929): Das Kollektiv der Dichter.
522 Dietrich (1987): Ich bin, Gott sei Dank, Berlinerin. S. 83.

Bild 7-2 und 7-3

Interessanterweise gerät die englische Version nicht nur zwölf Minuten kürzer, sondern arbeitet zum Teil auch mit anderen Kadragen[523] und folgt einer veränderten Dramaturgie. So spielt Dietrich nun eine Amerikanerin – ihr ausländischer Akzent lässt sie geheimnisvoll erscheinen – und die Schüler müssen sich mit ihr auf Englisch unterhalten, auch der in der Fremdsprache wenig geübte Jannings. So gefallen die Dialoge Atkinson in der englischen Fassung besser als in der deutschen.[524] Man hätte die deutsche Version auch synchronisieren können, denn der englischsprachige Film BROADWAY[525] läuft bereits 1929 auf Deutsch, aber bis heute hat ein fremdsprachiger Film, der synchronisiert wird, in den USA keine Chance. Deshalb wird auf Deutsch und am folgenden Tag auf Englisch gedreht. Dietrich behauptet, die englische Version wurde gleich im Anschluss aufgenommen, aber hier sind andere Quellen glaubwürdiger.[526] Sternberg will keine unnötige Verwirrung für seine Schauspieler.

Wie der Film beginnt

Der Film kommt schnell zur Sache und setzt, wie viele andere dieser Zeit, zwei Bilder der erwachenden Stadt an den Anfang, präsentiert aber bereits in der dritten Einstellung »Lola Lolas« ersten großen Auftritt: Rasch lüftet eine schnell hochgezogene Jalousie ihr fast formatfüllendes Plakat hinter einem Schaufenster; doch damit nicht genug, schleudert eine junge Frau Wasser aus

523 Vgl. Baxter (2010). S. 181
524 Vgl. Atkinson (1930): Germany Makes a Great Talkie.
525 USA 1929. Universal Pictures. Regie: Pál Fejös. Kamera: Hal Mohr.
526 Vgl. Baxter (2010). S. 181.

ihrem Eimer dagegen, doch bevor sie Lola rein waschen kann, unterbricht sie ihre Tätigkeit und nimmt selbst eine verführerische Haltung wie auf dem Plakat ein. Etwa 40 Sekunden dauert der flotte Auftakt, doch dann nimmt der Film sich Zeit, präsentiert ausgiebig die Wohnsituation des Professor Rath (Emil Jannings) und parallel das Treiben im Klassenzimmer. Gymnasiast Lohmann (Roland Varno) präsentiert sich als stolzer Besitzer von Lola-Fotos, während Goldstaub (Robert Klein-Lörck) aus dem Namensschild »Rath« auf dem Klassenbuch ein »Unrath« macht. Filmzeit und erzählte Zeit klaffen deutlich auseinander, aber es dürfte kaum einen Zuschauer irritieren, dass sich die Schüler wohl eine Stunde vor Unterrichtsbeginn im Klassenzimmer einfinden mussten.

In diesen ersten zehn Minuten bis zu Raths Betreten des Klassenzimmers fallen gut 30 mehr oder weniger verständliche Worte. Nun mit dem Unterricht beginnt der Sprechfilm, Rath übt mit Gymnasiast Ertzum (Carl Balhaus) die Aussprache des englischen »th« und kein Gag wird ausgelassen.

Dramaturgisch gesehen wird schleppend erzählt, über sechs Minuten dauert es, bis Rath die Lola-Fotos aufspürt und konfisziert. Viel Gelegenheit für Jannings zu brillieren und seinem schauspielerischen Ruf gerecht zu werden, sein Spiel bleibt dabei nicht ohne Ironie. Der Film lebt von kontemplativen Szenen, die Atmosphäre schaffen und den Schauspielern viel Raum für ihre Charaktere geben. Sternberg wehrt sich vehement dagegen, dass Der blaue Engel als Zeitdokument betrachtet wird, weigert sich, zu Recherchen in Bars zu gehen, und belustigt sich über Kracauer, der in den Schülern die geborenen Hitlerjungen[527] sieht.

> Man möge mir verzeihen, wenn ich noch einmal feststelle, daß der größte Teil der Handlung und alle Einzelheiten meiner Vorstellung entstammten. Ich wußte vor den Dreharbeiten sehr wenig über Deutschland; mir war noch kein Mensch begegnet, der auch nur annähernd einem Nazi glich. Der Anstoß für den Film ging allein von einem Roman aus, den Heinrich Mann in der guten alten Zeit vor 1905 geschrieben hatte.[528]

Sternberg zehrt von dieser Differenz zwischen Realität und Leinwand und sieht sich als Künstler, wenn er diese Distanz vergrößert. Kunst steht gegen Realität. Vom platten Abbild fühlt er sich bedroht, aber er genießt es, dass seine Bilder als realistisch, als wahrhaftig rezipiert werden. Ihn freut, wenn der Pascha von Marrakesch in dem in amerikanischen Studios gedrehten

527 Vgl. Kracauer (1979) [1947]. S. 218.
528 Sternberg (1991). S. 273.

Film Morocco[529] Straßen in Marokko wiederzuerkennen glaubt[530]. Auch ist ihm wichtig, dass »die Dialoge so weit wie möglich der Umgangssprache entstammten und die Last der Handlung nicht allein tragen«[531] müssen. Er führt Auseinandersetzungen mit Jannings über dessen Bühnensprache, »um diesen theatralischen Unsinn im Keim zu ersticken.«[532] Marlene Dietrich sorgt sich laut Sternberg um die mangelnde Ähnlichkeit mit der Realität, dass ihr ein Bild aufgezwungen wird. »Sie stellte eine Frau dar, die es nur auf der Leinwand gab. Das bekümmerte meinen werdenden Star. Sie hatte sich noch nicht verändert.«[533]

Die nächsten beiden Szenen werden kurz abgehandelt, dienen nur zur Weitergabe von Informationen. Am Ende weiß Rath, wo Lola auftritt, und hat genügend Fotos gesehen, um nun langsam auch Gefallen daran zu finden. Nach knapp 19 Minuten beginnt auf der Detaileinstellung der Bilder in Raths Hand die Musik des Lieds »Ich bin die fesche Lola«. Das Bild blendet ab und sofort wieder auf in eine Halbnahe-Einstellung von Lola (Marlene Dietrich) auf der Bühne. So beginnt unsere Szene, in der Lola und Rath zum ersten Mal aufeinandertreffen.

Erster Auftritt Lola Lolas und Etablierung des Milieus

Eine Halbnahe-Einstellung zeigt uns für acht Sekunden eine lasziv sich zur Musik wiegende Lola. Der Anspruch des Tons auf Platz im Filmstreifen[534] lässt die Kadrage noch quadratischer werden als im Stummfilm, hilft der Personenabbildung, weil es unnötigen Raum an den Seitenrändern beschneidet, gerät aber nicht zum Hochformat der Standbildfotografie.

Die Kamera, leicht unterhalb ihrer Augenhöhe platziert, steht frontal zu ihr mit normaler bis leicht teliger Brennweite. Ihren Blick richtet sie fast in die Kamera, schaut auf den oberen Rand des Objektivs (4). Für Mascelli wäre dies der klassische POV, der ein Höchstmaß an Nähe und Identifikation ermöglichen soll. Aber ihr erster Auftritt in diesem Film bekundet das

529 USA. Paramount Pictures 1930. Regie: Josef von Sternberg. Kamera: Lee Garmes. Szenenbild: Hans Dreier.

530 Vgl. Sternberg (1991). S. 273.

531 Sternberg (1967). S. 245.

532 Sternberg (1991). S. 177ff.

533 Ebd. S. 273.

534 Für Tobis-Klangfilm wird ein Format von etwa 1,20:1 angegeben. Mehr dazu im Kapitel *Das Format*.

Gegenteil: Ihr teilnahmsloser Gesichtsausdruck und die dazu kontrastierenden funkelnden Pailletten ihres schwarzen, schulterfreien Kleids steigern ihre Bewegungen ins Marionettenhafte, Mechanische. Es geht nicht um Identifikation, sondern um distanziertes Betrachten, und Lolas Spiel muss sich abheben, durchsetzen, nicht nur gegen ihre Kolleginnen, sondern auch gegen den schwach unscharfen Hintergrund, der alles tut, um Aufmerksamkeit zu erheischen. Das untere Drittel füllt eine Reihe leicht bekleideter, plaudernder und Bier trinkender Frauen, alle unter dem Dekolleté angeschnitten. Darüber eine strahlende, runde Fläche, oben durch die Bildkante fast halbiert, die patronenähnliche Stifte so verzieren, dass sie auf den hellen Mittelpunkt des Kreises zeigen. So bildet dieser Hintergrund eine Art Heiligenschein für den unterhalb platzierten Kopf Lolas. Um diese Deutung nicht übermäßig zu nähren, ziehen davor unregelmäßige Pappflächen als Wolken zum Rhythmus der Musik dahin.

Gegenüber den Testaufnahmen weicht die damalige Lichtführung einer standardisierten Dreipunkt-Ausleuchtung: Führungslicht von links aus etwa +30°[535] zur optischen Achse und nicht sehr hoch, dazu eine kräftige, aber schattenlose Aufhellung und gegenüber dem Führungslicht eine deftige Kante von rechts, die aber hier so platziert ist, dass die Nase nicht getroffen wird, sondern sich nur eine schmale Kontur von Ohr bis Kinn abzeichnet. Die Haare glühen durch die Kante auf, ohne Zeichnung zu verlieren. Kein »Dietrich-light« – dazu später mehr –, aber alles so, wie es sich nach dem Lehrbuch gehört. Dann noch, nicht unüblich bei so viel Haarpracht, eine schwache Kante von der anderen Seite mit ähnlichem Effekt wie ihr Konterpart. Auffällig, dass das Gesicht deutlich dunkler wirkt als das Dekolleté. Ob dies einen Rückfall in eine deutsche Nachlässigkeit dokumentiert, Hände und Arme nicht zu schminken,[536] oder dies durch die Lichtführung geschieht – vielleicht um Lola geheimnisvoller zu halten –, bleibt unklar, auf jeden Fall verbessert es nicht ihre Präsenz vor dem hellen, bewegten Hintergrund. Bei der folgenden totaleren Einstellung verschwindet dieser Effekt.

Dann ein ironischer Schnitt auf einen grob gemalten Engel mit schlagenden Flügeln und ertapptem Gesichtsausdruck, dessen Beine zuvor links neben Lolas Kopf ins Bild hingen (5). Es geht zwar recht himmlisch zu, wenn auch nur aus Pappe, und die Wolken ziehen weiter. Hier im Off beginnt nun Lolas Gesang und in der dritten Einstellung wird das gezeigt, was zuvor von ihr nicht zu sehen war: ihre Beine (6). Es ist kein Kleid, das sie trägt, nur eine

535 Zur Lokalisierung von Lichtquellen mehr im *Glossar*.
536 Vgl. *Kinotechnik*. Nr. 8 (1921). S. 294.

Bild 7-4 bis 7-8

Art berüschter Badeanzug, vermutlich wannseetauglich, wenn nicht die Strapse ihm eine milieugerechte Erotik verleihen würden. Die Kamera steht etwas unterhalb der ersten Position, auf Höhe des Bühnenbodens, und könnte somit parallel zur ersten Einstellung mitdrehen. Die Brennweite wirkt etwas kürzer, die sitzenden Frauen sind jetzt gut sichtbar ganzfigürlich im Bild und das untere Drittel bietet noch genug Platz für einen geschnitzten Engel und einen Rettungsring, unterhalb eines Schiffmodells auf Bühnenhöhe. »Jede Szene wurde mit vier Kameras gefilmt, die zur gleichen Zeit liefen, und ich wußte, daß sie meistens auf meine Schenkel zielten. Ich sage das ungern, aber es war so. Wann immer man mich filmte, wurde mir befohlen, ein Bein hoch zu heben, links oder rechts, das war egal.«[537] Hier mag ein unangenehmes Gefühl die Anzahl der Kameras vergrößert haben. In diesen frühen Tonfilmen steckt die Kamera samt Operateur und Sternberg in einem schalldichten Raum größer als eine Telefonzelle, damit das Kamerageräusch die Tonaufnahme nicht stören kann. Sternberg beklagt, dass er »hinter der Kamera in einem schalldichten Raum Platz nahm, von wo ich nur unter Schwierigkeiten wieder auftauchen konnte«[538].

Vielleicht werden Einstellungen parallel mit mehreren Kameras gedreht, wie im obigen Beispiel, aber diese schallschützenden Ungetüme beenden erst einmal die Mehrkamera-Technik.[539] Aber es gibt auch andere Gegenbeispiele. So dreht Karl Struss[540] den Tonfilm COQUETTE[541] 1929 mit bis zu sechs Kameras und es bildet sich langsam der Begriff DoP – *Director of Photography* (Chefkameramann) – als Berufsbezeichnung für Kameraleute heraus, der sich später gegen den des Operators (Schwenker) abgrenzt[542].

Man kann mittlerweile auch ein Duplikat-Negativ herstellen, somit entfällt die Notwendigkeit, eine Einstellung wie beim Stummfilm üblich mehrfach aufzunehmen.[543] Sternberg – wie Fritz Lang – bevorzugt aber auch schon beim Stummfilm, nur mit einer Kamera zu drehen, dafür dann die Einstellung mehrmals nacheinander für die benötigten Negative.[544] So wird

537 Dietrich (1979). S. 72.
538 Sternberg (1967). S. 159.
539 Vgl. Baxter (2010). S. 181. Oder: Sternberg (1967). S. 245.
540 Vgl. Struss (1930): Mit vier Apparaten. S. 9–10. Oder auch: Gärtner (1930): Londoner Kameraerfahrungen.
541 USA 1929. Regie: Sam Taylor. Kamera: Karl Struss. Movie-Tone – 100% Talking Picture.
542 Vgl. Keating (2010): *Hollywood Lighting from the Silent Era to Film Noir.* S. 109.
543 Vgl. Palme (1929): Duplikat-Negative.
544 Vgl. Brownlow (1997). S. 241.

der Perfektionist Sternberg es bei diesem Film bevorzugt haben, sich nur auf eine Kamera konzentrieren zu müssen.

Bleiben wir bei der Szene: Die Kamera springt ein weiteres Mal zurück in eine Totale und präsentiert den gesamten Bühnenraum (7). Die Optik blickt weiterhin auf Höhe des Fußbodens leicht nach oben geschwenkt, so dass die obere Bühnenabdeckung und eine Lampe des Auditoriums ins Bild kommen. Die Kadrage betont die Zentrierung Lolas direkt neben dem suggestiven Kreis durch die patronenhülsenhaften Spitzen. Die Bildgestaltung ordnet die überladene Dekoration, bildet mit dem Vordergrund einen formlosen Rahmen aus Gazevorhang links und oben, einem überdimensionierten geweihähnlichen Gebälk rechts oben und den wenigen angeschnittenen Köpfen der Zuschauer am unteren Bildrand. Es entsteht ein nahezu heimeliges Bild des Lebens auf der Bühne, verstärkt durch das ungezwungene Verhalten der Protagonistinnen in Unterwäsche. Doch das Kostüm schafft selbst für glühende Anhänger des Films einen Tabubruch: »Es ist seltsam, daß Deutschland immer noch die Welt zu überzeugen versucht, es sei etwas amüsantes an der Unterkleidung einer Frau. Etwas Vulgäreres als einige von Fräulein Dietrichs Kostümen in dieser Produktion ist nie gezeigt worden.«[545]

Das Ordinäre, das Anrüchige, das auch das Banale und Reale sein will, muss konstruiert werden und bildet den elementaren Bestandteil der Erzählung. Während des Gesangs ruft eine Stimme aus dem Publikum nach Sauerkraut, die Frauen im Hintergrund der Bühne plaudern weiterhin wie zuvor, trinken, eine steht auf und geht hinaus und Lola setzt sich lässig nach dem Ende ihrer Strophe auf den freigewordenen Platz. Handlungen auf verschiedenen Ebenen, nichts erscheint wichtig, aber es darf auch nicht fehlen, um die Atmosphäre zu etablieren. *Cutting-on-action.* Die Kamera bleibt tief und stellt dadurch die rechts im Bild sitzende dicke Frau mit dem Kindergesicht noch monströser aus, provoziert durch diese Präsentation aus heutiger Sicht eher eine ethische Frage als die zuvor diskutierte Unterkleidung (8). Sie trinkt Bier, was die genau sich ins Bildzentrum setzende Lola mit steinerner Miene verfolgt, die ihr sofort den Krug aus der Hand nimmt, wenn sie diesen absetzt. Stimmen rufen dazwischen, begleiten die gesanglose Musik, markieren das Fehlen knisternder Erotik, dann Schnitt in die vorherige Totale. Lola kommt zurück an die Rampe, singt die nächste Zeile, und wenn sie sich am Ende abwenden will, kommt der Schnitt nach außen auf eine Straße.

545 Atkinson (1930).

Lola steht in der Mitte, im Zentrum, genug gefestigt, um nicht vom übermächtigen Hintergrund aufgesogen zu werden. Die Galerie der Frauen charakterisiert die Lokalität. Der sorgsam gestaltete Vordergrund schafft nicht nur Raumtiefe, sondern bildet einen schützenden Rahmen, ein Zusammengehörigkeitsgefühl, eine Heimeligkeit, die später auch Rath aufnehmen wird, eine Gegenwelt zum spießigen Umfeld, das am unteren Bildrand selbst Teil dieses Rahmens wird. Folgerichtig sehen wir keine Zuschauer, außer Hinterköpfen, und der nächste Schnitt führt uns ins Grenzgebiet dieser beiden Welten, das Rath unsicher betritt auf der Suche nach Lola.

Dissonanzen in der Plansequenz

Aus der Dunkelheit schwenkt die Kamera mit einer schattenhaften Figur, die sich, wenn sie nach wenigen Schritten unter einer Laterne stehen bleibt, überraschungsfrei als Professor Rath entpuppt (9). Die Halbtotale zeigt uns eine Dekoration, die alles hat, um auch einer romantischen Szene dienen zu können – eine Straßenecke mit altertümlichen Häusern, Kopfsteinpflaster, getaucht in punktuelles Straßenlaternenlicht.

Professionell verlängert Rittau das Licht der behaupteten Laterne, von der wir nur den Pfahl in der Bildmitte sehen, durch einen Scheinwerfer außerhalb des Bildraums auf Hauswand und Rath: ein lehrbuchmäßiges Beispiel für logische Lichtführung. Der Pfahl reicht, um die Lichtquelle zu behaupten, ohne Halterung dieser zu sein. Raths Schatten fällt weg von dieser Laterne nach rechts, und wenn er den Pfosten passiert, verlässt er den Kegel des Scheinwerfers. Unvermeidlich der Schatten des Pfahls selbst. Ohne technische Probleme könnte der Scheinwerfer den Standort der behaupteten Laterne einnehmen. Aber diese Position wäre zu steil, würde durch die Hutkrempe nicht Raths Gesicht treffen und auch ohne Kopfbedeckung wäre der Effekt sehr verzeichnend.

Heute wird darauf wenig Rücksicht genommen, weil die Lichtempfindlichkeit ermöglicht, mit vorhandenem Licht zu arbeiten, weil es »richtig« erscheint und weil man weniger überlegen muss, ein Lichtgefüge zu schaffen. Und nicht zuletzt, weil das so entstehende Schattenspiel auf dem Gesicht, dieses Nicht-Gestylte, Raue, als authentisch interpretiert wird.

Im Blauen Engel gilt es, alles zu glätten. Die Szenerie wirkt aus heutiger Sicht sauber, kein Abfall, keine Schmierereien. Nie habe ich herausgefunden, warum sich Schmutz der filmischen Wiedergabe widersetzt, vielleicht hat die Gestaltung des Bildes zum Pittoresken diese Mutation zu verantworten.

Bild 7-9 bis 7-10

Offensichtlich gibt es in den 1920er Jahren keine Nobelrestaurants mit offenen Ziegelstein-Interieurs und so dient der abgebröckelte Putz hier noch als Indiz des Elends. Die Halbwelt wird durch das Schauspiel hergestellt, durch die furchtsame Nervosität Raths und das lässige Rauchen einer Frau im Eingang der Kate.

Die Kamera folgt Rath, er überquert die Straße, die Raucherin verfolgt ihn unablässig mit dem Blick, macht einen geschickten Ausfallschritt, um besser beobachten zu können, und synchronisiert diesen mit der Kamerabewegung, damit sie nicht zu lange während der Fahrt durch eine breite Wasserpumpe verdeckt wird. Nachdem Rath die Frau passiert hat, bleibt er unter der nächsten Lampe stehen und wendet sich ihr zu. Nur konzentriert sich hier die Beleuchtung nicht auf Rath, um ihn kenntlich zu machen, sondern schafft ein atmosphärisches Gegenlicht. Er geht gleich weiter, die Kamera folgt langsam. Die zuvor störende Pumpe entfaltet als Vordergrund nun eine raumgebende Wirkung und Rath ist verschwunden. Die Kamera fährt weiter, doch ohne sich Mühe zu geben, ihn wieder ins Bild zu holen. Reflexe auf metallischen Objekten funkeln kurz auf zur Freude von Kameraleuten. Und wenn die Kamera zum Stand kommt mit Blick in die leere Gasse und auf zwei weitere Frauen, die aus geöffneten Fenstern in die Richtung von Raths Verschwinden blicken (10), erfolgt der Schnitt zurück ins Lokal.

Das Verschwinden der Hauptfigur erzeugt keine Spannung, die Milieuschilderung, auf die wir uns durch das Fehlen Raths einlassen können, schiebt sich davor. Eine schleichende Verelendung wird aufgebaut. Die erste Häuserfront wirkt noch kleinbürgerlich adrett, nichts bröckelt ab. Dann die alte Kate, in der man heute Ostfriesentee tränke, wenn man nur zuvor einige Stellen verputzen würde. Schließlich offeriert der Blick in die Gasse ein heruntergekommenes Ambiente, nicht unbedingt ein verruchtes Rotlicht-Milieu. Die Häuser sind windschief wie im FAUST und die Kameraarbeit wechselt vom behaglichen Laternenlicht auf ein harsches Gegenlicht, von dem der Film noir später behaupten wird, er habe es vom deutschen Expressionismus gelernt. Das Milieu, das der Film erzählen will, wird durch die Darsteller erreicht: Raths fluchtartig schneller Gang und die zu Stereotypen geronnenen Frauenfiguren, die auf Kundschaft hoffende Raucherin in der offenen Tür und die auf Passanten wartenden Frauen in den Fenstern. Was hier wie ein Widerspruch wirkt: Heimeliges Dekor, Lichteffekt zwischen Nostalgie und Dramatik, das Getrieben-Sein des Professors, dem die Kamera nicht folgen kann, bündeln sich zu einem ironischen Blick auf dessen Psyche. Das, was große Schauspieler wie Jannings ausmacht, zwei Nuancen gleichzeitig darstellen zu können, hier Souveränität und Ängstlichkeit, wird verstärkt durch die Elemente des Bildes und verschmilzt zu einem Gesamteindruck.

Bild und Ton synchron

Zurück im Blauen Engel, Umbaupause. Die Einstellung ähnelt sehr der Totalen, mit der wir den Blauen Engel verließen, und trotzdem fällt die Orientierung schwer. Die Kamera steht deutlich an den rechten Rand gerückt, ein Pfosten, der einen Plafond stützt, halbiert das Bild, schafft Raum, aber ordnet nicht das Bild (11). Unten wieder das Band der Hinterköpfe, nur rechts wird jetzt deutlicher der Wirt erkennbar, der mit der dicken Frau auf der Bühne spricht. Ein Bühnenarbeiter kommt, Hintergründe werden herabgelassen und andere hochgezogen, die Frauen bleiben unbeteiligt, nur Guste, die Frau des Direktors und Zauberkünstlers, tritt nach vorne und singt ein Lied. Nach 27 Sekunden kommt der Schnitt in die Garderobe (12) und die Musik läuft durch, bis wir nach elf Sekunden wieder in dieser Totalen zurück sind. So virtuos für die damalige Zeit mit dem Ton zu arbeiten, ist nur möglich, weil in diesem Zwischenschnitt keiner spricht und keine Geräusche sichtbar entstehen. Bis etwa 1932 muss man sich entscheiden, ob man Sprache, Geräusche oder Musik im Ton haben will, es sei denn, alles wird gleichzeitig aufgenommen.[546] Verschiedene Tonquellen können in der Nachbearbeitung noch nicht gemischt werden. So kann man nicht einfach einen der Zwischenrufer aus dem Publikum in eine Gesangsnummer schneiden, entweder bliebe der

546 Cook (1990). S. 286.

Bild 7-11 bis 7-14

Rufer stumm oder vom Lied wäre nichts zu hören. Die einzige Möglichkeit wäre, diesen Rufer mit einer zweiten Kamera parallel mitzudrehen, um die Synchronität zwischen Rufer und Sängerin zu wahren. Dafür macht aber das Drehen mit den Tonkabinen zu große Schwierigkeiten, besonders bei konträrer Blickrichtung. Wenn nach dem Schnitt geredet wird oder ein wichtiges Geräusch zu hören sein soll, wird meist mit dem Schnitt des Films parallel die Tonspur gekappt. Sternberg nutzt immer wieder den Ton zur Überlappung des Bildschnitts. wenn zum Beispiel die Darsteller zur Tür reinkommen, werden Geräusche der vorherigen Einstellung zuerst mit dem Türschließen geschnitten und erst danach hört man den Ton der neuen Einstellung.

Beim Zwischenschnitt in die Garderobe würde ein eigener Ton dieser Situation nur stören, denn das Lied aus dem Off kommentiert das Bild. In einer Halbnahen mit viel Luft über den Köpfen umrahmen drei Pennäler Lola, die *en face* sitzend gerade versucht, sich in einem vor ihr stehenden winzigen Handspiegel zu schminken und eine weiße Perücke über ihre widerspenstigen Haare zu ziehen (12). Sie genießt sichtlich die Situation.

Lohmann, der mit seinen Fotos im Klassenzimmer die ganze Geschichte in Gang gebracht hat, lümmelt altklug rauchend neben ihr auf dem Tisch und freut sich stolz, als Lola ihm die Zigarette abnimmt, um daran zu ziehen. Dafür darf Goldstaub die Puderquaste halten. Bewunderung kennt keine Worte und so hören wir aus dem Off »... heute Abend, da nehme ich mit nach Haus, einen Mann, einen richtigen Mann.« Regieeinfall, Drehbuch, Montage? Jede Einstellung muss auf jeden Fall von der Produktion disponiert werden. Die Einstellung würde auch ohne die Ton-Parallelität funktionieren, nur würde ihr die Ironie fehlen.

Dann erneut die vorherige Einstellung (11), rechts wird ein Scheinwerfer aufgebaut und Guste beendet das Lied auf der linken Bildseite, so kann noch einmal auf die Parallelhandlung geschnitten werden.

Der Professor sucht immer noch, hat mittlerweile eine menschenleere Gegend erreicht. Wenn er ins Bild kommt, hören wir seine ersten Schritte, die sofort mit einem Tonschnitt von dröhnender, dramatisierender Filmmusik ersetzt werden. Der Grusel soll uns packen. Auch das Bild gibt sich Mühe mitzuhalten (13). Die Häuser sind noch expressionistischer, die Kamera steht tiefer und die Beleuchtung wirkt kontrastreicher als zuvor. Rath wirft kurz einen Schlagschatten auf eine kleine helle Fläche und man wird die Logik der Lichtführung hier vergeblich suchen, mag die einzige Lichtquelle im Zentrum des Bilds einen noch so schönen Halo-Effekt haben. Der schwach leuchtende Himmel hebt die dunkle Kontur des Hauses gekonnt ab und schafft ein stimmungsvolles Bild, wenn auch grafisch nicht ganz ausgewogen. Dann der überraschende Schnitt auf einen Schutzmann, der Rath nachzuschauen scheint, eine Amerikanische, dunkler Hintergrund, nur links ein arg verknittertes Plakat von Lola Lola (14). Vermutlich soll der Schupo das unsichere Milieu kennzeichnen, spendet aber durch seine Anwesenheit eher Sicherheit für Rath. Die Musik verstummt noch vor dem Schnitt zurück ins Lokal.

Die erste Begegnung zwischen Lola und Professor Rath

Eine von Vordergründen leergeputzte Halbtotale präsentiert die Bühne, nur ein Anker hat es von oben noch ins Bild geschafft. Die Kamera schaut leicht schräg von links und leicht unter Augenhöhe auf die sitzende Frauenrunde. Im Hintergrund ein stilisierter Springbrunnen, vorne rechts ein ausgeschalteter Scheinwerfer mit Reflex. Die Musik setzt ein und Lola kommt von links hinten unter Applaus an den Bühnenrand, leicht kollidiert bildlich ihre Stirn mit dem herabhängenden Anker im Vordergrund, der vermutlich ein

Mikrofon kaschiert (15). Warum sollte sie sonst so dicht hinter diesem ihr Lied beginnen? Ihre Frisur kennen wir schon, ähnelt der der Pompadour, und auch ihr weitgehend transparenter, breit ausladender Reifrock soll wohl an diese Zeit ungebremster Lebensfreude erinnern. Immer noch sucht der Gesang nach dem richtigen Mann. Dass mit dem Schnitt nicht die passenden Männer zur Musik präsentiert werden, gehört zur Ironie dieser Szene, und

Bild 7-15 bis 7-20

die drei Pennäler werden noch für längere Zeit die einzigen Zuschauer bleiben, die wir von Angesicht zu sehen bekommen (16). Sternberg vermeidet Schnitte ins Publikum, konzentriert sich auf die Bühne oder das Varieté-Personal, Filmzuschauer reichen ihm. Während Goldstaub abgelenkt wird, himmeln Ertzum und Lohmann Lola an. Die Kadrage trennt diese divergierenden Interessen auch bildlich durch eine Lücke, die den Blick frei gibt auf einen Clown im Hintergrund dieses Seitengangs. Am Ende verlässt Goldstaub die Amerikanische-Einstellung nach rechts und wir kehren zurück zur Halbtotalen und der Sängerin. »... Such ich mir« ist das Stichwort für die dicke Frau rechts außen, um sogleich aufzustehen, den Scheinwerfer anzuschalten und den Lichtkegel fast auf die Optik zu legen. Lola macht gut gelaunt eine langsame Pirouette und offenbart damit, dass ihr Rock nur aus einem Vorderteil besteht. Die allgemeine Begeisterung im Publikum beim Anblick der gerüschten Unterkleidung füllt wieder nur die Tonspur, wird nicht im Bild präsentiert.

Endlich kommt Rath an. Wir sehen von innen, wie er in einer Halbnahen versucht, einen Blick ins Lokal zu werfen, und mit dem Öffnen der Tür verschwindet er aus dem Bild (17). Ertzum entdeckt ihn sofort in einer leicht veränderten Amerikanischen, zieht seine Schülermütze vom Kopf und stürmt nach hinten. So viel Aktionismus reißt nun auch Lohmann aus seiner Faszination und er folgt den Mitschülern (18). Zurück bleibt der Clown, der gelassen alles beobachtet. Die folgende Kadrage lässt uns die Orientierungslosigkeit Raths mit dem Protagonisten teilen. Ein Suchbild: Am unteren Rand zwei düstere Zuschauerköpfe, lieblos um die Augen angeschnitten, dahinter transparente Bahnen, Gerümpel. In der linken Bildhälfte versucht ein heller Lichtfleck unsere Aufmerksamkeit auf etwas zu lenken, aber durch eine Bewegung erkennen wir den suchenden Rath im Halbdunkel hinter Netzen und Seilen in einer Amerikanischen (19). Er läuft auf Halbnah auf, verheddert sich im Netz – das können wir durchaus prophetisch interpretieren –, versucht es zu teilen und weicht nach rechts aus. Die Kamera schwenkt mit, der Hintergrund wird heller, anscheinend hat er rechts etwas entdeckt und verlässt in diese Richtung das Bild (20).

Diese Art der Veräußerlichung bleibt bis heute ein bilderzählerischer Topos. Wenn der Darsteller Schwierigkeiten hat, etwas zu sehen oder zu erkennen, dann wird so kadriert und/oder geleuchtet, dass der Zuschauer dieses Problem teilen muss. Folgerichtig hatten umgekehrt die völlig unverdeckten Pennäler den im Verborgenen agierenden Rath sofort wahrgenommen. So sehen wir nach dem Schnitt nun Lola mit dem freigekämpften Blick Raths in einer idealisierenden Vignette als französische Hofdame, in seine

Richtung schauend, vor dem illuminierten, stilisierten Springbrunnen, und die Kamera steht so nah, dass ihr makelloses Dekolleté nicht zu viel verrät und der diskreditierende Rock weit unterhalb der Bildkante liegt (1). Dieses Bild wirkt wie ein Traum aus einem anderen Film, nicht so sehr durch die Vignette, die würden wir nach so viel Vordergrundgestrüpp der vorherigen Einstellungen sicher akzeptieren. Vielmehr hebt ein leichter Spot auf ihrem Gesicht dieses nicht nur sanft gegenüber dem Hintergrund hervor, sondern beschattet schamhaft ihr Dekolleté. Das Bildzentrum entspricht einer *High-key*-Ausleuchtung[547]: viele fein nuancierte Grauabstufungen zwischen Hellgrau und Weiß, Spitzlichter, kaum Schatten oder dunkle Flächen außer dem Hut; aber zu den Rändern hin wird dieser Ausleuchtungsstil schnell verlassen. Grundlage bildet eine klassische Dreipunkt-Ausleuchtung, Führungslicht aus mehr als + 60° und recht steil (zu erkennen an dem schwachen, nach rechts laufenden Nasenschatten und Kopfschatten auf der rechten Schulter), Kanten von rechts (trifft Haare, Schulter und Kieferknochen unter dem Ohr) und von links (Haare und Schulter) und eine überstarke Aufhellung von rechts neben der Kamera (kleiner Schatten links neben der Nase, dunkle Kontur unter dem Kinn links). Diese Aufhellung, die stark aufs Gesicht fokussiert ist, mutiert hier zu einer neuen Führung und lässt erkennen, dass man Schatten nicht einfach wegleuchten kann. Aber diese schwache Strukturierung des Gesichts durch die ursprüngliche Führung, dieser schwache Schatten ab dem Wangenknochen, diese feinen Nuancen im Hellgrau, das ist es, was den *High-key*-Stil ausmacht. Lola erscheint für einen Moment entrückt und so kann der Herr Professor Rath sie keusch in dieser Präsentation problemlos entdecken. Und damit es nicht zu kitschig wird, reißt uns sofort eine derbe Off-Stimme aus den vier Sekunden langen Träumen und Lola springt durch einen Rücksprung der Kamera in eine fast Amerikanische, die vertraut scheint, aber neu ist, im Hintergrund unten die Frauen vor einem Vorhang und im Vordergrund links hat es noch ein Stück vom Anker ins Bild geschafft (21). Auch die Aufhellung verliert ihre Führungsqualitäten und geht wieder ihrer Bestimmung nach. Lola schlendert langsam zum Scheinwerfer, Mitschwenk, den ihr die dicke Frau sogleich überlässt. Sie steht jetzt in einer Amerikanischen, hat schmunzelnd etwas oder jemanden entdeckt und dreht den Scheinwerferkegel erneut fast in die Optik (22). Schnitt auf Schultern und einen Männerhinterkopf mit Hut. Die Kamera steht mit längerer Brennweite leicht unterhalb der Augenhöhe, also nicht klassisch leicht

547 Vgl. Mehnert (1971). Ab S. 148.

von oben in der Blickachse Lolas. So kann das Publikum im Hintergrund unter der Bildkante bleiben und die mangelnde Schärfentiefe betont noch zusätzlich zum Lichtkegel den sich langsam umdrehenden Rath (23). Wie wir jetzt sehen können, steht auch der Spot tiefer, beleuchtet Rath ein wenig von unten, verzeichnet ihn leicht, ohne zu dämonisieren. Ein Reflex auf der Brille lässt ihn wie geblendet erscheinen, hilfesuchend schaut er sich um. Lola, jetzt auch von unten fotografiert, steht neben dem Scheinwerfer im fast unveränderten Licht, nur die Aufhellung ist wieder auf einen normalen Wert zurückgefahren, hellt nur noch die Schatten auf (24). Nun wird auch erkennbar, wie unvorteilhaft dieses Licht sie erscheinen lässt. Das Lichtdreieck unter ihrem rechten Auge tritt deutlich hervor. So wird gerne bei einem Männer-Porträt geleuchtet, um es markanter erscheinen zu lassen. Auch der steile Winkel ist nicht vorteilhaft, zaubert ihr mit der Kante von rechts ein passables Doppelkinn, und die Kante von links trifft dazu noch das Gesicht, betont den Tränensack unter ihrem linken Auge und bläht ihren linken Nasenflügel auf. Hier sind wir vom Glamour noch weit entfernt. Wohlgemerkt, es geht hier nicht um richtig oder falsch, ich versuche die sichtbaren Effekte nach klassischen Lichtregeln, die der damals gängigen Ästhetik entsprechen, zu bewerten. Und schon gar nicht geht es um Schönheit nach heutigen Kriterien. Dazu im nächsten Kapitel mehr.

Die Tonspur geht unbeschadet über alle Schnitte weiter inklusive Männersuchendem-Lied und Kommentaren aus dem Off. Zurück in die vorherige Einstellung von Rath (23). Er sucht, blinzelt in den Scheinwerfer, spielt mit der Reflexion auf seiner Brille. Dann wieder Lola, der Blickkontakt scheint aufgenommen, und wenn wieder auf Rath zurückgeschnitten wird, sehen wir, dass er immer noch sucht und just fündig wird. Sein erstes Opfer, Goldstaub, steht mit verzerrtem Gesicht in einer Halbnahen an der Theke mit dem Wirt dahinter, schaut nach rechts zu Rath, reißt die Mütze vom Kopf und stürmt zur anderen Seite aus dem Bild. Und nun die erste Totale in Richtung Publikum, etwa aus Lolas Blickwinkel: Rath steht im Zentrum, hervorgehoben durch den Spot, die untere Bildhälfte geht gegen Schwarz, in der oberen Hälfte sind einige Dekorteile und damit auch Komparsen beleuchtet, von der Decke hängende Requisiten heben sich silhouettig davor ab. Rath schaut nach links zur Bar, befiehlt stehen zu bleiben, mit dem Blick dem Fliehenden folgend dreht er den Kopf nach rechts und stürmt in diese Richtung. Noch bevor er die Bildkante erreichen kann, kommt der Schnitt in einen Vorraum mit dem Flüchtenden. Hier stimmt jede Blickachse und die Verfolgung geht in den Hinterzimmern weiter. Seit Lolas erstem Auftritt sind nun vier Minuten und fünf Sekunden vergangen.

Bild 7-21 bis 7-26

Es fällt auf, dass die optische Auflösung sich ganz auf die Hauptfiguren konzentriert. Kleine Ablenkungen gibt es nur auf der Tonspur, wie die Bestellung von Eisbein mit Sauerkraut oder andere Zwischenrufe. Aber keiner der Krakeeler oder gar das Eisbein sind im Bild zu sehen. Ohne die Hauptcharaktere gibt es in dieser Sequenz nur drei Einstellungen: Den ironischen Schnitt auf den Pappengel, die von Lola verwaiste Arbeitsstätte während des Umbaus als *Establisher*, damit wir den Schnitt in die Garderobe besser einordnen können (diese Totale ist zweimal eingeschnitten) und den wundersamen Polizisten, mit dem etwas belegt werden soll. Alle anderen Einstellungen drehen sich um dieses magische Dreieck Rath, Schüler, Lola; die Kamera klebt förmlich an ihnen. Gibt es bei Fritz Lang kleine Mini-Montagen mit Kleindarstellern – zum Beispiel der blumenwerfende Zuschauer im ersten Mabuse-Film –, die die Situation oder den Ort charakterisieren, Atmosphäre schaffen, selbst den Informationsfluss übernehmen, so müssen hier alle Randfiguren mit ins Bild einer dieser drei Protagonisten, wie etwa der Clown. Nichts darf vom ersten Auftritt Marlene Dietrichs ablenken. Ihr Erscheinen wird sorgsam vorbereitet, durch das Plakat zum Filmanfang, die Fotos im Klassenzimmer, die alles ins Rollen bringen und immer wieder vorkommen. Vom Inhalt her betrachtet, verfolgt hier nur ein Lehrer seine Schüler, um sie auf den rechten Weg zurückzuholen, und dieser dramaturgisch eindeutige Weg wird nun machtvoll gekreuzt von einer Cabaret-Sängerin, deren Bilder ihn wohl nicht ganz kalt gelassen haben. Aber sie wirft sich nicht dazwischen, ringt nicht lautstark um Aufmerksamkeit, sondern geht mit lasziver Lässigkeit und souveräner Ironie ihren Weg. Wer mit dabei sein will, muss ihr folgen. Die Glaubwürdigkeit dieser überaus eigenwilligen Frau darf nun nicht verwässert werden durch banale, mit der Realität kokettierenden Anekdoten.

Damit stellt sich Sternberg eindeutig gegen den zweiten Drehbuchentwurf von Carl Zuckmayer, der sich als alleiniger Autor des Drehbuchs sieht; Liebmann habe nur einige Dialoge geschrieben und Vollmoeller nichts, war nur Kontaktmann zu Sternberg in Hollywood, wie er auch für andere Vermittler in die USA war, zum Beispiel für Karl Freund[548]. Dieser letzte Entwurf schlägt viele Zwischenschnitte vor und wirkt routiniert, aber ohne Originalität. Sternberg würde dies vielleicht handwerklich, nicht aber künstlerisch nennen. Doch den Hauptunterschied markiert, dass Zuckmayer die beiden Protagonisten zueinander führt, denn Lola mischt sich ganz im Stil moderner Gesangsdarbietungen anmacherisch unter das Volk:

> 117. Saal im blauen Engel.
> NAH: Bei Rath erscheint Rosa. Singt ihn an:
> ›Ein Mann, nur ein richtiger Mann!‹
> Rath stammelt dazwischen:
> ›Meine Dame, Sie verwechseln mich!‹[549]

548 Baxter (2010). S. 168–172. Oder: Dirscherl (2000b): »Loise flöhen meine Lieda …«. S. 16–17.

549 Dirscherl; Nickel (2000a). S. 291.

Hier wird deutlich, wieviel Spannung für den weiteren Verlauf des Films verloren ginge, ließe man die beiden schon bei der ersten Begegnung so penetrant aufeinandertreffen, wie es dieses Drehbuch vorsieht. Rath kann dann nur »durch [den] johlenden Saal« entkommen. Dies wird alles noch passieren, aber nicht jetzt schon. Hier erkennt Sternberg das Steigerungspotenzial und lässt die Begegnung in der Distanz, schließt jede Form der Ablenkung aus. Es bleibt eine zufällige Intimität in der unsichtbaren Masse. Erst nach erfolgloser Jagd auf seine Pennäler werden die beiden ihre erste Dialogszene haben, mit vielen Unterbrechungen und Verwicklungen. Rath kann nicht schon in der ersten Begegnung zur Lachnummer werden, nicht jetzt schon seine Würde verlieren, und Lola darf ihn keinesfalls hier schon um den Finger wickeln, sie muss in ihrer lasziven, passiven Rolle bleiben. Es wäre spannungstötend, Vorahnungen zu bestätigen, die die Filmzuschauer schon vom Ansehen des Filmplakats in die Vorführung mitbringen. Die Neugierde auf das Kommende muss bleiben.

Carl Zuckmayer beschreibt die Zusammenarbeit am Drehbuch so: »›Es entstand ein ausführliches Exposé, was die Fachleute Treatment nennen, dann ein erstes Drehbuch, dann ein zweites Drehbuch, und dann machte der Regisseur, was er wollte‹.«[550] Welch ein Glücksfall.

Die Metamorphose der Maria Magdalena Sieber zur Marlene Dietrich

> Ein Filmstar hat schön zu sein. Diese Forderung, die den Theaterschauspielern gegenüber nie so allgemein und unbedingt gestellt wird, ist auch ein Ding, das unsere Literaten und Ästheten mit Mißtrauen erfüllt. Da sieht man, meinen sie, daß es beim Film nicht auf die Seele und den Geist ankommt, nicht auf das Bedeutsame, nicht auf wirkliche Kunst. Das rein Äußerliche, die leere Dekorativität entscheidet. [...] Beim Film wirkt die Schönheit der Gesichtszüge als physiognomischer Ausdruck. Anatomische Form wirkt als Miene.[551]

Im Rahmen dieses Kapitels kann nicht erforscht werden, wie aus einer nicht unerfolgreichen deutschen Schauspielerin ein Weltstar wird. Dazu gibt es in anderen Zusammenhängen unzählige Deutungsansätze. Wir können aber versuchen, den Wandel in der Lichtführung von – sagen wir einmal –

550 Dirscherl; Nickel (2000b). S. 17.
551 Balázs (2001) [1924]. S. 40.

einem eher dramaturgisch orientierten Porträtlicht zu einem rein auf die Physiognomie konzentrierten Glamourlicht sichtbar zu machen, dem Dietrich-light.

Für Marlene Dietrich ist Der blaue Engel die vierte Hauptrolle im Jahr 1929. Es beginnt mit Die Frau, nach der man sich sehnt,[552] dann Das Schiff der verlorenen Menschen[553] und Gefahren der Brautzeit.[554] Uns interessiert der erste dieser Filme für unsere Betrachtung, nicht nur, weil Curt Courant die Kameraarbeit verantwortet, sondern auch, weil durch den Titel eine gewisse Ausstrahlung der Hauptdarstellerin gefordert wird.

Erzählt wird eine Dreiecksgeschichte und Marlene Dietrich als Stascha hat einen fulminanten ersten Auftritt: Die Kamera blickt auf ein Schlafwagenabteilfenster, Stascha zieht von innen die Jalousie hoch und wird mit ihren traurigen Augen von dem Mann (Uno Henning) auf dem Bahnsteig entdeckt, der sie den Rest des Films beschäftigen wird. Wie die Pompadour-Einstellung im Blauen Engel hat auch diese hier etwas Irreales, Abgehobenes (27). Aber Courant schafft dies nicht nur durch das Licht, sondern auch durch Kamerastandpunkt und Kadrage. Durch eine geschickte Platzierung der Eisblumen auf der Scheibe scheinen Stascha Flügel zu wachsen, und ein solcher Engel verlangt nach einer speziellen Porträtausleuchtung. Er lässt also die rechte Gesichtshälfte, ihre größere im Bild, makellos weiß erscheinen, ohne die später so berühmten Wangenknochen, selbstredend natürlich ohne Falten oder andere Unebenheiten. So entsteht eine zerbrechliche Porzellanfigur, deren perfekte Kontur Courant durch eine schwache Kante auf der dunklen Seite abrundet. Zu leben scheinen nur die funkelnden Augen durch Führungslicht und Aufhellung. Manifestiert wird das Porträt einer faszinierenden, unglücklichen Frau, deren Blick nach innen geht, mag es noch so viele Gegenschnitte geben. Um die Illusion perfekt zu machen, vernebeln nach mehrmaligen Schnittwechseln mit ihrem Beobachter durchziehende Dampfwolken das Engelsgesicht, bevor der mitreisende Geliebte (Fritz Kortner) durch herunterlassen der Jalousie dem Blickkontakt ein Ende macht. Aber da ist Stascha schon auf den Boden des klassischen Porträtlichts zurückgefallen und auch die Flügel wurden zu Eisblumen gestutzt (28). Diese Veränderungen in Kadrage und Lichtführung verraten die dramaturgischen Absichten des ersten Bildes. Denn nun schaut die Darstellerin fast in die

552 Terra-Film. Regie: Kurt Bernhardt. Kamera: Curt Courant.
553 Max Glass-Produktion. Regie: Maurice Tourneur. Kamera: Nicolas Farkas.
554 Strauß-Film-Fabrikation. Regie: Fred Sauer. Kamera: László Schäffer.

Bild 7-27 bis 7-30

Lichtquelle, es gibt kaum Schatten, außer unter dem Kinn, und die Wangenknochen heben sich schwach ab. Die Haare werden in die Stirn hinein gekämmt, um diese nicht zu groß erscheinen zu lassen, und Hessel interpretiert dies eher als Züchtigung: »In dieser Rolle und wohl überhaupt in dieser Zeit trägt Marlene Dietrich ihre klare schön gewölbte Stirn noch nicht frei. [...] sie kann noch nicht ganz ihre elementare, unschuldige Gefährlichkeit entfalten.«[555]

Eigentlich fehlt nicht mehr viel zum Dietrich-light, technisch gesprochen: Das Führungslicht steht seitlich schon richtig, müsste nur etwas höher, um die Backenknochen stärker zu betonen. Noch fehlt die Vision zu diesem Effekt, sonst würde Make-up helfen, besonders bei dem hier noch recht vollen Gesicht. Und dass dies noch nicht richtig funktioniert, weiß auch Marlene Dietrich und findet sich in ihrer Autobiografie in Deutschland noch zu pummelig[556].

555 Hessel (1931): Marlene Dietrich. Unpaginiert.
556 Vgl. Dietrich (1979). S. 94.

Nennen wir den ersten Fall dramaturgische Lichtführung, weil hier eine erzählerische Funktion bedient wird, die Kreation eines Wunschbilds, eines Traums, dann steht das zweite Bildbeispiel für eine personenbezogene Lichtführung, die die Personen – und nicht nur Frauen – ins beste Licht rücken will und später zur Glamourfotografie manieriert.

Auch wenn man die Kategorisierung der Ausleuchtungsarten noch weiter unterteilen und differenzieren könnte, wollen wir es bei einer dritten belassen, der logischen Lichtführung, die das nächste Filmbild (29) veranschaulicht. Stascha steht im Gang des Zugs und bekommt ihr Licht von außen. Technisch ähnelt die Lichtführung sehr dem ersten Beispiel, selbst die Haare sind vom Wind aus dem Gesicht geblasen, doch Intention und Resultat sind andere und durch die differenzierte Lichtarbeit wirken beide Frauen völlig verschieden. Versuchen wir durch die Darstellung hindurch zu schauen auf die äußere Präsenz des Gesichts. Dieses dritte Beispiel erscheint erst einmal dunkler, kontrastreicher, jetzt liegt die größere Gesichtshälfte im Schatten, das Haar hat zwar Licht und hebt sich vom Hintergrund ab, ihm fehlt aber der Glanz, die Helligkeit der Einstellung am Fenster. Auch hilft die Kante von links nicht, die Form des Gesichts besser zu erkennen, sondern kreiert einen eher verzeichnenden Lichtfleck, der sich zwar auf die Logik des Raums beruft – eine offene Tür –, als Effekt aber zu laut, zu eigenständig auftritt. Passt das erste Beispiel mühelos in einen romantischen, märchenhaften Film, so wäre die Gangeinstellung auch leicht in einem kriminalistischen Film zu finden. In der Montage führt dies hier aber zu keiner Irritation, da wir den Film nicht nach den eben erwähnten Kriterien betrachten, nicht danach, ob das Licht dramaturgisch, personenbezogen oder logisch gesetzt ist, sondern wir geben uns dem Fluss des Films hin, werden schlimmstenfalls herausgerissen. Die Strategien der Lichtführung wollen unbemerkt bleiben, zielen auf Emotionalität und Glaubwürdigkeit ab, ihre Macht arbeitet, kontinuierlich eingesetzt, langsamer, schleichender.

Vielleicht ist meine Interpretation der Bilder nicht für jeden nachvollziehbar, dann sieht man eben nur eine Frau am Fenster mit Eisblumen und im Gang steht eine forschende Frau im Gegenschuss zu einem Mann. Trotzdem wird man die Geschichte verstehen, nur die emotionale Wahrnehmung variiert.

In Interviews pochen Kameraleute immer darauf, streng logisch zu arbeiten: Fenster rechts, Licht von rechts usw. Bei genauer Betrachtung wird diese Regel häufig nicht angewandt, sondern die Lichtführung nach der Person oder den dramaturgischen Notwendigkeiten ausgerichtet. Trotzdem werden wir nicht schockiert von dieser »Unlogik«. Folgerichtig fordert Sternberg die

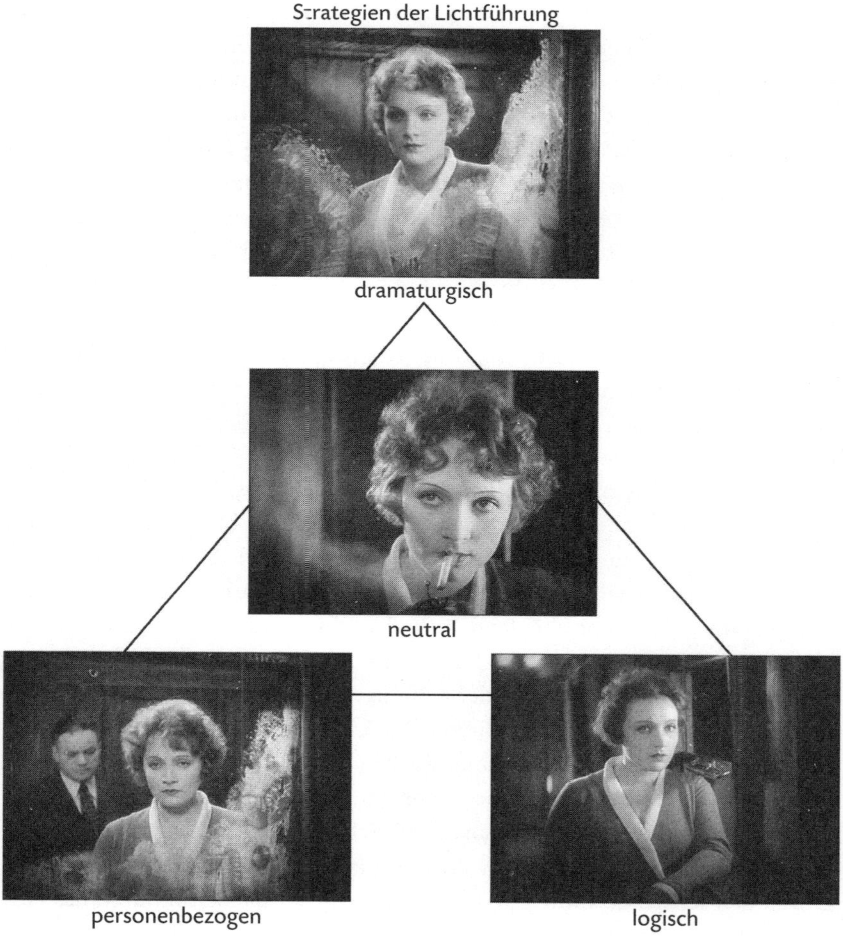

Loslösung von der Realität und ein Bild zuerst im Kopf zu schaffen und sieht sich als »Kamera-Dichter«[557]. Gegen diesen schwierigen Prozess sträuben sich viele Kameraleute, orientieren sich lieber am Realen, und ich sehe darin den Hauptgrund für viele Auseinandersetzungen. Jeder künstlerisch arbeitende Mensch hat seine eigene Arbeitsweise und dies kann Sternberg bei den um Bildfaszination konkurrierenden Kameramännern nicht tolerieren. Die große Kunst besteht darin, diese drei gestalterischen Intentionen in einem Bild zu vereinen.

557 Sternberg (1967). S. 31.

Das vierte Beispiel mag eine scheinbare Beliebigkeit belegen und zeigen, dass Bilder nicht so eindeutig der einen oder anderen Kategorie unterzuordnen sind (30), oder mir dies einfach nicht gelingt. Es ist dramaturgisch nicht zu deuten, es bedient nicht die Physiognomie und definiert nicht die Räumlichkeit; lichttechnisch entspricht es den Vorgaben der Dreipunkt-Ausleuchtung: klare Führung aus etwa -60° mit einer Kante auf der gegenüberliegenden Seite und einer Aufhellung ohne eigenen Schatten. Auch erscheint die Einstellung nicht reizlos – schon durch die leichte Aufsicht und Dekadrage, aber nicht durch die Lichtführung – und es sträubt sich nicht der Montage. Dieses Bild könnte aus einem Licht-Lehrbuch stammen, passt in jede Situation, hat keine Eigenart, ist von großer Beliebigkeit, rein handwerklich. Auf solche semantisch neutralen Einstellungen – so es das überhaupt gibt – kann kein Film verzichten, zum Beispiel als retardierendes Element oder als Träger von Informationen, ohne diese bildnerisch zu stützen oder auszudrücken.

Um uns dem Begriff »Dietrich-light« zu nähern, wollen wir ein Porträt aus MOROCCO[558] betrachten (31, Ausschnitt): Eine Lichtquelle, die eine scharfe Kontur erzeugen kann, also eine eher punktuelle Leuchtfläche besitzt, steht deutlich oberhalb der Augenhöhe. Ihre Kopfhaltung zeigt auf das Stativ des Scheinwerfers. Entscheidend hilft die Physiognomie, denn bei einem vollen Gesicht würde sich kaum ein Schatten unterhalb der Wangenknochen bilden. In diesem Beispiel geht der Kopf nach unten, dadurch wird die leicht nach oben zeigende Nase kaschiert. Der kaum merklich zu ihrer Kopfhaltung nach links versetzte Standpunkt der Lichtquelle betont stärker den rechten Nasenflügel ebenso wie die Wange durch einen kräftigeren Schatten. Wäre der Kopf nicht geneigt, müsste der Scheinwerfer höher stehen, um die Augen weiterhin zu schattieren und den Nasenschatten so lang zu halten. Durch den steilen Strahlungswinkel in diesem Beispiel kann durch das Führungslicht kein Augenlicht entstehen und da die Aufhellung dafür zu schwach ist, bleiben die Augen ohne Reflexion. Das ist für die damalige Zeit ungewöhnlich, da die Augen unlebendig, für einige Betrachter gar tot, für andere aber geheimnisvoll wirken. Jeder der beschriebenen Punkte kann leicht variieren, wichtig sind die nahezu symmetrische Betonung der Wangenknochen und die leicht verschleierten Augen, auch die freie Stirn wird immer mehr zum Markenzeichen.

558 USA 1930. Regie: Josef von Sternberg. Kamera: Lee Garmes. Lucien Ballard (ungenannt)

Bild 7-31 und 7-32

Als beständiger Streitpunkt dient Sternberg die Aufhellung. Fehlt sie, bleiben die Schatten schwarz. Dass dies nicht stört, liegt an den nur schmalen, konturhaften Schattenflächen. Im Gegenteil kann diese Schwere die Dramaturgie stützen, etwa einen depressiven Grundton des Films. Mit diesen Nuancen kann also gearbeitet werden.

Bleibt noch ein Kuriosum anzuführen: Im Rahmen der PR-Arbeit für DIE FRAU, NACH DER MAN SICH SEHNT veröffentlicht die Produktionsfirma Terra ein Foto der Dietrich mit quasi negativem Dietrich-light (32). Eine ihrer seltenen Profilaufnahmen, die auch auf ihre leicht nach oben weisende Nase keine Rücksicht nimmt, zeigt sie in einem Unterlicht, das ihre Wangen bis zu den berühmten Wangenknochen hell erscheinen lässt, den Bereich darüber schattiert und ab den Augenlidern bis zum Haaransatz das Gesicht wieder beleuchtet. Dietrich hält die Augen geschlossen, so als wolle sie mit diesem Bild, das eher an eine Totenmaske erinnert, nicht identifiziert werden.

Bei dem im gleichen Jahr gedrehten BLAUEN ENGEL gibt es keine auffällige Abweichung im Umgang mit dem Führungslicht bei Marlene Dietrich gegenüber zuvor besprochenen Bildern aus DIE FRAU, NACH DER MAN SICH SEHNT. Wichtige Beispiele haben wir besprochen, ein direkter Vorläufer für das Dietrich-light ließe sich mehrfach benennen, weil das Dietrich-light nur minimal von gängigen Porträtlicht-Strategien abweicht, denn letztlich kann jede Modellierung des Gesichts mit nur kleinem seitlichen Nasenschatten und betonten Wangenknochen Vorläufer sein. Baxter wird konkreter, sieht Maurice Tourneurs Einfluss bei Sternberg, weil Sternberg selbst anmerkt, ihn bei der Arbeit in den Studios von Fort Lee am Hudson beobachtet zu haben.[559] So soll er gelernt haben, dass Licht nur von einer Lichtquelle stammen dürfe. Doch hat Tourneur diese Regel in seinem Film The Last of the Mohicans[560] selten beachtet, in dem es viele interessante Lichteffekte und Nachtaufnahmen gibt. Baxter sieht Rittau in dieser Tradition weiterarbeiten, bei Dietrich die Wangenknochen zu modellieren und die Augen zu vertiefen.[561]

Rittau sucht nicht nach einem einzigartigen Porträtlicht, interessiert sich mehr für die Ästhetik des Films und die Dramaturgie, nicht für ein Markenzeichen für seine Hauptdarstellerin. Dabei vernachlässigt er die Porträtfotografie nicht, nutzt die von Rosher 1926 bei seinem Deutschlandbesuch entwickelte »Rosher Kino Portrait Lens«[562], doch scheinen sich seine Ausgangspunkte nicht groß von denen seines Regisseurs zu unterscheiden.

> Die Weiterentwicklung der heutigen Filmkunst beruht auf der restlosen Ausnutzung aller Möglichkeiten der Kamera, denn die Filmgestaltung ist im Wesentlichen nur durch die Kamera möglich. Ich versuche, in meiner Photographie eine optisch-psychologische Reproduktion des Szeneninhalts zu geben. Entscheidend für den künstlerischen Wert einer Film-Photographie ist die bildhafte Beherrschung des optisch-dynamischen Moments sowie des gedanklichen Stoffes der einzelnen Szene. Mein Ideal ist, diesen gedanklichen Inhalt eines Films lediglich durch die künstlerischen Möglichkeiten der Kamera zu gestalten.[563]

Schauen wir auf unterschiedliche Beispiele für Rittaus Variationsbreite. Nach den ersten flüchtigen Blickwechseln im Auditorium steht Rath nun in Lolas Garderobe, merkt, dass er überall stört, und will gehen. Lola bietet ihm an, zu bleiben. Die Motivation für beider Verhalten bleibt unklar, ebenso wie das Verharren der Verfolgten in ihren Verstecken. Egal, eine dramaturgische Notwendigkeit lässt sich daraus für die Kameraarbeit kaum ableiten. Aber natürlich muss Lola gut ausschauen, muss auf den Professor Rath und den Zuschauer wirken. Nicht nur in dieser Einstellung, aber auch in dieser gerade

559 Vgl. Sternberg (1967). S. 52.

560 USA 1920. Regie: Maurice Tourneur, Charles L. Brown. Kamera: Charles Van Enger, Philip R. Dubois.

561 Vgl. Baxter (2010). S. 180.

562 Vgl. Brownlow (1997). S. 281.

563 Treuner (1928).

einmal fünf Sekunden langen, die nur dieses eine Mal geschnitten wird (33). Im Bild zuvor verschwand die dicke Frau mit bissigen Kommentaren gegen Rath in ihrer Garderobe. Lolas Kopf bleibt beim Schnitt noch ihr zugewandt. Wenn Rath mit seinem Dialog im Off beginnt, muss ihr Blick zu ihm gehen, aber diesen Blickwechsel macht sie kokett nur mit den Augen und nicht mit dem Kopf, weil die Kante auf ihrer rechten Wange sie daran hindert. Dietrich erklärt dies so:

> Doch das ›back-lighting‹ hat auch seine Nachteile. Der Kameramann bestand immer darauf, daß man den Kopf nicht zur Seite drehte, denn das Licht hinter der Schauspielerin fiel dann auf ihre Nase, die sofort Ähnlichkeit mit der von W. C. Fields[564] annahm. So waren die meisten Szenen mit einem Partner, gelinde gesagt, sehr steif. Während wir mit einander sprachen, blickten wir starr geradeaus, anstatt uns in die Augen zu sehen. Auch bei den Liebesszenen.[565]

Für diese verkrampfte Haltung braucht man aber nicht unbedingt einen Partner im Bild, und sie macht das Beste daraus, setzt einen Na-mein-kleiner-Mann-Blick auf, rollt die Augen und schont ihre Nase. Denn das Licht gilt für den Blick zur dicken Frau und nicht zu Rath, so viel Zuwendung zum Professor soll durch die Kopfdrehung wohl noch nicht sein. Sie hält ihr Gesicht zum Führungslicht gedreht, so gibt es einen kleinen Nasenschatten und die im Bild größere Gesichtshälfte wird durch den Schattenverlauf beim Wangenknochen in einen hellen und dunklen Teil halbiert. Das Gesicht erscheint dadurch schmaler. Diese Routinen werden von ihr und Rittau bestens beherrscht. Aber dann existiert noch diese verflixte Kante (*back-light*). Natürlich kann man auf jede Lampe verzichten, aber der Kameramann – bei problemlosen Lichteffekten verantwortet ja Sternberg ihr Aussehen – will unbedingt diese Kante, die nicht nur die Wangenpartie abrundet, sondern auch auf eine Lichtquelle im hinteren Raum verweist. Hier kommen also personenbezogene und logische Lichtführung für die Schauspielerin unheilvoll zusammen – oder zwingen sie dazu, schauspielerisch darauf zu reagieren, was ihr bravourös gelingt.

Diese Einengung des Spiels scheint heute schwer vorstellbar und ich habe bei meiner Kameraarbeit nur eine Schauspielerin[566] kennen und auch schät-

564 Amerikanischer Komiker mit ausgeprägter Knollennase.

565 Dietrich (1987). S. 105.

566 Ida di Benedetto (italienische Schauspielerin und Produzentin) in SCHLAF DER VERNUNFT. BR Deutschland 1983. Regie: Ula Stöckl. Kamera: Axel Block.

zen gelernt, die so großen Wert auf ihre makellose Ausleuchtung legte, dass sie mich in der ersten Woche bei ihrer Ausleuchtung mit einem Spiegel kontrollierte und mich auf die Probleme ihres Gesichts aufmerksam machte. Erst als sie Muster gesehen hatte, verzichtete sie allmählich auf den Spiegel, denn ich versuchte bei diesem Schwarz-Weiß-Film mit allen Mitteln die Kontraste zu erhöhen. Das führte dazu, dass die Gesichter oft konturlos weiß oder sehr dunkel waren. Sie und ich waren begeistert – wenn auch aus unterschiedlichen Gründen. Wie einige Kameramänner von Marlene Dietrich behaupten, viel von ihr gelernt zu haben, so fand auch ich die Anmerkungen von Ida ausgesprochen lehrreich und ihre Disziplin bemerkenswert, denn sie wusste, dass das optimale Licht nur für diese eine Kopfhaltung zu erreichen war. Musste sie sich vom Spiel her bewegen, so kam sie danach mit absoluter Präzision in die alte Position zurück, ohne den Eindruck zu erwecken, dass dies sie einschränkte. Im Gegenteil schien sie die Sicherheit über ihr gutes Aussehen zu beflügeln und nicht zu verkrampfen. Was zur Stummfilmzeit die Regel war, gilt heute als große Ausnahme, auch weil sich Inszenierung und viele andere Faktoren geändert haben.

Bei den nächsten beiden Beispielbildern liegt die Ambition der Lichtführung weniger auf dem guten Aussehen als bei der dramaturgischen Wirkung. Im ersten (34) steht Lola auf einer Treppe und macht Rath Druck aufzutreten. Sie schaut nach unten auf ihn herab, dadurch erscheint die Kamera etwas erhöht und verhindert den Blick in ihre Augen. Sie ist wütend. Die Kopfdrehung liegt bei etwa + 30°, den Lichteffekt nenne ich + 45° (Lichtdreieck unter dem Auge) und ist typisch für ein Männer-Porträt. Das deutliche Spiel von Licht und Schatten formt das Gesicht markanter, härter oder, wenn man so will, männlicher. Hier soll der Effekt ihre Unnachgiebigkeit betonen. Keine Kante und kein Haarlicht greifen versöhnlich ein. Im anderen Bild (35) wird Rath im Off auf die Bühne geschoben. Lola steht im Zwielicht, die starke Kante und das Haarlicht machen die Lichtsituation logisch, das Führungslicht hat sich noch mehr von ihrer Blickrichtung entfernt (Seitenlicht), beleuchtet nur noch eine Gesichtshälfte. Sie hat gesiegt, aber es ist kein Triumph, nur Düsternis.

Im letzten Beispiel wird der Ort erzählt (36). Flüchtend kroch sie fast unter einen Tisch, weil ihr Ehemann Professor Rath nach dem erzwungenen Auftritt durchdreht. Sie sucht Schutz, Deckung, den ihr die Dunkelheit gibt. Die Lichtführung wirkt logisch, erklärt auch die inszenatorische Absicht, und da durch das diffuse, gedämpfte Licht Lola sanft, fast verletzlich erscheint, treffen sich hier dramaturgische und personenbezogene Lichtführung vortrefflich.

Bild 7-33 bis 7-38

Kommen wir also zu dem Film, bei dem die Schauspielerin Marlene Dietrich zur Marke Marlene Dietrich wird: MOROCCO. Sternberg wird nicht müde zu erzählen, dass er Marlene Dietrich ausgeleuchtet hat und somit das Dietrich-light erfand. Auch Dietrich kennt nur Sternberg, erwähnt sonst niemanden namentlich, wird wohl auch von Sternberg gut abgeschirmt, ihren Erzählungen nach gefällt ihr das gut. Aber gerade durch diese ständigen Klagen über Kameraleute, die ihr alles verbieten und sie schikanieren, wird deutlich, wie wenig Einfluss der Regisseur Sternberg wohl bei der

Ausleuchtung hat. Er gibt sicher Anregungen, hat Ideen, setzt sich auch durch (wobei dies von Dietrich bestritten wird), wie das eben in einem kooperativen Arbeitsprozess üblich ist. Der Kameramann Lee Garmes erzählt seine Arbeit so detailliert, dass sie nicht ganz unglaubwürdig klingt. Auch andere Autoren[567] geben Garmes' Geschichte den Vorzug vor den pauschalen Behauptungen. Er erzählt in den Tonbandprotokollen von Charles Higham, dass er durch seinen Agenten zu MOROCCO kommt und bedauert, nicht genug Zeit für Probeaufnahmen mit Marlene Dietrich zu haben. Er hat den BLAUEN ENGEL gesehen und mit dieser Kenntnis setzt er das Führungslicht als Seitenlicht, eine Gesichtshälfte hell, die andere dunkel. Bei den ersten Mustern erschreckt er, weil er so geleuchtet hat wie Daniels[568] bei der Garbo. »Selbstverständlich können wir nicht zwei Garbos haben! Deshalb, ohne etwas zu Jo zu sagen, wechselte ich zum Nordlicht. Er gab keine Verbesserungsvorschläge, machte weiter und ließ mir meine Freiheit. Das Dietrich-Gesicht ist mein Werk.«[569]

Auch das lässt Fragen offen, aber bleiben wir bei den Bildern. Wie schon im BLAUEN ENGEL fehlt eine durchgehende, standardisierte Porträtausleuchtung. Es gibt das Seitenlicht (37), das Garmes an die Garbo erinnert (38, das Beispiel ist aus THE MYSTERIOUS LADY[570]), und es gibt Einstellungen mit dem Dietrich-light (31).

Das Dietrich-light muss nicht neu erfunden werden. Die Ufa veröffentlichte schon zur Stummfilmzeit Fotos, die alle Elemente dieses Lichts haben. Aber es taucht nur auf, verschwindet wieder, führt ein solitäres Dasein. Mit MOROCCO beginnt der Effekt, sich nun zu etablieren und zum Markenzeichen der Dietrich zu werden, vereinzelt noch, aber auffällig genug, um jetzt wahrgenommen, stilbildend zu werden. Zu diesem Markenzeichen Dietrichs gehört sicher auch, dass es kaum profilige Bilder[571] von ihr gibt, und Jack

567 Vgl. Baxter (2010). S. 180–181. Oder: Higham (1970): Hollywood Cameramen. S. 11.

568 William H. Daniels. *1901 (Cleveland, Ohio); †1970 (Los Angeles). Gilt als Kameramann der Garbo. 1949 Oscar für STADT OHNE MASKE, drei weitere Male nominiert. Drehte u. a. mit Stroheim, Dassin, Goulding, Mamoulian, Brown, Cukor, Lubitsch, Mann.

569 Higham (1970). S. 40–42 [Übersetzung durch den Autor].

570 USA 1928. Regie: Fred Niblo. Kamera: William H. Daniels.

571 Zwei sehr schöne Profilaufnahmen von John Engstead und Milton H. Greene in: Anon. (1984): Marlene Dietrich: Porträts 1926–1960. S. 110 und 113. Aber auch bei diesen wird die aufstrebende Nase durch die Neigung des Kopfs kaschiert.

Cardiff[572], bei TATJANA – KNIGHT WITHOUT ARMOUR[573] noch Assistent bei Harry Stradling, erzählt, dass Dietrich weiße Streifen auf den Nasenrücken klebt, um die Stubsnase zu kaschieren, und dass sie weiße Linien auf das Unterlid malt[574].

Die Etablierung des Dietrich-light

Unter Aspekten der Lichtführung erscheint mir als interessantester Film der zwischen MOROCCO und SHANGHAI EXPRESS[575] produzierte DISHONORED[576]. In ihm wird das Dietrich-light zum fast durchgehenden Porträtlicht. Garmes dekliniert alle erdenklichen Varianten durch und demonstriert, wie variantenreich ein so eng definiertes Porträtlicht sein kann, ohne die Dramaturgie zu vernachlässigen. Garmes äußert sich zu seiner Arbeit im Interview nicht, sondern lobt in einem kargen Satz nur Sternbergs Arbeit und erwähnt, dass der Film finanziell erfolglos war. Wohl auch deshalb übergehen Sternberg und Dietrich diesen Film in ihren Interviews. DISHONORED wird ignoriert. Dabei bietet die Kameraarbeit eine solche Fülle großartiger Porträts der Dietrich, dass eine Auswahl schwerfällt. Es beginnt unentschlossen, Seitenlicht, klassisches Porträtlicht, um sich dann in immer gewagtere Dietrich-light-Situationen zu steigern. Aber der Reihe nach.

Dietrich spielt die Prostituierte Marie Kolverer, die vom österreichischen Geheimdienst als Spionin engagiert wird, um einen Verräter in den eigenen Reihen auszumachen. Als sie bei ihrem ersten Opfer die Wohnung durchsucht, wird sie vom Butler ertappt (39), und natürlich meistert sie charmant die Situation (40). Die Unterschiede dieser beiden Bilder sind minimal, aber auffällig. Das Führungslicht bleibt in beiden Fällen gleich, strahlt nicht sehr steil, aber natürlich in ihre Blickachse, minimal zur Kamera hin verschoben, so dass ein winziger Nasenschatten auf der schmaleren Gesichtshälfte ent-

572 *1914 in Norfolk, England; †2009 in Cambridgeshire, England. Vier Mal als Kameramann nominiert für den Oscar, 2001 Ehren-Oscar. Viele weitere Auszeichnungen auch als Regisseur.

573 Großbritannien 1937. Regie: Jacques Feyder. Kamera: Harry Stradling, Sr.

574 Vgl. Jack Cardiff in dem Dokumentarfilm CAMERAMAN: THE LIFE AND WORK OF JACK CARDIFF. Regie: Craig McCall. Großbritannien 2010.

575 USA, Paramount Pictures 1932. Regie: Josef von Sternberg. Kamera: Lee Garmes (Oscar für die Kameraarbeit). In einigen Quellen wird unter Kamera noch James Wong Howe erwähnt und für die zweite Kamera Daniel L. Fapp (beide nicht im Titel).

576 USA, Paramount Pictures 1931. Regie: Josef von Sternberg. Kamera: Lee Garmes.

steht und der Wangenknochen auf der größeren Gesichtshälfte nur angedeutet wird. Stünde die Führung weiter rechts, um den Effekt zu verstärken, wäre das Licht bei der kommenden Kopfdrehung nach links zu auflichtig. Sternberg erklärt es aus seiner Sicht:

> Ich platziere ein Licht direkt über dem Gesicht, so daß der Schatten der Nase sehr klein wird. Ich benutze kein Zusatzlicht zum Aufhellen. Kameraleute wollen immer Zusatzlicht. Wozu? Ich benutze ganz einfaches Licht. Kameraleute können es nicht nachmachen, weil sie dieser Einfachheit nicht folgen können. Außerdem haben sie nicht mein Talent.[577]

Die Beispielbilder verdeutlichen, dass man keine Aufhellung für das Gesicht braucht, wenn das Führungslicht mit so geringer Schattenbildung gesetzt wird. Aber die Aufhellung könnte auch ein Augenlicht spenden. Garmes beklagt sich, dass Sternberg, der seiner Meinung nach sehr viel über Licht weiß, oft nicht die Notwendigkeit sieht, Licht und Schatten in einer Einstellung ausgewogen zu gestalten.[578] Der Kinnschatten verrät, dass der Scheinwerfer etwas höher steht, als der kleine Nasenschatten ahnen lässt: Dietrichs nach oben weisende Nasenspitze wird korrigiert durch die leicht über Augenhöhe stehende Kamera. Kadrage und Lichtführung greifen perfekt ineinander und erlauben auch Kopfdrehungen, ohne den Effekt zu verlieren.

Im ersten Moment wirkt die folgende Aufnahme ihrer Erleichterung nur ein wenig heller kopiert (40), aber bei genauerer Betrachtung sehen wir, dass auch das Licht auf ihren Haaren nicht nur intensiver, sondern mehr Richtung Kamera gerichtet ist und nun auch die vorderen Spitzen über der Stirn erreicht, und da das Cape mehr über ihre Schulter liegt und so mehr von diesem Licht einfängt, orchestriert nun der paillettenbesetzte Umhang funkelnd ihren kleinen Erfolg.

Im letzten Drittel des Films werden die Effekte heftiger. Marie Kolverer verspricht ihren Militärs, den verhafteten Überläufer Kranau (Victor McLaglen)[579], der ihr im Laufe des Films entkam, zum Reden zu bringen, aber am Ende wird sie ihm die Flucht ermöglichen und statt seiner füsiliert. Es beginnt mit einer Art Verhör in einem dunklen Zimmer, das nur von wechselnden Suchscheinwerfern immer wieder zerschnitten wird. Ein Effekt, der später in unterschiedlichen Filmen von CASABLANCA[580] bis BLADE

577 Brownlow (1997). S. 254.
578 Vgl. Higham (1970). S. 35.
579 Laut IMDb sollte Gary Cooper die Rolle spielen, aber er wollte nicht noch einmal mit Sternberg arbeiten.
580 USA 1943. Regie: Michael Curtiz. Kamera: Arthur Edeson.

Bild 7-39 bis 7-44

Runner[581] auftaucht, ohne hier neu sein zu müssen. Marie sitzt im Dunkeln, spielt mit der Waffe, lässt sie fallen, damit Kranau sie greifen kann, denn sie gibt sich keine Mühe, ihn zu hindern (41). Klassisches Dietrich-light, aber was hat sich verändert? Zuerst ist das Bild deutlich dunkler als die vorherigen. Vermutlich wird die Einstellung mit mehr Licht kopiert, um die Schwärzen zu verstärken. Der Raum ist in Dunkelheit getaucht; wenn man so will: Lichtmalerei auf hohem Niveau. Marie sitzt im Spot, Kranau läuft nervös herum, vor dem Fenster als Silhouette. Schuss-Gegenschuss, Dialog. Wenn

581 USA 1982. Regie: Ridley Scott. Kamera: Jordan Cronenweth.

Marie den Entschluss fasst und umsetzt, Kranau die Waffe zuzuspielen, und diese fallen lässt, dann erscheint sie in dieser Szene zum ersten Mal in »ihrem« Licht. Das bedient nicht nur die Dunkelheit im Raum, sondern auch die Spannung, denn das nun noch steilere Führungslicht – im Vergleich zu den Beispielen zuvor steht es nun fast über ihr – schattiert ihre Augen. Die unteren Lider heben sich kaum ab, vielleicht helfen weiß geschminkte Linien nach. Diese Unkenntlichkeit der Augen nimmt dem Zuschauer die Möglichkeit, ihre Absicht zu bewerten, sie zu durchschauen. Die Mimik wirkt versteinert. In diesem unbeweglichen und durch das Dietrich-light festgenagelten Gesicht liegt nicht nur die ganze Undurchsichtigkeit dieser Rolle, sondern es überträgt die Charakteristik dieses zum Markenzeichen geronnenen Lichts auf die Darstellerin Marlene Dietrich selbst und verkettet beide unzertrennlich. Die Trennung zwischen Rolle und darstellender Person wird aufgehoben. Dietrich *ist* die Undurchsichtige, die schwer Einzuschätzende, so wie später aus Marketing-Gründen Schauspieler mit ihren Rollennamen identifiziert und beworben werden. Aber hier erzeugt diese Identität ein künstlerisches Mittel, die Lichtführung, und da scheint es wenig verwunderlich, dass sich gleich mehrere Personen um das Urheberrecht streiten.

Drei Filmminuten später hört Marie ihr Todesurteil (42). Zu ihrer Fluchthilfe führt sie an, den Mann zu lieben, was keiner ihr glaubt, auch weil sie sich wenig kooperativ zeigt. Das Gesicht mutet heller an, entspricht mehr den ersten beiden Beispielen, aber Maries Ausdruck strahlt nun weniger Charme als Strenge und Stolz aus. Dabei helfen nicht nur die veränderte Frisur, sondern besonders die bildnerischen Mittel. Die Kamera steht leicht unter Augenhöhe, fast frontal, die ebenmäßige Symmetrie ihres Gesichts betonend mit dem Blick fast im POV. Das Führungslicht richtet sich nach der straffen Symmetrie aus, korreliert mit dem Kamerastandpunkt und steht nur so hoch, dass es gerade noch ein Augenlicht ergibt. Ästhetischer, schöner kann man mit kunstvoller Eintönigkeit, die nur die Perfektion ermöglicht, ein Porträt kaum fotografieren.

Als Kontrast dazu gibt es wenig später noch ein Bildnis jugendlichen Ungestüms (43). In der Todeszelle fordert Marie für die Exekution vom Geistlichen eins der Kleider, mit dem sie zu Anfang ihrer Arbeit als Prostituierte nachging – und ein Piano. Wirkt die vorherige Einstellung durch ästhetische Eintracht, finden sich hier nur Gegensätze. Der strenge Stolz weicht einem eher jugendlichen Trotz. Die Kamera schaut logisch zwischen den beiden von deren Blicklinie von oben auf sie runter, doch ohne zu werten, sie klein zu machen, bestenfalls wird das ungeschützt Kindliche angedeutet. Ebenso logisch wirkt das Führungslicht, folgt den totaleren Einstellungen, die eine grobe Gitterprojektion zeigen. Hier in der Nahen bleibt die Projektion präsent, ist aber nicht mehr identifizierbar, entsprechend wird das Porträtlicht geführt: Recht steil von links wird Marie beleuchtet, die in etwa -45° nach rechts aus dem Bild schaut, auf ihrer schmalen, abgewandten Seite bildet sich ein schwaches Lichtdreieck, ihre größere linke Seite liegt voll im Licht, ein Augenlicht blitzt immer wieder auf. In diesem Moment der Gegensätze wird Marie klar und offen entsprechend der optischen und der Licht-Logik präsentiert. So steht sie hier nicht im Dietrich-light, nicht einmal im klassischen Porträtlicht, es scheint Sternberg und Garmes bewusst, dass man mit Standards für diesen Moment nicht weiterkommt. Das Bild stemmt sich gegen das im Film aufgebaute Image. Ob beabsichtigt oder nicht, deutlich wird, dass je unnachgiebiger das Dietrich-light eingesetzt wird, umso mehr prägt ihr nun schon zur Marke avanciertes Image die Aussage mit.

Aber noch bleibt eine große Distanz zur leeren Hülle, bei der nur noch der Effekt das Spiel zu ersetzen droht, wie bei ihrer Ein-Tages-Rolle in The Touch of Evil[582] ihres Freunds Orson Welles (44). Die kargen Informationen in diesem Film, die der Dialog zuvor zu ihrer Rolle gibt, charakterisieren eine ältere, leicht abgehalfterte und zwielichtige Figur – und wen kann man zu diesem Zeitpunkt dafür besser besetzen als Marlene Dietrich. Sie braucht wenig Spiel, um die Erwartungen zu erfüllen – natürlich bleibt das Alter ausgespart und Russell Metty lässt sie so makellos wie möglich erscheinen. Dies muss auch Welles sehr beeindruckt haben, denn der Schweizer Kameramann Richard Angst erzählte mir,[583] dass, als er mit Orson Welles Jahre später drehte,[584] dieser nach dem Dietrich-light für seine Porträts verlangte.

Autorenschaft

»Dennoch kontrollierte Sternberg die Beleuchtung seiner Filme so entschieden, dass man seine Handschrift bereits erkannte, wenn man nur eine einzige Einstellung sah.«[585] Mit dieser Meinung steht Brownlow nicht allein – und

582 USA 1957. Regie: Orson Welles. Kamera: Russell Metty. Zur Abbildung 7-44: Der Film ist im Format 1:1,37 gedreht, aber für 1:1,85 kadriert (das war zu der Zeit durchaus üblich). Dieses Bild ist ein seitenbeschnittener Ausschnitt aus der 1:1,85 Kadrage.

583 Angst 1983. Band 49, TC 15:25:30.

584 BR Deutschland, Italien, Rumänien 1968. Regie Robert Siodmak. Kamera: Richard Angst.

585 Brownlow (2014). S. 56.

wie alle richtigen Magier verraten die Autoren den Trick nicht, wie sie zu diesem Urteil kommen. Brownlow beruft sich nur auf den ASC, dass Sternberg dort Mitglied sei. Für mich sind die einzelnen Filme fotografisch divergent, wer auch immer dafür verantwortlich zeichnet. Marlene Dietrich macht selbst auf einen Unterschied beim BLAUEN ENGEL aufmerksam: »In diesem Film benutzte von Sternberg den Hauptscheinwerfer, um die Rundungen meines Gesichts noch stärker zu betonen. Keine hohlen Wangen im Blauen Engel.«[586]

Selbst bei den von Lee Garmes fotografierten Filmen sind deutliche Varianten in der Lichtführung zu sehen, von denen wir nur wenige am Beispiel des Porträtlichts herausgegriffen haben. Zu den unterschiedlichen Lichtkonzepten bei verschiedenen Kameramännern will ich zwei Beispiele anführen, jeweils aus den Anfängen der Filme MOROCCO und THE BLONDE VENUS[587]. Beide Szenen sind sehr atmosphärisch, handeln tagsüber bei Sonne, diejenige aus MOROCCO spielt in einem offenen Bazar, der durch den Ruf des Muezzin zur Gebetsstätte mutiert, und wird bei realer Sonne auf dem Freigelände der Paramount gedreht[588]; THE BLONDE VENUS spielt auf einem Weg unter Bäumen und könnte im Studio entstanden sein.

Das erste Bild lebt vom kinetischen Effekt, wenn weiß gekleidete Personen durchs Bild gehen und die Sonne das ungeordnete Gitterwerk, das über dem Gang hängt, auf den Gewändern tanzen lässt (45). Den Machern gefällt dieses bizarre Spiel so sehr, dass erst nach knapp einer Minute geschnitten wird, und ohne Mühe könnte man sich diesem Erlebnis länger hingeben. Auch wenn der Effekt gut eingeführt wird und leicht durchschaubar ist, entrückt er die Realität in eine fremde, bizarre Welt: ein optischer Geniestreich, der die Wahrnehmung verzaubert. Die Erforschung des Grafischen setzt sich im gesamten Film fort und so sucht die Bildgestaltung gerne Muster und Linien als Versatzstücke, um die Kadrage zu gestalten. Die Einstellung wird vom Lichteffekt her gedacht, er rechtfertigt das Bild, und das Konzept hierfür entsteht vermutlich lange bevor sich ein Kameramann mit dem Film befasst. Garmes obliegt es, die Idee umzusetzen, und auch wenn dies mehr oder weniger gut gelingen kann, liegt die Autorenschaft an dieser Vision bei Sternberg. Aber bekundet dieser Effekt dessen Handschrift? Sternbergs Einfluss zielt auf Atmosphäre, auf eine gewisse Künstlichkeit, eine emotionale

586 Dietrich (1987). S. 93.

587 USA, Paramount Pictures 1932. Regie: Josef von Sternberg. Kamera: Bert Glennon. Kamera-Assistent: Lucien Ballard. Szenenbild: Hans Dreier.

588 Vgl. Higham (1970). S. 42.

Bild 7-45 und 7-46

Differenz von Realität zum Abbild, aber selten wird sie so konkret wie in diesem Beispiel.

Eine andere Ausstrahlung zeigt das zweite Bild aus THE BLONDE VENUS: Am Ende einer Parallelfahrt pausiert eine Gruppe ermüdeter junger Männer unter Bäumen. Nur punktuell bahnen sich Sonnenflecken ungeordnet ihren Weg in die Szenerie, setzen ungenutzte Akzente, werden akzeptiert, bleiben zufällig (46). Die intelligent gesetzte diffuse Aufhellung bleibt schwach, schafft eine eher düstere Atmosphäre im sonnendurchfluteten Wäldchen. So wirkt sie mit ihrer Strahlungsrichtung aus etwa -60° wie ein Führungslicht der Dunkelheit und fordert für die linken Gesichtshälften eine weitere Aufhellung, damit diese nicht ungezeichnet schwarz bleiben. Hier zeigt sich die Notwendigkeit der von Sternberg viel geschmähten Aufhellung. Dieses Bild so dunkel zu halten, ist keine technische, sondern eine künstlerische Entscheidung, eine Festlegung übrigens, die für das gesamte Erscheinungsbild des Films gilt. Auch in den Innenraumszenen herrscht, ob Tag oder Nacht, eine düstere Grundstimmung vor, die nur punktuell aufgehellt wird. So stehen sich hier eine effektvolle, den Raum betonende und eine dramaturgische, eher dem Realismus verpflichtete Lichtführung gegenüber, die den ganzen Film mit einer emotionalen Schwere überzieht. In MOROCCO hängen Helligkeit oder Dunkelheit an den Tageszeiten, in BLONDE VENUS herrscht durchgehend eine bedrückende Dunkelheit, die die Tageszeit nur erahnen lässt.

Schreibt der Autor Jules Furthman die angeführte Einstellung aus MOROCCO nur für diesen Effekt? Sie hat keine Plot-Funktion, kann auch nicht mit so vielen Komparsen und dem aufwendigen Gitterwerk spontan gedreht werden. Hat Sternberg dies inspiriert, vielleicht auch angeregt, THE BLONDE VENUS düster zu halten? Solche Vorgaben der Regie sind es, ohne die die Szenen nicht gedreht werden. Ist das schon Handschrift, relevant für die Urheberschaft?

Auffällig bleibt, dass mit der Nuancierung vom Grafischen, Malerischen hin zum eher nüchternen Realismus, auch der Wechsel von Lee Garmes zu Bert Glennon einhergeht. Mit Glennon hatte Sternberg zuvor UNDERWORLD[589] und THE LAST COMMAND gedreht und bei THE SCARLETT EMPRESS[590], der nach THE BLONDE VENUS entsteht, kommt es dann zum Zerwürfnis, bei dem sicher auch ästhetische Fragen eine Rolle spielen. »Ich hatte immer gern die besten Leute, die ich finden konnte – Lee Garmes war ausgezeichnet. Einer der besten, den ich hatte, war Bert Glennon.«[591]

Schluss

In der Mise-en-scène besticht Sternberg durch Reduktion auf das Wesentliche, Entschlackung von unnötigen Ergänzungen und Konzentration auf die Hauptdarsteller. Doch streben Kadrage und Lichtgestaltung bei diesem Verzicht auf Beiwerk nie die Radikalität der JEANNE D'ARC von Dreyer und Maté an. Die Bilder in Sternberg-Filmen sind detailreicher, nuancierter und vor allem atmosphärischer. Diese Methode der gepriesenen Vereinfachung jedoch auf die Dramaturgie angewandt, simplifiziert die Geschichte, macht sie atmosphärisch ärmer, was von der Fotografie aufgefangen wird. Auch Sternberg kann grandios gegen die Logik der Realität verstoßen. Wie beim springenden Büro im LETZTEN MANN, so bleiben auch hier die Brüche unhinterfragt: dass man den Blauen Engel durch eine Sammlung von Gerümpel betreten muss oder dass der Spot von der Bühne auf Rath im Publikum diesen von unten beleuchtet, die Reihe ließe sich beliebig fortsetzen. Sternberg macht das Einfache extrem.

Sein unbestrittener Verdienst ist die Entdeckung und der Aufbau Marlene Dietrichs zum Weltstar und sie dankt es ihm mit abgöttischer Loyalität. »Meinem Schöpfer von seinem Geschöpf«[592] schreibt sie als Widmung auf eins ihrer Porträts. »›Ich habe die Dietrich nicht entdeckt‹, bemerkte von Sternberg oft. ›Ich bin ein Lehrer, und diesem Lehrer ist eine schöne Frau aufgefallen, er hat ihr Äußeres gestaltet, ihre Reize betont, ihre Mängel

589 USA, Paramount Pictures 1927.
590 USA, Paramount Pictures 1934.
591 Brownlow (1997). S. 250.
592 Sternberg (1991). Hinteres Deckblatt.

kaschiert, er hat sie geformt und zu einer aphrodisischen Erscheinung kristallisiert.‹«[593]

Gern glaube ich, dass Sternberg sich um die Ausleuchtung von Marlene Dietrich kümmert, Anweisungen gibt, die Beleuchter anleitet – natürlich bis auf die von Dietrich gehasste Kante, die musste dann wohl der jeweilige Kameramann setzen. Sternberg sieht sich als alleiniger Künstler und Urheber am Film. Vielleicht beleuchtet dies das Phänomen, dass amerikanischen Kameraleuten, die einen extrem großen Einfluss auf die Entwicklung und Fortschreibung der Filmfotografie hatten und haben, kaum ein künstlerischer Anteil am Film zuerkannt wird, verglichen mit ihren deutschen Kollegen (die dies in den USA erstaunlich schnell verlieren). So verwundert es wenig, dass Kameraleute heute in Deutschland am Urheberrecht partizipieren, die amerikanischen aber, die sich in den 1950er Jahren haben als Handwerker einstufen lassen, leer ausgehen.

Fraglich bleibt, warum Marlene Dietrich sich so stilisiert, sich so auf ein einziges Abbild von sich reduziert. Kameraleute und Fotografen berichten einhellig, dass sie jedem den Tipp gibt, wie das Licht für sie am besten zu setzen ist. Auch Fritz Lang weiß davon zu berichten, als er ihr ein neues Image bei RANCHO NOTORIOUS[594] verleihen will, denn laut Drehbuch spielt sie ein »älteres Mädchen« in einem Tingeltangel, aber für Lang sieht sie von Szene zu Szene jünger aus. Lang vermutet Sternbergs immer noch währenden Einfluss dahinter, kanzelt diesen mit einer kleinen Indiskretion kurz ab und besteht darauf, in seinem – Langs – Film es auf seine Art zu machen.[595] Etwas an dieser Anekdote scheint zu stimmen, denn auch Dietrich lässt an Lang kein gutes Haar. Wer ihre Biografien liest, wird entdecken, dass sie glaubt, sich hinter einer Vielzahl kleiner Ungenauigkeiten genauso verstecken zu müssen wie hinter diesem immer gleichen Lichteffekt. So als hätten wir ein Anrecht darauf, in ihr Inneres zu blicken.

593 Dietrich (1987). S. 84.

594 USA 1952. Regie: Fritz Lang. Kamera: Hal Mohr. Technicolor. Deutsch: ENGEL DER GEJAGTEN.

595 Vgl. Higham; Greenberg (1969): *The Celluloid Muse*. S. 119–120.

Ein Fritz Lang Film [Regie. Fotografische Leitung: Fritz Arno Wagner. Kamera-Assistenz: Karl (Károly) Vass (Vash). 2. Kamera: Robert Baberske. Buch: Thea von Harbou, Fritz Lang. Szenenbild: Emil Hasler, Karl Vollbrecht. Assistenz: Edgar G. Ulmer].[596]

»In M habe ich etwas für mich Neues angefangen.«[597] (Fritz Lang)

596 In der restaurierten Fassung von 2011 gibt es nur den Namenstitel: Ein Fritz Lang Film. Weitere Namen fehlen. Wie auch bei anderen Fassungen schwanken die Namensnennungen. Angaben hier aus: Lang (1963): *M: Protokoll*, S. 5, und www.filmportal.de. [letzter Zugriff: 05.04.2020].

597 *Cahiers du Cinéma*. Heft 99 (1959). Zitiert nach: Gehler; Kasten (1990): *Fritz Lang*. S. 145.

Noch 1927, im Jahr der Uraufführung von METROPOLIS, beginnt Fritz Lang seinen neuen Film SPIONE[598] – mit dem Kameramann Fritz Arno Wagner, der schon bei DER MÜDE TOD[599] drei Episoden gedreht hatte.

Wie die Produktion beginnt

Nach Langs letztem Stummfilm FRAU IM MOND[600] bieten die Produzenten eine Nachvertonung an, der er sich aber verweigert, vielleicht eher aus der Einsicht, dass dies den Film – besonders ästhetisch – nicht verbessern würde, denn aus dem weit verbreiteten Glauben, dass der Tonfilm keine rechte Zukunft hat. So spricht der *Kinematograph* für nicht wenige Filmschaffende die tiefsitzende Hoffnung aus, der neue Fritz-Lang-Film FRAU IM MOND sei »ein Standardwerk, das außerdem verkündet, daß der stumme Film noch lange nicht tot ist. Daß es Dinge zwischen Western und Tobis[601] gibt, von denen sich die Electro-Trustleute nichts träumen lassen wollen.«[602]

Lang zögert, schaut sich erste Tonfilme an, auch den BLAUEN ENGEL, beschäftigt sich ausgiebig mit den ästhetischen und dramaturgischen Möglichkeiten der neuen Technik, bevor er sich selbst daran wagt. Der Perfektionist Lang will mit seinem ersten Tonfilm keine Erfahrungen sammeln, sondern den vollkommenen Film abliefern. Und auch inhaltlich will er sich neu orientieren:

> In einem Abenteuerfilm oder Kriminalfilm wie DR. MABUSE oder SPIONE geht es um die reine Sensation, eine Entwicklung der Charaktere gibt es nicht. Aber bei M …, da begann ich etwas für mich Neues, etwas, das ich in FURY weiterverfolgte. […] Dies sind Filme auf der Grundlage einer Sozialkritik. Natürlich ziehe ich dies vor, weil ich davon ausgehe, dass Kritik zu den Fundamenten eines Regisseurs gehört.[603]

598 Deutschland 1927. Regie: Fritz Lang. Kamera: Fritz Arno Wagner.

599 Deutschland 1921. Regie: Fritz Lang. Kamera: Fritz Arno Wagner (orientalische, venezianische und chinesische Episode), Erich Nitzschmann und Hermann Saalfrank (altdeutsche Episode). Szenenbild: Walter Röhrig, Hermann Warm, Robert Herlth.

600 Deutschland 1929. Regie: Fritz Lang. Kamera: Curt Courant, Otto Kanturek, Oskar Fischinger, Konstantin Tschetwerikoff. Szenenbild: Otto Hunte, Emil Hasler, Karl Vollbrecht.

601 Western Electric Sound System und Tobis-Klangfilm sind konkurrierende Tonsysteme der Anfangszeit.

602 *Kinematograph*. Nr. 242 vom 16.10.1929.

603 Domarchi; Rivette (2003): Interview with Fritz Lang (geführt 1959). S. 16–17 [Übersetzung durch den Autor].

Der formalen Virtuosität, die die neue Technik bietet, stellen Lang und Thea von Harbou eine Vielfalt an Themen gegenüber, denen allen gemein sein soll, nicht der Fantasie, sondern der Wirklichkeit zu entspringen. Damit steht Lang in Opposition zu Sternberg, der vorgibt, seine Film-Realität rein aus dem eigenen Kopf zu erzeugen. »Es schien mir nun richtig, dem Lebensrhythmus unserer Tage, der Sachlichkeit der Zeitepoche, durch die wir eben durchgehen, zu entsprechen und einen Film rein auf Tatsachenberichte aufzubauen.«[604]

So wollen sie nicht nur »untersuchen, was einen Menschen zu einem so entsetzlichen Verbrechen wie Kindesmord treibt, sondern auch das Für und Wider der Todesstrafe«[605] diskutiert wissen. Dabei hatten sie ursprünglich eher ein reißerisches Thema gesucht denn ein sozialkritisches: »Ich überlegte zusammen mit meiner Frau, Mrs. von Harbou, was wohl das gräßlichste, abscheulichste Verbrechen wäre, [...] daß das widerlichste Verbrechen wohl der Mord an einem Kind wäre.«[606] Lang entscheidet sich nicht für ein durchgehendes, alles bestimmendes Thema, das auch seine ästhetischen Ambitionen strukturieren könnte. So offeriert er gleich mehrere Möglichkeiten: »Auf der untersten Ebene ist mein Film M eine Räuber-und-Gendarm-Geschichte, auf einer höheren Ebene ist es ein Polizei-Film. Noch einmal höher ist er ein Dokument seiner Zeit und auf sehr hoher Ebene eine Anklage gegen die Todesstrafe.«[607]

Auf welcher Ebene aber agiert Lang, was interessiert ihn? Ist ein Film wirklich interessant, bei dem die Macher keine klare Position beziehen?

Wenn ein Film so universell funktionieren soll, kann die Kameraarbeit keine klare Position beziehen. Sie muss ebenso unbestimmt bleiben wie die Ambition. Für alle oben angesprochenen Themen fallen uns nur allzu leicht Bilder ein, aber wie gelingen reißerische Silhouetten in einem nach Transparenz und Einsicht gierenden Film zur Todesstrafe? Steht eine Kriminalfilm-Fotografie, die auch von der Faszination des Verbrechens zehrt, nicht eher einer um Sachlichkeit bemühten Kinematografie eines sozial engagierten Films entgegen? Bei einer Räuber-und-Gendarm-Geschichte gibt man sich der Emotion hin, will überrascht werden, Grusel erleben, den Atem

604 Lang (1931): Mein Film »M« – Ein Tatsachenbericht.
605 Lang (1963) (Interview mit Gandert). S. 124.
606 Bogdanovich (2000). S. 213–214.
607 Rosenberg; Silverstein (1979): *The Real Tinsel.* S. 345 [Übersetzung durch den Autor].

anhalten, und dazu braucht man andere Bilder, Kamerabewegungen und besonders ein anderes Licht. »Die einzelnen Szenen von ›M – Eine Stadt sucht einen Mörder‹ verhalten sich wie ein Reigen verschiedener Stilmittel, sogar verschiedener Medien.«[608]

Die *Deutsche Filmzeitung* sieht mit M die falsche Klientel bedient, glaubt, dass Lang nur von Snobisten und Halbgebildeten verstanden wird:

> Warum macht dieser große Könner keine Detektiv- und Sensationsfilme, die ehrlich bekennen, was sie sind, spannende Unterhaltung. [...] Dabei wird uns vorgemacht, es handele sich um Tatsachenberichte. [...] Nicht um Tragik handelt es sich, nur um Unglück. Ein zwangsläufiger Mörder entzieht sich von vorneherein der künstlerischen Gestaltung (– im Gegensatz zu einem Mörder aus Motiven!!).[609]

Lang fühlt sich beim Film an keine Regeln gebunden, »ein Prinzip, das in einer Szenenfolge richtig ist, kann bereits in der nächsten völlig falsch sein.«[610] Es gibt in der Bildgestaltung der Lang-Filme zwar optische Eigenarten, wie die oft erwähnte frontale Sicht, die Raumlosigkeit oder die Symmetrie. Sie helfen der Grafik der Kadrage und nutzen eher die Gegebenheiten des Motivs als dass sie eine Aussage oder nur Atmosphäre erzeugen würden wie zum Beispiel Tristesse oder Grandeur. Wir haben gesehen, wie Karl Freund – wenn man so will und wie Lang es sicher auch wollte – frischen Wind in die Bildsprache bei METROPOLIS gebracht hat. Und so lastet nun auch auf Fritz Arno Wagner eine solche Erwartung. Er hatte ja, wie wir gesehen haben, bei DIE LIEBE DER JEANNE NEY eine für den Stummfilm fast neuzeitliche Leichtigkeit in die Fotografie gebracht, eine Beiläufigkeit, die vielleicht der Dokumentartist Fritz Lang sucht. Denn er behauptet, seinen Kameraleuten beim Kriminalfilm immer zu sagen:

> ›Keine ausgefallenen Aufnahmen bitte, nicht ›Künstlerisches‹. Ich will Aufnahmen wie aus der Wochenschau.‹ Ich finde, jeder ernsthafte Film, der Menschen von heute porträtiert, sollte ein Dokument seiner Zeit sein. Nur dann stellt sich, meiner Meinung nach, so etwas wie Wahrhaftigkeit in einem Film ein. So gesehen ist FURY ein Dokumentarfilm, ebenso M. Ich hätte nichts dagegen, wenn man alle meine sogenannten Kriminalfilme als Dokumentarfilme behandeln würde.[611]

608 Seeßlen (2010): M – Eine Stadt sucht einen Mörder.
609 St (1931): M. S. 9.
610 Lang (1963). S. 127.
611 Bogdanovich (2000). S. 219.

Von Harbou und Lang schaffen nicht zuletzt durch die Besetzung von Peter Lorre eine Filmfigur, die »bis zu diesem Zeitpunkt einzigartig«[612] ist, den »erste[n] Film über einen Triebtäter«[613]. Gehler und Kasten sehen hier »eine im deutschen Film leitbildhafte Figur: Der Schuldige wider Willen, der Gefangene seiner Triebe«, wie etwa »Balduin, der Student von Prag; Cesare, der Somnambule, Werkzeug des Dr. Caligari«[614]. Lang und Lorre geben nun dem Täter dieses »widerlichste[n] Verbrechen[s]« eine weiche, zudem überaus banale Erscheinung. Der Gehetzte, nicht der Mörder, steht im Mittelpunkt und wir werden sehen, dass dies tief in die Bildästhetik hineinwirkt.

Suchen wir also nach der Einbindung der Kameraarbeit und finden heraus, ob gar die Bilder eine Bestimmtheit schaffen, der sich Lang verweigert. Interessant wird sein, ob oder wie die unterschiedlichen Ebenen in den Bildern sichtbar werden. Mit der oben abgebildeten Einstellung des leeren Richterpults erscheint die erste symmetrische und gleichzeitig vorletzte in M (1). Man muss also lange warten, bis man auf diesen Klassiker der Lang'schen Filmerzählung stößt. Auf das Alte zu verzichten, bedeutet nicht, das Neue schon gefunden zu haben. Diese Schwierigkeit der dokumentarischen Bildfindung gilt es im Folgenden zu betrachten.

Wie der Film beginnt

Der Tonfilm wird gefeiert: Ein Gong scheppert am Ende der Titel, dann 15 Sekunden nur schwarze Leinwand, bevor durch eine Kinderstimme die Geschichte des Massenmörders Hamann als Abzählreim hörbar wird, und erst nach weiteren vier Sekunden erscheint durch eine schnelle Aufblende ein Bild. Von oben schauen wir auf einen Kreis spielender Kinder, die sich als Tonquelle identifizieren. Auch die Bildsprache überrascht, denn die ersten Bilder sind so fließend und mit immer wieder wechselnder Blickperspektive, wie wir es von Fritz Arno Wagner erhoffen. Die Einstellungen werden nicht wie früher zu einer epischen Montage montiert, sondern in einen szenischen Ablauf eingebunden, der ein zeitliches Kontinuum erzählt und nicht zur Milieustudie oder Parabel gerinnt. Die für Lang ungewöhnlich zielgerichtete Erzählweise mündet in einer Detail-Einstellung eines Plakats des Kindermörders, das das Mädchen Elsie (Inge Landgut) zum Ballspiel nutzt und über

612 Grob (2014). S. 173
613 Bogdanovich (2000). S. 276
614 Gehler; Kasten (1990). S. 148.

das sich schnell ein Männerschatten schiebt, der Elsie anspricht. Die Zuspitzung auf die Kindermörderproblematik und schließlich die Abstraktion mit dem Schatten lassen keinen Zweifel, dass Elsie in die Fänge eben dieses Mörders geraten wird. Parallel schält ihre Mutter (Ellen Widmann) noch ahnungslos Kartoffeln, wird ungeduldig, während Elsie vom Mörder Beckert (Peter Lorre) bei einem blinden Straßenverkäufer (Georg John) einen eigenwilligen Luftballon gekauft bekommt. Beckert pfeift dazu gutgelaunt ein Motiv aus Peer Gynt von Edvard Grieg.

Nichts davon ist überflüssig erzählt, jedes Detail wird später für die Aufklärung gebraucht, nur bei der langsam verzweifelnden Mutter wird atmosphärisch gearbeitet. Dann ein auf einer kargen Wiese auskullernder Ball und schließlich ein Telegrafenmast mit unzähligen Drähten, in die sich der auffällige Luftballon verheddert hat und der nun davonfliegt. Der Mord am Mädchen wird abstrakt und trotzdem eindeutig erzählt, das Zeigen der Brutalität geschickt umgangen, ohne die Erbarmungslosigkeit ihrer Wirkung zu berauben.

Die Kamera fährt, schwenkt und steht, wo sie will, ohne je beliebig zu wirken. Einzig die Kargheit der Studio-Dekorationen, die auf jedes überflüssige Detail verzichten, erinnert bislang noch an einen Fritz-Lang-Film.

Nun beginnt das, was man als Zeitbild interpretieren kann: die langsam wachsende Hysterie in der Bevölkerung, die Hilflosigkeit der Polizeiarbeit und der Unterwelt. Der Mörder fühlt sich nicht ernst genommen, schreibt einen Bekennerbrief auf einer gerillten Unterlage, was ihn später verraten wird. Dann folgt der geniale Trick des Drehbuchs: Die Gangster, die sich durch die Razzien immer mehr in ihren Bewegungsmöglichkeiten gestört sehen, beschließen, selbst den Mörder zu suchen, um endlich wieder in Ruhe ihren Tätigkeiten nachgehen zu können. Diese Groteske »entstammt dem Tatsachenbericht einer Zeitung und mutete mich als Motiv stofflich und filmisch so stark an, daß ich ständig in der Angst schwebte, ein anderer könnte mir die Auswertung dieser Idee vorwegnehmen.«[615]

Daraus ergibt sich eine der von Lang geliebten Parallelmontagen aus Polizeiarbeit und den Aktivitäten der Verbrecher und Bettler. Erfinderisch nutzt er die neuen Möglichkeiten des Tonfilms, um diese beiden Welten stärker zu verzahnen. Wenn eine Ansprache bei der Polizei beginnt und mühelos von und bei den Verbrechern beendet wird, wechselt der Polizeifilm geschmeidig zur Sozialkritik. Auch der unbedarft erscheinende Mörder, der schnell für

615 Lang (1931).

den Zuschauer enttarnt wird, taucht immer wieder in diesem fast episodenhaften Vielerlei als Handlungsstrang auf.

Unsere Szene beginnt nach gut 57 Minuten, wenn Kommissar Karl Lohmann (Otto Wernicke) mit seinem Kriminalsekretär (Gerhard Bienert) und auf Verbrecherseite der Schränker (Gustaf Gründgens) samt seiner Gefolgsleute dem Mörder Beckert immer mehr auf die Spur kommen. Beckert wird vom Blinden durch das Pfeifen des Grieg-Themas identifiziert, schickt den jungen Heinrich zur Verfolgung hinterher und fast gelingt es den Gangstern, den Mörder zu fangen, aber noch kann er entkommen.

»Der reizarme Sprechfilm« als Polizeifilm

Unsere Sequenz beginnt mit einem Rapport und liefert mit den schier endlosen Dialogszenen dieses Films Grundlage für das Lamento des Leitartikels der *Deutschen Filmzeitung*:

> Der Stummfilm war so keck in seiner Kürze, in seiner Direktheit, seiner Gradlinigkeit. er war so wählerisch in dem, was er vom Alltag aufgriff. [...] Der stumme Film war geistiger als der Sprechfilm, denn er war Gestaltung. [...] was wir zu Hause den ganzen Tag hören, was uns durchs Radio den ganzen Tag reizarm umtönt, das setzt der Sprechfilm fort [...]. Was war das dagegen für ein Aufschwung, der zwischen zu Hause und dem Kino lag in der Stummfilmzeit![616]

Bei den vielen Kunstgriffen im Umgang mit dem Ton, den Verschachtelungen, den Geräuschen oder selbst den stummen Passagen, erstaunt, dass die Dialoge so – nennen wir es gutmütig – naturalistisch gehalten sind. »Na, wat is denn? Wat haste denn?« hätte es kaum auf einen Stummfilm-Zwischentitel geschafft, wäre vielleicht mit Achselzucken und fragendem Blick dargestellt worden. Bilder und Gesten mutieren hier zur Sprache. M steckt voller Floskeln. Sternberg hat in Der blaue Engel vorgeführt, wie wenig Dialog vonnöten ist. Lang hat den Film gesehen, sich wohl nur auf die Tonmontagen konzentriert, die ihn offensichtlich beeindruckt haben. Bei M haben die Macher alles im Griff, die Bilder, die Blicke und Gesten, das Licht und die Tonspur, nur die Sprache gerinnt durch Umständlichkeit zu einem um Authentizität heischenden Geplapper. Fritz Arno Wagner sieht wenige Jahre später gar die künstlerische Gewichtung im Film verschoben: »Die

616 Anon. (1931): »Der reizarme Sprechfilm«. S. 1.

Sprache rückt den Schauspieler immer mehr in den Fokus, während das Filmische im Hintergrund verschwindet. [... Der Schauspieler ...] wird zum Künstler des Films.«[617]

Mit unserer Sequenz beginnt ein neuer Tag, Polizeiarbeit im Polizeifilm. Im Büro berichtet der Kriminalsekretär seinem Chef Lohmann von den Recherchen am Vortag (2). Wir hatten ihn dabei teilweise begleitet, so wissen wir im Gegensatz zu ihm, dass er ahnungslos in der Wohnung des Gesuchten war, um nach Indizien wie z. B. einer gerillten Schreibunterfläche zu suchen. Trotz unserer Vorkenntnisse versucht der retardierende Dialog den Suspense zu verlängern und erzählt alles, was der Zuschauer schon weiß.

Die Einstellung wirkt unauffällig und doch steckt in ihr eine kleine, fundamentale Änderung: Die Kamera ist geneigt. Sie schaut etwa von der Augenhöhe des Sekretärs, der in der linken Bildhälfte hinter einem Schreibtisch steht, auf den profilig sitzenden Lohmann rechts unten. Beide agieren fast ohne Bewegungen und diese Starrheit der Haltung zeigt zwei konträre Effekte. Während Lohmann konzentriert zuhörend erscheint, verleiht sie dem Sekretär etwas Unterwürfiges. Die Hierarchie bleibt eindeutig, obwohl wir auf den Chef herabblicken.

Und nun das Besondere – die Neigung der Kamera. Wir haben es als ein ehernes Gesetz der Kameraarbeit erkannt, die Kamera wie mit der Wasserwaage ausgerichtet aufzubauen (was in der Tat bis heute so gemacht wird, bevor man sie gegebenenfalls neigt). Es ließen sich schon vorher Abweichungen von dieser Regel beobachten, aber sie waren fast immer motiviert durch die Erzählperspektive, die Größe des Motivs oder nur als Effekt. Hier gibt es hingegen bildseitig keinen Grund. Die parallelen Senkrechten laufen leicht nach oben auseinander und die Schreibtischplatte droht nach unten wegzukippen. Nichts gewaltiges, aber es schafft eine kaum spürbare Unruhe, wir stehen nicht auf sicherem Grund. Wäre die Kamera nicht geneigt, gäbe es viel mehr Luft über dem Kopf des Sekretärs auf Kosten des Blicks auf den Schreibtisch. Im ersten Moment drängt sich das Mikrofon als Bildmanipulant auf. Besonders die viele Luft über den Köpfen macht dem Ton bis heute Probleme, weil das Mikrofon nicht nah genug an den Sprechenden herangebracht werden kann. Der Stummfilm hatte uns an Bilder mit den Köpfen im Zentrum, auf der Bildmittellinie gewöhnt: Der Mensch steht im Mittelpunkt, beherrscht den Raum um ihn herum. Wagner will den Schauspielern

617 Wagner (1936): I Believe in the Sound Film. S. 11 [Übersetzung durch den Autor]..

näher sein, kompakter kadrieren, will keinen Platz verschenken, der nichts erzählt. Der Darsteller bestimmt den Rahmen, nicht mehr die Dekoration, am Menschen wird nun die Kadrage ausgerichtet, nicht an Accessoires des Hintergrunds. Nun könnte man eine nicht geneigte Kamera auch etwas tiefer aufbauen, wäre dann sogar vermittelnd zwischen der Blickachse der beiden Darsteller, würde aber weniger gut auf den Tisch sehen. Ich vermute aber hinter dieser Neigung bildrhythmische Überlegungen, denn in der nächsten Einstellung schaut die Kamera aus Untersicht. So sind dies die ersten Anzeichen für eine nicht so penetrant klassische Kadrage, die Wagner verfolgt und die wir schon aus der LIEBE DER JEANNE NEY mit anderen Mitteln kennen, nur war dort die Kamera nicht geneigt.

Gleichfalls hat sich Wagner bei der Lichtführung verändert, oder wenn man so will: weiterentwickelt. Projizierte noch bei DIE LIEBE DER JEANNE NEY ein Scheinwerfer die Fensterstreben auf die Wand daneben, ohne sonst wenig Einfluss auf die Lichtführung im Raum auszuüben (5-2, 5-3), so ist bei M das Licht meist logisch geführt. Das Fenster bildet somit den Ausgangspunkt und folgerichtig bekommt der Sekretär sein Führungslicht aus dieser Richtung auf seine schmale Gesichtshälfte. Dies dient nicht nur der Logik, sondern auch dem klassischen Porträtlicht, das der schmalen Gesichtshälfte im Bild die Helligkeit zuordnet und der größeren den Schatten. Vermutlich steht die Führung hinter dem linken Fensterflügel, nicht sehr steil, das rechte Auge voll treffend auch bei gesenktem Blick. Durch die Folie auf der unteren Fensterscheibe wirkt diese hell und erspart einen Rücksetzer für den Ausblick; zusätzlich schattiert sie das Jackett des Sekretärs unterhalb seiner Hände. Die Aufhellung kommt genau aus seiner Blickachse und konturiert Nase und Wange auf seiner Schattenseite. Überraschend stark zeichnet die Kante die Haare und die linke Schulter und hebt den Sekretär überdeutlich vom dunklen Hintergrund ab. Vermutlich fungiert der Scheinwerfer der Kante ebenso als Führungslicht auf Lohmann. Auch das Licht auf diesen wird logisch empfunden, obwohl streng genommen er als Silhouette erscheinen müsste, weil das Fensterlicht seine Stirn nicht treffen kann. Doch wenn die Person seitlich von einem Fenster steht, gibt dieses die Strahlungs-Richtung vor und der Winkel spielt keine große Rolle. Der Effekt wird akzeptiert. Selbst die unlogisch stärkere Aufhellung als beim Sekretär wird hingenommen. So gibt es im Bild eine klare Lichtrichtung und die Hell-Dunkel-Verteilung ist bewusst gesetzt. Es herrscht eine Arbeitsatmosphäre an einem sonnigen Tag, nichts erhebt sich aus der Normalität.

Nach 17 Sekunden ohne neue Informationen durch den Dialog kommt der Schnitt auf eine distanzierte Halbnahe von Lohmann (3). Die Kamera

Bild 8-2 bis 8-5

springt um mehr als 90° vor ihn, kreuzt seinen stoischen Blick ins Nichts, ohne aber die Achse zum Sekretär zu überqueren. Mit dem Schnitt wirkt sein Blick gesenkter, motiviert eine minimale Untersicht und korrespondiert so mit der leichten Aufsicht der vorangegangenen Einstellung. Lohmann hört voll konzentriert auf den Text, deren Fakten für ihn im Gegensatz zum Zuschauer neu sind. Bei der Erwähnung der Zigarettenmarke stoppt er mit einer Armbewegung und einem dreimaligen »Halt!« den Redeschwall des Kollegen. Er denkt nach – natürlich laut: »Ariston«. Dabei fährt die Kamera ein wenig, aber deutlich näher, verliert die vordere Schreibtischkante. Lohmann überlegt weiter, schreibt mit dem Finger den Begriff vor sich in die Luft. Wieder unterstützt dies die Kamera durch eine merkliche Zufahrt, sie steht jetzt Halbnah, unten ein schmaler Streifen des Tischs, oben stoßen die Haare an die Bildkante (4). Alles Denken wird verbalisiert, als würde der Mimik misstraut. Oder soll der gesprochene Text das durchaus stummfilmhaft Gestische minimieren, nach der Regel Minus mal Minus ergibt Plus? Ein eindeutiges Mienenspiel des Erinnerns lockt die Kamera ein drittes Mal an, die Kadrage verliert die Tischkante und schneidet den Kopf oben leicht an (5). Kaum kommt das Bild zum Stand, dreht sich Lohmann nach rechts weg und provoziert damit den Schnitt.

Lang schaut gerne ins Innere der Menschen und lässt den Zuschauer daran teilhaben. So teilten wir in METROPOLIS die Visionen Freders bei der Moloch-Szene. Und auch bei Lohmanns Denkprozess wären Detail-Einstellungen von zerdrückten Zigarettenschachteln oder Kippen im Lang'schen Erzählstil durchaus denkbar. Aber bei M arbeiten Lang und Wagner anders, mit einer Art optischer Veräußerlichung innerer Vorgänge. So wie Lohmann sich der Klärung seiner Erinnerung nähert, nähert die Kamera sich Lohmann. Dies scheint für Lang nicht ganz neu, aber die Teilhabe an den optischen Visionen der Figuren verschwindet hier ganz. Subjektive Bilder der Erinnerung oder der Fantasie weichen einer gesteuerten Objektivität. Wir schauen – und besonders hören – Lohmann beim Nachdenken zu. Wir bleiben außen vor, ohne seine Gedanken zu teilen. Die Kamera macht aufmerksam, deutet die Wichtigkeit der Erinnerung an, versucht Spannung zu schaffen. Nicht mehr ein mit Aufwand gestaltetes Bild – zum Beispiel die Mehrfachbelichtungen der »Moloch«-Einstellungen – wird präsentiert, sondern die Kamera bleibt quasi vor Ort, wird instrumentalisiert und bildet nur noch das Geschehen ab. Aber dieses Abbilden wird kommentiert durch autonome Bewegungen. Sie folgen nicht dem Geschehen, sondern die Kamera wird selbst zum Akteur.

Anders als im LETZTEN MANN oder in FAUST steht die Kamera aber nicht im Dienst figurimmanenter Befindlichkeiten, sondern wahrt einen objektiven Blick als Handlangerin der Dramaturgie. Wie ein Ausrufezeichen in Langs geliebten Tatsachenberichten kommentiert die Kamera das Dokumentierte und so entsteht ein Polizeifilm mit Anmerkungen.

Der Schnitt bringt uns zurück in die vorherige Einstellung. Lohmann greift zum Telefon – aber nicht zu dem vor ihm auf dem Schreibtisch stehenden, sondern er greift aus dem Bild heraus, die Kamera bleibt jetzt hartnäckig ungerührt, und sein Arm kehrt mit einem Hörer ins Bild zurück. Diese kleinen Verwunderlichkeiten werden uns die gesamte Sequenz begleiten und in ihrem beharrlichen Auftauchen nicht an Schlamperei denken lassen. Für mich erscheinen sie wie kleine Lockerungsübungen aus der Übermacht der Konvention, kleine Brüche, die wir schon bei Wagners Kadragen in DIE LIEBE DER JEANNE NEY diskutiert haben.

Identifikation und Veräußerlichung

Während die Polizisten auf die telefonisch bestellten Akten warten, wechselt das Bild in die Parallelhandlung. Den Ort des Geschehens kennen wir, hier kaufte Beckert beim Blinden den Luftballon für Elsie. Der Verkäufer, wie die anderen über die ganze Stadt verteilten Bettler, wurde mittlerweile von Schränker und seinen Leuten für die Jagd auf den Mörder sensibilisiert. Nun steht die Kamera näher, aber wieder leicht über Augenhöhe, zeigt den Blinden bis zum Knie und lässt über ihm genug Platz für angeschnittene Luftballons. Noch herrscht heller Tag und an den vielen Reflexen auf den Ballons erahnen wir den Lichtaufwand, um die Außenwelt im Studio drehen zu können. An Originalschauplätze wagt sich Lang offensichtlich nicht heran, wohl auch weil es für den Ton im Studio mehr Freiheiten gibt. Der blinde Bettler verkauft einer jungen Frau zwei Luftballons und wenn sie aus dem Bild geht und ihr Schattenspiel und das von Passanten verschwinden, nähert sich leise im Ton ein Pfeifen, das Grieg'sche Peer-Gynt-Motiv, und just als es den höchsten Ton erreicht und am lautesten klingt, huscht der Schatten eines Manns mit Hut über den Hintergrund (6). Der Blinde ist irritiert ob der Melodie, versucht sich zu erinnern, begleitet von laut gedachten Monologfetzen und einer kurzen Zufahrt bis auf Halbnah (7). Doch hier hilft die Kamera nicht beim Denken wie zuvor, sondern dramatisiert. Es fällt ihm ein und er versucht dem Pfeifen zu folgen. Die Kamera begleitet ihn, fährt schneller vor ihm her, als er geht, und so sehen wir ihn bald ganzfigürlich mit all seinen Ballons, auch einer, wie ihn Elsie bekam, ist dabei. Nun kreuzen auch wieder Passanten, die dem Blinden verwundert nachschauen. Im Vordergrund kommen absperrende Handläufe einer Baustelle ins Bild, im Hintergrund öffnet sich eine pittoresk schäbige Hausecke mit einer Reklamewand und kleinen Geschäften (8). Der Blinde ruft nach Heinrich, der auch zügig an der Kamera vorbei ins Bild kommt und diese zum Mitfahren in eine Amerikanische der beiden Männer provoziert mit einem Handlauf im Vordergrund (9). Beide schauen profilig nach links zum Bild raus und der Blinde erklärt nun Heinrich die Situation und fordert ihn auf, den Pfeifenden nicht aus den Augen zu lassen.

Eine Minute und 45 Sekunden dauert diese Plansequenz, präzise choreografiert mit den beiden Darstellern, den Komparsen und der Kamera. Wieder eine ungewöhnlich optische Veräußerlichung für einen Lang-Film, dieses uneingeschränkte Haften an einer Figur, sie nicht aus den Augen zu lassen, um dadurch das Nicht-sehen-Können des Blinden erfahrbar zu machen: Das Spannende spielt sich außerhalb der Kadrage ab, wir bekommen es wie der

Bild 8-6 bis 8-9

Blinde nicht zu sehen, nur aus Mauersicht zu hören. Die Aufgeregtheit des Alten springt auf den Betrachter über, auch weil beide die Situation nicht erfassen können. Was wir nicht vor Augen haben, formt leicht ein größeres Unheil als das Gezeigte. Da der Mörder für den Zuschauer enttarnt wurde, kann der Film als Kriminalfilm seine Spannung nur daraus ziehen, wie dieser überführt und gefangen werden kann, und in diesem Moment droht Beckert zu entkommen. Noch sind wir auf Seiten der Jäger.

Die optisch deutlich aufwendigere Plansequenz im Vergleich zum Schnittwechsel im Kommissariat löst die kommentierende, aber um Sachlichkeit bemühte Berichterstattung ab und es beginnt der Räuber-und-Gendarm-Film. Durch Bewegung und fehlende Schnitte wird ein Sog erzeugt, der uns in die Geschichte hineinzieht. Dazu gehört auch das Nur-hören-und-nicht-sehen-Können des Mörders und so landen wir bei den Bettlern und Verbrechern.

Lichtführung und optische Erzählung im Räuber-und-Gendarm-Film

Mit dem Schnitt verlassen wir den Blinden und machen uns mit dem Verfolger Heinrich auf die Suche nach Beckert an einem neuen Ort. Es ist dunkler geworden, dämmerig. Heinrich kommt von links hinter einer Hausecke in die Bildmitte einer Halbtotalen gelaufen. In seinem Rücken bleibt uns die Baustelle erhalten und mit dem Helligkeitsverlauf des konturlosen Himmels zum Schwarz entsteht eine abstrakte Dekoration (10).

Während es in der vorherigen Plansequenz darum ging, es taghell zu machen, ohne einen speziellen Effekt zu bedienen wie Sonne oder trister Tag, soll hier eindeutig die Nacht oder späte Dämmerung erzählt werden. Das wirkt logisch, schließlich wird es irgendwann dunkel. Doch hier geht es um Spannungssteigerung. Zeit-Vergehen soll nicht erzählt werden, denn in der Parallelhandlung werden anschließend die beiden Polizisten wieder bei Sonne Beckerts Wohnung inspizieren, und auch die Verbrecher machen ihre Pläne bei Tageslicht, bevor dann Beckerts Gang durch die Nacht mit dem Mädchen fortgesetzt wird.

Dieser saloppe Umgang mit der Tageszeit hat sich bisweilen bis heute gehalten, denn der Zuschauer hält die erzählte Zeit bei der Filmbetrachtung nur nach, wenn sie zu offensichtlich wird. Jeder mag selbst beurteilen, wie sehr sie ihm hier auffiel. Diese Sorglosigkeit bei den Tageszeiten und Lichtsituationen lässt nun nicht vermuten, dass der Wechsel zufällig geschieht. Bewusst werden die behördlichen Recherchen bei Helligkeit, gar Sonne, der Mörder und seine halbseidenen Verfolger dagegen bei Nacht dargestellt. Diese Räuber-und Gendarm-Episode orientiert sich an Dramaturgie und Psychologie und nicht an Tageszeiten.

Die Lichtführung bleibt logisch. Heinrich im deutlichen Gegenlicht und mit starker Führung von vorne blickt zögerlich suchend um sich und läuft dann an der Hauswand entlang auf sein Führungslicht zu. Die Kamera fährt vor ihm her und mit wenigen Schritten erreicht er einen Obstladen im Souterrain. Er bleibt stehen, die Kamera rollt noch aus. Sich umschauend entdeckt er ein hell erleuchtetes Fenster auf Bürgersteigniveau (11). Ausgangspunkt für die Lichtführung bildet eine behauptete Laterne außerhalb der Kadrage, dessen Mast das Bild etwa in der Mitte teilt. Auffällig, dass es wie schon im Blauen Engel (7-9) dieses Pfahls bedarf, um die Lichtführung zu legitimieren. Heinrich bleibt rechts dieser Stange, also kommt seine Führung von links, aber nicht von der behaupteten Lampe, sondern von einem Scheinwerfer außerhalb der linken Bildkante und viel tiefer stehend, um keinen Schatten von der Schirmmütze auf sein Gesicht zu projizieren. Die Lichtquelle trifft nur ihn, nicht die Hauswand oder den Mast. Die Wand und das davor aufgestellte Obst und Gemüse haben eine eigene Beleuchtung oberhalb der Auslagen, gut zu sehen am Schatten des Fensterbretts und des Sockels über der Tür. Auch verantwortet diese den Schatten des Laternenpfahls. Klassischerweise würde man dies Dekorationslicht nennen, da es sauber vom Führungslicht auf Heinrich getrennt ist. Eine Zeichnung dieses Motivs des Szenografen Emil Hasler zeigt einen totaleren, im Film nicht zu sehenden Blick entlang der Hausfassade bis zur Baustelle. Bildmittig steht der Laternenpfahl mit oben abgeschnittenem Leuchtkörper, aber mit gleich fünf kräftigen, in alle Richtungen aufgefächerten Schatten. Hasler kannte wohl nur zu gut die Probleme der Filmbeleuchtung.[618]

Eingang und Ladenfenster sind einzig durch Effektlichter ausgewiesen und schaffen die Illusion eines tiefer liegenden Geschäfts, das an diesem Motiv nicht existiert, sondern irgendwo ebenerdig steht. Heinrichs Spiel hilft die Kellerlage zu erzählen, die für die Emotionalität gebraucht wird. Teamarbeit bei Licht und Bau greifen ineinander: Das Souterrain verweist auf das Versteck; die Baustelle schafft das Kontinuum zur vorherigen Szene, beschreibt zudem eine gewisse Abgeschiedenheit; das Licht benennt die Nacht. Alles bleibt erkennbar, nichts wird verheimlicht. Diese Lichtführung basiert mehr auf dem Arbeitsstil Wagners, den wir aus JEANNE NEY kennen, als auf der gängigen Praxis eines Kriminalfilms. Da wirkt die Dunkelheit im BLAUEN ENGEL furchteinflößender. Hier soll zwar spannend erzählt werden, aber nicht effektvoll.

Zurück zur optischen Auflösung, denn nun kommt mit dem Schnitt der Blick hinunter in den Laden, in ein Kinderparadies voller Süßigkeiten und einer lieben Großmutter als Verkäuferin und mittendrin die Gesuchten. Alles strahlt in einer wohligen Atmosphäre. Der Blick von oben hinab ermöglicht nicht nur eine gute Präsentation der Süßigkeiten – von Obst und Südfrüchten, wie außen versprochen, gibt es nichts zu sehen –, sondern er schafft auch eine Behaglichkeit, deren Verführungskraft durch das brave Verhalten des Mädchens belegt wird. Ein weiterer Effekt tritt ein, der vermutlich die Entscheidung für das Souterrain begründet. Der Blick von oben lässt Beckert beim Ausspielen seiner Verführungskräfte ausgesprochen mickrig erscheinen. Hier wird kein Massenmörder präsentiert, sondern ein kleiner Mann mit Hut, der zum Bezahlen in einem hellen Raum ohne Geheimnisse sein Kleingeld abzählt (12).

618 Vgl. Eisner (1976): *Fritz Lang.* S. 115.

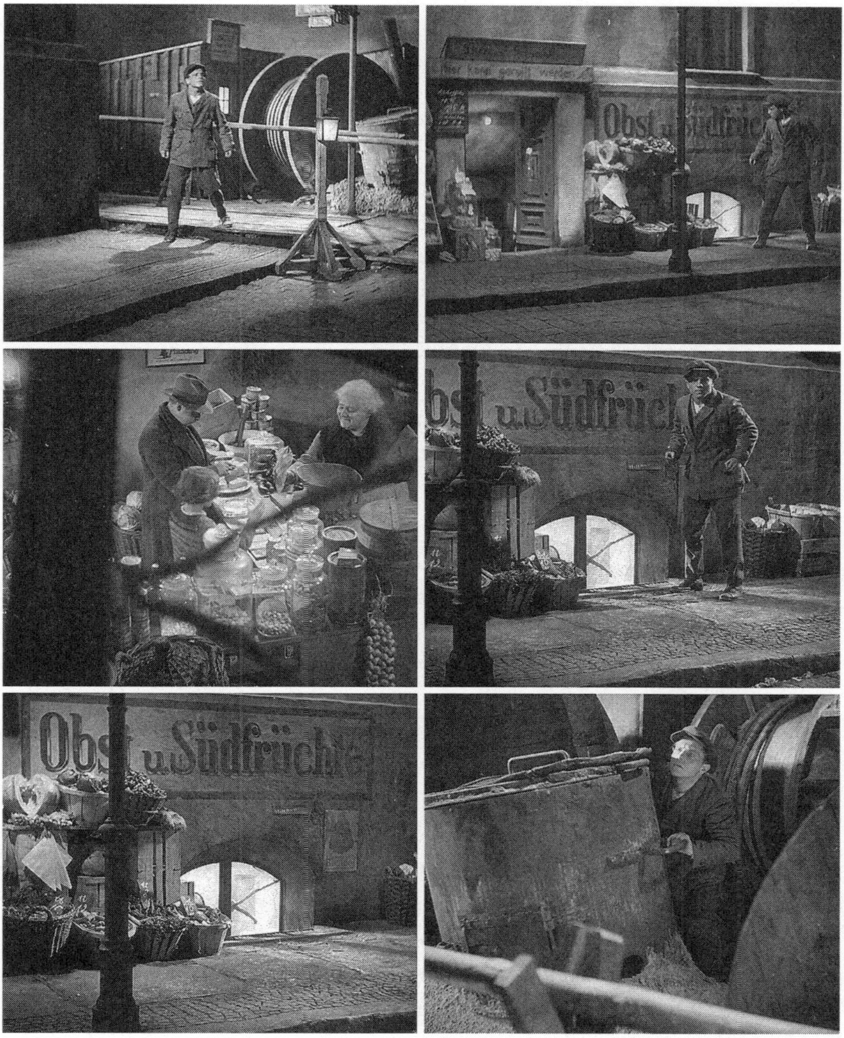

Bild 8-10 bis 8-15

Wieder draußen ist die Kamera näher gesprungen, leicht untersichtig, aber wie zuvor nicht geneigt. Heinrich richtet sich auf, überlegt und läuft, nach einem nochmaligen Blick in den Laden (13), rechts aus dem Bild und provoziert die Kamera zu einer überraschenden Korrekturbewegung nach links. Sie versucht aber nicht, den Eingang ins Bild zu bekommen, in dem nun Beckert und das Mädchen erscheinen müssten – was ja auch nicht möglich ist, da es nur die oberen zwei, drei Stufen gibt. Sie begnügt sich damit, das fehlende »O« von »Obst« ins Bild zu schwenken und die Einfassung dieser Schrift (14).

Solche Korrekturen haben sich lange gehalten. Durch den Abgang des Darstellers verschiebt sich die Gewichtung innerhalb des Bildes und nun wird durch den Schwenk wieder ein »schönes« Bild kadriert. Reagiert der Operateur schnell, wird er diese Änderung im Abgang des Schauspielers zu verstecken suchen. Zudem muss sonst beim Schnitt das Ende des Schwenks abgewartet werden, um eine abgehackte Bewegung zu vermeiden. Eine andere Begründung für den verzögerten Schnitt scheint wahrscheinlich, denn davor hört man in dieser bis hierhin stummen Szene zwei Klingelzeichen der sich im Off öffnenden und schließenden Tür. Wenn man die Rückkehr von Beckert und dem Mädchen über den Ton erzählt, damit auch die fehlende Treppe nicht problematisiert wird, dann muss die Einstellung länger stehen bleiben, als dem Kameramann offensichtlich lieb ist. Doch soll dieser kleine Schwenk nicht an der grundsätzlichen Beobachtung rütteln, dass Fritz Arno Wagner sich von der klassischen Bildgestaltung löst und neue Wege sucht. Vielleicht haben auch die Autoren des Filmprotokolls Recht, die vermerken, dass sich die Kamera »unmerklich [... auf] das grell erleuchtete Fenster«[619] fixiert.

Heinrich hat gegenüber dem Laden Deckung gefunden, dort ist eine Baustelle, und kauert in einem Wirrwarr von wohlkomponierten Diagonalen (15). Sprung zurück vor den Eingang, jetzt aus einer anderen Schrägen gesehen als Subjektive von Heinrich. Beckert und das Mädchen kommen die letzten beiden Stufen hoch und stellen sich unter der Laterne einander gegenüber ins Profil (16). Das Mädchen bedankt sich mit einem Knicks und hält Deckert die offene Tüte hin; der ergreift eine Apfelsine, wobei er vorsichtig nach links und rechts schaut als, hätte er Angst, beim Diebstahl ertappt zu werden. Umständlich kramt er in seiner Hosentasche, die Kamera nutzt dies zum Schnitt in eine Detail-Einstellung. Heraus holt er ein Klappmesser, das auch sogleich mit einem wundervollen Reflex auf der Klinge aufspringt (17).

Heinrich schnellt aus seiner Deckung, verharrt aber sogleich, denn die nächste Detail-Einstellung zeigt uns das Schälen der Apfelsine (18). Heinrich ist wieder hinter den Teerkocher gekrochen, sucht seine Taschen ab, findet Kreide und beginnt auf seine Hand zu schreiben (19). Der formatfüllende Ransprung an die Hand zeigt das Entstehen eines großen »M« (20). Mit dem Schnitt »objektiviert« sich die Kamera, verlässt Heinrichs Subjektive, steht

619 Gandert; Gregor in: Lang (1963). S. 68. Einstellung 222.

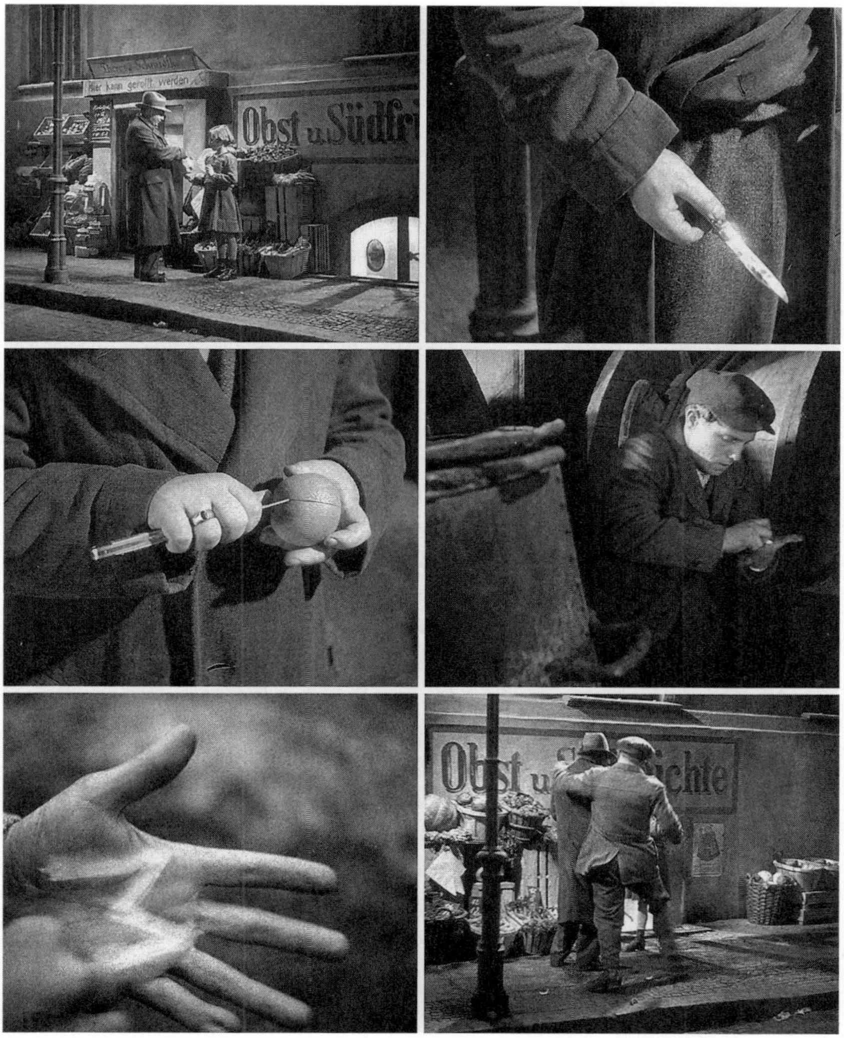

Bild 8-16 bis 8-21

jetzt aber deutlich näher. Trotzdem bleibt genug Raum um die Darsteller, um die Apfelsinenschalen auf dem Bürgersteig deutlich zu zeigen. Das Mädchen, fast frontal, schaut auf das Abziehen der Apfelsinenschale, Beckert wendet uns den Rücken zu. Rechts betritt unbeachtet Heinrich die Kadrage, nähert sich und drückt Deckert einen Ausrutscher vortäuschend mit voller Kraft seine mit dem »M« beschriebene Hand wie einen Stempel auf die Schulter.

Die Szene bleibt mit Ausnahme der beiden Klingelzeichen bis hierher stumm. Das nun einsetzende laute Gezeter Heinrichs, auf der Schale ausgerutscht zu sein, verbunden mit der abrupten Bewegung des Schlags auf den Rücken (21) wirken wie ein Alarmsignal auf die Protagonisten und Zuschauer. So steht Beckert verdattert und die Situation noch nicht durchschauend auf der rechten Seite und blickt Heinrich nach. Das Mädchen lehnt eingeschüchtert vor dem Kellerfenster an der Wand.

Bis zu dieser Einstellung wird alles durch die Handlung motiviert, die Kamera fährt mit dem Schauspieler und betrachtet aus einer erträglichen Distanz die Vorgänge, der Kamerastandpunkt wechselt mit der Erzählperspektive und die Lichtführung arbeitet durchgehend logisch.

Aber jetzt zum Abschluss der Szene löst sich die Kamera aus dieser routinierten Erzählweise und beginnt selbst zu sprechen, verbindet mit teils motivierten, teils autonomen Kamerabewegungen einzelne Kadragen, die auch als eigenständige Bilder bestehen könnten. Es beginnt mit einer Detail-Einstellung des auf dem Boden liegenden Messers, die Hand des Mädchens ergreift es nicht ohne pittoresken Reflex und hebt es auf (22). Mitschwenk. Sie will es Beckert in einer profiligen Halbnahen übergeben, doch der erscheint noch so irritiert, dass er ihre Hand samt Messer wie zur Beruhigung an seine Brust drückt (23). Dann fährt die Kamera um ihn herum und zeigt uns das leicht verschmierte »M« auf seiner Schulter (24).

Die Kamerabewegung verlässt den kriminalistischen Handlungsablauf, schafft aus Standbildern eine Aussage, und ich halte es nicht für überinterpretiert, wenn man in der komplizierten Choreografie mehr sieht als eine formale Spielerei. Wie eine Zusammenfassung bringt die Bewegung der Kamera die entscheidenden Momente des Films zusammen: Die Tatwaffe, die vom Opfer selbst dem Täter übergeben wird, nimmt die Selbstbezichtigungen der Mütter am Ende des Films vorweg, dass man besser auf die Kinder aufpassen muss; der Griff ans Herz kommentiert nicht nur Beckerts

Bild 8-22 bis 8-24

Angst, sondern reflektiert auch sein »Will nicht! Muss!!«[620] der großen Szene am Ende des Films; und schließlich macht seine Stigmatisierung als Mörder ihn zum Sinnbild eines Verfolgten. Lang gefiel diese Szene so gut, dass er hier auf die Idee kam, den Filmtitel von MÖRDER UNTER UNS auf M zu reduzieren.[621] Gabriele Tergit kritisiert den Handlungsablauf:

> Neben die Albernheit stellt man die Rührseligkeit. Buster Keaton, großartigste Szene, hebt im Filmreporter[622] höflich das Messer auf, das dem grausamen Chinesen hinfiel, als er ihn ermurksen wollte. Das ist rührend, weil es grotesk und nicht als Symbol ist. Jedermann fühlt, dass alle zarten und guten und unwissenden Kreaturen hilflos so selber ihren Henkern die Messer reichen. Aber hier wird aus der Groteske Naturalismus, und wenn das kleine Kind sich bückt, um seinem Mörder das Messer zu geben, so ist das dick aufgetragene Rührseligkeit.[623]

Die Kennzeichnung des Mörders, der ab jetzt die Rolle einer präsenten Hauptfigur übernimmt, wird eingefasst durch zwei aufwendige und aussagekräftige Kamerabewegungen, die mit Lust an der optischen Erzählung die Ebene des Räuber-und-Gendarm-Films formal verlassen, um zu kommentieren. In der anfänglichen Plansequenz wird der Mörder identifiziert, aber wir bekommen ihn nicht zu Gesicht, weil der Zeuge nicht sehen kann. Die Wiedererkennung läuft über das neue Medium Ton. Die Fahrt am Ende schließt den Kreis und die Abstempelung als Mörder gestaltet sich mit einer optischen Besonderheit eines Fritz-Lang-Films zu einem ästhetischen Akzent. Dazwischen liegt eine handwerklich souverän in stummfilmhaften Bildern erzählte kriminalistische Abfolge der Ereignisse. Die Rahmenbilder schaffen durch ihre Bildsprache einen Gegenpol, eine Mehrschichtigkeit des Inhalts, die sich einem bloßen Naturalismus verschließt.

Der Bruch der Bildgestaltung

Mit dem Schnitt sind wir zurück bei der Polizeiarbeit. Der Sekretär steht wieder oder immer noch hinter dem Schreibtisch, an dem Lohmann in bekannter Position aus den Akten vorliest. Es ist Tag und nach dem, was alles

620 Lang (1963). S. 116. Einstellung 449.
621 Vgl. Ebd. S. 127.
622 THE CAMERAMAN. USA 1928. Regie: Edward Sedgwick. Kamera: Elgin Lessley, Reggie Lanning.
623 Tergit (1931): Der Film des Sadismus. S. 845.

passierte, könnte man meinen, die Anlieferung der Akten hätte endlos gedauert. Die neue Kadrage ähnelt der ersten in diesem Raum (2), aber die Rollen zwischen den beiden Polizisten sind vertauscht, jetzt redet Lohmann und der Sekretär hört zu. Entsprechend steht nun die Kamera auf Augenhöhe Lohmanns und zwingt den Stehenden durch leichten Schwenk nach oben mit ins Bild (25). Die Kamera steht näher und das Bild wirkt sehr kompakt, gibt den beiden kaum Möglichkeit zur Bewegung. So stößt der Sekretär immer wieder an der oberen Kante an, wird dabei bisweilen bis zu den Augen angeschnitten. Der Sicherheitsraum, die ungenutzte Luft der Stummfilm-Kadragen um die Schauspieler schrumpft bis zum Anschnitt.

Der Sekretär denkt nach, versucht sich zu erinnern, bekommt aber keine Unterstützung durch die Kamera. Dann sein Einfall, das mit Rillen übersäte Fensterbrett. Dabei wendet er sich aufstützend an Lohmann, die Kamera korrigiert mit nach unten und betont dadurch die Aktion, und noch während er dies ausspricht, kommt eine Detail-Einstellung aus Beckerts Wohnung: ein sonnendurchflutetes Schattenspiel auf eben dieses Fensterbrett (26), aber nicht als Vision, sondern real, denn sofort kommt eine Hand mit Lupe vor dem Doppelfenster ins Bild und sucht das stark ramponierte Brett ab. Dann die Lupe formatfüllend, querlaufende Ritze (27). Die Kamera springt parallel zum Fenster und zeigt die beiden Polizisten profilig, der Sekretär hat etwas entdeckt, öffnet einen Flügel und holt mit dem angefeuchteten Finger etwas Schmutz aus einer Ritze (28). Nun als Subjektive Lohmanns die Hand des Sekretärs, die schnell auf die Kamera zukommt, »Rotstift« (29). Auch der Bekennerbrief wurde mit Rotstift geschrieben, eine Erkenntnis, die nur der Ton leisten kann.

Dass hier die Hand mit den Rotstift-Krümeln zur Kamera geführt wird und nicht die Kamera darauf zufährt, liegt an der Möglichkeit der Schärfenkontrolle. Die Hand bleibt bei dieser Aktion fast durchgehend scharf, bei einer Zufahrt ergeben sich dabei bis heute Probleme, so dass man oft – rückwärtsdrehend – von einer Großen in eine distanziertere Einstellung zurückfährt. Das ermöglicht eine leichtere Schärfenkorrektur und muss dann rückwärts laufend kopiert werden.

Die Kamera springt zurück in eine Amerikanische der beiden vor dem Fenster, »… endlich … sind wir auf seiner Spur« (30). Schnitt auf die Ganoven, die den Satz im folgenden Dialog aufnehmen.

Jetzt wird Tempo durch die Kadrage gemacht, durch Detail-Einstellungen, Anschnitte, kompakte Bildgestaltung. Schon die erste konzentriert, lässt kein Abschweifen zu. Auch der unvermittelte Schnitt auf das Fensterbrett beschleunigt, weil nicht eindeutig gezeigt wird, wer die Lupe hält. Der In-

Bild 8-25 bis 8-32

formationszuwachs liegt einzig bei den Ermittlern, wir Zuschauer wissen dies alles schon seit längerem. Und dank der Montage, die nun einsetzt, nimmt auch die Erzählung an Geschwindigkeit auf.

Die Verfolgungsjagd, das Räuber-und-Gendarm-Spiel mit falschen Gendarmen beginnt, gesteuert von den vier Hauptakteuren, quasi den Head of Departments der Unterwelt, die sich in einem wohnzimmerartigen Raum um einen Tisch versammelt haben. In der Bildmitte sitzt telefonierend der Falschspieler, vor ihm auf einem Lehnstuhl mit dem Rücken zur Kamera der Schränker, an seiner Melone eindeutig identifizierbar. Die beiden werden eingerahmt von zwei Stehenden, links dem Taschendieb und rechts dem Einbrecher (31). Bei der Wiederholung des Satzes von Lohmann aus der vorherigen Einstellung durch den Falschspieler »... sind ihm auf seiner Spur« – jetzt als Rückfrage – werden alle aufmerksam. Von rechts wirft sich als Fünfter der Bauernfänger auf den Tisch und bestätigt, dass die Bettler Beckert entdeckt haben. Ein Tohuwabohu im Sitzen. Die Einstellung bleibt weiter sehr kompakt, mit leicht längerer Brennweite fotografiert erscheinen alle Beteiligten etwa gleich groß und bedeutend. Der nach oben sich öffnende Raum wird zur tageszeitlichen Information genutzt, rechts eine nicht eingeschaltete Tischleuchte, links über den Köpfen naturalistische Sonnenlichtflecken. Im allgemeinen Durcheinander bittet der Falschspieler seinen Telefonpartner um Wiederholung des letzten Satzes und damit springen wir in eine enge Telefonzelle. Leicht von oben schauen wir in einer Halbnahen auf Heinrich, der versichert, Beckert nicht aus den Augen zu lassen, und wie zur Bestätigung kontrollierend noch einmal zum Kabinenfenster rausschaut (32). Sein Text geht weiter über die nächste Einstellung und wirkt wie ein Off-Kommentar zum Bild.

Verfolgung als Tatsachenbericht

Nun ist wieder Nacht. Die Kamera schaut etwas schräg mit nicht geneigter Kamera – alle Senkrechten laufen vorbildlich parallel zu den Bildrändern – auf einen Hauseingang, davor ein Transportfahrrad und gerade noch im Bild eine eingeschaltete Straßenlaterne, die man als Quelle einer logischen Lichtführung identifizieren könnte (33). Aber ums Licht und eine mögliche Atmosphäre geht es nicht. Beckert und das Mädchen kreuzen nicht hörbar plaudernd das Bild von rechts nach links, ein Raucher kommt ihnen entgegen, wirft seine brennende Zigarette weg, die sofort ein verfolgender Bettler in Begleitung eines Einbeinigen ergreift und weiterraucht. Überblende.

Wieder Blick auf eine Hausfront, drei unbeleuchtete Fenster, diesmal leicht schräg von der anderen Seite, davor eine Litfaßsäule (34). Beckert und Mädchen kreuzen erneut von rechts nach links, er hat seine Hand auf dessen Schulter gelegt. Die beiden Bettler folgen, doch der Einbeinige bleibt wohl hinter der Säule stehen, denn für ihn erscheint nun ein weiterer Mann mit Schirmmütze aus dieser Verdeckung, sich sorgsam umschauend.

Ab der kompakten Einstellung im Kommissariat (25) bis zu der des telefonierenden Heinrich (32) haben die Kadragen alles Beschauliche, Distanzierte verloren. Sie sind funktional, an Handlung und Dialog orientiert, trotzdem abwechslungsreich kadriert, den Raum zeigend, besitzen also alles, was eine Kriminalfilm-Fotografie auszeichnet. So geht der Polizeifilm im Räuber-und-Gendarm-Film auf. In filmischen Kadragen – so wie wir es bei METROPOLIS herausfanden – erzeugt die Polizeiarbeit Spannung, und das schließt die fahndenden Gangster mit ein. Vergleicht man diese ersten Einstellungen (25 bis 32) mit den beiden letzten (33 und 34), so wird der Bruch deutlich, die Erzählhaltung und die Bildgestaltung ändern sich vollständig.

Bild 8-33 bis 8-36

Nun werden die Bilder überaus übersichtlich, wir schauen fast frontal auf eine Wand wie bei einer Bühne und davor laufen parallel die Personen; fast könnte man bei der ersten sogar so etwas wie Symmetrie hineinsehen. Das Prinzip der kompakten, dramatisierenden Erzählung wird verlassen und es deutet sich hier eine andere Erzählebene in einem reduzierten Erzähltempo an. Wir fühlen uns nicht mehr in der Handlung, sondern schauen auf sie, da der Kinderschänder, dort die Verfolger. Das Relief kehrt zurück und lässt den Tatsachenbericht erahnen, den Lang so sehr wünscht. Mit der bald folgenden Erkenntnis des Mörders hinsichtlich seiner Enttarnung lässt der Film optisch alle kriminalistische Spannung fallen, denn es gibt keinen Grund mehr zur Sorge um das Mädchen, das die Bettler schützen werden. Die Kameraarbeit bemüht sich um Sachlichkeit, quasi um von Gestaltung bereinigte Bilder eines leicht versetzten Blicks auf frontale Architektur, wie wir sie aus der deskriptiven Montage in METROPOLIS (3-10 bis 3-13) kennen.

Daran ändert auch die überaus ambivalente Kadrage nach einer weiteren Überblende nichts, die auf den ersten Blick wie aus einem Krimi sein könnte. Plötzlich steht die Kamera in einer Durchfahrt, öffnet einen zwielichtigen Blick durch ein doppelflügeliges Tor auf die Straße (35). Die Erzählperspektive scheint zu wechseln. Durch die Glasscheiben der linken Seite sehen wir den Rücken eines Mannes. Auf der Straße parkt ein Auto. Die Nacht scheint wie verflogen, das Licht lässt einen lichten Tag assoziieren. Beckert und das Mädchen kreuzen die Straße, der Mann mit der Schiebermütze folgt, der Raucher erscheint im offenen Türflügel und löst den wartenden hinter der Scheibe ab. Das Bild wirkt wie die Subjektive eines heimlichen Beobachters, aber wer soll das sein? Die gerade begonnene distanzierte Erzählung bricht ab, für die Länge einer Einstellung wird gestalterisch Spannung erzeugt.

Hat hier Lang womöglich der ewigen Quengelei seines Kameramanns Wagner nachgegeben, endlich mal ein »Kriminalfilm-Bild« machen zu dürfen? Stammt die Einstellung aus einem anderen Zusammenhang, einer Verfolgung am Tag? Nach zwei durch ihre Raumlosigkeit technisch wirkenden Abbildungen einer Straßenfront, die man gutwillig mit der vielen Luft über den Köpfen auch als dokumentarische Aufnahmen der Stummfilmzeit betrachten könnte, sehen wir nun eine Kadrage, die durch differenzierte Bildebenen Raumtiefe suggeriert. Die Einstellung wird auf Spannung getrimmt: Die Doppeltür mit den Wellglasscheiben, die den Wartenden geheimnisvoll unkenntlich machen, dann der stark eingeschränkte Blick auf die Straße, der das ausschnitthafte eines Filmbilds betont und die Zeit zur Wahrnehmung der Personen stark reduziert. All dies sind nicht Elemente eines sich um Distanz bemühenden Bildes, sondern hier soll die Kadrage erzählen. Nur bleibt rätselhaft – was? Als subjektiver Blick lässt sich die Perspektive nicht zuordnen, selbst zur Spannungssteigerung, für die sich die vielen Verdeckungen anbieten, kann er schwerlich dienen; unsere Sorge gilt nicht mehr dem Mädchen, ihm droht durch die Bettler keine Gefahr. Die Flächenaufteilung gegenüber den vorherigen theaterhaften Einstellungen fällt deutlich raus, irritiert den Betrachter, beraubt ihn seines objektiven Zuschauens.

Überblendung und mit der nächsten Einstellung schauen wir wieder leicht schräg auf eine Häuserfront (36), so als hätte es die vorherige Einstellung nicht gegeben, rücken aber dem Geschehen unaufhaltsam näher. Beckert und das Mädchen kreuzen in einer Amerikanischen, nur die Luft über den Köpfen ist geblieben, um den Imbiss hinter ihnen ganz ins Bild zu bekommen. Durch die Beleuchtung im Laden können wir uns wieder der Nacht sicher sein. Noch bevor die beiden das Bild links verlassen, kommen von rechts zwei Männer ins Bild, der eine folgt ihnen, der andere lässt sich von einem weiteren Schirmmützenträger aus dem Imbiss ablösen.

Alles wirkt artifiziell, Personen stören eher als dass sie das Bild beleben. So, als müsse der Dramatisierung wieder Neutralität entgegengesetzt werden. Lang möchte den Tatsachen gerecht werden und »über die Aufgabe der künstlerischen Reproduktion von Geschehnissen hinauswachsen«[624], um zu warnen und vorzubeugen. Aber eine Neutralität, die sich Lang hier vorgestellt haben mag, gibt es nicht. Fehlende Kunst erzeugt nicht per se Objektivität. Die Einstellungen sind nicht sachlich, nur brav kadriert, erscheinen als spannungslose, fade Einzelbilder, weil sie keine Haltung zum Erzählten einnehmen. Es soll nach der Stigmatisierung Beckerts als Mörder vermieden werden, seinen Gang mit dem Mädchen, seine Verfolgung zu dramatisieren. Die Passage darf nicht wie aus einem Räuber-und-Gendarm-Film erscheinen. Als Beobachter können wir uns einen analytischen Blick auf den Täter leisten, keine Spannung lenkt uns ab. Wie sehr hätte da die Fotografie der Jeanne Ney einigen Kadragen geholfen, die Distanziertheit als Beiläufigkeit der Ereignisse herauszustreichen und nicht wie hier als Verhinderung der Gestaltung.

Interessanterweise sind alle vier Kadragen dieses neuen Erzählstrangs durch Überblenden verbunden, die nicht nur als Klammer fungieren, sondern auch die erzählte Zeit verwischen, so als würden sie endlos lange gehen. Doch der stringente Handlungsablauf stellt sich dem entgegen, deshalb vermute ich optische Gründe für die Blenden, sind doch die Bilder – bis auf den Türdurchblick – zu ähnlich, um problemlos hart geschnitten werden zu kön-

624 Lang (1931).

nen. Auch dies mag eine Begründung für den Durchblick sein: Die immer gleichen Bildgefüge brauchen für die Montage eine Variation.

Wie zum Beweis dieser Überlegung folgt eine grafisch veränderte Kadrage durch einen harten Schnitt. Ein erneuter Perspektivwechsel, denn die Kamera steht im Schaufenster eines Spielwarenladens und schaut Richtung Straße (37). Zum nun kommenden dramaturgischen Höhepunkt stellt sich

Bild 8-37 bis 8-39 und 8-41 bis 8-43

die Kamera den Protagonisten gegenüber, schaut ihnen ins Gesicht, verkriecht sich nicht in einem Hauseingang. Beckert und das Mädchen kommen gut gelaunt von rechts ins Bild. Trotz fehlender Sprache – nur zweimal war seit dem Off-Ton von Heinrich ein Hupen zu hören, sonst sind die Bilder stumm – kann der Wunsch des Mädchens nach etwas Ausgestelltem eindeutig erkannt werden.

Die Kamera springt mit dem Schnitt um 180° nach außen auf die Straße und zeigt zur Hälfte das Schaufenster und links davon den Eingang (38). Beckert will hineingehen, aber das Mädchen sieht das »M« auf seiner Schulter und spricht ihn darauf an. Beckert sucht im Spiegel neben dem Eingang die verschmierte Stelle auf seinem Mantel. In dieser Drehung kommt der Schnitt in die vielleicht bekannteste Einstellung des Films, die Nah-Einstellung Beckerts, wie er über seine Schulter im Spiegel das »M« auf seinem Rücken erkennt, seine entsetzt aufgerissenen großen Augen, die die Angst des überführten Mörders verraten (39).

Aber wir sind noch nicht nah genug, die Kamera isoliert das »M«, ohne Spiegel und ohne Person, nur das Kreidezeichen auf dem Mantel (40), und macht es zum Kulminations- und Wendepunkt der Verfolgung, denn ab jetzt weiß der Mörder um seine Enttarnung. Auch die immer eindringlicher werdende Kamera hat ihren Höhepunkt erreicht, brennt das M wie ein Menetekel in die Wahrnehmung des Betrachters. So wird die Signalwirkung dieses Details überdeutlich und erweitert mit den aufgerissenen Augen Peter Lorres den Film um die von Lang erhoffte Diskussion um »das Für und Wider der Todesstrafe«[625].

In der digital restaurierten Fassung erhalten die Kreidezeichnung und der Mantelstoff durch die extreme Schärfe des Scans eine ungeahnte Stofflichkeit und interessanterweise reduziert diese Präsenz das Zeichen auf seine materielle Gestalt. Wir sehen ein Gewebe mit Kreidemarkierung, der Konnotation beraubt und ohne emotionale Wirkung.

Die Kamera springt zurück in eine Halbnahe, versucht der Emotionalisierung des Moments zu entfliehen, geht wieder auf die vertraute Distanz. Das Mädchen versucht in aller Unschuld die Kreide vom Mantel zu wischen, aber Beckerts Aufmerksamkeit gilt nun nicht mehr dem vermeintlichen Opfer, sondern seinem Entkommen. Plötzlich entdeckt er etwas im Spiegel, reißt den Kopf herum, schaut mit seinen großen, entsetzten Augen fast in die Kamera (41). Schnitt in seine Subjektive, ein Mann mit Schirmmütze verschwindet

625 Lang (1963). S. 124. Oder auch: Grant (2003). S. 31.

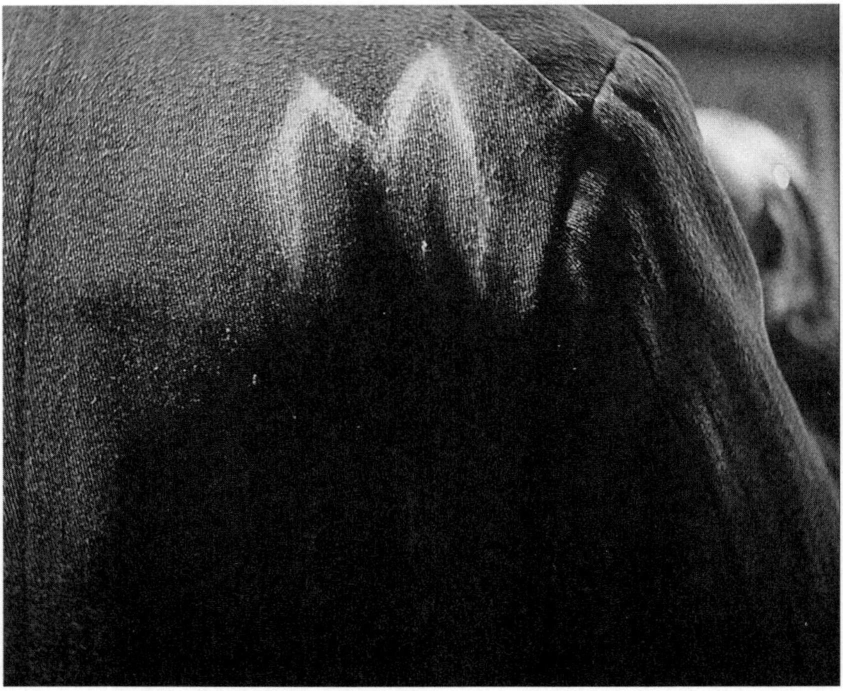

Bild 8-40

sofort hinter einem Getränkewagen (42). Halbtotale des Spielwarengeschäfts, Beckert kommt auf die Kamera zu, das Mädchen schaut verwundert, er ergreift deren Hand, will mit ihm weggehen (43), ein Pfiff aus dem Off, er lässt von ihm ab und läuft rechts aus dem Bild. Das Mädchen wird in Sicherheit kommen und die Verfolgung des Mörders zum Ziel führen.

Hier beginnt ein schleichender Stimmungswandel in der Wahrnehmung Beckerts beim Zuschauer. Ist er bis hierher ein Kinderschänder, der mit allen Tricks das Mädchen an sich binden und ruhigstellen will, so wird er nun zum Gejagten, und da nicht die Polizei, sondern eine Verbrecherbande ihm nachstellt, beginnt seine Wandlung zum Opfer.

Die Kraft dieser Szene liegt in der überaus individuellen, künstlerischen Darbietung Lorres. Sie setzt den Prozess einer Auseinandersetzung mit dem Gezeigten in Gang. Dieser Moment wird gestützt und herausgearbeitet durch akzentuierende Inszenierung und Kadragen. Mit Bildern eine Position zu beziehen, einen Standpunkt, eine Haltung einzunehmen, fällt schwer, weil es im Vergleich zum Schauspiel kaum Interpretationsraster gibt. Die entsetzten Augen eines zur Null stilisierten Menschen sind leichter zu entschlüsseln als die gebrochene Darstellung über ein Spiegelbild. Damit haben wir uns bei JEANNE D'ARC auseinandergesetzt, auch wie leicht sich Bilder vor eine Aussage stellen können. Im entscheidenden Moment sehen wir den Mörder im Spiegel, der direkte Blick wird uns verwehrt. Wir sehen Beckerts Schwierigkeiten, sich, seine Identität wahrzunehmen, seine hilflose Drehung. Das ließe sich beliebig weiter deuten. Lang und Wagner stellen sich diesem Moment, kommentieren ihn nicht nur durch das Spiegelbild, sondern auch durch ein beständiges Suchen auf ihrem optischen Weg dorthin. Das macht diese Szene so aufregend, das schafft die Aussage und nicht die vermeintlichen Tatsachen, die eine große Ferne zu realen Ereignissen haben. Haltung erzeugt die notwendige Reibung für Erkenntnis, eine Diskussion, der uns ein unschuldiges Kind, ein stigmatisierendes Zeichen und aufgerissene Augen nahebringen, ohne Zusammenhänge durch belehrende Sprache zu benennen. Die Ereignisse bleiben im Ungefähren, undramatisiert, undramaturgisiert; Anschaulichkeit und Beurteilung werden der Fantasie des Zuschauers überlassen[626]. Diese Szene zehrt nicht vom Tatsachenbericht, sondern gerinnt zum Film pur, zur Errettung der äußeren Wirklichkeit Kracauers[627], und so kann die unerbittliche Jagd beginnen. Und da die Ebenen in diesem Film nicht übereinander liegen, sondern aufeinander folgen, kann danach wieder zum Krimi gewechselt werden.

Aspekte der Kameraarbeit Fritz Arno Wagners

»Die amerikanische Photographie arbeitet auf Schönheit hin, auf Glätte; die deutsche strebt nach Charakter.«[628] Spielhofers mutiger Satz formuliert eine gängige Meinung über die deutsche Kameraarbeit und soll sicher nicht als Entschuldigung für jedwede Schlamperei im Umgang mit dem Aussehen der Schauspieler*innen dienen – wir erinnern uns an die Porträtlicht-Seminare von Charles Rosher[629]. Aber was heißt dies für Wagners Umgang mit dem Licht? In DIE LIEBE DER JEANNE NEY ist das Licht technisch funktional eingesetzt, es hilft den Raum, die Situation, die Tageszeit zu beschreiben, aber

626 Vgl. Berg (2003) [1965] The Viennese Night. S. 74.
627 Vgl. Kracauer (1964).
628 Spielhofer (1928): Fritzarno Wagner, ein Bahnbrecher der Aufnahmetechnik. S. 9.
629 Vgl. Kapitel *Die Gerätschaft und ihre Handhabung – Überlegungen zur Lichtführung.*

versucht nicht Stimmung oder Atmosphäre zu schaffen. Selten konkurrieren die Licht-Effekte mit den teilweise sehr ambitionierten und ausgestellten optischen. So giert das Licht nicht um Aufmerksamkeit oder Anerkennung wie die Kadrage, es weiß die Dramaturgie zu bedienen und die Inszenierung zu unterstützen. Die Lichtführung arbeitet meist logisch oder diffus unbestimmt, ohne die Lichtrichtung zu problematisieren oder damit anzuecken. Das Licht bleibt dezent, unmerklich, aber durchaus an der Dramaturgie orientiert.

> Ich weiß, dass Pabst immer sehr wütend über die berühmten deutschen Beleuchtungskünste der damaligen Zeit war, als das Licht häufig aus Richtungen kam, aus denen es niemand erwarten konnte. Pabst kämpfte immer für eine Beleuchtung, die logischen Regeln folgte. [...] sie erfüllt einen Zweck. Sie muß eine Stimmung erzeugen. Und all das, so sagte Pabst, gehört zu den Aufgaben eines Kameramanns.[630]

In M wirkt das Licht zielstrebiger, die diffuse Situation im Büro des Vaters der JEANNE NEY (5-2, 5-3) weicht hier im Kommissariat einer deutlich logischen Führung durch die Fenster (2), ohne aber mit den Kontrasten so weit zu gehen, dass eine eigenständige Stimmung entsteht. Nur bei den polizeilichen Razzien des Nachts tauchen kontrastreiche, atmosphärische Totalen auf, die aber gleich von den Aktionen verschluckt werden. Die späteren nächtlichen Verfolgungen Beckerts durch die Bettler bleiben kontrastarm dunkle, undramatische Kadragen (33); wenn man so will, entsteht ein realistisches Abbild unter der damaligen Straßenbeleuchtung. Rauchgeschwängerte Räume werden nicht durch Lichtstrahlen spektakulär gemacht, Spots bei Verhören nicht zur blendenden Tortur. Eine Ausnahme bilden sprechende Schatten, die unterschiedlich eingesetzt werden. Es beginnt nach nur sechs Minuten mit dem ersten Auftritt Beckerts, oder besser: Nicht-Auftritt, denn wir sehen nur den Schatten eines Kopfs mit Hut auf einem Steckbrief an der Litfaßsäule und daneben springt immer wieder Elsies Ball ins Bild, dessen Auskullern wenige Filmminuten später den Tod des Opfers versinnbildlichen wird (44). Das Schattenbild baut aber keine Spannung auf, bestenfalls Neugierde, und im weiteren Verlauf des Films wird diese Anonymität auch nicht sonderlich bedient, denn den sprechenden Schatten verrät schon Peter Lorres markante Stimme. Drei disparate Elemente werden in diesem Bild gefasst: der Schatten des Mörders, sein Steckbrief, der Ball des Opfers. Diese Kombination lässt keine Zufälligkeit dieses Zusammentreffens zu, hier

630 Oser (1964) [1955]: Über die Arbeit mit G. W. Pabst. S. 6.

wird die optische Synthese zu einem unbezweifelbaren Indiz der Täterschaft des Schattenwerfers. Was das reale Auftreten im Bild mit einem Steckbrief im Hinter- oder Vordergrund kaum hätte leisten können – die Identifizierung als Kindermörder –, schafft der Schlagschatten eindeutig.

Ein zweites Beispiel steckt den variablen Umgang mit dem Effekt des Schattenspiels in diesem Film ab, und wieder geht es um Verbrecher. Schränker will ein Netz von Beobachtern schaffen, um Beckert zu fangen, und beschreibt die Anforderungen für die anwesenden Kollegen. Diese Aufzählung von Eigenschaften und die ungläubigen Reaktionen seiner Zuhörer präsentiert eine Einstellung mit Schlagschatten der Beteiligten an einer Wand (45). Die Szene spielt ironisch mit dem Geheimnisvollen, Verschwörerischen, und erspart die Darstellung des Zweifels an diesem Plan. Ein immer wieder eingeworfenes »Wer?« muss hier reichen. Das Nicht-sehen-Können der einzelnen Reaktionen belebt die Situation einer Szene mit reinem Informationsgehalt und sicher schwingt auch eine beabsichtigte Zweideutigkeit bei diesen Schattenfiguren mit.

Das Licht wird ausnahmsweise zur Abstraktion genutzt, sonst bleibt es unauffällig, ohne markante Effekte oder Licht-Stimmungen – eine sicher nachvollziehbare Entscheidung für einen Film, der eine Reportage, ein Tatsachenbericht sein will.

Spielhofer sieht Wagners Ideal im »unsichtbare[n] Apparat, der vom Schauspieler nicht geahnt wird, auf den er sich nicht einstellt, für den er darum auch nicht seine Unbefangenheit opfert.«[631] Dieses Unsichtbare, Diskrete trifft bei M nur auf die Lichtführung zu, absolut sichtbar, manchmal aufdringlich, schieben sich in erstaunlicher Weise immer wieder optische Effekte in den Vordergrund. Hier herrscht keinerlei Zurückhaltung. Mit Spott wird die allgemeine Hysterie der Menschen auf die wiederholten Mordfälle gezeigt. So muss die Kamera einen kleinen Mann noch stärker miniaturisieren, um die Auseinandersetzung nicht ernst zu nehmen (46). Immer wieder entstehen kleine Brüche zum Komödiantischen hin, bei denen auch die Kamera hilft. Aber es zeigen sich auch unverständliche, denunziatorische Perspektiven, wie die auf den im Film hoch geschätzten Lohmann in seinem Büro (47) als Karikatur einer Pantoffel-Macht. Da wetteifert die Kameraarbeit mit der Regie, um das ernsthafte Anliegen des Tatsachenberichts zu verspielen.

631 Spielhofer (1928). S. 10.

Bild 8-44 bis 8-49

Besonderes Gewicht haben die unzähligen sorgsam kadrierten Detail-Einstellungen in ihren vielfältigen Funktionen, erklärend, wie Zwischentitel in einem Stummfilm, dramatisierend oder abstrakt erzählend wie vom Mord am Mädchen (48, 49). Fahrten oder Schwenks betonen wie üblich den Zusammenhang zwischen Räumen oder Personen, oder sie werden emotionalisierend eingesetzt. Bei diesen Bewegungen erstaunt weniger ihr Einsatz oder ihre Motivation, als sie überhaupt in einem Lang-Film zu finden. Wenn im Mittelteil die Organisation der Bettler vorgestellt wird, bewegt sich die Kamera grandios in einer langen Einstellung mit der Leichtigkeit eines Handgeräts von Situation zu Situation. Durch geschickten Schnitt wird gar ein Kran vorgetäuscht, um im oberen Stockwerk durch ein Fenster zu gleiten und sich sogleich den Raum zu erobern. Bei aller optischen Faszination sind die Bewegungen auch inszenatorisch und dramaturgisch motiviert, machen sie doch den massenhaften Einsatz der Bettler bei der Suche nach dem Mörder sinnfällig. Diese Einstellung ohne synchronen Ton wird wohl mit einer handlichen, stummen Kamera gedreht. Die Tonfilmkamera (50) hat zwar deutlich abgespeckt, steckt nicht mehr samt Personal in einer Kabine, bleibt aber monströs und lässt beim Anblick jeden Ruckler bei den Bewegungen verzeihen.

Bild 8-50

Schluss

Die Unentschlossenheit, sich für ein Thema zu entscheiden, wird zum Problem für die Kameraarbeit. Aus den Ebenen, die eine vieldeutige Spannung innerhalb einer Szene erzeugen könnten, wird eine Abfolge von Anekdoten. Auf Langs unterster Stufe, die der Räuber-und-Gendarm-Geschichte, erinnern die Kadragen stark an Stummfilm-Krimis, meist nicht geneigte Kamera und ein sorgsam gestalteter Raum; nur wirken die Bilder kompakter, spannungsgeladener, die Mise-en-scène funktioniert stringenter als im Dr. Mabuse. Die Polizeiarbeit bevorzugt handlungsorientierte Bilder, auch längere Einstellungen, wenig Raum um die Personen, Anschnitte, auch geneigte Kamera. Dabei verwischen die Trennungslinien zwischen diesen beiden Erzählformen oft. Die größten Freiheiten bei der Bildgestaltung nimmt sich der Film beim »Dokument seiner Zeit«, so bei der Schilderung der Lebensumstände der Wäscherinnen, der allgemeinen Hysterie der Bevölkerung oder bei der Bettler-Vereinigung, da scheint die Kamera grenzenlos zu sein, schaut aus der Vogelperspektive, bewegt sich, schwenkt, fährt, erobert den Raum. Bleibt noch Langs Engagement zur Problematik der Todesstrafe, zu ihm gehören nicht nur die Plädoyers zum Abschluss des Films, sondern auch die Wandlung Beckerts vom Täter zum Verfolgten, zum Opfer. Hier geht die Kamera auf Distanz, dokumentarisch wird Lang dies sicher nennen, nicht künstlerisch, eine Parteinahme soll vermieden werden. Langs hierarchische Ordnung der Stufen wird durch das filmzeitliche Nacheinander-Abarbeiten aufgelöst. So steht Langs Wunsch, einen Film über die Todesstrafe zu machen, nicht über dem gesamten Film, sondern blitzt nur schlaglichtartig auf und kann mit der nächsten Szene vergessen sein. Es fehlt der Kameraarbeit grundsätzlich die Orientierung und die Bilder sind reduziert auf Standards. Auch wenn diese saloppe Zuordnung kinematografischer Auffälligkeiten zu den »Ebenen« nicht voll aufgeht, soll eine Tendenz angezeigt werden, der die Kameraarbeit nicht entkommen kann.

Bleiben wir bei der Kinematografie Wagners. Brandlmeier erkennt radikale Modernität in den Aufsichten als »typische Wagner-Invention«[632], deren flächige Darstellungen oft an den Rändern keine Begrenzung finden und die in der Tat von der ersten Einstellung an im Film immer wieder auftauchen. Auch in seiner Zeit findet Wagner Bewunderer: »Fritz Arno Wagner ist unter den deutschen Kameraleuten mit der variabelste. Er ändert den Stil seiner Aufnahmen entsprechend dem Charakter des Films. Gestern in der

632 Brandlmeier (2008). S. 426.

JEANNE NEY, entfesselte Kamera; heute in den SPIONEN unbeweglich, vom monumentalen ausgehend.«[633] Mit dieser Flexibilität wird Fritz Arno Wagner zum idealen Kameramann für Fritz Lang. Und Lotte Eisner fügt noch ergänzend hinzu, er sei der »begabteste unter den großen Kameraleuten der Zwanzigerjahre. Er stellte sich auf Langs Arbeitsfanatismus, das Ausgeklügelte seiner statischen Bilder, genauso ein wie auf die mobile Kameraführung bei Pabst.«[634]

Dass Kameraleute nicht einen eigenen Stil verfolgen, haben wir diskutiert und gilt es hier nicht zu bedauern. Verschenkt finde ich aber Wagners Fähigkeit, in unaufdringlichen Bildern bar jeder Standards zu erzählen. Dass dies misslingt, liegt nicht an seiner Anpassungsfähigkeit, sondern der Bedeutungssuche und Inszenierung Langs. Seiner Arbeit mit den Schauspielern fehlt jede Beiläufigkeit, alles gerät zur Akklamation. Das schafft große Momente, wie die aufgerissenen Augen Lorres, aber in den für den Film notwendigen Zwischenphasen kann sich der Film von diesem Gestus nicht lösen. So entsteht in meinen Augen kein Tatsachenbericht, sondern ein Manifest, ein Pamphlet. M dokumentiert den steinigen Weg zur Darstellung von Tatsachenberichten, zum »unkünstlerischen«, oder nennen wir es: »ungekünstelten« Filmbild. »Fritz-Lang-Filme spielen in einer eigenen, vollständigen Welt, die der äußeren Wirklichkeit ähnlich ist, aber weniger Unschärfen, andere Dimensionen, eine konsequentere Architektur aufweist.«[635]

Lang und Wagner verband auch eine persönliche Freundschaft. So gibt es unter den unendlich vielen Anekdoten um das Treffen Langs mit Goebbels auch die, dass Lang sich danach mit Wagner besprochen habe[636]. Und nach dem Krieg wollte Lang bei seinen Indien-Filmen[637] Wagner als Kameramann, aber Brauner bestand auf Richard Angst, der für ihn bereits mehrere Filme fotografiert hatte. Es wurde für beide eine sehr unerfreuliche Zusammenarbeit. Wagner drehte einen anderen Film, bei dem er tödlich verunglückte. Mit »Fritz, hättest Du nur den Wagner genommen, dann wäre er jetzt nicht tot!«[638] versucht Lotte Eisner eine Aufmunterung für Lang.

633 Anon. (1928): Das Glashaus: Fritz Arno Wagner.

634 Eisner (1988) [1984]: Ich hatte einst ein schönes Vaterland. S. 126. Vgl. Anon.: Das Glashaus.

635 Seeßlen (2010).

636 Vgl. Grob (2014). S. 190.

637 DER TIGER VON ESCHNAPUR und DAS INDISCHE GRABMAL. BRD, Italien, Frankreich 1958. Produzent: Artur Brauner. Regie: Fritz Lang. Kamera: Richard Angst.

638 Eisner (1988) [1984]. S. 127.

9 Liliom (1934)

Un film de Fritz Lang [*Regie*]. Photographie: Rudolph Maté [*Kamera*] et [*kleiner darunter wie bei Assistenten üblich*] Louis Née [*in einigen Quellen wird er auch als Operator genannt*]. Adapté a l'écran d'apres la pièce de Franz Molnár par Robert Liebmann, dialogue de Bernard Zimmer. Décors Paul Colin executes par René Renoux. Directeur artistique André Daven. C'est une production Erich Pommer de la Fox Europa.

»Liliom hab ich immer sehr gemocht. Heute mag ich ihn vielleicht am meisten von allen. Liliom, Scarlet Street, M und Fury.«
(Fritz Lang)[639]

Auch wenn Liliom bei Langs Äußerungen nicht immer an erster Stelle steht, so gehört er doch zum engeren Kreis seiner Lieblingsfilme und kaum ein anderer seiner Filme birgt so viel Widersprüchliches. Einige sehen beim

639 Powers; Reed; Chase (2003) [1974]: Dialogue on Film: Fritz Lang [Übersetzung durch den Autor].

Publikum einen Misserfolg,[640] vielleicht weil Lang selbst einen Wandel bei den Zuschauern in der Mitte der Premiere beobachtete: »Die Zuschauer hatten ein Drama erwartet, weil sie mit Liliom und seiner Frau mitfühlten, und plötzlich entwickelt sich daraus eine Tragikomödie.«[641] Auch für Lotte Eisner fand der Film »bei den Franzosen damals keinen Anklang«[642]. Max Ophüls wiederum bestätigt einen finanziellen Erfolg, auch für seinen im selben Jahr unter ähnlichen Bedingungen für die Fox gedrehten Film ON A VOLÉ UN HOMME[643], setzt aber für die künstlerische Arbeit einen verschmitzten Seitenhieb gegen den für beide Filme verantwortlichen Produzenten Erich Pommer: »[...] beide Regisseure waren eine Fehlbesetzung. Hätten wir getauscht, hätte Lang sicherlich einen außergewöhnlichen Kriminalfilm zustande gebracht und ich ein sehr gutes romantisches Lustspiel.«[644]

Variety[645] findet den Film »very Frenchy« und somit wohl nur einem speziellen Zuschauerkreis zugänglich. Die nationale Zuordnung bleibt für viele ein Problem: Das Wiener *Sport-Tageblatt* macht aus dem in Wien geborenen Lang einen »deutschen Meisterregisseur«[646] und aus dem im damals österreichisch-ungarischen Krakau geborenen Rudolf Matheh wird in einer anderen Quelle ein in Ungarn ausgebildeter Pole[647]; doch »[...] bis 1918 stand auf seinen Visitkarten: ›Oberleutnant im k. u. k. Infanterieregiment Nr. 52‹«[648]. Wenn der Film »frenchy« wirkt, am Team kann es nicht liegen.

Wie für Lang ist LILIOM Rudolph Matés letzter Film, bevor beide unabhängig voneinander in die USA gehen. Von Berlin nach Paris zu wechseln, weil dort weniger Top-Kameramänner arbeiten und er so leichter Karriere machen könnte, hat sich für Maté also gelohnt.[649] Er drehte nicht nur mit Carl Theodor Dreyer den Film VAMPYR – L'ÉTRANGE AVENTURE DE DAVID GRAY[650], sondern auch mit führenden internationalen Regisseuren wie Renè

640 Vgl. Möbert (2002): Liliom. S. 145, Fußnote 4.

641 Bogdanovich (2000). S. 215.

642 Eisner (1988) [1984]. S. 131.

643 Frankreich 1934. Regie: Max Ophüls. Kamera: René Guissart.

644 Ophüls (1959) [o.J.]: Spiel im Dasein. S. 177.

645 *Variety: The International Entertainment Weekly*, Los Angeles, New York.

646 *Sport-Tageblatt*, Wien, 28.2.1935.

647 Vgl. Deutsch; Shaw (2012): From LILIOM to CAROUSEL to LILIOM. S. 103.

648 Anon. (1932): An der Kamera: Maté. S. 21.

649 Vgl. Luft (1964): Rudolph Maté Photographed Dreyer's PASSION OF JOAN ARC. S. 481.

650 Frankreich, Deutschland 1932. Regie: C. Th. Dreyer. Kamera: Rudolph Maté. Produktion: Carl Theodor Dreyer Film Production (Paris) in Zusammenarbeit mit Tobis-Melofilm GmbH (Berlin).

Clair oder Harry Lachman und Schauspielern wie Louise Brooks, Emil Jannings und Madeleine Ozeray. Somit ist er also bestens gerüstet für die Zusammenarbeit mit Fritz Lang – und sein Erfolg wird sich auch in Hollywood fortsetzen.

Wie der Film beginnt

Auch Lang-Filme können so furios anfangen, dass sich seine Autorenschaft nicht unmittelbar aufdrängt. Der etwa einseitige »szenische Prolog«[651] des Bühnenstücks, den Ferenc Molnár nur stakkatohaft beschreibt, dehnt sich – auch durch die Integration von Dialogen aus späteren Bildern in die Anfangssequenz – auf über eine Viertelstunde Filmzeit und kreiert die überbordende Vitalität eines Rummelplatzes rund um das Ringelspiel, das Karussell der Madame Muscat (Florelle). Die Umarbeitung zum Drehbuch stammt von Robert Liebmann, Fritz Lang hat ebenfalls dazu beigetragen[652], wird im Titel aber nicht erwähnt. Lotte Eisner schreibt diese Veränderungen des Erzählstils und der optischen Handschrift Langs Instinkt für die Atmosphäre des Landes zu, in dem er gerade arbeitet, selbst René Clair hätte es nicht besser machen können[653].

Schon mit der etablierenden Totale beginnt die turbulente Erzählung der sich überschlagenden Situationen. Angetrieben von dem um Fahrgäste buhlenden Liliom (Charles Boyer) nehmen kleine Nebenhandlungen ihren unaufhaltsamen Lauf: Julie (Madeleine Ozeray) und ihre Freundin Marie (Mimi Funès) himmeln ihn an, auf dem sich drehenden Karussell singt operettenhaft Liliom mit den Fahrgästen, der genervte Hau-den-Lukas-Mann schlägt sich mit ihm und schließlich wird Madame Muscat eifersüchtig auf die beiden Frauen. Viele kleine atmosphärische Momente stehen nicht wie früher isoliert und waren verzichtbar, sondern sind jetzt mit der Handlung verzahnt, greifen ineinander, ergänzen sich, brauchen einander.

Lilioms Werben um Julie und Marie wird intensiver, Madame Muscats Eifersucht, angestachelt vom erfolglosen Hau-den-Lukas-Mann, treibt sie zum Handeln und am Ende der Szene kündigt Liliom seine Arbeit bei ihr und trifft sich mit Julie und Marie in einer bühnenhaft abstrakten Kulisse am

651 Molnar (2017): Liliom. S. 4–5.

652 Vgl. Töteberg (1985): Fritz Lang mit Selbstzeugnissen und Bilddokumenten. S. 81. Oder: Grob (2014). S. 199

653 Vgl. Eisner (1976). S. 149.

Rande der Kirmes, deren Tristesse im krassen Widerspruch zur Vitalität der vorherigen Szene steht. Dekoration und die an eine Parkbank angenagelte Inszenierung wirken wie ein Rückgriff in alte Stummfilmzeiten. Nach einem Zeitschnitt sind Liliom und Julie bei seiner Tante, Mme. Menoux (Maximilienne), untergekommen, einer Fotografin am Rande des Rummels. So verrinnt die Zeit zwischen den Sauftouren Lilioms samt Polizeibesuch und den an Julie gerichteten Avancen der Kundschaft während ihrer Hilfe im Fotoatelier. Unsere Sequenz beginnt nach etwa 49 Minuten mit einer Aufblende, in der Madame Muscat versucht, Liliom wieder zurückzuholen, und Julie ihm erklärt, dass sie ein Kind erwartet.

Die Entfesselung der Kamera durch Fritz Lang und Rudolph Maté

Nachdem Liliom Julie kennengelernt hatte, präsentierte ein *Establisher* den Ort unserer Sequenz als unübersichtlichen Innenhof zum ersten Mal. Nun, bei seiner dritten Präsentation, sehen wir diese Heimstatt mit nicht geneigter Kamera leicht unter Augenhöhe in einem deutlich engeren Blickwinkel (2). In der Bildmitte steht Julie ganzfigürlich und frontal zur Kamera hinter einem Bottich, schrubbt Wäsche und der fertiggestellte Teil ihrer Arbeit schmückt auf Leinen gespannt den Hintergrund. Rechts neben ihr und deutlich aus dem Zentrum gerückt, wendet Liliom uns seinen Rücken zu. Er wäscht seine Arme und teilt sich mit Julie die Seife. Bei einer so auffälligen Positionierung – sie im Mittelpunkt, vom Licht noch betont und Liliom von hinten – drängt sich sofort die Frage nach einer dramaturgischen Bedeutung auf, aber Klärung lässt sich nicht im Bild finden, sondern im Fortgang der Ereignisse. Nach etwa 20 Sekunden schaut Julie nach links zum Bild raus und macht Liliom auf Madame Muscats Kommen aufmerksam. Er schaut rüber, schüttelt als Reaktion seine nassen Arme, als wäre damit Madame Muscat zu vertreiben, und konzentriert sich auf seine Waschschüssel.

Schnitt in dieser Bewegung in eine Amerikanische, die Kamera steht etwas seitlicher, so dass wir fast ein Profil von ihm sehen, und die Kadrage löst ihn aus dem Raum, setzt ihn frontal vor eine schnöde Backsteinwand mit etwas Unrat. Diese Raumnegierung kennen wir. Madame kommt nun von rechts hinter seinem Rücken in die Kadrage, will um ihn herumgehen, doch genau in diesem Moment schüttet er ihr sein gebrauchtes Waschwasser vor die Füße. Doch sie lässt sich nur kurz irritieren, setzt ihr geschmeidiges Lächeln auf und stellt sich provozierend vor ihn (3). Liliom dreht sich die Arme abtrocknend etwas weg von ihr und uns zu und so sehen wir ihn nun im Profil und können die Positionierung der ersten Einstellung entschlüsseln. Liliom hat nicht nur uns den Rücken zugewendet, sondern auch Madame Muscat, und sie muss um ihn herumgehen und darum kämpfen, ihm ins Gesicht sehen zu können. Die Abwendung versinnbildlicht Lilioms Haltung zur Situation. Das Bild will nicht die Zweisamkeit der sich unheilvoll Liebenden erzählen, sondern den Kampf der Verlassenen in einer Dreiecksgeschichte um die Gunst des Verflossenen. Beide wissen, warum sie kommt, reden aber um den heißen Brei herum. Nach weiteren Nickligkeiten, bei denen Liliom ungeniert seiner Morgentoilette nachgeht, gelingt es Madame, durch ein kurzes melodisches Pfeifen auf sich und Julie aufmerksam zu machen: Die Nebenbuhlerin stört für das, was sie mit ihm bereden möchte, und ehe Liliom es kapiert, antizipiert dies die Kamera und fährt langsam zurück und bekommt Julie samt Waschtrog ins Bild, noch bevor Liliom reagieren kann (4). Positionierung der Schauspieler und Kameraarbeit finden einen Gleichklang und endlich kommt er dem Drängen nach, schickt Julie zum Kaffee holen und diese geht nach links ab.

Statt dieser Fahrt würde heute mit einem Gegenschuss auf die Störende gearbeitet und Julie müsste ihr Spiel in keiner Weise ändern. Der Vorteil besteht darin, dass das Timing für ihre Reaktion beliebig am Schneidetisch bestimmt werden kann und man sich nicht am Motiv festlegen muss. Aber hier wird gefahren, und das mit einer Trägheit, als wolle die Kamera die Begriffsstutzigkeit Lilioms zum Ausdruck bringen. Es entsteht ein Bild, in dem alle Drei in ihren problematischen Beziehungen wie bei einer Familienaufstellung vereint sind: Madame Muscat besetzt die Mitte zwischen den Liebenden und bildet ihrerseits mit Liliom ein Paar, das die im Vordergrund stehende Julie ausschließt. Selbst Lilioms kalte Schulter, die er der Kamera zuwendet, gilt gleichfalls für Julie. Auch ihre Distanz zu ihm betont die Rückfahrt, die durch einen denkbaren Rückschnitt oder Gegenschuss untergegangen wäre, so wird die Dreiecksbeziehung mit ihren Korrelationen sichtbar.

Nach Julies Abgang springt die Kamera in eine Halbnahe, fast Amerikanische, von Madame Muscat, die der verdrängten Rivalin mit ihrem ganzen Repertoire an mimisch darstellbarer Verachtung und Genugtuung nachschaut. Um diesen Blick und den Konflikt mit Julie zu akzentuieren, wird Madame in einer stimmigen Kadrage von Liliom isoliert (1). Offensichtlich will man mit einer leicht schneidbaren Halbnahen das nun folgende komplizierte Spiel der beiden Schauspieler miteinander und der Kamera beginnen. Durch ihren Erfolg über Julie gestärkt, wendet sich Madame mit einigen belanglosen Sätzen Liliom zu, wobei die Kamera mitschwenkt und langsam

Bild 9-2 bis 9-5

zurückfährt. Eine kleine Bank kommt nun ins Bild, auf die sie ein Bein stellt, um ihr Knie vom Rock zu befreien (5).

Liliom scheint wenig erfreut ob dieser aufdringlichen Nähe. Er hat mit der Rasur begonnen und Schaum verdeckt sein Gesicht. Ein vertrautes Zurückstreichen seiner Haare wehrt er brüsk ab. Gemächlich macht er drei Schritte nach hinten Richtung Wand und hängt seinen Rasierspiegel an den Pfahl einer Teppichstange (6). So entsteht nicht nur ein neuer Bildausschnitt, sondern durch den Abstand wird eine Kluft aufgetan, die die Distanz zwischen den beiden betont. Als Zurückgelassene gibt es ihr die Möglichkeit, nachdenkend ihm den Rücken und uns ihr Gesicht zuzuwenden und so diesen neuen Grundton der Situation zu verstärken. Aber Madame Muscat – oder ist es Florelle oder gar Lang – hält diese Entfernung nicht aus, muss wie viele Schauspieler zu ihrem Partner, um mit ihm auf kurze Distanz zu agieren. So schlendert sie gelassen zum mittlerweile vom Rasierschaum befreiten Liliom mit dem Angebot, seinen Nachfolger zu entlassen. Die Kamera antizipiert Madames Hinwendung zu Liliom und macht sich schon vor ihr auf den Weg, holt dadurch etwas auf und endet mit ihr vor dem sich unbeteiligt gebenden Liliom in einer engen Zweier (7). Die Zufahrt wird durch Madames Gang motiviert, aber den beiden so nah auf den Pelz zu rücken, das deutet schon eine inszenatorische Steigerung an, auch oder gerade weil es vom Dialog nicht gedeckt wird. Liliom gibt sich verwundert und der Dialog plätschert kokett dahin. Dabei geht sie mit einer gespielten Empörung etwas auf Abstand und die Kamera kann sie isolieren. Madame nutzt die so entstandene Nah-Einstellung für ein beständiges Zu- und Abwenden von Liliom (8). Die optische Steigerung geht also weiter und die Einstellung findet immer noch kein Ende.

Überraschend schwenkt die Kamera autonom zurück in eine profilige Nahe von Liliom, nachdem sich Madame zaghaft über ihn und seine Verehrerinnen lustig gemacht hat (9). Die Bewegung bedient unsere Neugierde und versucht Feuer zu schüren, stachelt durch diesen autonomen Schwenk

Bild 9-6 bis 9-11

auf Liliom eine Erwartungshaltung beim Zuschauer an, die Kamera behält ihren erzählerischen Gestus. Keine Regung Lilioms soll verpasst werden, wenn sie ihm aus dem Off ihr Angebot macht, mehr zu bezahlen. Aber da optisch keine Position bezogen wird, reiht sich die Kamera in den Bewegungsrhythmus der Darsteller ein, wird zu einem dritten Akteur. Madames Provokationen laufen vorerst ins Leere. Liliom bleibt von allem ungerührt, betrachtet sich sorgfältig im Rasierspiegel. Dann blickt er ernst zu ihr, fragt, was aus Julie wird, ob er sie »entsorgen« muss. Damit wendet er sich der Kamera zu, die sofort zurückfährt, vor ihm ausweicht, und nach wenigen Schritten taucht er nach unten weg, gibt den Blick frei auf die verfolgende Madame, die ihm Gerüchte vorwirft, nach denen er Julie schlägt. Auch sie kommt näher, dabei bewegt sich die Kamera ohne Unterbrechung langsam weiter rückwärts und die Kadrage bleibt amerikanisch. Ein Teil von Lilioms Rücken kommt unten ins Bild (10), ein Wasserplätschern wird hörbar und bald werden wir sehen, dass er sich den Rest des Schaums aus dem Gesicht gewaschen hat. Noch äußert er sich aus dem Off, dass sie das nichts angeht, und während Madame sich in Rage redet, taucht Liliom von unten auf, sich das Gesicht abtrocknend (11). Ende der Einstellung.

Wo sieht man eine solche Bewegung in einem Film von Fritz Lang! Durch diese an den Dialog gekoppelte und einer optischen Handschrift verpflichtete Mise-en-scène emanzipieren sich Lang und Maté von einer abgefilmten Bühneninszenierung. In zwei Minuten und zwölf Sekunden werden ohne Schnitt acht unterschiedliche Kadragen und Konstellationen zu einem Gesamteindruck verknüpft. Beim Wechsel zwischen Erzählperspektive und Eigenständigkeit der Kamera erscheint jeder Bildausschnitt, jede Bewegung nachvollziehbar und synchronisiert mit dem Text, aber nicht selbstverständlich. Nichts bleibt dem Zufall überlassen: quasi in Deckung zu gehen, nach unten aus dem Bild zu verschwinden – zur Waschschüssel, wenn sie ihn mit den Gerüchten konfrontiert – und dann plötzlich gereinigt wieder aufzutauchen mit einer zynischen Wiederholung ihres »entsorgen«. Dieser sich eskalierende Streit kann kaum eine offensichtlichere Darstellung finden als in diesen beständigen Wechseln von Nähe und Ferne, On und Off, statisch und bewegt. So verhelfen Kamerabewegungen und Schauspielergänge dem konfrontativen Abtasten und Sondieren der Madame und Lilioms ständiges Entziehen und Ausweichen zu einer Leichtigkeit, die spielerisch die Stoffeligkeit Lilioms überdeckt und ihn dadurch nicht beschädigt.

Vermutlich hat Lang – sicher auch unter dem Einfluss Matés und vielleicht auch durch das Eisner'sche Lokalkolorit – erkannt, dass diese dramaturgisch unnötigen Bewegungen von Kamera und Schauspielern dem Bild, der Inszenierung eine Souveränität und einen Fluss geben, die es in seinen früheren Filmen nicht gab. Dabei ist LILIOM genau der Film, der nach einer solchen Lockerheit, Beiläufigkeit verlangt, nicht zuletzt, um die Figuren sympathisch zu halten und sie nicht in depressiver Bewegungslosigkeit versinken zu lassen. Lang und Maté entfesseln die Kamera von mancher Überdeutlichkeit oder Abstraktion und setzen sie als unbeschwerten Erzähler ein. Das bewegte Bild erscheint ohne einen Showcharakter, den wir bisweilen bei DER LETZTE MANN beobachten konnten. So entsteht eine für einen Lang-Film neue visuelle Handschrift, ein optischer Erzählstil, und vielleicht mag dies ein Grund für Langs Begeisterung über seinen Film sein.

Parallelmontage und Erzählperspektive

Mit dem Schnitt bahnt sich der Wechsel der Erzählperspektive an. Wir sind bei Julie im Wohnwagen in einer Amerikanischen. Sie sitzt leicht rechts der Mitte auf einem Stuhl, mahlt den bestellten Kaffee, hört konzentriert dem Dialog im Hof zu und wendet dazu den Kopf nach hinten (12). Doch sofort wird unser Besuch bei Julie unterbrochen durch einen Schnitt nach außen in eine enge Halbnahe, beide Darsteller leicht von oben, quasi aus der Hörrichtung Julies, und fast frontal (13). Liliom wendet sich mit ernster Miene von Madame ab, die ihn über seine Schulter ansingt, und entzieht sich ihrem Zugriff. Nach vier Sekunden sind wir wieder bei Julie (Fortsetzung 12). Es hält sie nicht lange in ihrer Position, sie steht auf und geht zu einem fast völlig zugeklebten, aber spaltbreit offenen Fenster nach hinten (14). Schnitt sofort nach außen in die bekannte Zweier. Es hat sich wenig geändert, Madame singt noch enger bei Liliom, der aber seine abweisende Position nicht aufgegeben hat, dafür aber sich-erinnernd ein dezentes Lächeln aufsetzt (15). Wieder bei Julie. Sie hat ihre Tätigkeit beendet, hält die Mühle fest in beiden Händen und stellt diese dann ab, die Kamera schwenkt mit und Julie schaut in einer Amerikanischen durch das Fenster in der Tür, den Vorhang beiseiteschiebend, nach außen (16). Im Off resümiert Madame immer noch die guten alten Zeiten, Julie lässt den Vorhang zugleiten und öffnet zaghaft die Tür. Subjektive Halbtotale vom Hof, deutlich von oben, im Vordergrund die Geländer der Wohnwagenterrasse, die beiden haben sich voneinander gelöst, reden jetzt über den Waschtrog hinweg (17). Madame beeindruckt Liliom mit ihren Neuanschaffungen für das Karussell, besonders mit den Flugzeugen, beide gehen nach rechts. Schnitt zurück nach innen. Julie steht ganzfigürlich an der spaltbreit geöffneten Tür im Sonnenlicht. Sie folgt den

Bild 9-12 bis 9-19

beiden innen zu einem der vielen Fenster, aber der Ton bricht ab. Sie geht nachdenklich zu einem anderen, das sich öffnen lässt (18), Mitschwenk. Blick durch ein Fenster, Julies Hand öffnet den rechten Flügel und sofort sind die Stimmen wieder zu hören (19).

In dieser frühen Tonfilmzeit sorgt man sich noch sehr um eine Begründung der Tonwahrnehmung, arrangiert das neue Medium für die Inszenierung. Beim Bild können schon kompliziertere Zusammenhänge entschlüsselt werden wie Parallelmontage, Rückblenden oder, auch hier, die Verbindung der fensteröffnenden Hand mit der vorher im Bild zu sehenden Julie. Aber das Abbrechen des Off-Tons entspricht nicht einem Bedürfnis nach Naturalismus, sondern der Steigerung der Spannung – wie geht es weiter –, und gleichzeitig gibt es Julie die Möglichkeit, ihrer Neugier durch Bewegungen und Lauschen des Dialogs Ausdruck zu verleihen.

Wir schauen also mit Julies Augen von oben auf die Situation. Liliom sitzt auf dem Sofa an der Wohnwagenwand, zeigt uns nur den Rücken, seine Reaktionen bleiben verdeckt, nur sein gesenkter Kopf lässt ihn nachdenklich erscheinen. Madame steht vor Liliom, ihm und uns zugewandt, und interpretiert sein Verhalten und seine Aussagen als Zustimmung, zumal von ihm kein Dementi kommt. Dann sehen wir noch einmal Julie kurz in der halbprofiligen Halbnahen am Fenster (wie 18).

Offensichtlich hat Lang seine ausgiebigen Erfahrungen mit Parallelmontagen genutzt, um sie hier in einen interaktiven erzählerischen Zusammenhang zu bringen. Beim Mabuse-Film waren sie oft Mittel, um mit parallelen Handlungssträngen den Ablauf der erzählten Zeit zu beeinflussen oder Spannung zu erzeugen. In M wurden mit der Parallelität unterschiedliche gesellschaftliche Welten in Gegensatz gesetzt – oder auch in Analogie. Hier macht sie uns zum Verbündeten Julies und ihrer Beobachtungen.

Das Porträtlicht des Rudolph Maté

Auch wenn beide Sequenzabschnitte deutliche Unterschiede beim Porträtlicht zeigen, so ist die Herangehensweise doch ähnlich und die wechselnden Resultate mehr bedingt durch die verschiedenen, äußeren Schwierigkeiten. Nicht die personenbezogene – von Glamour will ich gar nicht reden – oder dramaturgisch bedingte Lichtführung steht im Vordergrund, sondern die technische Bewältigung der Vorgaben durch Inszenierung und Dekorationsbau. Die lange Einstellung mit vielen Schauspielerbewegungen (1 und 5 bis 11) und Fahrten stellt die Lichtführung vor Probleme, die für einzelne Positionen durch Kompromisse gelöst werden müssen, besonders bei einer so exquisiten Huttracht. Die breite Krempe und die schiefe Lage ermöglichen durch entsprechende Kopfhaltungen, das Gesicht geheimnisvoll oder amourös zu verbergen oder es auch offen zu präsentieren. Der Hut passt vorzüglich zur Figur der Madame Muscat und Florelle weiß, damit umzugehen. Das erleichtert aber nicht die Aufgabe der Kameraarbeit, auch wenn vermutlich die Transparenz des Materials und ihre Graduierung Resultat ausgiebiger Gespräche zwischen Rudolph Maté und dem Kostümbildner René Hubert sind. Die Krempe muss auf Seiten der Kamera heruntergezogen sein, um spielerisch eingesetzt werden zu können, darüber gibt es keinen Zweifel, aber offensichtlich will Maté das Geheimnisvolle der Figur durch das Porträtlicht nicht unterstützen. Klassischerweise müsste die Führung aus Richtung ihrer Hauptblickrichtung strahlen, also von rechts, quasi über den Rücken von Liliom (1, 8, 10). Mit der genauen Positionierung des Scheinwerfers könnte er den Schattenverlauf entsprechend ihrer Physiognomie steuern und der Schatten der Krempe wäre für die Kamera verborgen. Maté kann sich aber für diese Option nicht entscheiden, denn im Verlauf der Einstellung wird Liliom so dicht neben Madame stehen, dass dessen Schatten auf sie projiziert würde; zudem machen ihre beständigen Kopfdrehungen diese Strahlungsrichtung nicht zwingend nötig. Das Führungslicht kommt also von links, die Aufhellung strahlt aber so intensiv, als sollte die Transparenz der Krempe ignoriert werden (1). So wird der Effekt eines schattierenden und damit geheimnisvollen Porträtlichts verschenkt. So entsteht ein Porträt wie bei einer *High-key*-Aufnahme, passt aber hier nicht zum eher düsteren Umfeld. Eine starke Aufhellung wird von mancher Schauspielerin geschätzt, steht sie doch im Ruf, Falten zu glätten, was aber hier kaum vonnöten sein sollte. Im Gegenteil schafft diese starke Aufhellung ein weiteres Problem, wie bei der Nah-Aufnahme zu erkennen ist (8). Das Beispielbild zeigt zugegebenermaßen einen besonders gravierend Moment, denn es präsentiert überdeutlich ein verzerrendes Spiel von Licht und Schatten durch Führung und Aufhellung: Je nach Kopfhaltung konkurriert ein Nasenschatten nach links mit einem nach rechts. Die häufigen Wechsel ihrer Blickrichtungen, die wegen der kurzen Verweildauer in den jeweiligen Positionen ein zusätzlicher Grund gewesen sein mögen, sich für diese Strahlungsrichtung zu entscheiden, betonen aber durch diese beständigen Kopfdrehungen den Lichtwechsel zwischen diffusem (Führung durch Hutkrempe) und scharf konturiertem Licht (Aufhellung). Bei amerikanischen Filmen wird in solchen Fällen gerne das Führungslicht aus Richtung der Kamera gesetzt, weil die dadurch resultierende geringe Schattenbildung diesen Effekt verhindert und dem Porträt die

Falten nimmt. Wenn Madame und Liliom in der folgenden Situation auf dem Sofa sitzen, wird die Führung von vorne kommen (23, 24). Vielleicht verbietet die damit einhergehende geringere Plastizität europäischen Kameramännern diesen Scheinwerfer-Standpunkt. Zudem fehlt im amerikanischen Film meist eine solche Quirligkeit der Darstellung, die keine glamouröse Fotografie ermöglicht. Dass Regeln des Porträtlicht nicht durchgezogen werden oder gar die Bilder dominieren, liegt wohl weniger an fehlenden Vorbildern als daran, dass sich Maté mehr an der optischen Bildgestaltung orientiert, und da hindern Prämissen der Lichtführung die Beweglichkeit von Schauspielern und Kamera.

Auch bei Julie sind die Voraussetzungen für ein problemloses Porträtlicht nicht gegeben, zu sehr klebt sie in dem kleinen Raum an den Wänden, schaut zu Fenstern hinaus. Von oben und aus der Distanz kann sie mit dem Licht nicht erreicht werden. Wenn Julie begierig den Blick auf das Geschehen sucht, bekommt sie in den entscheidenden Momenten ihr Führungslicht von außen durch das Fenster. Das ist logisch, wirkt aber konventionell, auch weil dieser Effekt sich nicht durchzieht und außen keine Entsprechung hat. Am Ende projiziert der Sonnenlicht-Effekt die Gardine auf ihr Gesicht und erinnert an Situationen, in denen Regen den Eindruck von Tränen auf einem Gesicht erzeugt. Hier entsteht ein wirres Geflecht kleiner Schattenlinien, die überdeutlich ihre Zerrissenheit markieren. Aber dieser Effekt bleibt singulär, weil er ihr Leiden nicht in Kontrast zu einem freundlichen Lichteffekt der Außenwelt setzt. Der Lichtanschluss fehlt und innen entsteht keine Dramatik, die vielleicht entstanden wäre, wenn das Sonnenlicht nur ihr Kleid und nicht auch das Gesicht treffen würde.

Falls überhaupt bei den Regiesitzungen oder während des Drehens bewusst zwischen glamouröser, atmosphärischer Lichtsetzung oder einer ausgefallenen und bildbetonten Mise-en-scène entschieden wird, so ist diese eindeutig zugunsten der Kadrage erfolgt. Wie auch schon bei JEANNE D'ARC liegt die Konzentration für die Kamera mehr auf der optischen Arbeit denn der Lichtgestaltung. Doch geht es bei Dreyer eher um Reduktion und Effektlosigkeit, während hier die Beweglichkeit der Schauspieler und der Kamera profitiert. Die Zurückhaltung der Lichtarbeit ermöglicht die Präzision der Kadrage, die Korrektur des Bildausschnitts mit jeder Regung der Schauspieler und einer Akzentuierung des Blicks auf sie. Nuancierungen, wie wir sie beim Porträtlicht der Marlene Dietrich diskutiert haben, sind bei so viel Bewegung nicht herstellbar. Auch die logische Lichtführung bei LILIOM scheint eher durch andere Faktoren erzwungen als eine Strategie. So wirkt die Zerrissenheit des

Gesichts durch den Gardinenschatten in seinem solitären Auftreten eher als Überinterpretation denn als kreative Absicht.

Das Bild im Dienst der Geschichte

Mit der nächsten Einstellung sind wir zurück bei den Turtelnden und unser Blick wird nicht mehr durch die Sicht Julies geleitet (20). Wir stehen mit nicht geneigter Kamera zwischen den Augenhöhen der beiden Protagonisten und schauen auf Tisch und Sofa, das an eine Wand aus unterschiedlichen Materialien gerückt ist. Lilioms Kopf ist exakt im Zentrum und Madame steht ganzfigürlich links am Bildrand. Neben ihr und über Liliom schmückt ein girlandenartiger Schatten die Bretterwand. Madame provoziert Liliom, der aber verweist auf Julie und dient dem Schnitt als Vorwand, sie uns wieder in der Halbnahen zu zeigen (wie 18). Nachdenklich dreht sie sich zur Kamera und weiter ohne zu stoppen ins andere Profil, bevor sie langsam das Bild nach links verlässt. Zurück nach draußen, Ransprung an Liliom in eine Halbnahe mit recht viel Tisch im Vordergrund, noch auffälliger, dass er sich nach links zu Madame weggedreht hat, von der aber nur eine Rüsche im Bild erscheint (21).

Zu gerne mag man dieses Wegdrehen von der Kamera als ein Wegdrehen auch von Julie interpretieren, und wenn Madame sich erst wenige Sekunden später mächtig neben ihn setzt, kommt seine Zustimmung zu ihrem Abwerben. Ihn zuerst einmal isoliert zu zeigen, halb von hinten, fast wie zufällig, wirkt deutlich eindringlicher, als wenn wir ihn gleich neben der überschäumenden Madame Muscat sehen würden. Auf diesen nach außen abgekapselten und sich voll Madame widmenden Liliom trifft nun die aus der Tür tretende Julie zu ihrer großen Szene (22).

In einer Halbtotalen des Wohnwageneingangs balanciert sie, auf die Stufen achtend, den Kaffee, erstarrt aber gleich bei dem, was sie sieht: Liliom wendet mit dem Schnitt den Kopf ins Profil zu Julie und Madame bleibt ungerührt hinter ihm, ihr Kinn auf seiner Schulter und mit einer Hand seinen Nacken streichelnd (23). Die Kamera bleibt fast in derselben Einstellung wie zuvor, nur unmerklich totaler, ohne durch die Blickrichtung zu einer Subjektiven von Julie zu werden, wie man erwarten könnte. Sogleich fährt die Kamera zurück, um Platz für Julie zu schaffen, die rechts an den Tisch tritt und den Kaffee abstellt (24).

Heute ist es ein beliebtes Spiel, den Schauenden in seine eigene Subjektive treten zu lassen, und es hinterlässt beim Zuschauer auch keinerlei Irritation. Damals mag dies anders gewesen sein, vielleicht auch unvorstellbar, inner-

Bild 9-20 bis 9-25

halb der Einstellung die Erzählperspektive von Subjektiv auf Objektiv zu wechseln. Entscheidender, um hier neutral zu bleiben, mag sein, dass die Geschichte kurz vor ihrem entscheidenden Wendepunkt steht – und der soll nicht durch eine optische Parteinahme beeinflusst werden.

Liliom schaut ertappt, aber Julie geht sogleich zurück zum Eingang und die Kamera schwenkt mit ihrem zögerlichen Gang, den wir nur von hinten sehen. Dieser gerät damit bedeutungsvoller als jede mögliche Reaktion von Liliom. Diese Szene gehört Julie. In der Tür macht sie einen zögerlichen Schritt zurück nach außen und spricht Liliom an (25). Der Hauptteil ihrer Bitte, ihn sprechen zu wollen, liegt auf der folgenden Einstellung Lilioms

(26). Der lümmelt auf dem Sofa und wendet sich als Reaktion ab und Madame zu, die überlegen lächelnd hinter dem Tisch Zuckerstücke ergreift. Nun tritt Julie links ins Bild, von hinten an den Händen geschnitten, und lässt nicht locker (27). Auch Liliom wendet sitzend Julie und uns immer mehr seinen Rücken zu. Nur Madame, fast bildmittig, steht über allem in einem Spot, der sie zusätzlich durch die Lichtführung besonders als Verursacherin betont, nicht als Hauptfigur. Die Positionierung der drei Personen erinnert sehr an die Dreier unmittelbar nach ihrem Auftritt (4).

Mit dem Umschnitt über die Achse werden die beiden Kontrahentinnen isoliert. Von der Achse her könnte es eine Subjektive von Madame sein, doch das Bild wirkt nicht so (28), bemüht sich zu sehr, Kadrage zu sein, auch reicht Madames Präsenz in der Dreier nicht aus, um eindeutig ihren Blick zu etablieren. Liliom sitzt unten links im Bild und Julie steht rechts am Bildrand aufrecht vor ihm, die Kamera nimmt ihre Augenhöhe ein und muss sich leicht nach unten neigen, um Liliom halbnah ins Bild zu bekommen. Auch dieses hatten wir schon: Durch die minimale Neigung wird das Auf-ihn-Schauen betont und lässt ihn trotz deutlichem Imponiergehabe mickrig erscheinen. Er will in Ruhe gelassen werden, schickt sie weg, aber sie pointiert den Höhepunkt ihrer Auseinandersetzung nach einem kurzen Blick zu Madame mit einem knappen »Nein«. Liliom erhebt sich bedrohlich langsam und es wird in dieser Bewegung zurück über die Achse in die vorherige Dreier geschnitten. Liliom holt zum Schlag aus, doch Madame stoppt ihn, nicht in ihrer Gegenwart, sie warte solange draußen, und geht ab (29). Rückschnitt in die vorherige Zweier, wieder als Achsensprung, er habe genug von Julie, und geht ebenfalls ab (wie 28). Dieses mehrmalige Springen über die Achse in die immer wieder gleichen Einstellungen schafft einen stroboskopartigen Effekt, der den Konflikt stärker hervortreten lässt und Julies Weigerung zu einem Paukenschlag macht, eindringlicher als eine Großaufnahme oder Zufahrt.

Doch sein Abgang beendet nicht die Einstellung. Nach knapp vier Sekunden tritt er zurück ins Bild und will mehr wissen (30), und mit dieser Aufforderung kommt der Schnitt in eine Amerikanische von Liliom, zentriert und fordernd in die Kamera schauend (31). Sie beginnt nun, umständlich und schamhaft ihren Zustand zu erklären (32). Wieder seine fordernde Geste in der frontalen Amerikanischen mit Blick in die Kamera (wie 31). Dann Julie, halbnah mit den Händen auf ihrem Bauch, sie macht einen erneuten Versuch, ohne zu nahe an die Kamera zu blicken (33). Endlich nimmt sie all ihren Mut zusammen und sagt ihm, ihn anschauend, dass sie schwanger ist, und verlässt sofort nach hinten das Bild, ohne dass die Kamera sich rührt.

Bild 9-26 bis 9-33

Mit seinem Blick in die Kamera macht Liliom uns zum Angesprochenen, wir werden in Julies Rolle gedrängt und Empathie wird gefordert. Der Zuschauer wird als Julie direkt angesprochen und kann doch im Umschnitt beobachtend auf sie schauen, ohne durch ihren POV zur Identifikation verleitet zu werden, der sonst gerne diese Aufgabe zu erfüllen hat. Ob dieses Experiment funktioniert, kann nur jeder für sich entscheiden.

Mit dem Abgang Julies geht zwar die Szene weiter, aber die Situation hat sich grundlegend geändert. Die Wankelmütigkeit Lilioms hat durch die Neuigkeit seiner Vaterschaft einen dauerhaften Knacks bekommen, der den weiteren Verlauf des Films bestimmt. Auch wenn seine Äußerungsformen sich nicht grundlegend ändern, so scheinen sie nun das Ziel zu haben, sich im Rahmen seiner Möglichkeiten für Julie verantwortlich zu fühlen.

Schluss

Wie selbstverständlich, orientieren sich die Bilder fast durchgehend an den Schauspielern, um eine passende Kadrage zu finden, und nicht mehr an der Dekoration oder an gestalterischen Normen der Standbild-Fotografie. Kamerabewegungen korrigieren den Bildausschnitt bei Veränderungen der Schauspielerkonstellationen. Ihre eigenständige erzählerische Funktion gibt die Kamera auf und wird zum Gehilfen des Zuschauers. Das Bild verliert seine unabhängige Aussage, verzichtet darauf, durch Gestaltung der Kadrage oder Lichtführung die Aufmerksamkeit auf sich zu ziehen. Die Bildarbeit geht auf in der Erzählung. So entsagt die Kameraarbeit der eigenen, unberechenbaren Kraft und stellt sich in den Dienst einer höheren Autorität: der des Erzählkinos.

Der durch die vielen Bewegungen anscheinend entfesselten Kamera fehlt jene Ausgelassenheit, die die Lust des Schauens, wie in DER LETZTE MANN, ausmacht. Selbst die in den statischen Einstellungen zu Beginn des Films entstehende durchgängige Bewegung durch Anschnitte, Schattenspiele, sich bewegende Personen und Hintergründe wird dramaturgisch eingebunden. Ein aktionsloses Stimmungsbild einer Situation wie im *Folies Bergères* scheint unvorstellbar. Rothas Bedenken bei JEANNE D'ARC, dass die »Schönheit des einzelnen sichtbaren Bildes den filmischen Wert der Produktion zerstört«[654], scheinen obsolet – oder man könnte auch sagen, sie sind beflissentlich befolgt.

654 Rotha (1933). S. 199.

Das haben wir in METROPOLIS entstehen sehen, in LILIOM wirkt der Prozess erfolgreich perfektioniert. Die Prüfung für Amerika wird bestanden, Regie und Kameraarbeit beweisen ihre Hollywood-Tauglichkeit, indem sie die Geschichte zeitökonomisch über das Spiel der Schauspieler erzählen. Langs Wandel vom Bildregisseur zum Geschichtenerzähler ist vollzogen.

In LILIOM liefert das Drehbuch Situationen, die aufeinander aufbauen, einander brauchen, damit das Fundament für die veränderte Arbeitsweise bilden. Lang und Maté lassen sich voll auf die jeweilige Szene oder Sequenz ein, entwickeln aus ihr heraus die Mise-en-scène. Kein übergeordneter Stilwille und keine vordergründige Sozialkritik zügeln ihren Enthusiasmus, zwingen die Handlung in ästhetisierte Bildausschnitte. Kann man bei den Mabuse-Filmen noch den Verdacht haben, dass die Bildgestaltung – wie etwa die Symmetrie oder die frontale Sicht – dem Film eine Handschrift geben, so wirkt die Komposition im LILIOM wie eine Ansammlung optischer Möglichkeiten, ohne dass der Eindruck eines Sammelsuriums entsteht. Als ein wichtiges ästhetisches Bindeglied fungiert die Unauffälligkeit – nicht zu verwechseln mit Ambitionslosigkeit – von Bildgestaltung und Lichtführung. Maté ordnet seine Bilder den Szenen, ihrem Fluss, ihrer Aussage, ihrem Schauspiel, unter, oder besser: er ordnet sie ein. Und erst dies gibt den Darstellern die nötige Freiheit für ihr Spiel. Gerieten bei JEANNE D'ARC die Darsteller beim Kampf um den Ring noch aus der Kadrage, wird hier einfach mitgeschwenkt.

Die Handschrift des Films wird geprägt durch das Ineinandergreifen und das gegenseitige Einordnen aller Elemente. Die durchgängige Zurücknahme vordergründiger Kameraarbeit verantwortet Maté. Diese Reduktion auffälliger Kadragen scheint umso bedeutsamer, als seine Karriere mit einem und durch einen Film beginnt, der die Bildgestaltung ins Extrem führt, ohne sie aber als Ziel zu haben: LA PASSION DE JEANNE D'ARC. Wird die Kameraarbeit dort von der Suche nach Spiritualität geleitet, unterliegt sie in LILIOM profan der Dramaturgie. Es wird zu einer Herausforderung, funktional zu arbeiten und dennoch in der eigenen Arbeit erkennbar zu bleiben.

Resümee

Welchen künstlerischen Verantwortungsbereich haben Kameraleute beim Film? Wie wird an Bildern gearbeitet? Und wie gestaltet sich die Zusammenarbeit der Beteiligten? Das sind die Fragen, die mich beschäftigen. Wer der Erste war, der Beste oder das schönste Bild aufnahm, hat mich weniger interessiert.

Bevor die Ergebnisse der Untersuchung einzelner Filme noch einmal zusammengefasst werden, sei eine kurze Überlegung von 1919 vorangestellt: »Gemeinschaftliche Arbeit muß die Marke sein, unter der ein Film aufgenommen wird, und dies gilt vor allem für die beiden Hauptarbeiter, den Regisseur und den Operateur.«[655]

Zusammenarbeit muss sich entwickeln. Die Grundlage dafür bilden für Fritz Lang die Regiesitzungen. Hier werden die Head-of-Departements nicht nur vom »Spielleiter« informiert, damit sie funktional arbeiten können, sondern es werden vor allem Ideen gesammelt und diskutiert. In verschiedenen Quellen berichten die Teilnehmer, wie sie Vorschläge einbringen und dafür kämpfen. Der Regisseur fungiert als Gesprächspartner, er steuert, sammelt und entscheidet. Dabei entsteht der Eindruck, dass sich am Ende dieser Vorbereitung eine genaue Festlegung ergibt – heute wäre es ein *Storyboard*, eine *Shotlist* und/oder ein *Floor-Plan*[656] –, die am Drehtag nur noch exekutiert werden muss. Dass diese Planung selten aufgeht, belegen die vielen Überziehungen der Drehzeit, oder es zeigt auch die unmittelbare Einflussnahme der Drehsituation.

Meist treten die Visualisierungen eines Films nicht endemisch auf, sondern finden sich auch in anderen Produktionen und selbst ihre Kombinationen können selten als Alleinstellungsmerkmal dienen. Trotzdem haben wir bei jedem Film Phänomene beobachtet, die durch ihr häufiges Auftreten diesen mehr oder weniger eindeutig kennzeichnen. So machen besonders neue Konstellationen der Filmschaffenden handschriftartige, stilbildende Veränderungen auffällig. Jeder einzelne bringt eigene Vorlieben, Techniken, Fähigkeiten oder Unfähigkeiten in die Produktion mit ein. Wenn es stimmt, dass die letztendliche Entscheidung beim Regisseur liegt, kann man die Auswahl der ästhetischen Äußerlichkeiten an seinem Namen festmachen, ohne dass er der Urheber sein muss. Selbst etwaige Unkenntnis oder Nicht-Beach-

655 Gad (1919). S. 78.
656 Grundriss mit eingezeichneten Schauspieler- und Kamerapositionen.

tung einzelner Bereiche – wie die der Lichtführung – ändern daran nichts. Das muss uns nicht grämen, interessieren doch zuerst die Möglichkeiten der Kameraarbeit, wovon sie abhängt, wie sie abläuft und besonders ihr Resultat. Die Schöpferkraft des einzelnen Individuums scheint bei den einzelnen Phänomenen kaum destillierbar. »Bei diesem Modell der ›Gemeinschaftsproduktion‹, das typisch für die Weimarer Zeit war, ist der Regisseur ein Kameramann und der Kameramann ein Regisseur.«[657]

Betrachten wir als Essenz unserer bisherigen Analysen einige ästhetische Kennzeichen charakteristischer Bilder und verfolgen wir ihr Erscheinen und das Hinzutreten weiterer. Keine dieser Auffälligkeiten tritt rein, isoliert oder gar ausschließlich auf. Auch soll nicht das historisch erste Auftreten dokumentiert werden, sondern die Abhängigkeit der Phänomene von Dramaturgie, Szenenbild, Inszenierung und Kameraarbeit und ihre langsame Veränderung. Es gilt dabei die alte Erkenntnis, dass Ausnahmen die Regel bestätigen. Schon wenige Jahre stellen in dieser Zeit der beständigen technischen Neuerungen und des handwerklichen Dazulernens einen sehr langen Zeitraum dar.

Dr. Mabuse, der Spieler

Die Kadragen wirken zurückhaltend distanziert, selbst solche mit einer eindeutigen Erzählperspektive. Auch wenn die Einstellung den Menschen in den Mittelpunkt stellt, erscheinen die Bilder durch die viele Luft nach oben und den Seiten und den fehlenden Raumbezug abstrakt, künstlich. Jede Aufnahme steht für sich, wird ohne gestalterische Korrespondenz zu den anderen kadriert. Auffällig sind der frontale Blick, der gerne die Symmetrie sucht, und die nicht geneigte Kamera. Die mangelnde Raumpräsentation durch gestaffelte Bildebenen und die Bewegungslosigkeit der Darstellung erzeugen Einzelbilder, Standbilder, der Zusammenhang wird durch die Montage behauptet. Fritz Lang und Carl Hoffmann wählen eine Bildsprache, die den Zuschauer nicht in den Film hineinzieht, sondern ihn von außen betrachten lässt. Dies wird auch dadurch unterstützt, dass die Bilder nie eine gestalterische Auffälligkeit anstreben, die Attraktion liegt im Gezeigten.

Optisch bemerkenswert werden Spektakel wie die Darstellung psychischer Vorgänge gestaltet. Lang begreift die Visualisierung seelischer Zustände als eine Kernkompetenz des Films. Dabei muss der Filmtrick Klarheit schaffen,

657 St. Pierre (2016). S. 242 [Übersetzung durch den Autor. St. Pierre benutzt die Begriffe »Gemeinschaftsproduktion« und für Kameramann »cinematographer«].

erklären, glaubhaft machen. Den Kameratricks scheinen kaum Grenzen gesetzt, doch wird an oben skizzierten Parametern der Bildgestaltung und Statik kaum gerüttelt.

Auch das Licht hat als vorrangige Aufgabe, die Welt sichtbar zu machen. Dramaturgische Überlegungen bleiben unberücksichtigt, Effekte flackern zaghaft auf, betonen dabei meist die distanzierte Künstlichkeit. Atmosphäre entsteht bestenfalls durch Kontraste, Effekte wie Dunst bilden sich eher zufällig denn als Ergebnis bildnerischer Planung. Doch wird Hoffmanns Begeisterung am Neuen, Nie-Gesehenen immer wieder spürbar und es gelingt ihm, dafür Lösungen zu finden.

Damit wäre der Ausgangspunkt unserer Betrachtung formuliert, der sich nicht nur als Resultat der Zusammenarbeit ergibt, sondern in den auch der Stand der Technik und der Ästhetik eingeht.

Der letzte Mann

Bei Friedrich Wilhelm Murnau und Karl Freund erscheinen die Mehrzahl der Formalisierungen neu oder stark verändert. Die Kamera steht nicht frontal zur Dekoration, sondern sucht eine Flucht, eine Diagonale und/oder schafft durch Vordergrund eine Raumwirkung. Die Inszenierung greift dies auf – oder provoziert sie –, schickt Personen auf die Kamera zu oder von ihr weg, die durch Schwenk oder Fahrt im Bild gehalten werden. Bisweilen drohen die Menschen das Bild zu sprengen, stoßen am Bildrand an, werden angeschnitten, die Luft um die Figuren, der Sicherheitsabstand existiert nicht. Dadurch wirken die Kadragen kompakt, direkt, unmittelbar. Es entsteht ein Fluss der Bilder, auch der statischen, der sich immer wieder in Schwenks oder Fahrten fortsetzt. Schauspieler- und Kamerabewegungen harmonieren und in besonderen Momenten kulminiert dies in einer »entfesselten« Kamera. Die Bilder bleiben nicht Beobachter, sondern werden in die Erzählung eingebunden, bekommen selbst eine Stimme: der juchzende Trompetenstoß oder die lallende Kamera. Die Einstellung erzählt und die Begeisterung der Macher daran bleibt nicht verborgen.

Dieses lustvolle Mitteilungsbedürfnis zeichnet auch die Lichtführung aus. Die Festlegung der Tageszeit wird zum Nebenprodukt, das Interesse konzentriert sich auf dramaturgisch ausgewiesene Atmosphäre und einen spielerischen Naturalismus. Das Licht charakterisiert das Milieu, wird zum Auslöser schauspielerischer Aktionen. Freund experimentiert nicht nur mit sichtbaren Lichtquellen, sondern auch mit den Grenzen der effektlosen Dunkelheit.

Metropolis

Die Negierung des frontalen Blicks setzt Karl Freund fort, ohne ihn aber ganz zu verdrängen, gar steigert sich die Symmetrie in wenigen Momenten zur inhaltsleeren Form. Diagonalen werden durch den Kamerastandpunkt geschaffen und bildkompositorisch genutzt. Vordergrund taucht zaghaft auch, sowohl durch Objekte als auch durch Personen – bis hin zur *Overshoulder.* Die Bilder verlieren ihren Absolutheitscharakter, verweisen durch die Bildgestaltung auf die folgende und/oder beziehen sich auf die vorherige Einstellung. Die Kadrage wird komplexer, betont ihre Ausschnitthaftigkeit, akzeptiert das Off, und die Inszenierung arbeitet damit. Es entsteht partiell ein Fluss der Bilder, ohne dass sich die Kamera bewegt. Die distanzierte Betrachtung weicht auf. Erste Beispiele für eine Veräußerlichung werden sichtbar, auch bei den seltenen Kamerabewegungen. Die Bildsprache wirkt virtuoser.

Günther Rittau schafft mit dem Filmtrick fast ausschließlich realistisch anmutende Bilder sowohl bei den Visionen als auch den futuristischen Dekorationen. Die Magie soll glaubhaft sein, nicht als Trick erstaunen.

Das Licht wird auf die Dramaturgie bezogen, variantenreicher geführt: Die diffuse Trübheit der unterirdischen Arbeitswelt wechselt über eine grelle Sonne der Stadtlandschaft zum kontrastreichen direkten Licht in der Konfliktszene.

Mit Karl Freund und Günther Rittau verändert sich die optische Erscheinung eines Fritz-Lang-Films, oder besser: sie entwickelt sich weiter. Auch wenn die Kamera sich wenig bewegt, verläuft die Erzählung dank der Veränderungen in Metropolis temporeicher als im Dr. Mabuse. Der Film verliert seine Kontemplation. Durch die Film-Thematik muss Freund seine Ambitionen der realistischen Lichtführung einschränken, Rittau forciert seine Leidenschaft zur technischen Perfektion, die sein künstlerisches Engagement mehr lenkt als einschränkt.

Faust

Carl Hoffmanns Kameraarbeit hat sich sichtbar gewandelt. Selbst seine festgenagelte Kamera wirkt durch die Zusammenarbeit mit Murnau anders als im Dr. Mabuse: Inszenierung, Bildgestaltung und Lichtführung korrespondieren, treten auffälliger auf. Raumtiefe entsteht durch Lichtführung, setzt sich gegen die Bildgestaltung der schlichten Dekorationen durch, der meist ein Vordergrund fehlt. Die Kadrage lässt nichts ungenutzt, bleibt eng an der Geschichte und verliert jene Distanz, die im DR. MABUSE hervorstach.

Das Licht geht voll auf Atmosphäre, widersetzt sich aber der Dramaturgie oder logischen Führung nicht. Hoffmann schwelgt in den Situationen und sondiert Effekte. Seine Experimente suchen nicht nach Realismus wie die von Freund, sondern wollen Aufmerksamkeit. Dies liegt nicht nur am Märchencharakter des Stoffs – die beiden Beispiele von Freund sind ja in dieser Richtung kaum realistischer –, sondern an den unterschiedlichen fotografischen Ambitionen der beiden Kinematografen. Zwar nimmt auch Hoffmann die Glaubwürdigkeit ernst, sie wird aber nicht zum angestrebten Ziel. Wenn man den Vergleich liebt, dann ist Hoffmann eher der Fantast und Freund der Realist.

DIE LIEBE DER JEANNE NEY

Nicht mehr von außen schaut der Zuschauer von Georg Wilhelm Pabst und Fritz Arno Wagner auf das Geschehen, die Kamera steht jetzt mitten unter den Akteuren und die Schauspieler müssen ihr ausweichen, auf sie reagieren. Die Bildgestaltung orientiert sich optisch am Raum und inhaltlich an Dramaturgie und Inszenierung. Die Aktionen spielen auf unterschiedlichen, in die Tiefe gestaffelten Ebenen, wie in der Büroszene in METROPOLIS. Die Einstellungen verweisen durch Kamera-Bewegungen auf Personen oder Objekte, akzentuieren, dramatisieren, sind Teil des Erzählens, ordnen sich diesem unter. Das Bild wirkt unmittelbar, direkt, will keine zweite Bedeutungsebene eröffnen wie im LETZTEN MANN. Eine Ausnahme ist das POTEMKIN-Zitat, das isoliert steht und formal aus allem herausfällt.

Modernität entsteht nicht durch Dekor, sondern durch Bildgestaltung, durch kleine, bedeutsame Abweichungen vom Standard. So wertet die Kadrage dezent durch die Positionierung der Personen, durch Blickwinkel, Anschnitte. Erzeugt wird eine Beiläufigkeit, die dokumentarisch erscheint und einen fotografischen Realismus aufbaut. Die optische Arbeit bleibt bis auf wenige Bewegungen im Ungefähren, macht keine eindeutigen Aussagen. Dadurch entsteht eine Atmosphäre des Dabei-Seins, nicht der Betrachtung. Doch sind dies schon erste Vorboten zur Auflösung einer bilderorientierten Gestaltung, die Kamera verstummt langsam, akzentuiert unterschwellig, die Handlung übernimmt und später dann der Dialog.

Auch das Licht arbeitet dezent, unauffällig, betont nur leise die Darsteller, ordnet sich den Erfordernissen der Kadrage unter. Damit verhält es sich technisch und ästhetisch konträr zur dramaturgisch und dramatisch ausgerichteten Lichtführung im FAUST. Auch bildet die Logik nicht den Ausgangspunkt der Beleuchtung, selbst wenn nicht gegen sie verstoßen wird. Das Licht wirkt un(an)greifbar, beliebig, und ermöglicht handwerklich die Beweglichkeit von Darstellern und Kamera.

Fritz Arno Wagners optische Arbeit ist evolutionär. Er verweigert sich nicht den klassischen Gestaltungsregeln, reduziert sie aber und arbeitet mit Brüchen, um ein Bild wie selbstverständlich entstehen zu lassen, das anspricht, ohne herrschen zu wollen. Wagner hilft der Dramaturgie und dem Schauspiel, ohne die Kameraarbeit preiszugeben, mit einer erzählenden, dokumentarischen Filmfotografie.

LA PASSION DE JEANNE D'ARC

Carl Theodor Dreyer und Rudolph Maté treiben die filmischen Mittel ins Extrem. Die Gestaltung der Porträts fordert Aufmerksamkeit für das Gesicht, seine Mimik. Bahnbrechende Neuerungen wie panchromatisches Material oder der Verzicht auf Make-up werden wie selbstverständlich eingesetzt, dienen der Ambition, das menschliche Mienenspiel als alleinigen Ausdrucksträger zu etablieren. Dabei darf deren Unmittelbarkeit durch keine Nebensächlichkeit, die sich vor das Ereignis schieben könnte, zerstört werden.

Die Ausschnitthaftigkeit, die noch in METROPOLIS ein Off schuf, wird ignoriert: Es existiert nur, was zu sehen ist. Einzig ein Geheimnis wird zugelassen, das der menschlichen Seele, die es zu ergründen gilt.

Die Lichtführung könnte eine Fortsetzung von JEANNE NEY sein, doch divergieren die Ansprüche. Dient die Reduktion dort den Bewegungen von Schauspielern, der Kamera oder der beiläufigen Erzählung, so verhindert sie in der PASSION die Atmosphäre. Jede Emotion hat von der Darstellung auszugehen. Kontraste tauchen nur gelegentlich auf, um die Situation zu stützen und den Fluss der Montage zu fördern.

In meinen Augen gelingt Rudolph Maté und Carl Theodor Dreyer durch ihre Zusammenarbeit der Spagat zwischen einer auffälligen, streckenweise extremen Bildsprache und einer demütigen Eingliederung unter das inhaltlich angestrebte Anliegen. Die wilde Mischung banaler mit hoch expressiver Bildgestaltung greift jeden Deutungsversuch an, hinterlässt mehr Fragen als Antworten. So kann, muss man sich die Wahrnehmung der Bilder, der unmittelbaren Ausstrahlung des Gezeigten, der angestrebten »Harmonie zwischen Echtheit der Gefühle und der Echtheit der Dinge«[658] hingeben. Doch bei keinem unserer Beispiele bleibt die Beurteilung so subjektiv wie bei diesem Film.

Der blaue Engel

Wenn Jeanne d'Arc die Bildästhetik ins Extrem führt, dann wird sie durch Josef von Sternberg und Günther Rittau kompromisslos funktionalisiert und ökonomisiert. Keine Einstellung scheint verzichtbar, keine Situation entbehrlich und – mit dem neuen Medium Ton – kein Satz zu viel gesprochen. Selbst Atmosphärisches, sonst gerne Freiraum für Kameraarbeit und Schauspiel, wirkt eingespannt in die Notwendigkeiten der Dramaturgie. Nichts steht außerhalb der Kontrolle, die sich nicht auf einzelne Bereiche konzentriert, sondern eine Balance zwischen Bildgestaltung, Lichtführung, Inszenierung und Schauspiel findet.

Im Blauen Engel geht es ausschließlich um die Figuren. Alles kreist um die Stars, um ihre Äußerungsformen, ihre Erscheinung. Dabei wirkt es wie ein metasprachliches Statement, dass die Hauptfigur als Bühnendarstellerin angelegt ist. Der Film konzentriert sich ausnahmslos auf Äußerlichkeiten, das Sichtbare, das Phänomenologische. Innere Vorgänge, die Lang faszinieren, finden im Blauen Engel kein Interesse. Die Kameraarbeit beschränkt sich auf die Abbildung der äußeren Wirklichkeit, das vor der Kamera Stattfindende wird mit allen zur Verfügung stehenden Mitteln optimiert – das Geheimnisvolle wird rätselhafter, das Schöne glamouröser –, aber es entsteht auch nicht mehr, die Bilder finden keinen eigenen Kommentar. Die Einstimmigkeit der formalen Mittel kreiert Lolas Glanz. Der Film will gefallen, nicht Zeitdokument sein, nicht die Zukunft orakeln, nicht nachdenklich machen.

Günther Rittaus Ambitionen ähneln denen Sternbergs. Beide sind Kopfmenschen, Sternberg orientiert sich strategisch, Rittau wissenschaftlich. Er will die Professionalität der Kameraarbeit perfektionieren, sieht sein Ideal in der nachvollziehbaren, an die Dramaturgie gebundenen Gestaltung, die Kreativität als eine logische Ableitung der Idee. Er gibt den Bildern nicht Effektvolles wie Carl Hoffmann, Unerklärliches wie Rudolph Maté, erlaubt

658 Skoller (1973). S. 145 [Übersetzung durch den Autor].

keinen Freiraum wie Fritz Arno Wagner, forscht nicht nach Realismus wie Karl Freund, sondern Rittau sucht das Begründbare, Stimmige.

M – Eine Stadt sucht einen Mörder

Wenn Der blaue Engel nur von und mit dem Anschaubaren handelt, so zielen Fritz Lang und Fritz Arno Wagner mit ihren Bildern auf Bedeutung, sie sollen mehr aussagen als das, was die Einstellung abbildet. Leider wird diese Ambition nicht auf dramaturgisch herausragende Momente beschränkt, sondern changiert wie ungesteuert durch manche Kadrage. Doch für die so überforderten Bilder müssen beide häufig zu Standards greifen. Wagner kann seine unprätentiöse und sich an klassischen Regeln nur orientierende Kameraarbeit kaum fortsetzen. Ihm helfen seine Anpassungsfähigkeit und seine Neugierde auf Neues. Langs Forderung nach einer unkünstlerischen Kameraarbeit findet überraschenderweise selten zu der unkonventionellen Bildarbeit, die wir aus Jeanne Ney kennen. Dafür werden andere Formalisierungen aufgegriffen wie die autonome Kamerabewegung, die Plansequenz oder das indirekte Erzählen.

Bleiben beim Faust faszinierende Bilder in Erinnerung, in denen der Darsteller seine Anwesenheit nur marginal fristet, die einen Eigenwert postulieren, so wird als Antipode in Jeanne d'Arc der schauspielerische Ausdruck gefeiert und bildnerische Bedeutungsebenen werden durch gestalterische Exzesse zerstört. M will die Kameraarbeit funktional in den Dienst seiner Filmerzählung stellen, deren Genre aber ständig wechselt. Ästhetisch wird wenig überraschend kein einheitlicher Weg gefunden, die Handschrift schwimmt zwischen unterschiedlichen optischen Äußerungen: Vereinzelte Erprobungen bildsprachlicher Experimente, beeindruckende Einzelbilder, viel Rückgriff auf Standards und etwas Beiläufigkeit aus Jeanne Ney ist auch dabei.

Mit Wagner hat Lang einen anpassungsfähigen und virtuosen Partner gefunden, und dies bildet vermutlich auch die Grundlage einer freundschaftlichen Beziehung[659]. So wirken die gestalterischen Veränderungen als Resultat der Zusammenarbeit und nicht eines Kampfes wie bei Metropolis.

659 Vgl. Grob (2014).

LILIOM

Mit LILIOM gelingt Fritz Lang und Rudolph Maté der Wandel von der Bilderzählung zur Erzählung durch Handlung und Schauspiel. Das Filmbild hat gesiegt, die Inszenierung erobert den Raum, die Kamera folgt den Schauspielern, nutzt kleine Bewegungen zur Kommentierung oder Dramatisierung. Der Blick verliert die Distanz, klebt an den Figuren, will keinen Moment verpassen. Parallelhandlungen werden durch die Kameraarbeit verbunden, das Off wird genutzt zur Bereicherung und Steigerung der Inszenierung. Die Attraktivität der Bilder hat sich verlagert vom grafisch ästhetischen Bild zur abwechslungsreichen Kadrage mit Vordergrund, partiellen Unschärfen, Ausschnitthaftigkeit. Das Atmosphärische wird weniger vom Bild gebildet als dem Spiel, Bildgestaltung und Lichtführung helfen nur. Die Regie kann nun inszenieren, Konstellationen der Figuren zueinander finden, ein richtiges Timing ermöglichen. Die Kamera muss die Interaktionen der Schauspieler auch mit dem Raum, der Dekoration interpretieren, Bilder finden, die Zusammenhänge, Konfrontationen sichtbar machen, ohne selbst die Stimme zu ergreifen. Die neue Herausforderung fordert von allen, sichtbar zu machen, nicht sichtbar zu sein.

Auf Grundlage dieser Szenenanalysen wage ich nun eine kurze Filmgeschichte und scheue mich dabei vor keiner Spekulation: Mit dem Verzicht auf eine auffällige Kameraarbeit, die in Amerika »cinematics«[660] genannt wird, finden Fritz Lang und Rudolph Maté ihre Bildsprache für die Filmerzählung und machen sich tauglich für den amerikanischen Markt. Auch ist es vielleicht kein Zufall, dass Maté in den USA später als Regisseur arbeitet. Für Lang schließt sich damit ein Kreis, denn sein Interesse galt nie dem spektakulären Bild, sondern der abstrakten Veräußerlichung, dem Sichtbarmachen durch Weglassen des Störenden. Bei MABUSE hilft diese optische Klarheit Carl Hoffmann zur Erprobung und Realisierung aufwendiger Lichtsituationen. Aber dessen Engagement begnügt sich nicht mit der Gigantomanie der Dekorationen, er sucht extravagante Bilder und die sind mit Lang nicht zu erreichen. Da findet er bei dem experimentierfreudigeren Friedrich Wilhelm Murnau bessere Arbeitsbedingungen.

Karl Freunds Suche nach Realismus kann bei METROPOLIS nicht befriedigt werden, wohl aber Günther Rittaus Drang zur Professionalisierung, der nach

660 Vgl. Staiger (1985). S. 109.

Der letzte Mann nun gleichberechtigt neben Freund arbeiten kann. Doch bei aller Gegensätzlichkeit von Freund und Lang reift bei beiden die Erkenntnis, dass jeder eine Veränderung der Arbeit braucht. So unterbricht Freund seine Kameraarbeit und für Lang beginnt ein Wandel seiner Sicht auf den Film.

Parallel entstehen in anderen Filmen neue Bildkonzepte. Georg Wilhelm Pabst und Fritz Arno Wagner schaffen einen unprätentiösen Blick, eine beiläufige Lebendigkeit und weisen den Weg für eine zukünftige Kameraarbeit. Carl Theodor Dreyer und Rudolph Maté treiben die Stummfilmfotografie auf die Spitze und legen so das Schauspiel frei, formulieren einen Endpunkt, von dem es schwerlich weitergehen kann.

Der Ton als neues Gestaltungselement wirbelt auch das Bild durcheinander. Josef von Sternberg und Günther Rittau begegnen dem mit Professionalität, konzentrieren sich auf das Erzählen der Geschichte und das Schauspiel. Lang erkennt ebenfalls diese Veränderungen, versucht mit Wagner eine unkünstlerische Fotografie, hängt aber noch zu sehr an seinen tradierten Erfolgsmustern. Erst mit seiner Emigration Richtung Amerika findet er mit Maté zu einer unspektakulären Bildsprache, die sich an der Geschichte und den Darstellern orientiert.

Selbstverständlich gehen die beständigen Wandlungen der Kameraarbeit weiter. Auch wenn das Geschichtenerzählen die Bildarbeit zu verdrängen droht, bleibt der Film doch ein Medium, das vom Bild ausgeht. Und der Zuschauer wird dem Film nur treu bleiben, solange ihn interessante, ausdrucksstarke Bilder fesseln – hoffentlich auch auf dem Smartphone.

Anhang

a) Die Kameramänner

Die Angaben zu den erwähnten Kameramännern sind lückenhaft, selbst ihre ursprünglichen Namen nicht immer eindeutig zu belegen. Die knappen Angaben zu den Lebensdaten sollen nur eine grobe Einordnung der künstlerischen Arbeit in unseren Zusammenhang andeuten, besonders die Zusammenarbeit mit Regisseuren und Kollegen. Auch die Filmografien beschränken sich auf Daten, die für die Analysen interessant sein könnten.

Robert Baberske

*1.5.1900 Rixdorf (heute Berlin-Neukölln).

†27.3.1958 Berlin.

Auch Schauspieler.

Beginnt als Hilfskraft bei Karl Freund und steigt zum Assistenten auf. Arbeitet als 2. Kameramann und ab 1932 als erster, ab 1947 bei der DEFA.

Zusammenarbeit (Auswahl)

Regisseure: Carl Theodor Dreyer, Slatan Dudow, Georg Jacobi, Fritz Lang, Friedrich Wilhelm Murnau, G.W. Pabst, Walther Ruttmann, Detlef Sierck, Wolfgang Staudte, Robert A. Stemmle, Erich Waschneck.

Kameramänner: Karl Freund, Reimar Kuntze, Franz (Frank) Planer, Günther Rittau, Laszlo Schäffer, Eugen Schüfftan, Fritz Arno Wagner.

Filmografie (Auswahl)

1920. Die Spinnen (2 – Das Brillantenschiff). Deutschland. Regie: Fritz Lang. Kamera: Karl Freund, Carl Hoffmann, Robert Baberske (Assistent).

1920. Der Januskopf. Deutschland. Regie: F.W. Murnau. Kamera: Karl Freund, Carl Hoffmann, Robert Baberske (Assistent).

1922. Der brennende Acker. Deutschland. Regie: F.W. Murnau. Kamera: Fritz Arno Wagner, Karl Freund, Robert Baberske (Assistent).

1924. Die Finanzen des Grossherzogs. Deutschland. Regie: F.W. Murnau. Kamera: Karl Freund, Franz Planer, Robert Baberske (Assistent).

1924. Michael. Deutschland. Regie: C.T. Dreyer. Kamera: Karl Freund, Rudolph Maté, Robert Baberske (Assistent).

1924. DER LETZTE MANN. Deutschland. Regie: F. W. Murnau. Kamera: Karl Freund, Robert Baberske (Assistent).

1926. MADAME WÜNSCHT KEINE KINDER. Deutschland. Deutsche Vereinsfilm AG (Berlin), Herstellungsleitung: Karl Freund. Regie: Alexander Korda. Kamera: Theodor Sparkuhl, Robert Baberske.

1926. K13513. Deutschland. Deutsche Vereinsfilm, Fox Europa, Herstellungsleitung: Karl Freund. Regie: Berthold Viertel. Kamera: Helmar Lerski, Robert Baberske.

1927. BERLIN: DIE SINFONIE DER GROSSSTADT. Deutschland. Deutsche Vereinsfilm, Fox Europa, Herstellungsleitung: Karl Freund. Regie: Walther Ruttmann. Kamera: Reimar Kuntze, Robert Baberske, László Schäffer. Kamera-Überwachung: Karl Freund.

1926. SO EIN MÄDEL VERGISST MAN NICHT. Deutschland. Regie: Fritz Kortner. Kamera: Robert Baberske.

1933. BRENNENDES GEHEIMNIS. Deutschland. Regie: Robert Siodmak. Kamera: Robert Baberske, Richard Angst.

1936. SCHLUSSAKKORD. Deutschland. Regie: Detlef Sierck. Kamera: Robert Baberske.

Curt (Kurt, Curtis) Courant (Kurant)

*11.5.1899 in Berlin (filmportal, IMDb) oder Kattowitz (Wikipedia).

†20.4.1968 in Los Angeles, USA.

Courant beginnt 1916 als Assistent im Kopierwerk und wird schnell Kameramann. In den 1930er Jahren emigriert er vor den Nazis nach England und Frankreich. Hier kann er seine überaus erfolgreiche Karriere fortsetzen. Von Frankreich aus flieht er vor den deutschen Truppen 1940 in die USA. Die von der amerikanischen Kamera-Gewerkschaft geforderten Bedingungen[661] verweigert er und so bleibt ihm nur eine amerikanische Propagandaabteilung unter Frank Capra. Nach dem Krieg hat er Probleme, seine Karriere fortzusetzen.[662]

661 Hinweis von Gerrit Thies, verantwortlich für das Personenarchiv der Deutschen Kinemathek in Berlin.

662 Vgl. Brandlmeier (2008). S. 181–186. Oder: Cinema Quadrat (1994). S. 129.

Zusammenarbeit (Auswahl)

Regisseure: Kurt Bernhardt, Marcel Carné, Charles Chaplin, Abel Gance, Alfred Hitchcock, Henry Koster, Fritz Lang, Anatole Litvak, Joe May, Max Ophüls, G. W. Pabst, Reinhold Schünzel, Jean Renoir, Hans Steinhoff.

Kameramänner: Henri Alekan, André Bac, Axel Graatkjaer, Willy Hameister, Karl Hasselmann, Otto Heller, Günther Rittau, Eugen Schüfftan, Friedrich Weinmann.

Filmografie (Auswahl)

1917. Hilde Warren und der Tod. Deutschland. Regie: Joe May. Drehbuch: Fritz Lang. Kamera: Curt Courant.

1919. Das Mädchen aus der Ackerstrasse. 1. Teil. Ein Drama aus der Grossstadt. Deutschland. Regie: Reinhold Schünzel. Kamera: Curt Courant.

1920. Hamlet. Deutschland. Regie: Svend Gade, Heinz Schall. Kamera: Curt Courant, Axel Graatkjaer.

1922. Tiefland. Deutschland. Regie: Adolf Edgar Licho. Kamera: Curt Courant, Karl Freund, Karl Hasselmann, Friedrich Weinmann.

1922. Der Pantoffelheld. Deutschland, Österreich. Regie: Reinhold Schünzel. Kamera: Curt Courant.

1922. Peter der Grosse. Deutschland. Regie: Dimitri Buchowetzki. Kamera: Curt Courant, Willy Hameister.

1927. Der Kampf des Donald Westhof. Deutschland. Regie: Fritz Wendhausen. Kamera: Curt Courant, Günther Rittau.

1928. Frau im Mond. Deutschland. Regie: Fritz Lang. Kamera: Curt Courant, Otto Kanturek.

1929. Die Frau, nach der man sich sehnt. Deutschland. Regie: Kurt (Curtis) Bernhard. Kamera: Curt Courant, Hans Scheib. Mit Marlene Dietrich.

1931. Le chanteur inconnu. Frankreich. Regie: Victor Tourjansky. Buch: J.-H. Blanchon, H.-G. Clouzot. Kamera: Curt Courant.

1932. Coeur de lilas. Frankreich. Regie: Anatole Litvak. Kamera: Curt Courant.

1931. Scampolo, ein Kind der Strasse. Deutschland. Regie: Hans Steinhoff. Buch u. a.: Billy Wilder. Kamera: Curt Courant, Hans Androschin.

1932. Das Abenteuer der Thea Roland. Deutschland. Regie: Hermann (Henry) Kosterlitz (Koster). Kamera: Curt Courant, Robert Baberske.

1934. The Man Who Knew Too Much. England. Regie: Alfred Hitchcock. Kamera: Curt Courant.

1937. Le mensonge de Nina Petrovna. Frankreich. Regie: Victor Tourjansky. Kamera: Curt Courant.

1938. Le drame de Shanghaï. Frankreich. Regie: G. W. Pabst. Kamera: Curt Courant, Eugen Schüfftan, Pierre Ichac, Louis Page. Kameraführung: Henri Alekan.

1939. La bête humaine. Frankreich. Regie: Jean Renoir. Kamera: Curt Courant.

1939. De Mayerling à Sarajewo. Frankreich. Regie: Max Ophüls. Kamera: Curt Courant, Otto Heller.

1939. Louise. Frankreich. Regie: Abel Gance. Kamera: Curt Courant, André Bac.

1947. Monsieur Verdoux. USA. Regie: Charles Chaplin. Kamera: Curt Courant.

Karl Freund

*16.1.1890 Königinhof an der Elbe, Böhmen (heute Dvur Kralove, Tschechien).

†3.5.1969 Santa Monica, Kalifornien, USA.

Arbeitete u. a. auch als Regisseur und Produzent.

Karl Freund beginnt 1906 als Filmvorführer, arbeitet dann als Kameraassistent, Wochenschau-Kameramann und Kopierwerksmann. 1912 dreht er seinen ersten Spielfilm als Kameramann, ab 1913 mit Stars wie Asta Nielsen oder Henny Porten. Mit der 1919 gegründeten Karl Freund-Film GmbH bietet er (post-)produktionstechnische Dienste auch für Fremdfirmen an. 1921 folgt seine erste Regie-Arbeit. Schon 1929 setzt er seine Farbfilmversuche in den USA für Technicolor fort und Universal nimmt ihn unter Vertrag. Er dreht als Kameramann und Regisseur, u. a. The Mummy.[663] 1937 wird Freund mit dem Acadamy Award, Best Cinematography (Oscar) für The Good Earth[664] ausgezeichnet, weitere Nominierungen folgen. Für die Fernsehserie I Love Lucy[665] entwickelt Freund das Mehr-Kamera-System für die synchrone Bildaufnahme. »Eine ausführliche kritische Aufarbeitung von Freunds Karriere, weit über den Bereich seiner Arbeit hinausgehend, wird dringend benötigt, seit es möglich ist, die Arbeit des Kameramann in Filmen zu verfolgen, die traditioneller Weise ›Regie-Filme‹ genannt werden.«[666]

663 USA 1932. Universal Pictures. Regie: Karl Freund. Kamera: Charles J. Stumar.

664 USA 1937. Metro-Goldwyn-Mayer. Regie: Sidney Franklin. Kamera: Karl Freund.

665 USA 1951–57. Desilu Productions.

666 Harpole (1978). S. 114 [Übersetzung durch den Autor]. Vgl. Brandlmeier (2008). S. 237–249.

Zusammenarbeit (Auswahl)

Regisseure: Kurt Bernhardt, Michael Curtiz, C.T. Dreyer, E.A. Dupont, Urban Gad, John Huston, Alexander Korda, Henry Koster, Fritz Lang, Ernst Lubitsch, Vincente Minnelli, F.W. Murnau, Reinhold Schünzel, Fred Zinnemann.

Kameramänner: Curt Courant, William Daniels, Axel Graatkjaer, Howard Greene, Karl Hasselmann, Rudolph Maté, Günther Rittau, Eugen Schüfftan, Theodor Sparkuhl, Gregg Toland, Friedrich Weinmann.

Filmografie (Auswahl)

1914. Das Kind ruft: Mimisches Drama. Deutschland. Regie: Urban Gad. Kamera: Karl Freund, Axel Graatkjaer.

1914. Eine venezianische Nacht. Deutschland. Regie: Max Reinhardt. Kamera: Karl Freund, Friedrich Weinmann.

1919. Rausch. Deutschland. Regie: Ernst Lubitsch. Kamera: Karl Freund, Theodor Sparkuhl.

1920. Katharina die Grosse. Deutschland. Regie: Reinhold Schünzel. Kamera: Karl Freund.

1921. Der tote Gast. Deutschland. Regie: Karl Freund. Auch Kamera.

1922. Tiefland. Deutschland. Regie: Adolf Edgar Licho. Kamera: Karl Freund, Curt Courant, Karl Hasselmann, Friedrich Weinmann.

1924. Michael. Deutschland. Regie: C.T. Dreyer. Kamera: letzte Drehtage Rudolph Maté.

1924. Der letzte Mann. Deutschland. Regie: F.W. Murnau. Kamera: Karl Freund.

1925. Varieté. Deutschland. Regie: E.A. Dupont. Kamera: Karl Freund.

1926. Metropolis. Deutschland. Regie: Fritz Lang. Kamera: Karl Freund, Günther Rittau.

1926. Madame wünscht keine Kinder. Deutschland. Regie: Alexander Korda. Kamera: Theodor Sparkuhl, Robert Baberske. Produzent: Karl Freund.

1927. Berlin – Symphonie einer Grossstadt. Deutschland. Regie: Walther Ruttmann. Kamera: Reimar Kuntze, Robert Baberske, Lászlo Schäffer. Produzent: Karl Freund.

1931. Dracula. USA. Regie: Tod Browning, Karl Freund. Kamera: Karl Freund, Curt Courant.

1932. Air Mail. USA. Regie: John Ford. Kamera: Karl Freund.

1933. The Mummy. USA. Regie: Karl Freund. Kamera: Charles Stumar.

1935. Mad Love. USA. Regie: Karl Freund. Kamera: Chester A. Lyons, Gregg Toland.

1936. CAMILLE. USA. Regie: Georg Cukor. Kamera: Karl Freund, William Daniels.

1937. THE GOOD EARTH. USA. Regie: Sydney Franklin, Victor Flemming. Kamera: Karl Freund. [Acadamy Award, Best Cinematography (Oscar)]

1941. THE CHOCOLATE SOLDIER. USA. Regie: Roy Del Ruth. Kamera: Karl Freund. [Nominierung Acadamy Award, Best Cinematography (Oscar), Schwarz-Weiß]

1941. BLOSSOM IN THE DUST. USA. Regie: Mervyn LeRoy. Kamera: Karl Freund, W. Howard Greene. Technicolor [Nominierung Acadamy Award, Best Cinematography (Oscar), Farbe]

1944. THE SEVENTH CROSS. USA. Regie: Fred Zinnemann. Kamera: Karl Freund.

1946. UNDERCURRENT. USA. Regie: Vincente Minnelli. Kamera: Karl Freund.

1948. KEY LARGO. USA. Regie: John Huston. Kamera: Karl Freund.

1950. BRIGHT LEAF. USA. Regie: Michael Curtiz. Kamera: Karl Freund.

Ab 1951. I LOVE LUCY. TV-Serie.

Carl (Karl) Hoffmann

*9.6.1881 Neiße, Schlesien (heute Nysa, Polen).

†13.7.1947 Minden.

Arbeitete u. a. auch als Regisseur und Produzent.

> Geboren bin ich im Glatzer Gebirge. Meine Entwicklung begann, als ich 1908 als Photograph in Freiburg tätig war. Ich besaß hier ein eigenes Photoatelier, beschäftigte mich aber schon damals sehr intensiv mit dem Film [...]. Dann ging ich nach Heidelberg, wo ich bei einer Gesellschaft eine Reihe von Spielfilmen drehte. Damals mußte der Operateur noch alles machen, Drehen, Entwickeln, Belichten und den Film auch selbst schneiden. Von Heidelberg ging ich nach München, wo ich mehrere oberbayerische Spielfilme herstellte. 1915 kam ich nach Berlin zur Mutoscop. Hier drehte ich mit Robert Reinert den großen Homunkulus-Film. Dann kam ich zu Erich Pommer und war eine Zeitlang Chefoperateur. Damals schrieb ich auch mehrere Manuskripte und habe in den zwei Jahren meiner Tätigkeit bei der Decla 52 Filme gedreht und geschnitten.[667]

Carl Hoffmann ist auch Lehrbeauftragter der Filmkünstlerischen Fakultät der Deutschen Filmakademie der Ufa.[668]

667 Treuner (1928).
668 Vgl. Anon. (1992): Babelsberg. S. 241. Oder: Brandlmeier (2008). S. 261–269.

Zusammenarbeit (Auswahl)

Regisseure: Phil Jutzi, Fritz Lang, Paul Leni, Joe May, F.W. Murnau, Richard Oswald, Robert Reinert, Otto Rippert, Reinhold Schünzel, Hans Steinhoff, Conrad Veidt.

Kameramänner: Günther Anders, Karl Freund, Karl Hasselmann, Erich Nitzschmann, Günther Rittau, Charles Rosher, Emil Schünemann.

Filmografie (Auswahl)

1913. Fiesko. Deutschland. Regie: Phil Jutzi. Kamera: Carl Hoffmann.

1916. Homunculus. Deutschland. Regie: Otto Rippert. Kamera: Carl Hoffmann.

1919. Unheimliche Geschichten. Deutschland. Regie: Richard Oswald. Kamera: Carl Hoffmann.

1919. Der Knabe in Blau. Deutschland. Regie: F.W. Murnau. Kamera: Carl Hoffmann.

1919. Halbblut. Deutschland. Decla-Bioscop AG, Decla-Film-Gesellschaft Holz & Co., Erich Pommer. Regie: Fritz Lang. Kamera: Carl Hoffmann.

1920. Von morgens bis Mitternacht. Deutschland. Regie: Karl Heinz Martin. Kamera: Carl Hoffmann.

1921. Die Verschwörung zu Genua. Deutschland. Regie: Paul Leni. Kamera: Carl Hoffmann, Karl Hasselmann.

1922. Dr. Mabuse, der Spieler. Teil 1 + 2, Deutschland. Uco-Film der Decla-Bioscop. Regie: Fritz Lang. Kamera: Carl Hoffmann, Erich Nitzschmann (2. Kamera).

1924. Die Nibelungen. Teil 1 + 2. Deutschland. Decla-Bioscop im Auftrag von: Universum-Film AG (UFA). Produzent: Erich Pommer. Regie: Fritz Lang. Kamera: Carl Hoffmann, Günther Rittau (2. Kamera).

1926. Faust – eine deutsche Volkssage. Deutschland. Universum-Film AG (UFA). Produzent: Erich Pommer. Regie: F.W. Murnau. Kamera: Carl Hoffmann, Charles Rosher (photographic consultant).

1927. Der geheimnisvolle Spiegel. Deutschland. Universum-Film AG (UFA). Regie: Carl Hoffmann. Auch Kamera.

1931. Der Kongress tanzt. Deutschland. Erich Pommer Produktion. Regie: Erik Charell. Kamera: Carl Hoffmann.

1933. Morgenrot. Deutschland. Regie: Gustav Ucicky. Kamera: Carl Hoffmann.

1935. Das Einmaleins der Liebe. Deutschland. Regie: Carl Hoffmann. Kamera: Günther Anders.

Walter Robert (Robert W., Walter) Lach

*26.6.1901 Wien, Österreich-Ungarn.

†8.4.1971 Wien, Österreich.

Auch Regisseur, Produktionsleiter.

Erste Zusammenarbeit mit G. W. Pabst bei DIE FREUDLOSE GASSE (1925).

Zusammenarbeit (Auswahl)

Regisseure: Carl Boese, Wilhelm Dieterle, Hermann Kosterlitz, Max Obal, G. W. Pabst, Franz Seitz, Adolf Trotz, Conrad Wiene, Gertrud David.

Kameramänner: Curt Oertel, Guido Seeber, Fritz Arno Wagner.

Filmografie (Auswahl)

1925. DIE FREUDLOSE GASSE. Deutschland. Regie: G. W. Pabst. Kamera: Guido Seeber, Curt Oertel, Walter Robert Lach.

1926. GEHEIMNISSE EINER SEELE. Deutschland. Regie: G. W. Pabst. Kamera: Guido Seeber, Curt Oertel, Walter Robert Lach.

1926. LEDIGE TÖCHTER. Deutschland. Regie: Carl Boese. Kamera: Walter Robert Lach.

1926. MAN SPIELT NICHT MIT DER LIEBE. Deutschland. Regie: G. W. Pabst. Kamera: Guido Seeber, Curt Oertel, Walter Robert Lach.

1927. DIE LIEBE DER JEANNE NEY. Deutschland. Regie: G. W. Pabst. Kamera: Fritz Arno Wagner, Walter Robert Lach.

1928. SOMNAMBUL. Deutschland. Regie: Adolf Trotz. Kamera: Walter Robert Lach.

1928. GESCHLECHT IN FESSELN (SEXUALNOT DER GEFANGENEN). Deutschland. Regie: Wilhelm Dieterle. Kamera: Walter Robert Lach.

1930. EINE DIRNE IST ERMORDET WORDEN. Österreich. Regie: Conrad Wiene. Kamera: Walter Robert Lach.

Helmar Lerski (Israel Schmuklerski)

*18.2.1871 Straßburg (heute Strasbourg, Frankreich).

† 29.9.1956 Zürich, Schweiz.

Arbeitete auch als Schauspieler, Fotograf, Regisseur.

Seine Karriere beginnt 1893 als Schauspieler in den USA, ab 1910 Fotograf im Atelier seiner Frau. »Dank seiner unkonventionellen Lichtsetzung erlangen seine Fotografien als ›Lerski-Pictures‹ eine gewisse Bekanntheit.«[669] Ab 1916 Arbeiten in Deutschland als Kameramann, ab Mitte der 1920er Jahre auch als Spezialist für das Schüfftan-Trick-Verfahren. 1930 erscheint sein Fotobuch *Köpfe des Alltags*. 1932 emigriert Lerski mit seiner zweiten Frau nach Palästina, dort dreht er unter eigener Regie HEBREW MELODY und AVODAH. 1936 wird die Metamorphose erstmalig in Jerusalem ausgestellt. 1948 Rückkehr nach Zürich.

Zusammenarbeit (Auswahl)

Regisseure: Hans Berendt, E. A. Dupont, Paul Leni, Robert Reinert, Josef Stein, Hans Steinhoff.

Kameramänner: Sepp Allgeier, Werner Brandes, Curt Courant, Karl Freund, Karl Hasselmann, Günther Rittau, Theodor Sparkuhl.

Filmografie (Auswahl)

1917. AHASVER. Deutschland. Regie: Robert Reinert. Kamera: Helmar Lerski.

1917. ERLOSCHENE AUGEN. TRAGÖDIE EINES BLINDEN KINDES. Deutschland. Regie: Josef Stein. Kamera: Helmar Lerski.

1919. NERVEN. Deutschland. Regie: Robert Reinert. Kamera: Helmar Lerski.

1921. KINDER DER FINSTERNIS. Deutschland. Regie: E. A. Dupont. Kamera: Helmar Lerski.

1922. STERBENDE VÖLKER. Deutschland. Regie: Robert Reinert. Kamera: Helmar Lerski.

1922. DER FALSCHE DIMITRI. Deutschland. Regie: Hans Steinhoff. Kamera: Helmar Lerski.

1924. DAS WACHSFIGURENKABINETT. Deutschland. Regie: Paul Leni. Kamera: Helmar Lerski.

1926. METROPOLIS. Deutschland. Regie: Fritz Lang. Helmar Lerski als Spezialist für Schüfftan-Verfahren.

1926. K 13513. DIE ABENTEUER EINES ZEHNMARKSCHEINS. Deutschland. Regie: Berthold Vietel. Kamera: Helmar Lerski.

1926. DER HEILIGE BERG. Deutschland. Regie: Arnold Fanck. Kamera: Helmar Lerski (nur die Studio-Aufnahmen).

669 Ebner (2002): Metamorphosen des Gesichts. S. 103.

Rudolph (Rudolf, Rudi) Maté (Mayer, Matheh, Mattäi)

*21.1.1898 Krakau, Österreich-Ungarn (heute Kraków, Polen).

†26.10.1964 Beverly Hills, Kalifornien, USA.

Arbeitete ab 1947 als Regisseur und auch Produzent.

»[...] bis 1918 stand auf seinen Visitkarten: ›Oberleutnant im k. u. k. Infanterieregiment Nr. 52‹«.[670] Er studiert in Budapest, arbeitet im Kopierwerk, Korda Sándor (Alexander Korda) nimmt sich seiner an und fördert ihn. Noch 1928 taucht der Name Mayer in Titeln auf. Erste kurze Zusammenarbeit mit Dreyer in Berlin, dann wechselt er nach Paris. DODSWORTH[671] bringt ihm den Durchbruch in Hollywood. Er wird fünf Mal für den Acadamy Award, Best Cinematography (Oscar) nominiert.[672]

Zusammenarbeit (Auswahl)

Regisseure: René Clair, William Dieterle, Carl Theodor Dreyer, Robert Florey, Henry Hathaway, Alfred Hitchcock, Alexander Korda, Henry Koster, Harry Lachman, Fritz Lang, Ernst Lubitsch, Arthur Robison, Charles Vidor, Conrad Wiene, William Wyler.

Kameramänner: William Daniels, Karl Freund, Axel Graatkjær, Ernest Laszlo, Louis Née, John Seitz, Gregg Toland, Joseph Walker.

Filmografie (Auswahl)

1919. KUTATÓ SÁMUEL. Ungarn. Regie: Márton Garas. Kamera: Rudolph Maté. Produzent: Alexander Korda.

1923. DER KAUFMANN VON VENEDIG. Deutschland. Regie: Peter Paul Felner. Kamera: Rudolph Maté, Axel Graatkjær.

1923. GEFAHREN DER HYPNOSE – DAS VERLORENE ICH. Österreich. Regie: Hugo Werner-Kahle. Kamera: Rudolph Maté, Hans Pebal.

1924. MICHAEL. Deutschland. Regie: Carl Theodor Dreyer. Kamera: Rudolph Maté, Karl Freund.

1928. LA PASSION DE JEANNE D'ARC. Frankreich. Regie: Carl Theodor Dreyer. Kamera: Rudolph Maté.

670 Anon. (1932): An der Kamera: Maté. S. 21.

671 USA 1936. The Samuel Goldwyn Company. Regie: William Wyler. Kamera: Rudolph Maté.

672 Vgl. Brandlmeier (2008). S. 297–303.

1932. Vampyr. Frankreich, Deutschland. Regie: Carl Theodor Dreyer. Kamera: Rudolph Maté.

1934. Le dernier milliardaire. Frankreich. Regie: René Clair. Kamera: Rudolph Maté,

1934. Liliom. Frankreich. Regie: Fritz Lang. Kamera: Rudolph Maté, Louis Née. Produzent: Erich Pommer.

1935. Navy Wife. USA. Regie: Richard Boleslawski. Kamera: Rudolph Maté, John F. Seitz.

1936. Come and Get It. USA. Regie: Howard Hawks. Kamera: Rudolph Maté, Gregg Toland.

1936. Dodsworth. USA. Regie: William Wyler. Kamera: Rudolph Maté.

1940. Foreign Correspondent. USA. Regie: Alfred Hitchcock. Kamera: Rudolph Maté. [Oscar Nominierung]

1941. That Hamilton Woman. USA. Regie: Alexander Korda. Kamera: Rudolph Maté. [Oscar Nominierung]

1942. To Be or Not to Be. USA. Regie: Ernst Lubitsch. Kamera: Rudolph Maté.

1942. The Pride of the Yankees. USA. Regie: Sam Wood. Kamera: Rudolph Maté. [Oscar Nominierung]

1943. Sahara. USA. Regie: Zoltan Korda. Kamera: Rudolph Maté. [Oscar Nominierung]

1944. Cover Girl. USA. Regie: Charles Vidor. Kamera: Rudolph Maté. [Oscar Nominierung]

1946. Gilda. USA. Regie: Charles Vidor. Kamera: Rudolph Maté.

1950. Union Station. USA. Regie: Rudolph Maté. Kamera: Daniel L. Fapp.

1950. When Worlds Collide. USA. Regie: Rudolph Maté. Kamera: John Seitz, W. Howard Greene.

1962. The 300 Spartans. USA. Regie: Rudolph Maté. Kamera: Geoffrey Unsworth.

Louis Née

*31.10.1895 Meudon, Hauts-de-Seine, Frankreich.

†29.12.1977 Clamart, Hauts-de-Seine, Frankreich.

Née arbeitet als Kameramann ab 1929 und Operator ab etwa 1932.

Zusammenarbeit (Auswahl)

Regisseure: Marcel Carné, Jean Epstein, Kurt Gerron, Marcel L'Herbier, Viktor Tourjansky, Maurice Tourneur.

Kameramänner: Michel Kelber, Rudolph Maté, Georges Périnal, Armand Thirard.

Filmografie (Auswahl)

1929. Finis terrae. Frankreich. Regie: Jean Epstein. Kamera: Joseph Barthès, Gösta Kotulla, Louis Née, Raymond Tulle.

1932. Hotel des étudiants. Frankreich. Regie: Viktor Tourjansky. Kamera: Jean Charpentier, Louis Née, Georges Périnal.

1933. The Merry Monarch. Großbritannien. Regie: Alexis Granowsky. Kamera: Rudolph Maté, Louis Née, Marcel Soulié. Darsteller: Emil Jannings.

1934. Liliom. Frankreich. Regie: Fritz Lang. Kamera: Rudolph Maté, Louis Née. Produzent Erich Pommer.

1934. Le dernier milliardaire. Frankreich. Regie: René Clair. Kamera: Rudolph Maté, Louis Née.

1935. La route impériale. Frankreich. Regie: Marcel L'Herbier. Kamera: Michel Kelber, Louis Née.

Erich Nitzschmann

*13.2.1901 Danzig (heute Gdansk, Polen).

†16.1.1980 Potsdam.

Er durchläuft eine Ausbildung zum Kameraassistenten bei der Decla-Bioscop, dann zweiter Kameramann. Arbeitet sowohl als Kameramann als auch als Assistent. Für die DEFA dreht er Dokumentarfilme, arbeitet auch als Wochenschau-Kameramann.

Zusammenarbeit (Auswahl)

Regisseure: Henrik Galeen, Arthur von Gerlach, Johannes Guter, Fritz Lang.

Kameramänner: Carl Hoffmann, Günther Krampf, Fritz Arno Wagner.

Filmografie (Auswahl)

1921. Der Mord in der Greenstreet. Deutschland. Regie: Johannes Guter. Kamera: Erich Nitzschmann.

1921. Der müde Tod. Deutschland. Decla-Bioscop, Produzent: Erich Pommer. Regie: Fritz Lang. Kamera: Fritz Arno Wagner (Venezianische, orientalische und chinesische Episode), Erich Nitzschmann (Altdeutsche Episode), Hermann Saalfrank (Altdeutsche Episode).

1922. Dr. Mabuse, der Spieler. Teil 1 + 2. Deutschland. Regie: Fritz Lang. Kamera: Carl Hoffmann, Erich Nitzschmann (2. Kamera).

1925. Zur Chronik von Grieshuus. Deutschland. Ufa, Produzent: Erich Pommer. Regie: Arthur von Gerlach. Kamera: Fritz Arno Wagner, Carl Drews, Erich Nitzschmann.

1926. Der Student von Prag. Deutschland. Regie: Henrik Galeen. Kamera: Günther Krampf (Fotografische Leitung), Erich Nitzschmann.

1927. Das Geheimnis des Abbé X. Deutschland. Regie: Wilhelm Dieterle. Kamera: Erich Nitzschmann, Otto Martini, Giovanni Vitrotti.

1928. Ihr dunkler Punkt. Deutschland. Regie: Johannes Guter. Kamera: Carl Drews, Erich Nitzschmann.

Günther Rittau

*7.8.1893 Königshütte, Oberschlesien (heute Chorzów, Polen).

†6.8.1971 München.

Kamera, Drehbuch, arbeitete von 1941 bis 1945 als Regisseur.

> Oberschlesien ist meine Heimat. [...] Nach Beendigung der Schulzeit studierte ich Biologie, Physik, Chemie, dann Medizin und später Architektur und Kunstgeschichte. [...] 1919 ging ich zum Film. Zuerst arbeitete ich in der Kulturabteilung der Decla und nahm hier eine große Anzahl wissenschaftlicher Filme auf.[673]

Sein naturwissenschaftlicher Hintergrund prädestiniert ihn für die Tricktechnik, es gelingt ihm aber, auch sehr erfolgreich szenisch zu arbeiten. »Das Gedankliche ist das Primäre.«[674]

Zusammenarbeit (Auswahl)

Regisseure: Kurt Gerron, Rochus Gliese, Karl Hartl, Fritz Lang, Friedrich Wilhelm Murnau, Robert Siodmak, Josef von Sternberg, Viktor Tourjansky, Fritz Wendhausen.

673 Treuner (1928). Vgl. Brandlmeier (2008). S. 338–344.
674 Anon. (1931): Der produktive Kameramann wird zum Mitschöpfer.

Kameramänner: Richard Angst, Curt Courant, Karl Freund, Carl Hoffmann, Konstantin Irmen-Tschet, Igor Oberberg.

Filmografie (Auswahl)

1924. Die Nibelungen. Deutschland. Regie: Fritz Lang. Kamera: Carl Hoffmann, Günther Rittau.

1924. Der letzte Mann. Deutschland. Regie: Friedrich Wilhelm Murnau. Kamera: Karl Freund, Günther Rittau.

1925. Der Turm des Schweigens. Deutschland. Regie: Johannes Guter. Produzent: Erich Pommer. Kamera: Günther Rittau.

1925. Die gefundene Braut. Deutschland. Regie: Rochus Gliese. Produzent: Erich Pommer. Kamera: Günther Rittau.

1926. Metropolis. Deutschland. Regie: Fritz Lang. Kamera: Karl Freund, Günther Rittau. Produzent: Erich Pommer.

1927. Der Kampf des Donald Westhof. Deutschland. Regie: Fritz Wendhausen. Kamera: Günther Rittau, Curt Courant.

1928. Heimkehr – Ketten. Deutschland. Regie: Joe May. Kamera: Günther Rittau, Konstantin Irmen-Tschet.

1929. Asphalt. Deutschland. Regie: Joe May. Kamera: Günther Rittau.

1930. Der blaue Engel. Deutschland. Regie: Josef von Sternberg. Produzent: Erich Pommer. Kamera: Günther Rittau.

1932. Quick. Deutschland. Regie: Robert Siodmak. Kamera: Günther Rittau, Otto Baecker.

1938. Verklungene Melodie. Deutschland. Regie: Viktor Tourjansky. Kamera: Günther Rittau, Otto Baecker.

1941. U-Boote westwärts! Deutschland. Regie: Günther Rittau. Kamera: Igor Oberberg.

1942. Der Strom. Deutschland. Regie: Günther Rittau. Kamera: Richard Angst.

Charles (Charlie, Galddish) Rosher

*17.11.1885 London, Großbritannien.

†15.1.1974 Lissabon, Portugal.

Ausbildung als Porträtfotograf in England, 1908 Aufbruch in die USA. Er gehört 1919 zu den 15 Gründungsvätern des amerikanischen Verbands der Kameraleute American Society of Cinematographers. Ein Jahr später wird bereits regelmäßig ein vierseitiger Newsletter publiziert, der *American Cinematographer*, der bis heute über

Dreharbeiten, Technik, Geräte und manches Geheimnis berichtet. Mary Pickford dreht zwölf Jahre lang mit Rosher. In Deutschland entwickelt er sein Rosher-Kino-Porträt-Objektiv. Zusammen mit Karl Struss wird ihm der erste Oscar überhaupt für die Kameraarbeit bei SUNRISE verliehen.[675]

Zusammenarbeit (Auswahl)

Regisseure: George Cukor, Michael Curtiz, E. A. Dupont, Robert Florey, Archie Mayo, Vincente Minnelli, Friedrich Wilhelm Murnau, William Wellman, Sam Wood.

Kameramänner: Carl Hoffmann, Karl Struss.

Filmografie (Auswahl)

1919. THE HOODLUM. USA. Regie: Sidney Franklin. Kamera: Charles Rosher.

1920. THE WHITE CIRCLE. USA. Regie: Maurice Tourneur. Kamera: Charles Rosher, Alfred Ortlieb.

1927. SUNRISE: A SONG OF TWO HUMANS. USA. Regie: F. W. Murnau. Kamera: Charles Rosher, Karl Struss. [Acadamy Award, Best Cinematography (Oscar)]

1929. ATLANTIC. USA. Regie: E. A. Dupont. Kamera: Charles Rosher.

1932. ROCKABYE. USA. Regie: George Cukor. Kamera: Charles Rosher.

1935. CALL OF THE WILD. USA. Regie: William Wellman. Kamera: Charles Rosher.

1944. KISMET. USA. Regie: William Dieterle. Kamera: Charles Rosher. [Oscar Nominierung].

1946. THE YEARLING. USA. Regie: Clarence Brown. Kamera: Charles Rosher, Leonard Smith, Arthur E. Arling. [Acadamy Award, Best Cinematography (Oscar)]

Hans Schneeberger

*7.6.1895 Brandberg, Österreich.

†19.11.1971 Salzburg, Österreich.

Auch Darsteller. Gehörte zum Team um Arnold Fanck, begleitet Ernst Udet auf Expeditionen.[676]

675 Vgl. Brownlow (1997). S. 61–63.
676 Vgl. Cinema Quadrat (1994). S. 142.

Zusammenarbeit (Auswahl)

Regisseure: Arnold Fanck, Wolfgang Liebeneiner, G.W. Pabst, Leni Riefenstahl, Gustav Ucicky.

Kameramänner: Sepp Allgeier, Helmar Lerski, Günther Rittau.

Filmografie (Auswahl)

1922. DAS WUNDER DES SCHNEESCHUHS. Deutschland. Regie: Arnold Fanck. Kamera: Sepp Allgeier, Arnold Fanck. Schneeberger als Schauspieler.

1925. DER HEILIGE BERG. Deutschland. Regie: Arnold Fanck. Kamera: Hans Schneeberger (Innen und Außen), Helmar Lerski (Innen), Sepp Allgeier (Außen).

1929. ASPHALT. Deutschland. Regie: Joe May. Kamera: Günther Rittau, Hans Schneeberger (Assistent).

1929. DIE WEISSE HÖLLE VON PIZ PALÜ. Deutschland. Regie: Arnold Fanck, G.W. Pabst. Kamera: Hans Schneeberger, Sepp Allgeier, Richard Angst.

1930. DER BLAUE ENGEL. Deutschland. Regie: Josef von Sternberg. Kamera: Günther Rittau, Hans Schneeberger (Assistent).

1932. DAS BLAUE LICHT. Deutschland. Regie: Leni Riefenstahl. Kamera: Hans Schneeberger.

Eugen (Eugène) Schüfftan (Shuftan, Schufftan)

*21. Juli 1883 Breslau, Österreich-Ungarn. Heute Wroclaw, Polen.

†6. September 1977 New York City, USA.

Arbeitete auch als Darsteller, Regisseur, Produzent.

Schüfftan kommt durch den Architekten Hans Poelzig zum Film. Entwickelt mit Hilfe des Kameramanns Ernst Kunstmann das nach ihm benannte Spiegeltrickverfahren. Erster Erfolg als Kameramann mit MENSCHEN AM SONNTAG. Schüfftan emigrierte 1933 nach Frankreich und 1940 weiter in die USA. 1962 wird Schüfftan mit dem Academy Award, Best Cinematography (Oscar) für THE HUSTLER[677] ausgezeichnet.

677 USA 1961. Regie: Robert Rossen. Kamera: Eugen Schüfftan.

Zusammenarbeit (Auswahl)

Regisseure: Marcel Carné, Max Ophüls, G. W. Pabst, Robert Rossen, Detlef Sierck, Robert und Kurt Siodmak, Edgar G. Ulmer, Billy Wilder, Fred Zinnemann.

Kameramänner: Richard Angst, Georg Bruckbauer, Herbert Körner, Claude Renoir, Theodor Sparkuhl. Fred Zinnemann ist bei ihm Assistent, Henri Alekan Operator.

Filmografie (Auswahl)

1924. Die Nibelungen. Teil 1 + 2. Deutschland. Decla-Bioscop im Auftrag von: Universum-Film AG (UFA). Produzent: Erich Pommer. Regie: Fritz Lang. Kamera: Carl Hoffmann, Günther Rittau (2. Kamera). Trick-Fotografie: Ernst Kunstmann, Eugen Schüfftan.

1925. Varieté. Deutschland. Regie: E. A. Dupont. Kamera: Karl Freund. Optische Spezialeffekte: Ernst Kunstmann, Eugen Schüfftan.

1926. Metropolis. Deutschland. Regie: Fritz Lang. Kamera: Karl Freund, Günther Rittau. Optische Spezialeffekte: Ernst Kunstmann, Eugen Schüfftan.

1927. Napoléon. Frankreich, Deutschland. Regie: Abel Gance. Kamera: Léonce-Henri Burel. Optische Spezialeffekte: Eugen Schüfftan.

1929. Menschen am Sonntag. Deutschland. Regie: Robert und Kurt Siodmak, Edgar G. Ulmer, Fred Zinnemann. Kamera: Eugen Schüfftan. Kamera-Assistent: Ernst Kunstmann, Fred Zinnemann.

1933. Du haut en bas. Frankreich, Deutschland. Regie: G. W. Pabst. Kamera: Eugen Schüfftan.

1938. Le quai des brumes. Frankreich. Regie: Marcel Carné. Kamera: Eugen Schüfftan. Assistent: Henri Alekan.

1940. Sans lendemain. Frankreich. Regie: Max Ophüls. Kamera: Eugen Schüfftan. Operator: Henri Alekan.

1961. The Hustler. Frankreich. Regie: Robert Rossen. Kamera: Eugen Schüfftan. [Acadamy Award, Best Cinematography (Oscar)]

Karl (Károly) Vass (Vash)

*1896 Budapest, Österreich-Ungarn.

†3.10.1953 Budapest, Ungarn.

Fotograf, Kameraassistent und kommt 1919 mit Zwischenstation in Österreich nach Deutschland; kehrt mit Kriegsausbruch nach Ungarn zurück und arbeitet dort weiter als Kameramann.

Zusammenarbeit (Auswahl)

Regisseure: Georg Jacoby, Emil Justitz, Richard Oswald, Franz Seitz sen.

Kameramänner: Werner Brandes, Carl Hoffmann, Emil Schünemann, Theodor Sparkuhl.

Filmografie (Auswahl)

1918. CASANOVA. Ungarn. Regie: Alfréd Deésy. Kamera: Karl Vass.

1920. FALSCHSPIELER. Deutschland. Regie: Emil Justitz. Kamera: Karl Vass.

1921. LADY HAMILTON. Deutschland. Regie: Richard Oswald. Kamera: Carl Hoffmann, Karl Vass (Assistent).

1922. LUCREZIA BORGIA. Deutschland. Regie: Richard Oswald. Kamera: Karl Freund, Karl Vass, Carl Drews, Frederik Fuglsang.

1925. HANSEATEN. Deutschland. Regie: Gerhard Lamprecht. Kamera: Karl Vass.

1931. M. Deutschland. Regie: Fritz Lang. Kamera: Fritz Arno Wagner, Robert Baberske (2. Kamera), Karl Vass (Assistent).

1933. DAS TESTAMENT DES DR. MABUSE. Deutschland. Regie: Fritz Lang. Kamera: Fritz Arno Wagner, Karl Vass.

Fritz Arno (Fritzarno) Wagner

*5.12.1884 Schmiedefeld am Rennsteig (Thüringen).

†18.8.1958 Göttingen.

Drehte für Wochenschauen weltweit und als Kriegsberichterstatter, bevor er zum Spielfilm kommt. Erst als er Mitte 30 ist, dreht er 1919 als zweiter Kameramann unter Theodor Sparkuhl mit Ernst Lubitsch MADAME DUBARRY und ein Jahr später in selber Konstellation SUMURUN. Schnell arbeitet er selbstständig. Mit Fritz Lang arbeitet er 1921 an drei Episoden von DER MÜDE TOD und fotografiert mit Murnau in dem Jahr auch SCHLOSS VOGELÖD, danach DER BRENNENDE ACKER und NOSFERATU (1922). Aus vielen weiteren Produktionen sei nur noch SCHATTEN – EINE NÄCHTLICHE HALLUZINATION (1923) erwähnt, bei dem die Lichtführung eine entscheidende Rolle spielt. »Der Kameramann sollte ein Maler sein, aber nicht bloß ein Maler, der die Natur kopiert oder sklavisch die Menschheit, ohne den Charakter zu verstehen und zu durchdringen.«[678]

678 Moore (1934): Fritz Arno Wagner Interviewed. S. 78. Vgl. Brandlmeier (2008). S. 425–433.

Zusammenarbeit (Auswahl)

Regisseure: Johannes Guter, Fritz Lang, Ernst Lubitsch, F.W. Murnau, Arthur Robison, Robert Wiene.

Kameramänner: Karl Freund, Günther Krampf, Erich Nitzschmann, Hermann Saalfrank, László Schäffer, Theodor Sparkuhl.

Filmografie (Auswahl)

1919. MADAME DUBARRY. Deutschland. Regie: Ernst Lubitsch. Kamera: Theodor Sparkuhl, Fritz Arno Wagner.

1921. DER MÜDE TOD. Deutschland. Regie: Fritz Lang. Kamera: Erich Nitzschmann, Hermann Saalfrank, Fritz Arno Wagner.

1921. SCHLOSS VOGELÖD. Deutschland. Regie: F.W. Murnau. Kamera: László Schäffer, Fritz Arno Wagner

1921. NOSFERATU. Deutschland. Regie: F.W. Murnau. Kamera: Günther Krampf, Fritz Arno Wagner.

1923. SCHATTEN. Deutschland. Regie: Arthur Robison. Kamera: Fritz Arno Wagner.

1925. ZUR CHRONIK VON GRIESHUUS. Deutschland. Regie: Arthur von Gerlach. Kamera: Fritz Arno Wagner, Carl Drews, Erich Nitzschmann.

1926. DER ROSA DIAMANT. Deutschland. Regie: Rochus Gliese. Kamera: Fritz Arno Wagner.

1927. EINE DUBARRY VON HEUTE. Deutschland. Regie: Alexander Korda. Kamera: Fritz Arno Wagner.

1927. DIE LIEBE DER JEANNE NEY. Deutschland. Regie: Georg Wilhelm Pabst. Kamera: Fritz Arno Wagner, Robert W. Lach.

1927. SPIONE. Deutschland. Regie: Fritz Lang. Kamera: Fritz Arno Wagner.

1929. DAS LETZTE FORT. Deutschland. Regie: Kurt Bernhardt. Kamera: Fritz Arno Wagner, Artur von Schwerführer.

1930. BRAND IN DER OPER. Deutschland, Frankreich. Regie: Carl Froelich. Kamera: Fritz Arno Wagner, Reimar Kuntze.

1930. DOLLY MACHT KARRIERE. Deutschland. Regie: Anatole Litvak. Kamera: Fritz Arno Wagner, Robert Baberske.

1930. WESTFRONT 1918. Deutschland. Regie: Georg Wilhelm Pabst. Kamera: Fritz Arno Wagner, Charles Métain.

1931. M. Deutschland. Regie: Fritz Lang. Kamera: Fritz Arno Wagner, Robert Baberske (2. Kamera), Karl Vass (Assistent).

1931. DIE 3 GROSCHEN-OPER. Deutschland. Regie: Georg Wilhelm Pabst. Kamera: Fritz Arno Wagner.

1931. Kameradschaft. Deutschland. Regie: Georg Wilhelm Pabst. Kamera: Fritz Arno Wagner.

1933. Das Testament des Dr. Mabuse. Deutschland. Regie: Fritz Lang. Kamera: Fritz Arno Wagner, Karl Vash.

1934. Ein Mann will nach Deutschland. Deutschland. Regie: Paul Wegener. Kamera: Fritz Arno Wagner.

1931. Amphitryon. Deutschland. Regie: Reinhold Schünzel. Kamera: Fritz Arno Wagner.

1937. Glamorous Night. Großbritannien. Regie: Brian D. Hurst. Kamera: Fritz Arno Wagner.

1938. Adrienne Lecouvreur. Deutschland, Frankreich. Regie: Marcel L'Herbier. Kamera: Fritz Arno Wagner.

1939. Robert Koch, der Bekämpfer des Todes. Deutschland. Regie: Hans Steinhoff. Kamera: Fritz Arno Wagner.

1941. Ohm Krüger. Deutschland. Regie: Hans Steinhoff. Kamera: Fritz Arno Wagner, Friedl Behn-Grund, Karl Puth.

1949. Du bist nicht allein. Deutschland. Regie: Paul Verhoeven. Kamera: Fritz Arno Wagner.

b) Glossar

Es gibt beim Film, sowohl in der Filmwissenschaft als erst recht in der Filmpraxis, keine eindeutige Fachsprache. Gerne verwässert auch die sich ständig wandelnde Berufspraxis mögliche filmwissenschaftliche Definitionen und am Motiv werden gerne englische Ausdrücke benutzt, aber ohne dass sie eindeutig definiert wären. Das vorliegende Glossar entstammt meiner Berufspraxis und hat keinen wissenschaftlichen Anspruch. Auch beschränkt es sich auf das für das Verständnis notwendige Vokabular dieses Buchs. In einigen Bereichen, z.B. bei der Postproduktion, werden Ausdrücke anders verstanden als am Motiv. So meint der Begriff »Szene« im Kopierwerk oder in frühen Texten eine Einstellung oder Take, im heutigen Alltag am Motiv eine Folge von Einstellungen und in der Filmwissenschaft – wenigstens bei Mascelli[679] oder Metz[680] – eine Montage mehrerer Einstellungen zu einer Handlung, die an einem Ort spielt. So wird es meist auch beim Drehbuchschreiben verstanden. Gestresste Menschen am Motiv kommunizieren anders. Dies wird besonders schmerzhaft bei Einstellungsgrößen deutlich. Hier schwirren eine Vielzahl unübersehbarer Definitionen durch die Bilderwelten, und was ein Regisseur als Naheinstellung sieht, muss noch längst nicht so bei Kamerafrau oder -mann ankommen. Da hilft der Videomonitor in der Kommunikation am Set heute sehr. So kann ich mit meinen Begriffen nicht auf einen Autor verweisen, sondern versuche zu definieren, was *ich* unter dem jeweiligen Begriff verstehe. Allen Erklärungen ist gemein, dass die Begriffe sehr verkürzt wiedergegeben werden, bei detailliertem Interesse hilft die Fachliteratur. Einiges hat sich in meiner Praxis bewährt, anderes ist aus der Filmwissenschaft entlehnt. Viele Begriffe sind auch umgangssprachlich zu verstehen bzw. haben nicht den Anspruch, tiefer zu gehen.

Achsen

Blickachse	*Blickrichtung* des Darstellers, nach links, rechts, oben, unten, von der Kamera aus gesehen. Blick in die Kamera. Sonderfall → POV.
Handlungsachse	Gedachte Linie zwischen den szenenwichtigen Akteuren.

679 Mascelli (1973). S. 13.
680 Metz (1972): Semiologie des Films. S. 181.

Optische Achse	Idealisierte Gerade, die lotrecht vom Aufnahmemedium (Film oder Chip) durchs Zentrum der Optik in den Raum geht.
Achsensprung	In einer Einstellungsfolge soll die Kamera immer auf einer Seite der → *Handlungsachse* bleiben, um den Zuschauer nicht zu verunsichern, sonst spricht man von einem Achsensprung. Es gibt aber feste Regeln, nach denen die Achse gewechselt werden kann, z. B. durch eine Kamerafahrt oder den Gang eines Darstellers während einer Einstellung.
Anschlussfehler	Wenn mit dem Schnitt unlogische Veränderungen sichtbar werden, z. B. eine hohe Kerze ist plötzlich fast abgebrannt oder eine Person hat mit einem Mal etwas anderes an.
Bewegungsschnitt	*Cutting-on-action.* Eine bis heute gern gepflegte Methode, den Schnitt zu verbergen oder doch unauffälliger, geschmeidiger zu machen: Der Darsteller steht in einer Totalen auf und in dieser Bewegung wird auf eine nähere Einstellung geschnitten. G. W. Pabst gilt als früher Meister dieser Methode.
Bildfrequenz	→ Kapitel *Bildfrequenz*.
Blenden	Bei einer Abblende verdunkelt sich das Bild bis zum Schwarz, bei einer Aufblende entsteht das Bild aus dem Schwarz der Leinwand: Die Überblende ist eine Kombination – während das Bild verschwindet, erscheint gleichzeitig das neue. In der Stummfilm-Zeit sind Überblenden ein großes Abenteuer. Zuerst musste die Ausgangseinstellung mit einer *Abblende* gedreht werden, z. B. eine Schneelandschaft. Am Ende dieser Aufnahme schließt man die Blende am Objektiv langsam und stoppt den Filmtransport. Die Zeitdauer dieser Abblende wird gestoppt, denn um diese Filmlänge muss der Film in der Kamera nun zurückgespult werden. Bei der nun folgenden zweiten Aufnahme öffnet man in der gleichen Zeiteinheit die Blende, also eine *Aufblende*. So weit, so gut in der Theorie, Auf- und Abblende sind quasi Doppelbelichtungen. Selbst bei unterschiedlichen Blendenwegen, z. B. Abblende von Blende 4 auf geschlossene Blende, Aufblende von geschlossener Blende auf vielleicht nur Blende 8, wird dies mit Erfahrung gut gemeistert. Schon schwieriger ist es

abzuschätzen, wie weit wirklich zurückgespult werden muss, um unterschiedliche Belichtungen auszugleichen. Denn nicht nur die Länge der Abblende entscheidet, sondern auch die Belichtung durch das jeweilige Motiv. Ist die erste Belichtung sehr stark durch ein helles Motiv – wie hier die Schneelandschaft –, dann hat das Auswirkungen auf die Zweitbelichtung, die gegebenenfalls später einsetzen muss. Dieses grundsätzliche Problem, dass die Gesamtbelichtung eines Bildes nicht die Summe ihrer Einzelbelichtungen ist, kann im Kopierwerk durch Proben gelöst werden. Kevin Brownlow[681] beschreibt ein extremes Beispiel: Allan Dwan konzipierte für The Restless Spirit (1913) 27 Einstellungen, die er alle mit Überblendungen verbinden ließ. Dem Kameramann Walter Pritchard ging es am Ende so schlecht, dass Dwan sich fragte, ob es die Sache wert war. Aber dann kam der große Erfolg ... Heute, da Blenden weder technisch noch finanziell ein Problem wären, sind sie so gut wie ausgestorben. → *Kreisblende*.

Blimp Schallschutzgehäuse für eine »*stumme*« Kamera (Stummfilm-Kameras, die zu laut laufen), damit man mit ihr Tonfilm-Aufnahmen machen kann. Blimps waren nicht nur sehr groß und schwer, sondern auch sehr unhandlich. Deshalb wird mit unterschiedlichem Erfolg versucht, Film-Kameras zu bauen, die keine Geräusche und einen Blimp überflüssig machen.

Brennweite Parameter der Optik. Die *Normal*-Brennweite entspricht in der Fotografie der Diagonale des Aufnahmeformats,[682] beim Stummfilm 24,89 mm x 18,67 mm, beim Tonfilm im Bildseitenverhältnis 1:1,37 sind dies 22,0 mm x 16,0 mm. Das würde einer Brennweite unter 30 mm entsprechen, in der Praxis werden als normal Bereiche zwischen 35 mm und 50 mm genannt,[683] u.a. bedingt durch die anderen Betrachtungsbedingungen beim Film. Die *Focal Encyclopedia of Film* definiert sehr unbestimmt, die Begriffe basierten auf einer ideellen (imaginary) Norm, die sich mehr oder weniger an einer 35-mm-Kamera mit einem 50-mm-

681 Brownlow (1997). S. 266.
682 Vgl. Schröder (1981): *Technische Fotografie*. S. 71.
683 Vgl. Gad (1919). S. 83. Oder: Thompson (1985a). S. 289. Oder: Salt (1983). S. 262.

Objektiv orientieren.[684] Bei längerer Brennweite, spätestens ab 75 mm, spricht man von einem *Tele*-Objektiv, bei kürzeren Brennweiten, also 28 mm und kleiner, von einem *Weitwinkel*-Objektiv.

CGI Computer generated images. Bilder, die ohne reales Abbild am Computer erzeugt werden. Bei komplizierten Aktionen können auch digitale Darsteller die leibhaftigen ersetzen. So wird schon bei HARRY POTTER für bestimmte Flugaufnahmen ein digitaler Harry eingesetzt, andere Aufnahmen werden als → *VFX* mit Blue-Screen gelöst.

***Cut-away*-Einstellung** Laut Mascelli[685] ist die Einstellung nicht Teil der Szene, steht aber in einem erzählerischen Zusammenhang, zeigt eine Zweithandlung, die parallel verläuft.

Cutting-on-action → *Bewegungsschnitt.*

DCP Digital Cinema Package ist der digitale Standard für die Projektion von Filmen im Kino über einen Beamer.

Dichte → *Gradation*

Einstellung Das Bild zwischen zwei Schnitten, keine zeitliche Begrenzung. Eine Einstellung kann sehr lang sein und den Bildausschnitt durch Kamerabewegung und/oder Inszenierung beständig verändern. Bei der Aufnahme wird eine Einstellung meistens mehrmals gedreht – die einzelne Aufnahme heißt dann *Take* – entweder, um die beste Aufnahme auszuwählen, oder, wie beim Stummfilm, ein weiteres Negativ für die Auswertung zu haben. Es können auch verschiedene Takes einer Einstellung durch entsprechende Zwischenschnitte oder Zwischentitel kombiniert werden.

Einstellungsgrößen Definiert die Größe der Abbildung, meist einer Person. Die Definitionen schwanken stark, sind auch nicht immer zweifelsfrei gegeneinander abzugrenzen, besonders wenn die Gestaltung nicht den Standards entspricht. In Drehbüchern für den Stummfilm findet man noch recht umgangssprachliche Umschreibungen wie »Gesamter« oder »Größer«.[686]

In Klammern einzelne Begriffe aus der Malerei:[687]

684 Vgl. Spottiswood (1969). S. 13.
685 Mascelli (1973). S. 182.
686 Dupont (1926). S. 90–96.
687 Jones (1930): Rechtecks-Proportionen und Bildkomposition. S. 4.

EG	Extrem Groß	Kopf oben angeschnitten, Kinn auch.
GR	Groß	Kopf oben angeschnitten, Kinn nicht.
NA	Nah	Brustbild, Passbild, Kopf nicht angeschnitten, bis knapp unter die Achselhöhle.
HN	Halbnah	Person wird etwa auf Höhe des Gürtels geschnitten, bei Sitzenden sind meist die Hände mit im Bild. Wird oft auch ähnlich der Amerikanischen Größe definiert. (Halbfigur)
AM	Amerikanisch	Wohl die präziseste Einstellungsbezeichnung: vom Scheitel bis zum Revolver, über dem Knie. (Kniestück)
HT	Halbtotal	Die gesamte Person unangeschnitten. Mit mehr Raum um die Person als bei einer ganzfigürlichen Darstellung in Malerei oder Fotografie. (Ganzporträt, mittel oder halbfern)
TO	Total	zeigt das (gesamte) Motiv, Personen identifizierbar.
WE	Weit	Landschaft, Menschen kaum erkennbar.
DE	Detail	Gegenstand oder Teil eines Menschen (z. B. Hand)
ZW	Zweier	Bezeichnung für eine Einstellung mit zwei Personen, die Abbildungsgröße wird dabei nicht definiert.

En Face Person frontal von vorne, Blick aber meist nicht in die Kamera.

Erzählperspektive Wenn durch die optische Arbeit und Montage der Eindruck entsteht, dass aus Sicht oder von einer Person aus erzählt wird.

Establisher Meist eine Totale, die das Motiv zeigt. Im Gegensatz zum → *Mastershot* steht hier der Raum im Vordergrund. Kann auch eine Einstellung eines Gebäudes sein, in dem die Handlung spielt, ohne dass diese gezeigt wird.

Floor-plan → *Optische Auflösung.*

Gradation Zeigt die Beziehung zwischen *Belichtung* und *Schwärzung/Dichte* des Filmmaterials. Gradation kann in einem Koordinatenkreuz dargestellt werden oder als Zahlenwert, dem *Gamma*. Gamma 1 bedeutet eine normale Gradation, der Steigungswinkel der grafischen Darstellung entspricht 45°, der proportionalen Zunahme der Belichtung steht einer solchen bei der Schwärzung gegenüber. Gamma < 1 bedeutet, eine geringere Zunahme der Schwärzung im Vergleich zur Belichtung, die Gradationskurve verläuft flacher als 45°, das Bild ist weicher, flauer (typisch für

*Negativ*materialien). Umgekehrt verhält es sich bei einem Gamma > 1, das Material ist härter, steiler (typisch für *Positiv*materialien).

Jump-cut — Schnitt zwischen zwei sehr ähnlichen Bildern, z. B. wenn aus einer längeren Einstellung nur etwas herausgeschnitten wurde oder wenn zwei Bilder sehr ähnlich sind. Meist ist der Schnitt dann überdeutlich wahrnehmbar.

Kader — Einzelbild. Beim Kinofilm kommen auf eine Sekunde 24 Einzelbilder. Der Bildinhalt bleibt bei diesem Begriff unberücksichtigt.

Kadrage — Bildausschnitt einer Einstellung, Bildkomposition.

Kamerabewegung — Lässt sich grob in zwei Kategorien teilen: *motiviert* (z. B. einem Schauspieler folgend) oder *autonom* (eine von Aktivitäten im Bild unabhängige Kamerabewegung)

Fahrt — Kamerastandpunkt ändert sich fließend in der Horizontalen, gerne mit Schwenk kombiniert. Beliebtes Hilfsmittel ist der *Dolly*, kann gummibereift oder auf Schienen fahren.

Handkamera — Kamera hat keinen festen Standpunkt, sondern wird in der Hand und/oder auf der Schulter gehalten. Es gibt auch spezielle Vorrichtungen, die die Kamera unstabil auf einem Stativ befestigen und die Handkamerabewegung nur vortäuschen.

SteadiCam — Kamerastabilisierungshilfe, die am Körper getragen wird und eine so ruhige Handkamera erlaubt, dass einige sie als Dolly-Ersatz nutzen.

Kran — Kamerastandpunkt verändert sich in der Vertikalen, meist auch in der Horizontalen, gerne kombiniert mit Schwenk.

Schwenk — Kamera bleibt an einem Ort, wechselt durch den Schwenk in der Horizontalen und/oder Vertikalen die Blickrichtung.

Kompendium — Meist als Balgen vor der Optik, der diese vor Einstrahlung von Lichtquellen schützt. Kann auch *Filter* und/oder *Kaschs* aufnehmen.

Kopierer — Als »Kopierer« werden diejenigen Aufnahmen einer Einstellung (*Takes*) bezeichnet, die bei der Mustervorführung betrachtet werden sollen, die also kopiert werden müssen. Das gesamte belichtete Negativ wird entwickelt und anschließend die Kopierer anhand der Klappen heraussortiert. Die Reste nennt man Nicht-Kopierer und werden in der Regel bis zur Fertigstellung der Endkopie archiviert. Die Entscheidung über Kopierer und Nicht-Kopierer wird nach der Aufnahme nach Absprache vom Regisseur getroffen.

Kreisblende Wird auf zweierlei Weise eingesetzt: Entweder als Szenenübergang schließt sich am Ende der Einstellung kreisförmig das Bild zum Schwarz und gegebenenfalls öffnet sich die folgende Einstellung von einem Punkt aus kreisförmig bis zu den Rändern. Die andere Einsatzmöglichkeit ist, dass während einer Einstellung das Bild sich kreisförmig bis zu einem gewissen Grad schließt, um den Blick auf ein Detail oder eine Person zu konzentrieren. In beiden Fällen wird eine mit einem gewissen Abstand vor der Optik befestigte Blende geöffnet oder geschlossen. Es gibt auch andere Formen der Blenden oder besser Kaschs, z. B. in Rautenform oder als Wischblende von einem Rand aus.

Kuleschow Effekt Nicht die Qualität der Bilder ist entscheidend, sondern ihre Montage.

Kurzbrennweitig, kurze Brennweite → *Brennweite*

Langbrennweitig, lange Brennweite → *Brennweite*

Licht Wenn im Text Begriffe wie »logisch«, »unmotiviert«, »glaubhaft« vorkommen, so sind diese natürlich nicht absolut zu sehen und in keiner Weise als eine ästhetische Bewertung zu nehmen.

Scheinwerfer und Leuchten

In unserem Zusammenhang ist es sinnvoll, nach der Größe der *Leuchtfläche* die Lichtquellen unabhängig von der Intensität einzuteilen (siehe auch im Kapitel Überlegungen zur Lichtführung) in *indirekte* Leuchten (große *Leuchtfläche*) wie Wannen, Aufheller, Soffittenleuchten (Mini-Brute) und *direkte* Leuchten (kleine *Leuchtfläche*) wie (Stufenlinsen-)Scheinwerfer, Spots, Direkt-Strahler (lane-beam).

Hilfsmittel Stative, Abdeckfahnen, Reflektoren, Butterfly.

BELEUCHTUNGSMITTEL (eine sehr verkürzte Darstellung)

Führungslicht	Bestimmt den Schattenverlauf innerhalb eines Bildes. Oft die energiereichste Lichtquelle am Set. Angestrebt wird, dass ein Mensch, ein Objekt nach Vorbild des Sonnenlichts nur einen Schatten wirft. Das Führungslicht ist grundsätzlich für die Erkennbarkeit der Objekte verantwortlich. Erst bei extremeren *Strahlungsrichtungen*, z. B. sehr flach oder als Gegenlicht, nimmt es auch zusammen mit einer entsprechenden Aufhellung Einfluss auf die atmosphärische Wirkung.
Aufhellung	Diese Lichtquelle(n) soll(en) keinen Schatten liefern, also unsichtbar sein und der *Kontrastkontrolle* dienen; ist somit stärker verantwortlich für Atmosphäre oder Stimmungen als das Führungslicht.
Kante	Es gibt hierfür verschiedene Begriffe (Haarlicht, Gloriole u. v. m.), die aber immer ein *Gegenlicht* meinen, das eine Person oder ein Objekt besser vom Hintergrund abheben soll oder um Strukturen besser, d. h. plastischer erscheinen zu lassen, z. B. Frisuren.
Helldunkel-Verteilung	Damit ist der prozentuale Anteil der einzelnen Grauabstufungen am Bildaufbau gemeint. Dies ist wichtig für den Schnitt. Eine Nah-Aufnahme vor einer weißen Wand passt nicht an eine düstere Totale, auch wenn in dieser ein Spotlicht zu sehen ist, dem diese Nahe entstammt. Für den Schnitt ist wichtig, dass in beiden Einstellungen etwa gleich viel dunkle wie helle Partien vertreten sind. Diese können unterschiedlich angeordnet sein. Fehler fallen hier deutlicher auf als bei Verstößen gegen die logische Lichtführung.

PORTRÄTLICHT

Hauptstrahlungsrichtung Portraitlicht

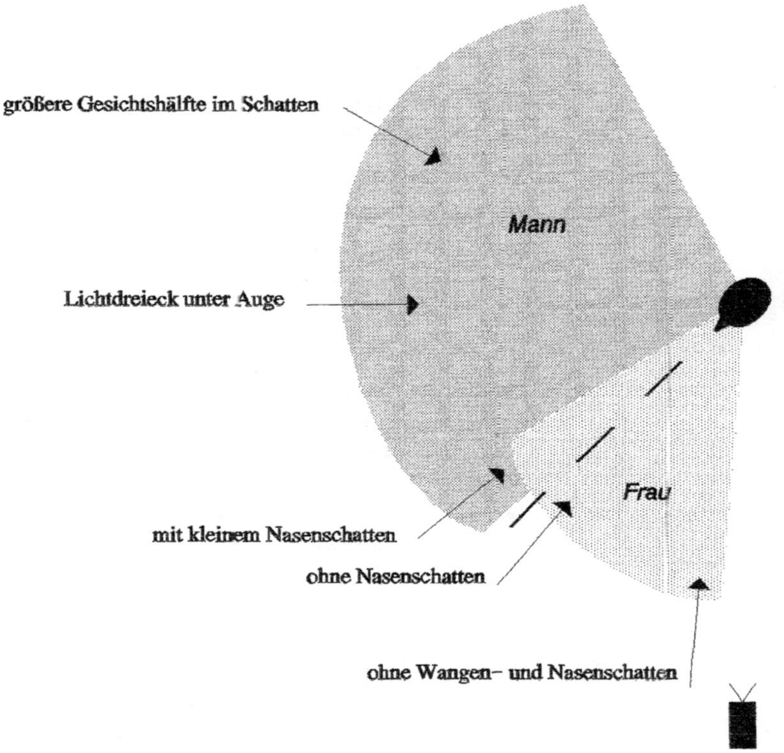

Effekt:

Die Gradzahl bestimmt den Winkel zwischen Kopfhaltung und *Strahlungsrichtung*, unabhängig von der Kameraposition. Sie ist eine relative Größe und definiert somit nur ungefähr den Standort der Leuchte. Der Effekt tritt auf der größeren Gesichtshälfte auf.

0° – Person schaut in Richtung der Lichtquelle, kein oder nur minimaler Nasenschatten.

+0° – Bezeichnet den Ansatz zu einem Nasenschatten.

−0° – Ist völlig schattenfrei.

30° – Nasenschatten.

45° – Lichtdreieck unter Auge.

60° – Eine Gesichtshälfte im Schatten.

90° – Eine Hälfte im Schatten, die helle Seite mit leichtem Wangenschatten zur Nase hin.

Auch die Uhrzeitangaben können nur grundsätzliche Verständigung geben:

0h – Lichtquelle auf Augenhöhe, kein Nasenschatten Richtung Mund.

1h – Kleiner Schatten unter der Nase, Auge(n) im Licht.

2h – Augen schattiert.

3h – Licht senkrecht von oben (Top-light), Augen, Wangenpartien im Schatten, Nase fängt noch Licht.

LOKALISIERUNG EINER LICHTQUELLE

Hierfür gibt es unterschiedliche Vorgehensweisen. In Lehrbüchern wird gerne mit Grafiken gearbeitet, ich ziehe bei der Kommunikation über den Standpunkt der Leuchte eine relative Angabe vor, die den Scheinwerfer im Verhältnis zum Objekt oder Mensch in Grad- oder Uhrzeiteinteilung beschreibt. Um die Person werden zwei Ringe gelegt, einer in der Horizontalen, einer in der Vertikalen. Bei beiden steht die Person im Mittelpunkt, die optische Achse schneidet die beiden Kreise jeweils an den Kreuzungspunkten. Nun geht es um die Beschriftung. Millerson[688] legt bei beiden Kreisen eine Uhrzeitskala an. Mir erscheint eine andere Einteilung sinnvoller. Ich benutze in der Vertikalen die grobe Stundenskala, bei der Horizontalen die genauere Gradeinteilung. Beide Skalen beginnen mit 0 Grad bzw. 0 Uhr auf der optischen Achse. Bei der Horizontalen gebe ich den Graden nach links ein Pluszeichen, nach rechts ein Minuszeichen. Damit liegt 180° als höchster Wert am gegenüberliegenden Schnittpunkt mit der optischen Achse. Dies hat folgenden Vorteil: Ein Scheinwerfer aus 30 Grad erzeugt auf einem Gesicht immer den gleichen Effekt, egal ob von links oder rechts, nämlich einen kleinen Nasenschatten zur Seite. Physiologische Unterschiede müssen dabei außer Acht gelassen werden, wir arbeiten ja auch nicht mit dem Winkelmesser;

688 Millerson (1972). S. 118.

die Gradeinteilung ist eine Hilfskonstruktion, die die Verständigung über eine zeichnerische Darstellung erspart. Der Effekt eines Scheinwerfers ist damit ausreichend beschrieben, Plus und Minus markieren den Standort der Leuchte links oder rechts der Kamera. Es gibt noch einen weiteren Vorteil dieser Einteilung. Wenn ich die Kopfhaltung ebenfalls nach Graden definiere, dann kann ich die beiden Zahlen addieren, um auf den realen Standpunkt des Scheinwerfers zu kommen. Ein Beispiel: Unser 30°-Effekt tritt bei einer Person auf, die etwa 30° aus dem Bild schaut, dann muss der Scheinwerfer bei etwa 60° stehen. Dreht die Person nun den Kopf zur Kamera in eine 0° Position, dann liegt das Gesicht nun mit einer Seite im Licht, die andere ist im Schatten, also ein 60°-Effekt.

Die Uhreinteilung in der Vertikalen ist gröber, aber voll ausreichend, da hier physiologische Phänomene stärker eingehen, wie eine kleine Nase oder tiefliegende Augen. Wenn man die Werte, z. B. des Dietrich-lights, auf eine andere Person übertragen wollte, geht dies nicht mechanisch über Gradangaben, sondern man muss den Effekt an dieser Person praktisch herausfinden, auch ob es physiognomisch überhaupt möglich ist. Die Zahlenwerte helfen nur, um eine Richtung zu benennen. Ich beginne bei 0 Uhr auf der optischen Achse, dann entspricht 3 Uhr einem senkrecht von oben strahlendem Scheinwerfer, einem Top-light, und eine Leuchte bei 6 Uhr wäre hinter der Person verborgen.

Zum besseren Arbeiten mit diesen Zahlen sind hier meine Definitionen für die jeweiligen *Kopfhaltungen*:

+ – Blick/Haltung NACH links (von der Kamera aus).

– – Blick/Haltung NACH rechts.

0° – Das gesamte Gesicht frontal inkl. der beiden Ohren.

+– 0° – Frontal, aber mit leichter Tendenz nach links oder rechts (beide 0° sind nach Mascelli POV-tauglich).

30° – Fast frontal, aber nur ein Ohr. Auge und Kontur deutlich getrennt. Kopf um ca. 30 Grad zur Kamera weggedreht (z. B. bei Over-shoulder).

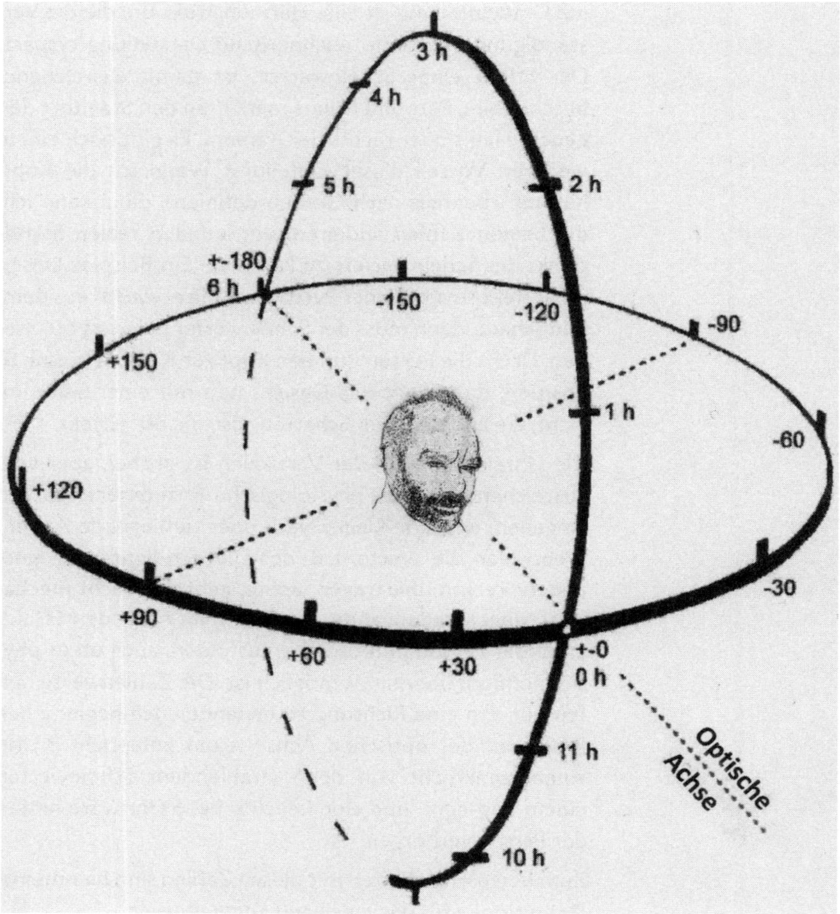

45° – Nur ein Ohr. Auge und Kontur deutlich getrennt. Kopf um ca. 45 Grad zur Kamera weggedreht (z. B. bei Over-shoulder).

60° – Auge und u. U. Nase von Kontur geschnitten. Kopf um ca. 60 Grad weggedreht.

90° – Profil, Kopf um 90 Grad von der Kamera weggedreht, sodass die Nase als Kontur erscheint. Nur ein Auge und ein Ohr sind sichtbar.

Master-shot Die gesamte Aktion in einer Einstellung. Er wird gerne unterschnitten mit näheren Kadragen. Kann statisch oder bewegt sein, wichtig ist, dass die Inszenierung erkennbar ist. Im Gegensatz zum → *Establisher* orientiert sich der Master an der Aktion.

***Master-shot*-Technik** Meist wird zuerst ein *Master-shot* gedreht und danach die näheren Einstellungen. So wird gerne gearbeitet, wenn man kein *Storyboard* gemacht hat. Auf diese Weise kann man einfach auch komplexere Szenen ab-covern. Es fällt dann nur schwer, sich vom inszenierten *Timing* zu lösen, Verkürzungen zu machen, auch weil Schauspieler meist einen Spielfluss brauchen. Das Gegenteil hiervon ist das seltener praktizierte *chronologische Drehen, Shot-by-shot.* Hierbei wird mehr oder weniger Einstellung für Einstellung in der Schnittchronologie gedreht, dadurch kann das Timing sehr gut verändert werden, weil es keine »Leergänge« (im *Off*) für die Schauspieler gibt. Auch liegt die Konzentration viel stärker auf dem Bild, erfordert aber einen sehr guten Überblick über die Szene.

Mise-en-scène Inszenierung der Schauspieler(bewegungen) und wie die Kamera sich dazu verhält. → Optische Auflösung, Kamerabewegungen. Karl Prümm schlägt in Anlehnung an Henri Alekan eine Zweiteilung vor: Nachdrücklich hat der französische Kameramann Henri Alekan darauf hingewiesen, dass man unterscheiden müsse zwischen der *Mise en scène*, dem Prozess der Inszenierung vor der Kamera, die in den Verantwortungsbereich des Regisseurs fällt und der Tradition des Theaters verpflichtet ist, und dem Vorgang der *Mise en images*, für den der Director of Photography einsteht, der letztlich entscheidenden Übertragung des Inszenierten in die Bilderwelten des Kinos, in die Ausgestaltung der fotografischen Formen (Alekan: Des lumières et des ombres).[689]

Off / On – Hors-champ *On* bezeichnet alles innerhalb des Bildes, *Off* alles, was nicht zu sehen ist, aber für das Bild eine Rolle spielt. Eine Person erzeugt im *Off* einen Schatten, der im *On* zu sehen ist. Filmsprachlich kann auch etwas gemeint sein, was für die Einstellung keine Rolle spielt. Im *Off* heißt dann »nicht sichtbar«, unklar bleibt der Verbleib des Objekts oder der Person. *Hors-champ* ist stärker verknüpft mit der Kunstwissenschaft und bezeichnet ein *Off*, das oder aus dem

689 Prümm: Von der Mise en scène zur Mise en images.

das *On* jederzeit beeinflussbar ist. Godot hätte auch bei längstem Warten keine Chance, in einem Gemälde aufzutreten, in einem Film wäre es denkbar.

Optische Auflösung *(Decoupage)* Wie Einstellungen, Kamerabewegungen aufeinander abgestimmt werden. Resultat ist oft ein *Storyboard,* also Zeichnungen der einzelnen Kadragen zur besseren Kommunikation, oder eine *Shot-list,* die alle Einstellungen, die benötigt werden auflistet, und dies oft auch schon in der richtigen Drehreihenfolge. Ein *Floor-plan* entspricht einem Grundriss des Motivs mit den eingezeichneten Kamerapositionen und Schauspieler-Bewegungen.

Over-shoulder Beliebige Einstellungsgröße auf eine Person, bei der über die Schulter des Gegenübers geschaut wird. Gibt es auch bei Detail-Einstellungen oder Totalen, also ohne, dass eine Person im Bild ist.

Parallaxe Differenz zwischen *Filmbild* und *Sucherbild.* Tritt auf, wenn nicht durch das Aufnahmeobjektiv geschaut werden kann. Je näher ein Objekt/eine Person, desto größer die Differenz.

Perspektive Die perspektivische Wirkung eines Bildes ist vom *Betrachtungsabstand* abhängig, nicht von der Brennweite. So liegt die Überbetonung dieser Wirkung bei einem *Weitwinkel* daran, dass ich z. B. bei einem Porträt näher an die Person treten muss als mit einer normalen Brennweite. Oder anders: Wenn ich aus einer Weitwinkel-Aufnahme aus dem Zentrum einen Ausschnitt nehme, so wird dieser perspektivisch einer Aufnahme mit einer längeren Brennweite entsprechen.

Plansequenz Die gesamte Handlung in nur *einer Einstellung,* der folgende Schnitt muss an einen anderen Ort oder in eine andere Zeit führen, sonst ist die vorherige Einstellung keine *Plansequenz.* Ungeschnitten kann durch eine Kamerabewegung der Ort aber durchaus verlassen werden, ohne dass selbstverständlich die Plansequenz mitten in der Einstellung enden würde.

***Point-of-view* (POV)** In der deutschen Filmpraxis wird dieser Begriff gern als Synonym für → *Subjektive* benutzt. Mascelli[690] argumentiert dagegen die Einstellung vom Schauspieler aus, für

690 Mascelli (1973). S. 22.

ihn ist die höchste Subjektivität erreicht, wenn die Person in die Kamera schaut. Um aber als Zuschauer Betrachter einer Szene, eines Films zu bleiben und nicht zum Angesprochenen zu werden, darf der Darsteller nicht direkt das Publikum anschauen, sondern muss nur so nah wie möglich an die Kamera blicken, um eine höchstmögliche Identifizierung zu erlauben. Dann kann die anschließende Einstellung als Subjektive akzeptiert werden. Mascelli versteht unter POV eine Aufnahme eines Darstellers, der möglichst nahe an die Kamera schaut (meist ist damit die Objektivfassung gemeint), ohne *in* die Optik zu blicken, damit es eine »objektive« Einstellung bleibt. Die folgende Einstellung muss keine Subjektive sein, sondern auch ein Gegenschuss ist möglich, bei dem der Schauspieler ebenfalls dicht an die Kamera blickt. Nach dieser Definition hat Leonardo die *Mona Lisa* als POV gemalt.

Katz definiert POV abhängig vom Zusammenhang als *Subjektive,*[691] wenn es eher um die Kameraarbeit geht und als *Erzählperspektive* im inszenatorischen bzw. dramaturgischen Zusammenhang.[692]

Es ließen sich leicht weitere Interpretationen finden. Ich benutze in diesem Text den Begriff POV, um den Blick dicht an die Kamera zu benennen, für das, was der Schauspieler sieht, nehme ich den Begriff → *Subjektive*.

Praktische Lichtquelle Deko-Leuchten, *Effektlampen,* die selten genug Licht geben, um als Filmlicht zu funktionieren. Sie sind ggf. Ausgangspunkt für die *logische Lichtführung*.

Produktionsleiter Heute ist er der Organisator eines Films, macht die Verträge mit den Teammitgliedern, den Darstellern, den Motiven, Versicherungen, ist Hauptverantwortlicher. Verträge mit den Stars, dem Autor und dem Regisseur macht meist der Produzent selbst. Aufnahmeleiter helfen, erstellen mit dem Regie-Assistenten den Drehplan, organisieren Motive und den Tagesablauf. Der *Herstellungsleiter* betreut besonders in größeren Produktionsfirmen mehrere Filme gleichzeitig, kümmert sich um die Finanzierung, Über-

691 Katz (1991): Film Directing Shot by Shot. Visualizing from Concept to Screen. S. 360.

692 Katz (1992): Film Directing Cinematic Motion. A Workshop for Staging Scenes. S. 4.

ziehungen, trifft produktionstechnische, strategische Entscheidungen. Der Produktionsleiter früherer Zeit hatte eher Herstellungsleiter-Funktionen, nahm auch stärker Einfluss auf künstlerische Entscheidungen und Strategien. So war Freund als Produktionsleiter eher verantwortlicher Repräsentant der Fox in Deutschland mit künstlerischen Entscheidungsbefugnissen. Grundsätzlich gibt es keine eindeutige Festlegung bis heute, sondern viele Überschneidungen und wechselnde Kompetenzen.

Rücksetzer Senkrecht stehende Fläche hinter einem Fenster oder einer Tür mit einem gemalten oder fotografierten Hintergrund.

Schwärzung → *Gradation.*

Sequenz Mehrere Szenen, die zu einem übergeordneten Begriff, Signifié, gehören, wie »Flucht«, »Zeit vergeht« oder »allein zu Hause«.

SFX *Special-effects* Real vor der Kamera erstellte Effekte wie Rauch, Explosionen oder Regen, oft durch *Pyro-Technik,* nicht aber durch Licht oder andere Kamera-Techniken.

Shot-by-shot → *Master-shot-Technik.*

Shotlist → *Optische Auflösung.*

Stopptrick Die Kamera wird angehalten und Teile des Bilds verändert, bevor weitergedreht wird. Dadurch können z. B. Objekte oder Personen aus dem oder in ein Bild springen. Die extremste Anwendung ist die *Einzelbildschaltung,* bei der jedes Kader einzeln aufgenommen wird. Das bietet die Möglichkeit, zwischen den einzelnen Belichtungen Objekte in einem Modell minimal zu bewegen, um eine fließende Bewegung zu erzeugen (z. B. bei den Modell-Aufnahmen bei METROPOLIS).

Storyboard → *Optische Auflösung.*

Stumme Kamera Ist alles andere als stumm. Sie wird so genannt, weil sie aus dem Stummfilm kommt und ihr Einsatz nur für stumme Aufnahmen möglich ist, nicht für Ton-Aufnahmen, da sie zu viel Lärm macht. Für die Tonfilm-Aufnahme benötigt man eine geblimpte Kamera. → Blimp.

Subjektive Wenn der Eindruck entsteht, dass das gezeigte Bild dem Blick eines Protagonisten entspricht. Wird missverständlich auch → POV (*Point-of-view*) genannt.

Suspense Im Gegensatz zur »Spannung« ist hier der Zuschauer besser informiert als der Protagonist. Er sieht somit den Darsteller ins offene Messer laufen.

Szene Einstellungsfolge eines Handlungsablaufs an einem Ort, bei Ortswechsel beginnt neue Szene. In alten Texten wird dieser Begriff für eine Einstellung benutzt, *Einzelszene* entspricht *Take*.

Take Eine Einstellung wird in der Regel mehrmals gedreht, entweder um sie zu verbessern oder weil man mehrere Negative braucht. Die einzelne, ununterbrochene Aufnahme mit der Kamera ist ein *Take*. Am Anfang oder Ende jeden Takes wird eine *Klappe* mit einer eindeutigen Nummerierung gedreht.

Tele, telig → *Brennweite*.

VFX Visual effects Realaufnahmen, die mit Hilfe von Computern als visuelle Effekte nachbearbeitet werden. Dazu gehören *Kombinationstricks*, bei denen Aufnahmen von Darstellern vor einheitlich blauen oder grünen Flächen (*blue, green screen*) am Computer diese Farbflächen durch Hintergrundbilder ersetzt werden. Dies hat das *Schüfftan-Verfahren* vollständig abgelöst und kann auch mit *CGI*-Teilen kombiniert werden. Auch einfache Retuschen von Sicherungsseilen gehören dazu.

Vierte Wand Als Studiodekorationen werden oft nur drei Wände gebaut, wie im Theater, weil in der Regel – besonders bei Beachtung der Handlungsachse – die vierte Wand nicht ins Bild kommt. Die »vierte Wand« ist ein fester Begriff. Sehr empfehlenswert hierzu auch die Anmerkungen in der Kunstwissenschaft, u. a. von Koerner.[693]

Vignette Sieht aus wie eine nicht ganz geöffnete → *Kreisblende*. Technisch und ästhetisch gibt es dafür viele Begründungen. Wenn man ein Abbild durch eine Optik auf eine beliebig große Mattscheibe erzeugen lässt, dann wird man ein kreisrundes Bild sehen, das nicht scharf begrenzt ist, sondern zu den Rändern unschärfer und dunkler wird, bis es kein Bild mehr gibt. Die Größe dieses Bildes ist konstruktionsbedingt. Für die Aufnahme wird man natürlich ein Objektiv wählen, dessen Randvignettierung erst außer-

693 Koerner (1998). Ab S. 182.

halb des benutzten Bildformats auftritt. Man kann diesen Effekt aber auch schön oder modisch finden und entsprechend fotografieren. Neben vielen weiteren Wahrscheinlichkeiten scheint mir auch ein anderer Grund plausibel zu sein; die damaligen Objektive waren extrem streulichtempfindlich, das heißt, wenn seitlich Licht auf die Optik fällt, kann sich ein starker weißlicher Schleier über das Bild legen. Also werden – daran hat sich übrigens bis jetzt nichts geändert – Objektive vor dem Licht geschützt, das nicht am Bildaufbau beteiligt ist. Selbst heute noch, wo die Kontrollmöglichkeiten unvergleichbar größer sind, kommt es manchmal zu solchen Vignettierungen. In dieser frühen Zeit des Films sind sie aber wohl meist ästhetisch gemeint, auf jeden Fall, wenn die Schattierungen nicht parallel zur Bildkante verlaufen, sondern nur die Ecken abrunden.

Virage Eingefärbtes Bild, normalerweise ganzflächig. Der Farbton wurde gerne auch der Dramaturgie oder Tageszeit angepasst, also Blau für Nacht oder Rot für Feuer oder Alarm. Es gibt vereinzelt Filme, oder nur Bilder, die partiell getönt waren, dies war sehr aufwendig, weil Einzelbild für Einzelbild individuell bearbeitet werden musste.

Weitwinkel → *Brennweite.*

Zeit Unterschieden wird zwischen der *erzählten Zeit* und der *Erzählzeit.* Erstere erfasst den Zeitraum, in dem die Geschichte, die Szene spielt, Letztere die Laufzeit des Films, der Szene, die in der Regel kürzer ist.[694]

694 Z. B.: Hickethier (1996): Film- und Fernsehanalyse. S. 115. Oder: Blandford et al. (2001): The Film Studies Dictionary.

c) Literaturliste

Adachi-Rabe, Kayo: *Abwesenheit im Film. Zur Theorie und Geschichte des hors-champ.* Münster: Nodus 2005.

Adorno, Theodor W.: Warum nicht »Professor Unrat«: Zu einem geänderten Titel. In: *Die neue Zeitung.* 26. Januar 1952.

Agfa: *Handbuch für Kinofilm.* Berlin: Actien-Gesellschaft für Anilin-Fabrikation, ca. 1920.

Alekan, Henri: *Des lumières et des sombres.* Paris: La Libraire du Collectionneur 1991.

Angst, Richard: Interviews geführt von Axel Block und Arthur Ahrweiler. Berlin 1983. Archiviert bei der Deutschen Kinemathek, Berlin. Band 1–16, Band 25–36, 45–52, 95–100.

Anon.: An der Kamera: Maté. In: *Die Bühne. Zeitschrift für Theater und Gesellschaft.* Nr. 340, Zweites Novemberheft 1932. Wien. S. 18–21.

Anon.: *Babelsberg: 1912 Ein Filmstudio 1992.* Berlin: Argon 1992.

Anon.: Das »diffuse« und »glasierte« Filmbild. In: *Kinematograph.* 20. Jahrgang, Nr. 1000, 18. April 1926. S. 70–72.

Anon.: Das Glashaus: Fritz Arno Wagner. In: *2. Beilage zum Filmkurier.* Nr. 185, 4. August 1928.

Anon.: Das Kollektiv der Dichter. Jannings' erstes Tonfilmwort. In: *Film-Kurier.* 26.10.1929.

Anon.: Der letzte Mann. In: *Kinematograph.* Nr. 933, 8. Januar 1925, S. 17.

Anon.: Der produktive Kameramann wird zum Mitschöpfer. Wege zur Manuskript-Verwirklichung. In: *Film-Kurier.* 26.11.1931.

Anon.: Der Prozess der Johanna von Orléans. Der modernste Film der Gegenwart. In: *Der Kuckuck.* Wien. Nr. 8, 26. Mai 1929. S. 2.

Anon.: »Der reizarme Sprechfilm«. In: *Deutsche Filmzeitung.* München. 6. März 1931.

Anon.: Die Darstellung der Hypnose im Film. Die Film-Oberprüfstelle für ein allgemeines Verbot. In: *Film-Kurier.* 4. und 6. Dezember 1924.

Anon.: Die deutsche kinotechnische Industrie. Sonderausgabe der Zeitschrift »Die Kinotechnik« (1925). In: *Die Kinotechnik.* Berlin: Deutsches Druck- und Verlagshaus (Hackebeil) 1925.

Anon.: Die Filme sind zu lang. »Großfilme« nach dem Tausendmetermaß. In: *Kurier.* 20.12.1926.

Anon.: Dr. Mabuse, der Spieler. [Filmkritik]. In: *Vorwärts.* Nr. 203, 30. April 1922 [zitiert nach http://www.filmportal.de/node/50051/material/768866. Letzter Zugriff: 5.4.2020].

Anon.: Erich Pommer verlässt die Ufa Januar 1926. In: *Kinematograph*. Nr. 988, 24. Januar 1926. S. 19.

Anon.: *Fritz Langs Metropolis*. Herausgegeben von der Deutschen Kinemathek – Museum für Film und Fernsehen. München: Belleville 2010.

Anon.: *Leitfaden für den Amateur-Photographen*. Dresden, ca. 1915.

Anon.: *Marlene Dietrich. Porträts 1926–1960*. München: Schirmer/Mosel 1984.

Anon.: Mehr Licht! Interview mit einem Oberbeleuchter. In: *Lichtbild Bühne*. Nr. 77, 31. März 1930.

Anon.: *Metropolis. Neu rekonstruierte und restaurierte Fassung*. Broschur. Herausgegeben von der Friedrich-Wilhelm-Murnau-Stiftung, Transit Film GmbH. O. O., o. J.

Anon.: Professional Motion Pictures. [Schreibmaschinenskript. 20 Seiten paginiert.] Nach 1955. In: University of Rochester, River Campus Libraries, Department of Rare Books, Special Collections & Preservation. Kodak Historical Collection. Serie III Products. Subseries VI: Divisions. Box 101, Folder 4. [Wörtlich auch in:] T. H. James: History and Contribution. Two Decades of Major Accomplishments. Part II, Se. 31. A. a. O. Serie IV: Divisions. Box 100, Folder 10.

Anon.: New Exposure Meter Introduced By Bell and Howell. In: *American Cinematographer*. Vol. XI, No. 1, May 1930. S. 31, 44.

Anon.: *Technische Pflichtenhefte der öffentlich-rechtlichen Rundfunkanstalten in der Bundesrepublik Deutschland: Fernseh-Farbfilm*. München: IRT 1981.

Anon.: *The Blue Angel. The Novel by Heinrich Mann – The Film by Josef von Sternberg*. New York: Frederick Ungar Press o. J.

Anon.: The Cameraman of Today. By a Director. In: *American Cinematographer*. Vol. 1, No. 3, 1920.

Anon.: Too Near the Camera. In: *Moving picture world*. Vol. 8, No. 12, 25 March 1911. S. 633–634.

Anon.: Vom Laboratorium zum Lichtspielhaus. Ausleuchtung des Filmateliers. In: *Kinotechnische Rundschau des Film-Kurier*. Beilage 36, 9. Februar 1929.

Archer, Fred: The Still Picture's Part in the Motion Pictures. In: Hall: *Cinematographic Annual 1930, Volume One*. S. 245–252.

Arnold, John: Some Fundamental Photographic Knowledge. In: *American Cinematographer*. November 1923. S. 12.

Arnold, John: Release-Prints. In: *American Cinematographer*. Vol. XII, No. 5, September 1931. S. 11.

Atkinson, G. A.: Germany Makes a Great Talkie. In: *Sunday Express*. 6. April 1930. Zitiert nach: *Film-Kurier*. 9. April 1930.

Aumont, Jacques: »Mehr Licht! «. Zu Murnaus Faust. In: Albersmeier, Franz-Josef; Volker Roloff (Hg.): *Literaturverfilmungen*. Frankfurt/M: Suhrkamp 1989. S. 59–79.

B-dt.: Georg Kaiser: »Zwei Krawatten«. In: *Film-Kurier*. 6. September 1929.

Bacher, Lutz: *The Mobile Mise En Scene. A Critical Analysis of the Theory and Practice of Long-Take Camera Movement in the Narrative Film*. New York: Arno 1978.

Bade, James N.: Murnau's THE LAST LAUGH and Hitchcock's Subjective Camera. In: *Quarterly Review of Film and Video*. Vol. 23 (3), 2006. S. 257–266.

Balázs, Béla: *Der Film. Werden und Wesen einer neuen Kunst*. Wien: Globus 1949.

Balázs, Béla: *Der sichtbare Mensch oder die Kultur des Films*. Frankfurt/M.: Suhrkamp 2001 [1924].

Barsy, A. von: Der »zweite« Operateur. In: *Die Kinotechnik*. Nr. 15, 1925a. S. 368–369.

Barsy, A. von: Antwort auf die Einwände zu meinem Aufsatz »Der ›zweite‹ Operateur«. In: *Die Kinotechnik*. Nr. 21, 1925b. S. 542–544.

Bartels, Nadejda (Hg.): *Deutsche Filmarchitektur 1918–1933*. Berlin: Tchoban Foundation 2019.

Baumgart, Fritz: *Caravaggio. Kunst und Wirklichkeit*. Berlin: Gebr. Mann 1955.

Baxter, John: Berlin Year Zero. The Making of THE BLUE ANGEL. In: *Framework: The Journal of Cinema and Media*. Vol. 51 (1), 1 April 2010. S. 164–189.

Baxter, Peter: On the History and Ideology of Film Lighting. In: *Screen*. Nr. 16 (3), 1975. S. 83–106.

Benjamin, Walter: Das Kunstwerk im Zeitalter seiner technischen Reproduzierbarkeit. 2. Fassung. In: Walter Benjamin: *Gesammelte Schriften*. Band I.2. Frankfurt/M.: Suhrkamp 1974. S. 471–508.

Berg, Gretchen: The Viennese Night. A Fritz Lang Confession. In: *Cahiers du Cinéma*. Nr. 169, August 1965. S. 42–61 (I. Teil). Nr. 179, Juni 1966. S. 50–63 (II. Teil). Zitiert nach: Grant: *Fritz Lang. Interviews*. S. 50–76 (beide Teile).

Betz, Connie; Julia Pattis; Rainer Rother (Hg.): Ästhetik der Schatten. *Filmisches Licht 1915–1950*. Marburg: Schüren 2014.

Biltz, Martin: Über DIN-Grade, das neue deutsche Maß der photographischen Empfindlichkeit. In: *Die Naturwissenschaften*. Nr. 21, Oktober 1933. S. 734–736.

Bingel-Bonn, Heinz: Vorführer und Temponormung. In: *4. Beiblatt zum Film-Kurier*. Nr. 202, 27. August 1927.

Bloem d.J., Walter: *Seele des Lichtspiels. Ein Bekenntnis zum Film*. Leipzig, Zürich: Grethlein 1922.

Bock, Hans-Michael; Michael Töteberg (Hg.): *Das Ufa-Buch*. Frankfurt/M.: Zweitausendeins 1992.

Bogdanovich, Peter: *Wer hat denn den gedreht?* Zürich: Haffmans 2000.

Bordwell, David; Janet Staiger; Kristin Thompson: *The Classical Hollywood Cinema. Film Style & Mode of Production to 1960.* London: Routledge 1985.

Brandlmeier, Thomas: *Kameraautoren. Technik und Ästhetik.* Marburg: Schüren 2008.

Brooks, Louise: Mr. Pabst. In: *Image.* V, 7, September 1956. Zitiert nach: Deutelbaum: *»Image« on the Art and Evolution of the Film.* S. 135–137.

Brownlow, Kevin: *Pioniere des Films. Vom Stummfilm bis Hollywood.* Basel: Stroemfeld 1997.

Brownlow, Kevin: Fotografisch denken. Amerikanische Kameramänner in der Stummfilmzeit. In: Betz; Pattis; Rother (Hg.): Ästhetik der Schatten. S. 46–69.

Card, James: Silent-Film Speed (Erstveröffentlichung Oct. 1955). In: Deutelbaum: *»Image« on the Art and Evolution of the Film.* S. 145–146.

Carr, Robert E.; R. M. Hayes: *Wide Screen Movies. A History and Filmography of Wide Gauge Filmmaking.* Jefferson; London: McFarland 1988.

Celsus [Carl von Ossietzky]: Der Film gegen Heinrich Mann. In: *Die Weltbühne.* Jg. 26, Nr. 18. S. 665–666.

Chaparrel: Mehr Sorgfalt bei der Kamera-Arbeit! In: *Film-Kurier,* 31.10.1931.

Cinema Quadrat e. V., Mannheim (Hg.): *Gleißende Schatten. Kamerapioniere der zwanziger Jahre.* Berlin: Henschel 1994.

Clerc, C. P.: *Photography. Theory and Practice. Englische Ausgabe von »La Technique Photographique«.* 1930. London: Isaac Pitman; Henry Greenwood ²1937.

Cook, David A.: *A History of Narrative Film.* New York; London: W. W. Norton & Company 1990.

Courant, Curt: Die Kamera stellt sich auf Tonfilm um. In: *Film-Kurier.* 7. Dezember 1930.

Courant, Curt: The Function of the Cameraman. Interviewed by Ernest Dyer. In: *The International Photographer.* Volume VII, No. 1 (February 1935). S. 16–17. Zitiert nach: Anna Kate Sterling: *Cinematographers on the Art and Craft of Cinematography.* Metuchen, N.J.: The Scarecrow Press 1987. S. 82–86.

Crabtree, J. I.: The Motion-Picture Laboratory. In: *Journal of the SMPTE.* January 1955. Zitiert nach: Fielding: *A Technological History of Motion Pictures and Television.* S. 150–171.

da Vinci, Leonardo: *Traktat von der Malerei.* München: Eugen Diedrichs Verlag 1989. Nachdruck der Ausgabe Jena: Eugen Diedrichs 1925.

Deutelbaum, Marshall (Hg.): *»Image« on the Art and Evolution of the Film. Photographs and Articles from the Magazine of the International Museum of Photography.* New York: Dover Publication 1979.

Deutsch, James I.; Lauren R. Shaw: From LILIOM to CAROUSEL to LILIOM. In: Massimiliano Sala: *From Stage to Screen. Musical Films in Europe and United States (1927–1961).* Lucca: Centro Studi Opera Omnia Luigi Boccherini 2012. S. 93–112.

Dietrich, Marlene: *Nehmt nur mein Leben ... Reflexionen.* München: C. Bertelsmann 1979.

Dietrich, Marlene: *Ich bin, Gott sei Dank, Berlinerin.* Frankfurt/M., Berlin: Ullstein 1987.

Dirscherl, Luise; Gunther Nickel (Hg.): *Der blaue Engel. Die Drehbuchentwürfe.* St. Ingbert: Röhrig 2000a.

Dirscherl, Luise; Gunther Nickel: »Loise flöhen meine Lieda ... «. Die Drehbuchentwürfe zum Blauen Engel. In: Dirscherl; Nickel (Hg:): *Der blaue Engel.* 2000b. S. 7–50.

Domarchi, Jean; Jacques Rivette: Interview with Fritz Lang. In: Grant: *Fritz Lang Interviews.* S. 16–23.

Dr.K. W.: Reform des Schminkens. In: *Filmtechnik.* 2. Februar 1929. S. 45–47.

Dreyer, Carl Theodor; Joseph Delteil: Johanna wird verhört. In: *Filmtechnik.* 16. März 1929. S. 102–103

Dreyer, Carl Theodor: Between Heaven and Hell. Interview with Carl Dreyer by Michel Delahaye. [Aus: *Cahier du Cinema.* No. 170, September 1965]. In: *Cahier du Cinema in English 4.* New York, 1966. S. 140–163.

Dreyer, Carl Theodor: Realized Mysticism. In: Skoller: *Dreyer in Double Reflection.* 1973 [1929].

Drum, Jean; Dale D. Drum: *My Only Great Passion. The Life and Films of Carl Th. Dreyer.* Lanham, Maryland: The Scarecrow Press 2000.

Dupont, Ewald A.; [Fritz Podehl]: *Wie ein Film geschrieben wird und wie man ihn verwertet.* 2. völlig neu bearbeitete Auflage von F. Podehl. Berlin: Kühn [2]1926.

Eastman Kodak: *Motion Picture Films for Professional Use.* Rochester: Eastman Kodak Company 1942.

Ebner, Florian: *Metamorphosen des Gesichts. Die »Verwandlungen durch Licht« von Helmar Lerski.* Göttingen: Steidel 2002.

Eisenschitz, Bernhard: Verpaßte Begegnungen. Pabst in Frankreich. In: Jacobsen: *G. W. Pabst.* S. 193–200.

Eisenstein, Sergej M.: *Yo: Ich selbst. Memoiren.* 2 Bände. Berlin: Henschelverlag 1987.

[Eisenstein, Sergei M.]: *Eisenstein und Deutschland.* Texte, Dokumente, Briefe herausgegeben von der Akademie der Künste, Konzeption und Zusammenstellung Oksana Bulgakowa. Berlin: Henschel Verlag 1998.

Eisner, Lotte H.: *Murnau.* Velber: Friedrich 1967. Oder: Frankfurt/M.: Kommunales Kino 1979. Die beiden Ausgaben sind nicht in allen Punkten identisch.

Eisner, Lotte H.: *Dämonische Leinwand. Die Blütezeit des deutschen Films.* Frankfurt/M.: Kommunales Kino 1975.

Eisner, Lotte H.: *Fritz Lang.* London: Secker & Warburg 1976.

Eisner, Lotte H.: Ich hatte einst ein schönes Vaterland. Memoiren. München: Deutscher Taschenbuch Verlag 1988 [1984].

er-: Zur Frage der Produktionstechnik. In: *Film-Kurier.* 10. Juni 1927.

Feld, Hans: Die Liebe der Jeanne Ney. In: *Film-Kurier.* 8. Dezember 1927.

Fielding, Raymond: *A Technological History of Motion Pictures and Television.* Berkeley; Los Angeles: University of California Press 1967.

Film-Oberprüfstelle. Nr. 551.- Niederschrift. Zur Verhandlung über die Beschwerde betreffend den Bildstreifen: »Das verlorene Ich«. Berlin, 1. Dezember 1924.

Florenski, Pawel: Die umgekehrte Perspektive. In: Pawel Florenski: *Raum und Zeit.* Berlin: editionKONTEXT 1997 [1920]. S. 13–96.

Foulon, Otto: *Die Kunst des Lichtspiels. Totenrede gehalten vor der Einäscherung des Lichtbildners Matthias Grüner am 22. Mai 2034.* Aachen: Die Kuppel 1924.

Freund, Karl: *Wie es gemacht wurde. Pressebuch von Metropolis.* O. O.: Parufamet Filmverleih 1927.

Freund, Karl: Was die Mitarbeiter des Produzenten wünschen. In: *Lichtbild Bühne.* Nr. 1, 1928. S. 22–24.

Freund, Karl: Ein Filmkünstler: Carl Mayer. 1970 [1947] [Artikel aus dem Erinnerungsprogramm »A Tribute to Carl Mayer 1894 – 1944« der Feier im Scala Theatre am 13. April 1947]. Zitiert nach: Walter Kaul: *Caligari und Caligarismus.* Berlin: Deutsche Kinemathek. S. 79–81.

Freund, Nicolas: Eine Frage der Einstellung: Wenn Tom Cruise aussieht, als spiele er in einer Seifenoper. *Süddeutsche Zeitung.* Nr. 29, 4. Februar 2019. S. 23.

g. [Georg Herzberg]: Glashaus: Brigitte Helm wird verbrannt. In: *Film-Kurier.* 5. Juni 1926.

Gad, Urban: *Der Film. Seine Mittel – Seine Ziele.* Berlin: Schuster & Loeffler 1919.

Gärtner, Heinrich: Londoner Kameraerfahrungen. In: *Film-Kurier.* 7. Februar 1930.

Gehler, Fred; Ullrich Kasten: *Fritz Lang. Die Stimme von Metropolis.* Berlin: Henschel 1990.

Gerron, Kurt: Filmschminke. In: *Die Filmbühne.* Nr. 7, 20. Oktober 1927. S. 20.

Gockel, Bettina: Schillernd: Die Erfindung der Schwarz-Weiß-Fotografie. In: Wagner; Lethen: *Schwarz-Weiß als Evidenz.* S. 156–170.

Goodman, Ezra: A Cinematographer Speaks. [Rudolph Maté]. In: *American Cinematographer.* Nr. 4, 1945. S. 120–141.

Göttsche, Frauke: *Geometrie im Film. Fritz Langs DR. MABUSE, DER SPIELER und Leni Riefenstahls TRIUMPH DES WILLENS.* Münster: Lit 2003.

Grabenhorst, Hans: Gerät in des Kameramanns Hand. Womit wird gedreht? In: *Film-Kurier.* 26. Januar 1929.

Grafe, Frieda: Sehen ist besser als machen. Karl Freund, der Bilderhändler. In: Cinema Quadrat e.V., Mannheim (Hg.): *Gleißende Schatten. Kamerapioniere der zwanziger Jahre.* Berlin: Henschel 1994. S. 63–77.

Grant, Barry Keith: *Fritz Lang. Interviews.* Jackson: University Press of Mississippi 2003.

Gregor, Ulrich; Enno Patalas: *Geschichte des Films.* Gütersloh: Sigbert Mohn 1962.

Greve, Ludwig; Margot Pehle; Heidi Westhoff (Hg.): *Hätte ich das Kino! Die Schriftsteller und der Stummfilm.* Ausstellungskatalog des Deutschen Literaturarchivs im Schiller-Nationalmuseum Marbach. München: Kösel 1976.

Grob, Norbert: *Fritz Lang. »Ich bin ein Augenmensch«.* Berlin: Propyläen 2014.

Guerin, Frances: While Not Looking. The Failure to See and Know in DR. MABUSE, DER SPIELER and THE TESTAMENT OF DR. MABUSE. In: Joe McElhaney: *A Companion to Fritz Lang.* O.O.: Wiley Blackwell 2015. S. 43–62.

Hall, Hal (Hg.): *Cinematographic Annual 1930, Volume One.* Hollywood: ASC 1930.

Hall, Harold R.: They Are Better in the USA. Harold R. Hall Tells Why There is No Need for European Dirctors to Bring Their Cameramen to Hollywood. In: *American Cinematographer.* June 1928. S. 7–8.

Hammond, Arthur: *Pictorial Composition in Photography.* Boston: American Photographic Publishing Co. 1920.

Harms, Rudolf: *Philosophie des Films. Seine ästhetischen und metaphysischen Grundlagen.* Hamburg: Meiner 2009 [1926].

Harpole, Charles Henry: *Gradients of Depth in the Cinema Image.* New York: Arno Press 1978.

Haus, Andreas: Schwarz-Weiß. Architekturfotografie des ‚Neuen Bauens'. In: Wagner; Lethen: *Schwarz-Weiß als Evidenz.* S. 171–190.

Herlth, Robert: *Filmarchitektur Robert Herlth.* München: Deutsches Institut für Film und Fernsehen 1965a.

Herlth, Robert: Erinnerungen. In: Herlth: *Filmarchitektur Robert Herlth.* 1965b [1958]. S. 48–52.

Herlth, Robert: Dreharbeit mit Murnau. In: Eisner: *Murnau.* 1979. S. 85–104.

Herzberg, Georg: Um die Faust-Titel. In: *Film-Kurier.* Nr. 199, 26.8.1926.

Herzberg, Georg: In Schüfftans Zauberwerkstatt. In: *Film-Kurier.* Nr. 199, 27. Juli 1929.

Hessel, Franz: *Marlene Dietrich. Ein Porträt.* Berlin: Kindt & Bucher 1931. Unpaginiert.

Hickethier, Knut: *Film- und Fernsehanalyse.* Stuttgart: Metzler 1996.

Higham, Charles; Joel Greenberg: *The Celluloid Muse. Hollywood Directors Speak.* London: Angus and Robertson 1969.

Higham, Charles: *Hollywood Cameramen. Sources of Light.* London: Thames and Hudson 1970.

Hoffman, H. F.: Cutting Off the Feet. In: *Moving Picture World.* Vol. 12, No. 1, 6. April 1912. S. 53.

Hoffmann, Carl: Wie ich die Nacht einfing. In: *Film BZ. Beilage im Film-Kurier.* Nr. 125, 1. Mai 1922

Hoffmann, Carl: Kleine Geheimnisse um den Faust-Film. In: *Ufa Pressedienst.* Nr. 151, Berlin 30.10.1926. Zitiert nach: *Filme.* Nr. 9, 1981, S. 46–47.

Ihering, Herbert: Dr. Mabuse, der Spieler. In: *Das Tagebuch.* Jg. 3, 1922. S. 685. Zitiert nach: Ihering: *Filmkritiker.* S. 290.

Ihering, Herbert: Der zweite Nibelungenfilm. In: *Berliner Börsen-Courier.* Nr. 204, 1. Mai 1924. Zitiert nach: Ihering: *Filmkritiker.* S. 291.

Ihering, Herbert: Der Metropolisfilm. In: *Berliner Börsen-Courier.* 11. Januar 1927. Zitiert nach: http://www.filmportal.de/node/27069/material/643748 [letzter Zugriff: 5.4.2020].

Ihering, Herbert: *Von Reinhardt bis Brecht. Eine Auswahl der Theaterkritiken von 1909–1932.* Reinbek: Rowohlt 1967.

Ihering, Herbert: *Filmkritiker. Mit Kritiken und Aufsätzen von Herbert Ihering.* München: edition text+kritik 2011.

Jacobsen, Wolfgang: *G. W. Pabst* (Retrospektive 1997. Stiftung Deutsche Kinemathek und Internationale Filmfestspiele Berlin). Berlin: Argon 1997.

Jacobsen, Wolfgang; Werner Sudendorf (Red.): *Metropolis. Ein filmisches Laboratorium der modernen Architektur.* München: Belleville 2010.

Jaspers, Kristina: Künstlerische Positionen der Filmarchitektur. In: Bartels: *Deutsche Filmarchitektur 1918–1933.* S. 31–57.

Jones, Lloyd A.: Rechtecks-Proportionen und Bildkomposition. In: *Filmtechnik Filmkunst.* Halle/Saale: Knapp, 5. April 1930. S. 1–6.

K. P.: Filmtechnische Filmkritik: Dr. Mabuse, der Spieler. In: *Kinotechnische Rundschau des Film-Kurier.* Beilage 100, 5. Mai 1922.

Kalb, W. C.: The Use of Carbon Arc Lighting with the New Fast Panchromatic Film. In: Hall, Hal; William Stull: *Cinematographic Annual 1931*. Hollywood: American Society of Cinematographers. S. 259–261.

Kaplan, Elisabeth Ann: *Fritz Lang. A guide to references and resources*. Boston: G.K. Hall 1981.

Keating, Patrick: *Hollywood Lighting from the Silent Era to Film Noir*. New York: Columbia University Press 2010.

Kettelhut, Erich: *Der Schatten des Architekten. Erinnerungen*. München: Belleville 2009.

Knight, Arthur: *The Liveliest Art. A Panoramic History of the Movies*. New York: Macmillan 1957.

Koerner, Joseph Leo: *Caspar David Friedrich. Landschaft und Subjekt*. München: Fink 1998.

Körte, Peter: Die Kraft des Lichts. Der Regisseur Friedrich Wilhelm Murnau. In: Bock: *Das Ufa-Buch*. 1992b. S. 112–117.

Koshofer, Gert: Die Filmmaterialien. In: Cinema Quadrat: *Gleißende Schatten*. S. 111–122.

Kossowsky, A.: Die Wirkung der Kopie. In: *Kinotechnische Rundschau des Film-Kurier*. Beilage 155, 3. Juli 1924.

Kossowsky, Alex: Die Männer der Kurbel. II. Reimar Kuntze. In: *Film-Kurier*. 14. Mai 1925a.

Kossowsky, Alex: Die Männer der Kurbel. II. Guido Seeber 1. Teil. In: *Film-Kurier*. 22. Juli 1925b.

Kossowsky, Alex: Die Männer der Kurbel. II. Guido Seeber 2. Teil. In: *Film-Kurier*. 20. August 1925c.

Kossowsky, Alex: Die Männer der Kurbel. IV. Karl Freund. In: *Film-Kurier*. 30. Mai 1925d.

Kracauer, Siegfried: Kalikowelt. In: *Frankfurter Zeitung*. 28. Januar 1926. Zitiert nach: Kracauer: *Das Ornament der Masse*. S. 271–278.

Kracauer, Siegfried: *Theorie des Films. Die Errettung der äußeren Wirklichkeit*. Frankfurt/M.: Suhrkamp 1964.

Kracauer, Siegfried: *From Caligari to Hitler. A Psychological History of the German Film*. Princeton, NJ: Princeton University Press 1947. Deutsch: *Von Caligari zu Hitler. Eine psychologische Geschichte des deutschen Films*. Frankfurt/M.: Suhrkamp 1979.

Kracauer, Siegried: *Das Ornament der Masse*. Essays (1920–1931). Frankfurt/M.: Suhrkamp [13]2017 [1963].

Kraszna-Krausz, Andor: Die Kritik des Films: Faust. In: *Filmtechnik – Zeitschrift für alle technischen und künstlerischen Fragen des gesamten Filmwesens.* Nr. 22, 1925. S. 443–445.

Kreimeier, Klaus: Die Ufa-Story. Geschichte eines Filmkonzerns. München: Hanser 1992.

Kreimeier, Klaus: Wie in einem Taumel. In: Cinema Quadrat: *Gleißende Schatten.* Berlin: Henschel 1994.

Kretschmer, Hildegard: *Lexikon der Symbole und Attribute in der Kunst.* Stuttgart: Reclam 2011.

Kuntze, Reimar: Noch einmal: Der »zweite« Operateur. In: *Die Kinotechnik.* Nr. 19, 1925. S. 484–486.

Kuntze, Reimar: Hilfsoperateur oder Stativkutscher. In: *Die Filmbühne.* 5. Mai 1929. S. 8–9.

Lachman, Harry: Technical Ingenuity Reduces European Production Costs. In: *American Cinematographer.* Vol. XIII, No. 7, November 1932. S. 6–7.

Lang, Fritz: Arbeitsgemeinschaft im Film. In: *Kinematograph.* Nr. 887, 17.2.1924 (a). S. 7–11.

Lang, Fritz: Kitsch – Sensation – Kultur und Film. In: E. Beyfuss, A. Kossowsky: *Das Kulturfilmbuch.* Berlin: Carl P. Chryselius'scher Verlag 1924 (b). S. 28–31.

Lang, Fritz: Mein Film »M« – Ein Tatsachenbericht. In: *Die Filmwoche.* Nr. 21, 20. Mai 1931.

Lang, Fritz: *M. Protokoll.* Mit einem Interview des Regisseurs von Gero Gandert. Hamburg: Marion v. Schröder 1963.

Lange, Konrad: *Das Kino in Gegenwart und Zukunft.* Stuttgart: Enke 1920.

Lastra: Standards and Practices. Aesthetic Norm and Technological Innovation in the American Cinema. In: Staiger, Janet (Hg.): *The Studio System.* New Brunswick: Rutgers University Press 1994. S. 200–225.

Lehmann, Erich: Was man von einer Kopieranstalt verlangen kann. In: *Kinotechnische Rundschau des Film-Kurier.* Beilage 21, 25. Januar 1923.

Lehmann, H.; W. Merté: *Die Kinematographie. Ihre Grundlagen und ihre Anwendungen.* Leipzig, Berlin: B. G. Teubner 1919.

Leitch, Michael: A History of European Cinematography. In: IMAGO: *Making Pictures. A Century of European Cinematography.* London: Aurum 2003. S. 20–93.

Lenauer, Jean: Innerer Rhythmus. In: *Deutsche Filmzeitung.* Nr. 23, 1. Juni 1928. S. 1.

Liesegang, Franz Paul: *Handbuch der praktischen Kinematographie.* Düsseldorf: Ed. Liesegang [5]1918.

Low, Robert M.: Ufa. In: *American Cinematographer.* Vol. XIII, No. 5, September 1932. S. 8, 23.

Lubitsch, Ernst: Concerning Cinematography. In: *American Cinematographer.* November 1929. S. 9.

Luft, Herbert G.: Carl Dreyer. A Master of His Craft. In: *The Quarterly of Film Radio and Television.* Vol. 11(2), 1st December 1956. S. 181–196.

Luft, Herbert G.: Rudolph Maté Photographed Dreyer's PASSION OF JOAN ARC and Became a Director on His Own. In: *Films in review* / National Board of Review of Motion Pictures. Vol. 15.8, October 1964. S. 480–490.

MacGowan, Kenneth: *Behind the Screen. The History and Techniques of the Motion Pictures.* New York: Dell Publishing 1965.

Malraux, André: *Metamorphose der Götter.* (Propyläen. Geist der Kunst, 3 Bde). Zweiter Band: Das Irreale. Berlin: Propyläen 1978.

Maltin, Leonard: *The Art of the Cinematographer. A Survey and Interviews with Five Masters.* New York: Dover 1978.

Manvell, Roger: Revaluations – 6: LA PASSION DE JEANNE D'ARC, 1928. In: *Sight & Sound.* Vol. 19, No. 8. October 1950. S. 337–339.

Manvell, Roger: *Experiment in the Film.* New York: Arno 1970. [Reprint: London: Grey Walls Press 1949.]

Maté, Rudolph: Wie der Film JOHANNA VON ORLÉANS entstand. In: *Die Filmbühne.* 2. Februar 1929. S. 4.

Mees, C. E. Kenneth: The Rating of Film Speeds. [Confidential – For Information of Kodak employees only not for general circulation] – Schreibmaschine, 8 Seiten, paginiert. 1933. In: University of Rochester, River Campus Libraries, Department of Rare Books, Special Collections & Preservation. Kodak Historical Collection. Serie VII Kodak Research Laboratories, Box 194, Folder 22.

Mees, C. E. Kenneth: History of Professional Black-and-White Motion-Picture Film. In: *Journal of the SMPTE.* Volume 63, October 1954. Zitiert nach: Fielding: A Technological History of Motion Pictures and Television. S. 125–128.

Metz, Christian: *Semiologie des Films.* München: Wilhelm Fink 1972.

Mierendorff, Carlo: *Verschollene und Vergessene.* Wiesbaden: Steiner 1965. Darin: Hätte ich das Kino! (1920). S. 64–83. Und: Über die Grenzen von Film und Bühne (1923). S. 84–90.

Miller, Virgil E.: The Cinema Triangle. In: *American Cinematographer.* Januar 1927. Seite 4, 17.

Milner, Victor: Speed of Projektion. In: *American Cinematographer.* July 1923. S. 6.

Möbert, Oliver: Liliom – Ratlosigkeit oder Innovation. Fritz Langs Verfilmung von Ferenc Molnárs »Vorstadtlegende«. In: Maintz, Christian; Oliver Möbert; Matthias Schumann (Hg.): *Schaulust: Theater und Film – Geschichte und Intermedialität.* Münster: Lit 2002. S. 89–156.

Molnar, Ferenc: *Liliom. Vorstadtlegende in sieben Bildern und einem szenischen Prolog.* Stuttgart: Reclam 2017.

Moore, John C.: Fritz Arno Wagner Interviewed. In: *film art.* Nr. 4, 1934. S. 62–78.

Müller, Albert: Noch einmal: Die mangelhafte Kopie. In: *Kinotechnische Rundschau des Film-Kurier.* Beilage 261, 5. November 1925.

Müller, Emil: Interviews geführt von Axel Block und Arthur Ahrweiler. Archiviert bei der Deutschen Kinemathek, Berlin.

Müller, Robert: Lichtbildner. Zur Arbeit des Kameramannes. In: Cinema Quadrat: *Gleißende Schatten. Kamerapioniere der zwanziger Jahre.* Berlin: Henschel 1994. S. 35–62.

Neergard, Ebbe: *Carl Dreyer. A Film Director's Work.* London: British Film Institute 1950.

Neumann, Dietrich: Metropolis. In: Bartels: *Deutsche Filmarchitektur 1918–1933.* S. 59–76.

Nilsen, Vladimir: *The Cinema as a Graphic Art.* New York: Hill & Wang o.J.

O'Connor, Patrick: *The Amazing Blonde Woman. Dietrich's Own Style.* London: Bloomsbury ^{2}1992

Oberberg, Igor: Interviews geführt von Axel Block und Arthur Ahrweiler. Berlin 1983. Archiviert bei der Deutschen Kinemathek, Berlin. Band 18–24 vom 1.12.83; Band 37–44 vom 5.12.83.

Oberberg, Igor: Gespräch am 4. Februar 1983 bei ihm zu Hause in Berlin. Gedächtnisprotokoll.

Ophüls, Max: *Spiel im Dasein.* Frankfurt/M.: Fischer Verlag 1959. Unveränderter Nachdruck: Dillingen: Queißer o.J.

Oser, Jean: Über die Arbeit mit G.W. Pabst. Aus: Gideon Bachmann: *Gespräch mit Jean Oser.* Cinemage. Nr. 3, New York, Mai 1955. Zitiert nach: *Kinemathek*, Nr. 10, 1964.

Palme, Erich: Duplikat-Negative. In: *Kinotechnische Rundschau. Beilage zum Kinematograph.* Nr. 36, 27.9.1929

Patterson, Francis Taylor: *Cinema Craftsmanship. A Book for Photoplaywrights.* New York: Harcourt, Brace & Howe 1920.

Petrie, Duncan: *The British Cinematographer.* London: British Film Institute 1996.

Pindter, Walter: Interviews geführt von Axel Block, Arthur Ahrweiler und Hans Müller. München 1984. Archiviert bei der Deutschen Kinemathek, Berlin. Band 72–87.

Pinthus, Kurt: [Dr. Mabuse, der Spieler]. In: *Das Tagebuch*. Jg. 3, 1922. S. 685. Zitiert nach: Greve: *Hätte ich das Kino!* S. 333.

Polak, Manfred: La Passion de Jeanne d'Arc. http://www.filmzentrale.com/rezis/jeannemp.pdf [letzter Zugriff: 5.4.2020].

Pordes, Victor E.: *Das Lichtspiel. Wesen, Dramaturgie, Regie*. Wien: Lechner 1919.

Powers, James; Rochelle Reed; Donald Chase: Fritz Lang. In: *Dialogue on Film*. Vol. 3.5, April 1974. S. 2–11. Zitiert nach: Grant: *Fritz Lang*. S. 138.

Prümm, Karl: Von der Mise en scène zur Mise en images. Plädoyer für einen Perspektivwechsel in der Filmtheorie und Filmanalyse. In: Koebner, Thomas; Thomas Meder (Hg.): *Bildtheorie und Film*. München: edition text+kritik 2006. S. 15–35.

Prümm, Karl: Zur Analyse der Kameraarbeit. Zwischen Technik und Ästhetik. In: Hagener, Malte; Volker Pantenburg (Hg.): *Handbuch Filmanalyse*. Wiesbaden: Springer VS 2020. S. 7–26.

Reimers, E.: Kämpfe im Tonfilm-Atelier. In: *Film-Kurier*. 7. Dezember 1929.

Renger-Patzsch, Albert: *Die Freude am Gegenstand. Gesammelte Aufsätze zur Photographie*. München: Fink 2010.

Richardson, F. H.: Projectionist and Cinematographer. In: *American Cinematographer*. September 1922. S. 5, 24. (Neuabdruck: April 1925. S. 10, 17)

Richardson, F. H.: Synchronization Taking and Camera Speeds. In: *American Cinematographer*. July 1924. S. 21–23.

Rittau, Günther: Filmtricks in Metropolis. In: Fritz Lang: *Metropolis*. München: Münchner Filmmuseum 1988. S. 22–24. (Als Quelle wird angegeben: *Mein Film*, 1. Teil, 1926.)

Rohmer, Eric: *L' organisation de l'espace dans le Faust de Murnau*. Paris: Inédit 1977.

Rolle: Der heutige Stand des Schüfftanschen Kombinationsverfahrens. In: *Reichsfilmblatt*. Nr. 24, 1926. S. 23.

Rosenberg, Bernhard; Silverstein, Harry: *The Real Tinsel*. London: Macmillan 1970.

Rotha, Paul: *The Film till Now*. London: Jonathan Cape 1930.

Rotha, Paul: *Celluloid. The Film To-Day*. London: Longman, Green 1933.

Rother, Rainer: Kino geht auch ohne Film. In: *Frankfurter Allgemeine Zeitung*. Nr. 158, 11. Juli 2017. S. 12.

Salt, Barry: From Caligari to Who. In: *Sight & Sound*. Spring 1979. S. 119–123.

Salt, Barry: *Film Style and Technology. History and Analysis*. London: Starword 1983.

Schaarwächter, Georg: *Perspektive für Architekten*. Stuttgart: Gerd Hatje ^{2}1967.

Schmutzer, Ad.: Vorführgeschwindigkeiten im Kino. In: *Kinematograph*. 20. Jahrgang, Nummer 1002, 2. Mai 1926. S. 19–22.

Schnirch, Oskar: Interviews geführt von Axel Block, Arthur Ahrweiler und Hans Müller. München 23.1.84 bis 22.2.84. Archiviert bei der Deutschen Kinemathek, Berlin. Band 53–71.

Schöne, Wolfgang: *Über das Licht in der Malerei.* Berlin: Gebr. Mann 1954.

Schrader, Paul: *Transcendental Style in Film. Ozu, Bresson, Dreyer.* Berkeley: University of California Press 1972.

Schröder, Gottfried: *Technische Fotografie. Grundlagen und Anwendungen in Technik und Wissenschaft.* Würzburg: Vogel 1981.

Schulze, H. O.: Interviews geführt von Axel Block und Arthur Ahrweiler. Berlin 1983. Archiviert bei der Deutschen Kinemathek, Berlin. Band 1–16, Band 88–92.

Seeber, Guido: »Unter«drehen und »Über«drehen. In: *Die Filmtechnik – Zeitschrift für alle technischen und künstlerischen Fragen des gesamten Filmwesens.* Heft 1, 1925.

Seeber, Guido: Kameramannes Leiden (Schluss). In: *Kinotechnische Rundschau des Film-Kurier.* Beilage 141, 18. Juni 1925.

Seeber, Guido; Victor Mendel: *Der praktische Kameramann.* Bd. 1: Arbeitsgerät und Arbeitsstätten des Kameramannes. Bd. 2: Geschichte der Aufnahmetechnik und des Aufnahmeapparates. Berlin: Verlag der Lichtbildbühne 1927.

Seeßlen (2010): M – Eine Stadt sucht einen Mörder. https://www.bpb.de/gesellschaft/bildung/filmbildung/filmkanon/43541/m-eine-stadt-sucht-einen-moerder?p=all [letzter Zugriff: 5.4.2020].

Siegert, Alfred: Ein Theaterbesitzer für Temponormung. Gegen das Zweischlagerprogramm. – 25 Bilder in der Sekunde gefordert. – Appell an die Apparatefabriken. In: *1. Beiblatt zum Film-Kurier.* Nr. 192, 16. August 1927.

Skoller, Donald: *Dreyer in Double Reflection.* New York: Dutton 1973.

Spielhofer, Hans: Die Liebe der Jeanne Ney. In: *Deutsche Filmzeitung.* Nr. 2, 6. Januar 1928. S. 9–10.

Spielhofer, Hans: Fritzarno Wagner, ein Bahnbrecher der Aufnahmetechnik. In: *Deutsche Filmzeitung.* Nr. 23, 1. Juni 1928. S. 9–10.

Spitzer, Ludwig: Fritz Lang über den Film der Zukunft. In: *Die Filmtechnik.* Nr. 2, 1925. S. 34–36.

Spottiswoode, Raymond: *A Grammar of the Film. An Analysis of Film Technique.* Berkeley: University of California Press ^{7}1969 [1950].

St.: M. In: *Deutsche Filmzeitung.* Nr. 33, 14. August 1931. S. 9.

St. Pierre, Paul Matthew: *Cinematography in the Weimar Republic. Lola-Lola, Dirty singles, and the men who shot them.* Madison, NJ; Lanham, Maryland: Fairleigh Dickinson University Press 2016.

Staiger, Janet: Standardization and Differentiation. The reinforcement and dispersion of Hollywood's practices. In: Bordwell, et. al.: *The Classical Hollywood Cinema.* S. 96–112.

Sterling, Anna Kate: *Cinematographers on the Art and Craft of Cinematography.* Metuchen, N.J.; London: The Scarecrow Press 1987.

Sternberg, Josef von: *Ich. Josef von Sternberg: Erinnerungen.* Velber: Friedrich Verlag 1967.

Sternberg, Josef von: *Das Blaue des Engels. Eine Autobiografie.* Originaltitel: Fun in a Chinese Laundry. München: Schirmer/Mosel 1991.

Sternberg, Josef von: Introduction. In: *The Blue Angel. The Novel by Heinrich Mann – The Film by Josef von Sternberg.* New York: Frederick Ungar Press o.J. S. 257–263.

Stindt, Georg Otto: *Das Lichtspiel als Kunstform. Die Philosophie des Films, Regie, Dramaturgie und Schauspieltechnik.* Bremerhaven: Atlantis 1923.

Stindt, G. O.: Die letzte Befreiung vom Filmformat. In: *Kinematograph.* 19. Jahrgang, Nr. 935, Januar 1925. S. 49–50.

Stindt, Gg. Otto: Tempo – Normung und Filmmusik. In: *3. Beiblatt zum Film-Kurier.* Nr. 190, 13. August 1927.

Stindt, G. O.: Probleme der Kinematographie. In: *Film-Kurier.* 28. März 1930.

Struss, Karl: Mit vier Apparaten. In: *Filmtechnik Filmkunst.* 11. Januar 1930. S. 9–10.

Stull: Exposure-Meters in Professional Cinematography. In: *American Cinematographer.* Vol. XIII, No. 4, August 1932. S. 15.

Sudendorf, Werner: Variationen der Geschwindigkeit. In: *Film und Fernsehen in Forschung und Lehre.* Nr. 8, 1985. S. 114–119.

Sudendorf, Werner: Chronik zur Entstehung des Film. In: Dirscherl; Nickel (Hg:): *Der blaue Engel. Die Drehbuchentwürfe.* S. 51–70.

Tauber, Christine: Die Wacht am Rand. In: *Frankfurter Allgemeine Zeitung.* Nr. 152, 4. Juli 2018. S. N3.

Tergit, Gabriele: Der Film des Sadismus. In: *Die Weltbühne.* Nr. 20, 19. Mai 1931. S. 844–845.

Thompson, Kristin (a): Major technological changes of the 1920s. In: Bordwell, Staiger, Thompson (1985): *The Classical Hollywood Cinema.* S. 281–293.

Thompson, Kristin (b): Classical narrative space and the spectator's attention. In: Bordwell, Staiger, Thompson (1985): *The Classical Hollywood Cinema.* S. 214–230.

Thun, Rudolph: *Der Film in der Technik.* Berlin: V.D.I. 1925.

Tissé, Eduard: Der russische Kameramann. In: *Filmtechnik.* Nr. 6, 1927. S. 101–102.

Toeplitz, Jerzy: *Geschichte des Films.* Band 1: 1895–1928. Berlin: Henschelverlag 1972.

Töteberg, Michael: *Fritz Lang mit Selbstzeugnissen und Bilddokumenten*. Reinbek bei Hamburg: Rowohlt 1985.

Treuner, Hermann: *Filmkünstler. Wir über uns selbst*. Berlin: Sibyllen 1928. [Nicht paginiert, sondern alphabetisch geordnet nach Künstlern.]

Truffaut, François: *Mr. Hitchcock, wie haben Sie das gemacht?* München: Heyne 1979 [1966].

Vana, Gerhard: *Metropolis. Modell und Mimesis*. Berlin: Gebr. Mann 2001.

Vec, Miloš: Peng, du bist hypnotisiert! In: *Frankfurter Allgemeine Zeitung*, Geisteswissenschaft. 3. April 2019. S. 12.

W. H. [Willy Haas]: Was wird gearbeitet: Ein Besuch im Ufagelände Neubabelsberg. In: *2. Beiblatt zum Film-Kurier*. Nr. 169, 19. Juli 1924.

Wagner, Fritz Arno: I Believe in the Sound Film. In: *film art*. Nr. 8, 1936. S. 8–12.

Wagner, Monika; Helmut Lethen (Hg.): *Schwarz-Weiß als Evidenz*. Frankfurt/M., New York: Campus 2015.

Warm, Hermann: Bauten zu »Johanna«. In: *Filmtechnik*. 5. Januar 1929. S. 5–7.

Wetering, Ernst van de: Rembrandts Malweise. Technik im Dienst der Illusion. In: *Rembrandt. Der Meister und seine Werkstatt*. Gemälde. (Ausstellungskatalog). München: Schirmer/Mosel 1991.

Wilky, L. Guy: Artificial Lighting and Equipment of Studios. A History of the Progression of Studio Technique. In: *American Cinematographer*. Vol. 1, No. 3, Dezember 1920.

Wittmer, A. K.: Licht, Achtung, Kurbel – Halt! In: *American Cinematographer*. April 1930. S. 11, 39.

Wollen, Peter: *Signs and Meaning in the Cinema*. London: Secker & Warburg 1969.

Wollenberg, Hans: Der Faust-Film. In: *Lichtbild-Bühne*. Nr. 246, 15. Oktober 1926.

Wollenberg, Hans: Filmbesprechung: Die Liebe der Jeanne Ney. In: *Lichtbild-Bühne*. Nr. 291, 6. Dezember 1927.

W. R. K.: Beleuchtungswahnsinn. In: *Kinotechnische Rundschau des Film-Kurier*. Beilage 272, 19. November 1925.

y.: Mit der Kamera in die neue Saison. [Interview mit dem Kameramann Heinrich Gärtner.] In: *Film-Kurier*. 14. Mai 1925.

Zsigmond, Vilmos: Meine Zooms sieht man nicht. In: *Film & TV Kameramann*. München, August 1990. S. 8 ff.

Lehrbücher, Nachschlagewerke und Standardwerke zur Filmtechnik und zum Filmhandwerk

[Es existiert auch eine Unzahl neuerer Publikationen zu den Themen, aber die technische und ästhetische Kluft zum Stummfilm, besonders bei den Abbildungen, ist bei den hier aufgeführten geringer.]

Alton, John: *Painting with Light.* Berkeley: University of California Press 1995. Reprint von: New York: The MacMillan Company 1949. [Alton ist ein sehr erfahrener Film-noir-Kameramann. Es gibt auch ein Kapitel »Ladies, Watch Your Light« zur besseren Kontrolle der Lichtsituationen im Alltag].

Arijon, Daniel: *Grammar of the Film Language.* Los Angeles: Silman-James Press 1991. [Standardwerk, es gibt diverse Neuauflagen und Variationen].

Blandford, Steve; Barry Keith Grant; Jim Hillier: *The Film Studies Dictionary.* London: Arnold 2001.

Brown, Blain: *Cinematography – Theory and Practice. Image Making for Cinematographers, Directors, and Videographers.* Burlington: Focal Press 2002. [Kleines Lehrbuch für angehende Kamerastudenten].

Carlson, Verne; Sylvia Carlson: *Professional Lighting Handbook.* London: Focal Press 1991.

CineGraph. Lexikon zum deutschsprachigen Film. Herausgegeben von Hans-Michael Bock. München: edition text+kritik.

Clarke, Charles G.: *Professional Cinematography.* Hollywood: ASC 1964.

Dunn, Jack F.; George L. Wakefield: *Exposure Manual.* Kings Langley, Herts.: Fountain Press [3]1974. [Standardwerk und oft zitiert zu den Grundlagen der Lichtmessung].

Katz, Steven D.: *Film Directing Shot by Shot. Visualizing from Concept to Screen.* Studio City, CA: Michael Wiese Productions in conjunction with Focal Press 1991.

Katz, Steven D.: *Film Directing Cinematic Motion. A Workshop for Staging Scenes.* Studio City, CA: Michael Wiese Productions in conjunction with Focal Press 1992.

Mascelli, Joseph V.: *The Five C's of Cinematography. Motion Picture Filming Techniques.* Hollywood: Cine/Grafic Publications [5]1973. [1965. Es gibt diverse Neuauflagen].

Mehnert, Hilmar: *Filmfotografie Fernsehfilmfotografie.* Leipzig: VEB Fotokinoverlag 1971. [Umfangreiche Darstellung technischer und handwerklicher Begriffe].

Meier, Friedrich P. H.: *Filmhandbuch. Eine vereinfachte Darstellung der Grundlagen, Verfahren und Probleme der Kinematografie unter besonderer Berücksichtigung des Fernsehens.* München: DDK-Verlag I. Weber 1976. [Auch Kopierwerk].

Millerson, Gerald: *The Technique of Lighting for Television and Motion Pictures.* London, New York: Focal Press 1972. [Standardwerk, es gibt diverse Neuauflagen und Variationen].

Rotha, Paul: *The Film Till Now. A Survey of World Cinema.* London: Vision Press 1949. [Diverse Neuauflagen].

Schmidt, Fritz; Hans Werner Dußler: *Gehilfenprüfung im Fotografen-Handwerk.* Düsseldorf: Wilhelm Knapp [18]1966.

Spottiswood, Raymond (Hg.): *The Focal Encyclopedia of Film and Television Techniques.* London, New York: Focal Press 1969.

Sonstige Quellen

Film:

Die Sprache der Schatten: Murnau und seine Filme (Faust) von Luciano Berriatúa, produziert von Manuel Cereijo (tv e) in Zusammenarbeit mit Filmoteca Madrid. Deutsche Bearbeitung: Friedrich-Wilhelm-Murnau-Stiftung, Friedemann Beyer, Andrea Kolberg, Anke Wilkening. Copyright F. W. Murnau-Stiftung 2007.

Faust – Eine deutsche Volksage. A Film by Friedrich Wilhelm Murnau. EUREKA! The Masters of Cinema Series. Blu-Ray Disc. Vergleich deutsche und Export-Fassung.

The Blue Angel – Der blaue Engel. A Film by Josef von Sternberg. EUREKA! The Masters of Cinema Series. Blu-Ray Disc. Screen Test Marlene Dietrich.

Internet:

[Bei allen letzter Zugriff: 5.4.2020]

Deutsche Kinemathek: www.deutsche-kinemathek.de/

filmportal: http://www.filmportal.de/

filmzentrale: http://www.filmzentrale.com

Murnau Stiftung: http://www.murnau-stiftung.de/

The Internet Movie Database (IMDb): http://german.imdb.com/

The Film Foundation: http://www.film-foundation.org/

Wikipedia – Die freie Enzyklopädie: https://de.wikipedia.org/

Index

RESTAURIERTE FILMKLASSIKER ALS MEDIABOOK INKL. DVD UND BLU-RAY

KUHLE WAMPE ODER:
WEM GEHÖRT DIE WELT?
von Slatan Dudow

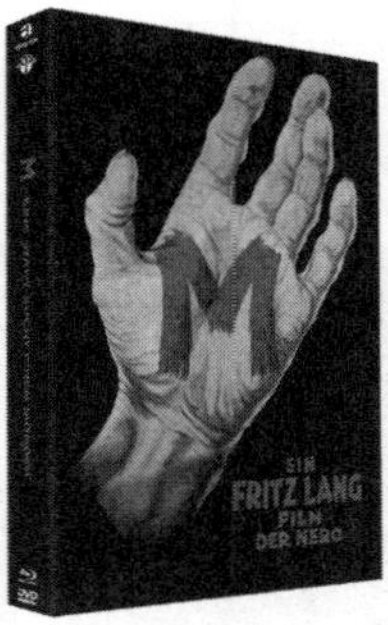

M – EINE STADT
SUCHT EINEN MÖRDER
von Fritz Lang

PRESSESTIMMEN ZUR MEDIABOOK-REIHE VON ATLAS FILM:

„BLITZSAUBER DIGITAL RESTAURIERT"
SÜDDEUTSCHE ZEITUNG

„MIT VIEL BONUSMATERIAL (...)
IN HERVORRAGEND RESTAURIERTER FASSUNG"
ROLLING STONE MAGAZIN

„EIN LOHNENSWERTES ZEITDOKUMENT"
KULTURMOVIES

DAS TESTAMENT
DES DR. MABUSE
von Fritz Lang

DIE 3-GROSCHEN-OPER
von G.W. Pabst

DIE BÜCHSE DER PANDORA
von G.W. Pabst

MENSCHEN AM SONNTAG
von Robert Siodmak

KAMERADSCHAFT
von G.W. Pabst

WESTFRONT 1918 –
VIER VON DER INFANTERIE
von G.W. Pabst